Библейское учение

VOL 1

Biblical Doctrine

A Systematic Summary of Bible Truth

John MacArthur and Richard Mayhue

GENERAL EDITORS

WHEATON, ILLINOIS

«Служение Джона Мак-Артура повлияло на весь мир. Мак-Артур и Мейхью ясно излагают доктрины, лежащие в основе этого служения, затронувшего столь многих. Здесь мы видим служение, построенное на истине, истине Божьего Слова и истине Евангелия. Замечательный материал для студентов, пасторов и преподавателей».

Томас Шрайнер, профессор толкования Нового Завета и профессор библейского богословия, Южная баптистская богословская семинария, Луисвилл, Кентукки

«Эта книга—результат целой жизни, посвященной исследованиям, и накопленной веками мудрости. Сочетая верность Писанию с приверженностью библейской доктрине, она восполняет огромную нужду современности. Где сильные убеждения, там и сильные церкви. Даже те, кто не во всем согласен с уважаемыми авторами, могут быть благодарны за такой содержательный труд, имеющий непреходящее значение».

Иан Мюррей, автор книг; основатель и попечитель, «Banner of Truth Trust»

«Это новое издание представляет собой насыщенное и убедительное изложение богословских оснований христианства, предоставляя читателям доступную, но убедительную систематизацию библейской истины. Когда последние остатки христианского влияния на Западе исчезают, такие ценные богословские ресурсы, как „Библейское учение“, будут назидать и укреплять церковь, противостоящую жесткой оппозиции мира».

Альберт Молер, президент и профессор христианского богословия, Южная баптистская богословская семинария

«Я с удовольствием рекомендую книгу Джона Мак-Артура и Ричарда Мейхью „Библейское учение“. Ее оценят за четкий план и ясное изложение библейских доктрин. Она слишком хороша, чтобы ее пропустить».

Уолтер Кайзер, почетный президент и заслуженный профессор Ветхого Завета, Богословская семинария Гордона — Конуэлла

«В служении Джона Мак-Артура всегда выделялась проповедь—раскрытие Божьей истины через проповедь Божьего Слова. При этом его служение всегда подкреплялось доктриной—доктриной, тщательно и последовательно выведенной из Библии. Тысячи его разъяснительных проповедей служат доказательством его верности как проповедника; „Библейское учение“ служит доказательством его верности как богослова. Пусть и то, и другое послужит стимулом для нового поколения проповедников-богословов посвятить свою жизнь высокому призванию—учить и укреплять церковь Христа».

Тим Чаллис, блогер, Challies.com

«Непременным качеством книг по систематическому богословию должна быть ясность. И данная книга предлагает именно это! Исчерпывающее изложение всего, что необходимо знать христианину—звучит как то, что должно быть у каждого христианина, не так ли? К тому же книга написана автором, чье имя олицетворяет ортодоксальность и истину—Джоном Мак-Артуром. Довольно слов. Пусть книга говорит сама за себя».

Дерек Томас, старший служитель Первой пресвитерианской церкви, Колумбия, Южная Каролина; профессор систематического и пасторского богословия, Реформатская богословская семинария—Атланта; декан программы «Доктор служения», Академия «Лигоньер»

«На протяжении десятилетий Джон Мак-Артур служит примером разъяснительной проповеди, раскрывая Слово Божье для народа Божьего. Теперь Мак-Артур, в сотрудничестве с Ричардом Мейхью и преподавателями семинарии „Мастерс“, написал книгу по систематическому богословию, демонстрирующую, как разъяснение текста стих за стихом естественным образом складывается в прочную и яркую богословскую мозаику. Эта книга—богословский десерт в конце разъяснительной трапезы. Каким бы ни было ваше богословское наследие, я советую каждому христианину погрузиться в доктринальное учение Мак-Артура и Мейхью. Безусловно, вы насытитесь Писанием и останетесь в глубоком благоговении, вкусив величие и славу нашего милосердного Бога».

Мэтью Бэрретт, преподаватель систематического богословия и церковной истории, Богословский колледж «Оук Хилл»

«Помимо изложения ортодоксального богословия, характерного для протестантов прошлых веков, Мак-Артур и Мейхью защищают необычную комбинацию взглядов, о которых спорят евангельские верующие, таких как креационизм молодой земли, кальвинистская сотериология, крещение по вере, правление пресвитеров, комплементаризм, цессационизм и традиционный диспенсационализм (или то, что они называют футуристическим премилленаризмом). Их аргументы ясны и упорядочены, и их стоит выслушать, даже если вы с ними не согласны».

Эндрю Дейвид Населли, доцент кафедры Нового Завета и библейского богословия, Колледж и семинария «Бетлехем», Миннеаполис, Миннесота

«Как профессор богословия я могу рекомендовать своим студентам этот однотомник по систематическому богословию Мак-Артура и Мейхью и с уверенностью сказать им, что это книга, которую я могу одобрить от корки до корки. Я особенно ценю диспенсационные аспекты этой работы и то, как авторы последовательно и прочно утверждают доктрины на библейском тексте».

Кевин Зубер, профессор богословия, Библейский институт Муди, Чикаго, Иллинойс; автор книг

ТОМ 1

Библейское учение

Систематическое изложение библейской истины

Под редакцией

Джона Мак-Артура и Ричарда Мейхью

Перевод с английского

БЛАГАЯ ВЕСТЬ
Самара, 2022

The Master's Academy
International, 2025

УДК 274-284
ББК 86.376-42
М15

Перевод: С. Омельченко
Редакция: А. Раугас
Вёрстка: А. Раугас

Мак-Артур, Д.

М15   Библейское учение : Систематическое изложение библейской истины / Под ред. Джона Мак-Артура и Ричарда Мейхью ; пер. с англ. С. Омельченко. — Самара : Благая весть, 2022. — 1088 с.

The Master's Academy International ISBN: 978-1-967358-00-7

Эта книга — плод почти 50 лет служения библейской проповеди. Джон Мак-Артур с Ричардом Мейхью ясно излагают ортодоксальное протестантское богословие, опираясь на тщательную грамматико-историческую экзегезу, и защищают креационизм молодой земли, кальвинистскую сотериологию, крещение по вере, правление пресвитеров, комплементаризм, цессационизм и диспенсационализм. Книга адресована преподавателям и студентам семинарий и библейских школ, проповедникам и учителям поместных церквей, а также всем, изучающим Писание. Издание содержит подробный указатель и обширную библиографию.

УДК 274-284
ББК 86.376-42

VOL 1
TMAI Edition: 978-1-967358-00-7

Всем верным выпускникам семинарии «Мастерс»,
которые служат Христу по всему миру.

«Господа славь ты, мой дух»

Господа славь ты, мой дух, восхваляй Всеблагого!
Славь песнопеньем Царя, Всемогущего Бога!
Славь ты Творца!
Славь ты Его без конца!
Он нам дарует так много.

Господа славь ты! Он мудрый правитель Вселенной,
К целям Своим нас ведущий стезей сокровенной;
Он и тебя
вел по пути, где, скорбя,
Шел ты, тревогой смущенный.

Господа славь ты! Кто дивно тебя так устроил;
Кто до сих пор все тебя и хранил, и покоил;
Кто Сам тебя
от смерти спас, возлюбя,
Жизни благой удостоил.

Господа славь ты, мой дух, не умолкни хвалою.
Он же тебя утоляет спасенья струею.
В Боге лишь свет,
нам без Него в мире нет
Счастия, мира, покоя.

Иоахим Неандер (1650—1680)
(перевод И. С. Проханова)

ТОМ 1

Оглавление

Аналитический план 11

Список гимнов 23

Предисловие 27

Список сокращений 31

1 Введение: пролегомены 35

2 Слово Божье: библиология 73

3 Бог Отец: собственно богословие 151

4 Бог Сын: христология 251

5 Бог Дух Святой: пневматология 351

Словарь богословских терминов 973

Общий список литературы 991

О главных редакторах 995

Заключительный гимн для размышления 997

Общий указатель 999

Указатель текстов Писания 1025

Аналитический план

1. Введение: пролегомены 35
   Что такое богословие? 36
   Зачем изучать богословие? 37
   Каковы основные виды богословия? 37
   Что такое систематическое богословие? 38
   Какие существуют разделы систематического богословия? 39
   Какая связь между экзегетическим, библейским и систематическим
   богословием? 40
   Какие преимущества и ограничения систематического богословия? . . 41
       Преимущества 42
       Ограничения 42
   Как систематическое богословие связано с доктриной? 42
   Какова всеобъемлющая и объединяющая тема Писания? 45
   Какие основные темы Писания? 47
       Откровение о характере Бога 50
       Откровение о божественном суде за грех и непослушание 50
       Откровение о божественном благословении за веру и послушание . 51
       Откровение о Господе и Спасителе и Его жертве за грех 51
       Откровение о Царстве и славе Господа и Спасителя 52
   Как систематическое богословие связано с мировоззрением? 53
   Как систематическое богословие связано с умом человека? 56
       Искупленный ум 56
       Обновленный ум 56
       Просвещенный ум 57
       Ум, как у Христа 58
       Испытанный ум 58
       Полезный ум 60
       Уравновешенный ум 61
   Как систематическое богословие связано с личной жизнью
   верующего? 63
       Близость и зрелость 63
       Святость 64
       Освящение 65

Как систематическое богословие связано со служением? 67
Молитва 68
Список литературы 70
   Основные труды по систематическому богословию 70
   Специальные труды 70

2. Слово Божье: библиология 73
Богодухновенность Писания 75
   Откровение и богодухновенность 76
   Определение богодухновенности 79
   Подготовка к богодухновенности 86
   Доказательства богодухновенности 91
Авторитет Писания 105
   Вторичные источники 107
   Первичный источник 108
Безошибочность Писания 112
   Аккомодация и безошибочность 112
   Непогрешимость и безошибочность 114
   Иисус и безошибочность 115
   Объяснение безошибочности 116
Сохранность Писания 119
   Объяснение сохранности 120
   Каноничность и сохранность 124
   Текстология и сохранность 132
Обучение Писанию и его проповедь 137
   Учение 137
   Проповедь 140
Обязательства перед Писанием 142
   Принять 143
   Молиться 143
   Питаться 143
   Повиноваться 143
   Чтить 144
   Изучать 144
   Проповедовать/учить 144
   Побуждать 144
   Наставлять 145
   Трепетать 145
Молитва 145
Список литературы 147
   Основные труды по систематическому богословию 147
   Специальные труды 148

3. Бог Отец: собственно богословие 151

Существование Бога 151

   Утверждения Писания 152

   Познаваемость и непостижимость Бога 153

   Оценка «естественных доказательств» 155

Имена Бога 163

   Яхве и производные от него 164

   El и производные от него 167

   Adon/adonai: Господь 168

   Tsur: Скала 169

   Ab: Отец 170

Атрибуты (совершенства) Бога 170

   Метод определения 171

   Связь с сущностью Бога 172

   Классификации 176

   Непередаваемые совершенства 179

   Передаваемые совершенства 191

Троица 201

   Объяснение 202

   Ветхозаветные указания 206

   Свидетельство Нового Завета 214

   Ранняя история развития богословия 221

Божье извечное решение 224

   Характеристики 225

   Ответы на возражения 225

Творение 227

   Божественное сотворение 227

   Прямой креационизм 229

Божественные чудеса 231

Божественное провидение 232

   Масштаб 233

   Предостережение о «законах природы» 233

   Бог сохраняет Вселенную 234

   Бог содействует во всех событиях 234

   Бог управляет всем для предопределенной цели . . 236

Проблема зла и теодицея 236

   Библейская теодицея 237

   Библейский взгляд на зло 238

   Компатибилистическая теодицея 240

   Теодицея в благовестии 241

Прославление Бога 241

   В направлении Бога 242

   В направлении христиан. 243

   В направлении неверующих 244

Молитва 245

Список литературы 247

   Основные труды по систематическому богословию 247

   Специальные труды 247

4. Бог Сын: христология 251

Предвоплощенный Христос 251

   Вечное прошлое 252

   Вечный Божий Сын 253

   Явления в Ветхом Завете 256

   Действия в Ветхом Завете 257

   Пророчества в Ветхом Завете. 261

Воплощенный Христос 271

   Воплощение 271

   Учение 295

   Чудеса 301

   Арест и суды 303

   Смерть и искупление. 322

   Воскресение и вознесение 333

Прославленный Христос 339

   Небесный Ходатай 339

   Восхищение церкви 340

   Судилище 341

   Второе пришествие 341

   Тысячелетнее царствование 342

   Суд Великого белого престола 343

   Вечное будущее 343

Молитва 344

Список литературы 347

   Основные труды по систематическому богословию 347

   Специальные труды 347

5. Бог Дух Святой: пневматология 351

Введение в учение о Духе Святом 351

   Обзор Ветхого Завета 352

   Обзор Нового Завета 352

   Реальность Святого Духа 352

   Имена и титулы 353

   Образные описания Святого Духа 354

   Служение Святого Духа Христу 358

Служения Святого Духа 358
Грехи против Святого Духа 359
Божественность и триединство 360
Божественность 360
Триединство 363
Спасение 367
Возрождение 368
Крещение 371
Запечатление 377
Освящение 378
Введение 378
Пребывание 384
Исполнение 388
Плод 393
Служение 399
Обзор даров 399
Временные дары (откровение/подтверждение) 401
Постоянные дары (говорение/служение) 405
Важные вопросы 406
Творение 407
Писание 408
Откровение и богодухновенность 409
Наставление, просвещение и подтверждение 410
Использование 411
Пророческое служение 411
Возрождение 411
Воскресение 411
Семидесятая седмина Даниила 411
Тысячелетнее царство 412
Вечное будущее 412
Молитва 413
Список литературы 415
Основные труды по систематическому богословию . . . 415
Специальные труды 415
Харизматические/пятидесятнические вопросы 416
6. Человек и грех: антропология и гамартиология 419
Человек 419
Введение в учение о человеке 419
Важность антропологии 419
Внезапный креационизм 422
Адам как историческая личность 425

Сотворен по образу Божьему 427
    Человек непосредственно сотворен Богом 427
    Человек как образ Божий (*imago Dei*) 430
    Иисус как образ Божий 435
    Сюжетная линия Библии и образ Божий 436
Устройство человека 437
    Тело 437
    Душа 438
    Дух 439
    Сердце 440
    Совесть 441
    Три взгляда на устройство человека 442
Происхождение души 446
    Предсуществование 446
    Креацианизм 446
    Традуционизм 447
    Оценка трех взглядов 447
Пол 447
    Пол создан Богом 448
    Пол и брак 449
    Пол и размножение 450
    Гомосексуализм 452
Личность 455
    Происхождение личности 455
    Конец человеческой жизни 457
    Участь после смерти 458
Человек и общество 462
    Этническая принадлежность и нации 462
    Человеческая власть 466
    Человеческая культура 469
Библейское богословие о человеке 473
Грех 475
    Введение в учение о грехе 475
        Определение греха 476
        Связь учения о грехе с другими доктринами 479
        Происхождение греха 480
    Последствия грехопадения 482
        Личные последствия 482
        Влияние грехопадения на отношения 483
        Три вида смерти 484
        Передача греха Адама 486
        Ветхий человек и новый человек 491

Полная греховность 492
Другие вопросы о грехе 494
Есть ли степени греха? 494
Непростительный грех 495
Грех к смерти 496
Есть ли смертные и простительные грехи? 497
Грех и христианин 498
Грядущий человек греха 498
Бог и проблема зла 500
Библейское богословие греха 501
Молитва 504
Список литературы 507
Основные труды по систематическому богословию: человек 507
Основные труды по систематическому богословию: грех 507
Специальные труды 508
Социальные вопросы 509
7. Спасение: сотериология 511
Введение в сотериологию 511
Конечная цель спасения 512
Общая благодать 514
План искупления 515
Божье извечное решение 515
Извечное решение об избрании 520
Извечное решение об отвержении 531
Выводы 539
Осуществление искупления 539
План спасения и миссия Сына 540
Причина искупления 544
Необходимость искупления 546
Природа искупления 548
Неполные теории искупления 565
Совершенная достаточность искупления 568
Масштаб искупления 572
Воскресение, вознесение и ходатайство 596
Применение искупления 597
Порядок спасения 598
Внешнее призвание: провозглашение Евангелия 603
Внутреннее призвание: возрождение 608
Обращение 622
Союз со Христом 636
Оправдание 643
Усыновление 659

        Освящение 668
        Неотступность 681
        Прославление 691
    Молитва 697
    Список литературы 699
        Основные труды по систематическому богословию 699
        Специальные труды 700
8. Ангелы: ангелология 703
    Святые ангелы 703
        Ангелы: введение 704
        Реальность святых ангелов 705
        Характер святых ангелов 706
        История святых ангелов 708
        Численность святых ангелов 709
        Место обитания святых ангелов 710
        Организационная структура святых ангелов . . 711
        Сила святых ангелов 711
        Служение святых ангелов 712
        Участь святых ангелов 713
    Сатана 714
        Реальность сатаны 714
        Характер сатаны 715
        История сатаны 719
        Сила сатаны 722
        Козни сатаны 723
        Роль сатаны как слуги 731
        Защита христианина 738
        Суды над сатаной 742
    Бесы 745
        Реальность бесов 746
        Характер бесов 747
        История бесов 749
        Сила бесов 752
        Роль бесов как слуг 753
        Защита христианина 753
        Одержимость бесами 753
        Суды над бесами 758
    Ангел Господень 758
        Явления в Ветхом Завете 759
        Божественные качества 760
        Установление личности 760
        Связь с Новым Заветом 761

Ответы на вопросы 762

   Как насчет ангелов-хранителей (Матф. 18:10)? 762

   Следует ли поклоняться ангелам (Кол. 2:18)? 763

   Кто оказал гостеприимство ангелам (Евр. 13:2)? 764

   Во что желают проникнуть ангелы (1 Пет. 1:12)? 764

   Есть ли ангелы у церквей (Откр. 1:16, 20)? 765

   Как христиане будут судить ангелов (1 Кор. 6:3)? 765

   Говорится ли о сатане в Исаии 14 и в Иезекииля 28? 766

   Может ли сатана читать мысли? 766

   Как связаны Христос и сатана? 768

   Могут ли сатана и бесы совершать чудеса? 768

   Есть ли бесы в мире сегодня? 769

   Могут ли христиане связывать сатану? 770

   Кто такие «сыны Божьи» в Бытии 6:1–4? 770

Молитва 773

Список литературы 776

   Основные труды по систематическому богословию 776

   Специальные труды 776

9. Церковь: экклезиология 779

Определение церкви 780

   Замысел Христа для Своей церкви 782

   Церковь и Царство 784

   Церковь видимая и невидимая 786

   Вселенская церковь и поместные церкви 787

   Различие между церковью и Израилем 787

   Библейские метафоры для церкви 789

Цели церкви 791

   Возвеличение Бога 791

   Назидание верующих 792

   Благовестие погибающим 793

Духовная власть в церкви 794

   Одаренные служители 795

   Пресвитеры 800

   Дьяконы 812

Библейская динамика церковной жизни 817

   Посвященность Христу 817

   Посвященность Писанию 819

   Посвященность друг другу 819

   Посвященность вечере Господней 820

   Посвященность молитве 820

   Результаты посвященности 820

Средства благодати в церкви 822
   Слово Божье 822
   Крещение 824
   Вечеря Господня 828
   Молитва 832
   Поклонение 833
   Общение 834
   Церковная дисциплина 835
Единство и чистота 837
Членство в церкви 839
   Определение 839
   Библейское основание 840
Духовные дары внутри церкви 842
   Категории даров 845
   Обзор даров 849
   Использование даров 861
Предвкушение небес 862
Молитва 864
Список литературы 866
   Основные труды по систематическому богословию 866
   Специальные труды 867

10. Будущее: эсхатология 871
Введение в эсхатологию 871
   Определение эсхатологии 871
   Эсхатология в Божьих планах 873
   Эсхатологические модели 874
   Эсхатология и толкование Библии 877
   Эсхатология и Иисус Христос 878
Личная эсхатология 881
   Смерть 881
   Промежуточное состояние 884
   Воскресение 888
   Вечный ад 890
   Небеса 894
Космическая эсхатология 897
   Царство Божье 897
   Футуристический премилленаризм 902
   Израиль и церковь 904
   Порядок воскресения 909
   Будущие суды 911
   Заветы 917
   Сроки исполнения библейских пророчеств 928

Взгляды на Тысячелетнее царство 932
Пророчество Даниила о «семидесяти седминах». 941
Грядущие события 947
Молитва 964
Список литературы 966
Основные труды по систематическому богословию 966
Специальные труды 967

Список гимнов

Эпиграф
«Господа славь ты, мой дух» 8

1 Введение: пролегомены
«О, благодать! Спасен Тобой» 34
«Воскликни Богу, вся земля!» 69

2 Слово Божье: библиология
«Божье Слово, книга книг» 72
«Стоит основанье» 146

3 Бог Отец: собственно богословие
«Бессмертный, незримый, всезнающий Бог» 150
«Славь, душа, Творца вселенной» 246

4 Бог Сын: христология
«Христа да славит весь народ» 250
«О, если б сотни уст иметь» 346

5 Бог Дух Святой: пневматология
«Троицу славьте» 350
«Приди, о Боже, к нам» 414

6 Человек и грех: антропология и гамартиология
«Пою могущество Творца» 418
«Милость Господня» 506

7 Спасение: сотериология
«Как может быть?» 510
«Иисус — Друг одиноких» 698

8 Ангелы: ангелология
«Вести ангельской внемли» 702
«Твердыня наша, вечный Бог» 775

9 Церковь: экклезиология
«Христос — основа церкви» 778
«Примкните к Иисусу!» 865

10 Будущее: эсхатология
«Аллилуйя, наш Спаситель» 870
«Течет ли жизнь мирно, подобно реке» 966

Заключительный гимн для размышления
«Господи Боже, будь светом моим» 997

Список таблиц

2.1 Символы для описания Библии 74
2.2 Общее и особое откровение в Писании 79
4.1 Христос в Псалмах (Лук. 24:44) 262
4.2 Мессианские пророчества Ветхого Завета 263
4.3 «Отрасль» в свете Евангелий 270
4.4 Божественные качества Иисуса Христа 273
4.5 Соборы раннехристианской церкви 288
4.6 Притчи Иисуса 299
4.7 Чудеса Иисуса 302
4.8 Суды над Иисусом 308
4.9 Хронология распятия Христа 316
4.10 Христос в левитских жертвоприношениях 327
4.11 Сравнение жертвоприношений Ветхого Завета и жертвы Христа 327
4.12 Осуществление во Христе праздников Израиля 327
4.13 Явления Христа после воскресения 336
5.1 Образные описания Святого Духа 355
5.2 Исторические нападки на Троицу и Святого Духа . . . 363
5.3 Тринитарные ссылки в начале и в конце Заветов . . . 366
5.4 Сравнение сценариев крещения 373
5.5 Четыре особых случая обращения 374
5.6 Группы слов, описывающие спасение 380
5.7 Аспекты освящения 381
5.8 Случаи укрепления Святым Духом 386
5.9 Плод уподобления Христу 397
5.10 Духовные дары 400
8.1 Противопоставление Христа и сатаны 716
8.2 Змей или сатана? 744
8.3 Противопоставление бесов и Святого Духа 747
8.4 Встречи с бесами в Ветхом Завете 750
8.5 Встречи Иисуса с бесами в Евангелиях 750
8.6 Другие встречи с бесами в Евангелиях 750
8.7 Встречи с бесами в книге Деяний 751
8.8 Встречи с бесами в посланиях и Откровении 751
8.9 Ангел Господень в Писании 760
8.10 Умственные способности падшего человека 767

9.1   Списки требований к пресвитерам 804

9.2   Требования к пресвитерам и дьяконам 816

9.3   Три основных списка духовных даров 851

9.4   Общий список упомянутых духовных даров 851

Предисловие

Профессор Юджин Меррилл предупреждал своих студентов, что писать библейские учебники богословия — это «удел стариков». Он поясняет:

> Я имею в виду, что это требует такого количества других дисциплин и такого объема накопленных знаний, что немногие исследователи готовы к этой задаче, если только они не посвятили долгие, тяжелые годы подготовке к ее выполнению[1].

Мы согласились с его мудрым советом и дождались «вечера» своей жизни, чтобы взяться за эту книгу по богословию.

Общий замысел и структуру книги «Библейское учение» определяют следующие ее особенности:

1. *Библейская* по содержанию с учетом последовательного откровения в Писании.
2. *Экзегетическая* по методологии, поскольку смысл Писания выводится из текстов Библии.
3. *Систематическая* по изложению, представляя упорядоченный синтез всего, чему учит Писание в каждом разделе богословия.
4. *Всесторонняя* по широте, равномерно охватывая основные разделы систематического богословия.
5. *Пасторская* по применению, с уклоном на разъяснительную проповедь и святую жизнь.
6. *Практическая* по доступности, переносимости и полезности.

Следующие пять принципов толкования направляли наши объяснения библейского откровения и учения[2]:

1. *Буквальный принцип.* Писание следует понимать в его буквальном, обычном смысле. Хотя Библия и содержит образные выражения и символы, они предназначены для выражения буквальной истины. В основном Библия понимается буквально, и ей необходимо позволить говорить самой за себя.
2. *Исторический принцип.* Отрывок должен толковаться в историческом контексте. Мы должны учитывать, что означал этот текст для людей, которым он был изначально адресован. Таким образом можно понять и сформулировать правильное контекстуальное понимание первоначального значения Писания.

---

[1] Eugene H. Merrill, *Everlasting Dominion: A Theology of the Old Testament* (Nashville: Broadman, 2006), xv.

[2] Первые четыре принципа взяты из «Учебной Библии с комментариями Джона Мак-Артура» (Б. м.: Славян. еванг. о-во, 2011. С. xxiii).

3. *Грамматический принцип.* Эта задача требует понимания грамматической структуры каждого предложения на языке оригинала. К кому относятся местоимения? В каком времени стоит основной глагол? Задавая такие простые вопросы, можно обнаружить, что значение текста становится более ясным.
4. *Комплексный принцип.* Этот принцип, называемый *analogia scriptura*, означает, что Писание должно толковаться Писанием[3]. Он предполагает, что Библия не противоречит себе. Поэтому, если понимание текста противоречит истине, ясно изложенной в других текстах Писания, такое толкование не может быть правильным. Чтобы понять текст полностью, Писание нужно сопоставлять с Писанием.
5. *Принцип ясности.* Бог задумал, чтобы Писание было понятным. Однако не все части Библии одинаково ясны. Поэтому более ясные тексты следует использовать для толкования менее ясных.

Хотя многие назвали бы нас «фундаменталистами», этот термин может быть уничижительным и исторически неточным. Почти четыре десятилетия мы время от времени задумывались, как лучше всего описать нас одним словом. Рассматривались такие варианты, как «футуристы», «нормалисты» и «суверентисты», но они не были приняты, так как ни один из них не выражает в достаточной мере самый главный элемент нашего богословия. Хотя и не идеальный вариант, мы выбрали термин «библеисты», потому что в основании наших убеждений лежит непоколебимая вера в Божью безошибочную и непогрешимую Библию, правильно истолкованную.

Данную книгу отличают следующие особенности[4]:

1. Пресуппозиционный подход к Писанию, утверждающий: (1) вечное существование всемогущего Бога и (2) Его постепенное записанное откровение, собранное в 66 книгах канона Писания, безошибочное и непогрешимое в оригинальных текстах.
2. Утверждение таких положений креационизма как молодая Земля и Всемирный потоп.
3. Акцент на тех заветах, что описаны в Библии, а не на тех, что выведены богословскими рассуждениями.
4. Сотериология, отражающая суверенность Бога в искуплении грешников.
5. Вера в прекращение всех чудесных даров при завершении библейского канона, совпадающем с окончанием апостольской эры.
6. Основанное на Библии понимание новозаветной церкви.
7. Комплементарный подход к пониманию ролей мужчин и женщин в семье и в церкви.
8. Футуристическое премилленаристское понимание эсхатологии в соответствии с Божьим суверенным замыслом для всего мира, включая Израиль.

---

[3] R. C. Sproul, "Biblical Interpretation and the Analogy of Faith," in *Inerrancy and Common Sense*, ed. Roger R. Nicole and J. Ramsey Michaels (Grand Rapids, MI: Baker, 1980), 119–135.

[4] «Библейское учение» имеет характерное сочетание особенностей. Эти отличительные признаки в целом соответствуют подходу таких известных авторов как Аллан А. Макрей (1902–1997), Джеймс Монтгомери Бойс (1938–2000) и С. Льюис Джонсон (1915–2004).

Кроме того, значительный объем библиографических ссылок позволит читателям расширить свои исследования за пределы этой книги.

«Библейское учение» рассчитано на разные категории читателей:

1. Преподаватели семинарий, колледжей и библейских школ.
2. Студенты семинарий, колледжей и библейских школ.
3. Проповедники[5].
4. Учители в поместных церквях.
5. Верующие, желающие полнее понимать Писание.

Все богословские книги должны начинаться с систематического изложения библейского материала, которое затем побуждает христиан к святой жизни в послушании Божьему Слову во славу Господа (1 Пет. 4:11; 1 Кор. 10:31; Кол. 4:17). Для этого и написана данная книга в надежде, что она

увеличит библейские познания, которые...
улучшат здравое понимание учения, которое...
умножит данную Богом мудрость, которая...
укрепит в послушании, которое...
углубит поклонение Господу[6].

Эта книга принесет больше пользы, если вместе с ней использовать (1) «Учебную Библию с комментариями Джона Мак-Артура», (2) «Тематическую Библию Мак-Артура» и (3) серию толкований Джона Мак-Артура на книги Нового Завета. Мини-библиотека из этих четырех учебных ресурсов составит базу, чтобы всю жизнь изучать Писание (2 Тим. 2:15).

Труд такого масштаба возможен только при значительном участии многих людей. Мы высоко ценим видение и поддержку издательства «Кроссуэй» при работе над этой книгой, особенно д-ра Лейна Денниса (президента), д-ра Джастина Тейлора (исполнительного вице-президента по книгоизданию), Дейва Девита (вице-президента по книгоизданию), д-ра Дейвида Баршингера (редактора, отдел книг) и Джил Картер (редактора-администратора). Мы выражаем благодарность членам совета попечителей университета и семинарии «Мастерс», которые великодушно поощряли этот проект и молились за него. Коллеги из семинарии «Мастерс» д-р Билл Бэррик, д-р Нейтан Бузениц, д-р Джим Мук, д-р Брайан Мерфи, д-р Майкл Влак и профессор Майкл Риккарди поддерживали нас, подготовив черновики нескольких разделов. Особая благодарность Джереми Смиту за его советы. Выражаем глубокую благодарность Майклу Риккарди и Нейтану Бузеницу за тщательную окончательную редакцию всей книги.

[5] R. Albert Mohler Jr., "The Pastor as Theologian," in *A Theology for the Church*, ed. Daniel L. Akin (Nashville: B&H Academic, 2007), 927–934; John Murray, "Calvin as Theologian and Expositor," in *The Collected Writings of John Murray* (Edinburgh: Banner of Truth, 1976), 1:305–311.

[6] «Цель богословия — поклонение Богу. Поза богословия — на коленях. Метод богословия — покаяние» (Синклер Фергюсон, цит. по: James Montgomery Boice and Philip Graham Ryken, *The Doctrines of Grace* [Wheaton, IL: Crossway, 2002], 179).

Дженис Осборн с готовностью работала с бесчисленными черновиками вплоть до окончательного варианта, отправленного издателю.

Мы предлагаем этот материал с молитвой,

чтобы Бог Господа нашего Иисуса Христа, Отец славы, дал вам Духа премудрости и откровения к познанию Его, и просветил очи сердца вашего, дабы вы познали, в чем состоит надежда призвания Его, и какое богатство славного наследия Его для святых, и как безмерно величие могущества Его в нас, верующих по действию державной силы Его... (Еф. 1:17–19)

Джон Мак-Артур
доктор богословия, доктор литературы
пастор, церковь «Грейс Коммьюнити»
президент, университет и семинария «Мастерс»

Ричард Мейхью, доктор богословия
почетный вице-президент,
декан и профессор богословия,
семинария «Мастерс»

Список сокращений

Стандартные сокращения

букв.	буквально
в.	век
г., гг.	год, годы
гл.	глава
греч.	греческий
д-р	доктор
до Р. Х.	до Рождества Христова
евр.	еврейский
и т. д.	и так далее
изд-во	издательство
изд.	издание
лат.	латинский
мн. ч.	множественное число
напр.	например
о-во	общество
ок.	около
особ.	особенно
от Р. Х.	от Рождества Христова
с.	страница
см.	смотри
ст.	стих
т. е.	то есть

Сокращения источников

BECNT	Baker Exegetical Commentary on the New Testament
BETS	Bulletin of the Evangelical Theological Society
BSac	Bibliotheca Sacra
CTR	Criswell Theological Review
ICC	International Critical Commentary
JETS	Journal of the Evangelical Theological Society
JTS	Journal of Theological Studies
MNTC	MacArthur New Testament Commentary
MSJ	The Master's Seminary Journal
NAC	New American Commentary
NICNT	New International Commentary on the New Testament
NICOT	New International Commentary on the Old Testament
NIGTC	New International Greek Testament Commentary
NTC	New Testament Commentary
RevExp	Review and Expositor
SNTSMS	Society for New Testament Studies Monograph Series
TJ	Trinity Journal
WTJ	Westminster Theological Journal

Сокращения библейских книг

Ветхий Завет

Быт.	Бытие
Исх.	Исход
Лев.	Левит
Чис.	Числа
Втор.	Второзаконие
И. Нав.	Иисуса Навина
Суд.	Судей
Руф.	Руфь
1 Цар.	1 Царств
2 Цар.	2 Царств
3 Цар.	3 Царств
4 Цар.	4 Царств
1 Пар.	1 Паралипоменон
2 Пар.	2 Паралипоменон
Езд.	Ездры
Неем.	Неемии
Есф.	Есфирь
Иов.	Иова
Пс.	Псалтирь
Прит.	Притчи
Еккл.	Екклесиаста
Песн.	Песнь песней
Ис.	Исаии
Иер.	Иеремии
Пл. Иер.	Плач Иеремии
Иез.	Иезекииля
Дан.	Даниила
Ос.	Осии
Иоил.	Иоиля
Ам.	Амоса
Авд.	Авдия
Ион.	Ионы
Мих.	Михея
Наум.	Наума
Авв.	Аввакума
Соф.	Софонии
Агг.	Аггея
Зах.	Захарии
Мал.	Малахии

Новый Завет

Матф.	Матфея
Марк.	Марка
Лук.	Луки
Иоан.	Иоанна
Деян.	Деяния
Иак.	Иакова
1 Пет.	1 Петра
2 Пет.	2 Петра
1 Иоан.	1 Иоанна
2 Иоан.	2 Иоанна
3 Иоан.	3 Иоанна
Иуд.	Иуды
Рим.	Римлянам
1 Кор.	1 Коринфянам
2 Кор.	2 Коринфянам
Гал.	Галатам
Еф.	Ефесянам
Флп.	Филиппийцам
Кол.	Колоссянам
1 Фес.	1 Фессалоникийцам
2 Фес.	2 Фессалоникийцам
1 Тим.	1 Тимофею
2 Тим.	2 Тимофею
Тит.	Титу
Флм.	Филимону
Евр.	Евреям
Откр.	Откровение

«О, благодать! Спасен Тобой»

О, благодать! Спасен Тобой
Я из пучины бед;
Был мертв — и чудом стал живой,
Был слеп — и вижу свет.

Сперва внушила сердцу страх,
Затем дала покой.
Я скорбь души излил в слезах,
Твой мир течет рекой.

Словам Господним верю я,
Моя вся крепость в них:
Он — верный щит, Он — часть моя
Во всех путях моих.

Прошел немало я скорбей,
Невзгод и черных дней,
Но ты всегда была со мной,
Ведешь меня домой.

Пройдут десятки тысяч лет,
Забудем смерти тень,
А Богу также будем петь,
Как в самый первый день.

Джон Ньютон (1725–1807)
5-й куплет, Джон Рис (1828–1900)
(перевод Д. А. Ясько)

1

Введение

Пролегомены

Основные темы 1-й главы

Что такое богословие?

Зачем изучать богословие?

Каковы основные виды богословия?

Что такое систематическое богословие?

Какие существуют разделы систематического богословия?

Какая связь между экзегетическим, библейским и систематическим богословием?

Какие преимущества и ограничения систематического богословия?

Как систематическое богословие связано с доктриной?

Какова всеобъемлющая и объединяющая тема Писания?

Какие основные темы Писания?

Как систематическое богословие связано с мировоззрением?

Как систематическое богословие связано с умом человека?

Как систематическое богословие связано с личной жизнью верующего?

Как систематическое богословие связано со служением?

Термин «пролегомены» образован из греческих слов *pro*, «перед», и *legō*, «говорить», что в сочетании передает общую идею «сказанное прежде» или «сказанное заранее». Эта глава служит прологом или предварительным рассуждением, представляющим и определяющим содержание последующего материала. В эти предварительные пояснения включают допущения, определения, методологию и цели, тем самым формируя контекст для понимания последующего содержания книги. В данном случае пролегомены изложены в виде ответов на ряд важных вопросов, которые готовят читателя к последующему материалу, составляющему основное содержание этой книги.

Что такое богословие?

Богословие или теология (от греч. *theos*, «бог», и *logia*, «слово»)—это не исключительно христианское понятие. Греческий глагол *theologeō* обозначает разговор о боге, а существительное *theologos* описывает человека, который говорит о боге, то есть богослова. Прилагательное *theologikos* означает нечто богословское, а существительное *theologia*—«слово о боге», то есть богословие. Эти слова использовались в языческом религиозном контексте за сотни лет до Нового Завета. Ни одно из этих четырех слов не встречается в Новом Завете или Септуагинте. Самое раннее употребление одного из этих терминов в христианской литературе—ссылка на апостола Иоанна как на богослова в начале II века.

Христианское богословие—это изучение божественного откровения в Библии. Его центром служит Бог, источником—Слово Божье, а целью—благочестие. Алва Макклейн пишет:

Из Бога все исходит—Он источник. Благодаря Богу все существует—Он все держит. И все к Богу, обратно к Нему—Он цель. Вот круг вечности: *из Него, Им и к Нему*[1].

Интересное определение христианского богословия составил Дейвид Уэллс:

Богословие—это постоянное стремление познавать характер, волю и действия триединого Бога, открытые и истолкованные Им для Своего народа в Писании... чтобы мы могли познавать Его, учиться думать как Он, жить в Его мире на Его условиях, и своими мыслями и поступками переносить Его истину в наше время и культуру[2].

Апостол Иоанн умер около 98 г. от Р. Х. Когда он написал Откровение, канон Писания был завершен и закрыт. Прошло немного времени, и последующие поколения начали писать об истине Писания. Можно отметить некоторых выдающихся авторов и их произведения:

- неизвестный автор, «Дидахе» (ок. 110 г.);
- Ириней (ок. 120–202 гг.), «Доказательство апостольской проповеди»;
- Климент Александрийский (ок. 150—ок. 215 гг.), «Строматы»;
- Ориген (ок. 184—ок. 254 гг.), «О началах»;
- Григорий Богослов (ок. 330—ок. 389 гг.), «Пять слов о богословии»;
- Августин (354–430 гг.), «Энхиридион»;
- Иоанн Дамаскин (ок. 675—ок. 749 гг.), «Точное изложение православной веры»;

---

[1] Alva J. McClain, *Romans: The Gospel of God's Grace* (Chicago: Moody Press, 1973), 204.
[2] David Wells, "The Theologian's Craft," in *Doing Theology in Today's World: Essays in Honor of Kenneth S. Kantzer*, ed. John D. Woodbridge and Thomas Edward McComisky (Grand Rapids, MI: Zondervan, 1991), 172.

- Петр Ломбардский (ок. 1095—ок. 1169 гг.), «Сентенции в четырех книгах»;
- Фома Аквинский (1225–1274 гг.), «Сумма теологии»;
- Жан Кальвин (1509–1564 гг.), «Наставление в христианской вере»;
- Томас Ватсон (ок. 1620–1686 гг.), «Основы практического богословия»;
- Франциск Турретин (1623–1687 гг.), «Наставление в эленктическом богословии»;
- Джон Гилл (1697–1771 гг.), «Основы доктринального богословия»;
- Джон Дик (1764–1833 гг.), «Лекции по богословию».

Известные богословские труды XIX, XX и XXI веков перечислены в библиографии в конце этой главы.

Зачем изучать богословие?

Шотландский пастор и богослов Джон Дик дал семь глубоких ответов на этот проницательный вопрос. Трудно найти лучший и более лаконичный ответ[3]:

1. Чтобы уяснить характер Бога по отношению к нам.
2. Чтобы созерцать проявление Его качеств в Его делах и промысле.
3. Чтобы открыть Его замысел о человеке в его первоначальном и нынешнем состоянии.
4. Чтобы познать это могучее Существо, насколько возможно Его познать, [что] является благороднейшей целью для человеческого разума.
5. Чтобы узнать о нашем долге перед Ним, о средствах обретения Его благосклонности, о надеждах, которые мы вправе питать, и о чудесном способе, благодаря которому нашему падшему роду возвращены чистота и счастье.
6. Чтобы любить Его—самое достойное упражнение для наших чувств.
7. Чтобы служить Ему—самая почетная и желанная цель, которой мы можем посвятить свое время и таланты.

Каковы основные виды богословия?

1. *Библейское богословие:* тематическое изложение Писания согласно библейской хронологии или по библейским авторам с учетом постепенного откровения в Библии (необходимый компонент систематического богословия).
2. *Догматическое богословие:* изложение Писания с акцентом на предпочтительные или избранные вероучительные документы церкви.
3. *Экзегетическое богословие:* методическое изложение Писания путем экзегетического исследования отдельных текстов Библии (необходимый компонент библейского и систематического богословия).
4. *Историческое богословие:* историческое исследование развития доктринальных вопросов от дней апостолов до настоящего времени.
5. *Естественное богословие:* изучение того, что можно узнать о Боге лишь с помощью человеческого разума через эмпирическое познание естественного мира.

---

[3] John Dick, *Lectures on Theology* (Cincinnati, OH: Applegate, 1856), 6.

6. *Пастырское/практическое богословие:* изложение Писания с акцентом на личном применении доктринальной истины в жизни церкви и отдельных христиан.

7. *Систематическое богословие:* изложение Писания путем синтеза его учения, обобщенного по основным категориям, охватывающим всю полноту записанного Божьего откровения (выводится из экзегетического и библейского богословия).

Что такое систематическое богословие?

Термин «систематический» происходит от составного греческого слова, состоящего из слов *syn*, «вместе», и *histanai*, «ставить», что означает «составлять» или «систематизировать». Как отмечалось выше, термин «богословие» соответствует греческому слову *theologia*, означающему «слово о боге». Такая этимология показывает, что систематическое богословие подразумевает упорядоченное составление слов о Боге или организованное составление богословия. Посмотрите, что Чарльз Сперджен ответил на возражения против систематического подхода к богословию:

> Систематическое богословие так же связано с Библией, как наука с природой. Некоторые считают, что во всех делах Божьих, кроме одного, есть порядок и система, что чем величественнее дело, тем совершеннее система. Но в одном Его деле, самом великом из всех, в деле, где яснее всего открылось все Его совершенство, с их точки зрения, нет никакого плана! Это полный абсурд[4].

Систематическое богословие отвечает на вопрос: что говорит весь канон Писания по какой-либо теме или предмету? Например, чему учит Библия от Бытия до Откровения о божественности Иисуса Христа? Поэтому простое определение систематического богословия—это «упорядоченное изложение христианских доктрин»[5].

Систематическое богословие должно отличаться (1) герменевтической добросовестностью, (2) доктринальной согласованностью, (3) этической значимостью, (4) мировоззренческой понятностью и (5) традиционной преемственностью. Если все это присутствует и действует, систематизация библейского учения окажется полезной для проповедника. Когда он тщательно исследует каждую деталь текста, готовясь к его разъяснению, систематическое богословие позволяет ему видеть всю богословскую картину, где учитываются не только известные выводы из истории церкви, но и последовательность откровения, достигающая кульминации в завершенном откровении Бога[6]. (Хронологический обзор последовательности откровения см. в приложении на с. 969).

---

[4] Чарльз Сперджен, цит. по: Мюррей И. Забытый Сперджен. Мн.: Евангелие и Реформация, 2003. С. 17.

[5] James L. Garrett, *Systematic Theology: Biblical, Historical, and Evangelical* (Grand Rapids, MI: Eerdmans, 1990), 1:8.

[6] Это мнение высказал наш коллега Тревор Крейген, вышедший на пенсию профессор богословия семинарии «Мастерс».

Представление о систематическом богословии можно составить на основе следующих наблюдений Джона Мюррея:

Когда мы правильно расцениваем утверждение, что Писание—это кладезь особого откровения, что это изречения Божьи, что в нем Бог встречается с нами и обращается к нам, раскрывает нам Свое непостижимое величие, призывает нас к познанию и исполнению Своей воли, раскрывает перед нами тайну Своего замысла и сообщает цели Своей благодати, тогда систематическое богословие представляется самой благородной из всех наук и дисциплин, не холодным, бесстрастным размышлением, а вызывающим восхищенное удивление и требующим самого освященного приложения всех наших сил. Это самая благородная из всех наук, потому что сфера ее деятельности—вся воля Божья, и она, как никакая другая дисциплина, стремится излагать богатства Божьего откровения организованно и всесторонне, ведь это и есть ее особый метод и подход. Все остальные направления богословия приносят свои результаты в систематическое богословие, а оно употребляет все богатство знаний, полученных из этих дисциплин, для более полной систематизации, которой оно занимается[7].

Систематическое богословие направлено на всестороннее и тематически организованное изложение библейских доктрин, сосредоточенных на Лицах триединого Бога, Их целях и планах по отношению к миру и человечеству. Систематическое богословие начинается с информации, которую получает разум (знание и понимание). Разум формирует то, во что мы верим и что любим сердцем. Воля желает того, что мы любим, и отвергает то, что мы ненавидим. Затем наши действия соответствуют тому, чего мы больше всего желаем. Разум формирует чувства, которые формируют волю, направляющую действия. Богословие еще не завершено, пока оно не согреет сердце (чувства) и не вызовет желание (воля) действовать в послушании его содержанию[8].

Какие существуют разделы систематического богословия?

1. *Библиология:* учение о богодухновенности, безошибочности, авторитете и каноничности Библии (греч. *biblion*, «книга»).
2. *Собственно богословие:* учение о существовании и бытии Бога, в том числе о Его триединстве (греч. *theos*, «Бог»).
3. *Христология:* учение о личности и делах Господа Иисуса Христа (греч. *christos*, «Христос»).
4. *Пневматология:* учение о личности и делах Святого Духа (греч. *pneuma*, «Дух»).
5. *Антропология:* учение о человеке (греч. *anthrōpos*, «человек»).
6. *Гамартиология:* учение о грехе (греч. *hamartia*, «грех»).
7. *Сотериология:* учение о спасении (греч. *sōtēria*, «спасение»).

---

[7] John Murray, "Systematic Theology," in *The Collected Writings of John Murray* (Edinburgh: Banner of Truth, 1982), 4:4.

[8] Уильям Эймс заметил, что богословие должно иметь своей целью *евпраксию*, букв. «благое поведение». William Ames, *The Marrow of Theology*, trans. and ed. John Dykstra Eusden (1629; repr., Grand Rapids, MI: Baker, 1997), 78.

8. *Ангелология*: учение о святых ангелах, сатане и падших ангелах (греч. *angelos*, «ангел»).

9. *Экклезиология*: учение о церкви, вселенской и поместной (греч. *ekklēsia*, «собрание» или «церковь»).

10. *Эсхатология*: учение обо всей полноте библейского предсказательного пророчества, особенно о событиях конца времен, в том числе об участи спасенных и неспасенных людей, о небесах и аде (греч. *eschatos*, «последний»).

Какая связь между экзегетическим, библейским и систематическим богословием?[9]

Все библейское богословие имеет систематический характер; все систематическое богословие имеет библейское содержание; как библейское, так и систематическое богословие имеют экзегетический подход к толкованию. Поэтому ключевой вопрос не в том, какой подход к богословию лучше всего, а в том, как эти три подхода взаимосвязаны между собой.

Можно сравнить это со строительством:

• экзегетическое богословие дает строительные материалы для фундамента и здания;
• библейское богословие служит фундаментом, поддерживающим здание;
• систематическое богословие представляет собой здание, построенное на этом фундаменте.

Экзегетическое богословие состоит в методическом изложении Писания путем экзегетического исследования отдельных текстов Библии. Оно должно быть исходным компонентом как библейского, так и систематического богословия. В результате каждое слово, предложение и абзац Писания подвергается тщательному изучению.

Библейское богословие характеризуется тематическим изложением Писания согласно библейской хронологии или по библейским авторам с учетом постепенного откровения в Библии. Это необходимый компонент систематического богословия, который служит мостом от экзегетического богословия к систематическому.

Систематическое богословие — это изложение Писания путем синтеза его учения, обобщенного по основным категориям, охватывающим всю полноту записанного Божьего откровения. Систематическое богословие строится на основе экзегетического и библейского богословия и объединяет все учение Слова Божьего в одно целое. Джон Мюррей снова помогает понять эти связи:

---

[9] Некоторые наиболее ясные определения, различия и взаимосвязи трех обсуждаемых богословских дисциплин представлены в следующих источниках: Richard B. Gaffin Jr., "Systematic Theology and Biblical Theology," *WTJ* 38, no. 3 (1976): 281–299; Eugene Merrill, *Everlasting Dominion: A Theology of the Old Testament* (Nashville: Broadman, 2006), 1–27; Murray, "Systematic Theology," 4:1–21; Roger Nicole, "The Relationship between Biblical Theology and Systematic Theology," in *Evangelical Roots: A Tribute to Wilbur Smith*, ed. Kenneth S. Kantzer (Nashville: Thomas Nelson, 1978), 185–193; Charles Caldwell Ryrie, *Biblical Theology of the New Testament* (Chicago: Moody Press, 1959), 11–24.

Следовательно, объяснение Писания должно быть основой систематического богословия. Его задача не в том, чтобы просто разбирать отдельные тексты. Это задача экзегетики. Систематика же должна соотносить учение отдельных текстов и классифицировать его по соответствующим темам. Такой синтез относится именно к систематике, а не к экзегетике. Но поскольку систематическое богословие синтезирует учение Писания, а это его главная цель, постольку становится очевидным, как сильно оно зависит от экзегетики. Оно не может соотносить и сопоставлять учение конкретных текстов, не зная, какое это учение. Поэтому экзегетика необходима для достижения его цели. На это следует обращать внимание. Систематическое богословие серьезно пострадало, даже лишилось своего призвания, когда его оторвали от тщательного внимания к библейской экзегезе. Это одна из причин, почему упомянутый выше довод так сильно подкрепляет предъявленное обвинение. Систематика становится безжизненной и не достигает своей цели в той степени, в какой она обособлена от экзегетики. И защита от шаблонной догматики заключается в непрерывном обогащении, углублении и расширении систематического богословия благодаря постоянному извлечению сокровищ из Слова Божьего. Экзегетика не только обеспечивает прямую связь систематики со Словом, но и наделяет ее исходящей из Слова силой. А Слово живо и действенно[10].

Следует упомянуть еще один подход к богословию. Историческое богословие исследует, как развивались экзегетические и богословские взгляды с течением времени. Оно рассматривает выводы, сделанные благочестивыми толкователями Писания предшествующих поколений.

Какие преимущества и ограничения систематического богословия?

Преимущества
Ограничения

Рассматривается ли Библия экзегетически в отдельных текстах или же по категориям с охватом всего ее объема, все Писание полезно для достижения как минимум четырех божественных целей (2 Тим. 3:16):

1. Для *научения*, то есть для передачи данного Богом откровения о Себе, о Его творении и Его искупительном плане спасения и освящения грешников.
2. Для *обличения* греха, будь то в форме лжеучения или непослушания.
3. Для *исправления* заблуждений в мышлении и поведении, чтобы раскаявшийся грешник снова мог занять угодное Богу положение.
4. Для *наставления*, чтобы верующие могли постоянно упражняться в праведности Господа Иисуса Христа — меньше грешить и больше повиноваться.

Только Писание дает полное, абсолютно точное и достоверное учение о Боге, и оно в достаточной степени достигнет этих четырех целей, чтобы «Божий человек» имел все необходимое (2 Тим. 3:17).

---

[10] Murray, "Systematic Theology," 4:17.

Преимущества

Систематическое богословия дает некоторые преимущества:

1. Полное собрание библейской истины.
2. Упорядоченный синтез и обобщение библейского учения.
3. Повеление нести Евангелие до края земли.
4. Кладезь истины для разъяснительной проповеди и обучения.
5. Библейское основание для христианского поведения в церкви, доме и мире.
6. Защита библейского учения от лжеучений.
7. Библейский ответ на этические и социальные проблемы в мире.

Джеймс Гарретт говорит об этом так:

> Систематическое богословие полезно как расширение учительского служения церквей, для упорядоченного и согласованного изложения библейских истин, для подкрепления проповеди проповедников и мирян, для защиты евангельской истины от заблуждений, проникших в церковь, для обоснования Евангелия перед философией и культурой, как основа для личной и социальной христианской этики, а также для более эффективного распространения Евангелия по всему миру и взаимодействия с последователями нехристианских религий[11].

Ограничения[12]

Систематическое богословие может быть ограничено следующими факторами:

1. Молчание Библии по некоторой теме (Втор. 29:29; Иоан. 20:30; 21:25).
2. Неполное знание/понимание Библии толкователем (Лук. 24:25–27, 32; 2 Пет. 3:16).
3. Недостаточность человеческой речи (1 Кор. 2:13–14; 2 Кор. 12:4).
4. Ограниченность человеческого разума (Иов. 11:7–12; 38:1–39:30; Рим. 11:33–35).
5. Отсутствие духовной проницательности и роста (1 Кор. 3:1–3; Евр. 5:11–13).

Как систематическое богословие связано с доктриной?

Доктрина представляет собой учение, которое считается авторитетным. Когда Христос учил, народ удивлялся Его власти (Матф. 7:28–29; Марк. 1:22, 27; Лук. 4:32). Доктринальное вероучение церкви содержит свод учений, используемых в качестве авторитетного мерила ортодоксии.

В Ветхом Завете еврейское слово *laqakh* означает «то, что получено» или «принятое учение» (Втор. 32:2; Иов. 11:4; Прит. 4:2; Ис. 29:24). Оно может переводиться как «наставление», «учение» или «поучение».

В Новом Завете два греческих слова переводятся как «учение», «наставление» или «обучение»: *didachē* (обозначает содержание учения) и *didaskalia* (обозначает действие обучения). Павел использовал оба слова вместе в 2 Тимофею 4:2–3 и Титу 1:9.

---

[11] James Leo Garrett Jr., "Why Systematic Theology?," *CTR* 3, no. 2 (1989): 281.

[12] Этот материал адаптирован из: Augustus Hopkins Strong, *Systematic Theology: A Compendium and Commonplace-Book Designed for the Use of Theological Students* (Old Tappan, NJ: Fleming H. Revell, 1907), 34–36 (public domain).

Латинские термины *docere* («учить»), *doctrina* («то, чему учат») и *doctor* («тот, кто учит») вносят вклад в значение современного слова «доктрина». Содержание может быть информационным (во что верить) или практическим (как поступать). Это необязательно относится к систематизации истины.

С библейской точки зрения слово «учение» — довольно широкий термин, обретающий определенную форму только в контексте. Оно обозначает учение в общем (систематизированное или нет, истинное или ложное), например, «учение Валаама» (Откр. 2:14) или «учение человеческое» (Кол. 2:22), в отличие от библейского учения, такого как учение Христа (Матф. 7:28) или Павла (2 Тим. 3:10).

Поэтому библейская доктрина означает учение Писания, будь то его провозглашение, разъяснение или категоризация. Все Писание оказывается «доктринальным», когда его читают, преподают, проповедуют или систематизируют в богословские категории. Систематической библейской доктриной (систематическим богословием) называют библейское учение, обобщенное по категориям или темам, которые обычно для этого используют.

Обзор Писания показывает, что любую доктрину или учение, в зависимости от источника, можно отнести к одной из двух категорий:

- по происхождению — от Бога-Творца (Иоан. 7:16; Деян. 13:12) или от Божьего творения (Кол. 2:22; 1 Тим. 4:1);
- по содержанию истины (2 Фес. 2:11–12) — истинное или ложное;
- по человеческому источнику (1 Фес. 2:13) — библейское или небиблейское;
- по качеству (1 Тим. 1:10; 6:3) — здравое или нездравое;
- по приемлемости (1 Тим. 1:3; Евр. 13:9) — знакомое или чуждое;
- по сохранению (Откр. 2:24) — его держатся или нет;
- по благотворности (1 Тим. 4:6) — хорошее или плохое;
- по ценности (2 Тим. 3:16) — полезное или бесполезное.

Современное богословское использование термина «доктрина» слишком узко и может вводить в заблуждение, искажая его основное библейское употребление. Обсуждая доктрину, гораздо лучше использовать этот термин в более широком смысле как «учение» (что, безусловно, включает в себя систематизированную истину, но не ограничивается этим), а не использовать термин «доктрина» в его вторичном смысле, как будто это единственное значение. Учение Писания служит эталоном, критерием, стандартом, нормой, образцом, мерилом и отвесом, с помощью которого все остальные учения по любому вопросу признаются истинными или ложными, принятыми или отвергнутыми, здравыми или несостоятельными, ортодоксальными или еретическими.

Здравое библейское учение имеет большое влияние на жизнь церкви Христовой:

1. Здравое учение разоблачает грех и лжеучение и противостоит им (1 Тим. 1:8–11, особ. 1:10; 4:1–6).
2. Здравое учение отличает хорошего служителя Иисуса Христа (1 Тим. 4:6; см. также 1 Тим. 4:13, 16; Тит. 2:1).

3. Здравое учение вознаграждается сугубой честью для пресвитеров (1 Тим. 5:17).
4. Здравое учение согласуется с благочестием (1 Тим. 6:3; Тит. 2:10).
5. Здравое учение входит в апостольский пример для подражания (2 Тим. 3:10).
6. Здравое учение необходимо для подготовки пасторов (2 Тим. 3:16–17).
7. Здравое учение — постоянное поручение для проповедников (2 Тим. 4:2–4).
8. Здравое учение — основное требование для пресвитера (Тит. 1:9).

Библия говорит, что здравому учению всегда будут противиться, как люди (Матф. 15:2–6; Марк. 11:18; 1 Тим. 1:3, 10; 2 Тим. 4:3; Тит. 1:9), так и сатана с бесами (1 Тим. 4:1). В Писании есть несколько рецептов, как противостоять ложному учению и исправлять его:

1. Говорить истину здравого учения в любви (Еф. 4:15).
2. Обучать здравому учению (1 Тим. 4:6; 2 Тим. 4:2).
3. Крепко держаться здравого учения (Тит. 1:9; Откр. 2:24–25).
4. Обличать ложное учение (Тит. 1:9).
5. Отвергать лжеучителей и удаляться от них (2 Иоан. 9–10; Рим. 16:17).

Между здравым учением и святой жизнью существует прямая, неразрывная связь, чему четко и последовательно учит Писание (Рим. 15:4; 1 Тим. 4:16; 6:1, 3; 2 Тим. 3:10; Тит. 2:1–4, 7–10). Верно и обратное: где верят ложному учению, там будет и греховное поведение (Тит. 1:16). Несмотря на ясный акцент Писания на чистоту учения и на чистоту жизни, возникло несколько ошибочных представлений о связи между тем, во что человек верит, и тем, как он должен жить. Среди этих ложных идей есть такие:

1. Правильное учение автоматически приводит к благочестию.
2. Неважно, как человек живет, только бы он придерживался правильного учения.
3. Доктрина притупляет духовную чувствительность.
4. Нет никакой связи между тем, во что человек верит, и тем, как он живет.
5. Христианство — это жизнь, а не доктрина.
6. Доктрина не имеет значения.
7. Доктрина разделяет.
8. Доктрина отталкивает людей.

Вопреки негативному отношению к доктрине, отсутствие здравого и присутствие ложного учения всегда будет приводить к греховному поведению. Без здравого учения нет библейского основания, чтобы отличить добро от зла, нет доктринального авторитета, чтобы обличать грех, и нет библейского поощрения к благочестивой жизни.

С другой стороны, духовная ценность здравого учения неизмерима:

1. Здравое учение духовно полезно (2 Тим. 3:16–17).
2. За послушание ему обещаны духовные благословения (Откр. 1:3; 22:7).
3. Здравое учение хранит от греха (напр., Иов, Иосиф, Даниил, Христос).
4. Здравое учение проводит границу между истиной и заблуждением (2 Кор. 11:1–15; 2 Тим. 3:16–17).

5. Здравое учение было в центре служения Христа (Матф. 7:28–29; Марк. 4:2; Лук. 4:32).
6. Здравое учение было в центре служения ранней церкви (Деян. 2:42; 5:28; 13:12).
7. Здравое учение было в центре служения апостолов (Павел: Деян. 13:12; 17:19; Гал. 2:11–21; Иоанн: 2 Иоан. 9–10).
8. Здравое учение стоило жизни многим мученикам (Христос: Марк. 11:18; Стефан: Деян. 7:54–60; Иаков: Деян. 12:2; Павел: 2 Тим. 4:1–8).
9. Христос и апостолы поручили передавать здравое учение следующим поколениям (Христос: Матф. 28:20; Павел: 2 Тим. 2:2).
10. Церкви получали похвалу за здравое учение или порицание за его отсутствие (Ефес — похвала: Откр. 2:2, 6; Пергам и Фиатира — порицание: Откр. 2:14–15, 20).
11. Здравое учение готовит к временам, когда его не будут принимать (2 Тим. 4:3).
12. Здравое учение защищает церковь от лжеучителей (Тит. 1:9).
13. Здравое учение служит истинным духовным украшением для верующих (Тит. 2:10).
14. Здравая библейская доктрина и здравое систематическое учение неразрывно связаны с богословием. И при объяснении отдельного текста, и при обобщении какой-либо темы на основании всего Писания библейское учение нельзя отделить от богословия. Другими словами, все библейское учение имеет богословский характер, а все христианское богословие имеет библейское содержание.

Какова всеобъемлющая и объединяющая тема Писания?[13]

Широкая тема царя/царства (человеческого и божественного) прослеживается по всей Библии. За исключением книг Левит, Руфь и Иоиля, эта тема прямо упоминается в 36 из 39 книг Ветхого Завета. За исключением Посланий к филиппийцам, Титу, Филимону и 1, 2 и 3 Иоанна, она прямо упоминается в 21 из 27 книг Нового Завета. В целом 57 из 66 канонических книг касаются темы царства (86 %).

Еврейские слова со значением «царь», «царство», «царствовать» и «престол», встречаются в Ветхом Завете более трех тысяч раз, а соответствующие греческие слова встречаются в Новом Завете 160 раз. Первое упоминание в Ветхом Завете встречается в Бытии 10:10, последнее — в Малахии 1:14. Первое упоминание в Новом Завете встречается в Матфея 1:6, а последнее — в Откровении 22:5.

В Ветхом Завете выражение «Царство Божье» не встречается. В Новом Завете словосочетание «Царство Небесное» есть только у Матфея, но он использует его взаимозаменяемо с фразой «Царство Божье» (Матф. 19:23–24). И где он применяет фразу «Царство Небесное», авторы других Евангелий в параллельных текстах используют фразу «Царство Божье» (см. Матф. 13:11 и Лук. 8:10), тем самым устанавливая соответствие между этими двумя выражениями.

---

[13] Адаптировано из: Richard L. Mayhue, "The Kingdom of God: An Introduction," *MSJ* 23, no. 2 (2012): 167–172. Использовано с разрешения *MSJ*.

В Евангелиях Иисус никогда не давал точного определения «Царству Небесному/Божьему», хотя часто приводил для него иллюстрации (напр., Матф. 13:19, 24, 44, 45, 47, 52). Удивительно, но никто ни разу не спросил Христа об определении этого понятия. Можно считать, что слушатели как минимум думали, что понимают основную идею из Ветхого Завета, даже если их представления были ошибочными.

Возможно, самое показательное—это множество царских титулов, данных Христу в Новом Завете:

- «Царь Израилев» (Иоан. 1:49; 12:13);
- «Царь Иудейский» (Иоан. 18:39; 19:3, 19, 21);
- «Царь царей» (1 Тим. 6:15; Откр. 17:14; 19:16);
- «Царь веков, нетленный, невидимый» (1 Тим. 1:17);
- «Царь народов» (Откр. 15:3, Кассиан).

Сказано, что Он будет царствовать во веки веков (Откр. 11:15; 22:5).

Библейское исследование Божьего Царства приводит к выводу, что оно имеет множество граней, измерений, форм, факторов и проявлений. Его, конечно, нельзя считать монолитным по характеру.

Идея Божьего Царства охватывает все этапы библейского откровения. Например:

- Бог—Царь вечности (до Быт. 1, Откр. 21–22, после Откр. 22);
- Бог—Царь творения (Быт. 1–2);
- Бог—Царь истории (Быт. 1—Откр. 20);
- Бог—Царь искупления (Быт. 3—Откр. 20);
- Бог—Царь земли (Быт. 1—Откр. 20);
- Бог—Царь небес (до Быт. 1, Быт. 1—Откр. 22, после Откр. 22).

Все тексты, говорящие о *Царстве Божьем*, можно обобщить, выделив несколько широких категорий. Во-первых, это *вселенское Царство*, то есть власть Бога, которая была, есть и всегда будет над всем, что существует во времени и пространстве. Во-вторых, это Божье *посредническое Царство*, то есть Его правление на земле через избранных Им представителей из людей. В-третьих, это *духовный или искупительный аспект Божьего Царства*, уникально связанный со спасением человека и его личными отношениями с Богом через Христа. Когда Писание использует слово «царство», говоря о Царстве Божьем, оно может указывать на любой из аспектов царства или же на несколько его частей вместе. Тщательное толкование в контексте определит нюансы для каждого библейского текста.

Учитывая все вышесказанное, представление о *Боге как о Царе* и концепцию *Царства Божьего* можно по праву назвать главной, всеобъемлющей темой Писания. В прошлом в качестве главной темы предлагались такие достойные темы как Божья слава, искупление, благодать, Христос, завет и обетование. Каждая из них объясняет отдельный аспект Царства Божьего, но только *Царство Божье* может объяснить все.

И до начала, и после конца, и от начала до конца, как во времени и пространстве, так и за их пределами Бог предстает как верховный Царь. Он находится в центре и служит основой всего вечного и временного. Царство Божье можно с уверенностью назвать объединяющей темой Писания.

Джон Брайт лаконично и убедительно пишет об этом:

> Ветхий Завет и Новый Завет предстают как два акта одной драмы. Первый акт указывает на ее завершение во втором акте, и без него драма будет незаконченной, неполной. Второй же должен читаться в свете первого, иначе его смысл будет упущен. Ведь это, по сути, одна драма. Библия—это одна книга. Если бы нам понадобилось дать этой книге название, мы могли бы по праву назвать ее «Книга о грядущем Царстве Божьем». Это и есть ее центральная тема[14].

По мнению авторов данной книги, из прекрасного вывода доктора Брайта стоит убрать только слово «грядущем», поскольку Царство Божье было, есть и будет всегда.

Царство Божье можно объяснить следующим образом: вечный, триединый Бог создал Царство и двух его граждан (Адама и Еву), чтобы они правили в нем. Но враг обманул их и соблазнил нарушить верность Царю и восстать против суверенного Творца. Бог вмешался, наложив проклятия, которые остаются до сего дня. С тех пор Он совершает искупление грешных, непокорных людей, чтобы снова сделать их достойными гражданами Царства, как в настоящее время в духовном смысле, так и в будущем в смысле Царства на земле. Наконец, враг будет побежден навсегда, как и грех. Таким образом, Откровение 21–22 описывает окончательное вечное проявление Царства Божьего, когда триединый Бог восстановит его изначальную чистоту, сняв проклятие, а новое небо и новая земля навеки станут местом, где Бог пребывает со Своим народом.

Какие основные темы Писания?[15]

Откровение о характере Бога
Откровение о божественном суде за грех и непослушание
Откровение о божественном благословении за веру и послушание
Откровение о Господе и Спасителе и Его жертве за грех
Откровение о Царстве и славе Господа и Спасителя

Библия представляет собой собрание из 66 богодухновенных книг, собранных в два Завета: Ветхий (39 книг) и Новый (27 книг). Пророки, священники, цари

---

[14] John Bright, *The Kingdom of God: The Biblical Concept and Its Meaning for the Church* (New York: Abingdon-Cokesbury, 1953), 197; см. также 7, 244. См.: Зауэр Э. Бог, человечество и вечность. Киев: Союз еванг. христиан-баптистов, 1991. С. 86; Alva J. McClain, *The Greatness of the Kingdom: An Inductive Study of the Kingdom of God* (Chicago: Moody Press, 1959), 4–53; George N. H. Peters, *The Theocratic Kingdom of Our Lord Jesus, the Christ, as Covenanted in the Old Testament and Presented in the New Testament* (1884; repr., Grand Rapids, MI: Kregel, 1978), 1:29–33.

[15] Этот раздел адаптирован из «Учебной Библии с комментариями Джона Мак-Артура» (Б. м.: Славян. еванг. о-во, 2011. С. ix–xii).

и вожди израильского народа написали книги Ветхого Завета на древнееврейском языке (и некоторые части на арамейском). Апостолы и их помощники написали книги Нового Завета на греческом языке.

Ветхий Завет начинается с сотворения Вселенной и завершается примерно за 400 лет до первого пришествия Иисуса Христа. Развитие истории в Ветхом Завете происходит следующим образом:

1. Сотворение Вселенной.
2. Грехопадение человека.
3. Суд над землей через потоп.
4. Авраам, Исаак, Иаков (Израиль)—патриархи избранного народа.
5. История Израиля:
   а. египетское рабство (430 лет);
   б. исход и странствия в пустыне (40 лет);
   в. завоевание Ханаана (7 лет);
   г. время Судей (350 лет);
   д. единое царство: Саул, Давид, Соломон (110 лет);
   е. разделенное царство: Иудея и Израиль (350 лет);
   ж. вавилонский плен (70 лет);
   з. возвращение и восстановление земли (140 лет).

Подробности этой истории изложены в 39 книгах, которые можно разделить на пять категорий:

1. Закон—5 книг (Бытие—Второзаконие).
2. История—12 книг (Иисуса Навина—Есфирь).
3. Мудрость—5 книг (Иова—Песнь Песней).
4. Большие пророки—5 книг (Исаии—Даниила).
5. Малые пророки—12 книг (Осии—Малахии).

После завершения Ветхого Завета наступили 400 лет молчания, когда Бог не говорил через пророков и не вдохновлял написание священных книг. Это молчание нарушил Иоанн Креститель, возвестивший о пришествии обещанного Спасителя. Новый Завет повествует оставшуюся часть истории от рождения Христа до завершения истории мира и окончательного вечного состояния. Таким образом, два Завета охватывают все от начала творения до его конца, от вечного прошлого до вечного будущего.

Тогда как 39 книг Ветхого Завета главным образом посвящены истории Израиля и обетованию о грядущем Спасителе, 27 книг Нового Завета главным образом посвящены личности Христа и созданию церкви. Четыре Евангелия говорят о рождении, жизни, смерти, воскресении и вознесении Иисуса Христа. Каждый из четырех авторов рассматривает величайшее и важнейшее событие в истории, пришествие Богочеловека Иисуса Христа, с несколько иной точки зрения. Матфей рассматривает пришествие Христа сквозь призму Его Царства, Марк—сквозь призму Его служения, Лука—сквозь призму Его человеческой природы, а Иоанн—сквозь призму Его божественности.

Книга Деяний повествует о влиянии жизни, смерти и воскресения Господа и Спасителя Иисуса Христа, начиная с Его вознесения с последующим сошествием Святого Духа и рождением церкви и заканчивая первыми годами проповеди Евангелия апостолами и их помощниками. В Деяниях рассказывается о возникновении церквей в Иудее, Самарии и во всей Римской империи.

Двадцать одно послание было написано церквам и отдельным людям, чтобы объяснить значение личности и дел Иисуса Христа с применением к жизни и свидетельству верующих до Его возвращения.

Последняя книга Нового Завета, Откровение, начинается с описания нынешней эпохи церкви и завершается возвращением Христа, когда Он установит Свое земное Царство, совершит суд над нечестивыми и даст верующим славу и благословение. После Тысячелетнего царства Господа и Спасителя будет последний суд, а затем наступит вечное состояние. Все верующие всех времен войдут в приготовленную для них вечную славу, а все нечестивые будут отправлены в ад на вечное наказание.

Для понимания Библии необходимо иметь общее представление о ходе всей истории от сотворения до завершения. Также важно помнить объединяющую тему всего Писания. Во всей Библии раскрывается следующая тема: ради Своей славы Бог решил создать и собрать к Себе группу людей, которые будут подданными Его вечного Царства, чтобы они прославляли, почитали Его и служили Ему вовеки и чтобы через них явить Свою мудрость, могущество, милость, благодать и славу. Чтобы собрать Своих избранных, Бог должен искупить их от греха. Библия раскрывает Божий план искупления от самого начала в вечном прошлом до завершения в вечном будущем. Заветы, обетования и эпохи подчинены этому единому плану искупления.

Бог один. У Писания один божественный Источник. Библия — единая книга. В ней записано происхождение, осуществление и завершение одного плана благодати. От предопределения и до прославления Библия — это повествование о спасении Богом Своего избранного народа в похвалу Своей славы.

По мере раскрытия Божьих целей и плана искупления в Писании неизменно выделяются пять основных тем. С этими пятью темами связано все, записанное на страницах Ветхого и Нового Завета. В Писании постоянно проявляются или объясняются: (1) характер и качества Бога; (2) трагедия греха и непослушания святым Божьим требованиям; (3) блаженство веры и послушания Божьим требованиям; (4) необходимость в Спасителе, благодаря праведности и заместительной жертве Которого грешники могут быть прощены, объявлены праведными и преображены для послушания Божьим требованиям; и (5) грядущий славный конец истории искупления в земном Царстве Господа Спасителя и последующее вечное правление и слава Бога и Христа. Читая Библию, надо понимать связь каждой ее части с этими основными темами и замечать, что все, изложенное в Ветхом Завете, разъясняется в Новом. Можно сделать обзор Библии, рассмотрев эти пять тем.

Откровение о характере Бога

Прежде всего, Писание—это Божье откровение о Самом Себе. В Писании Он предстает суверенным Богом Вселенной, решившим сотворить человека и открыть Себя ему. И в этом откровении о Себе Он дал эталон абсолютной святости. Этот эталон праведности остается неизменным для всех людей от Адама и Евы, Каина и Авеля, живших до закона Моисея и после него, и утверждаются в Писании вплоть до последней страницы Нового Завета. Нарушение этих требований ведет к осуждению—как временному, так и вечному.

В Ветхом Завете Бог открывал Себя следующими средствами:

1. Творение (небо и земля).
2. Сотворение человека по образу Божьему.
3. Ангелы.
4. Знамения и чудеса.
5. Видения.
6. Слова, сказанные пророками и другими людьми.
7. Писание (Ветхий Завет).

В Новом Завете Бог открывал Себя теми же средствами, но более ясно и полно:

1. Творение (небо и земля).
2. Воплощение Богочеловека Иисуса Христа, Который есть образ Бога.
3. Ангелы.
4. Знамения и чудеса.
5. Видения.
6. Слова, сказанные Христом, апостолами и пророками.
7. Писание (Новый Завет).

Откровение о божественном суде за грех и непослушание

Библия постоянно обращается к проблеме человеческого греха, навлекающего божественный суд. Снова и снова Писание показывает смертельные последствия нарушения Божьих требований—как временные, так и вечные. Библия состоит из 1189 глав. Только четыре из них не связаны с падшим миром: две первые и две последние, о жизни до грехопадения и после сотворения новой земли и нового неба. Все остальные посвящены трагедии греха и Божьей искупительной благодати в Иисусе Христе.

В Ветхом Завете Бог показал губительные последствия греха—начиная от Адама и Евы, затем у Каина и Авеля, патриархов, Моисея и Израиля, царей, священников, некоторых пророков и языческих народов. На протяжении всего Ветхого Завета постоянно говорится о страшных бедствиях, вызванных грехом и непослушанием Божьему закону.

В Новом Завете трагедия греха становится еще более явной. Учение Иисуса Христа и апостолов начинается и заканчивается призывом к покаянию. Царь Ирод, иудейские вожди и народ израильский, а также Пилат, Рим и остальной мир — все отвергли Господа и Спасителя, презрели Божью истину и тем самым навлекли на себя осуждение. Летопись греха не завершится до наступления конца времен и возвращения Христа для суда. В Новом Завете непокорность еще более вопиющая, чем в Ветхом, так как она включает отвержение Господа и Спасителя Иисуса Христа при более ярком свете новозаветного откровения.

Откровение о божественном благословении за веру и послушание

Писание снова и снова обещает чудесные награды в этой жизни и в вечности тем, кто доверяет Богу и стремится быть послушным Ему. В Ветхом Завете Бог показал блаженство покаяния в грехах, веры в Него и послушания Его Слову, начиная от Авеля и до патриархов, верного остатка Израиля и даже верующих язычников (таких как жители Ниневии).

Божья воля, Его нравственный закон и требования к человеку были известны всегда. Кто сознавал, что не может соответствовать Божьим требованиям, признавал свой грех и неспособность угодить Богу своими делами и просил Его о прощении и благодати, те обретали милостивое искупление и благословение в этой жизни и в вечности.

В Новом Завете Бог вновь показал чистое блаженство искупления от греха для тех, кто раскаялся. Некоторые откликнулись на призыв к покаянию из уст Иоанна Крестителя. Некоторые покаялись от проповеди Иисуса. Другие в Израиле покорились Евангелию благодаря проповеди апостолов. И, наконец, многие язычники по всей Римской империи уверовали в Евангелие. Всем им и тем, кто уверует на протяжении всей истории, Бог обещает благословение и в этом мире, и в мире грядущем.

Откровение о Господе и Спасителе и Его жертве за грех

Это ключевая истина как Ветхого Завета, который, по словам Иисуса, говорил о Нем в прообразах и пророчествах, так и Нового, который повествует о Его пришествии. Обещание благословения опирается на благодать и милость, даруемые грешнику. Милость означает, что грех не возлагается на грешника. Такое прощение основано на уплате наказания за грех для удовлетворения святой справедливости, а для этого требуется замещение, то есть, чтобы кто-то умер вместо грешника. Избранным Богом заместителем — единственным, Кто подходил для этого, — был Иисус. Спасение всегда даруется посредством благодати, будь то во времена Ветхого или Нового Завета. Когда грешник приходит к Богу с покаянием и верой, признав свою полную неспособность спастись от заслуженного суда и божественного гнева, поверив во Христа и моля о милости, он получает обещанное Богом прощение. Бог объявляет его праведным, потому что ему засчитываются жертва и послушание Христа. В Ветхом Завете Бог оправдывал грешников таким же образом, предвосхищая искупительный подвиг Христа. Поэтому на протяжении всей истории искупления можно видеть преемственность благодати и спасения. Различные заветы, обетования и эпохи не меняют этой фундаментальной преемственности; не меняют ее и различия между Израилем, народом-свидетелем Ветхого Завета, и церковью, народом-свидетелем Нового Завета. В центре этой фундаментальной преемственности находится крест, который не был нарушением Божьего замысла, но был тем самым, на что указывало все остальное.

Обещание о Спасителе и Его жертве красной нитью проходит через весь Ветхий Завет. В книге Бытия Он Семя женщины, Которое поразит сатану. В книге пророка Захарии Он Тот, «Которого пронзили», к Кому обратится Израиль и благодаря Кому Бог откроет источник прощения для всех, оплакивающих свои грехи (Зах. 12:10). Именно Его символизировала система жертвоприношений Моисеева закона. Он Тот, Кто пострадает вместо грешников, как говорили пророки. В Ветхом Завете Он Мессия, Который умрет за грехи Своего народа. От начала и до конца Ветхого Завета раскрывается тема, что Господь и Спаситель станет жертвой за грех. Только благодаря Его совершенной жертве Бог милостиво прощает кающихся верующих.

В Новом Завете Господь и Спаситель пришел и на кресте действительно стал обещанной жертвой за грех. Исполнив всю праведность Своей совершенной жизнью, Он исполнил справедливость Своей смертью. Таким образом, Сам Бог совершил искупление грехов, заплатив за это столь высокую цену, что человеческий разум не в силах ее постичь. Теперь Он милостиво дарует все необходимое для того, чтобы Его народ был объектом Его расположения. Именно это подразумевает Писание, когда говорит о спасении по благодати.

Откровение о Царстве и славе Господа и Спасителя

Эта ключевая тема Библии подводит всю историю к предопределенному Богом завершению. Бог так направляет историю искупления, чтобы ее кульминацией стала Его вечная слава. История искупления закончится с той же точностью, с какой началась. Истины эсхатологии нельзя назвать ни туманными, ни неясными, как нельзя назвать их и неважными. В Библии, как в любой книге, концовка истории захватывает и имеет решающее значение. Писание отмечает несколько очень важных особенностей конца, задуманного Богом.

В Ветхом Завете постоянно упоминается земное Царство Мессии, Господа и Спасителя, Который придет царствовать. С этим Царством будет связано спасение Израиля, спасение язычников, освобождение земли от последствий проклятия и телесное воскресение умерших Божьих людей. Наконец, Ветхий Завет предсказывает, что Бог создаст новое небо и новую землю, которые станут вечным жилищем праведников, а окончательной участью нечестивых будет вечный ад.

В Новом Завете эти истины проясняются и дополняются. Царь отвергнут и казнен, но Он обещал вернуться во славе, чтобы совершить суд, воскресить всех верующих и установить Свое Царство. Среди искупленных будет бесчисленное множество язычников из всех народов. Израиль будет спасен и снова привит к корню благословения, от которого был временно отсечен. Наступит обещанное Израилю Царство, когда Господь и Спаситель воцарится на престоле в обновленной земле, владычествуя над всем миром и принимая должные почести и поклонение. По окончании этого Царства обновленное, но все еще запятнанное грехом творение будет уничтожено, а затем будут созданы новое небо и новая земля — вечные и навсегда отделенные от нечестивых в аду.

Как систематическое богословие связано с мировоззрением?[16]

Что такое мировоззрение? Мировоззрение представляет собой совокупность предпосылок, убеждений и ценностей, на основе которых человек пытается осмыслить и понять мир и жизнь. Рональд Нэш сказал об этом так: «Мировоззрение — это концептуальная система, с помощью которой мы осознанно или неосознанно соотносим или классифицируем все, во что верим, и посредством которой объясняем и оцениваем реальность»[17]. Подобное объяснение дают Гэри Филлипс и Уильям Браун: «Мировоззрение — это, во-первых, *объяснение и толкование мира* и, во-вторых, *применение этого взгляда в жизни*»[18].

Как формируется мировоззрение человека? С чего оно начинается? Любое мировоззрение начинается с *предпосылок* — убеждений, которые человек считает правильными без подтверждающих доказательств из других источников или систем. Чтобы понимать реальность, частично или полностью, необходимо принять некий подход к ее толкованию, поскольку во Вселенной нет «нейтральных» мыслей. Это и становится фундаментом, на котором строится мировоззрение.

Каковы предпосылки христианского мировоззрения, прочно укорененного и утвержденного в Писании? Карл Генри, известный христианский мыслитель второй половины XX века, очень просто отвечает на этот вопрос, говоря, что «евангельское богословие осмеливается иметь одну и только одну предпосылку: живого и личностного Бога, разумно познаваемого в Его откровении»[19]. Эта одна главная предпосылка, лежащая в основе правильного христианского мировоззрения, состоит из двух частей. Во-первых, Бог вечно существует как личностный, трансцендентный, триединый Творец. Во-вторых, Бог открыл Свой характер, цели и волю на страницах Библии — Своего непогрешимого и безошибочного особого откровения.

Что такое христианское мировоззрение? В качестве рабочей модели предлагается следующее определение:

---

[16] Этот раздел адаптирован из: Richard L. Mayhue, "Introduction," in *Think Biblically: Recovering a Christian Worldview*, ed. John MacArthur (Wheaton, IL: Crossway, 2003), 13–16. Использовано с разрешения Crossway, издательского служения Good News Publishers, Wheaton, IL 60187, www.crossway.org.

[17] Ronald H. Nash, *Faith and Reason: Searching for a Rational Faith* (Grand Rapids, MI: Zondervan, 1988), 24.

[18] W. Gary Phillips and William E. Brown, *Making Sense of Your World from a Biblical Viewpoint* (Chicago: Moody Press, 1991), 29.

[19] Carl F. H. Henry, *God, Revelation, and Authority*, vol. 1, *God Who Speaks and Shows: Preliminary Considerations* (Waco, TX: Word, 1976), 212.

Христианское мировоззрение видит и понимает Бога Творца и Его творение, то есть человека и мир, в первую очередь сквозь призму Божьего особого откровения, Священного Писания, а также через естественное откровение Бога в творении, истолкованное человеческим разумом и согласованное с Божьим Словом, чтобы человек верил и поступал согласно Божьей воле и тем самым прославлял Бога своим разумом и жизнью как сейчас, так и в вечности.

Какие преимущества дает христианское мировоззрение? Библейское мировоззрение дает убедительные ответы на важнейшие вопросы жизни:

1. Как возник мир и все, что наполняет его?
2. По какому стандарту можно определить, истинно или ложно какое-либо высказывание?
3. Как функционирует мир и как он должен функционировать?
4. Какова природа человека?
5. В чем цель существования человека?
6. Как человек должен жить?
7. Есть ли у человека надежда на будущее?
8. Что происходит с человеком в момент смерти и после смерти?
9. Почему вообще можно что-либо знать?
10. Как определить, что правильно, а что неправильно?
11. В чем смысл человеческой истории?
12. Что произойдет в будущем?

Христиане в XXI веке сталкиваются с теми же фундаментальными вопросами о мире и жизни, с которыми сталкивались первые люди в книге Бытия. Они также должны были выбирать из различных мировоззрений, чтобы ответить на поставленные выше вопросы. Так было на протяжении всей истории. Подумайте, с чем столкнулись Иосиф (Быт. 37–50) и Моисей (Исх. 2–14) в Египте, или Илия, выступивший против Иезавели и ее языческих пророков (3 Цар. 17–19), или Даниил в Вавилоне (Дан. 1–6), или Неемия в Персии (Неем. 1–2), или Павел в Афинах (Деян. 17). Они видели разницу между истиной и заблуждением, между правильным и неправильным, потому что верили в живого Бога и открытое Им Слово.

Чем в сущности христианское мировоззрение отличается от других мировоззрений? По сути дела, христианское мировоззрение отличается от конкурирующих мировоззрений тем, что оно (1) признает Бога Библии уникальным источником всей истины и (2) связывает всю истину с пониманием Бога и Его целей в этой жизни и в будущей.

Есть ли распространенные ложные представления о христианском мировоззрении, особенно среди христиан? Есть как минимум два ошибочных представления. Первое считает, что христианский взгляд на мир и жизнь во всех отношениях отличается от других. Хотя это не всегда так (например, все мировоззрения принимают закон всемирного тяготения), христианское мировоззрение отличается, будучи уникальным, по самым важным пунктам, особенно в том, что связано с характером Бога, природой и ценностью Писания и исключительностью Иисуса Христа как Спасителя и Господа. Второе неверное представление заключается в том, что в Библии есть все необходимые нам знания во всех сферах. Здравый смысл должен положить конец этой ошибочной мысли, ведь в Писании, к примеру, нет указаний, как менять масло в автомобиле. Однако верно то, что только в Библии есть все, что христианам нужно знать о своей духовной жизни и благочестии через познание единого истинного Бога, а это самый высокий и важный уровень знания (2 Пет. 1:2–4).

Как и в каких жизненных ситуациях христианское мировоззрение оказывается необходимым? Во-первых, в мире *науки* христианское мировоззрение предлагается не как одно из множества равных или возможных, а как единственно верный взгляд на жизнь, в котором единственный источник истины и реальности — Бог Творец. Таким образом, оно служит ярким светом, отражающим Божью славу среди интеллектуальной тьмы.

Во-вторых, христианское мировоззрение должно использоваться как важный инструмент в *благовестии*, чтобы отвечать на вопросы и возражения неверующих. Однако следует ясно понимать, что в конечном счете только Евангелие может привести человека к спасению (Рим. 1:16–17).

Наконец, христианское мировоззрение лежит в основе *ученичества*, поскольку позволяет истинно верующему во Христа понимать значение и последствия своей веры и возрастать в ней. Оно служит системой координат, с помощью которой можно (1) понимать мир и все его проявления с Божьей точки зрения и (2) приводить свою жизнь в соответствие с Божьей волей.

Какой должна быть конечная цель принятия христианского мировоззрения? Почему мы должны к нему вернуться? Иеремия дает прямой ответ от Бога:

Так говорит Господь: «Да не хвалится мудрый мудростью своею, да не хвалится сильный силою своею, да не хвалится богатый богатством своим. Но хвалящийся хвались тем, что разумеет и знает Меня, что Я — Господь, творящий милость, суд и правду на земле, ибо только это благоугодно Мне, говорит Господь» (Иер. 9:23–24).

Основное предназначение человека — познавать и прославлять Бога. Но без христианского мировоззрения познание Бога невозможно.

Где пересекаются систематическое богословие и мировоззрение человека? Во-первых, они оба основаны на одной предпосылке из двух частей: (1) личностное существование вечного Бога, и (2) Его откровение о Себе в Писании. Во-вторых, христианское мировоззрение опирается на систематическое богословие, чтобы познавать и понимать Божью истину, ведь систематическое богословие — это не что иное, как объединение всего, что Бог открыл, чтобы мы правильно познавали Его и жили для Него. В-третьих, христианское мировоззрение опирается на систематическое богословие, чтобы правильно познавать и принимать открытое в Писании мировоззрение Бога, поскольку только с христианским мышлением мы учимся у Бога мыслить так, как Он мыслит. Наконец, систематическое богословие опирается на христианское мировоззрение, чтобы последовательно и правильно применять истину Писания в повседневной жизни согласно воле Божьей и для Его славы.

Как систематическое богословие связано с умом человека?[20]

Искупленный ум
Обновленный ум
Просвещенный ум
Ум, как у Христа
Испытанный ум
Полезный ум
Уравновешенный ум

Систематическое богословие занимается познанием Божьего разума, как он открыт в Писании. Оно не касается того, что думают люди независимо от Библии. Ниже обсуждаются необходимые характеристики ума христианина, потому что благодаря им человек может изучать и преподавать христианское богословие, источник которого—Писание, а центр—триединый Бог.

Искупленный ум

Благодаря спасению разум искупленного человека знает и понимает Божью славу (2 Кор. 4:6). Раньше его ум был ослеплен сатаной (2 Кор. 4:4), а теперь у него есть «шлем спасения» (Еф. 6:17), защищающий ум от «козней диавольских» («козни»—связанный с разумом термин, Еф. 6:11). Он уже не остается беззащитным перед дьяволом, как до спасения. Теперь этот новый человек (2 Кор. 5:17) имеет познание Бога и Его воли, чего раньше у него не было (1 Иоан. 5:18–20).

Обновленный ум

Когда человек вступает в личные отношения с Иисусом Христом, он становится новым творением (2 Кор. 5:17), поющим «новую песнь» (Пс. 97:1). Его ум обретает новый образ мыслей и способность отвергать прежнее греховное мышление. Несомненно, Бог производит обновление ума у христиан (Рим. 12:2; Еф. 4:23; Кол. 3:10).

Библия говорит: «...о горнем помышляйте, а не о земном» (Кол. 3:2). Павел описывает эту идею военными терминами: «...ниспровергаем замыслы и всякое превозношение, восстающее против познания Божия, и пленяем всякое помышление в послушание Христу...» (2 Кор. 10:4–5). Как мы это делаем? Писание открывает нам ум Господень (1 Кор. 2:16); конечно, не весь Его ум, но все, что Бог мудро решил открыть. Чтобы мыслить, как Бог, нужно мыслить, как Писание. Вот почему Павел призывает колоссян, чтобы Слово Христа вселялось в них обильно (Кол. 3:16).

---

[20] Этот раздел адаптирован из: Mayhue, "Cultivating a Biblical Mind-Set," in MacArthur, *Think Biblically*, 42–53. Использовано с разрешения Crossway.

Гарри Блеймайрс, англичанин с необычайным пониманием христианского ума, очень хорошо сказал об этом:

> Мыслить по-христиански—значит мыслить понятиями откровения. Для светского человека Бог и богословие—забава для ума. Для христианина Бог реален, а христианское богословие описывает Его истину, открытую нам. Для светского ума религия—это, по сути, вопрос теории; для христианского ума христианство—это вопрос событий и фактов. События и факты, на которых основана наша вера, записаны в Библии[21].

В момент спасения христиане обретают возрожденную умственную способность понимать духовную истину. После этого им нужно перестраивать свое мышление, в основном через обновление ума, используя для этого Библию. Конечная цель в том, чтобы иметь полное познание Бога и Его воли (Еф. 1:17–18; Кол. 1:9–10).

Просвещенный ум

Библия говорит, что верующие нуждаются в Божьей помощи, чтобы понимать Его Слово (1 Кор. 2:12–13). Следовательно, Дух Божий просвещает умы верующих, чтобы они могли постигать, принимать и исполнять истины, открытые в Писании. Богословы называют это *просвещением*.

Прекрасная молитва, которой можно молиться, изучая Писание, звучит так: «Открой очи мои, и увижу чудеса закона Твоего» (Пс. 118:18). Она признает незаменимую потребность в Божьем свете при исследовании Писания. Об этом же сказано и в других текстах: «Укажи мне, Господи, путь уставов Твоих, и я буду держаться его до конца. Вразуми меня, и буду соблюдать закон Твой и хранить его всем сердцем» (Пс. 118:33–34; см. также Пс. 118:102).

Бог хочет, чтобы христиане знали Слово, понимали его и повиновались ему. Поэтому Он дает им необходимую помощь через Своего Святого Духа. Верующим, как и ученикам, с которыми говорил Иисус по дороге в Эммаус, нужна Божья помощь: «Тогда отверз им ум к уразумению Писаний» (Лук. 24:45). Божественное действие просвещения, когда Он проливает свет на значение Библии, подтверждается в таких текстах, как Псалом 118:130, 1 Иоанна 2:27 и Ефесянам 1:18–19.

Истина о том, что Бог просвещает христиан в Писании, должна быть большим ободрением для верующего. Хотя она не устраняет необходимости в одаренных людях, способных учить (Еф. 4:11–12; 2 Тим. 4:2), или в упорном труде серьезного изучения Библии (2 Тим. 2:15), она обещает, что нет необходимости быть порабощенным церковной догмой или сбитым с пути лжеучителями. При изучении Писания необходимо в первую очередь полагаться на автора Писания—Самого Бога.

---

[21] Harry Blamires, *The Christian Mind: How Should a Christian Think?* (1963; repr., Ann Arbor, MI: Servant Books, 1978), 110–111.

Ум, как у Христа

Когда человек думает так, как этого хочет Бог, и поступает так, как этого хочет Бог, тогда он получит Божье благословение за послушание (Откр. 1:3). В духовном отношении такой христианин будет тем послушным ребенком, той чистой невестой и той здоровой овцой в стаде Христа, кто испытывает наибольшую близость к Богу.

Отвергать Божий разум в Писании и поклоняться у алтаря собственного независимого мышления—дерзкое идолопоклонство. Наибольшая близость верующего к Господу наступает тогда, когда его ум наполнен мыслями Господа, а его поведение подражает поведению Христа.

Христиане должны с радостью избирать верный и истинный ум Бога Отца (Рим. 11:34), Бога Сына (1 Кор. 2:16) и Бога Духа (Рим. 8:27). В отличие от Петра, которого сатана искусил думать о том, что человеческое, верующие должны помышлять о том, что Божье (Матф. 16:23; Кол. 3:2). Это касается не столько различных категорий или методов мышления, сколько того, что все должно рассматриваться с божественной точки зрения. Христиане должны трепетать перед Божьим разумом, как это делал апостол Павел (Рим. 11:33–36).

Божий взгляд—единственно правильный, точно соответствующий всему, что есть. Божий разум устанавливает образец, к которому должны стремиться верующие, но которого они никогда полностью не достигнут. Другими словами, мысли человека никогда не превзойдут Божьих мыслей, не сравняются с ними и даже не приблизятся к ним. Именно об этом более 2,5 тысяч лет назад сказал пророк Исаия (Ис. 55:8–9).

Наивысший образец для христианского склада ума—Господь Иисус Христос. Павел утверждает: «Мы имеем ум Христов» (1 Кор. 2:16). Как это может быть? Мы имеем его в Библии—в достаточном особом откровении Бога (2 Пет. 1:3; 2 Тим. 3:16–17). Павел наставляет: «Имейте между собой те же мысли, что и во Христе Иисусе...» (Флп. 2:5, Кассиан). Апостол в частности указывает на образ мыслей Христа, который принес Себя в жертву ради Божьей славы (Флп. 2:7) и подчинился Божьей воле (Флп. 2:8). Подражая Христу, христиане могут упражнять свой ум, чтобы он становился больше похож на ум Христов.

Испытанный ум

Разум христианина должен быть хранилищем открытой Богом истины. Он не должен колебаться, шататься, идти на компромисс или прогибаться перед лицом противоположных идей или аргументов, кажущихся более весомыми (2 Тим. 1:7). Истина происходит не от людей, а от Бога. Поэтому христиане должны быть поборниками истины в мире, полном лжи, замаскированной под истину и ложно объявляемой истиной.

Бог призвал народ израильский, сказав: «Тогда придите—и рассудим...» (Ис. 1:18). Предметом обсуждения было покаяние в грехах и спасение (Ис. 1:16–20).

Это приглашение можно отнести к каждому живущему человеку. Но препятствий со стороны сатаны не избежать.

Предупрежден — значит вооружен. Хотя приверженность христианскому мышлению угодна Христу, противостояния не избежать. Сатана предпочел бы, чтобы верующие думали наперекор Слову Божьему и поступали, проявляя непослушание Его воле.

Помните, что ум человека до того, как он стал христианином, был ослеплен дьяволом: «...для неверующих, у которых бог века сего ослепил умы, чтобы для них не воссиял свет благовествования о славе Христа, Который есть образ Бога невидимого» (2 Кор. 4:4). Но и после спасения сатана продолжает яростно нападать на разум. Поэтому Павел так беспокоился о коринфской церкви: «Но боюсь, чтобы, как змий хитростью своею прельстил Еву, так и ваши умы не повредились, уклонившись от простоты во Христе» (2 Кор. 11:3). Ева позволила сатане думать вместо нее. Затем у нее появились собственные мысли, независимые от Бога. Когда ее выводы разошлись с Божьими, она предпочла действовать согласно своим выводам, не по Божьим повелениям, а это и есть грех (Быт. 3:1–7).

Своими раскаленными стрелами (Еф. 6:16) сатана целится в умы верующих (2 Кор. 11:3), превращая их разум в поле битвы за духовную победу. Библия изобилует историями о тех, кто потерпел поражение, подобно Еве (Быт. 3) и Петру (Матф. 16:13–23). Другие же одержали победу в битве, как Иов (Иов. 1:1–2:10) и Христос (Матф. 4:1–11). Когда христиане падают, то, скорее всего, потому что они забыли надеть шлем спасения или использовать меч истины (Еф. 6:17).

Предупреждая верующих о постоянной, непрекращающейся битве с сатаной, Павел дважды говорит об умыслах или кознях дьявола. Он использует два разных греческих слова, но они оба связаны с умом (2 Кор. 2:11; Еф. 6:11). Поскольку никто не избавлен от этих нападений, христианам действительно нужно прислушаться к серьезному призыву Петра: «Посему, возлюбленные, препоясав чресла ума вашего, бодрствуя, совершенно уповайте на подаваемую вам благодать в явлении Иисуса Христа» (1 Пет. 1:13; см. 3:15).

До сих пор это рассуждение было сосредоточено на превентивном или оборонительном подходе в сражении за ум. Большинство текстов Писания говорят о личной защите. Однако Павел говорит и об интеллектуальном наступлении (2 Кор. 10:4–5). Под наступательным «оружием» (10:4) он, безусловно, подразумевает Слово Божье, используемое разумом христианина в сражении за мировоззрение. «Твердыни» в контексте битвы за разум — это «замыслы» (10:4) и «всякое превозношение, восстающее против познания Божия» (10:5). Другими словами, любой философии, мировоззрению, апологетике или иному учению, которое подрывает, преуменьшает, опровергает или пытается устранить христианское мировоззрение или какую-либо его часть, нужно противостоять во всеоружии с активным, наступательным планом сражения. Ожидаемый Богом результат — разрушить (это слово дважды использовано в 10:4) то, что не соответствует ясному учению Библии о Боге и сотворенном Им мире.

В историческом контексте 2 Коринфянам Павел выступал против любого учения на любую тему, если оно проникло в церковь и не соответствовало его апостольскому наставлению. Был ли виновником неверующий или верующий, исходила ли идея от ученых или необразованных людей, нашло ли учение широкое признание или нет, все мысли или мнения, не направленные *на* познание Бога, следовало считать направленными *против* познания Бога. Поэтому они должны были стать мишенью в интеллектуальной битве до их полного уничтожения. Так, в современном контексте любое интеллектуальное занятие (напр., чтение, слушание радио, просмотр телепередач и фильмов, учеба в учебных заведениях, повседневные разговоры) всегда следует рассматривать через фильтрующую призму христианского богословского мировоззрения, чтобы определить, находятся ли они на стороне истины Писания или это враги, которых надо опасаться.

Полезный ум

Псалом 118 подробно говорит о новом отношении христианина к Библии, в которой раскрыт ум Христа. Во-первых, у верующего появится большая любовь к Писанию и огромное наслаждение им (118:47−48). Во-вторых, у верующего во Христа будет сильное желание изучать Слово Божье, поскольку это лучший способ познать Бога (118:16, 93, 176). В-третьих, познание Бога приведет к тому, что христианин будет повиноваться Ему (118:44−45).

РАЗМЫШЛЕНИЕ

Для большинства людей недостаточно один раз что-то услышать. Краткое обдумывание чего-то глубокого не дает достаточно времени, чтобы осознать и полностью понять его значение. Особенно это касается Божьего разума, открытого в Писании. Псалом 118 свидетельствует о важности продолжительных размышлений над Словом Божьим и о вытекающих из этого благословениях.

Смысл размышления иногда понимают неправильно. Размышление подразумевает длительное обдумывание. Образно об этом говорят как о «пережевывании» мыслей. Некоторые сравнивают это с процессом жевания жвачки в пищеварительной системе коровы, состоящей из четырех желудков. Яркий образ дает кофеварка. Вода поднимается по тонкой трубке и просачивается вниз через кофейную гущу. После нескольких циклов вкус размолотых кофейных зерен передается воде, которую затем и называют кофе. Так и христианам необходимо снова и снова пропускать свои мысли через Слово Божье, пока они не начнут мыслить, как Бог, а затем и поступать благочестиво.

Писание повелевает верующим размышлять в трех сферах:

1. Бог (Пс. 26:4; 62:7);
2. Божье Слово (И. Нав. 1:8; Пс. 1:2);
3. Божьи дела (Пс. 142:5; 144:5).

Все 176 стихов 118-го псалма превозносят блаженство жизни согласно Божьему разуму. Размышление упоминается по меньшей мере семь раз как привычка человека, любящего Бога и желающего более тесных отношений с Ним: «Как люблю я закон Твой! Весь день размышляю о нем. <...> Очи мои предваряют утреннюю стражу, чтобы мне углубляться [букв. размышлять] в слово Твое» (Пс. 118:97, 148; см. также 118:15, 23, 27, 48, 78, 99). Напротив, один из аспектов греха Евы может быть объяснен тем, что она мало размышляла над ясным и достаточным словом Бога (Быт. 2:16–17).

Размышление о Божьем Слове очистит ум от прежних мыслей, которые не от Бога, и утвердит верующего в новых мыслях, основанных на Писании. Оно также окружает разум «защитным экраном», чтобы блокировать и отвергать возникающие мысли, направленные против Бога. Это библейский процесс обновления ума.

О ТОМ ПОМЫШЛЯЙТЕ

Кто-то высказал мнение, что разум — это главный корень души. Поэтому нужно тщательно и полноценно питать свою душу, погружая свой главный корень глубоко в Божий разум в Писании. Возникает вопрос: «Какая пища будет питать мою душу?» Меню Павла для ума состоит из главного блюда, включающего в себя то, что (1) «истинно», (2) «честно», (3) «справедливо», (4) «чисто», (5) «любезно», (6) «достославно», что есть (7) «добродетель» и (8) «похвала» (Флп. 4:8). Размышляя над Словом Божьим и над перечисленными качествами, христиане не будут мыслить о земном (Флп. 3:19) и не будут людьми с двоящимися мыслями (Иак. 1:6–8).

Уравновешенный ум

Подобны ли божественное откровение и человеческий разум маслу и воде, которые никогда не смешиваются? Христиане иногда впадали в две крайности по вопросу о божественном откровении и человеческом разуме. Первая крайность — это *антиинтеллектуализм*, по существу заключающий, что если нечто не обсуждается в Библии, то это не заслуживает серьезного изучения или размышления. Этот небиблейский подход к познанию и мышлению приводит к пренебрежению культурой и интеллектом. Другая крайность — *гиперинтеллектуализм*, считающий естественное откровение более ценным и достоверным, чем особое откровение Бога в Писании; когда они вступают в конфликт, предпочтение отдается естественному откровению как источнику истины. Этот небиблейский подход приводит к пренебрежению Писанием.

Оба заблуждения нужно отвергнуть. Верующий должен опираться на знания как из особого, так и из общего откровения. Однако творение и наши способности к рассуждению и построению умозаключений, с помощью которых мы изучаем творение (т. е. общее откровение), — падшие, подверженные ошибкам и искаженные грехом. Писание же непогрешимо и безошибочно, а потому должно иметь преимущество перед общим откровением. Если Библия говорит на какую-то тему, ее истина превосходит любой другой источник. Где она молчит, Бог дал нам целый мир Своего творения, чтобы мы его исследовали и получали знания, только надо помнить, что человек, в отличие от Божьего Слова, не может делать непогрешимые выводы при изучении природы. Это особенно верно в отношении мыслителей, которые постоянно отвергают свою нужду в спасении во Христе. Это необязательно означает, что они оперируют неверными фактами или что их общие идеи ложны. Тем не менее, их мировоззрение не согласуется с Божьим взглядом, а потому их выводы должны подвергаться критическому анализу в соответствии с Писанием.

Несомненно, с точки зрения христианского мировоззрения, верующие должны использовать свой разум и разум других людей в меру своих способностей и возможностей. Однако следует сделать несколько разумных предостережений:

1. Стать ученым и попытаться изменить мышление своего поколения не настолько важно, как стать христианином, поменяв свое собственное мнение о Христе.

2. Формальное образование в разных сферах не настолько важно, как познание Евангелия, а именно, повиновение Великому поручению (Матф. 28:18–20) и распространение Благой вести до края земли.

3. Общее откровение *указывает* на высшую силу, а особое — *лично знакомит* с этой силой как с триединым Богом Библии, сотворившим мир и все, что в нем (см. Ис. 40–48, где Яхве напоминает Израилю об этой важной истине), и даровавшим в Господе Иисусе Христе единственного Искупителя.

4. Знать об истине не так важно, как иметь личное и искупительное общение с Истиной, Иисусом Христом (Иоан. 14:6), единственным источником вечной жизни.

5. Новозаветной церкви не было поручено интеллектуализировать свой мир, и она этим не занималась. Но христиане евангелизировали его, провозглашая спасительную благодать Иисуса Христа всем без различия, от ключевых политических лидеров, таких как царь Агриппа (Деян. 25:23–26:32), до заключенных рабов, таких как Онисим (Флм. 10).

6. Нравственное, политическое или интеллектуальное преобразование общества без духовного обращения гарантирует лишь кратковременные и непоследовательные изменения, которые будут поверхностными, а не глубокими; временными, а не продолжительными; и в целом губительными, а не спасительными.

Следует повторить, что для развития библейского мышления необходимы и особое, и общее откровение. Однако приоритетом должно быть изучение особого откровения, за которым следует изучение естественного откровения. Соломон, самый мудрый человек, который когда-либо жил (3 Цар. 3:12; 4:29–34), записал этот же совет почти три тысячи лет назад. Его высказывания об интеллекте и знании наиболее авторитетны, поскольку они входят в Писание (Прит. 1:7; 9:10; см. также 1 Кор. 1:20–21).

Альфа и омега христианского богословия — это *познание Бога* (2 Пет. 1:2–3, 8; 3:18; 2 Кор. 2:14; 4:6; Еф. 1:17; Кол. 1:10) и *познание истины* (1 Тим. 2:4; 2 Тим. 2:25; Тит 1:1). Выше всего, в центре христианского мировоззрения находится Господь Иисус Христос, «в Котором сокрыты все сокровища премудрости и ведения» (Кол. 2:3). Ничего нельзя понять до конца, если сначала не познать Бога.

Как систематическое богословие связано с личной жизнью верующего?[22]

Близость и зрелость
Святость
Освящение

Благочестие, уподобление Христу и христианская духовность — все это описывает, как христианин становится больше похож на Бога. Самый эффективный способ достичь таких перемен — позволить Слову Божьему обильно вселиться в сердце (Кол. 3:16). Когда верующий безоговорочно принимает Писание, оно будет активно осуществлять волю Божью в его жизни (1 Фес. 2:13). По сути, этот процесс можно было бы описать так:

> Христианская духовность подразумевает возрастание в уподоблении Богу по характеру и поведению через личное подчинение преображающему действию Божьего Слова и Божьего Духа.

Близость и зрелость

Нет лучшего способа питать свой разум Писанием, чем слушать разъяснительные проповеди и изучать систематическое богословие — то и другое ведет верующего к духовной зрелости. Автор Послания к евреям радовался, что у еврейских христиан была детская близость к Богу (Евр. 5:12–13), но сожалел, что им не доставало зрелости, чтобы питаться твердой пищей. Он увещал их: «Посему, оставив начатки учения Христова, поспешим к совершенству…» (Евр. 6:1). О подобном разочаровании Павел писал коринфянам (1 Кор. 3:1–3).

Близость связана с тесными отношениями верующего с Отцом, Сыном и Святым Духом. Зрелость — это результат близости, отражающий постоянное, возрастающее присутствие Бога в христианах, которое проявляется в благочестии (Иоан. 15:1–11). Как младенец или маленький ребенок, который еще не достиг зрелости, может наслаждаться близостью с родителями, так должно быть и у новообращенного христианина в отношениях со Спасителем. Эта

---

[22] Более подробно об этой теме см.: Уорфилд Б. Религиозная жизнь студентов богословских учебных заведений // Проповеди: Сообщество проповедников Библии. 2012. URL: https://propovedi.ru/resource/the-religious-life-of-the-students-of-theological-schools (дата обращения: 5.12.2021).

близость подпитывает процесс возрастания в зрелости, так что ребенок растет и становится похожим на родителей.

Близость без зрелости приводит к инфантильному духовному поведению вместо духовно взрослых поступков. И наоборот, зрелость без близости приводит к черствому, безрадостному христианству, которое может легко перейти в законничество, а иногда и в серьезный грех. Однако Писание учит, что когда близость и зрелость дополняют и питают друг друга, результатом будет сильная, здоровая христианская жизнь. Поэтому подлинная духовность должна отличаться как близостью, так и зрелостью.

Для возрастания в духовной зрелости необходимо Писание. Иисус, Павел и Иаков прямо говорили о ясном и настоятельном Божьем требовании, чтобы истинно верующие возрастали духовно, и они дали ключевые слова для понимания духовной зрелости. Мы должны быть совершенными (Матф. 5:48), созидаться в мужа совершенного (Еф. 4:11–13), быть представлены совершенными во Христе (Кол. 1:28), быть совершенными, ко всякому доброму делу приготовленными (2 Тим. 3:16–17), без всякого недостатка (Иак. 1:2–4).

Самый быстрый способ понять суть зрелости—это прочитать в книге Бытия о послушании таких людей, как Авель, Ной, Авраам, Сарра, Исаак, Иаков и Иосиф. Но останавливаться на этом не стоит. Остальные 65 книг также содержат вдохновляющие рассказы о духовной зрелости. Этот канонический «зал веры» служит высшим примером того, как Бог подтверждает близость веры и зрелость верности.

В 11-й главе Послания к евреям описаны лучшие проявления духовной зрелости. Но обратите внимание, что сразу же за этим следует увещание, чтобы такая же зрелость была и у получателей этого послания (Евр. 12:1–3). Это увещание сопровождается предупреждением, что Отец наказывает тех, кто упорствует в незрелости (Евр. 12:4–11). Несовершенное земное отцовство—лишь отражение Божьего безупречно последовательного отношения к тем, кто верой в Господа Иисуса Христа родился свыше и стал частью Божьей семьи (Иоан. 1:12–13).

Один из святых древности, Епафрас, молился, чтобы христиане в Колоссах были совершенны и исполнены всем, что угодно Богу (Кол. 4:12). Да поможет Бог, чтобы эти убедительные истины о духовной зрелости также послужили верующим для их поклонения и послушания ради Его великой славы.

Святость

Христиане спасены, чтобы быть святыми и жить святой жизнью (1 Пет. 1:14–16). Что значит быть святым? И древнееврейские, и греческие слова со значением «святой» (которые встречаются в Писании около двух тысяч раз), по сути, означают «отделенный для чего-то особого». Так, Бог свят в том, что Он отделяет Себя от творения, от человечества и от всех языческих богов, поскольку Он божественный и безгрешный. Вот почему ангелы взывают о Боге: «Свят, Свят, Свят» (Ис. 6:3; Откр. 4:8), и почему Писание называет Его святым (Пс. 98:9; Ис. 43:15).

Поэтому для народа Божьего идея святости приобретает духовный смысл, основанный на святом характере Бога. Например, на головном уборе Божьего первосвященника была надпись: «Святыня Господня» (Исх. 39:30). Бог особо отделил первосвященника, чтобы он ходатайствовал перед святым Богом за грешный народ, прося о прощении их беззаконий.

Святость олицетворяет саму сущность христианства. Святой Спаситель спас грешников, чтобы они были святым народом (1 Пет. 2:4–10). Вот почему одно из самых распространенных библейских именований верующего — это «святой», что просто значит «спасенный и отделенный» (Рим. 1:7; 1 Кор. 1:2).

Если учесть, что спасает святой Бог, то неудивительно, что всем верующим в момент спасения Он дает Своего Святого Духа. Основная цель этого дара — дать им силу жить святой жизнью (1 Иоан. 3:24; 4:13; 1 Фес. 4:7–8).

Поэтому Бог хочет, чтобы христиане имели участие в Его святости (Евр. 12:10) и отдали себя в рабы праведности, что и приведет к святости (Рим. 6:19). «Итак, возлюбленные, имея такие обетования, очистим себя от всякой скверны плоти и духа, совершая святыню в страхе Божием» (2 Кор. 7:1). Так, автор Послания к евреям пишет: «Старайтесь иметь мир со всеми и святость, без которой никто не увидит Господа» (Евр. 12:14). Святость — это суть христианской жизни.

Из святости проистекает духовная зрелость. Шотландский богослов Джон Браун сводит святость к определению, которое может понять и применить каждый:

> Святость заключается не в мистических измышлениях, не в восторженном рвении и не в самовольном аскетизме; она заключается в том, чтобы думать так, как думает Бог, и желать того, чего желает Бог. Разум и волю Бога можно познать из Его Слова; и если я действительно понимаю Божье Слово и верю ему, то Божий разум становится моим разумом, Божья воля — моей волей, и по мере своей веры я становлюсь святым[23].

Освящение[24]

Со святостью тесно связано *освящение*. Во многих случаях в Новом Завете данное слово означает «спасение» (Деян. 20:32; 1 Кор. 1:2). Освящение, то есть отделение благодаря спасению, должно приводить к отделению верующих для христианской жизни.

Освящение означает не только непосредственно событие и факт спасения, но и постепенное или нарастающее приобретение большей святости и меньшей греховности. Оно выражает Божью волю и выполняет цель Божьего призвания к спасению (1 Фес. 4:3–7). Освящение подразумевает, что человек должен участвовать в продолжении того, что Дух Божий начал при его спасении (2 Тим. 2:21; Откр. 22:11).

---

[23] John Brown, *Expository Discourses on the First Epistle of Peter* (Edinburgh: William Oliphant, 1866), 1:117.
[24] Более подробное обсуждение освящения см. «Освящение» (с. 668) в гл. 7 «Спасение».

Христиан постоянно призывают достигать в своей духовной жизни того, что Бог уже провозгласил истинным о них в момент спасения. Верующим также обещано, что незавершенное сейчас Бог в конечном счете завершит во славе (Флп. 2:12–13; 1 Фес. 5:23). Эти тексты показывают один из великих парадоксов Писания: верующие должны становиться теми, кто они уже есть и кем однажды будут. Такая определенность будущего христиан выражена в подобных текстах:

Ибо всякий, кто призовет имя Господне, спасется (Рим. 10:13).

Ибо слово о кресте для погибающих юродство есть, а для нас, спасаемых, — сила Божия (1 Кор. 1:18).

Так поступайте, зная время, что наступил уже час пробудиться нам от сна. Ибо ныне ближе к нам спасение, нежели когда мы уверовали (Рим. 13:11).

Освящение предполагает духовный процесс, который сравнивается с тем, как тело растет при взрослении (Евр. 5:11–14) или как дерево приносит плод (Пс. 1:3). Рост не всегда происходит легко и равномерно, и все же он должен характеризовать жизнь истинного христианина.

На этом пути верующих ожидают некоторые препятствия. Христиане должны знать о них и бодрствовать, чтобы избегать их или исправлять, если они все-таки проникнут в их мышление:

1. Можно думать о себе более, чем должно, и потому не стремиться к святости так, как следует (Рим. 12:3).
2. Можно излишне полагаться на спасение и считать, что когда есть спасение, святая жизнь не обязательна (Рим. 6:1–2).
3. Можно иметь неправильное представление о природе христианской жизни и из-за этого пренебрегать господством Христа (1 Пет. 3:15).
4. Можно не иметь рвения или сил, чтобы сделать святость своим приоритетом (2 Кор. 7:1).
5. Можно считать себя спасенным, хотя на самом деле это не так, и пытаться жить святой жизнью по плоти (Матф. 13:5–7, 20–22).

Природа учит, что рост — это естественный и ожидаемый процесс, а отсутствие роста, напротив, должно вызывать тревогу как серьезная проблема. Писание также учит этому принципу в духовном смысле. В книге Деяний часто говорится, что ранняя церковь росла и увеличивалась (см. Деян. 2:41; 4:4; 5:14; 6:7; 9:31, 35, 42; 11:21; 14:1, 21; 16:5; 17:12). Бог также ожидает личного духовного роста от христиан. Эти призывы Писания необходимо воспринимать всерьез (1 Пет. 2:2; 2 Пет. 3:18).

Главные факторы этого роста — Божье Слово (Иоан. 17:17; 1 Пет. 2:2) и Божий Дух (Еф. 5:15–21). Когда есть рост, его причиной сразу можно назвать Бога (1 Кор. 3:6–7; Кол. 2:19). Святой Дух играет важную роль в том, чтобы у истинно верующего была уверенность в спасении. Эта уверенность напрямую связана с духовным ростом (1 Иоан. 3:24; Рим. 8:16–17).

Верующий, который раньше был духовно мертв, а теперь ожил для Бога, может по некоторым признакам убедиться в том, что он действительно жив, поскольку поступает по делам, которые Бог предназначил ему (Еф. 2:1–10). Вот некоторые из важнейших признаков, по которым истинный христианин может проверить свое духовное здоровье:

1. Христианский плод (Иоан. 15:8).
2. Любовь к Божьему народу (Иоан. 13:35).
3. Забота о личной святости (1 Пет. 1:13–21).
4. Любовь к Божьему Слову (1 Пет. 2:2–3).
5. Желание повиноваться (Иоан. 14:15, 21, 23).
6. Ощущение близости к Богу (Рим. 8:14–17).
7. Неотступность в вере (Флп. 1:27–28).
8. Общение с Божьим народом (Евр. 10:24–25).
9. Желание прославлять Бога (Матф. 5:13–16).
10. Свидетельство о личной реальности Христа (1 Пет. 3:15).

Проверив основные показатели своей духовной жизни, христиане должны не задерживаться в своем развитии и не оставаться на детском уровне, но возрастать во всем. Когда есть личный рост в духовной зрелости, это приведет к коллективному созиданию и росту Тела Христова (Еф. 4:14–16).

Духовность заключается в том, что Божий Дух берет Божье Слово и взращивает Божий народ через служение Божьих служителей для духовного роста отдельных верующих, что приводит к росту Тела Христова. Вот конечная цель систематического богословия: все в большей степени мыслить, а затем и действовать согласно Божьей воле по мере возрастания в христианской вере.

Как систематическое богословие связано со служением?

Выдающийся богослов Бенджамин Уорфилд так ответил на этот важнейший вопрос:

Если такова ценность и польза доктрины, то богослов-систематик—это в первую очередь проповедник Евангелия; и цель его работы, очевидно, не просто в логическом упорядочении истин, которые находятся в его распоряжении, но в том, чтобы с их помощью побудить людей любить Бога всем сердцем и своих ближних, как самих себя; избрать свой удел со Спасителем души; признать Его сокровищем и дорожить Им; увидеть благодатное влияние посланного Им Святого Духа и покориться ему. С такой истиной, как эта, он не посмеет обращаться в холодном и сугубо научном духе, но по справедливости и необходимости позволит, чтобы ее ценность и практический смысл определяли, в каком духе он с ней обращается, и пробуждали благоговейную любовь, ведь только так следует изучать их взаимозависимость. Для этого он должен постоянно наполняться чувством неописуемой ценности откровения, которое лежит перед ним как исходный материал, и важностью его отдельных истин для своего сердца и жизни; и в прошлом, и в настоящем он должен иметь полный, богатый и глубокий религиозный опыт великих доктрин, которые исследует; он должен проводить жизнь близко к своему Богу, всегда покоиться у груди своего Искупителя и постоянно находиться под ощутимым влиянием Святого Духа. Изучающий систематическое богословие должен иметь очень чуткий благочестивый характер, в высшей степени освященное сердце и излияние Святого Духа, могущее наполнить его духовной проницательностью, без которой весь врожденный интеллект окажется напрасен. Он должен быть не просто исследователем, не просто мыслителем, систематиком или учителем; он, как возлюбленный Господом ученик, должен быть богословом в самом высоком, истинном и святом смысле[25].

Молитва[26]

Вечный Бог и Небесный Отец,
   мы вторим псалмопевцу: хвали, душа моя, Господа!
Мы не уповаем ни на вождей, ни на простых смертных—
   в них нет спасения.
Но мы доверяем Тебе, Господь Бог,
   Творец неба и земли.
Твоя верность неизменна. Однажды Ты будешь судить эту землю
   Своим совершенным судом.

А пока Ты восполняешь все нужды народа Своего.
Спасибо, что Ты накормил голодных, освободил пленных,
   открыл глаза слепых, восстановил согбенных
   и утешил угнетенных.

Воистину, блажен человек, чей Помощник— Бог Иакова,
   чье упование на Господа, Бога его!
Спасибо за Твою совершенную и вечную любовь
   к тем, кто облачен в Твою праведность.
Мы поклоняемся Тебе, Господь, Создатель и Вседержитель.
Мы благодарим Тебя, о Господь; прославляем Тебя за чудеса Твои!

Как бы ни были мы благословлены под покровом Твоей благодати,
   мы вынуждены признать, что согрешили. Мы нарушаем Твой закон,
   написанный как в наших сердцах, так и на страницах Священного Писания.
Мы пренебрегаем голосом совести и с презрением отвергаем
   ясное руководство Духа Святого. И хуже того, мы порой
   отвергаем очевидные заповеди Твоего святого Слова.
Но Ты день за днем являешь нам Свою благодать и долготерпение,
   во Христе мы обрели Твое прощение.
Очисти нас от греха,
   сними с души бремя вины,
   освободи от земных страстей,

------

[25] Benjamin B. Warfield, "The Idea of Systematic Theology," in *The Works of Benjamin B. Warfield*, vol. 9, *Studies in Theology* (1933; repr., Grand Rapids, MI: Baker, 2003), 86–87.

[26] Эта молитва воспроизводится дословно из: Мак-Артур Д. У престола благодати. СПб.: Виссон, 2015. С. 43–45. Завершающие молитвы для каждой главы данной книги взяты из этого сборника молитв.

направь наши стопы прочь от пути зла
и научи нас ходить стезею правды,
ради имени Твоего святого.
Да взыщем мы красоты Твоей святости
и незыблемости надежды, предложенной Тобой.
Да не поколеблется наша уверенность в спасении, которое вечно.

Спасибо за оснащение духовным оружием, способным оградить нас
от козней дьявольских.
Спасибо за такого великого,
непрестанно ходатайствующего за нас Первосвященника.
Спасибо за Слово Твое,
которое направляет и учит нас,
пребывает вовек на скрижалях сердец наших
и направляет наши помыслы к Тебе.
Мы жаждем понимать истины Твои и сознавать действия Твои,
чтобы мы могли увидеть благословение в каждом испытании
и радость в каждой скорби.

Наполни наши сердца благодарностью и хвалой
и дай нам видеть Твой замысел во всем!
Благослови нас, Господь, провозглашать Благую весть всем способным слышать
и сделай нас чуткими к голосу Твоему, потому что и проповедь наша,
и служение проявляют славу Христа в Его спасении.
В любых обстоятельствах:
в бедности или богатстве,
в горе или радости—
дай нам уверенность, что Твои руки
способны все обернуть
к нашему благу и Твоей вечной славе.
Нам даровано право называться Твоими детьми, и мы изливаем свои сердца
в молитве Тебе, любящий Отец.
Во имя Иисуса, Сына Твоего, мы молимся. Аминь.

«Воскликни Богу, вся земля!»

Воскликни Богу, вся земля!
Народы, как одна семья,
Предстаньте Господу с хвалой,
Ему служите всей душой.

Познайте, что Господь есть Бог,
А мы—творенье Божьих рук;
В Свое Он стадо нас привлек,
Он—Пастырь и наш лучший Друг.

Спешите все в Его дворы,
Идите с пеньем в Божий дом,
Несите Дивному дары
И поклоняйтесь с торжеством.

Да прославляют все Творца,
Да любит Бога весь народ!
Господня милость без конца,
Господня милость в род и род!

Уильям Кит (ум. 1594)
(перевод Д. А. Ясько)

Список литературы

Основные труды по систематическому богословию

* Грудем У. Систематическое богословие: Введение в библейское учение. СПб.: Мирт, 2004. С. 13–38.

Тиссен Г. Лекции по систематическому богословию. СПб.: Библия для всех, 1994. С. 7–29.

Эриксон М. Христианское богословие. СПб. Библия для всех, 1999. С. 11–121.

Bancroft, Emery H. *Christian Theology: Systematic and Biblical*. 2nd ed. Grand Rapids, MI: Zondervan, 1976. 13–20.

Buswell, James Oliver, Jr. *A Systematic Theology of the Christian Religion*. 2 vols. Grand Rapids, MI: Zondervan, 1962–1963. 1:13–26.

Culver, Robert Duncan. *Systematic Theology: Biblical and Historical*. Fearn, Ross-shire, Scotland: Mentor, 2005. 2–11.

Hodge, Charles. *Systematic Theology*. 3 vols. 1871–1873. Reprint, Grand Rapids, MI: Eerdmans, 1975. 1:1–150.

Lewis, Gordon R., and Bruce A. Demarest. *Integrative Theology*. 3 vols. Grand Rapids, MI: Zondervan, 1987–1994. 1:7–58.

Reymond, Robert L. *A New Systematic Theology of the Christian Faith*. Nashville: Thomas Nelson, 1998. xxv–xxxvi.

Shedd, William G. T. *Dogmatic Theology*. 3 vols. 1889. Reprint, Minneapolis: Klock & Klock, 1979. 1:3–58; 3:1–25.

Strong, August Hopkins. *Systematic Theology: A Compendium Designed for the Use of Theological Students*. Rev. ed. New York: Revell, 1907. 1–51.

Turretin, Francis. *Institutes of Elenctic Theology*. 3 vols. Edited by James T. Dennison Jr. Translated by George Musgrove Giger. 1679–1685. Reprint, Phillipsburg, NJ: P&R, 1992–1997. 1:1–54.

* Обозначает самые полезные.

Специальные труды

* Carson, D. A. "The Role of Exegesis in Systematic Theology." In *Doing Theology in Today's World: Essays in Honor of Kenneth S. Kantzer*, edited by John D. Woodbridge and Thomas Edward McComisky, 39–76. Grand Rapids, MI: Zondervan, 1991.

Gaffin, Richard B., Jr. "Systematic Theology and Biblical Theology." *WTJ* 38, no. 3 (1976): 281–299.

Garrett, James Leo, Jr. "Why Systematic Theology?" *CTR* 3, no. 2 (1989): 259–281.

Holmes, Arthur F. *Contours of a World View*. Grand Rapids, MI: Eerdmans, 1983.

Macleod, Donald. "Preaching and Systematic Theology." In *The Preacher and Preaching: Reviving the Art*, edited by Samuel T. Logan Jr., 246–72. Phillipsburg, NJ: P&R, 2011.

* McCune, Rolland. *A Systematic Theology of Biblical Christianity*. Vol. 1, *Prolegomena and the Doctrines of Scripture, God, and Angels*. Detroit, MI: Detroit Baptist Theological Seminary, 2009.

* Murray, John. "Systematic Theology." In *Collected Writings of John Murray*, 4:1–21. Edinburgh: Banner of Truth, 1982.

Phillips, W. Gary, and William E. Brown. *Making Sense of Your World from a Biblical Viewpoint*. Chicago: Moody Press, 1991.

Warfield, Benjamin B. "The Indispensibleness of Systematic Theology to the Preacher." In *Selected Shorter Writings of Benjamin B. Warfield*, edited by John E. Meeter, 2:280–288. Nutley, NJ: Presbyterian and Reformed, 1973.

Wells, David F. *No Place for Truth: Or, Whatever Happened to Evangelical Theology?* Grand Rapids, MI: Eerdmans, 1993.

* Обозначает самые полезные.

«Божье Слово, книга книг»

Божье Слово, книга книг,
Мой надежный проводник,
Учит: кто, откуда я,
Где мой род, страна моя.

Дивно светит в темноте,
Возвещает о Христе,
Направляет и хранит,
Мой судья и крепкий щит.

Утешитель в час нужды,
Избавитель от беды,
Учит на Христа взирать,
Верой страхи побеждать.

Объявляет день наград,
Непокорным — вечный ад...
О, святая книга книг,
Ты — мой верный проводник!

Джон Бертон (1773–1822)
(перевод Д. А. Ясько)

2

Слово Божье

Библиология

Основные темы 2-й главы

Богодухновенность Писания

Авторитет Писания

Безошибочность Писания

Сохранность Писания

Обучение Писанию и его проповедь

Обязательства перед Писанием

Учение о Писании—основополагающее и совершенно необходимое, поскольку определяет единственно верный источник всей христианской истины[1]. Писание неоднократно называет себя Словом Божьим. Пророки ссылались на него как на основание Божьих обещаний и судов. Христос и апостолы основывали на Писании все христианское учение. Только в Ветхом Завете более 2,5 тысяч раз утверждается, что написанное на его страницах говорит Господь (Ис. 1:2). Ветхий Завет утверждает это с самого начала (Быт. 1:3) до конца (Мал. 4:3) и на всем своем протяжении.

Выражение «Слово Божье» встречается в Новом Завете более 40 раз. Так назван Ветхий Завет (Марк. 7:13). Это то, что проповедовал Иисус (Лук. 5:1). Это весть, которой учили апостолы (Деян. 4:31; 6:2). Это слово, которое приняли

---

[1] Это введение адаптировано из «Учебной Библии с комментариями Джона Мак-Артура» (Б. м.: Славян. еванг. о-во, 2011. С. xv–xvi).

*Таблица 2.1: Символы для описания Библии**

Символ	Реальность	Тексты Писания
Иисус Христос	Олицетворение Слова	Иоан. 1:1; Откр. 19:13
Драгоценные металлы	Неизмеримая ценность	Серебро: Пс. 11:7 Золото: Пс. 18:11; 118:127
Семя	Источник новой жизни	Матф. 13:10–23; Иак. 1:18; 1 Пет. 1:23
Вода	Очищение от греха	Еф. 5:25–27; Откр. 21:6; 22:17
Зеркало	Исследование себя	Иак. 1:22–25
Пища	Питание души	Молоко: 1 Пет. 2:1–3; 1 Кор. 3:2 Хлеб: Втор. 8:3; Матф. 4:4 Твердая пища: 1 Кор. 3:2; Евр. 5:12–14 Мед: Пс. 18:11
Одежда	Жизнь, облеченная истиной	1 Пет. 3:1–5; Тит. 2:10
Светильник	Путеводный свет	Пс. 118:105; Прит. 6:23; 2 Пет. 1:19
Меч	Духовное оружие	Внешнее: Еф. 6:17 Внутреннее: Евр. 4:12
Отвес	Мерило духовной реальности	Ам. 7:8
Молот	Властный суд	Иер. 23:29
Огонь	Болезненный суд	Иер. 5:14; 20:9; 23:29

* Адаптировано из «Учебной Библии с комментариями Джона Мак-Артура» (С. 878).

самаряне (Деян. 8:14), как преподали апостолы (Деян. 8:25). Это весть, которую приняли язычники через проповедь Петра (Деян. 11:1). Это слово, которое Павел проповедовал во время первого (Деян. 13:5, 7, 44, 48–49; 15:35–36), второго (Деян. 16:32; 17:13; 18:11) и третьего миссионерских путешествий (Деян. 19:10). Оно было в центре внимания Луки в книге Деяний, где он рассказывает о его широком и быстром распространении (Деян. 6:7; 12:24; 19:20). Павел объяснил коринфянам, что проповедовал им Слово так, как оно было дано Богом, не искажая его, а открывая истину (2 Кор. 2:17; 4:2). И он признавал его источником своей проповеди (Кол. 1:25; 1 Фес. 2:13).

Псалмы 18 и 118, а также Притчи 30:5–6 ярко описывают Слово Божье, отделяя его от любых других религиозных произведений или поучений, известных человечеству. Эти тексты подтверждают, что библейские книги—это «священные» (2 Тим. 3:15) и «святые» (Рим. 1:2) писания.

Библия представляет собой богодухновенное Слово всемогущего Бога и поэтому притязает на высший духовный авторитет в научении, обличении, исправлении и наставлении в праведности (2 Тим. 3:16–17). Писание утверждает свою духовную достаточность до такой степени, что заявляет об исключительности своего учения (см. Ис. 55:11; 2 Пет. 1:3–4).

Слово Божье утверждает, что оно безошибочное (Пс. 11:7; 118:140; Прит. 30:5; Иоан. 10:35) и непогрешимое (2 Тим. 3:16–17). Иначе говоря, поскольку оно абсолютно истинно, то и совершенно надежно. Все эти свойства вытекают из того, что Писание дано Богом (2 Пет. 1:20–21; 2 Тим. 3:16), а это гарантирует его качество в источнике и в оригинальной записи.

Личность Бога и Слово Божье везде в Писании настолько взаимосвязаны, что все, верное в отношении характера Бога, верно и в отношении природы Его Слова. Бог истинен, безупречен и надежен, следовательно, таково и Его Слово. Мнение человека о Слове Божьем фактически отражает его мнение о Боге.

Библия обладает многими важными и уникальными особенностями, неизмеримо отличающими ее от всех созданных человеком литературных произведений. Семь наиболее важных характеристик описывают Слово Божье как (1) действенное (1 Фес. 2:13, Евр. 4:12); (2) верное (Ис. 55:10–11; Лук. 16:17); (3) сильное (Рим. 1:16–17; 1 Кор. 1:18); (4) живое (Иоан. 6:63; 1 Пет. 1:23; Евр. 4:12); (5) очищающее (Еф. 5:26); (6) питающее (1 Пет. 2:2); и (7) освящающее (Иоан. 17:17–19). В таблице 2.1 перечислены разные символы, используемые в Писании в отношении различных духовных истин о Слове Божьем.

Богодухновенность Писания

Откровение и богодухновенность
Определение богодухновенности
Подготовка к богодухновенности
Доказательства богодухновенности

Бог проявил инициативу в том, чтобы открыть Себя человечеству (Евр. 1:1)[2]. Способы откровения были разными: иногда через творение, иногда через сны и видения или слова пророков (Евр. 1:1–3). Однако самое полное и доступное откровение было дано через Писание (1 Кор. 2:6–16). Записанное Слово Божье уникально тем, что это единственное откровение Бога, ясно говорящее о греховности человека и Спасителе, Которого дал Бог.

Божье откровение было запечатлено в Писании посредством *богодухновенности*, что относится в большей степени к процессу, с помощью которого Бог явил Себя, чем к факту Его откровения. Об этом говорит утверждение «все Писание богодухновенно» (2 Тим. 3:16). Петр объясняет данный процесс так: «...никакого пророчества в Писании нельзя разрешить самому собою. Ибо никогда пророчество не было произносимо по воле человеческой, но изрекали его святые Божии человеки, будучи движимы Духом Святым» (2 Пет. 1:20–21). Благодаря этому служению Святого Духа Слово Божье в своей оригинальной записи было защищено от человеческих ошибок (см. Втор. 18:18; Матф. 1:22). Захария очень ясно описывает процесс богодухновенности, когда дает определение Писания как «закона и слов, которые посылал Господь Саваоф Духом Своим через прежних пророков» (Зах. 7:12). Это служение Духа распространяется как на каждую часть (на слова), так и на Писание в целом в оригинале.

---

[2] Следующие два абзаца адаптированы из «Учебной Библии с комментариями Джона Мак-Артура» (С. xvi).

Откровение и богодухновенность

Ограниченное творение и безграничный Творец как по определению, так и по своему отношению к откровению коренным образом отличаются. Бог обладает бесконечным и совершенным знанием, в то время как познания человека ограниченные и несовершенные. Действительно, без Писания человек не может до конца понять, что открыто в творении. Откровение состоит в том, что Бог (Творец) передает истину о Себе человеку. Согласно Писанию, это откровение бывает в двух формах: общее (Пс. 18:2–7) и особое (Пс. 18:8–15).

ОБЩЕЕ ОТКРОВЕНИЕ[3]

Общее откровение—это свидетельство Бога о Себе в творении. Давид объясняет его так: «Небеса проповедуют славу Божью, и о делах рук Его вещает твердь» (Пс. 18:2). Когда человек смотрит на небо, сама Вселенная свидетельствует о том, что у нее есть Творец и Он величествен. Термин «слава» буквально говорит о весомости или значимости Бога, и рассматривание небосвода днем или ночью открывает именно это. Тот, Кто создал Вселенную, должен быть поистине удивительным и могущественным, чтобы сотворить все это. Свидетельство творения о Творце не прекращается. Давид пишет: «День дню передает речь, и ночь ночи открывает знание» (Пс. 18:3). Хотя это безмолвное свидетельство ограниченное, при этом оно общедоступное:

> Нет языка, и нет наречия,
> где не слышался бы голос их.
> По всей земле проходит звук их,
> и до пределов вселенной слова их
>   (Пс. 18:4–5; см. Деян. 14:17; 17:23–31; Рим. 1:18–25; 10:18).

Среди того, что можно узнать из общего откровения, есть признание Божьей мудрости и силы. Чем больше человек исследует необъятность космоса или мельчайшие частицы в молекулярной структуре своего тела, тем больше это побуждает его с восхищением и изумлением признать истинное величие Творца. Это похоже на то, как вы рассматриваете прекрасную картину, восхищаясь гениальностью художника и любуясь всем от выбора красок до наклона мазков кисти. Точно так же можно наблюдать бесчисленные мазки кисти и богатую палитру цвета в творении. Безбрежность океана, неизмеримые глубины моря, звук и сила каждой волны, разбивающейся о берег,—все это и многое другое говорит о могуществе Бога. В то же время круговорот воды для орошения земли и сохранения жизни свидетельствует о доброте Создателя. Дождь поливает поля тех, кто любит и поклоняется Богу, а также тех, кто Его не любит, и это являет Божью любовь ко всем созданиям (Матф. 5:45). Его провиденциальную

---

[3] Более подробное обсуждение общего откровения см.: Мэйхью Р. Можно ли считать природу 67-й книгой Библии? // Вникая в книгу Бытия: Авторитетность Библии и возраст Земли / Под ред. Терри Мортенсона и Тейна Юри. Симферополь: Диайпи, 2010. С. 87–106.

заботу о верующих, чтобы все содействовало им ко благу, также можно включить в категорию общего откровения (Рим. 8:28), хотя учение о провидении вытекает из обещаний, данных в особом откровении. Все это и многое другое свидетельствует о величии Творца.

Еще одну форму общего откровения, помимо явленного в творении, составляет то, что можно увидеть в самом человеке: врожденное знание о добре и зле, действие совести, обвиняющей грешников, так что они оказываются виновными перед своим Создателем и Судьей. Павел сказал об этом так: «...когда язычники, не имеющие закона, по природе законное делают, то, не имея закона, они сами себе закон: они показывают, что дело закона у них написано в сердцах, о чем свидетельствует совесть их и мысли их, то обвиняющие, то оправдывающие одна другую» (Рим. 2:14–15). Творение не только свидетельствует о бесконечной силе и мудрости Творца, но и вместе с врожденным пониманием, которое Бог вложил в человека, приводит его к осознанию греха и суда. Соломон утверждает, что человек знает о том, что его жизнь не ограничена лишь физическим существованием. Он объясняет, что Бог «вложил осознание вечности в сердца людей» (Еккл. 3:11, НРП). У каждого с самого начала есть внутреннее представление, что, хотя человек и конечен, его существование выходит за пределы этой временной реальности.

Хотя общее откровение много говорит о силе, мудрости, доброте, праведности и величии Создателя, оно ограничено тем, что может заметить грешный человек. Главная цель общего откровения состоит в том, чтобы у людей не осталось извинения в том, что они не признают своего Творца. Но оно ничего не говорит о том, как грешник может получить доступ к Творцу или примириться с Ним, чтобы избежать суда. Именно поэтому Бог счел необходимым открыть Себя напрямую через особое откровение. Он открыл Себя так, чтобы грешники могли узнать (1) полноту Бога, (2) как обрести искупление от Божьего гнева на грешников и (3) как жить, угождая Богу.

Из Писания можно сделать несколько заключительных наблюдений относительно общего откровения:

1. Оно содержит только знания о Боге, а не все знания вообще.
2. Оно доступно во все времена, а не только в современную эпоху.
3. Оно свидетельствует всем людям, а не только ученым и образованным.
4. Оно воспринимается зрением и другими чувствами, а не научными приборами или методиками.
5. Все общее откровение было полностью доступно сразу после сотворения; оно не накапливалось со временем через постепенное приобретение знаний.

Поэтому изложенную в Писании цель общего откровения в природе нельзя расширять или увеличивать за пределы того, что говорит о нем особое откровение в Писании. Поступать так—значит совершать недопустимое: прибавлять к Писанию без Божьего повеления. Никто не может спастись общим откровением (Рим. 10:5–17; 1 Кор. 1:18–2:5).

ОСОБОЕ ОТКРОВЕНИЕ

Бог использует особое откровение, чтобы явить Себя напрямую и более обстоятельно. Бог открывал Себя через (1) прямые действия, (2) сны и видения, (3) воплощение Христа и (4) Писание. Бог являл Себя прямыми действиями в разное время и разными способами на протяжении истории искупления (Евр. 1:1). Он лично говорил с Адамом в Эдемском саду (Быт. 2:16–17; 3:9, 11). Он обращался вслух к народу израильскому у Синая (Втор. 5:4). Он лично говорил с Моисеем и подтвердил Свое свидетельство многими великими знамениями и чудесами (Втор. 34:10–12). Бог совершал чудеса в ключевые моменты истории искупления, чтобы удостоверить Своих свидетелей (Исх. 3–14), включая три случая, когда Он слышимым голосом свидетельствовал о Своем Сыне (Матф. 3:17; 17:5; Иоан. 12:28).

Бог также напрямую открывал Себя через сны и видения. Он дал Исаие видение Сына Божьего во всей Его славе до воплощения (Ис. 6:1–4). Даниилу было дано множество откровений, одно из которых было прямым ответом на его молитву за израильский народ (Дан. 9:20–21). Апостол Иоанн на острове Патмос видел в видении воскресшего Господа Иисуса Христа во всей славе (Откр. 1:10–16). В каждом случае Бог открывался пророку, чтобы дать ему особое откровение.

Высшее проявление особого откровения — это воплощение Божьего Сына. Бог-Творец принял ограничения человеческой плоти и обитал среди Своих созданий (Иоан. 1:1–5, 14). Хотя многие не признали Его Тем, Кем Он был в действительности (Иоан. 1:10–11), Иисус все же открыл полноту Божьей личности людям (Иоан. 14:9–10). Он представлен как «образ Бога невидимого» (Кол. 1:15) и назван «отпечатком сущности Его» (Евр. 1:3, Кассиан). Иисус был совершенным откровением Бога человеку. В Нем точно отобразилось, Кто такой Бог.

Библия — такая же авторитетная форма особого откровения. Как воплощенное Слово — это точное представление Бога-Творца, так и Писание — особое и божественное откровение человеку (Евр. 1:1). Это зафиксированное письменно свидетельство Создателя Своим созданиям. Оно составлялось более 1500 лет 40 разными авторами. Но в него вошли не просто слова людей. Это богодухновенные слова Самого Бога. Их превосходство над общим откровением подтверждает Давид (Пс. 18:8–12). Писание открывает человеку разум Бога, Его пути, Его праведность и то, как человек может угодить Богу. Оно лучше общего откровения, поскольку оно конкретное и выражено словами. Это записанное откровение Бога, данное через Его апостолов и пророков (Втор. 8:3; Матф. 4:4), а потому это надежное и непоколебимое свидетельство о неизменном Боге (2 Цар. 22:31; Пс. 17:31; Прит. 30:5–6; Иер. 26:2).

Чтобы до конца понять качественные и функциональные различия между общим и особым откровением, достаточно рассмотреть следующие три различия между ними. Во-первых, средства общего откровения в природе погибнут

Таблица 2.2: Общее и особое откровение в Писании

Общее откровение в Писании	Особое откровение в Писании
Только осуждает	Осуждает и избавляет
Согласуется с особым откровением, но не дает ничего нового	Не только расширяет и подробно объясняет содержание общего откровения, но выходит далеко за рамки этого объяснения
Воспринимаемая в нем весть должна подтверждаться Писанием	Само заверяет и подтверждает свои заявления, что это Божье Слово
Его необходимо толковать в свете особого откровения	Для его толкования не нужно другое откровение, ведь оно само себя толкует
В Писании никогда не приравнивается к Писанию	Не имеет равных

(Ис. 40:8; Матф. 24:35; Марк. 13:31; Лук. 21:33; 1 Пет. 1:24; 2 Пет. 3:10), а Слово особого откровения—нет, но пребудет вечно (Пс. 118:89; Ис. 40:8; Матф. 24:35; Марк. 13:31; Лук. 21:33; 1 Пет. 1:25). Во-вторых, средства общего откровения в природе были прокляты и подверглись рабству тления (Быт. 3:1–24; Рим. 8:19–23). Следовательно, это не тот совершенный мир, изначально созданный Богом (Быт. 1:31). А особое откровение—это Слово Самого Бога, и поэтому оно всегда совершенное и святое (Пс. 18:8–10; 118:140; Рим. 7:12; 2 Тим. 3:16). В-третьих, размах общего откровения в природе существенно ограничен по сравнению с многогранностью особого откровения в Писании. Чтобы расширить и прояснить это рассуждение, в таблице 2.2 перечислены дополнительные различия.

Определение богодухновенности

ВЗГЛЯДЫ НА БОГОДУХНОВЕННОСТЬ

Богословы предложили множество теорий, объясняющих процесс богодухновенности. Ниже кратко изложены основные точки зрения.

Теория диктовки[4]. Этот взгляд предполагает, что Бог давал людям, писавшим Библию, точные слова для написания. Процесс богодухновенности заключался лишь в том, что они дословно записывали эти слова. Человек был просто орудием, которое Бог использовал как перо, чтобы записать Свои слова. В Писании, конечно, есть примеры божественной диктовки, такие как указания Бога на горе Синай, чтобы Моисей записал закон (Исх. 34:27), чтобы Иеремия записал обращение к народу в Иерусалиме (Иер. 30:2), а Иоанн на острове Патмос написал послания семи церквям Малой Азии (Откр. 2:1, 8, 12, 18; 3:1, 7, 14). В каждом из этих случаев Бог диктовал точные слова авторам-людям. В этих случаях богодухновенность действительно заключалось в дословной записи Божьего откровения.

---

[4] Этот и следующий разделы адаптированы из: John MacArthur, *Why Believe the Bible?*, Baker Books ed. (Grand Rapids, MI: Baker, 2015), 40, 43–44, copyright © 2015 by Baker Books, a division of Baker Publishing Group. Используется с разрешения.

Но если бы вся Библия была составлена под божественную диктовку, можно было бы ожидать, что у нее везде будет сходный стиль и словарный запас. Это был бы текст без индивидуальных особенностей языка и стиля писавших его людей. Но в тексте Писания наблюдается прямо противоположное (Втор. 3:23–25; Рим. 9:1–3). Ключевой аргумент против механической диктовки состоит в том, что в каждой книге Библии есть явные проявления индивидуальности ее автора. У каждой книги свой характер и способ выражения. У каждого автора свой стиль. Бог мог бы использовать только диктовку и так передать истину. Он даже мог бы вообще обойтись без участия людей. Но Библия отличается разнообразием стиля. В ней заметно разнообразие языка и лексики. В книгах каждого автора видны особенности его характера. Можно даже ощутить их чувства, когда через них Слово Божье изливалось на бумагу.

Однако остается вопрос: как Библия может быть словами таких людей, как Петр и Павел, и в то же время быть словами Бога? Ответ на этот сложный вопрос отчасти состоит в том, что Бог сделал Петра, Павла и других авторов Писания такими, какими Сам хотел, сформировав саму личность каждого из них. Он контролировал их наследственность и окружение. Он направлял их жизнь, при этом предоставляя им свободу выбора и свободу воли. И когда эти люди стали в точности такими, какими хотел Бог, Он направлял и контролировал их естественный и добровольный выбор слов, так что написанное ими было именно Его словами.

Бог сделал их такими людьми, чтобы они подходили для передачи Его истины, а затем Он буквально выбрал слова из их обихода, характера, словарного запаса и чувств. Это были их собственные слова, но их жизнь на самом деле была так сформирована Богом, что эти слова и были Божьими словами. Поэтому можно говорить, что Послание к римлянам написал Павел, и что его написал Бог, и оба утверждения будут верными.

Теория частичной, или концептуальной, богодухновенности. Некоторые богословы, проповедники и другие исследователи придерживаются теории концептуальной богодухновенности. Другими словами, они считают, что Бог не давал авторам Библии точных слов, которые они записывали, но давал им общие идеи или впечатления, которые они передали своими словами. Например, Бог якобы вложил представление о любви в разум Павла, а он сел и написал 1 Коринфянам 13.

Этот взгляд на богодухновенность утверждает, что Бог задал общее направление откровения, а людям предоставил свободу говорить то, что они хотели, и поэтому (по мнению сторонников этого взгляда) в Библии так много ошибок. Эта точка зрения отвергает вербальную богодухновенность Писания. Она отвергает, что богодухновенны сами слова Писания. Концептуальный взгляд на богодухновенность популярен среди неоортодоксальных богословов, считающих, что Библия не Божье Слово, но содержит Божье Слово.

Согласно данной теории, Бог вложил идеи в умы авторов, но не выразил эти понятия какими-либо словами. Иначе говоря, Бог сообщил Свою истину авторам, но богодухновенность относится не к их словам, а лишь к учению, переданному через их произведения. Такой подход позволяет считать, что Бог все передал авторам-людям верно, и в то же время признавать наличие недостатков в том, что написано. Согласно этому взгляду, Бог либо приспосабливался к ограниченным способностям авторов, либо оставлял им возможность передавать Его истину своими словами, чем и объясняют, почему написанное людьми необязательно соответствует фактам.

Однако Писание неоднократно говорит, что оно абсолютно истинное (Пс. 118:43, 160; 2 Тим. 2:15). Сам Иисус утверждает, что Слово Божье есть истина (Иоан. 17:17). Более того, Библия никогда не говорит, что власть и весть Писания относится лишь к понятиям или идеям, выраженным в общих чертах в том, что написано. Напротив, Бог очень внимателен к Своему Слову и запрещает любое искажение Его заповедей (Втор. 4:2; 12:32). Писание подтверждает богодухновенность на уровне слов, говоря: «Всякое слово Бога чисто; Он — щит уповающим на Него. Не прибавляй к словам Его, чтобы Он не обличил тебя и ты не оказался лжецом» (Прит. 30:5–6). Настолько же серьезно, как в законе Моисея, это предупреждение выражено в последней книге Библии (Откр. 22:18–19). Подобное предписание есть и у пророка Иеремии (26:1–2), так что этот божественный запрет явно выражен во всех четырех основных разделах записанного откровения: в Законе, Пророках, Писаниях и в Новом Завете. Бог повторяет его в каждом основном разделе, чтобы ясно подчеркнуть: важно не только то, что идеи в Писании истинные, но что сами слова богодухновенны. Богодухновенность находится на уровне слов.

Теория естественной богодухновенности. Сторонники этого взгляда утверждают, что вдохновение для написания Библии пришло к ее авторам не от Бога, а от них самих. Подобно одаренным композиторам, художникам, архитекторам и писателям, по вдохновению создавшим великие шедевры, у авторов Библии были естественные побуждения писать ее. Это были люди, достигшие поразительной духовной проницательности благодаря своей исключительной чувствительности и одаренности. Поэтому их сочинения отмечены особым вдохновением.

Очевидное возражение против этого взгляда состоит в том, что хотя он признает человеческое авторство Писания, но отрицает или игнорирует библейское утверждение божественного авторства (2 Пет. 1:20–21; 2 Тим. 3:16). Этот взгляд превозносит талант авторов Библии, но отрицает, что Бог имел какое-либо отношение к ее написанию. Согласно данному утверждению, Библию писал не Бог, а умные духовные люди.

Еще одна роковая ошибка этого взгляда в том, что умные религиозные люди не стали бы писать книгу, осуждающую их самих. Такие люди не стали бы писать, что спасение можно обрести только свыше. Религиозные люди стремятся сами заслужить спасение. Все остальные религии предлагают убийственную ложь, будто человек вносит вклад в свое спасение добрыми делами, милосердием или обрядами. Они не хотят уповать лишь на совершенную жертву Божьего Сына. Наконец, даже самые благородные из людей никогда не смогли бы выдумать такую личность, как Иисус Христос. Даже самые одаренные умы не смогли бы создать персонаж, который превзошел бы всех когда-либо живших людей в мудрости, чистоте, любви, праведности и совершенстве.

Библейский взгляд: полная вербальная богодухновенность. Бог Своим Духом вдохновил каждое слово, написанное людьми в оригинальных рукописях (автографах) каждой из 66 книг Библии. Богодухновенность описывает процесс божественного действия, результатом которого стало Писание. Это непосредственное влияние Бога на автора-человека, которое привело к совершенной записи откровения. Это таинственное действие Святого Духа, когда Он использовал особенности личности, языка, стиля и исторической ситуации каждого автора, чтобы создать книги с божественным авторитетом. Эти книги были поистине произведениями и земных авторов, и Святого Духа. Такое представление соответствует слову, использованному Павлом в 2 Тимофею 3:16 (*theopneustos*). Смысл этого греческого слова в том, что «Бог выдыхает» Писание через библейских авторов. Возможно, лучше всего перевести 2 Тимофею 3:16 так: «Все Писание выдохнуто Богом». Здесь важнее всего признать, что библейское утверждение о богодухновенности—это утверждение о божественном контроле. Бог творил Писание, воздействуя на собственные мысли автора-человека, в результате чего в автографах были безошибочно записаны слова, обладающие божественным авторитетом.

ПРОЦЕСС БОГОДУХНОВЕННОСТИ

Конкретные способы написания книги Библии многочисленны и разнообразны. Моисей писал Пятикнижие под прямым руководством Бога. Иногда Бог говорил ему, какие именно слова надо написать (Исх. 34:27), в других случаях пророк записывал свои мысли (Втор. 3:23–26). Давид написал множество псалмов, собранных в книгу Псалтирь. Некоторые были написаны по конкретным событиям в его жизни (Пс. 31; 50), другие опирались на его жизненный опыт в целом (Пс. 22). Некоторые авторы прежде написания книги исследовали данную тему. Соломон исследовал и собрал много притч (Еккл. 12:9), а затем он и другие составили из них книгу Притчей (Прит. 1:1; 10:1; 25:1).

Матфей и Иоанн написали свои Евангелия на основании личного опыта следования за Иисусом. Лука не был очевидцем событий, записанных в его Евангелии. Он тщательно исследовал все события, прежде чем по порядку все записать (Лук. 1:1–4). Это наверняка включало беседы со многими апостолами и другими очевидцами. Некоторые библейские авторы получали особое откровение во сне или видении, в результате чего составляли книги Писания.

У апостола Иоанна в ссылке на острове Патмос было видение, в котором воскресший Господь Иисус поручил ему написать семи церквям о том, что он слышал и видел (Откр. 1:9–11).

Даже сам процесс записи иногда был уникальным как для авторов, так и для составляемых ими книг. Иеремия диктовал данные Богом слова писцу Варуху, который делал саму запись (Иер. 36:32). Павел часто использовал секретаря для написания писем под диктовку. Вот почему в некоторых случаях он заканчивает послания собственноручной припиской, чтобы подтвердить свое авторство (1 Кор. 16:21; Кол. 4:18; 2 Фес. 3:17). В послании к святым в Риме даже есть приветствие Тертия, который записал его для Павла (Рим. 16:22). Некоторые послания он писал своей рукой (Гал. 6:11; Флм. 19). При всех этих многочисленных и разнообразных средствах составления Писания Бог Дух Святой контролировал написание каждого слова.

Лучше всего процесс богодухновенности описывает Петр в 2 Петра 1. Упоминая предстоящую ему мученическую смерть, он сначала говорит, что необходимо твердо держаться истины (2 Пет. 1:12–14). Прежде чем предостеречь от лжеучителей, Петр заверяет в надежности Писания, поскольку его написали не просто земные авторы, но через них говорил Святой Дух. Петр начинает объяснение с личного опыта как очевидца преображения Христа (Марк. 9:1–13; 2 Пет. 1:18). Затем он говорит: «И притом мы имеем вернейшее пророческое слово; и вы хорошо делаете, что обращаетесь к нему, как к светильнику, сияющему в темном месте, доколе не начнет рассветать день и не взойдет утренняя звезда в сердцах ваших» (2 Пет. 1:19). «Пророческое слово» явно подразумевает Писание в свете того, как оно объясняется в ст. 20. Определение «вернейшее» можно понимать двояко: как подтверждение или как сравнение. В смысле подтверждения (как сказуемое) оно означает, что Слово Божье еще более надежно благодаря личному опыту Петра и других авторов. Такие подтверждения делают «пророческое слово» еще более достоверным. Но лучше понимать слово «вернейшее» в смысле сравнения (как определение). Хотя такой опыт, как у Петра на горе преображения, служит удивительным свидетельством о Христе, еще надежнее свидетельствует о Боге Его «пророческое слово», то есть Писание. Причина в том, как оно было составлено.

«Пророческое слово» (Писание) более полное, более постоянное и более авторитетное, чем опыт[5]. А именно, Слово Божье — это более надежное откровение учения о личности Христа, о совершенном Им искуплении и о Его втором пришествии, чем даже подлинное свидетельство бывших очевидцами апостолов.

Петр так описывает процесс написания: «...зная прежде всего то, что никакого пророчества в Писании нельзя разрешить самому собою. Ибо никогда пророчество не было произносимо по воле человеческой, но изрекали его святые Божии человеки, будучи движимы Духом Святым» (2 Пет. 1:20–21). Фраза

---

[5] Этот абзац адаптирован из «Учебной Библии с комментариями Джона Мак-Артура» (С. 1705).

«пророчество в Писании» явно приравнивает «пророческое слово» к тексту Библии. Слова «нельзя разрешить самому собою» означают, что написанное авторами Библии не было просто их мнением, идеями или личным толкованием событий, которые они видели и описали. Написанное ими «не было произносимо по воле человеческой». Другими словами, книги Библии создавались не по инициативе людей. Напротив, Петр прямо утверждает, что когда люди писали, через них говорил Бог. Это похоже на свидетельство Давида: «Дух Господень говорит во мне, и слово Его на языке у меня» (2 Цар. 23:2). Это был сверхъестественный процесс, включавший личное внимание и силу Святого Духа. Слово, переведенное как «движимы», используется в книге Деяний для описания корабля, носимого ветром (Деян. 27:15, 17). Книгу действительно писал пророк, передававший Слово Божье. Но ее писал и Дух, постоянно воздействуя на пророка, чтобы через него передать Слово Божье. В итоге текст был в полной мере словами авторов-людей, написанный их языком и стилем, с их точки зрения, но под непосредственным Божьим руководством через Духа Святого, так что это были именно слова Бога. Конечный результат—богодухновенные, безошибочные и авторитетные слова Бога на каждой странице всех 66 книг Библии.

ОБЪЯСНЕНИЕ БОГОДУХНОВЕННОСТИ

Один из самых важных текстов о богодухновенности Писания во всем Новом Завете—это 2 Тимофею 3:16, где Павел утверждает как богодухновенность Писания, главным образом Ветхого Завета (что можно отнести и к Новому Завету), так и представление о безошибочности Писания. Но из-за важности этого текста почти каждое слово в утверждении Павла подверглось нападкам скептиков. Несколько конкретных решений определяют толкование всего этого стиха.

Прежде всего, это фраза «все Писание». В оригинале стоит прилагательное женского рода единственного числа «все» с существительным женского рода единственного числа «Писание», что можно истолковать несколькими способами. Почти нет сомнений, что слово, переведенное как «Писание», относится именно к Писанию. Но есть разногласия о широте его значения. Говорится ли здесь о конкретном тексте Писания, как считают некоторые, или о Писании в целом, как утверждают другие? У первого взгляда есть преимущество, поскольку в обоих случаях нет артикля. Если этот взгляд правильный, Павел подчеркивает пользу «всех отдельных текстов, составляющих целое». Однако второй взгляд кажется лучше. Хотя обычно слово «все» с существительным без артикля означает «всякое», но это не абсолютное правило. Существительное бывает определенным и без артикля. В данном случае это почти наверняка так. Слово «Писание» (греч. *graphē*) по меньшей мере еще два раза (Рим. 1:2; 14:25) используется как определенное даже без артикля. Употребление термина «Писание» в Новом Завете, как кажется, подтверждает, что это слово используется собирательно как имя собственное для всей Библии. По этим соображениям толкование «все Писание» лучше. Так что свидетельство Павла в этом тексте прежде всего касается Писания в совокупности. Но даже если принять альтернативный взгляд, практически нет разницы, подчеркивается ли богодухновенность «совокупности» или «отдельных частей». Утверждение Павла несомненно означает, что богодухновенно Писание в целом и все его части без исключения.

Второй ключевой вопрос, требующий решения, вероятно, самый важный для этого обсуждения. Он связан со значением слова, использованного в Библии только здесь и обычно переводимого «богодухновенный» (*theopneustos*), и, в частности, с его значением в связи с выражением «все Писание». Это сложное слово, которое лучше всего передать как «выдохнутый Богом». Идея же *вдохновения* пришла, чему есть ясные подтверждения, из Вульгаты, где использовано латинское слово *inspirata* («вдохновлено»). Итак, слово «богодухновенность» означает божественное действие в процессе написания библейского текста.

Помимо определения самого термина, аргумент касается его связи с предыдущей фразой «все Писание». Некоторые рассматривают слово «богодухновенное» как атрибутивное прилагательное. Если это верно (а синтаксически это возможно), то выражение звучит следующим образом: «Все богодухновенное Писание». Однако такое понимание подразумевает, что не все тексты Писания богодухновенные. Правильный взгляд—признать эту конструкцию предикативным прилагательным. Тогда выражение будет переводиться: «Все Писание богодухновенно». В пользу такого перевода говорят несколько лучшие синтаксические данные, контекстуальные аргументы и множество сходных библейских утверждений. Так что, согласно свидетельству Павла Тимофею, все Писание богодухновенно. Поэтому и можно точно утверждать, что оно полезно для человека Божьего. Оно полезно именно благодаря божественному авторству. Кроме того, божественное авторство требует безошибочности и непогрешимости Писания. А иначе под сомнением окажется честность Бога, его Автора, причем не просто некоторых частей, но всего Писания.

Относительно охвата фразы «все Писание» достаточно взглянуть на слова Павла в Первом послании Тимофею: «Ибо Писание говорит: „Не заграждай рта у вола молотящего“; и: „Трудящийся достоин награды своей“» (1 Тим. 5:18). Павел цитирует как закон Моисея (Втор. 25:4), так и Евангелие от Луки (Лук. 10:7), называя Писанием и то, и другое. Хотя в этом стихе из 1 Тимофею богодухновенность не главная тема, нельзя не заметить, что термином «Писание» Павел описывает как Ветхий Завет, так и написанное Лукой. Из этого легко можно сделать вывод, что в утверждении Павла «все Писание богодухновенно» божественное авторство относится к написанному Лукой наравне с Ветхим Заветом. Это вполне соответствует тому, как Петр описал богодухновенность, и тому, что Иисус Христос заранее удостоверил Новый Завет.

ВОЗРАЖЕНИЯ ПРОТИВ БОГОДУХНОВЕННОСТИ

Бог действительно использовал грешных людей для написания Библии. Но при этом Он дал через них непогрешимые и безошибочные слова. Как человек может провести прямую линию кривой палкой, так и Бог создал безошибочную Библию через несовершенных людей. Самая очевидная и наглядная параллель — это воплощение. Писание говорит о сверхъестественном зачатии безгрешного Божьего Сына в утробе Марии (Матф. 1:18–25; Лук. 1:26–38). Мария, как и все потомки Адама, была грешницей, но Бог употребил ее, чтобы через нее Иисус пришел на землю. Немощь и греховность орудия нисколько не помешали Богу дать миру безгрешного Спасителя (2 Кор. 5:21). Иисус в полной мере был сыном Марии (Матф. 1:25) и в полной мере — Сыном Божьим (Иоан. 1:14), но Он не был запятнан греховной природой матери. Подобным образом Бог использовал людей, чтобы через них дать Писание, не повреждая откровения.

Это верно, хотя в процессе написания Бог использовал разные действия людей. Записывал ли Моисей те слова, что Бог повелел записать (Исх. 24:4; Лез. 1:1; 4:1; 6:1, 8, 24; Чис. 1:1; 2:1), или же пророчески писал на основании своего опыта, все это было богодухновенно (Втор. 31:24–29). Лука написал двухтомный труд, основанный на его личных исследованиях (Лук. 1:1–4; Деян. 1:1–3). Матфей и Иоанн писали как очевидцы, опираясь на вдохновляемые Духом воспоминания о том, что было сказано и сделано (Иоан. 14:26). Павел, составляя Писание, иногда излагал собственные авторитетные рассуждения (1 Кор. 7:25; 14:37). Для составления Своего безошибочного Слова Бог использовал людей. Но Библия — не просто произведение склонных к ошибкам людей; в то же самое время это слова непогрешимого Святого Духа (2 Пет. 1:20–21; 1 Фес. 2:13; 2 Тим. 3:16).

Подготовка к богодухновенности

Написание 66 книг Библии проходило под Божьим руководством, когда Он провиденциально направлял все аспекты ее создания. Это охватывало все от повода написания до уникальных личных особенностей и опыта самих авторов. Рассматривая эти факторы, мы сможем полнее оценить, насколько велики явленные в Писании сила и мудрость Бога.

ПОДГОТОВКА ПИСАНИЙ

Подготовка к созданию каждой книги Библии, безусловно, включала историческую ситуацию, в которой она была написана. Во многих случаях эту ситуацию легко распознать. Пятикнижие было написано Моисеем в контексте исхода и начала завоевания Земли обетованной. Псалмы часто писались в связи с текущими событиями в жизни авторов или как выражение поклонения в ответ на то, что Бог сделал для Своего народа. Книга Екклесиаста — это богодухновенное изложение духовных уроков, извлеченных Соломоном на протяжении своей жизни. В пророческих книгах упоминаются исторические события, раскрывающие, в какой ситуации они были написаны и какие текущие и будущие вопросы они затрагивают.

То же самое видно в книгах Нового Завета. Евангелие от Луки—единственное из четырех, говорящее об обстоятельствах его написания. Тем не менее все четыре ясно говорят о личности и делах Иисуса, чтобы показать, что Он Христос. Они также подводят читателя к выводу, что спасение обретается через веру в Него и Его крестный подвиг. Только Лука указывает, что он не был очевидцем, но опирается на тщательное исследование, проведенное им для написания своего двухтомного труда (Лук. 1:1–4; Деян. 1:1–3). Тем не менее по содержанию всех четырех Евангелий видно, что они основаны на одних и тех же исторических событиях.

Каждое новозаветное послание появилось под влиянием конкретной исторической ситуации, побудившей автора написать его. Послание к римлянам было написано Павлом, чтобы познакомить верующих в Риме со своим евангельским служением, отчасти потому что он рассчитывал на их помощь на пути в Испанию (Рим. 1:11–13; 15:22–25). Павел написал оба послания в Коринф из-за многочисленных проблем, возникших в коринфской церкви. Пасторские послания (1 и 2 Тимофею и Титу) были адресованы сотрудникам Павла в служении. Каждое из них было написано в определенных обстоятельствах жизни и служения, и все три дают конкретные указания по вопросам служения в Ефесе и на Крите. Даже книга Откровение была написана Иоанном во время его ссылки (Откр. 1), отразив историческую ситуацию середины 90-х гг. от Р. Х. в семи церквах, к которым обращался Христос (Откр. 2–3).

Бог употребил каждую из этих исторических ситуаций как контекст, в котором и было написано Его богодухновенное Слово. Провиденциальное сочетание всех людей, проблем, похвал, характеров, культур, правительств, социальных и светских трудностей—и всего остального—в совокупности образует тот предусмотренный Богом контекст, в котором была написана каждая книга Библии.

ПОДГОТОВКА АВТОРОВ

Кроме того, что Бог направлял исторические события, задававшие контекст для написания книг Библии, Бог готовил и самих авторов. В качестве иллюстрации рассмотрим книгу Псалтирь. Это одна из тех частей Библии, что наполнена эмоциями, воодушевлением и поклонением. Псалмы ярко описывают все от восторженного славословия до отчаянной мольбы об избавлении. Есть прямые и косвенные указания, что они писались в самых разных обстоятельствах. Некоторые были написаны в трагических или опасных для жизни ситуациях. Целью других было настроить народ Божий, восходивший в Иерусалим для поклонения. Все они отмечены реальными мыслями и чувствами людей в определенных жизненных ситуациях.

Очень много псалмов написал Давид, сладкий певец Израилев. Так что когда он пишет, что Дух Господень говорит в нем и Божье слово на языке у него, это показывает, что при написании псалмов процесс богодухновенности не сводился лишь к передаче слов под диктовку (2 Цар. 23:2). Действительно, слова Самого Бога были на языке Давида, и он записал именно их. В то же время эти слова появились в результате действия Божьего Духа, инструментом которого был Давид. Бог задействовал этот инструмент со всеми особенностями его характера, языка, опыта, переживаний, чувств и стиля.

Так, например, в 22-м псалме записаны собственные слова Давида. Когда в начале псалма он описывает заботу Господа как своего Пастыря, Который «покоит [его] на злачных пастбищах», это одновременно выражает и веру Давида, и вдохновленные Богом слова (Пс. 22:2). Когда Давид использует второе лицо и прямо обращается к Богу: «Не убоюсь зла, потому что Ты со мной» (Пс. 22:4), это слова самого Давида, но это также и слова Духа Божьего, создающего этот богодухновенный текст. Процесс богодухновенности никогда не нарушает индивидуальности, языка или стиля автора-человека. На самом деле он охватывает все эти элементы, а также текущий исторический контекст, в котором был написан текст. Бог подготовил земных авторов, чтобы использовать их как орудия для составления Его Слова.

Бог провиденциально подготовил каждого автора, чтобы он был именно таким инструментом, какой нужен для написания данной книги (или книг). Сначала Бог сотворил человека по Своему образу. Так человек обрел врожденную способность мыслить и общаться с Богом, и божественное откровение стало возможным и доступным. Бог может общаться с человеком, потому что Он создал его способным использовать речь и рационально мыслить. Эта подготовка распространялась на предков каждого автора и на события в его жизни как непосредственно, так и более отдаленно.

Божье провидение охватывает и далеких предков автора. Личное наследие многих библейских авторов часто заметно в текстах Писания. Вероятно, все авторы Библии, за исключением Луки, были евреями. Некоторые из них были священниками, другие—из царского рода. Все они были избраны для предназначенного Богом служения задолго до своего появления на свет (Иер. 1:5; Гал. 1:15). Это показывает, что избрание авторов не было сделано Богом в последнюю минуту. Он даже направлял всех предков пророков, чтобы они были именно такими, как Он хотел. Это было нужно, чтобы через их уникальное наследие Бог передал Свое богодухновенное Слово.

Такая провиденциальная подготовка дала каждому автору уникальный угол зрения почти во всех сферах жизни. Каждый автор находился под влиянием факторов, связанных с его местом и временем. У каждого было свое наследие, окружение, образование и воспитание, а также свои интересы, опыт и даже личные отношения. Каждый автор имел свой уникальный словарный запас и стиль письма, на которые повлияли все эти факторы.

За этим влиянием через обстоятельства стоит непосредственное действие Бога. Своим провидением Он хранил авторов Библии и через обычный ход жизни готовил их стать Его людьми и пророками. Он заботился о материальных нуждах пророка, чтобы тот мог жить и взрослеть. До призвания Он сохранил каждого из них, чтобы из-за какого-нибудь зла они не оказались непригодными. Он сдерживал тех, кто в противном случае мог бы уничтожить их. Когда наступало время, Он призывал их к служению, которое предназначил для них. И все это Он делал после того, как устраивал все обстоятельства их жизни, чтобы привлечь их к Себе. Бог направлял все, даже написание ими богодухновенного Писания, чтобы это содействовало их благу (Рим. 8:28), чтобы Он мог употребить их для этой конкретной цели. Уорфилд точно выразил это, объяснив, что подготовка земных авторов Богом была «физической, интеллектуальной, духовной, сопровождающей их на протяжении всей жизни и, по сути, должна была начаться с их отдаленных предков, в результате чего нужные люди оказались в нужном месте, в нужное время, с подходящими дарами, побуждениями и навыками, чтобы написать именно те книги, что были для них предназначены»[6].

Прекрасный пример всего этого процесса — Моисей и написание Пятикнижия. Он родился в египетском рабстве в семье из колена Левия. Однако фараон еще до его рождения издал указ, из-за которого Моисей получил уникальное воспитание и образование. Чтобы сохранить жизнь младенца, мать Моисея была вынуждена тайно отдать его дочери фараона, воспитавшей его как собственного сына. В результате такого поворота событий за первые 40 лет жизни Моисей получил самое лучшее образование, какое только мог предложить Египет (Деян. 7:22). Но при этом он знал о своем происхождении. Он сам видел несправедливость и страдания, которые фараон причинял его народу. Это побудило Моисея взять дело в свои руки, но его усилия закончились бегством из Египта, так что следующие 40 лет он был пастухом (Исх. 1–2).

Именно в этот момент становится заметно, что Бог подготовил Моисея. В 3-й главе книги Исход Бог явился ему в горящем кусте и призвал его, чтобы через него избавить Свой народ из египетского рабства. Однако сам Моисей смирился настолько, что уже не был уверен, пригоден ли он для этого. Первые 80 лет жизни научили Моисея одной истине: своими силами он не может совершить этот труд. Бог полностью подготовил его к этому призванию. Впрочем не Моисей избавил народ Божий из рабства, это сделал Господь. И все же Он использовал человека, который за 80 лет был полностью подготовлен к выполнению этой задачи. Следующие 40 лет жизни и служения Моисея описаны в книгах Исход, Левит, Числа и Второзаконие. Они повествуют о Божьих делах через человека. Бог никогда не зависел от Моисея для исполнения Своих намерений, о чем ясно свидетельствует Божий запрет Моисею войти в Землю обетованную из-за его греха (Чис. 27:12–14). Бог не нуждался в Моисее, чтобы исполнить Свои добрые замыслы; но Он вполне мог использовать несовершенного и даже грешного человека как пророка для выполнения этого совершенного плана.

---

[6] Benjamin B. Warfield, *The Inspiration and Authority of the Bible* (Louisville: SBTS Press, 2014), 155.

То же самое касается и написания Моисеем Пятикнижия. Обширное систематическое образование и воспитание, полученные им в доме фараона, вполне заметны в авторстве Торы. По своей форме пять книг Закона составлены как подробные юридические документы и исторические записи. Возможно, составляя Бытие, Моисей частично опирался на записи, к которым мог иметь доступ, когда учился в Египте. Возможно также, что в его обучение входило знакомство с древними ближневосточными договорами и сводами законов, в какой-то степени повлиявшими на составление им судебных разделов Закона. В то же время, когда Моисей писал Пятикнижие, он снова и снова был в непосредственном общении с Богом. Поэтому он, в конечном счете, не зависел от внешних источников. Первые пять книг Библии написаны одновременно и Богом, и Моисеем. Когда Моисей описывает свои чувства, ясно, что это его слова (напр., Втор. 1:37; 3:23–26), но эти же слова, записанные Моисеем, безупречно передают слова Самого Бога.

Свидетельства подобного двойного авторства многообразны и легко заметны во всей Библии. Писание ясно подчеркивает уникальность каждого автора. Моисей учился в Египте. Павел как ученик Гамалиила (Деян. 22:3) получил раввинское образование высочайшего уровня и даже разбирался в греческой философии стоиков и эпикурейцев. Лука был врачом (Кол. 4:14), Давид — пастухом, воином и царем. Соломон вырос в царской семье и жил как царь. Даниил обучался на государственного деятеля. Петр и Иоанн были рыбаками, Матфей — сборщиком налогов, Иаков и Иуда — сыновьями плотника. У каждого автора было уникальное наследие, воспитание и происхождение. У каждого сформировался жизненный опыт, через который Бог провел его Своим провидением. Благодаря всем этим факторам они стали именно такими, как задумал Бог, чтобы быть инструментами для создания Писания с божественным авторитетом. Эта уникальность заметна в каждой книге Библии. Например, во всех четырех Евангелиях повествование и содержание схожи, но в каждом из них отражен уникальный для его автора угол зрения и подбор материала, и все это под руководством Святого Духа. Между земными авторами и божественным Автором нет противоречий[7].

Все эти уникальные различия в социальном положении, культуре, истории, чувствах, опыте, образовании и практике отражены в языке и стиле произведений каждого автора. В то же время книги Писания отмечены согласованным божественным влиянием, и это указывает, что при написании этих 66 книг Бог через пророков составил Свое авторитетное Писание. Эти подготовительные элементы богодухновенности подтверждают, что Библия полностью провиденциальная и сверхъестественная книга, данное Богом безошибочное записанное откровение.

---

[7] См.: John MacArthur, *One Perfect Life: The Complete Story of the Lord Jesus* (Nashville: Thomas Nelson, 2012), 13–15.

Доказательства богодухновенности

ДОКАЗАТЕЛЬСТВА БОГОДУХНОВЕННОСТИ В ВЕТХОМ ЗАВЕТЕ

Природа богодухновенности требует, чтобы процесс проверки богодухновенности Библии был в равной мере божественным. Писание приводит много разных доказательств своей богодухновенности.

Ветхий Завет приравнивается к словам Бога. Тысячи раз Писание утверждает, что его слова — это слова Самого Бога. Много раз в тексте прямо говорится: «Сказал Господь» (напр., Исх. 17:14; 19:3, 6–7; 20:1; 24:4; 34:27). Ездра назвал Ветхий Завет «словами Бога Израилева» (Езд. 9:4; см. 10:3). В 176 стихах 118-го псалма Писание 24 раза названо «словом Господа», и 175 раз Слово Божье превозносится с использованием разных синонимов. Даже свои записанные послания пророки называли словом Господа в утверждениях: «Выслушай слово Господа» (3 Цар. 22:19; 4 Цар. 20:16), и подобных выражениях. От начала до конца Ветхий Завет заявляет, что он весь — это Слово Божье. Большинство богословов называют эту характеристику всего Писания (т. е. каждого слова) *полной богодухновенностью*.

В Ветхом Завете записана прямая речь Бога. Вступительное повествование в книге Бытия утверждает, что Бог творил прямыми словесными высказываниями. Он просто выражал Свою волю о существовании чего-либо, и оно возникало из ничего (Быт. 1:3, 6, 9, 11, 14, 20, 24). Есть Божьи указания, которые властно сообщают, чего Он ждет от Своих творений (Быт. 1:26, 28–29; 2:16–17). Есть запись Божьих судов, дающих оценку того, что совершили Его творения, и раскрывающих последствия этого (Быт. 3:13–19). В Ветхом Завете также записано несколько бесед между Богом и отдельными людьми. Бог призвал Аврама из Ура халдейского и неоднократно прямо говорил с ним о деталях завета, который Он заключил с ним (Быт. 12:1–3; 15:1–21). В рассказе о призвании Моисея подробно записано, как Бог говорил с ним, объясняя его роль в избавлении Израиля из египетского рабства (Исх. 3:1–4:23). Сразу после смерти Моисея Бог говорил с Иисусом Навиным, объясняя, какая роль отведена ему в завоевании Земли обетованной (И. Нав. 1:8–9). В Ветхом Завете записано множество прямых высказываний Бога или Его бесед со Своими пророками (3 Цар. 14:5). Некоторые из этих откровений словесные (1 Цар. 3:21), другие даны в форме видений или снов (3 Цар. 3:5), но все это — запись божественных слов.

В Ветхом Завете записана пророческая речь Бога. Начиная с Моисея (Исх. 3:15), пророков признавали авторитетными вестниками, говоривршими от имени Бога. Пророки обладали таким авторитетом, что их слова, сказанные от имени Бога, воспринимали как слова Самого Бога. Бог повелел Моисею идти прямо к фараону и обратиться к нему от имени Бога, сказав: «Так говорит Господь» (Исх. 4:22). Так же поступали пророки Божьи во всем Ветхом Завете, например,

Иисус Навин (И. Нав. 7:13; 24:2, 27), Гедеон (Суд. 6:7–18), Самуил (1 Цар. 2:27; 10:18; 15:2), Нафан (2 Цар. 12:7, 11) и многие другие (3 Цар. 11:31; 12:24; 13:1–2; 13:21; 14:3–7). Говоря от имени Бога, пророк обычно использовал вводную фразу «так говорит Господь» и даже мог говорить слова Бога от первого лица (напр., 3 Цар. 20:13). Типичным завершением была фраза «говорит Господь», которая, как и повторение высказываний от первого лица, показывала, что пророк произнес то, что Бог говорил через него (Иез. 20:1–45).

Как Моисею Бог давал слова, которые от должен был сказать или написать, так и других пророков Он наделял способностью говорить от Его имени (Исх. 4:11–12). Давид осознавал, что через него говорит Бог, когда сказал: «Дух Господень говорит во мне, и слово Его на языке у меня» (2 Цар. 23:2). Именно то, что пророки прямо говорили от Его имени, и побудило Бога дать указания, как отличать истинных пророков от ложных (Втор. 12:32–13:5; 18:15–22).

В Ветхом Завете записаны продиктованные Богом слова. В Ветхом Завете есть несколько текстов, где Бог прямо сказал записать Его слова (Исх. 34:27). В конце жизни Моисею было дано повеление записать в последней книге Закона все слова, которые заповедал ему Господь (Втор. 31:24–26). В других случаях Бог просто говорил ему написать о том, что произошло (Исх. 17:14). Обе формы записи равно авторитетны и богодухновенны. Пророку Иеремии было сказано записать все слова, которые говорил ему Бог (Иер. 30:1–4). Когда Давид писал свои псалмы, он знал, что через него говорит Бог; и все же псалмы Давида явно были результатом его собственных мыслей, слов и чувств. Каким бы ни был фактический процесс, написанное считалось словами Самого Бога, переданными через человека, Его пророка. То, что написал пророк, было открыто Богом.

ДОКАЗАТЕЛЬСТВА БОГОДУХНОВЕННОСТИ В НОВОМ ЗАВЕТЕ

Новый Завет ясно и последовательно свидетельствует о богодухновенности Ветхого Завета, считая написанное в нем словами Бога. Матфей сообщает, что написанное Исаией о Мессии было сказано Господом через пророка (Ис. 7:14; Матф. 1:22–23). Сравнение с другими цитатами у Матфея показывает, что, с его точки зрения, написанное пророками равносильно словам Бога (см. Матф. 2:15, 17–18; 4:14–16). Псалом Давида считается богодухновенным вплоть до уровня отдельных слов (Пс. 109:1; Матф. 22:44–45; см. Деян. 2:29–31). Даже мелкие детали цитируемых пророческих текстов Ветхого Завета трактуются как исполнившиеся во Христе (Мих. 5:2; Матф. 2:5).

Исторические повествования Ветхого Завета воспринимаются авторами Нового Завета как факты, причем это и крупные сверхъестественные события, например, истребление Содома и Гоморры (2 Пет. 2:6; Иуд. 7), Всемирный потоп (1 Пет. 3:20; 2 Пет. 2:5; Евр. 11:7), и незначительные подробности, например, что Давид ел хлебы предложения (Матф. 12:3–4). Речь Стефана в 7-й главе Деяний ясно свидетельствует об исторической достоверности Писаний Ветхого Завета от Авраама до того времени. Объясняя Свой искупительный подвиг, Иисус полностью опирался на свидетельство Ветхого Завета в законе Моисеевом, пророках и псалмах (Лук. 24:25–27, 44–47). Повсеместная практика авторов Нового Завета точно следует этому подходу от записи их проповедей в книге Деяний до богодухновенных текстов, составляющих Новый Завет. В свете учения Иисуса (записанного в Евангелиях), проповеди апостолов (записанной в Деяниях) и писаний Нового Завета (в посланиях), не может быть никаких сомнений, что для Христа и Его апостолов 39 книг (современного) Ветхого Завета были (1) вдохновлены Богом и (2) составляли все Писание на тот момент.

Новый Завет также ясно свидетельствует о себе как о Слове Божьем. В нем записано несколько случаев прямой речи Бога, в том числе свидетельство о Христе при Его крещении (Матф. 3:16–17; Лук. 3:22) и преображении (Матф. 17:5–7; Марк. 9:7; Лук. 9:35). Иоанн описывает, как Бог при людях слышимым голосом засвидетельствовал о верности Своего Сына, хотя большинство из них подумали, что это гром или что ангел говорил Ему (Иоан. 12:27–30). Лука записывает прямое обращение воскресшего Господа Иисуса к Савлу на дороге в Дамаск (Деян. 9:3–7). Хотя спутники Савла не видели Господа, они слышали Его голос. Сразу после этого Лука описывает, как Господь в видении сказал Анании, чтобы он принял Савла как ученика (Деян. 9:10–16). Также Иисус во славе явился в видении Иоанну и через него обратился к семи церквям Малой Азии, называя конкретные похвалы и обличения, прямо связанные с каждой церковью (Откр. 1–3). Кроме того, Новый Завет даже до вознесения Иисуса приравнивает Его слова к словам Бога (Лук. 5:1; Иоан. 3:34; 6:63, 68). В особых случаях апостолы наделялись тем же авторитетом и силой (Деян. 4:29–31), причем настолько, что Павел, обращаясь к церквям, заявляет, что через него говорит Христос (2 Кор. 13:2–3).

ВЗГЛЯД ХРИСТА НА ПИСАНИЕ

Для христианина нет лучшего свидетеля правильного понимания характера, природы и авторитета Писания, чем Сам Христос. Его представление должно быть представлением верующего. Если рассмотреть множество ссылок, которые Иисус делает на Писание, складывается ясная картина. Иисус использовал Писание во всех вопросах учения и практической жизни. Оно было основой для Его понимания, кто Он и какова Его миссия. Он лично признавал, что оно истинное. Все это подтверждает, что Иисус считал Писание богодухновенным, безошибочным, авторитетным Словом Божьим в обоих Заветах. Из Писания можно показать, что Иисус (1) подтвердил Ветхий Завет как Писание (подтверждая его авторитетность, богодухновенность и историчность) и (2) заранее утвердил Новый Завет как Писание.

Иисус подтверждал авторитетность Ветхого Завета. Каждый раз, используя Писание, Иисус провозглашал авторитетность и достоверность Ветхого Завета.

Иисус ссылался на авторитет Ветхого Завета, отвечая сатане (Матф. 4:1–11; Лук. 4:1–13). В ответ на предложение превратить камни в хлеб, Иисус, цитируя Второзаконие 8:3, сказал: «Не хлебом одним будет жить человек». Когда сатана сослался на 90-й псалом и обещание божественной охраны для уповающего на Бога, Иисус ответил повелением из Второзакония 6:16 не искушать Бога. В конце Он отверг искушение сатаны словами: «Отойди от Меня, сатана, ибо написано: „Господу, Богу твоему, поклоняйся и Ему одному служи"» (Матф. 4:10, цитата Втор. 6:13; 10:20). В каждом случае Иисус ссылается на Ветхий Завет как на решающее слово по данному вопросу, поскольку это авторитетное Слово Божье.

Иисус ссылался на авторитет Ветхого Завета во всех вопросах веры и практической жизни. Когда учеников обвинили в нарушении субботы, Христос сослался на принципы, вытекающие из закона Моисея, процитировав 1 Царств 21:6 как библейское оправдание их действий (Матф. 12:1–8). Отвечая на вопрос о разводе, Иисус спросил: «Не читали ли вы?» — и затем в Своем ответе сослался на Бытие 2:23–24 и Второзаконие 24:1–4 (Матф. 19:3–9). В обоих случаях Он использовал Писание не только для утверждения принципа, о котором шла речь, но и для подтверждения божественной власти, присущей самому тексту Ветхого Завета. Когда в конце Своего земного служения Иисус вторично очистил храм (Матф. 21:12–13), Он отталкивался от двух мест Ветхого Завета, чтобы оправдать Свои действия и осудить народ (Ис. 56:7; Иер. 7:11). Христос так часто цитировал Ветхий Завет, используя выражения, подобные «Не читали ли вы?», что тем самым подтверждал не только согласие с ним, но и признание его божественной власти. Во всех этих (и многих других) случаях Иисус ни разу не исправлял ошибок в фактах или практических наставлениях; Он считал Ветхий Завет фактически точным и божественно авторитетным Словом Божьим.

Иисус ссылался на авторитет Ветхого Завета, чтобы свидетельствовать о Себе. Когда религиозные вожди осудили Иисуса за исцеление в субботу, Он заявил о Своем равенстве с Богом (Иоан. 5:17–18), а затем привел несколько доказательств этого. Сначала Он упомянул свидетельство Иоанна Крестителя (5:33–35), но не ограничился им в этой ситуации, потому что само по себе оно не было божественным. Потом Христос привел три божественных свидетельства о Себе: (1) свидетельство Своих дел (5:36), (2) свидетельство Небесного Отца (5:37–38) и (3) свидетельство Писаний Ветхого Завета, в частности, книг Моисея (5:39–47). Тем самым Иисус показал, что написанное Моисеем равноценно сказанному Богом. Это такое же божественное свидетельство, как и слова Бога, сказанные голосом с неба, или сверхъестественные дела Божьи, совершенные на земле. По сути, в конце рассказа о богаче и Лазаре Иисус указал, что свидетельство Ветхого Завета больше чудес, даже чуда воскресения (Лук. 16:27–31).

Иисус лично подчинялся власти Ветхого Завета. В Нагорной проповеди Он сказал, что пришел не нарушить закон или пророков (т. е., ветхозаветные Писания), но исполнить их (Матф. 5:17). Далее Он сказал, что если нарушать Писание или учить других так делать, последствия будут вечными (Матф. 5:18–19). Иисус даже объяснил, что Золотое правило—это ключевой момент Писания (Матф. 7:12). Когда Иисус закончил говорить, слушатели заметили, что Его учение отличалось от учения книжников. Он учил как власть имеющий (Матф. 7:28–29). Иисус говорил с божественной властью, присущей Ему как Богу в человеческой плоти, и в то же время Он последовательно утверждал авторитет Писания и подчинялся ему. Даже свидетельствуя о Самом Себе, Он подчинялся принципам и повелениям Ветхого Завета. Так, Он сказал: «Если Я свидетельствую Сам о Себе, то свидетельство Мое не есть истинно» (Иоан. 5:31). Иисус не отрицал правдивости Своего свидетельства (см. Иоан. 8:14–20), но подчинялся ветхозаветному требованию о двух или трех свидетелях (Втор. 17:6; 19:15).

Иисус придерживался одного взгляда на Писания Ветхого Завета и до, и после Своего воскресения. Лука описывает две встречи Христа со Своими учениками сразу после воскресения. Первая встреча была с двумя учениками на дороге из Иерусалима в Эммаус (Лук. 24:13–35), вторая—в Иерусалиме в комнате, где собралось много учеников (Лук. 24:36–47). В обоих случаях Иисус проявил те же самые убеждения как об авторитете Писания, так и о необходимости его исполнения. В первом случае Он подтвердил, что надлежало исполниться всему, написанному о Нем в Ветхом Завете,—как и произошло в Его смерти, погребении и воскресении (Лук. 24:26–27). Во втором случае Он сказал не только это, но и то, что служение Его последователей, которые будут свидетельствовать о Нем и Его деле, также основано на Писаниях Ветхого Завета (Лук. 24:44–47). Мнение Иисуса о Ветхом Завете, его богодухновенности, безошибочности и авторитетности не изменилось после Его прославления. Сам этот факт в значительной степени опровергает ошибочные теории аккомодации.

Иисус подтверждал богодухновенность Ветхого Завета. С точки зрения Христа, авторитет Ветхого Завета основывался на его природе как богодухновенного Слова Божьего.

Иисус подтверждал божественное и человеческое авторство Библии. Он неоднократно признавал, что Ветхий Завет писали люди. Он прямо упоминал Моисея (Иоан. 5:45–47), Давида (Лук. 20:42), Исаию (Матф. 13:14) и даже Даниила (Матф. 24:15–16) как авторов текстов, на которые ссылался. В то же время Он считал, что это было написано не только ими, но и Святым Духом как божественным Автором. Иисус назвал и Давида, и Духа Святого авторами 109-го псалма (Марк. 12:36). Он попеременно ссылался на части Ветхого Завета и как на слова Бога, и как на труды таких авторов как Моисей и Исаия (Матф. 15:1–11). Если рассмотреть все случаи, где Христос ссылается на Ветхий Завет, становится ясно, что, с Его точки зрения, нет разницы между фразами «Бог говорит», «Писание говорит» и «сам Давид сказал Духом Святым». Цитируя как земных авторов, так и божественного Автора Писания, Иисус подтвердил сказанное Давидом: «Дух Господень говорит во мне, и слово Его на языке у меня» (2 Цар. 23:2).

Иисус подтверждал достоверность Библии. В самом Ветхом Завете более 3800 прямых утверждений, что в нем записаны именно слова Бога. В нем также есть несколько общих утверждений о его истинности (Пс. 18:8, 10; 118:43, 160; 137:2; Прит. 30:5). Проверка на выявление лжепророка была непосредственно связана с тем, истинны ли его заявления и полностью ли его слова соответствуют содержанию Писания (Втор. 13:1–5; 18:20–22). Если сказанное пророком не сбывалось, он был лжепророком. Если предсказанное им чудо происходило, но его слова противоречили Писанию, его все равно надо было отвергнуть как лжепророка. Согласно Ветхому Завету, сказанное в Писании истинно, абсолютно правдиво и авторитетно.

Свидетельство Иисуса об истинности Ветхого Завета совпадает со свидетельством самого Ветхого Завета. Христос считал Писание словами и заповедями Самого Бога. И поэтому его следует признавать абсолютно авторитетным (Матф. 15:3–9). Упрек Иисуса книжникам и фарисеям в этом же тексте соответствует свидетельству Ветхого Завета, называвшего людей, отвергающих это, лжепророками. Именно поэтому Иисус называет их «слепыми вождями слепых» (Матф. 15:14).

Сказав: «Слово Твое есть истина» (Иоан. 17:17), Иисус назвал Писание объективной истиной. Это соответствует утверждению в Псалме 118:160, ведь и свидетельство Господа, и свидетельство Ветхого Завета вполне согласуются. Эта абсолютная истинность в сочетании с тем, что на авторитет Ветхого Завета ссылались как Иисус, так и авторы Нового Завета, подтверждает, что Иисус считал Ветхий Завет богодухновенным Словом Божьим. При этом Он не просто считал Писание истинным, но что это и есть сама истина. Он назвал Слово Божье «истиной» (Иоан. 17:17). К каждому ветхозаветному свидетельству Он относился как к факту, включая даже самые поразительные чудеса. Иисус считал Ветхий Завет истинным и точным Словом Божьим.

Иисус подтверждал вербальную и полную богодухновенность Библии. Как уже упоминалось, термины «вербальный» и «полный» указывают, соответственно, на *каждое слово* и на *все слова* Писания. Поэтому полная вербальная богодухновенность означает, что богодухновенно каждое слово в Писании и все Писание. То, что Иисус придерживался этого взгляда, подтверждается двумя способами. Во-первых, Он по-разному и в разных ситуациях цитировал многие книги Ветхого Завета или ссылался на них. Он цитировал все пять книг Моисея и писания других пророков, как минимум восемь раз прямо ссылался на Псалмы. Так или иначе Он упоминал все основные разделы еврейской Библии (Закон, Пророки и Писания). Даже после Своего воскресения Иисус ссылался на весь Ветхий Завет как на богодухновенное и авторитетное свидетельство о Его жизни и служении (Лук. 24:27). Во-вторых, в таких важных вопросах, как защита Своей божественности, доводы Иисуса опирались на отдельные слова, фразы и буквы Ветхого Завета. Такое использование Ветхого Завета показывает, что Господь придерживался вербальной богодухновенности Писания.

В Матфея 5:17–18 Иисус сказал, что ни одна буква и даже черта, отличающая одну букву от другой, не исчезнет, пока не исполнится все Писание. Более высокого взгляда на значение мельчайших деталей Писания не может и быть. Заслуживают внимания и другие примеры.

На празднике обновления Иисус провозгласил Свою божественность, заявив о равенстве с Отцом (Иоан. 10:22–30). Иудеи в ответ на это взяли камни, чтобы побить Его за якобы богохульное утверждение. В Иоанна 10:34–35 Иисус отстаивал Свои слова, обратив внимание оппонентов на фразу в Псалме 81:6, которая кажется не совсем ясной. Суть довода опирается на одно слово в этом тексте: «боги». Он говорит: «Не написано ли в законе вашем: „Я сказал: вы боги"? Если Он назвал богами тех, к которым было слово Божье, и не может нарушиться Писание, Тому ли, Которого Отец освятил и послал в мир, вы говорите: „Богохульствуешь", потому что Я сказал: „Я Сын Божий"?» (Иоан. 10:34–36). В этих двух стихах Христос использовал три разных термина для описания 81-го псалма. Он назвал его Законом, Словом Божьим и Писанием. Эти синонимы служат подтверждением полной богодухновенности текста. Когда Иисус сказал: «Не может нарушиться Писание» (Иоан. 10:35), Он заявил о его целостности, вторя словам: «Истинно говорю вам: пока не пройдет небо и земля, ни одна иота или ни одна черта не пройдет из закона, пока не исполнится все» (Матф. 5:18). В данном случае довод Иисуса был основан на одном слове «боги». Если Бог использовал это слово, чтобы описать несправедливых судей, которых Он осудит, разве Он не может использовать его в отношении Своего вечного Сына? Этот аргумент Христа о Своей божественности на основании одного слова из Ветхого Завета показывает, что Он придавал большое значение безошибочности мельчайших деталей Ветхого Завета.

Когда саддукеи задали Иисусу каверзный вопрос о воскресении мертвых, Он опроверг их мнение, сославшись на время глагола (Матф. 22:32). Саддукеи подошли к Иисусу и попытались поставить Его в тупик, представив крайний случай применения ветхозаветного закона, обязывавшего человека жениться на бездетной вдове брата. Их вопрос был еще более нелепым, чем приведенная иллюстрация, потому что они спросили, чьей женой она будет в воскресении. Ответ Иисуса не только подтвердил авторитетность и истинность Божьей заповеди, данной через Моисея, но и показал, что их заблуждение было вызвано непониманием Писания. Он сказал: «А о воскресении мертвых не читали ли вы реченного вам Богом: „Я Бог Авраама, и Бог Исаака, и Бог Иакова"? Бог не есть Бог мертвых, но живых» (Матф. 22:31–32). Иисус имел в виду, что эти патриархи живы, ведь даже после их смерти Бог заявляет: «Я Бог Авраама...», а не: «Я был Богом Авраама...». Выражение «Не читали ли вы» снова указывает на авторитетность процитированного текста из Исхода 3:6. Более того, этот аргумент приведен в поддержку такой значимой доктрины, как воскресение, причем он основан на значении, выведенном из подразумеваемого глагола-связки в составном именном сказуемом в еврейском тексте. «Я Бог...» — это буквальное и точное понимание древнееврейской конструкции.

Наконец, Иисус заставил замолчать последних Своих критиков, задав фарисеям вопрос о правильном понимании одного слова в Псалме 109:1. Матфей описывает это так:

> Когда же собрались фарисеи, Иисус спросил их: «Что вы думаете о Христе? Чей Он сын?» Говорят Ему: «Давидов». Говорит им: «Как же Давид, по вдохновению, называет Его Господом, когда говорит: „Сказал Господь Господу моему: седи одесную Меня, доколе положу врагов Твоих в подножие ног Твоих"? Итак, если Давид называет Его Господом, как же Он сын ему?» (Матф. 22:41–45)

Здесь Иисус делает глубокое богословское заявление о Своей божественности. Он родился как сын из рода Давида, так что Давид может называть своего сына Господом, только если сын превосходит его. Его сын может быть выше него, только если это Бог. Иисус построил Свое рассуждение на слове «Господь». Давид может называть своего сына Господом, поскольку его сын по человеческому рождению — это не кто иной, как воплощенный Божий Сын. И снова одно слово играет ключевую роль для такой важной доктрины, как божественность Христа.

Иисус подтвердил вербальную богодухновенность Ветхого Завета еще в одном случае, обличив фарисеев такими словами: «Скорее небо и земля пройдут, чем одна черта из закона пропадет» (Лук. 16:17). Хотя здесь суть в том, что Писание исполнится до последней буквы, это соответственно подразумевает, что оно точно и надежно до последней буквы. Это также отражено в Нагорной проповеди, где Иисус сказал, что каждая буква в совершенстве сохранится на небесах и исполнится (Матф. 5:17–18). Иисус не только считал мелкие детали текста богодухновенными, но и каждую букву считал важной. И даже малейшие части букв Он называл вечными. Это имеет огромное значение для исторической достоверности Писания. Если Иисус засвидетельствовал о такой точности, надежности и чистоте Ветхого Завета, Библию следует считать богодухновенной, безошибочной и вечно истинной до последнего слова. Итак, то, как Иисус использовал Ветхий Завет, указывает на абсолютную уверенность в полной вербальной богодухновенности Писания: в целом, по частям и вплоть до каждой буквы.

Иисус подтверждал необходимость исполнения Писания. Господь неоднократно свидетельствовал, что Ему Самому необходимо исполнить все, что Ветхий Завет говорил о Нем и Его служении (Матф. 26:31; Марк. 9:12–13; 14:27, 49; Лук. 20:17; 24:25–27, 44–46; Иоан. 5:39; 12:14; 13:18; 17:12). В контексте предстоящего предательства Иисус процитировал текст Захарии 13:7, сказав, что даже все ученики покинут Его, так как в Писании говорится, что так будет (Матф. 26:31). На эту цитату ученики стали усиленно возражать. Но Иисус подтвердил, что все так и будет, поскольку все в Писании исполнится. Даже вися на кресте, Иисус сознательно исполнял Писание до последней буквы (Иоан. 19:28–30). Иоанн даже утверждает, что при жизни Иисуса ученики не замечали, как исполнялось Писание. Однако после Его воскресения Иоанн и остальные апостолы вспомнили записанное в Ветхом Завете и увидели, как Иисус в точности исполнил все, сказанное о Нем в Писании (Иоан. 12:14–16). Иисус верил, что каждое слово Писания должно исполниться. Именно так свидетельствовали апостолы о том, что происходило в Его жизни и служении.

Иисус подтверждал историческую достоверность Ветхого Завета. Помимо подтверждения авторитетности и богодухновенности Ветхого Завета Иисус выражал Свою уверенность в достоверности содержащихся в нем исторических сведений.

Иисус подтверждал историчность личностей Ветхого Завета. Всякий раз, говоря об упомянутых в Ветхом Завете людях, Он считал их реальными людьми. Обсуждая тему развода, Он подтвердил не только историчность рассказа о сотворении, но и реальность Адама и Евы. Более того, защиту учения о браке Он построил на исторической достоверности книги Бытия (Матф. 19:4–5). Он проявил твердую уверенность в реальности событий из 4-й главы Бытия, включая не только существование Авеля, но и его убийство (Матф. 23:35). Иисус подтвердил историчность повествований о многих ветхозаветных персонажах, включая Авраама, Исаака и Иакова (Матф. 8:11; 22:32; Лук. 13:28; Иоан. 8:56), Лота и его жену (Лук. 17:28, 32), Моисея (Иоан. 3:14; 5:45; 7:19), Давида (Матф. 12:3; 22:43–45), Соломона (Матф. 6:29; Лук. 11:31), царицу Савскую (Матф. 12:42; Лук. 11:31), Илию и вдову из Сарепты Сидонской (Лук. 4:25–26), Елисея и Неемана (Лук. 4:27), Иону (Матф. 12:39–41; Лук. 11:29–32), Захарию (Матф. 23:35; Лук. 11:51) и Даниила (Матф. 24:15). Он говорил обо всех этих людях как о реальных исторических личностях, рассматривая сказанное о них в Писании как исторические факты. От Адама и Ноя до Ионы и Даниила Иисус без колебаний подтверждал историчность не только этих людей, но и связанных с ними событий, описанных в Ветхом Завете. То, что Иисус обычно ссылался на этих людей, делая важные доктринальные выводы, ясно показывает, что Он принимал историческую точность данных текстов.

Иисус подтверждал историчность мест и событий Ветхого Завета. Когда Иисус учил, Он часто ссылался на ветхозаветные события. Иногда Он использовал их в качестве доказательств. Иногда это было для иллюстрации или подтверждения Его учения. В каждом случае Он говорил о них как о реальных местах и событиях. Примечательно, что Он часто упоминал те истории, в которых происходило много чудес. Он подтвердил, что Бог разрушил Содом и Гоморру, как сказано в Бытии 19 (Матф. 11:20–24), что Иона был во чреве кита (Матф. 12:40), а ниневитяне покаялись (Лук. 11:30–32). Он подтвердил буквальный Всемирный потоп во дни Ноя (Матф. 24:38–39). Иисус был убежден, что Бог сверхъестественным образом давал манну с неба для израильтян, когда те сорок лет скитались в пустыне (Иоан. 6:49). Он упоминал эти события не просто мимоходом, а использовал их как основание для доктрин с вечной значимостью, таких как Его воскресение. Например, Он связал реальность Своего воскресения с исторической достоверностью текста Ионы 2:1 и временем пребывания Ионы во чреве кита (Матф. 12:38–42). Иисус учил, что Писание не только богодухновенное, но и, как необходимое следствие, исторически точное.

Иисус подтверждал историчность авторства Ветхого Завета. Иисус несколько раз цитировал книги Ветхого Завета, называя их авторов. Из этого видно, что Он был уверен в историчности авторства этих книг, что служит опровержением более поздних заявлений «высшей критики» об обратном. Например, Христос приписывал Пятикнижие Моисею (Матф. 8:4; Марк. 12:26; Иоан. 5:45–46), а в Иоанна 5 Он даже сказал, что писания Моисея свидетельствуют о Нем, то есть Иисус связал заявления о Себе с Моисеевым авторством Пятикнижия. Кроме того, Он подтвердил, что Давид написал 109-й псалом (Матф. 22:43–44), Исаия — книгу Исаии (Матф. 13:14–15), а Даниил — книгу Даниила (Матф. 24:15). В свете того, как Христос использовал Ветхий Завет, Он явно считал его исторически точным, написанным людьми, которые по действию богодухновенности создали божественно авторитетные писания.

Иисус заранее утвердил Новый Завет как Писание. Иисус подтвердил авторитетность, богодухновенность и историчность уже написанного Ветхого Завета, а также заранее утвердил книги, которые после Его вознесения будут написаны и собраны в Новый Завет.

Иисус утверждал, что Его слова — это слова Отца. Сам Христос неоднократно заявлял, что Он говорил те самые слова, которые Ему дал Отец. Он ставил Свои слова на один уровень и со сказанными Богом словами, и с самим Писанием. Исходя из этого можно сказать, что Его слова, записанные апостолами — это авторитетная весть от Бога. Иисус так сказал об этом:

> «Много имею говорить и судить о вас; но Пославший Меня есть истинен, и что Я слышал от Него, то и говорю миру». Не поняли, что Он говорил им об Отце. Итак Иисус сказал им: «Когда вознесете Сына Человеческого, тогда узнаете, что это Я и что ничего не делаю от Себя, но как научил Меня Отец Мой, так и говорю» (Иоан. 8:26–28).

По словам Иисуса, Его распятие докажет, что Он поистине Сын Человеческий и что Его весть этому миру исходит от Бога (см. Иоан. 12:49–50).

В горнице Иисус сообщил Своим ученикам, что Его слова — это одно из дел, которые творит Отец, и что они не только открыли Отца людям, но и подтвердили для них единство Отца и Сына: «Разве ты не веришь, что Я в Отце и Отец во Мне? Слова, которые говорю Я вам, говорю не от Себя; Отец, пребывающий во Мне, Он творит дела» (Иоан. 14:10). Наконец, из молитвы Христа в ту ночь, в которую Он был предан, становится ясно, что одиннадцать учеников отличались от Иуды и всего неверующего мира именно тем, что приняли Его слова от Отца. Иисус молился: «Ныне уразумели они, что все, что Ты дал Мне, от Тебя есть, ибо слова, которые Ты дал Мне, Я передал им, и они приняли, и уразумели истинно, что Я исшел от Тебя, и уверовали, что Ты послал Меня» (Иоан. 17:7–8). Ясно, что слова, Которые Иисус передал Своим ученикам, исходили от Бога Отца, даровавшего одиннадцати понимать истинную природу и миссию Иисуса Христа (см. Иоан. 17:14, 17).

Иисус был пророком, «подобным» Моисею, но гораздо большим. Бог говорил с Моисеем лицом к лицу и открывал Себя ему (Исх. 33:11; Втор. 34:10). Иисус Христос—воплощенное Слово, то есть Он Сам—откровение Бога. Его слова непосредственно были словами Отца. Видеть Иисуса означало видеть Отца. Но Иисус обещал Своим ученикам больше, чем просто воспоминания о божественном откровении, которым был Он Сам и которое дал им; Он обещал, что им будет дано дополнительное откровение Духом Святым.

Иисус обещал апостолам дополнительное откровение. С момента исповедания Петра (Матф. 16:16) Иисус готовил учеников к Своему уходу. В последние часы земной жизни Он собрал учеников в горнице, чтобы подготовить их к Своему распятию. До этого Иисус уже много раз рассказывал им об этом, но они не понимали. Даже в последнюю ночь ученики или не поняли, или не приняли Его свидетельства о событиях, которые должны были произойти (Иоан. 13:12–38). Тем не менее Он продолжил готовить их к будущему служению, дав три важных обещания.

Во-первых, Иисус пообещал, что Дух поможет им точно вспомнить Его слова: «Утешитель же, Дух Святой, Которого пошлет Отец во имя Мое, научит вас всему и напомнит вам все, что Я говорил вам» (Иоан. 14:26). Святой Дух Божий дарует одиннадцати ученикам особое двойное благословение. (1) Он научит их всему. Судя по контексту кажется, что Дух должен объяснить им то же самое, чему их учил Сам Иисус, чтобы они действительно это поняли. (2) Он в точности напомнит им обо всем, что сказал Иисус. Это обещание одиннадцати состоит в том, что они будут безупречно помнить слова Иисуса. Таким образом, этим Иисус заранее подтвердил достоверность и богодухновенность Евангелий от Матфея, Марка (основанного на свидетельстве Петра) и Иоанна.

Во-вторых, Иисус пообещал, что они будут свидетельствовать о Нем и что их слова будут вдохновлены Святым Духом: «Когда же придет Утешитель, Которого Я пошлю вам от Отца, Дух истины, Который от Отца исходит, Он будет свидетельствовать обо Мне; а также и вы будете свидетельствовать, потому что вы сначала со Мной» (Иоан. 15:26–27). Из этого текста вытекают два наблюдения, относящиеся к данному обсуждению. (1) Свидетельство учеников о Христе будет основано и на том, что они лично видели Христа, и на откровении от Духа истины. Важность двойного аспекта данного свидетельства состоит в том, что хотя это будет свидетельство о Господе Иисусе Христе и свидетельство от Святого Духа, оно все равно будут отмечено их опытом очевидцев. (2) Это будет истинное свидетельство. Иисус намеренно подчеркнул истинность этого свидетельства, в контексте назвав Утешителя Духом истины. Поэтому, хотя свидетельство одиннадцати будет их собственным, оно также будет богодухновенным словом Святого Духа истины.

В-третьих, Иисус пообещал, что они получат дополнительное откровение, помимо того, что Он Сам дал им. В горнице Он сказал ученикам:

> Еще многое имею сказать вам; но вы теперь не можете вместить. Когда же придет Он, Дух истины, то наставит вас на всякую истину: ибо не от Себя говорить будет, но будет говорить, что услышит, и будущее возвестит вам. Он прославит Меня, потому что от Моего возьмет и возвестит вам (Иоан. 16:12–14).

Из этого текста можно вывести три ключевых наблюдения. Во-первых, Иисус указал, что у Него для них было значительно больше откровения, но Он не мог дать его из-за их неспособности принять его в тот момент. Разумеется, оно включало весь Новый Завет, даже книгу Откровение, поскольку в 13-м стихе Господь упоминает «будущее». Во-вторых, Он снова говорит, что источником этого откровения будет Дух истины. Акцент на *истине* невозможно пропустить. Заранее утвердив Новый Завет, Иисус показал, что ему будет присуща та же истинность, как и у Того, Кто вдохновит его. Наконец, Новый Завет, подобно Ветхому, прославит Сына. Даже после Своего воскресения Иисус считал Ветхий Завет совершенным откровением о Себе и Своем труде. В Новом Завете личность и труд Божьего Сына будут прославлены так, что это превзойдет Ветхий Завет. Он будет таким же авторитетным, богодухновенным и безошибочным откровением Бога, но еще и завершит божественную весть Писания. Подобно Ветхому Завету, он будет словом Троицы (Иоан. 16:14–15). Итак, Иисус заранее утвердил Новый Завет как авторитетное Слово Божье с полной вербальной богодухновенностью.

Иисус лично дал дополнительное откровение. В Новом Завете есть еще одно свидетельство о Христе, имеющее отношение к этому обсуждению. Апокалипсис или Откровение Иисуса Христа так называется, потому что в нем апостол Иоанн записал откровение, которое он получил непосредственно от Христа в конце I века. Хотя это, безусловно, свидетельство Иоанна о будущем по вдохновению Святого Духа (т. е. в соответствии с обещанием в Иоан. 16:13), все же это свидетельство и Самого Иисуса (Иоан. 16:12, 14–15).

У Иисуса было, что еще сказать Своим ученикам, и вполне разумно сделать вывод, что для Него сказанное Иоанну в последней книге Нового Завета было частью обещанного Им дополнительного откровения. Это видно из Откровения 1:10–18, где Иоанн называет источником этого откровения Того, Кто был мертв и теперь жив, что может указывать только на Господа Иисуса. Это значит, что откровение, которое Он дал Иоанну, охватывает остальную часть книги: Его личные послания каждой из семи церквей (Откр. 2–3) и дополнительное откровение о будущем излиянии Божьего гнева (Откр. 4–18), кульминации истории искупления при втором пришествии (Откр. 19), установлении Тысячелетнего царства (Откр. 20) и создании нового неба и новой земли (Откр. 21–22).

Авторы Нового Завета подтверждают взгляд Христа. Свидетельство авторов Нового Завета о своих книгах подтверждает то, как Иисус заранее утвердил Новый Завет. Это сразу заметно, если рассмотреть, что они говорили о Ветхом Завете и как его использовали. Несколько ключевых текстов также показывают, что они считали свои книги Писанием в полном соответствии с утверждением, ранее прозвучавшим из уст Христа.

Авторы Нового Завета признавали авторитет Ветхого Завета. Апостол Павел проповедовал Евангелие, опираясь на Писания Ветхого Завета. Он писал верующим в Коринфе: «Ибо я первоначально преподал вам, что и сам принял, то есть, что Христос умер за грехи наши, по Писанию, и что Он погребен был, и что воскрес в третий день, по Писанию» (1 Кор. 15:3—4). Писанием, о котором говорит Павел, был Ветхий Завет. Таким образом, апостол утверждает, что жизнь, смерть и воскресение Христа были исполнением ветхозаветных Писаний. Сказанное в Ветхом Завете следует считать откровением Бога. Это подтверждает то, как Лука оценил верийцев. По его словам, они были «благомысленнее» фессалоникийцев, потому что с усердием приняли Слово, проповеданное Павлом. Однако они также ежедневно проверяли проповедь Павла в свете Ветхого Завета, чтобы убедиться в ее соответствии учению Ветхого Завета (Деян. 17:10—11). Это особенно важно при обсуждении Нового Завета, поскольку Павел хвалил фессалоникийцев за то, что они приняли его проповедь как Слово Божье, чем она и была (1 Фес. 2:13). Это показывает, что авторы Нового Завета признавали авторитет Ветхого Завета как Слова Божьего и верили, что их весть в равной степени исходит от Бога и соответствует Писаниям Ветхого Завета.

Авторы Нового Завета признавали Ветхий Завет Словом Божьим. Павел называл Ветхий Завет «словом Божьим» (Рим. 3:2). Эта фраза говорит, что Писание—это весть от Самого Бога. Апостолы заявляли, что Ветхий Завет должен исполниться во всем (Деян. 1:16; 2:15—16; 3:18; 4:8—12), так же постоянно делали и все авторы Нового Завета. В Евангелиях и посланиях множество цитат из Ветхого Завета приводятся как основание Благой вести. Кроме того, библейские авторы неоднократно ссылались на учение Иисуса или книги Ветхого Завета, представляя их как фундамент для новозаветных доктрин или практики и показывая, что они придерживаются той же точки зрения на авторитет Ветхого Завета, которой придерживался Иисус.

Все авторы Нового Завета проявляли почтение к Ветхому Завету. Иногда они вводили цитату из него словами: «Писание говорит». Иногда сказанное в Писании они приписывали Богу. Такое отсутствие различия показывает, что новозаветные авторы не видели разницы между словами Бога и словами Писания. Эти две идеи были, по сути, синонимичными. Поэтому, когда авторы Нового Завета указывают: «Писание говорит», вполне уместно понимать это как «Бог говорит», независимо от того, кем был земной автор. Например, в Римлянам 9:17 Павел описывает обращение Бога к фараону словами «Писание говорит». Впрочем, из текста Исхода 9:16 ясно, что говорил Сам Бог. *Говорит Бог, говорит*

Писание, или говорит автор какой-либо книги Библии, — все это равносильно тому, что говорит Бог.

Авторы Нового Завета признавали свои книги Писанием. Матфей, Петр и Иоанн своими глазами видели воскресшего Господа Иисуса. Они с самого начала были в числе апостолов, избранных Христом. В их книгах записан богодухновенный рассказ о жизни и служении Иисуса Христа, и в своем свидетельстве они часто опираются на цитаты из Ветхого Завета или ссылаются на него. В этих Евангелиях нет заявлений об их богодухновенности, но то, что Христос заранее подтвердил их достоверность, а также избрал этих людей апостолами, говорит об их авторитетности. По сути, именно положение апостолов и дар пророчества наделили авторов Нового Завета божественной властью, как и ветхозаветных пророков. Павел, например, утверждал, что его проповедь была от Бога (1 Фес. 2:13), а также называл свои послания Божьими заповедями. Он решительно увещал коринфян, говоря: «Если кто почитает себя пророком или духовным, тот да разумеет, что я пишу вам, ибо это заповеди Господни. А кто не разумеет, пусть не разумеет» (1 Кор. 14:37–38). Не только сам Павел называл свои послания авторитетными. Петр также признавал послания Павла богодухновенными Писаниями, когда писал: «...и долготерпение Господа нашего почитайте спасением, как и возлюбленный брат наш Павел, по данной ему премудрости, написал вам, как он говорит об этом и во всех посланиях, в которых есть нечто неудобовразумительное, что невежды и неутвержденные, к собственной своей погибели, превращают, как и прочие Писания» (2 Пет. 3:15–16). Считая послания Павла богодухновенными, Петр тем самым признавал, что в Новый Завет войдут писания не только двенадцати апостолов.

А как насчет авторов Нового Завета, которые не были апостолами? Хотя некоторые новозаветные пророки (верующие с даром пророчества) только говорили, некоторые написали книги. Как некоторые апостолы не писали книг Библии, так и некоторые пророки не писали. Павел объяснял, что тайна Евангелия «ныне открыта святым апостолам Его и пророкам Духом Святым» (Еф. 3:5). Лука пишет, что в Иерусалиме были пророки, которые пришли в Антиохию, такие как Агав, предсказавший Духом наступление сильного голода (Деян. 11:27–28). Это подтверждает, что дар пророчества тогда действовал. Деяния 13:1 называет пророков и учителей, которые руководили церковью, в том числе Варнаву, Симеона, Луция, Манаила и Савла (апостола Павла). Хотя из текста неясно, все или только некоторые имели дар пророчества, это явно был не один человек.

Павел также приравнял к Писанию труды Луки, написав: «Ибо Писание говорит: „Не заграждай рта у вола молотящего“; и: „Трудящийся достоин награды своей“» (1 Тим. 5:18). Здесь Павел называет Писанием и Второзаконие (цитируя Втор. 25:4), и Евангелие от Луки (цитируя Лук. 10:7). Хотя основной акцент текста не касается богодухновенности, нельзя не заметить, что Павел использует термин «Писание» и для Ветхого Завета, и для Евангелия от Луки. Ясно, что в этом утверждении Павел относит божественное авторство к написанному

Лукой наравне с Ветхим Заветом. Это полностью соответствует тому, что Иисус заранее утвердил авторитетность Нового Завета. Но теперь в число авторов Писания включен не апостол, подобно тому, как Петр включил в него Павла.

К богодухновенным авторам Нового Завета не из двенадцати апостолов помимо Павла и Луки можно добавить Марка, Иакова, Иуду и автора Послания к евреям. Каждый из них был тесно связан с Христом и Его апостолами. Марк был спутником Павла в его ранних путешествиях (Деян. 12:25; 13:5). Хотя его провинность и привела к разрыву отношений между Павлом и Варнавой (Деян. 15:37–39), впоследствии сам Павел свидетельствовал о духовном росте и зрелости Марка (2 Тим. 4:11). Евангелие от Марка тесно связано с проповедью Петра, но оно было написано по вдохновению Святого Духа через дар пророчества. То же самое можно сказать о посланиях Иакова и Иуды. Иаков был признан столпом в ранней церкви (Гал. 2:9) и был главным представителем иерусалимской церкви на соборе в Деяниях 15. Он и Иуда были единоутробными братьями Иисуса, написавшими свои послания благодаря дару пророчества по вдохновению Святого Духа. То же самое относится к автору Послания к евреям. Хотя неизвестно, кто этот автор, ясно, что его послание было написано через Святого Духа посредством дара пророчества. Двадцать семь книг Нового Завета сами говорят о своей богодухновенности.

Авторитет Писания

Вторичные источники
Первичный источник

Учение об авторитете Священного Писания сводится к одному основному вопросу: как убедиться, что Библия действительно Слово Божье?[8] Или как обрести уверенность, что Писание — это Божья истина, переданная через процесс богодухновенности, и поэтому оно имеет власть над жизнью человека?

Правильное представление о власти всегда было полем битвы. В начале XXI века неверные формы и выражения власти варьируются от незаконного и чрезмерного авторитаризма или тоталитаризма до индивидуализма, проистекающего из постмодернистского эгоистического образа мышления.

Правильный подход к данной теме начинается с рабочего определения *власти* в целом, особенно законной власти, осуществляемой надлежащим образом. Типичное определение в словаре гласит, что власть — это «сила или право принуждать к повиновению; моральное или правовое превосходство; право повелевать или выносить окончательное решение»[9]. В Новом Завете существительное *exousia*, чаще всего переводимое как «власть» (102 раза), имеет сходное

---

[8] Это введение адаптировано из: Richard L. Mayhue, "The Authority of Scripture," *MSJ* 15, no. 2 (2004): 228–229. Используется с разрешения MSJ.

[9] *The New Shorter Oxford Dictionary*, 4th ed. (Oxford: Oxford University Press, 1993), s. v. "authority."

определение: «сила, проявляемая правителями или другими высокопоставленными лицами благодаря занимаемой должности»[10].

Светское мировоззрение предлагает множество разных подходов к власти, например:

- *Олигархический:* власть узкого круга влиятельных лиц;
- *Демократический:* власть народа;
- *Наследственный:* власть определенной семьи;
- *Деспотический:* жестокая власть одного или нескольких человек;
- *Монархический:* власть одного лица.

Однако в библейском мировоззрении изначальная и высшая власть принадлежит Богу и только Ему. Бог не унаследовал Свою власть—никто не мог завещать ее. Он не получил Свою власть—никто не мог даровать ее. Власть Бога не была результатом выборов—за Него некому было голосовать. Бог не захватил Свою власть—ее не у кого было отнимать. Бог не заслужил Свою власть—она уже принадлежала Ему.

Власть Бога становится явной и бесспорной, если учесть три факта. Во-первых, Бог сотворил небеса, землю и все, что на них (Быт. 1–2). Во-вторых, Бог владеет землей, всем, что наполняет ее, и всеми, живущими на ней (Пс. 23:1). В-третьих, в конце времен Бог все это уничтожит, как Он и сказал: «Придет же день Господень, как тать ночью, и тогда небеса с шумом прейдут, стихии же, разгоревшись, разрушатся, земля и все дела на ней сгорят» (2 Пет. 3:10).

Понять и принять Божью власть так же просто, как принять факт существования Самого Бога. Лучше всего об этом сказано в Послании к римлянам: «Всякая душа да будет покорна высшим властям, ибо нет власти не от Бога; существующие же власти от Бога установлены» (Рим. 13:1). Этот классический текст ясно показывает источник всякой власти и формулирует принцип *божественного делегирования* (см. Иов. 34:13; Иоан. 19:11).

О власти Бога прямо сказано во многих утверждениях Ветхого Завета. Например, в Псалме 61:12 мы читаем, что «сила у Бога», а в 2 Паралипоменон 20:6 говорится: «Господи, Боже отцов наших, не Ты ли Бог на небе? И Ты владычествуешь над всеми царствами народов, и в Твоей руке сила и крепость, и никто не устоит против Тебя!»

Новый Завет приписывает такую же власть Господу Иисусу, Который после Своего воскресения сказал: «Дана Мне всякая власть на небе и на земле» (Матф. 28:18). Павел пишет, что будет в конце: «...дабы пред именем Иисуса преклонилось всякое колено небесных, земных и преисподних» (Флп. 2:10). А Иуда написал так: «Единому Премудрому Богу, Спасителю нашему чрез Иисуса Христа Господа нашего, слава и величие, сила и власть прежде всех веков, ныне и во все веки. Аминь» (Иуд. 25).

---

[10] Walter Bauer, *A Greek-English Lexicon of the New Testament and Other Early Christian Literature*, rev. and ed. Frederick W. Danker, 3rd ed., based on the previous English editions by W. F. Arndt, F. W. Gingrich, and F. W. Danker (Chicago: University of Chicago Press, 2000), 353.

Вторичные источники

На протяжении истории церкви были те, кто считал, что авторитет Писания утверждается на некоторых источниках. Вот наиболее известные варианты: (1) рациональные доказательства, (2) авторитет церкви, и (3) экзистенциальное влияние Библии на читателя. При их кратком обсуждении станет очевидно, что ни один из этих источников не дает достаточных доводов в пользу авторитета Писания.

РАЦИОНАЛЬНЫЕ ДОКАЗАТЕЛЬСТВА

К рациональным доказательствам относятся выводы, которые можно сделать, сопоставляя Писание и исторических факты. Один из важных примеров этого—археологические находки. В Библии упоминается множество исторических лиц, мест и событий, причем достаточно многие из них имеют фактические подтверждения. Археологи сделали много открытий, начиная с раскопок Иерихона (где есть свидетельства, что стены упали плашмя) до стелы Тель-Дана (где по имени упоминается царь Давид). Среди этих открытий есть артефакты, подтверждающие существование исторических лиц и событий, упомянутых в Писании. За последние несколько веков такие находки опровергли большинство обвинений Библии в исторических неточностях. Кроме того, ни одно историческое событие или лицо в Писании не были опровергнуты как ложные. Даже на кажущиеся несоответствия были даны ответы, подтверждающие историческую достоверность Писания.

Другой рациональный аргумент касается исполнения пророчеств. В одной 53-й главе Исаии есть множество доказательств, что Бог открыл подробности распятия, которые мог знать только Он. Этот текст был написан примерно за 700 лет до рождения Христа. Также в Исаии 44:28 по имени упоминается персидский царь Кир и даже говорится, что именно он издаст указ о восстановлении храма в Иерусалиме. Этот текст был написан более чем за 100 лет до разрушения храма. Даниил описал взлет и падение всех крупных империй от Персии до Рима так, что это можно объяснить лишь авторитетным откровением Бога людям (Дан. 7–8). Добавьте к этому многочисленные пророчества Ветхого Завета, исполнившиеся в ходе истории искупления, и богодухновенность и авторитет Писания становятся неоспоримыми. Эти и другие рациональные аргументы можно использовать для логического подтверждения, что Писание—это авторитетное Слово Божье.

АВТОРИТЕТ ЦЕРКВИ

Вторым потенциальным источником авторитета Писания считают авторитет церкви. Сюда относят решения церковных соборов, ранних отцов церкви и важных церковных органов. На этот принцип опирается Римско-католическая церковь. Согласно их взгляду, Библия—это Слово Божье, потому что так решила римская церковь. Основная проблема этого аргумента заключается в следующем: кто уполномочил церковь принимать такое решение? Откуда происходит авторитет церкви? Если основанием для высшего авторитета церкви служит Писание (см. Еф. 2:20), то такой авторитет недействителен, поскольку опирается на круговое рассуждение. Если же высшая власть имеет какой-то другой источник, например, апостольскую преемственность, необходимо предоставить доказательство такой власти, но в случае с Римско-католической церковью подлинных доказательств апостольской преемственности нет. Церковь может подтверждать авторитет Писания, но не может быть его главным свидетелем.

ЭКЗИСТЕНЦИАЛЬНОЕ ВЛИЯНИЕ

Третий аргумент в пользу авторитета Библии—ее экзистенциальное влияние на жизнь верующего. Идея в том, что истинную спасительную веру всегда сопровождает заметное влияние Слова Божьего на жизнь верующего. Об этом говорили и в либеральных кругах, считая, что Писание—это не Слово, но становится им, когда оказывает экзистенциальное влияние на читателя. В любом случае все сводится убеждению, что Библия—это Слово Божье, на основании практического или эмоционального воздействия ее содержания на жизнь человека.

Проблема с этими аргументами в том, что все они субъективные. Они предоставляют человеку решать, действительно ли Библия от Бога, на основании его оценочных стандартов. Хотя эти подходы и дают некоторые вспомогательные свидетельства, что Писание—это Божье Слово, они не могут служить главным или окончательным доводом. Таким доводом должно быть свидетельство самого Писания.

Первичный источник

Вопрос о власти часто упоминается в Библии. Характеристики Бога и применяемые к Нему титулы говорят о Его неограниченной власти над творением. Он с самого начала назван Творцом всего сущего (Быт. 1:1). Титулы «Владыка» (Втор. 10:17) и «Бог Всемогущий» (Быт. 17:1) провозглашают Его власть и силу над всем. Природа Бога, выраженная в Его атрибутах, в равной мере подтверждает Его власть. Библия свидетельствует, что Бог вечный, бессмертный и единственный (1 Тим. 1:17). Он назван всеведущим (Пс. 138:1–6), всемогущим (Пс. 134:5; Иер. 32:17), вездесущим (Пс. 138:7–12) и праведным (Пс. 91:16). Его мудрость непостижима (Рим. 11:33–36). Все творение находится под Его властью (Быт. 1:1; Пс. 88:12; 89:3) и сейчас, и вовеки (Пс. 103; 1 Кор. 15:24–28). Эта власть дается человеку через Слово Божье, и его весть неизменна и авторитетна (Втор. 4:1–2; Прит. 30:5–6; Откр. 22:18–19).

СВИДЕТЕЛЬСТВО СВЯТОГО ДУХА

Учитывая природу Бога и Его Слова, только Он может установить и подтвердить божественный авторитет Писания. Именно это Он и делает посредством внутреннего свидетельства Святого Духа верующему. Согласно Библии, Святой

Дух действует через Писание, чтобы подтвердить его надежность и дать уверенность, что это Слово Божье. Авторитет основан на служении Святого Духа, а не на субъективном решении верующего.

Как действует внутреннее свидетельство Духа? Оно начинается с объективных утверждений, сделанных самим Писанием. Библия — это априорное заявление Бога человеку. Даже первый стих Библии начинается с констатации факта: «В начале сотворил Бог...» (Быт. 1:1). Писание не пытается доказать читателю свою истинность. Оно не приводит в пользу этого разумных доводов. Божье Слово просто представляет истину как истину, в то же время и ожидая, и требуя от читателя принять ее как таковую. Это не значит, что нет никаких свидетельств, подтверждающих истинность слов Библии. В Писании множество исторических, географических, научных, пророческих и даже эмпирических фактов, которые можно подтвердить. Кроме того, книга, написанная за 1500 лет более чем 40 авторами, раскрывающая одну и ту же истину без противоречий или доказуемых ошибок, — это твердое основание для уверенности в том, что она говорит.

Однако из-за своей греховности человек всегда будет восставать против Слова Божьего как истины, выражающей право Бога на абсолютную власть над ним. Как свидетельствует в своих посланиях Павел, это восстание естественно, поскольку человек рождается духовно мертвым в своем грехе (Рим. 3:10–18; Еф. 2:1; см. Пс. 50:7), помраченным в разуме (Еф. 4:18), неспособным покориться закону Божьему от сердца (Рим. 8:7) и не желающим принимать того, что от Бога, ведь судить об этом можно лишь духовно (1 Кор. 2:14). Избавить от этого может только возрождение. Когда Дух возрождает погибшего грешника, тот духовно «оживает» (Иоан. 3:3; Еф. 2:4–5). С этой новой жизнью приходит просвещение, то есть данная Святым Духом способность познать, что Писание — это действительно Слово Божье (1 Иоан. 2:20, 27)[11]. Сам Иисус утверждал, что Библия истинна (Иоан. 17:17). Он также говорил, что в этом можно быть уверенным, только если сердце готово покориться Божьей воле (Иоан. 7:17). Для этого нужно новое сердце, которое может дать только Божий Дух (Иоан. 3:5–8).

Внутреннее свидетельство Духа Святого просвещает верующего, так что он знает, что Писание — это Слово Божье. Библейское основание такой ясности проистекает из двух источников[12]. Во-первых, слова Писания сами свидетельствуют о себе, утверждая, что они от Бога (2 Пет. 1:20–21; 2 Тим. 3:16). Во-вторых, действующая сила Святого Духа применяет истину Писания, так что человек обретает уверенность в самом Слове (1 Кор. 2:4–16). Такое служение Духа совершается при чтении и провозглашении Писания (Рим. 10:14, 17). Это не значит, что все слышащие или читающие верят (Рим. 10:14–21), но те, кто верит, делают это благодаря обличающему и просвещающему действию Святого Духа.

---

[11] Дополнительное обсуждение просвещения и толкования Писания см. «Наставление, просвещение и подтверждение» (с. 410) в гл. 5 «Бог Дух Святой».

[12] Более подробное обсуждение библейского, богословского и исторического основания учения о ясности Писания см.: Larry D. Pettegrew, "The Perspicuity of Scripture," *MSJ* 15, no. 2 (2004): 209–225.

ЯСНОСТЬ И ДОСТАТОЧНОСТЬ ПИСАНИЯ

Просвещение — это действие Духа, но это не значит, что для каждого верующего Писание оживает каким-то субъективным образом. Оно не дает верующему нового особого откровения сверх того, что говорит сам текст. Оно также не гарантирует, что каждое слово будет понято сразу. Именно с этим связана тема ясности (или понятности) Писания. Библия ясно излагает Божью истину. Это не собрание загадочных текстов или изречений, требующих какого-то секретного ключа для понимания их истинного духовного смысла. Библия точно раскрывает и ясно передает Божью весть. Тем не менее верующие должны изучать Слово, чтобы правильно понимать его (2 Тим. 2:15). Даже авторам Библии нужно было исследовать Писание, чтобы понимать его значение (Дан. 10:12; 1 Пет. 1:10–12). Есть тайны, которые не раскрыты полностью в Писании (Втор. 29:29). Хотя в целом весть ясна, Бог не раскрыл в Своем Слове все, что связано с Его мыслями и планами по истории искупления. Вот что дает просвещающее действие Духа: (1) восприимчивость к авторитету Божьего Слова, (2) убежденность, что это истинное Слово Бога и (3) даруемую Святым Духом способность понимать истинное значение Слова.

Писание также говорит о своей достаточности (Пс. 18:8–12)[13]. Это свет на пути человека (Пс. 118:105). Оно надежнее самых удивительных духовных переживаний (2 Пет. 1:19–20). Оно может привести человека к спасающей вере (2 Тим. 3:15). Оно наставляет и служителей, и простых верующих (Втор. 6:4; Марк. 12:37; Флп. 1:1). Оно дано Богом, чтобы родители наставляли детей (Втор. 6:6–7), и может привести к спасающей вере даже ребенка (2 Тим. 3:14–15). Павел писал, что все Писание богодухновенно и полезно для научения, обличения, исправления и наставления в праведности (2 Тим. 3:16–17).

Пристальный взгляд на эти четыре характеристики показывает полную достаточность Писания для подготовки верующего к христианской жизни. Первый термин, «научение», означает, что Библия учит, как жить, во что верить, и чего ожидает Господь. Это связано с содержанием и доктриной. Данное понятие соответствует призыву Иисуса в Великом поручении учить новых учеников соблюдать все, что Он повелел (Матф. 28:18–20). Писание учит народ Божий, как жить в послушании Господу.

Второй термин показывает, что Писание предназначено для обличения. Это связано с выявлением, где человек ошибся или отступил от Божьих требований. Писание может судить сердце, когда в учении или практической жизни верующий уклонился от веры, однажды переданной святым (Евр. 4:12). Следующий термин, «исправление», дополняет обличение. Библия не только указывает человеку, где он неправ, но и объясняет, какое вместо этого должно быть правильное отношение, убеждение или поведение (Еф. 4:20–24).

---

[13] Подробное объяснение Пс. 18:8–15 см.: John MacArthur, "The Sufficiency of Scripture," *MSJ* 15, no. 2 (2004): 165–174.

Наконец, «наставление в праведности» значит, что Библия примерами и иллюстрациями показывает, как ежедневно применять ее учение на практике (Еф. 4:25–32). Верующему помимо Писания и живущего в нем Святого Духа не нужно дополнительное откровение, чтобы узнать, как жить христианской жизнью. Пастыри и учители (Еф. 4:11–12) даны, чтобы содействовать процессу духовного роста к зрелости, но даже их служение основано на вседостаточном Слове Божьем (2 Пет. 1:2–3; см. 1 Пет. 5:2–3).

ПЕЧАТЬ БОЖЬЕГО АВТОРИТЕТА НА ПИСАНИИ[14]

Этот принцип можно представить в виде силлогизма следующим образом:

1. Известные истины:
   a. Писание называет себя Словом Божьим.
   б. Бог авторитетен.
2. Вывод: Писание авторитетно.

И онтологическое основание (Бог есть), и эпистемологическое основание (Бог говорит только истину) авторитета Библии даны в Писании (Быт. 1:1; Пс. 118:142, 151, 160). Таким образом, сама природа Бога и достоверность Его Слова определяются не индуктивно посредством человеческого разума, а дедуктивно из свидетельства Писания (см. Пс. 118:89; Ис. 40:8).

Часто звучит возражение: «Поскольку Писание было записано людьми, в нем очень высокая вероятность ошибки». Это опровергается следующими наблюдениями:

1. Участие людей в процессе написания Библии не отрицается.
2. Идея записи под диктовку не требуется, хотя иногда было именно так.
3. Особенности автора-человека не устраняются.
4. Сила, цели и действие Бога Отца через Бога Святого Духа не ограничиваются.
5. Божественное побуждение и человеческое участие в написании оригинальных рукописей (автографов) Писания идеально уравновешиваются.

Однако при всем том Писание — это прежде всего «Слово Божье», а не «слово человеческое» (Пс. 18:8; 1 Фес. 2:13).

Поскольку происхождение Писания, в конечном счете, объясняется богодухновенностью (Зах. 7:12; 2 Пет. 1:20–21; 2 Тим. 3:14–17), как показано выше, его авторитет непосредственно вытекает из авторитета Бога. Не признающие авторитет Бога в Писании подлежат осуждению (Иер. 8:8–9; Марк. 7:1–13). С другой стороны, чтущие Божий авторитет в Писании и подчиняющиеся ему достойны похвалы (Неем. 8:5–6; Откр. 3:8).

Таким образом, Божий человек, то есть Божий глашатай, должен «проповедовать слово» (2 Тим. 4:2). Это заявление приписывает власть не проповеднику,

---

[14] Этот раздел адаптирован из: Richard L. Mayhue, "The Authority of Scripture," *MSJ* 15, no. 2 (2004): 232–234. Используется с разрешения MSJ.

а Богу (см. 2 Тим. 3:16–17). Павел призывает Тита говорить Слово Божье «со всякой властью» (греч. *epitagēs*, то есть с властью военачальника), чтобы никто не освобождался от повиновения, даже сам глашатай (Тит. 2:15).

То, как авторитет Бога проявляется в Писании, можно кратко выразить рядом отрицаний и утверждений:

1. Это *не* производный авторитет, которым люди наделили Писание, а *исходный* авторитет Бога.
2. Это *не* зависящий от времени, культуры, национальной или этнической принадлежности авторитет, а *неизменный* авторитет Бога.
3. Это *не* один из множества возможных духовных авторитетов, а *исключительный* духовный авторитет Бога.
4. Это *не* авторитет, который можно успешно оспорить или справедливо отвергнуть, а *постоянный* авторитет Бога.
5. Это *не* относительный или подчиненный чему-либо авторитет, а *наивысший* авторитет Бога.
6. Это *не* рекомендательный авторитет, а *обязывающий* авторитет Бога.
7. Это *не* поверхностный по своему действию авторитет, а *значимый* авторитет Бога.

Безошибочность Писания

Аккомодация и безошибочность
Непогрешимость и безошибочность
Иисус и безошибочность
Объяснение безошибочности

Безошибочность Писания—учение, которое неверующие оспаривали, в основном, начиная с эпохи Просвещения (ок. 1650–1815). Оно напрямую связано с учением о богодухновенности и абсолютной достоверности Слова Божьего. Этот вопрос касается правдивости и надежности Бога—Его характера и природы.

Аккомодация и безошибочность

Онтологическое различие между Богом как Творцом и человеком как творением влечет зависимость человека от Бога в откровении. Эпистемологически человек зависим от Бога. Он знает о Боге только то, что Бог открывает ему. Творец инициировал откровение о Себе Своим творениям. Хотя общее откровение раскрывает видимые истины о Творце, особое откровение передает словами те истины о Боге, которые невозможно узнать, просто рассматривая творение. Некоторые считают, что человеческий язык вынуждает Бога приспосабливаться к несовершенным средствам общения. Однако язык—это не изобретение человека. Это созданное Богом средство общения между Богом и человеком, а также между людьми. Поэтому нельзя сказать, что устной и письменной форм общения недостаточно, чтобы в точности передать человеку Божью истину. Даже смешение языков было результатом вмешательства Бога (Быт. 11:1–9). Особое откровение, данное через процесс богодухновенности, — это абсолютно точное, правдивое, достаточное и надежное сообщение от Бога как Творца человеку как творению. Бог посредством Святого Духа употребил людей для создания божественно авторитетных писаний.

Раньше аккомодацией называли представление, что в Писании Бог говорит, используя понятные человеку символы и выражения. К ней относили культурные формы, образную речь, антропоморфные выражения и тому подобное. Реформаторы считали аккомодацию проявлением милости Бога, использующего множество символов для общения с человеком. Но позднее противники безошибочности дали иное определение аккомодации, считая, что Бог был вынужден допустить в Библии ошибки, поскольку при ее написании Он использовал людей и их язык. Такие противники безошибочности утверждают, что поскольку для записи Своего Слова Бог использовал ограниченных грешных людей, то текст может содержать ошибки, которые допускают ограниченные грешные люди. Они даже говорят, что из-за участия людей в написании текста ошибки неизбежны. Они заключают, что Библия верна в вопросах веры и практики, потому что эти вопросы изложены на уровне общих принципов. Однако они утверждают, что в Библии могут быть (и есть) фактические ошибки из-за участия грешных людей в написании текста.

На современную точку зрения противников безошибочности можно дать следующие ответы, показывающие несостоятельность ее доводов. Во-первых, не следует приравнивать ограниченность к греху и ошибке. Человеческие качества Библии не исчезли, когда Бог направлял ее написание через богодухновенность, защищая от всех ошибок. Люди действительно грешат и ошибаются неизмеримое число раз в жизни. Однако они грешат и ошибаются не каждый раз. Склонный ошибаться человек может написать предложение без ошибок. С одной стороны, Бог направлял авторов Писания так, чтобы не нарушить человеческих качеств текста. С другой стороны, богодухновенность подразумевает, что Бог оградил авторов от ошибок, когда они слово за словом, предложение за предложением писали Его Слово.

Во-вторых, Писание единодушно свидетельствует о своей полной достоверности. Слово Божье неоднократно заявляет, что оно истинно (Пс. 118:43, 160; Иоан. 17:17; Иак. 1:18; 2 Кор. 6:7; Кол. 1:5; 2 Тим. 2:15). Это действительно и слово людей, написавших Библию, и слово Бога, вдохновившего ее. Прямые повеления Бога не изменять Писание показывают, что в нем написано именно то, что хотел сказать Бог (Втор. 4:2; 12:32; Прит. 30:5–6; Откр. 22:18–19). Бог нисколько не был ограничен в способности передать абсолютную истину в каждом слове лишь потому, что Он использовал склонных ошибаться людей. Богодухновенность при непосредственном участии Святого Духа обеспечила написание безошибочного Божьего Слова (2 Пет. 1:20–21).

Наконец, у противников безошибочности представление об аккомодации противоречит само себе. Как можно быть уверенным, что Бог может правильно донести до человека духовные вопросы веры и практической жизни, если Он не может гарантировать правильную запись исторических фактов? Если утверждается, что Библия может без ошибок привести человека к правильному познанию Бога в спасении, что мешает в равной степени утверждать истинность всего остального? Если Бог мог сохранить авторов от ошибок, к примеру, при написании духовных истин, то нет разумных оснований считать, что Он не смог бы обеспечить точное изложение научных и исторических данных.

Непогрешимость и безошибочность[15]

ОПРЕДЕЛЕНИЯ БЕЗОШИБОЧНОСТИ И НЕПОГРЕШИМОСТИ

«Безошибочность» буквально значит отсутствие ошибок. Применительно к Писанию это значит, что Библия не содержит ошибок в оригинальных манускриптах. Поэтому при правильном толковании она не утверждает ничего неверного или противоречащего действительности.

В прошлом термин «непогрешимость» был практически синонимичен евангельскому взгляду на безошибочность. Непогрешимость означает неспособность ввести в заблуждение или не выполнить поставленную Богом цель. В 11-й статье Чикагского заявления о безошибочности Библии (1978 г.) об этом говорится так: «Мы утверждаем, что Писание, будучи богодухновенным, непогрешимо, так что оно не только не вводит нас в заблуждение, но и является истинным и надежным во всех вопросах, которых оно касается».

Раньше безошибочность и непогрешимость были неразрывно связаны. Но с начала 1960-х годов сторонники *ограниченной безошибочности* стали иначе использовать термин «непогрешимость». Ему придали значение, что в Библии нет ложного или вводящего в заблуждение учения в вопросах веры и практической жизни. Однако, по их мнению, это не значит, что все слова Писания фактически точные. За этой сменой определения стоит, главным образом, попытка отвергнуть безошибочность и при этом остаться среди сторонников ортодоксальной веры. Но в рамках библейской ортодоксии невозможно придерживаться непогрешимости отдельно от безошибочности. Отказ от безошибочности вызван нежеланием принимать все, что говорит Писание. Такими уловками противники безошибочности стремятся оправдать грех и небиблейское поведение.

БИБЛЕЙСКОЕ ОСНОВАНИЕ БЕЗОШИБОЧНОСТИ

Павел прямо заявляет, что Писание богодухновенно (2 Тим. 3:16). Это результат действия Самого Бога через авторов-людей посредством Его Духа (2 Пет. 1:20–21). Поскольку эти записанные слова—слова Бога истины, в них не должно быть ошибок. Богодухновенность связана с тем, какими средствами был написан текст, но она также прямо подразумевает, что его создал Бог. Таким образом, конечный результат приписывается Ему. Независимо от участия человека

---

[15] Влиятельная статья по этой теме: Paul D. Feinberg, "Infallibility and Inerrancy," *TJ* 6, no. 2 (1977): 120–132.

в процессе написания, учение о безошибочности прямо затрагивает честность Бога как Автора. До того, как в XIX веке доктрина Писания подверглась нападкам «высшей» критики, факт богодухновенности обязательно вел к утверждению, что записанные слова Бога, Который есть истина, совершенно истинны и не содержат ошибок в оригинальных манускриптах. Это соответствует тому, что утверждал Сам Иисус (Иоан. 17:17).

Утверждения Библии о собственном авторитете подтверждают ее безошибочность. Повторяющаяся в Ветхом Завете фраза «так говорит Господь» создает атмосферу, в которой безошибочность подразумевается. Авторы Нового Завета всегда подразумевают абсолютную истинность Ветхого Завета. Следуя образцу, установленному Иисусом, они основывают свое учение на буквальной формулировке цитируемых библейских текстов (например, ссылка Павла на «семя», а не «потомков» в Гал. 3:16). Более того, они основывают свою веру в истинность Ветхого Завета на характере триединого Бога. Для Павла Отец—это «неизменный в слове Бог» (Тит. 1:2). В Евангелии от Иоанна Сын—это не только путь и жизнь, но и истина (Иоан. 14:6). Подобным образом Дух Святой есть Дух истины (Иоан. 14:17; 15:26; 16:13; 1 Иоан. 5:6). Иоанн также записал заявление Иисуса, что Слово Бога «есть истина» (Иоан. 17:17). Это высказывание прямо совпадает со свидетельством Ветхого Завета, что Слово Божье есть истина и что оно навеки утверждено на небесах (Пс. 118:89, 160), то есть что это не временное, земное свидетельство от Бога, а вечное и небесное. Если Бог—Автор Писания, как сказано в тексте, то как в его утверждениях могут быть ошибки? Если в словах Писания есть ошибки, как Он может быть Богом истины? Кроме того, если, согласно Писанию, это вечное и неизменное Слово, как Бог истины может допустить, чтобы оно выражало неправду? Доктрина безошибочности прямо связана с характером и честностью Самого Бога. Как Бог истинен, так истинно и Его откровение в Писании.

Иисус и безошибочность

То, что Иисус верил в безошибочность Библии, уже было показано в разделе «Доказательства богодухновенности» (с. 91). Но в качестве иллюстрации можно заметить, что Иисус ни разу не сомневался в точности или достоверности ветхозаветного текста. Фактически, Он даже не касался вопроса об ошибках в Писании, потому что его истинность всегда подразумевалась и не раз утверждалась. Христос ни разу не указал даже на малейшую необходимость исправить хоть одно утверждение Ветхого Завета. Наоборот, Он подтверждал его истинность даже в мельчайших подробностях (Матф. 5:18; Иоан. 10:35). Также стоит отметить, что хотя люди задавали Иисусу множество вопросов, никто не спрашивал, богодухновенен ли Ветхий Завет. Никто не спрашивал, есть ли в нем ошибки. Начиная с учеников Христа и многочисленных толп народа и заканчивая Его противниками, никто не поставил под сомнение богодухновенность и безошибочность Писания. Более того, в Писании нет доказательств в поддержку взгляда, что Иисус верил или учил лишь концептуальной богодухновенности.

Нет никаких свидетельств, что Иисус считал, что в Писании есть хотя бы малейшие ошибки. Хотя аргумент от молчания, как правило, не самый веский, в данном случае молчание оглушительно. Если Иисус знал об ошибках (даже незначительных расхождениях) в тексте, трудно представить, почему Он нигде не затронул этот вопрос, особенно в беседах с учениками, чтобы подготовить их к подобным доктринальным трудностям.

Столь же необъяснимо, почему Иисус ни разу не говорил об этом со Своими противниками. За Свое служение Иисус никогда не подстраивался под Своих врагов. Он обличал ложное учение и неправильное поведение, при любой возможности противостоял ложным раввинистическим учениям и обычаям. Однако Иисус ни разу не оспорил достоверность Писания. Он только указывал, что иудеи не знали и неверно применяли его. Нагорная проповедь—прямое противостояние тем, кто искажал или неправильно понимал Божий закон (Матф. 5–7). Тем не менее в этой проповеди Иисус исправлял лишь *неверное толкование* Писания. Он ни разу даже не намекнул на возможность, что под сомнением может быть точность Библии, а из Евангелий становится ясно, что Иисус без колебаний выступал против заблуждений. Для него было обычным затрагивать даже самые спорные вопросы либо с учениками, либо с религиозными вождями того времени. Поэтому неразумно считать, что в этом вопросе Иисус стал бы подстраиваться под врагов или даже под Своих учеников. Нет убедительного аргумента, который мог бы объяснить, почему Он не стал бы обсуждать этот вопрос, если бы в Писании действительно были ошибки.

Объяснение безошибочности

БЕЗОШИБОЧНОСТЬ НЕЛЬЗЯ ДОКАЗАТЬ НАУЧНЫМ МЕТОДОМ

Учение о безошибочности—естественное продолжение учения о богодухновенности. Также это разумный и необходимый вывод из характера Бога и заявлений Писания о его истинности. Во многих случаях его можно подтвердить даже внешними, эмпирическими свидетельствами. Таким образом, безошибочность—это доктрина, основанная на библейских и богословских предпосылках.

Однако эту доктрину нельзя подтвердить научными данными в каждом случае, просто потому что есть то, что сегодня невозможно воспроизвести для изучения. События сотворения и потопа неповторимы. Впрочем, есть один безупречно надежный свидетель—Бог, и Он безошибочно описал эти события. Не существует археологических свидетельств, чтобы подтвердить все исторические факты в Библии. В конечном счете, все чудесные события в Писании могут быть подтверждены только свидетельствами очевидцев, записанными авторами Библии.

При этом верно и то, что нет никакого способа опровергнуть библейские данные. Все исторические возражения против достоверности Писания оказались ложными. Во многих случаях внешние свидетельства подтвердили библейское описание не только в целом, но и в деталях. В других случаях гармонизация или подобное толковательное решение в достаточной степени подтвердили точность библейского описания. Более того, доказательства достоверности и фактической точности Писания выходят за рамки внешних подтверждений. Само исполнение Писания говорит об истинности и надежности библейских записей. Заявления Писания о своей истинности, доктрина богодухновенности и использование Ветхого Завета новозаветными авторами—все это подтверждает полное признание абсолютной истинности и надежности текста Библии. Кроме того, учение о богодухновенности требует принятия библейского текста превыше любых внешних человеческих записей, поскольку это Слово Божье.

БЕЗОШИБОЧНОСТЬ ОТНОСИТСЯ К АВТОГРАФАМ

Все книги Библии были написаны людьми под вдохновением Святого Духа. Эти оригиналы рукописей, называемые *автографами*, были абсолютно свободны от ошибок благодаря богодухновенности. Сегодня не существует ни одной из этих оригинальных рукописей. Но были сделаны их копии, а затем копии копий. На протяжении веков эти копии и множество переводов передавались дальше. Доктрины передачи и сохранности Писания будут рассмотрены ниже в этой главе, а здесь следует отметить, что в процессе копирования, очевидно, в тексте могли появиться ошибки. По этой причине доктрина безошибочности ограничивается лишь оригинальными рукописями.

В отличие от оригиналов, копии подвержены ошибкам из-за участия несовершенных людей, поскольку Писание нигде не говорит, что Святой Дух контролирует труд переписчиков. Добавьте к этому факт, что не сохранилось оригиналов, по которым можно было бы сверять копии, и может показаться, что доктрина безошибочности стала бесполезной. Это можно отнести также к процессу перевода. Поскольку в процессе перевода (как и копирования) нет действия богодухновенности, они также подвержены ошибкам. Как тогда можно полагаться на Писание, если это не оригинальный текст, написанный богодухновенным автором?

Бог решил не распространять чудо богодухновенности на процесс копирования и перевода. Но Он провиденциально сохраняет копии и переводы настолько, насколько точно они воспроизводят содержание автографов. Как будет обсуждаться ниже, имеющиеся в настоящее время доказательства позволяют текстологам утверждать, что сегодня переводы Библии более чем на 99 % соответствуют оригинальным манускриптам[16]. Переводы можно легко проверить на соответствие критическому тексту, чтобы подтвердить, насколько точно

---

[16] Грудем У. Систематическое богословие: Введение в библейское учение. СПб.: Мирт, 2004. С. 95. Отличное введение в текстологию как для Ветхого, так и Нового Завета см.: Paul D. Wegner, *A Student's Guide to Textual Criticism of the Bible: Its History, Methods and Results* (Downers Grove, IL: IVP Academic, 2006).

они воспроизводят библейские оригиналы. Таким образом, можно сказать, что копии и переводы точно передают безошибочное Слово, первоначально записанное богодухновенными авторами. Процесс копирования, контролируемый Богом, не нарушает доктрину безошибочности. Перевод все же можно назвать Словом Божьим, если он в точности отражает содержание оригинальных манускриптов.

БЕЗОШИБОЧНОСТЬ ДОПУСКАЕТ ОБЫЧНУЮ РЕЧЬ

Учение о безошибочности не подразумевает, что отменяются обычные правила речи. Библия часто использует приближенные значения (1 Пар. 5:21; Ис. 37:36), и такие округленные числа — это не ошибки. Утверждения, неточные в научном понимании, не равны ошибкам; это просто то, как обычно используют язык. То же самое касается утверждений о расстояниях. Более того, безошибочность не требует технического или научного языка. Авторы Библии в своих повествованиях не намеревались приводить научные описания или объяснения. Фактически, во многих случаях технический язык того времени был бы неправильным. Но то, как все изложено в Писании, соответствует восприятию реальности, хотя и передается обычным языком. Прекрасный пример этого — книга Иова 26:7, где сказано, что Бог «повесил землю ни на чем». Это не научное описание. Но фактически оно абсолютно точно. Феноменологический язык также не нарушает безошибочность. Иисус Навин молился, чтобы солнце остановилось, и следующий стих утверждает, что «остановилось солнце, и луна стояла, пока народ мстил врагам своим» (И. Нав. 10:12–13). Это геоцентрическое описание никоим образом не нарушает безошибочность. С земной точки зрения это полностью истинное утверждение. Правила языка позволяют передавать истину с точки зрения автора или говорящего.

Безошибочность позволяет использовать все возможности языка. Это включает свободное цитирование Ветхого Завета новозаветными авторами. В самых древних греческих рукописях не было знаков препинания. Поэтому не всегда бывает просто понять, где именно автор приводит цитату. Поскольку Ветхий Завет был написан на древнееврейском, авторам Нового Завета надо было либо использовать существующий перевод, либо привести собственный. Кроме того, во многих случаях видно, что автор не собирался цитировать дословно, а просто передавал оригинал достаточно близко, чтобы читатели могли узнать его. Это обычная практика даже в современных произведениях или проповедях. Свободная цитата все же точно передает смысл указанного текста. Ни один из этих приемов не нарушает истинности библейского текста. В таких случаях лучше говорить, что Новый Завет содержит аллюзии на Ветхий Завет, а не цитаты из него, потому что авторы явно не пытаются повторять их дословно. Поскольку читатель знает или имеет доступ к тексту Ветхого Завета, его свободное цитирование в Новом Завете не обманывает читателя и не нарушает истинность текста.

Безошибочность не требует ни совершенной грамматики в каждом случае, ни точных слов (*ipsissima verba*), ни даже исчерпывающих деталей. Утверждение может быть грамматически необычным и все же понятным и истинным. Синтаксический и лексический выбор часто просто отражает стиль и навыки авторов. Их описания верны, даже когда не содержат всех исторических деталей. В случае параллельных описаний в обоих Заветах вполне естественно, что авторы писали избирательно, чтобы сохранить тему своего повествования, так что некоторые детали были включены в описание или исключены из него. Истина охватывает совокупность всех описаний. Ни один из этих факторов не отрицает достоверности записанного Слова.

Библия — безошибочное и непогрешимое Слово Божье, результат божественного вдохновения, благодаря чему получился авторитетный и достоверный текст, истинный во всем, что в нем написано. Эта доктрина прямо относится к оригинальным манускриптам и косвенно — к существующим сейчас копиям и переводам.

Сохранность Писания

Объяснение сохранности
Каноничность и сохранность
Текстология и сохранность

Как можно быть уверенным, что записанное Слово Божье, открытое и вдохновленное Богом, которое ранняя церковь признала каноническим, дошло до наших дней без потерь в содержании?[17] Кроме того, поскольку одно из главных занятий дьявола — подрывать авторитет Писания, выдержало ли оно эти непрестанные нападки? Вначале сатана отрицал Слово Божье перед Евой (Быт. 3:4), затем пытался исказить его во время искушения Христа в пустыне (Матф. 4:6–7). Он даже пытался буквально уничтожить Писание через царя Иоакима (Иер. 36:23). Битва за Библию не утихает, но Слово Божье смогло и впредь сможет пережить своего главного врага и всех остальных тоже.

Бог предвидел злой умысел человека, сатаны и бесов против Писания и дал обещание сохранить Свое Слово. Его вечное существование гарантировано в Исаии 40:8: «Трава засыхает, цвет увядает, а слово Бога нашего пребудет вечно» (см. 1 Пет. 1:24–25). Это значит и то, что ни одна богодухновенная книга не была утеряна, чтобы можно было ожидать ее обнаружения в будущем.

Существующее содержание Библии будет сохранено навсегда как на земле (Ис. 59:21), так и на небесах (Пс. 118:89). Поэтому Божьи намерения, изложенные в Писании, никогда не будут нарушены, даже их мельчайшие детали (см. Матф. 5:18; 24:35; Марк. 13:31; Лук. 16:17).

---

[17] Это введение адаптировано из «Учебной Библии с комментариями Джона Мак-Артура» (С. xvii–xviii).

Объяснение сохранности

ОПРЕДЕЛЕНИЕ СОХРАННОСТИ

Сохранность как доктрина означает действия Бога, которыми Он на протяжении веков хранил записанное особое откровение для Своего народа. Первоначально Бог дал Своему народу определенные наставления, чтобы сохранить откровение. Сохранность также включает то, как Бог провиденциально хранил Свое Слово стараниями людей на протяжении тысячелетий. Это началось с того момента, когда текст был впервые написан, и продолжалось, пока составлялся сборник канонических книг, существующих сегодня.

Вестминстерское исповедание веры (1646 г.) описывает доктрину сохранности таким образом: «Ветхий Завет на древнееврейском... и Новый Завет на греческом... были написаны по непосредственному вдохновению Божьему и сохранялись во все века в чистоте по Его особому усмотрению и промыслу. Поэтому они являются подлинными, и к ним как к наивысшему авторитету должна обращаться церковь в любых спорах, касающихся веры» (1.8). Другими словами, во время написания текста Бог вдохновлял авторов, а на протяжении веков по Своему промыслу сохранял эти тексты. На этом основании они авторитетны, и к этим текстам на языках оригинала можно обращаться как к высшему авторитету во всех вопросах веры и практической жизни.

Возникает вопрос: утверждает ли Библия эту доктрину? Если да, то сверхъестественная ли эта сохранность или провиденциальная? Обещает ли она сохранность в одной или нескольких рукописях или в каком-нибудь греческом или древнееврейском издании текста? Какое место в этом процессе играют переводы Библии на другие языки? Как средства сохранения текста влияют на канонизацию?

БИБЛЕЙСКОЕ УЧЕНИЕ О СОХРАННОСТИ

Говорит ли Писание что-нибудь о своей сохранности в процессе передачи (из поколения в поколение) и перевода (с одного языка на другой)? Изучение сказанного в Библии показывает, что Бог обещал сохранить Свое Слово навеки на небесах (Пс. 118:89, 160). Из этого проистекает и понимание, и уверенность в том, что Господь сохранит Писание. Библейские обетования говорят о провиденциальном, а не сверхъестественном сохранении текста на земле.

Доказательства совершенной, вечной сохранности. В Библии дано ясное обещание сохранности Божьего Слова на небесах: «На веки, Господи, слово Твое утверждено на небесах» (Пс. 118:89). В оригинале термин «утверждено» буквально означает «устроено или установлено надолго». Это подобно колонне, которая незыблемо установлена в здании при его постройке. Итак, Божье Слово утверждено навеки. Но суть в том, что в этом стихе говорится, что Слово Божье утверждено на небесах, а не на земле. Это указывает на то, что у Бога есть неизменная и совершенная запись Его богодухновенного откровения человеку, но она на небесах. Псалмопевец далее говорит: «Издавна узнал я об откровениях Твоих, что Ты утвердил их на веки» (Пс. 118:152). Итак, Слово Божье утверждено, неизменно и вечно, но сохраняемая в совершенстве форма этого Слова находится на небесах. Пророк Исаия противопоставляет преходящую природу человека вечному и совершенному Слову Божьему, говоря: «Трава засыхает, цвет увядает, а слово Бога нашего пребудет вечно» (Ис. 40:8). Слово Божье вечно, но в этом стихе нет прямого указания, что это вечно пребывающее Слово будет иметь в совершенстве сохранившуюся копию здесь на земле. Петр также ссылается на этот стих, говоря: «...это есть то слово, которое вам проповедано» (1 Пет. 1:25). Данное утверждение приравнивает евангельскую весть Нового Завета к Ветхому Завету как Слову Божьему. При этом явно подразумевается его вечное сохранение. Но Бог все же не дает прямого обещания в Писании, что Он сохранит Свое Слово на земле в идеальной копии или богодухновенном издании, помимо оригинальных манускриптов.

Писание говорит, что Божье Слово не только непременно сохранится, но и обязательно исполнится. Иисус говорит о долговечном характере Божьего Слова так: «Ибо истинно говорю вам: доколе не прейдет небо и земля, ни одна иота или ни одна черта не прейдет из закона, пока не исполнится все» (Матф. 5:18). Здесь надо отметить два важных момента. Первый касается терминов «иота» и «черта». Иота означает букву «йод», наименьшую букву в еврейском алфавите. Словом «черта» переведен термин «крючок», описывающий здесь самый маленький штрих пера, отличающий одну букву от другой. Можно сравнить это с черточкой, с помощью которой можно отличить английские буквы R и P. Утверждение Иисуса ясно: Бог верно будет исполнять то, что сказал. Ничто не помешает Богу совершить все это, даже до малейшей черточки.

Этот текст часто приводят как доказательство, что Бог обещал сохранить Свое записанное Слово на земле. Однако тщательное изучение показывает, что Христос не говорит, что оно обязательно сохранится здесь в печатном виде, но что все оно исполнится. И все же кажется, что это утверждение подразумевает, что Бог сохранит Свое записанное откровение. Как оно будет свидетельством человеку, если не сохранится в печатной форме, чтобы человек мог читать его до, во время и после исполнения? Тем не менее это обещание об исполнении, а не о сохранении. Иисус делает такое же заявление о Своих словах, говоря: «...небо и земля прейдут, но слова Мои не прейдут» (Матф. 24:35). И опять смысл ясен: когда говорит Иисус, это настолько же долговечно, несомненно и обязательно, как и тогда, когда говорит Бог. По контексту, однако, Иисус говорил об исполнении всего, что Он сказал о событиях, которые произойдут в том поколении и в грядущем веке. Это обещание не было непосредственно связано с записью Его слов или учения в Новом Завете.

Итак, Библия говорит, что Бог обещал исполнить каждое слово и каждое обещание, данное в Писании. Она также подтверждает, что Бог навсегда сохранит неизменным Свое Слово на небесах. Однако нет прямого утверждения или гарантии абсолютно безупречного сохранения одной или нескольких копий Его Слова здесь на земле. Это не значит, что Он не сохранил его вполне надежным способом. Это значит, что Он решил сохранить земную запись Своего откровения провиденциально через усердный труд людей. Поскольку были обнаружены и тщательно сопоставлены тысячи манускриптов Ветхого и Нового Заветов, лучшие христианские библеисты пришли к выводу, что первоначальный текст Библии, по существу, восстановлен[18]. Поэтому Божье Слово в совершенстве сохранилось на небесах и достоверно сохранилось на земле.

Призыв к усердному сохранению на земле. Бог обещал навеки безупречно сохранить Свое Слово на небесах. На земле Он провиденциально хранит его через Свой народ, на котором лежит ответственность защищать и передавать Слово. Об этом свидетельствуют прежде всего многократные повеления Бога Своему народу ничего не добавлять к Его Слову и не отнимать от него (Втор. 4:2; 12:32; Прит. 30:6; Иер. 26:2; Откр. 22:18–19). Эти постоянные призывы показывают, что через записанное авторами-людьми Бог сказал в точности то, что хотел. Божий народ нес ответственность не только за послушание всему Слову, но и за его дословное сохранение. Из этих утверждений в сочетании со словами Иисуса в Матфея 5:18 становится очевидно, что окончательный стандарт, по которому каждый будет оцениваться, — это богодухновенные оригиналы. Поэтому важно, чтобы Божий народ с крайней тщательностью копировал, переводил и издавал Его Слово, не говоря уже о прилежном толковании. Бог утвердил Свое Слово на небесах, но при этом побуждает верующих к ответственности сохранять и защищать его целостность на земле.

Лучшее свидетельство, что Бог безупречно сохранил Свое Слово на небесах, при этом доверив хранить его земную запись Своему народу, находится в самом Писании. В книге Исход сказано, что когда Бог перестал говорить с Моисеем, Он «дал ему две скрижали откровения, скрижали каменные, на которых написано было перстом Божиим» (Исх. 31:18). Таким образом, Он лично написал эту часть Писания на камне и дал Моисею. Но когда Моисей, сойдя с горы Синай со скрижалями в руках, увидел грех народа, он в гневе разбил скрижали (Исх. 32:19). Бог, по сути, позволил Моисею уничтожить единственный экземпляр этих заповедей — еще до того, как люди увидели или услышали их. На тот момент и короткое время после этого не было земного экземпляра этих заповедей. Тем не менее Бог полностью и дословно восстановил то, что было утрачено из-за действий человека. Он сказал Моисею вытесать две скрижали, подобные первым, и взойти на гору Синай. Затем в течение сорока дней Моисей писал на этих скрижалях те же заповеди, которые сначала дал Бог (Исх. 34:1–2, 27–28). Бог действительно вверяет заботу о Своем Слове Своему народу.

---

[18] Wegner, *A Student's Guide*, 301.

Господь может восстановить все до единой буквы, если оно утрачено. Самый яркий пример того, что Бог готов допустить уничтожение Своего Слова и может восстановить его, находится в 36-й главе книги Иеремии. Был четвертый год иудейского царя Иоакима. Бог повелел Иеремии взять свиток, записать Его Слово и передать царю, призывая того к покаянию. В тексте говорится: «И призвал Иеремия Варуха, сына Нирии, и написал Варух в книжный свиток из уст Иеремии все слова Господа, которые Он говорил ему» (Иер. 36:4). Затем Варух отнес свиток князьям, которые передали его царю. Когда слуга читал свиток царю, его реакция на Божий призыв к покаянию была ясна: «Когда Иегудий прочитывал три или четыре столбца, царь отрезывал их писцовым ножичком и бросал на огонь в жаровне, доколе не уничтожен был весь свиток на огне, который был в жаровне» (Иер. 36:23). Этот свиток был первым изданием книги Иеремии. Бог снова позволил человеку уничтожить Его Слово. Но теперь это был не гнев на грех народа (как у Моисея), а явное отвержение Божьего Слова! Следующее событие показывает, что Слово Божье не было уничтожено. Бог опять восстановил его дословно:

> И было слово Господне к Иеремии, после того как царь сжег свиток и слова, которые Варух написал из уст Иеремии, и сказано ему: «Возьми себе опять другой свиток и напиши в нем все прежние слова, какие были в первом свитке, который сжег Иоаким, царь иудейский»... И взял Иеремия другой свиток и отдал его Варуху писцу, сыну Нирии, и он написал в нем из уст Иеремии все слова того свитка, который сжег Иоаким, царь иудейский, на огне; и еще прибавлено к ним много подобных тем слов (Иер. 36:27–28, 32).

Книга Иеремии в сегодняшней Библии — это исходный текст, уничтоженный царем, а также дополнительные откровения и суды Божьи, в том числе рассказ об отвержении и уничтожении исходного текста Иоакимом. Слово Божье утверждено на небесах, и Бог может вернуть его и вдохновить пророка снова точно его записать.

Хотя иногда Бог действовал явно и восстанавливал утраченные или уничтоженные на земле части Своего Слова, Он также удерживал Слово в качестве суда. Он допустил, чтобы священники потеряли в храме книгу Закона более чем на 50 лет (4 Цар. 22:8–10; 2 Пар. 34:14–16). Из-за своей неверности народ Божий более чем на поколение остался без Его Слова. И хотя целое поколение не знало Божьего Слова, Господь все равно привлек их к ответственности. Бог наказал народ за нечестие, совершенное в это время небрежности.

Если посмотреть на все это под другим углом, то исключение доказывает правило. Например, как минимум два слова отсутствуют во всех сохранившихся копиях 1 Царств уже более двух тысяч лет (см. 1 Цар. 13:1). Значение этих упущений минимально. Два отсутствующих слова — это числа, обозначающие возраст Саула, когда он стал царем, и число лет его правления. Довольно легко провести расчет и определить ограниченное количество возможных вариантов, подходящих по смыслу к этому тексту. Вместе с тем, эта недостающая часть текста сама по себе доказывает, что земное сохранение Писания—это не постоянное сверхъестественное действие Бога. Вместо этого Он вверил Своему народу ответственность хранить Его Слово прилежными стараниями людей. Практика переписчиков Ветхого и Нового Заветов показывает именно такую дотошную тщательность и заботу о сохранившихся копиях и процессе копирования.

Если Бог не сохранил Свое Слово на земле в идеальном состоянии, а предоставил это людям, могут ли копии все еще считаться Писанием? Библия считает копии Писания Словом Божьим. Например, Бог дал Моисею указания о том, как должны поступать со Словом будущие цари Израиля:

> Но когда он [царь] сядет на престоле царства своего, должен списать для себя список закона сего с книги, находящейся у священников левитов, и пусть он будет у него, и пусть он читает его во все дни жизни своей, дабы научался бояться Господа, Бога своего, и старался исполнять все слова закона сего и постановления сии; чтобы не надмевалось сердце его пред братьями его, и чтобы не уклонялся он от закона ни направо, ни налево, дабы долгие дни пребыл на царстве своем он и сыновья его посреди Израиля (Втор. 17:18–20).

Из этого текста можно сделать два важных вывода. Во-первых, царь должен был переписывать под бдительным оком священников, то есть копии должны были делаться с особой тщательностью и скрупулезной точностью. Царь должен был сделать как можно более точную копию, которая затем заверялась священниками. Бог ожидает, что Его народ будет усердно хранить Его Слово—даже в процессе копирования. Во-вторых, этой копии надо было повиноваться, и обещания за послушание были такими же, как и за послушание самому оригиналу. Таким образом, Бог привязал копии Писания к оригиналам. Копия Писания— это Слово Божье постольку, поскольку она соответствует оригиналу.

Как уже говорилось, сохранение текста Писания происходит провиденциально, а не сверхъестественно. Хотя иногда Бог действовал непосредственно, чтобы восстановить уничтоженную часть Своего Слова, обычно Он так не делал. Вместо этого Он возложил ответственность за признание, сохранение и передачу Своего Слова на верных Ему людей. Таким образом, в сохранность входят две составляющие: каноничность и текстология.

Каноничность и сохранность[19]

Фактически, Библия—это одна книга одного божественного Автора, хотя ее писали 15 веков более 40 человек. Начиная с рассказа о сотворении в Бытии 1–2, написанного Моисеем около 1405 г. до Р. Х., и заканчивая описанием вечного будущего в Откровении 21–22, написанным апостолом Иоанном около 95 г. от Р. Х., Бог постепенно открывал Себя и Свои замыслы в богодухновенном Писании.

---

[19] Этот раздел адаптирован из «Учебной Библии с комментариями Джона Мак-Артура» (С. xvi–xvii).

Все это приводит к важному вопросу: «Как узнать, какие из предполагаемых священных книг следовало включить в канон Писания, а какие—исключить из него?» В течение веков использовались три широко признанных принципа для определения книг, составляющих богодухновенное откровение. Во-первых, автором книги должен быть признанный пророк или апостол или кто-то близкий к ним, как в случае с книгами Марка, Луки, Иакова, Иуды и Евреям. Во-вторых, эта книга не должна противоречить предыдущему Писанию или расходиться с ним. В-третьих, в церкви должно быть общее согласие, что эта книга богодухновенная. Таким образом, когда разные церковные соборы в прошлом рассматривали вопросы канона, там не было формального голосования за каноничность книги, но уже по факту признавали, что книга написана Богом и включена в Библию.

Что касается Ветхого Завета, ко времени Христа он весь уже был написан и признан евреями. Последней была написана Книга пророка Малахии, законченная около 430 г. до Р. Х. Канон Ветхого Завета времен Христа не только соответствовал Ветхому Завету современной протестантской Библии, но и в нем не было небогодухновенных апокрифических книг, то есть группы из 14 небиблейских книг, написанных после Малахии и добавленных в греческий перевод Ветхого Завета, известный как Септуагинта (ок. 200−150 гг. до Р. Х.). Хотя эти книги были отвергнуты, их все еще включают в некоторые издания Библии. Однако ни один апокрифический текст не цитируется авторами Нового Завета, а также Иисус не подтвердил ни один из них, когда говорил о признанном каноне Ветхого Завета того времени (см. Лук. 24:27, 44).

Ко временам Христа канон Ветхого Завета был разделен на два списка из 22 или 24 книг соответственно, каждый из которых содержал тот же материал, что и 39 книг современных протестантских изданий. В каноне из 22 книг некоторые книги считались за одну, например, «Книга двенадцати» (включавшая 12 так называемых малых пророков), книги Иеремии и Плач Иеремии, Судей и Руфь, а также 1 и 2 Царств.

Те же три ключевых принципа каноничности, применявшиеся к Ветхому Завету, применялись и к Новому. В случае с книгами Марка, Луки и Деяний авторы не были апостолами, но считались, по сути, секретарями Петра и Павла соответственно. Послания Иакова и Иуды были написаны единоутробными братьями Христа. Послание к евреям—единственная книга Нового Завета, автор которой точно не известен, но ее содержание так созвучно Ветхому и Новому Заветам, что в ранней церкви пришли к выводу, что ее явно написал кто-то, близкий к апостолам. После 350−400 гг. от Р. Х. все 27 книг Нового Завета были повсеместно приняты как богодухновенные.

ОПРЕДЕЛЕНИЕ КАНОНИЧНОСТИ

Каноничностью называют признание и принятие церковью книг Писания как богодухновенного Слова. Сам термин происходит от греческого слова *kanōn*, первоначально означавшего «тростник» или «трость». Поскольку трость часто использовалась для измерений, это слово стало передавать идею нормы или правила. Слово *kanōn* встречается в Новом Завете четыре раза, всегда в переносном смысле. Павел трижды использует его в 2 Коринфянам 10 (ст. 13, 15–16) в смысле границы территории. В Галатам 6:16 он употребляет его как нравственную норму или правило, по которому должны жить верующие. Все это показывает, что к концу эпохи апостолов этот термин в основном использовали метафорически, называя так правило, меру, границу или норму.

Только в середине IV века от Р. Х. этот термин стали использовать в значении авторитетного собрания книг, признанных богодухновенными. Фактически, Афанасий (295–373) впервые применил термин «канон» к Писанию в «Постановлениях Никейского собора», изданных вскоре после 350 г. от Р. Х. В них он упомянул, что книга «Пастырь Ерма» не входит в канон. Вскоре после этого Лаодикийский собор использовал термины «канонический» и «неканонический» для обозначения отдельных книг, принятых как часть Библии или отвергнутых как небогодухновенные. Именно в этом смысле данный термин теперь используется в отношении Писания.

Есть два основных подхода, как в прошлом давали определение канону. Традиционная точка зрения римских католиков состоит в том, что Библия — это авторитетное собрание писаний. То есть в Библию входят собранные церковью книги, которые она авторитетно определила и утвердила как Писание. Согласно этому взгляду, церковь решает, какие книги входят в Библию.

Согласно библейскому взгляду, канон — это собрание писаний с божественным авторитетом. Не церковь (и не народ Божий) определяет, какие книги богодухновенны и потому составляют Писание. Сами тексты наделены авторитетом Бога на основании богодухновенности. Они являются Словом Божьим, потому что были написаны по вдохновению Святого Духа. Народ Божий (церковь для Нового Завета, Израиль для Ветхого Завета) лишь признает авторитет, присущий этим текстам. Каноничность основана на факте богодухновенности книг, а не на том, как их собирали или кто это выполнял.

НЕОБХОДИМОСТЬ В КАНОНЕ

Начиная с составления Торы, есть ясное божественное предписание признавать и хранить записанное откровение Бога. Ко временам Христа 39 книг Ветхого Завета (то есть, 22 книги еврейских Писаний, поскольку некоторые книги, например, 1 и 2 Царств, были объединены в один свиток) были повсеместно признаны Писанием. Необходимость в каноне Нового Завета наравне с Ветхим Заветом также очевидна. Апостолы были официальными и полномочными представителями Христа (Лук. 24:44–49; Иоан. 20:19–23; Деян. 1:4–8, 15–26; 2:42). Когда они стали сходить со сцены (через смерть или мученичество), стало еще яснее, что необходимо сохранить их учение. Даже самих апостолов волновал этот вопрос (1 Кор. 11:2; 2 Фес. 2:15). Сохранение письменного свидетельства апостолов становилось все более важным с приближением конца I века. Этот провиденциальный процесс сохранения начался с того, что отдельные церкви копировали, собирали и распространяли их произведения. Позднее церковь в целом официально признала Писанием 27 богодухновенных книг Нового Завета. Этот процесс признания канона не сформировал его, но официально подтвердил то, что уже было сформировано на основании богодухновенности.

Канон Ветхого Завета. Ветхий Завет писался на протяжении примерно тысячи лет. Пятикнижие было закончено Моисеем незадолго до его смерти в 1405 г. до Р. Х., за исключением Второзакония 34:5–12 с описанием его смерти, возможно, написанного Иисусом Навиным. Эти первые пять книг были без колебаний приняты Иисусом Навиным и старейшинами Израиля как авторитетное Слово Божье и помещены в ковчег (Втор. 31:24–26). Функционально канон Ветхого Завета был утвержден Ездрой в V веке до Р. Х. после возвращения из плена. В целом считается, что канон Ветхого Завета был утвержден оценкой по трем принципам. Во-первых, книга была написана в процессе богодухновенности, что обычно утверждается самим автором (2 Цар. 23:1–2; Ис. 1:1; Иер. 1:1–2). Во-вторых, этот труд часто признавали современники пророка (Исх. 24:3; И. Нав. 1:8; Иер. 26:18; Дан. 9:2). В-третьих, современники пророка принимали решение сохранить книгу как часть Божьего Слова (Втор. 31:26; 1 Цар. 10:25; Прит. 25:1; 4 Цар. 23:24; Дан. 9:2). В дополнение к этим основным соображениям иудейские вожди сравнивали любое новое откровение с существующим Писанием, как того требовал Божий закон (Втор. 12:32; 13:1–5).

Ко временам Христа повсеместно принятое и сформированное собрание книг было признано каноном Ветхого Завета. Эти книги соответствуют 39 книгам протестантского Ветхого Завета; в Израиле никогда не принимали апокрифы как канонические. Свидетельство Иисуса и апостолов показывает, что они полностью принимали еврейский канон как Писание. Иисус цитировал все основные разделы Ветхого Завета, в том числе Моисея и Пятикнижие (Матф. 4:1–11; Иоан. 3:14; 5:45–47), Давида в Псалмах (Лук. 20:41–44), а также Исаию (Матф. 13:13–15) и Иону (Матф. 12:39–40) из пророков. Он подтверждал, что каждый раздел — это часть Божьего авторитетного Писания, основывая на его словах и доктрину, и практическую жизнь. Свидетельство апостолов соответствует свидетельству Иисуса. Они цитировали Ветхий Завет в своих проповедях (Деян. 2:17–21, 25–28, 31, 34–35; 3:22, 25; 4:25–26). Довольно часто в Новом Завете они объясняли благую весть, цитируя Ветхий Завет (Матф. 1:22–23; 4:14–16; 8:17; 12:17–21; 13:35; 21:4–5; Иоан. 12:38–41; 19:24; Рим. 1:16–17; 3:9–20; 4:1–12; 9:6–13, 15–17, 25–26, 27–29, 33). Даже практика благовестия Павла, когда он шел в первую очередь в синагогу и рассуждал с иудеями из Писаний Ветхого Завета, свидетельствует о безоговорочном принятии ими еврейского канона (Деян. 17:2–3).

Одно из заметных различий между еврейским Ветхим Заветом и современной Библией на английском и других языках — это расположение книг. Иисус и авторы Нового Завета в целом признавали деление книг Ветхого Завета на две или три части: Закон и Пророки, либо Закон, Пророки и Писания (Лук. 24:44). Вероятно, Иисус признавал расположение книг Ветхого Завета начиная от Бытия и заканчивая Паралипоменон, о чем можно судить, главным образом, по упоминанию (Лук. 11:50–51) крови пророков от Авеля (Быт. 4:1–16) до Захарии (2 Пар. 24:20–22). Это очень похоже на порядок книг в официальном издании древнееврейского Ветхого Завета на основании масоретского текста. Хотя расположение книг в английских изданиях Библии взято в основном из Вульгаты, а также из Септуагинты, эти отличия от древнееврейского Ветхого Завета никоим образом не меняют того факта, что в современной Библии содержатся те же самые книги, которые признаны каноническими в еврейской Библии, а их расположение вторично.

Канон Нового Завета. Новый Завет был написан за 50 лет. Он состоит из 27 книг, написанных восемью или девятью разными авторами, в него входят четыре Евангелия, книга Деяний (продолжение Евангелия от Луки), 21 послание и книга Откровение. Первой книгой было Послание Иакова, написанное в 45 г. от Р. Х., а последней—Откровение, написанное Иоанном около 95 г. от Р. Х. До этих новозаветных книг у церкви не было авторитетных писаний, кроме Ветхого Завета, который Христос и апостолы признавали Словом Божьим. Книги Нового Завета были признаны богодухновенными и авторитетными наравне с Ветхим Заветом, как только были написаны. Петр подтвердил, что послания Павла—это Писание (2 Пет. 3:14–16). Павел цитировал Второзаконие и Евангелие от Луки, называя обе книги Писанием (1 Тим. 5:18). Иоанн свидетельствовал, что написал Откровение по указанию Христа как послание Бога Своей церкви (Откр. 1:11, 19; 4:1; 22:8–13). Книги Нового Завета добавлялись к Писанию, как только они были написаны по вдохновению. Они становились каноническими с момента написания, а не с момента, когда церковь признавала их такими. Однако потребовался занявший некоторое время процесс, посредством которого 27 книг Нового Завета по отдельности и все вместе были признаны Божьим народом как Писание. Этот процесс канонизации для Нового Завета включал три исторических этапа: распространение, собирание и признание.

Период распространения. В ранней церкви было общепризнанным фактом, что 39 книг Ветхого Завета—это Писание. Божественная власть этих книг не оспаривалась. Такое отношение демонстрировали Христос и апостолы, постоянно цитировавшие Ветхий Завет и называвшие его Словом Божьим. Как только были написаны книги Нового Завета, церкви, получавшие их первыми, признавали их Писанием, и вскоре после этого на служениях в этих церквях такие книги начинали читать наряду с Писаниями Ветхого Завета (1 Фес. 5:27; 1 Тим. 4:13; Откр. 1:3). Вместе с тем, что эти книги признавали Писанием, их переписывали и передавали в другие церкви, причем некоторые книги даже прямо призывали так поступать (Кол. 4:16). Такой процесс раннего распространения и собирания привел к тому, что большинство из 27 книг Нового Завета было широко известно в церкви в начале II века от Р. Х. Однако у истоков этого процесса в первую очередь находилось распространение этих текстов на индивидуальной основе.

Период собирания. Богослужения в ранней церкви следовали образцу, установленному синагогой. Они включали публичное чтение Слова и разъяснения или гомилии (проповеди), часто выведенные из этих текстов (Лук. 4:16–21; Деян. 17:2–3; 1 Тим. 4:13). Со временем церкви стали копировать, распространять и собирать все больше и больше книг Нового Завета, чтобы читать их и использовать на богослужениях. К II веку от Р. Х. эти сборники стали приобретать всеобщее признание среди церквей, в результате чего тексты стали чаще распространять в качестве сборников, а не отдельных книг.

В середине II века церковь столкнулась с первыми значительными разногласиями по поводу самого канона. В II веке еретик Маркион (ок. 85–160 гг. от Р. Х.) опубликовал собственный список книг Нового Завета, которые он считал авторитетными. Его канон включал сокращенный вариант Евангелия от Луки и десять посланий Павла (кроме пасторских). Возможно, именно этот поступок еретика больше, чем что-либо другое, побудил ортодоксальную церковь начать формулировать официальный ответ на вопрос, какие книги входят в канон Нового Завета.

Первый значительный ответ ортодоксальных церквей отражен во фрагменте Муратори, который иногда называют каноном Муратори (ок. 170 г.), потому что в нем перечислены книги Нового Завета, которые следует принимать как авторитетные, и другие книги, которые следует отвергнуть. Скорее всего, этот документ отражает официальный ответ Маркиону. Хотя из-за состояния самого документа он не может быть точным свидетельством, какие книги были приняты, в нем все же названы 21 или 22 из 27 книг современного Нового Завета. Отсутствуют Евреям, Иакова, 1 и 2 Петра. Послания Иоанна включены, но неясно, упоминаются ли они как одно послание либо же одно или два из них исключены. Несмотря на неполноту содержания этого документа, он показывает, что разногласия и практические соображения побудили отцов ранней церкви прийти к общему согласию по вопросу о том, какие книги Нового Завета обладали божественным авторитетом и входили в канон наряду с Ветхим Заветом.

Период признания. С началом IV века от Р. Х. гонения на церковь завершились и христианство было принято как государственная религия. Закончились почти три столетия стихийных и организованных попыток искоренить церковь во всей Римской империи. Во время последних гонений император Диоклетиан (245–311 гг. от Р. Х.) в своем эдикте, изданном в 303 году, постановил целенаправленно сжигать множество священных христианских книг, в том числе Писания Нового Завета. Когда императором стал Константин (272–337 гг. от Р. Х.), он не только узаконил христианство в 313 году, но также поручил Евсевию (ок. 260—

ок. 340 гг. от Р. Х.) руководить изданием 50 экземпляров Нового Завета. Именно этот указ сразу поставил вопрос о формальном признании определенных книг, составляющих канон Нового Завета.

Евсевий, переживший много гонений при Диоклетиане, стал, пожалуй, самым влиятельным историком ранней церкви. В своей истории он не только подробно описал сами исторические события, но и довольно много написал о трудностях, возникших в процессе признания канона Нового Завета. Евсевий разделил ранние церковные писания на три категории: признанные книги, оспариваемые и еретические. Как показывают эти категории, его список начинается с книг, которые повсеместно были приняты как канонические (то есть божественно авторитетные). Это книги, подлинность которых бесспорна. Обычное требование включало божественно утвержденное авторство, то есть книга должна быть написана апостолом или тем, чей авторитет происходил от апостолов (например, Лука). Из 27 книг Нового Завета в списке признанных книг у Евсевия были все, кроме Иакова, 2 Петра, 2 и 3 Иоанна и Иуды. Он также упомянул Откровение как возможно спорную книгу из-за недостаточного распространения среди восточных церквей. Однако в итоге все 27 книг Нового Завета были включены.

Формальный процесс признания канона Нового Завета был по большей части доведен до завершения Афанасием (295–373 г. от Р. Х.). В своем праздничном послании 365 года он определил рамки канона Нового Завета теми 27 книгами, что входят в него и сегодня. Афанасий также строго запретил использовать другие книги в качестве канонических, в том числе «Дидахе» и «Пастырь Ерма» (они обе были спорными). Эти решения впоследствии были ратифицированы Гиппонским собором в 393 году. С того времени во всем ортодоксальном христианстве повсеместно признают каноническими 27 книг Нового Завета.

КРИТЕРИИ КАНОНИЧНОСТИ

Как уже упоминалось, все 66 книг Библии были каноническими с момента их богодухновенного написания. Только Бог Святой Дух может засвидетельствовать авторитет Своего Слова. Именно так Писание говорит о себе. С христианской точки зрения, признание канона Ветхого Завета было утверждено тем, что Иисус и апостолы приняли 39 книг еврейского канона. Что касается Нового Завета, хотя в ранней церкви верующие несколько веков жили по истинам этих богодухновенных книг, для их исторического признания потребовалось время. Однако это не значит, что канона не было. Просто общее согласие о границах этого собрания книг должно было восторжествовать над другими предложениями и вариантами.

К внешним критериям для признания книги канонической относятся важные исходные требования: (1) апостольское или пророческое авторство, подтверждающее богодухновенность; (2) последовательное доктринальное согласие с существующим Писанием; и (3) повсеместное признание народом Божьим.

Во-первых, личность автора служит здравым критерием каноничности. Бог написал Свое Слово через людей, имевших божественное подтверждение. В Ветхом Завете эти авторы часто подтверждали подлинность своих слов, совершая чудеса и знамения или делая пророческие заявления, подтверждавшие их божественное призвание. В Новом Завете Бог давал Свое Слово через апостола, уже имевшего подтверждение, или человека с апостольским авторитетом (1 Кор. 14:37–38; Гал. 1:9; 1 Фес. 2:13).

Во-вторых, Бог с самого начала объяснил, что любое новое откровение следует проверять в свете существующего Писания, прежде чем принимать его как подлинное (Втор. 13:1–5). Он последовательно являл Себя в канонических книгах, поэтому все они согласуются друг с другом и со всем Писанием (Деян. 17:11). Наряду с этим Бог прямо ограничил оба канона, объявив о завершении каждого из них. Закрывая канон Ветхого Завета, Он объявил, что следующим пророком будет Илия, который должен прийти (Мал. 4:4–6). Для Нового Завета Иисус объявил о закрытии канона Иоанну (Откр. 22:18–19). Итак, со смертью последнего апостола закрылась возможность любого дополнительного откровения до пришествия Господа.

В-третьих, доказательства богодухновенности можно разделить на две категории: (1) написанное должно быть истинным и правдивым в том, что говорит, и (2) в самом чтении Слова должны быть свидетельства, что оно может сообщать истину и обличать сердце человека в грехе (Евр. 4:12). Кроме этого, Божье Слово способно убедить Его народ, чтобы он признал и подтвердил подлинность каждой книги. Поскольку Дух Божий вдохновил автора написать божественно авторитетное произведение, тот же Дух засвидетельствовал об этом в сердцах народа Божьего.

В конце концов, только Бог может достоверно свидетельствовать о Себе и о том, что Он вдохновил (Иоан. 5:33–47; Евр. 6:13). Слово Божье само свидетельствует о себе. Очень важно, чтобы народ Божий узнал со страниц Писания, как распознавать богодухновенные книги. Что касается канонов Ветхого и Нового Заветов, есть поразительное, явное и единодушное подтверждение, что только 66 книг протестантской Библии вдохновлены Богом.

ЗАВЕРШЕНИЕ КАНОНА[20]

Откуда церковь сегодня знает, что Бог не добавит к Библии еще одну, 67-ю богодухновенную книгу? Другими словами, закрыт ли канон?

Писание предупреждает не прибавлять к нему и не убавлять от него (Втор. 4:2; 12:32; Прит. 30:6). Понимая, что дополнительные канонические книги появились после этих предупреждений, можно сделать вывод, что хотя эти тексты полностью запрещали убавлять, они позволяли добавлять подлинные богодухновенные книги, чтобы завершить канон, охраняемый этими текстами.

---

[20] Этот раздел адаптирован из «Учебной Библии с комментариями Джона Мак-Артура» (C. xix).

На протяжении столетий несколько важных наблюдений в совокупности убедили церковь, что канон Писания действительно закрыт и никогда не откроется. Во-первых, книга Откровение уникальна в Писании тем, что в беспримерных подробностях описывает события конца времен, предшествующие будущей вечности. Как Бытие начинает Писание единственным подробным описанием процесса творения, охватывая период от вечного прошлого до нынешнего существования в пространстве и времени (Быт. 1–2), так Откровение показывает переход от этого пространства и времени в вечное будущее (Откр. 20–22). Бытие и Откровение по содержанию идеально подходят, чтобы быть первой и последней книгами Писания.

Во-вторых, как после завершения канона Ветхого Завета книгой Малахии наступило пророческое молчание, так и после написания Иоанном книги Откровение наступило молчание. Это подводит к выводу, что канон Нового Завета также был завершен.

В-третьих, поскольку с тех пор не было и нет подлинных апостолов или пророков как в ветхозаветном, так и в новозаветном смысле, то нет и потенциальных авторов для новых богодухновенных канонических книг. Библию как Божью весть, «однажды переданную святым», нельзя ничем дополнять, но за нее следует горячо сражаться (Иуд. 3).

В-четвертых, из четырех библейских увещаний не изменять Писание только в Откровении 22:18–19 есть предупреждения о суровом Божьем суде за непослушание. Кроме того, Откровение — единственная книга Нового Завета, заканчивающаяся таким увещанием, причем она была написана последней. Данные факты убедительно говорят, что Откровение было последней книгой канона и что Библия завершена; прибавлять или убавлять что-либо — значит серьезно ослушаться Бога.

Наконец, ранняя церковь, будучи ближе всего по времени к апостолам, считала, что книга Откровение завершила богодухновенное Писание. Итак, основываясь на твердых библейских рассуждениях, мы можем заключить, что канон закрыт и останется закрытым. Шестьдесят седьмой книги Библии не будет.

Текстология и сохранность[21]

Учитывая, что Библия была переведена на множество языков и распространялась по всему миру, как можно быть уверенным, что ошибка не закралась в Писание, пусть и ненамеренно? Действительно, по мере распространения христианства люди хотели иметь Библию на родном языке, и для этого потребовалось перевести Ветхий Завет с древнееврейского и арамейского, а Новый Завет — с древнегреческого языка. Возможность ошибки возникла не только в работе переводчиков, но и постоянно была в самом процессе публикации, поскольку до изобретения печатного станка (ок. 1450 г.) делали только рукописные копии.

---

[21] Этот раздел адаптирован из «Учебной Библии с комментариями Джона Мак-Артура» (C. xviii).

В течение веков специалисты по текстологии, точной науки о рукописях, нашли, сохранили, занесли в каталоги, оценили и опубликовали поразительное число библейских рукописей как Ветхого, так и Нового Заветов. По сути, число имеющихся рукописей библейского текста значительно превышает количество имеющихся фрагментов любого другого древнего литературного произведения. Сравнивая тексты друг с другом, текстолог может с уверенностью определить, что именно содержало пророческое богодухновенное Писание в оригинале.

Хотя существующие экземпляры главного древнееврейского (масоретского) текста относятся лишь к X веку от Р. Х., два дополнительных важных момента рассеивают всякие сомнения текстологов, что оригинал восстановлен[22]. Во-первых, масоретский текст X века от Р. Х. можно сравнить с Септуагинтой, греческим переводом, сделанным около 200–150 гг. до Р. Х., самые старые рукописи которого датируются около 325 г. от Р. Х. Между ними в целом есть удивительная согласованность, что говорит о точном переписывании еврейского текста на протяжении веков. Во-вторых, огромное значение имеет обнаружение свитков Мертвого моря в 1947–1956 годах (эти рукописи датированы ок. 200–100 гг. до Р. Х.). После сравнения ранних и поздних еврейских текстов было обнаружено лишь несколько незначительных расхождений, ни одно из которых не меняло смысл текста. Хотя некоторые заявляют о развитии нескольких авторитетных текстов Ветхого Завета из-за отдельных заметных различий между Септуагинтой и масоретским текстом, намного вероятнее, что после вавилонского плена книжники сохраняли один основной авторитетный ранний масоретский текст. Хотя в свитках Мертвого моря и разных переводах есть разночтения, в сохранившихся записях заметно последовательное соответствие масоретскому тексту. Несмотря на то что Ветхий Завет переводился и переписывался много веков, самая поздняя версия (масоретский текст) признается подлинным и достоверным воспроизведением оригинальных рукописей.

Выводы по Новому Завету еще убедительнее, поскольку для изучения доступно гораздо больше материала. Сохранилось более 5 тысяч рукописей греческого Нового Завета, объем которых варьируется от полного Нового Завета до клочков папируса, содержащих лишь часть одного стиха. Несколько фрагментов датируются временем от 25 до 50 лет после написания оригинала. В целом специалисты по текстологии Нового Завета заключили, что (1) восстановлено более 99 % оригинального текста, и (2) ни одно из оставшихся возможных разночтений существенно не влияет ни на одну христианскую доктрину. Даже утверждается, что если принять все возможные разночтения, то в каждой главе Библии, где они есть, смысл все равно останется в сущности таким же.

Благодаря такому обилию библейских рукописных свидетельств на языках оригинала и организованным усилиям текстологов, которые с максимальной

---

[22] Wegner, *A Student's Guide*, 298–301.

точностью определяют содержание оригинальных рукописей, многие ошибки, появившиеся или сохранившиеся в тысячах переводов на протяжении веков, можно найти и исправить, сверяя перевод или копию с восстановленным оригиналом. С помощью этих провиденциальных средств Бог выполнил Свое обещание сохранить Писание.

ОБЪЯСНЕНИЕ ТЕКСТОЛОГИИ

Хотя евангельские верующие повсеместно соглашаются, какие книги входят в Библию, некоторые вопросы, касающиеся содержания, все же требуют внимания. Это связано с тем, что ни один из оригиналов, написанных авторами Библии, не сохранился. Единственным способом, как сохраняли и распространяли библейские книги, было их переписывание вручную примерно до 1450 года, когда Библию стали массово печатать. Этот процесс переписывания от руки непременно приводил к ошибкам в тексте, чем объясняется появление некоторых трудностей, связанных с чтением отдельных стихов, и даже нескольких более значимых текстуальных проблемам (напр., Марк. 16:9–20; Иоан. 7:53–8:11).

Здесь на помощь приходит критика текста, или текстология. Текстологию лучше всего описать как тщательное изучение существующих древних экземпляров Писания, чтобы определить самые точные копии исходного текста. Сам процесс критики текста—это наука, но на выбор того или иного чтения влияют фундаментальные оценочные решения, а они связаны с мнением человека. Процесс начинается с тщательного изучения каждой существующей надежной копии данного текста. Текстолог анализирует разночтения и определяет вариант с самыми сильными текстологическими свидетельствами в пользу того, что оригинал, написанный библейским автором, был именно таким. Если убедительные свидетельства есть у нескольких чтений, дополнительные варианты указывают в примечании (в большинстве изданий на полях или в сноске). Разночтения обычно оценивают по тому, какое чтение самое старое, самое краткое, географически наиболее распространенное и лучше всего объясняет появление разночтений. Совокупность этих факторов позволяет текстологу принять обоснованное решение и выбрать чтение, с наибольшей вероятностью передающее оригинальный текст, написанный библейским автором.

В текстологии Ветхого и Нового Заветов встречаются вопросы разного уровня сложности. Для Нового Завета есть огромное количество текстологических данных. Как уже отмечалось, некоторые греческие манускрипты датируются в пределах лишь одного поколения от написания текста. Также эти данные охватывают обширную территорию и весь период времени примерно от 100 до 1450 года, когда появились первые печатные издания полного греческого Нового Завета. Для сравнения, Ветхий Завет был написан за период около тысячи лет, с 1400 по 400 гг. до Р. X. Для текста Ветхого Завета сохранилось гораздо меньше свидетелей, чем для текста Нового Завета. Значительная часть текстологических данных более чем на тысячу лет удалена от оригинальных рукописей. Даже надежность некоторых из самых древних свидетелей (таких как Кумранские свитки), подвергается сомнению. Из-за этих факторов в текстологии Ветхого Завета приходится в большей мере учитывать свидетельства из переводов.

Однако, оценив все текстуальные данные для обоих Заветов, большинство специалистов утверждают, что вся Библия от Бытия до Откровения практически слово в слово соответствует оригиналу[23]. Кроме того, если рассматривать все разночтения, большинство из них сразу заметны и легко решаются. Это такие очевидные и незначительные отличия, как орфографические ошибки, случайная перестановка слов или букв внутри слова и тому подобное. О других разночтениях ясно, что это пояснительные вставки переписчиков или намеренные изменения, внесенные по разным причинам. С учетом этих дополнительных соображений можно показать, что Библия — это надежно сохраненная копия того, что ее авторы написали в оригинале. Среди оставшихся разночтений нет ни одного значительного, и ни одно из них не меняет и даже не ставит под сомнение какую-либо доктрину Библии. Бог вдохновил написание Своего Слова и провиденциально сохранил его через копирование людьми.

Если Библия на самом деле Слово Божье, почему же сегодня нет оригинальных рукописей ни одной из 66 книг Библии? Разве оригинал послания, которое Павел написал святым в Риме, или подлинные свитки, на которых Моисей написал книгу Бытия, не разрешили бы любые вопросы о том, что изначально говорилось в Библии? Почему же не сохранились оригиналы рукописей ни одной из книг Библии? Основная причина в том, что пергамент и другие материалы того времени не выдерживают испытания временем в тысячи лет. Добавьте к этому обычный износ от многократного использования, небрежности, транспортировки, стихийных бедствий, а еще и намеренное уничтожение во время гонений, и станет ясно, почему ни один оригинал не сохранился. Однако за утратой оригиналов рукописей может стоять и божественная причина. Это устраняет возможность чрезмерного превознесения и культового почитания самих рукописей, а не вдохновившего их Бога. Эта человеческая склонность побудила Езекию уничтожить медного змея, потому что люди стали поклоняться предмету, а не употребившему его Богу (4 Цар. 18:4).

ПЕРЕВОДЫ БИБЛИИ

Как обсуждалось выше, Бог провиденциально привязал копии Писания к оригиналам. Копия Писания на языке оригинала — это Слово Божье в той степени, в какой она соответствует оригиналу. Точно так же перевод может считаться

---

[23] Ibid., 301.

Словом Божьим настолько, насколько он соответствует значению Слова, выраженному на языке оригинала. Вот почему процесс перевода требует столько же (если не больше) внимания. То, что перевод выражает на другом языке, должно максимально соответствовать смыслу на языке оригинала. Если ожидается, что процесс копирования будет точным (а это всего лишь дословное переписывание сказанного в оригинале), насколько большего Бог ожидает от тех, кто излагает Его Слово на другом языке?

Именно поэтому надо очень внимательно выбирать перевод Библии. Удобочитаемость важна при выборе перевода. Бог хочет, чтобы люди понимали, что Он говорит и что под этим имеет в виду. В то же время, если перевод неточно или неправильно передает то, что говорит Слово Божье на языке оригинала, он вводит народ Божий в заблуждение. Бог не станет подстраивать Свои требования к ошибкам людей. Таким образом, чем буквальнее перевод и чем точнее он передает сказанное на языке оригинала, тем он надежнее как свидетельство для Божьего народа. Хороший перевод Писания на любой язык—это Слово Божье в той мере, в какой он выражает смысл, переданный на языке оригинала. Буквальные, дословные переводы лучше всего. Но нет никаких доказательств, библейских или исторических, что Бог сверхъестественно наделил какой-либо перевод богодухновенностью. Перевод—производное свидетельство о Божьем Слове. Это не исправление или обновление оригинала.

Древние переводы также могут играть ключевую роль для выяснения правильного чтения в рукописи на языке оригинала. Это связано с тем, что они передают представление переводчика о смысле текста на языке оригинала, который он использовал. Поскольку некоторые из этих переводов были сделаны на много веков раньше самых древних сохранившихся рукописей на языке оригинала, получается, что они были переведены с более древних текстов, чем есть сегодня. Поэтому они могут быть полезны при выборе лучшего из разночтений.

Самыми важными древними переводами считаются греческая Септуагинта, латинская Вульгата и сирийская Пешитта. Наиболее примечательна Септуагинта, поскольку этот греческий перевод Ветхого Завета часто цитировали отцы церкви. Возможно, иногда она даже цитируется в Новом Завете. Септуагинта датируется примерно за два века до рождения Христа. Вульгата появилась как исправление Иеронимом старолатинского перевода. Она датируется временем отцов ранней церкви в начале V века от Р. Х. Ее наиболее значимая особенность заключается в том, что большая часть Ветхого Завета была основана на анализе еврейских текстов (а не греческого перевода). Таким образом, в некоторых случаях она может быть ближе к оригиналу, чем Септуагинта. Пешитта—перевод Библии на сирийский язык. Это первый и самый древний перевод всей Библии (Ветхий Завет ок. 150 г. от Р. Х., Новый—ок. 425 г. от Р. Х.). Удивительно то, что все эти переводы согласуются по существу (в большинстве случаев почти дословно) с общим свидетельством сохранившихся копий манускриптов на языках оригинала. А из имеющихся разночтений более 90 % незначительные или легко разрешимые (в том числе орфография и порядок слов). Бог действительно провиденциально сохранил Свое Слово через усердный труд Своего народа.

Бог предназначил, чтобы Его Слово пребывало вечно (сохранность)[24]. Поэтому Его выраженное словами записанное самораскрытие (откровение) было защищено от ошибок в оригинале (богодухновенность) и собрано в 66 книгах Ветхого и Нового Заветов (канон).

На протяжении веков были сделаны тысячи копий и переводов (передача), в которых появились некоторые ошибки. Однако благодаря обилию сохранившихся рукописей Ветхого и Нового Заветов точная наука текстология смогла наилучшим образом восстановить содержание оригиналов (откровение и вдохновение)[25].

Священная книга, которую христиане читают и изучают, которой подчиняются и которую проповедуют, заслуживает того, чтобы называться Библией или Словом Божьим, поскольку ее Автор — Бог. Библия абсолютно истинна и надежна, соответствуя своему божественному источнику.

Обучение Писанию и его проповедь

Учение
Проповедь

Нет библейских оснований для отделения доктрины Писания от христианского служения. Дж. Грешем Мейчен назвал такое мышление «современной враждебностью к доктрине»[26]. Христианство сопротивляется отделению от доктрины, потому что оно по сути представляет собой образ жизни, основанный на Библии. Эта убежденность отражена в словах Павла Тимофею, что надо вникать в себя и в учение (1 Тим. 4:16).

Учение[27]

Христос сокрушался о Своем времени, как и пророк Исаия о своем (Ис. 29:13): «...люди сии... чтут Меня языком, сердце же их далеко отстоит от Меня; но тщетно чтут Меня, уча учениям, заповедям человеческим» (Матф. 15:8–9). Различные и чуждые учения льстили слуху людей I века и отвращали их от истины, поскольку они не принимали здравое учение (Еф. 4:14; 2 Тим. 4:3–4; Евр. 13:9).

---

[24] Следующие три абзаца адаптированы из «Учебной Библии с комментариями Джона Мак-Артура» (C. xviii).

[25] Wegner, *A Student's Guide,* 301.

[26] J. Gresham Machen, *Christianity and Liberalism* (Grand Rapids, MI: Eerdmans, 1923), 18.

[27] Этот раздел адаптирован из: Richard L. Mayhue, "Editorial," *MSJ* 13, no. 1 (2002): 1–4. Используется с разрешения MSJ.

Христианам надо снова серьезно задуматься над вопросом Пилата: «Что есть истина?» (Иоан. 18:38), и опять принять ответ Христа ученикам, что Слово Божье есть истина (Иоан. 17:17). Если цель—истина, то ее источник—Писание. Вспомните слова Моисея, процитированные Иисусом, когда Его искушал сатана в пустыне: «...не одним хлебом живет человек, но всяким словом, исходящим из уст Господа, живет человек» (Втор. 8:3; см. Матф. 4:4). Библейская истина— это сущность жизни.

С библейской точки зрения, христианское учение—это истина Писания. Два новозаветных греческих слова, которые чаще всего переводятся как «учение», «поучение» или «наставление»,—это *didachē* и *didaskalia*. Сравнение 51 случая их употребления показывает, что христианским учением называется Писание, будь то его чтение, объяснение или даже богословская систематизация.

Возможно, современная тенденция избегать доктрины частично связана с тем, что *доктрину* понимают слишком узко как вероучение или богословский трактат, а не более широко в библейском смысле как содержание Писания. Впрочем, Писание никогда не представляло доктрину как оторванные от жизни размышления об умозрительных богословских идеях или каких-то мелочах.

Под «здравым учением» Писание всегда подразумевает христианскую доктрину, первоисточник которой в Боге, в то время как все остальные учения— либо человеческие (Кол. 2:22), либо бесовские (1 Тим. 4:1). Христианское учение здравое, а все остальные «учения»—нет (1 Тим. 1:10; 6:3). Христианское учение благое, а потому полезное, тогда как все остальные—плохие и бесполезные (1 Тим. 4:6; 2 Тим. 3:16).

Поскольку христианская доктрина—это библейская истина, а библейская истина—это Слово Божье, то христиане должны высоко ставить Писание и доктрину. Но не менее важно, чтобы для них Писание было основой для перехода от здравого христианского учения к благочестивой жизни, «дабы они во всем были украшением учению Спасителя нашего, Бога» (Тит. 2:10). Проще говоря, христианское учение служит конституцией благочестивой жизни. Как скелет для тела или кислород для дыхания, так и доктрина необходима для христианства. Без здравого учения у верующих не будет истины, чтобы жить по вере.

Новозаветные послания изобилуют призывами сделать здравое учение центром христианской веры и служения. Павел призывает, чтобы каждый христианин (1) был добрым служителем Иисуса Христа, питаемым словами веры и добрым учением (1 Тим. 4:6); (2) держался образца здравого учения, которое слышал от него (2 Тим. 1:13); (3) проповедовал Слово (2 Тим. 4:2); (4) держался истинного слова и наставлял других в здравом учении (Тит. 1:9) и (5) учил тому, что сообразно с здравым учением (Тит. 2:1). Сложно представить, где оказалось бы Евангелие, если бы Павел при всех не противостал Петру из-за ложной доктрины (Гал. 2:11–21).

Здравое учение было в центре служения Христа (Матф. 7:28–29), апостолов (Деян. 5:29) и ранней церкви (Деян. 2:42). В сущности, преуменьшать или подвергать сомнению ценность доктрины — значит умалять Христа, апостолов и раннюю церковь, не говоря уже о бесчисленных христианских мучениках, таких как Иоанн Креститель (Марк. 6:21–29) и Уильям Тиндейл (1494–1536). Как можно не принимать здравого учения, когда оно обладает таким славным наследием, имеет вечную ценность (2 Тим. 3:16) и обещает Божье благословение за послушание (И. Нав. 1:8; Откр. 1:3)?

Представьте, что было бы, если бы церковь отказалась от образца здравого учения? На каком основании тогда отвергали бы лжеучителей (2 Иоан. 9–10; Рим. 16:17) или опровергали лжеучения (Тит. 1:9)? Как верующие узнавали бы, что истинно и чего следует держаться (1 Тим. 3:9; Откр. 2:24)? Как христиане отличали бы правильное от неправильного? Как обличали бы и исправляли грех?

Такую духовную катастрофу нужно предотвратить любой ценой. Современные христиане, как и их предшественники, должны усердно сражаться за веру, «однажды переданную святым» (Иуд. 3). В прошлом безразличие к христианской доктрине порождало еретиков, а внимание к доктрине увенчивало героев. Поэтому церкви нужно не оставлять доктрину позади, а наоборот, срочно возвращаться к ней.

Ни один из подходов к доктрине, кроме серьезного отношения к ней, не соответствует повелению Христа, чтобы Его ученики учили соблюдать все, что Он повелел им (Матф. 28:20). В Новом Завете есть множество примеров этого:

1. Служение Павла, возвещавшего всю волю Божью ефесским пресвитерам (Деян. 20:27).
2. Повеление ангела, чтобы апостолы говорили «все сии слова жизни» (Деян. 5:20).
3. Поручение Павла, чтобы Тимофей передал апостольское учение следующему поколению (2 Тим. 2:2).
4. Похвала Христа ефесской церкви за серьезное отношение к доктрине (Откр. 2:2, 6).

Предыдущие поколения христиан верно трудились, страдали и умирали, чтобы передать здравое библейское учение современным верующим. Лишь сохранив его незапятнанным, можно почтить Христа и поступить достойно духовных праотцев.

Поэтому мы молимся, чтобы прагматичный подход к христианству исчерпал себя, а временно увлекшиеся им вернулись к своему наследию библейской истины — к христианской доктрине. Лишь от всего сердца приняв такое отношение, верующие смогут сохранить свое библейское наследие в эпоху, не склонную терпеть здравое учение.

Проповедь[28]

Здравое учение требует и точного разъяснения, и сильной проповеди. Поэтому данное рассуждение начинается с пяти логически последовательных постулатов, основанных на библейской истине, из которых вытекают три приведенных ниже утверждения:

1. Бог есть (Быт. 1:1; Пс. 13; 52; Евр. 11:6).
2. Бог истинен (Исх. 34:6; Чис. 23:19; Втор. 32:4; Пс. 24:10; 30:6; Ис. 65:16; Иер. 10:10; Иоан. 14:6; 17:3; 1 Иоан. 5:20–21; Тит. 1:2; Евр. 6:18).
3. Бог говорит согласно Своей природе (Чис. 23:19; 1 Цар. 15:29; Рим. 3:4; 2 Тим. 2:13; Тит. 1:2; Евр. 6:18).
4. Бог говорит только истину (Пс 30:6; 118:43, 142, 151, 160; Прит. 30:5; Ис. 65:16; Иоан. 17:17; Иак. 1:18).
5. Бог говорил Свое истинное Слово, согласующееся с Его природой, чтобы его сообщали людям (очевидная истина, например, 2 Тим. 3:16–17; Евр. 1:1).

Итак, рассмотрим следующие утверждения:

1. Бог дал Свое истинное Слово, чтобы его сообщали полностью, как Он дал; то есть проповедовать надо всю волю Божью (Матф. 28:20; Деян. 5:20; 20:27). Соответственно, каждую часть Слова Божьего необходимо рассматривать в свете целого.
2. Бог дал Свое истинное Слово, чтобы его сообщали в точности, как Он дал. Его следует возвещать именно так, как оно было сказано, без изменений (Втор. 4:2; 12:32; Иер. 26:2).
3. Только экзегетический процесс, приводящий к разъяснительному провозглашению, удовлетворяет утверждениям 1 и 2.

Эти утверждения можно обосновать, ответив на ряд вопросов, которые помогут направить размышления от истоков Божьего откровения до его места назначения. Во-первых, зачем нужно проповедовать? Потому что это повеление Бога (2 Тим. 4:2). Именно так апостолы повиновались Богу (Деян. 5:27–32; 6:4). Во-вторых, что нужно проповедовать? Слово Божье, то есть только Писание и все Писание (1 Тим. 4:13; 2 Тим. 4:2). В-третьих, кто должен проповедовать? Святые Божьи люди (Лук. 1:70; Деян. 3:21; 2 Пет. 1:21; Еф. 3:5; Откр. 18:20; 22:6). Только после того, как Бог очистил уста Исаии, он был поставлен проповедовать от имени Господа (Ис. 6:6–13).

Помимо этих базовых принципов, в чем ответственность проповедника? Проповедник должен сознавать, что говорит Божье Слово, а не свое. Он должен считать себя вестником, а не сочинителем (1 Фес. 2:13). Он сеятель, а не источник (Матф. 13:3, 19). Он глашатай, а не правитель (1 Тим. 2:7). Он управляющий, а не хозяин (Кол. 1:25). Он проводник, а не автор (Деян. 8:31). Он слуга, подающий духовную пищу, а не повар (Иоан. 21:15, 17).

---

[28] Этот раздел адаптирован из: John MacArthur, "The Mandate of Biblical Inerrancy: Expository Preaching," *MSJ* 1, no. 1 (1990): 3–15. Используется с разрешения MSJ.

Проповедник должен учитывать, что Писание — это *Божье Слово*. О том, кто привержен этой удивительной истине и ответственности, Джеймс Пакер пишет:

Его целью будет... стоять под Писанием, а не над ним, и позволять Писанию, скажем так, говорить через него, чтобы возвещать не столько свою весть, сколько весть Писания. Именно такой всегда должна быть наша проповедь. Невилл Кардус в некрологе великого немецкого дирижера Отто Клемперера отметил, что Клемперер «приводил музыку в движение», намеренно стараясь придерживаться анонимного, непритязательного стиля, так чтобы музыка сама по себе могла выражать себя через него. Так должно быть и в проповеди. Говорить должно само Писание, а задача проповедника состоит лишь в том, чтобы «приводить Библию в движение»[29].

Как было у Христа и апостолов, так должно быть и у проповедников сегодня: надо возвещать Писание так, чтобы можно было сказать: «Так говорит Господь». Их ответственность — говорить Слово так, как оно было дано изначально.

Откуда берется весть проповедника? Сначала это истинное слово от Бога, данное как истина, потому что цель Бога — сообщить истину. Эта истина вышла от Бога и была изложена Духом Божьим вместе со святыми людьми, которые получили ее в таком чистом виде, как было задумано Богом (2 Пет. 1:20–21). Эта истина была принята пророками и апостолами как *Scriptura inerrantis*, то есть без отклонений от первоначальной формулировки Писания в Божьем разуме. Поэтому термин «безошибочность» выражает качество полученного авторами канона текста, который называется Писанием.

Как Божья весть может сохранить свою исходную истинность? Если эту истинную весть надо возвещать так, как она была получена, какие толковательные процессы, необходимые из-за изменений языка, культуры и времени, можно применять в современной проповеди без ущерба для ее чистоты? Ответ в том, что для точного разъяснения, для библейской проповеди подходит только экзегетический подход.

Если все это перевести на практику, какими будут решающие шаги в проповеди? Прежде всего, проповедник должен использовать истинный текст. Христиане в долгу перед специалистами, которые кропотливо трудятся в области текстологии. Их исследования из большого объема дошедших до нас рукописей, в которых встречаются разночтения, восстанавливают оригинальный текст Писания. Все начинается с текста. Без текста, каким Бог его дал, проповедник не смог бы возвещать его, как Бог задумал.

Затем, начав с истинного текста, проповедник должен точно истолковать его. Для этого требуется такая наука как *герменевтика*. Надлежащая герменевтика — это правила толкования, применяемые в экзегетике для определения единственного смысла, вложенного Богом в текст. Используя герменевтические принципы буквального грамматико-исторического толкования можно

---

[29] James I. Packer, "Preaching as Biblical Interpretation," in *Inerrancy and Common Sense,* ed. Roger R. Nicole and J. Ramsey Michaels (Grand Rapids, MI: Baker, 1980), 203.

понять этот смысл. *Экзегетика*— это умелое применение здравых герменевтических принципов к библейскому тексту на языках оригинала, чтобы найти и объяснить вложенное в него автором значение как для первичной, так и для последующей аудитории. В совокупности герменевтика и экзегетика направлены на библейский текст, чтобы определить, что в нем сказано и какой его исходный смысл. Таким образом, экзегетика в самом широком смысле охватывает такие дисциплины как литературный контекст, исторические исследования, грамматический анализ, а также историческое, библейское и систематическое богословие. Правильная экзегетика покажет исследователю, что текст говорит и что он значит, направляя его к верному личному применению.

Наконец, из этих размышлений ясно, что разъяснительная проповедь— это экзегетическая проповедь. Благодаря этому экзегетическому процессу, начавшемуся с убежденности в безошибочности Писания, у проповедника есть истинная весть, истинный смысл и истинное применение. Так его проповедь приобретает историческую, богословскую, контекстуальную, литературную, обзорную и культурную перспективу. У него та весть, которую дал Бог.

Итак, задача проповедника—возвещать «ум Господень», находя его в безошибочном Слове Божьем. Он ищет его с помощью герменевтики и экзегетики. Он провозглашает и разъясняет его как то, что Бог сказал и поручил возвещать.

Безошибочность требует экзегетической подготовки и разъяснительного провозглашения. Только такой подход сохраняет полноту Слова Божьего, охраняя сокровище откровения и возвещая его смысл в точности так, как задумал Бог. Разъяснительная проповедь—важное следствие экзегетического процесса и безошибочности. Она необходима, чтобы сохранить безошибочное Слово в исходной чистоте и провозглашать всю искупительную Божью истину (Деян. 5:20; 20:27).

Обязательства перед Писанием

Принять
Молиться
Питаться
Повиноваться
Чтить
Изучать
Проповедовать/учить
Побуждать
Наставлять
Трепетать

Во всех своих новозаветных книгах апостол Иоанн писал об обязанности христианина повиноваться Писанию. Он ясно показал, что поступать по Слову обязательно для всех.

Во-первых, Христос сказал, что кто любит Его, тот соблюдет Его заповеди (Иоан. 14:15, 21, 23). С другой стороны, не любящий Его не соблюдает слов Его (Иоан. 14:24). Послушание христианина Библии *показывает* его любовь к Христу и подлинность его спасения.

Во-вторых, Иоанн ясно заявил, что долг христианина—поступать так, как поступал Христос (1 Иоан. 2:6). Бог *требует* послушания Своему Слову.

В-третьих, Иоанн дал широкое *определение* любви, выразив его очень ясно: «Любовь же состоит в том, чтобы мы поступали по заповедям Его» (2 Иоан. 6).

В-четвертых, Иоанн испытывал великую *радость*, видя и слыша, что христиане повинуются Слову Божьему: «Для меня нет большей радости, как слышать, что дети мои ходят в истине» (3 Иоан. 4).

Наконец, Иоанн называет главную *награду* послушного христианина—благословение Спасителя (Откр. 1:3). Если обсуждать подробнее, Писание приводит как минимум 10 достойных действий, выражающих то, о чем говорил Иоанн.

Принять

Когда Павел проповедовал в Фессалонике, там его слово не только получили но и приняли. Они не отвергли его, а напротив, приняли то, что он провозглашал, как Слово Божье, а не человеческое:

> Посему и мы непрестанно благодарим Бога, что, приняв от нас слышанное слово Божие, вы приняли не как слово человеческое, но как слово Божие,—каково оно есть по истине,—которое и действует в вас, верующих (1 Фес. 2:13).

Молиться

Псалмопевец понимал, что Бог действительно автор Писания, а потому уместнее всего просить у Него помощи в понимании Слова:

> Открой очи мои, и увижу
> чудеса закона Твоего (Пс. 118:18; см. Деян. 6:4).

Питаться

Библия образно называет Писание молоком (1 Пет. 2:2), хлебом (Втор. 8:3; Матф. 4:4), твердой пищей (1 Кор. 3:2) и медом (Пс. 18:11) для питания души. Иов свидетельствовал об эффективности этого духовного питания:

> От заповеди уст Его не отступал;
> глаголы уст Его хранил больше, нежели мои правила
> (Иов. 23:12; см. Иер. 15:16).

Повиноваться

Халев оказался особенным человеком (в отличие от непослушного народа), потому что полностью повиновался в ответ на Божьи повеления:

> ...все, которые видели славу Мою и знамения Мои, сделанные Мною в Египте и в пустыне, и искушали Меня уже десять раз, и не слушали гласа Моего,

не увидят земли, которую Я с клятвою обещал отцам их; все, раздражавшие Меня, не увидят ее; но раба Моего, Халева, за то, что в нем был иной дух, и он совершенно повиновался Мне, введу в землю, в которую он ходил, и семя его наследует ее... (Чис. 14:22–24)

Чтить

Евреи, вернувшиеся в свою землю после 70 лет вавилонского плена, с радостью чтили Бога и Его Слово:

И открыл Ездра книгу пред глазами всего народа, потому что он стоял выше всего народа. И когда он открыл ее, весь народ встал. И благословил Ездра Господа Бога великого. И весь народ отвечал: «Аминь, аминь», поднимая вверх руки свои, — и поклонялись и повергались пред Господом лицом до земли (Неем. 8:5–6).

Изучать

Ездра понимал, что должен изучать Божье Слово. И прежде чем говорить Слово другим, ему обязательно нужно было исполнять то, что он узнал. Этот принцип касается как проповедника, так и общины:

...потому что Ездра расположил сердце свое к тому, чтобы изучать закон Господень и исполнять его, и учить в Израиле закону и правде (Езд. 7:10).

Проповедовать/учить

Везде, куда приходил Иисус, Он проповедовал драгоценное Слово Божье и учил ему:

И ходил Иисус по всей Галилее, уча в синагогах их и проповедуя Евангелие Царствия, и исцеляя всякую болезнь и всякую немощь в людях (Матф. 4:23; см. 2 Тим. 4:2).

Побуждать

Аполлос проповедовал не просто ради распространения информации. Он пламенно провозглашал истину, чтобы убедить слушателей и обратить их на путь Божьей истины:

Некто иудей, именем Аполлос, родом из Александрии, муж красноречивый и сведущий в Писаниях, пришел в Ефес. Он был наставлен в начатках пути Господня и, горя духом, говорил и учил о Господе правильно, зная только крещение Иоанново. Он начал смело говорить в синагоге. Услышав его, Акила и Прискилла приняли его и точнее объяснили ему путь Господень. А когда он вознамерился идти в Ахаию, то братия послали к тамошним ученикам, располагая их принять его; и он, прибыв туда, много содействовал уверовавшим благодатью, ибо он сильно опровергал иудеев всенародно, доказывая Писаниями, что Иисус есть Христос (Деян. 18:24–28).

Наставлять

Павел понимал непрерывное и нарастающее действие умножения, поэтому искренне рекомендовал его Тимофею, третьему из пяти поколений на тот момент (Христос, Павел, Тимофей, верные люди и другие):

> ...и что слышал от меня при многих свидетелях, то передай верным людям, которые были бы способны и других научить (2 Тим. 2:2).

Трепетать

Исаия — пример скромного верующего, который очень серьезно относился к Богу и Его Слову (см. Ис. 6:1–13). Господь говорит:

> А вот на кого Я призрю:
> на смиренного и сокрушенного духом
> и на трепещущего пред словом Моим (Ис. 66:2).

Молитва[30]

Отче, пусть наша жизнь и общение с братьями будут отмечены
делами веры, трудом любви и твердым упованием.
По благодати Твоей, мы теперь народ святой, возлюбленный, избранный.
Благая весть, достигшая нас,
проникла в сердца наши не словом только, но и силой,
а Дух Святой побудил нас к раскаянию.
И не потому, что мы сами по себе на что-то годимся,
что мы можем что-то отнести на свой счет.
Нет, наша способность — от Бога.
Ты — Тот единственный, Кто мог совершить наше спасение.
Ты отвратил нас от всего, что так ценится этим миром
и что когда-то было дорого и нам,
чтобы мы могли служить Тебе, живому и истинному Богу.
Ты пробудил нас, чтобы мы смогли принять Слово Твое
не как слово человеческое, а как слово Божье,
таким, каким оно есть по истине,
которое и действует в нас, верующих.

Поэтому наше спасение — исключительно Твоя заслуга.
Ты послал Сына Своего умереть за нас,
когда мы были еще врагами праведности.
Ты милостиво удалил пелену с наших глаз и наделил нас верой.
Открыл духовные глаза, чтобы мы узрели полноту истины Твоей.
Распахнул сердца наши, чтобы мы уверовали в нее с большим жаром.
И отверз уста наши, чтобы мы проповедовали ее с большим рвением.

---

[30] Эта молитва воспроизводится дословно из: Мак-Артур Д. У престола благодати. СПб.: Виссон, 2015. С. 178–180.

Да будем мы подражателями Господу Иисусу Христу
  и добрым примером друг другу.
Помоги нам достичь полного возраста Христова.
Ибо знаем, что все необходимое для духовного роста
  можно найти лишь в Слове Твоем.
Мы живы не одним лишь хлебом,
  «но всяким словом, исходящим из уст Божьих».

Да будем мы усердно, с открытым сердцем
  исследовать Священное Писание,
  чтобы через него «иметь жизнь вечную».
Ибо оно указывает нам на Христа,
  раскрывает славу Его,
  отражает святость Его.
С его страниц приходит к нам знание о страданиях Его, смерти,
  воскресении, вознесении, ходатайстве и втором пришествии во славе.
Через Священное Писание Ты, Господи, обращаешься к нам с небес.
В нем ясно различим голос Духа Святого.

Дай нам чуткие сердца,
  чтобы со смирением и покорностью вслушиваться в истину Твою.
Открой нам духовные глаза, чтобы ясно видеть,
  и духовные уши, чтобы понимать услышанное.
Дай нам с благоговением и трепетом услышать в каждой строке
  не только наставления, но и порицания,
  не только обетования, но и угрозы.

Мы славословим Тебя за перевод святого Слова Твоего
  на родной наш язык, чтобы указать путь жизни.
Да не обесценится никогда этот дар в глазах наших.
Да не оставим мы в пренебрежении
  возможность услышать мудрый совет с этих священных страниц.
Да будем мы упиваться истиной Слова Твоего
  и утучнять изголодавшиеся души наши духовным хлебом Твоим.

И, когда Ты изъясняешь нам Священное Писание,
  пусть горят в нас сердца наши так же,
  как горели сердца учеников Иисуса по дороге в Эммаус!
Мы молимся во имя Иисуса. Аминь.

«Стоит основанье»

Стоит основанье, стоит крепче скал,
Какое в Писаньи Всевышний нам дал.
Чего еще надо вам, дети земли,
Которые с верой к Иисусу пришли?

«Не бойся, Я, Бог твой, с тобою везде,
В добре и в несчастьи, в тяжелом труде,
В лишеньях, страданьях, в темнице сырой
Тебя поддержу всемогущей рукой.

Когда через пламя придется идти,
Иди, только прямо, послушно иди!
Из огненной печи, совсем невредим,
Как золото выйдешь на радость своим.

Души, что в смиреньи к Иисусу пришла,
Не дам на съеденье служителям зла.
Пусть мир негодует, пусть ад восстает,
Нигде никому Я не выдам ее».

Автор неизвестен[31]
(перевод Д. А. Ясько)

Список литературы

Основные труды по систематическому богословию

* Грудем У. Систематическое богословие: Введение в библейское учение. СПб.: Мирт, 2004. С. 41–139.

Тиссен Г. Лекции по систематическому богословию. СПб.: Библия для всех, 1994. С. 53–86.

Эриксон М. Христианское богословие. СПб. Библия для всех, 1999. С. 125–222.

Bancroft, Emery H. *Christian Theology: Systematic and Biblical*. 2nd ed. Grand Rapids, MI: Zondervan, 1976. 21–58.

Buswell, James Oliver, Jr. *A Systematic Theology of the Christian Religion*. 2 vols. Grand Rapids, MI: Zondervan, 1962–1963. 1:183–220.

Hodge, Charles. *Systematic Theology*. 3 vols. 1871–1873. Reprint, Grand Rapids, MI: Eerdmans, 1975. 1:151–88.

Lewis, Gordon R., and Bruce A. Demarest. *Integrative Theology*. 3 vols. Grand Rapids, MI: Zondervan, 1987–1994. 1:61–171.

Reymond, Robert L. *A New Systematic Theology of the Christian Faith*. Nashville: Thomas Nelson, 1998. 3–126.

Shedd, William G. T. *Dogmatic Theology*. 3 vols. 1889. Reprint, Minneapolis: Klock & Klock, 1979. 1:61–147.

Strong, August Hopkins. *Systematic Theology: A Compendium Designed for the Use of Theological Students*. Rev. ed. New York: Revell, 1907. 111–242.

* Swindoll, Charles R., and Roy B. Zuck, eds. *Understanding Christian Theology*. Nashville: Thomas Nelson, 2003. 1–134.

Turretin, Francis. *Institutes of Elenctic Theology*. 3 vols. Edited by James T. Dennison Jr. Translated by George Musgrove Giger. 1679–1685. Reprint, Phillipsburg, NJ: P&R, 1992–1997. 1:55–167.

* Обозначает самые полезные.

---

[31] Самое раннее известное издание этого гимна—сборник гимнов Джона Риппона (1751–1836) (John Rippon, *A Selection of Hymns*, 1787).

Специальные труды

Бэррик У. Древние рукописи и разъяснение Библии // Альманах «Кафедра». 2019. № 11. С. 17–40.

Мецгер Б. Канон Нового Завета: Возникновение, развитие, значение. М.: Библейско-богосл. ин-т св. Ап. Андрея, 2008.

* Мецгер Б. Текстология Нового Завета: Рукописная традиция, возникновение искажений и реконструкция оригинала. М.: Библейско-богосл. ин-т св. Ап. Андрея, 1996.

* Allison, Gregg R. "The Doctrine of the Word of God." In *Historical Theology: An Introduction to Christian Doctrine*, 35–184. Grand Rapids, MI: Zondervan, 2011.

Boice, James Montgomery, ed. *The Foundation of Biblical Authority*. Grand Rapids, MI: Zondervan, 1978.

Bruce, F. F. *The Canon of Scripture*. Downers Grove, IL: InterVarsity Press, 1988.

Carson, D. A. *Collected Writings on Scripture*. Compiled by Andrew David Naselli. Wheaton, IL: Crossway, 2010.

Frame, John M. *The Doctrine of the Word of God*. A Theology of Lordship 4. Phillipsburg, NJ: P&R, 2010.

* Geisler, Norman L., ed. *Inerrancy*. Grand Rapids, MI: Zondervan, 1980.

Geisler, Norman L., and William E. Nix. *A General Introduction to the Bible*. Chicago: Moody Press, 1986.

Grier, James M., Jr. "The Apologetical Value of the Self-Witness of Scripture." *Grace Theological Journal* 1, no. 1 (1980): 71–76.

* Harris, R. Laird. *Inspiration and Canonicity of the Scriptures*. Rev. ed. Greenville, SC: Attic, 1995.

Henry, Carl F. H. *God, Revelation, and Authority*. 6 vols. Waco, TX: Word, 1976–1983.

* Kaiser, Walter C., Jr. *Recovering the Unity of the Bible: One Continuous Story, Plan, and Purpose*. Grand Rapids, MI: Zondervan, 2009.

* Lightner, Robert P. *A Biblical Case for Total Inerrancy: How Jesus Viewed the Old Testament*. Grand Rapids, MI: Kregel, 1998.

Lillback, Peter A., and Richard B. Gaffin Jr., eds. *Thy Word Is Still Truth: Essential Writings on the Doctrine of Scripture from the Reformation to Today*. Phillipsburg, NJ: P&R, 2013.

* MacArthur, John, ed. *The Scripture Cannot Be Broken: Twentieth Century Writings on the Doctrine of Inerrancy*. Wheaton, IL: Crossway, 2015.

Mayhue, Richard L. "The Authority of Scripture." *MSJ* 15, no. 2 (2004): 227–236.

Packer, J. I. *"Fundamentalism" and the Word of God: Some Evangelical Principles*. Grand Rapids, MI: Eerdmans, 1958.

Packer, J. I. "The Necessity of the Revealed Word." In *The Bible: The Living Word of Revelation*, edited by Merrill C. Tenney, 31–49. Grand Rapids, MI: Zondervan, 1968.

Radmacher, Earl D., and Robert D. Preus, eds. *Hermeneutics, Inerrancy, and the Bible*. Grand Rapids, MI: Zondervan, 1984.

Thomas, Robert L. *How to Choose a Bible Version*. Rev. ed. Fearn, Ross-Shire, Scotland: Mentor, 2005.

* Warfield, Benjamin B. *The Inspiration and Authority of the Bible*. Edited by Samuel G. Craig. Philadelphia: Presbyterian and Reformed, 1948.

Weeks, Noel. *The Sufficiency of Scripture*. Edinburgh: Banner of Truth, 1988.

* Wenham, John. *Christ and the Bible*. 3rd ed. Eugene, OR: Wipf & Stock, 2009.

Woodbridge, John D. *Biblical Authority: A Critique of the Rogers-McKim Proposal*. Grand Rapids, MI: Zondervan, 1982.

* Young, E. J. *Thy Word Is Truth: Some Thoughts on the Biblical Doctrine of Inspiration*. Grand Rapids, MI: Eerdmans, 1957.

* Обозначает самые полезные.

«Бессмертный, незримый, всезнающий Бог»

Бессмертный, незримый, всезнающий Бог,
Великий и Дивный, от нас недалек,
Прославленный, сущий везде и всегда,
Господь Всемогущий, мы славим Тебя.

Во всем постоянный и тихий, как свет,
Он правит Вселенной и входит в завет.
Его справедливость во веки веков,
А дивная милость являет любовь.

Великим и малым Он блага дает,
Смиренных и верных к блаженству ведет.
Наш цвет, наша слава пройдут без следа,
Мы слабы, ничтожны, но славим Тебя.

Отец вечной славы и дивный во всем,
Хор ангельский славит величье Твое.
Услышь нас, Предвечный, и дай нам всегда
В том свете ходить, что скрывает Тебя. Аминь.

Уолтер Чалмерс Смит (1824–1908)
(перевод Д. А. Ясько)

3

Бог Отец

Собственно богословие

Основные темы 3-й главы

Существование Бога

Имена Бога

Атрибуты (совершенства) Бога

Троица

Божье извечное решение

Творение

Божественные чудеса

Божественное провидение

Проблема зла и теодицея

Прославление Бога

Установив, что Библия — это безошибочное богодухновенное основание для познания Бога и всего, что с Ним связано, можно переходить к учению о Боге. В этом разделе излагается библейское учение о существовании Бога, Его атрибутах (совершенствах), триединстве и действиях в предопределении, сотворении и управлении всем сущим.

Существование Бога

Утверждения Писания

Познаваемость и непостижимость Бога

Оценка «естественных доказательств»

«В начале сотворил Бог...» (Быт. 1:1). Библия начинается не с рационалистического аргумента о существовании Бога, а просто подразумевает, что Он существует и существовал до начала всего остального и что есть только один Бог. Собственно богословие, как и все остальные области систематического богословия, должным образом выводится из свидетельства Самого Бога в Его богодухновенном безошибочном Слове, Библии. Представление о Боге не приходит «снизу», из рассуждений людей о Вселенной, потому что разум человека конечен по своему составу и функциям, испорчен присущим человеку грехом, а потому сам по себе не может прийти к правильному представлению о Боге, Который бесконечен и свят. Доказательство существования Бога должно исходить прежде всего из Божьего свидетельства о Себе. И неопровержимые доказательства Своего существования Он предоставил в Библии.

Утверждения Писания

Данная книга не пытается доказать существование Бога с помощью человеческой логики, а опирается на предпосылку, что Бог Библии существует, и старается излагать то, что Библия говорит о Боге. Единственное надежное доказательство существования истинного Бога состоит из Его собственных высказываний в Его богодухновенном Слове. Свидетельством Бога о Себе Самом нельзя пренебрегать. Напротив, это свидетельство, данное через богодухновенность, надо принимать как уникальное и совершенно надежное. Только Писание богодухновенно, или «выдохнуто Богом» (греч. *theopneustos*, 2 Тим. 3:16), поэтому доказательства, чистые и превосходящие интеллектуальную ограниченность и испорченность грешного человека, следует искать именно в Библии. Другие свидетельства существования Бога—например, видимые в творении (Рим. 1:19–20),—надо оценивать и принимать лишь постольку, поскольку они соответствуют утверждениям Библии о Боге.

Писание утверждает существование «единого истинного Бога» (Иоан. 17:3). Библия начинается с основополагающей предпосылки, что Бог существовал «в начале» (Быт. 1:1). Поэтому каждое библейское утверждение о природе и действиях Бога—это Его собственное свидетельство о Его существовании.

ДОКАЗАТЕЛЬСТВО ОТ СПАСИТЕЛЬНОГО ТРЕБОВАНИЯ ВЕРИТЬ, ЧТО БОГ ЕСТЬ

Например, Библия требует, чтобы каждый, желающий иметь правильные отношения с Богом, сначала поверил, что Он есть: «...надобно, чтобы приходящий к Богу веровал, что Он есть...» (Евр. 11:6). Поступающий иначе оказывается безумцем. Тех, кто сердцем и умом не верит, что Бог есть, Писание называет безумцами и нечестивыми:

Сказал безумец в сердце своем:
«Нет Бога» (Пс. 13:1; 52:2).

В надмении своем нечестивый пренебрегает Господа: «Не взыщет»;
во всех помыслах его: «Нет Бога!» (Пс. 9:25).

ДОКАЗАТЕЛЬСТВО ОТ УТВЕРЖДЕНИЯ, ЧТО БОГ ВЕЧЕН

Библия неоднократно утверждает, что Бог вечен. Бог не имеет ни начала, ни конца, ни последовательности моментов времени в Своем опыте и познании Самого Себя и всего остального. В Библии Он назван вечным Богом (Быт. 21:33; Втор. 33:27). В Псалме 89:3 говорится, что Бог существовал вечно в настоящем до сотворения мира: «Прежде нежели родились горы, и Ты образовал землю и вселенную, и от века и до века Ты — Бог». В Исаии 41:4 Бог провозглашает: «Я — Господь первый, и в последних — Я тот же». Исаия добавляет: «Так говорит Господь, Царь Израиля, и Искупитель его, Господь Саваоф: „Я первый и Я последний, и кроме Меня нет Бога"» (Ис. 44:6). А в Исаии 57:15 говорится, что Он «вечно Живущий».

ДОКАЗАТЕЛЬСТВО ОТ УТВЕРЖДЕНИЯ О САМОСУЩЕСТВОВАНИИ БОГА

Заключительным доказательством существования Бога служат Его утверждения, что Он *есть* и Его жизнь ни от чего не зависит. Бог сказал Моисею, под каким именем Израиль должен знать Его: «Бог сказал Моисею: „Я есмь Сущий". И сказал: „Так скажи сынам Израилевым: Сущий послал меня к вам"» (Исх. 3:14). Бог есть. Его существование ни от чего не зависит. Такой вывод из заветного имени Бога отражен в словах апостола Павла: «Ибо все из Него, Им и к Нему» (Рим. 11:36), а также: «Бог, сотворивший мир и все, что в нем, Он, будучи Господом неба и земли, не в рукотворенных храмах живет и не требует служения рук человеческих, как бы имеющий в чем-либо нужду, Сам дая всему жизнь и дыхание и все» (Деян. 17:24–25).

Можно было бы продолжать цитировать библейские доказательства существования Бога из других текстов Писания о Его бытии и делах. Однако этого достаточно, чтобы показать, что Бог утверждает Свое существование в словах Библии и это служит первичным, основополагающим и высшим доказательством, благодаря которому люди должны верить, что Он действительно есть.

Познаваемость и непостижимость Бога

Поскольку в Писании Бог открыл факт Своего бытия, Он дал людям сведения, из которых они могут иметь хотя бы некоторые познания о Нем. Благодаря Библии Бог стал познаваемым для людей в той мере, в какой она открывает истину о Нем. Писание учит, что у человека может быть истинное, но не исчерпывающее познание Бога. Согласно классической терминологии, Бог истинно познаваемый, но не полностью постижимый.

ДОСТАТОЧНАЯ ПОЗНАВАЕМОСТЬ БОГА

Библия утверждает, что Бога можно познать, причем даже в личных дружеских отношениях. Он ходил с Адамом и Евой в Эдемском саду (Быт. 3:8). Он явился Моисею в горящем кусте (Исх. 3:3–4). Он дал Свой закон Моисею на горе Синай (Исх. 19). В древнем Израиле Бог являл Свое присутствие в скинии и в храме на месте умилостивления, которым была крышка ковчега завета (1 Цар. 4:4; 3 Цар. 8:10–11). Иисус сказал, что Бога можно лично познать (Иоан. 17:3). Сам Иисус—воплотившийся Бог (Кол. 2:9). Новый Завет показывает, что Бог пребывает в церкви (1 Кор. 3:16) и в верующих (Иоан. 14:23), и что Он друг верующих (Иак. 2:23).

НЕПОСТИЖИМОСТЬ БОГА

Хотя Бога можно истинно познать, Писание также открывает, что для человека невозможно полностью или до конца познать Бога в любом аспекте Его бытия или действий. Люди ограничены временем и пространством, а в Адаме испорчены пребывающим в них грехом (Рим. 7:15–23), из-за которого они стали непокорны Богу и помрачены в понимании Божьего откровения в Библии и природе (2 Кор. 4:3–4; Еф. 4:17–19). Бог же вечный и святой, превосходящий время и пространство, безмерно всеведущий и нравственно абсолютно чистый. Только Бог велик. Человек был создан иным как существо более низкого порядка. Даже в своем первозданном состоянии человек не мог до конца познать Бога, а после грехопадения Адама даже то, что люди *могут* знать о Боге, искажено грехом.

Библия ясно говорит, что люди не могут полностью познать Бога, даже если бы у них не было помрачения разума из-за внутренней греховности. Человек не может увидеть Бога и остаться в живых (Исх. 33:20; Лев. 16:2). Это Бог, «Который обитает в неприступном свете, Которого никто из человеков не видел и видеть не может» (1 Тим. 6:16; см. Иоан. 1:18; 6:46). Духовная форма сущности Бога не была открыта (Втор. 4:12, 15). Глубины Божьи знает только Сам Бог (1 Кор. 2:11).

Более того, Бога невозможно до конца исследовать. В Псалме 144:3 сказано: «Велик Господь и достохвален, и величие Его неисследимо». Слово «неисследимо»—перевод еврейского *’en kheqer*, «без исследования». Еврейский корень *khaqar*, от которого происходит существительное «исследование», используется в Ветхом Завете в отношении исчерпывающего исследования. Например, то же самое слово встречается в Исаии 40:28: «Разве ты не знаешь? Разве ты не слышал, что вечный Господь Бог, сотворивший концы земли, не утомляется и не изнемогает? Разум Его неисследим». Глагол с тем же корнем описывает, как рудокопы усердно ищут руду в недрах земли: «Человек полагает предел тьме и тщательно разыскивает камень во мраке и тени смертной» (Иов. 28:3; см. Иов. 11:7–8; 36:26). Можно сравнить с другими ветхозаветными описаниями непостижимости Бога:

> Вот, это части путей Его;
> и как мало мы слышали о Нем! (Иов. 26:14)

> ...Бог... делает дела великие, для нас непостижимые (Иов. 37:5).

Библейское утверждение о непостижимости Бога усиливается фактом, что Он не все открыл нам о том, кто Он или что Он знает. Во Второзаконии 29:29

сказано: «Сокрытое принадлежит Господу Богу нашему, а открытое — нам и сынам нашим до века, чтобы мы исполняли все слова закона сего». В Откровении 10:4 говорится, что Иоанну было дано повеление писать не все, что он слышал: «И когда семь громов проговорили голосами своими, я хотел было писать; но услышал голос с неба, говорящий мне: „Скрой, что говорили семь громов, и не пиши сего“».

Наконец, непостижимость Бога видна в утверждениях Библии, что Его мысли превосходят интеллектуальные способности, функции и силы человека. В Псалме 138:6 псалмопевец обращается к Богу: «Дивно для меня ведение Твое, — высоко, не могу постигнуть его!» Псалом 138:17–18 говорит, что помышления Божьи «многочисленнее песка». В Псалме 146:5 сказано, что «разум Его неизмерим». Бог противопоставляет превосходство Своих мыслей ограниченности мыслей человека: «Но как небо выше земли, так пути Мои выше путей ваших и мысли Мои выше мыслей ваших» (Ис. 55:9). Эту непостижимость Божьего разума провозгласил Павел в своем неудержимом славословии: «О, бездна богатства и премудрости и ведения Божия! Как непостижимы судьбы Его и неисследимы пути Его! Ибо кто познал ум Господень? Или кто был советником Ему?» (Рим. 11:33–34).

Пытаясь исследовать природу Бога, человек обнаруживает, что она бесконечно превосходит возможности его познания или осмысления. Это справедливо в отношении любого аспекта природы Бога. Грудем резюмирует:

> Мы не только никогда не сможем до конца постигнуть Бога, но *мы никогда не сможем до конца постигнуть каждое конкретное явление, связанное с Богом.* Его величие (Пс. 144:3), Его разум (Пс. 146:5), Его ведение (Пс. 138:6), Его богатство, мудрость, суждения и пути (Рим. 11:33) — *все это* находится за пределами нашей способности понять что-либо до конца. <…> Итак, мы можем узнать *кое-что* о Божьей любви, власти, мудрости и т. д. Однако мы никогда не познаем Его любовь до конца или *исчерпывающе.* [Мы никогда не сможем познать Его власть исчерпывающе.] Мы никогда не сможем познать Его мудрость *исчерпывающе* и т. д. Чтобы узнать хоть что-либо о Боге исчерпывающим образом, нам нужно было бы узнать это так, как Он Сам знает это. То есть, нам нужно было бы узнать это в связи со всеми прочими явлениями, связанными с Богом, и в связи со всем тем, что относится к творению во всей вечности! Мы можем лишь воскликнуть вместе с Давидом: «Дивно для меня ведение Твое, — высоко, не могу постигнуть его!» (Пс. 138:6)[1]

Оценка «естественных доказательств»

Собственно богословие стремится выводить знание о существовании Бога из Писания, а всем остальным свидетельствам о существовании Бога придавать второстепенный статус, подчиненный оценке Писания. Тем не менее Бог открыл Себя не только в Писании. Он открыл Себя без слов всем людям через

---

[1] Грудем У. Систематическое богословие: Введение в библейское учение. СПб.: Мирт, 2004. С. 152.

природу, совесть и историю. Это называется *общим* или *естественным* откровением, и Библия прямо говорит о нем. Но познание естественного откровения Бога нельзя считать независимым от Писания, потому что Библия показывает, что своими собственными размышлениями человек исказит откровение Бога в природе. Даже христианину нужно руководствоваться Писанием, чтобы правильно оценить то, что Бог открыл о Себе в природе. Жан Кальвин (1509–1564) наглядно выразил эту мысль, сравнив Писание с «очками», дающими людям ясную картину истинного Бога:

> Если старику со слезящимися подслеповатыми глазами дать написанную ясными крупными буквами книгу, он увидит текст в целом, но лишь с большим трудом сможет различить без очков отдельные слова. Вооружившись же очками, он сумеет с их помощью читать бегло. Так и Св. Писание собирает воедино, в фокус знание о Боге, до того пребывавшее в нашей душе смутным и рассеянным, и разгоняет тьму, ясно показывая нам истинного Бога[2].

Поэтому так называемые «естественные доказательства» существования Бога нельзя считать результатом человеческого наблюдения и разума независимо от оценки Писания. Рассматривая эти «естественные доказательства», мы должны замечать, действительно ли они «доказывают» Бога Библии. И затем нужно выяснить, есть ли от них какая-нибудь польза.

НЕДОСТАТОЧНОСТЬ «ЕСТЕСТВЕННЫХ ДОКАЗАТЕЛЬСТВ»

Сами по себе «естественные доказательства» существования Бога не подтверждают существование Бога Библии. По сути, они не доказывают существование хотя бы какого-нибудь бога. Христиане должны ожидать, что подобные «доказательства» не смогут доказать существование истинного Бога, ведь как минимум некоторые из них восходят к таким языческим философам как Платон (ок. 428–348 гг. до Р. Х.) и Аристотель (ок. 384–322 гг. до Р. Х.).

Онтологический аргумент. Согласно онтологическому аргументу о существовании Бога, Его существование доказывается тем, что человек мыслит Бога как совершенное существо. Другими словами, если человек может мыслить, что Бог—это совершенное существо, то этот Бог должен существовать, поскольку не существовать—значит быть несовершенным. Христиан следует предостеречь, что подобного аргумента придерживался греческий философ Платон, хотя он заключил, что это указывает на множество личных «форм», а не на одного Бога. Платон считал, что представления человека о совершенстве не могут быть выведены из этого несовершенного мира, так что эти представления происходят от некой реальности в трансцендентном «мире форм»[3].

---

[2] Кальвин Ж. Наставление в христианской вере: в 3 т. СПб.: Изд-во Рос. гос. гуманит. ун-та, 1997. Т. 1. С. 63 (1.6.1).

[3] John M. Frame, *Apologetics to the Glory of God: An Introduction* (Phillipsburg, NJ: P&R, 1994), 115–116; John M. Frame, *A History of Western Philosophy and Theology* (Phillipsburg, NJ: P&R, 2015), 63–70; Frederick Copleston, *A History of Philosophy* (London: Search Press, 1946), 1:163–206.

Классическая христианская форма онтологического аргумента была предложена Ансельмом Кентерберийским (1033–1109) в трудах «Монологион» и «Прослогион». Ансельм утверждал, что человек может представить что-то абсолютно совершенное («нечто, более чего нельзя ничего помыслить»)[4]. Но если этого не существует, то оно не абсолютно совершенное, поскольку существование должно быть аспектом совершенства. В таком случае можно представить нечто большее, существующее не только в наших мыслях, но и в реальности. Поэтому Ансельм заключил, что нечто абсолютно совершенное обязательно должно существовать, а это и есть Бог.

Однако тот факт, что этого аргумента в разных формах придерживались такие неевангельские мыслители, как Декарт (1596–1650), Спиноза (1632–1677), Лейбниц (1646–1716), Гегель (1770–1831) и Чарльз Хартшорн (1897–2000), должен служить предупреждением. Онтологический аргумент не привел их к Богу Библии.

Космологический аргумент. Еще одно «естественное доказательство» — это аргумент от сотворенного мира к Высшей причине всего этого. Он был изложен Фомой Аквинским (1225–1274) в «первом пути», «втором пути» и «третьем пути» доказательства, что Бог существует. Согласно Фоме Аквинскому, не может быть бесконечной последовательности причин, поэтому должен быть ничем не движимый двигатель («первый путь»), «первая причина» («второй путь»), изначальная и абсолютно необходимая сущность, способная произвести все сотворенное («третий путь»). Эта «первая причина» и есть Бог[5].

Однако здесь следует быть осторожным, поскольку мусульманский философ аль-Газали (1058–1111) использовал форму космологического аргумента, чтобы доказать существование Аллаха. Впоследствии космологического аргумента придерживался немецкий неевангельский философ эпохи Просвещения Готфрид Вильгельм Лейбниц.

Телеологический аргумент. Еще одним «естественным доказательством» существования Бога считается телеологический аргумент, то есть аргумент от замысла. Этот аргумент («пятый путь» Фомы Аквинского) состоит в том, что сложный порядок, замысел, цель и разум во Вселенной — результат работы разумного целеустремленного Автора, то есть Бога. Этого аргумента придерживались и нехристиане Платон, Аристотель и Иммануил Кант (1724–1804). Поэтому данный аргумент также необязательно указывает на истинного Бога.

Нравственный аргумент. Этот аргумент предполагает, что этические основы в человеке (совесть, награда и наказание, нравственные ценности и страх

[4] Ансельм Кентерберийский. Прослогион, 2 // Памятники средневековой латинской литературы: X–XI века. М.: Наука, 2011. С. 230–231.
[5] Фома Аквинский. Сумма теологии. Ч. I. Вопросы 1–43. Киев: Эльга, Ника-центр; М.: Элькор-МК, 2002. С. 25–26.

смерти и наказания) указывают на существование нравственного существа, создавшего и поддерживающего нравственный порядок в мире. Одна из форм нравственного аргумента видна в «четвертом пути» Фомы Аквинского, где он из различия степеней бытия делает вывод, что есть самое совершенное бытие, их причина. Он считал, что это высшее существо должно быть причиной всех совершенств, характерных для других существ, будь то благость, истина или что-то еще. Это высшее существо «мы и называем Богом». Однако заметьте, что философ эпохи Просвещения Иммануил Кант также утверждал одну из форм нравственного аргумента, а он отрицал и Троицу, и воплощение.

Другие аргументы. Еще два аргумента заслуживают краткого упоминания. Во-первых, аргумент «от всеобщности религии» утверждает, что поскольку большинство людей в мире верят в какую-нибудь высшую личность, и поскольку чаще всего они либо поклоняются божеству или божествам, либо описывают свою веру в личных терминах, то эта всеобщность религии указывает на что-то в природе человека. Наиболее разумное объяснение, как появился этот аспект человеческой природы, состоит в том, что есть высшая сила, сотворившая человека религиозным существом. Во-вторых, аргумент «от развития человечества» утверждает, что очевидный прогресс человеческой цивилизации на протяжении истории служит подтверждением того, что человек находится на пути к выполнению плана мудрого и всемогущего мирового правителя, которым является Бог.

Ответ на «естественные доказательства». Все «естественные доказательства» представляют собой богословие, основанное на рассуждениях человека, и они необязательно ведут к истинному Богу. Это попытки построить богословие «снизу», измерить Бога человеческим мышлением. Приведенные выше предостережения показывают, что эти аргументы необязательно логически указывают на триединого Бога Библии, поскольку их использовали многие люди, не верившие в истинного Бога. Сами по себе эти «естественные доказательства» не доказывают существование какого-либо бога без предпосылок о том, что такое бог.

Вот общая критика этих так называемых «доказательств»:

1. Ни один из этих аргументов не требует только одного Бога и не требует существования Бога Библии. Эти аргументы вполне могут указывать на несколько существ.
2. Ни один из этих аргументов не указывает обязательно на что-то полностью благое или неизменное, поскольку в мире так много зла и перемен.
3. Ни один из этих аргументов не указывает обязательно на что-то совершенное, поскольку совершенство может превосходить то, что человек может помыслить, ведь человеческие идеи существуют именно в человеке, причем у людей нет единого представления о совершенстве.

4. Ни один из этих аргументов не доказывает, что бесконечная последовательность причин принципиально невозможна, и ни один из них не подтверждает, что некая первоначальная причина или автор—это обязательно «бог», если только не было предпосылки с определением понятия «бог».

ПОЛЬЗА «ЕСТЕСТВЕННЫХ ДОКАЗАТЕЛЬСТВ» КАК АРГУМЕНТОВ ПИСАНИЯ

Приведенный выше ответ о несостоятельности «естественных доказательств» существования Бога должен предостеречь от мнения, что у них есть собственная ценность как у составленных человеком доказательств существования Бога. Будучи созданы человеком, они бесполезны; они не доказывают существования триединого Бога Писания. И все же они могут быть полезны. Когда они исходят из Библии, то это форма библейской истины, и Святой Дух может использовать их, чтобы убедить людей в их истинности.

Оценивая пользу подобных аргументов о существовании Бога, сначала нужно задать несколько вопросов:

1. Истинны ли какие-нибудь из этих аргументов без привнесенных предпосылок?
2. Благодаря каким предпосылкам «работают» эти аргументы?
3. Настолько ли бесспорны эти рассуждения, чтобы ожидать, что какой-нибудь из этих аргументов убедит здравомыслящего человека? Показывают ли эти рассуждения, что здравомыслящий человек, отвергая их, поступает неразумно?
4. Могут ли эти аргументы быть полезны в евангельском служении? Если да, то как?

«Естественные доказательства», то есть аргументы, основанные на наблюдениях и рассуждениях человека о природе, логически не доказывают существование истинного Бога. Луи Беркхоф пишет, что «ни одно из [этих] доказательств не является абсолютно убедительным»[6]. Конечно, данный факт вовсе не означает, что существование Бога противоречит логике; просто эти аргументы не могут убедительно продемонстрировать существование Бога людям, подавляющим истину неправедностью (Рим. 1:18). Вместо этого подобные аргументы следует рассматривать вместе с библейскими предпосылками, а именно, что Бог Библии существует, что Он один, и что Он обладает высшей властью над всем творением. Хотя Бог дал достаточные доказательства Своего существования в творении и совести, невозрожденные люди подавляют истину общего откровения своей неправедностью (Рим. 1:18–21). Поэтому у всех людей есть внутреннее знание, что Бог есть, но в своей греховности они заглушают и искажают знание о Нем, открытое в природе.

Поскольку греховность человека полная, проклятие греха распространяется даже на его разум, так что его ум суетен, разум помрачен, а сам он живет в невежестве (Еф. 4:17–18). Из-за этого способность невозрожденного человека

---

[6] Беркхоф Л. Систематическое богословие. Мн.: Полиграфкомбинат им. Я. Коласа, 2014. С. 23.

рассуждать испорчена грехом. Поэтому верующие не могут и не должны полагаться лишь на «естественные доказательства» как на подтверждение существования истинного Бога.

По сути дела, необходимы значительно более радикальные перемены в грешном человеке, чтобы он пришел к истинному познанию триединого Бога Писания. Неверующим, чьи умы ослеплены грехом и не видят славы Божьей, явленной во Христе (2 Кор. 4:4), нужно не большее число доказательств, логических или эмпирических, а «новые глаза», чтобы правильно оценить те достаточные доказательства, которые у них уже есть. Им нужно пережить чудо возрождения, когда Бог оживляет неверующее сердце, проливая в него свет познания Его славы (2 Кор. 4:6). Это происходит только благодаря провозглашению Евангелия о том, что Иисус Христос есть Господь (2 Кор. 4:5).

Поэтому, в конечном счете, только дар спасающей веры, данный Святым Духом через Слово Божье (Иак. 1:18; 1 Пет. 1:23–25; Рим. 10:17), служит основой для познания Бога (Евр. 11:1, 6). Беркхоф говорит о христианах: «Их убеждение относительно существования Бога зависело не от этих аргументов [„естественных доказательств"], а от принятия Божьего откровения в Писании»[7]. Христиане верят, что Бог есть, потому что свет удостоверяющей себя славы Божьей озарил их сердца посредством Божьего Слова[8].

Тем не менее «естественные доказательства» действительно могут быть полезны в служении, когда рассматриваются не как полученные человеком доказательства, а как данные Богом в Библии основные положения естественного откровения и свидетельства о существовании Бога Библии. Беркхоф хорошо объясняет:

> Они важны для толкования общего откровения Бога и для демонстрации рациональности веры в божественное Существо. Более того, они могут оказать определенную услугу при встрече с оппонентами. Хотя они полностью и не доказывают существование Бога, тем не менее указывают на высокую вероятность Его существования, что может заградить уста многим неверующим[9].

Бавинк добавляет: «Хотя они слабы как доказательства, они сильны как свидетельства. Они не убеждают разум неверующего, но служат знаками и свидетельствами, всегда оставляющими след в душе любого человека»[10]. Поэтому «естественные доказательства» могут наставлять и ободрять верующего и закрывать уста неверующего, но только если они взяты из Писания и потому находятся в единстве с ним. Только тогда эти аргументы будут использоваться

[7] Там же. Пример богословов, которые больше полагаются на рационалистические апологетические аргументы в пользу существования Бога, см.: John Gill, *Body of Divinity* (1769–1770; repr., Atlanta, GA: Turner Lassetter, 1950), 1–10.

[8] Более подробно об удостоверяющей себя славе Писания как надлежащего основания для веры см.: Пайпер Д. Особая слава: Как Писание раскрывает свою абсолютною истинность. Здолбунов: Левит, 2020.

[9] Беркхоф Л. Систематическое богословие. Мн.: Полиграфкомбинат им. Я. Коласа, 2014. С. 23.

[10] Herman Bavinck, *The Doctrine of God*, trans. William Hendriksen (1951; repr., Edinburgh: Banner of Truth, 2003), 79.

по назначению как свидетельства о существовании Бога, будучи полноправной частью проповеди Евангелия.

Важный пример правильной аргументации о существовании Бога—проповедь Павла греческим философам в ареопаге (Деян. 17). Следует отметить, что Павел не участвовал в диалоге, а проповедовал. Он сказал: «Ибо, проходя и осматривая ваши святыни, я нашел и жертвенник, на котором написано „Неведомому Богу". Сего-то, Которого вы, не зная, чтите, я проповедую вам» (Деян. 17:23). Павел проповедовал философам. При этом он брал ветхозаветное учение о Боге и творении и противопоставлял его ложным взглядам эпикурейства, стоицизма и других философских учений о Боге, природе, смысле существования, смерти и грехе.

Например, Павел провозгласил, что Бог в Своей верховной власти—превознесенный, личный, полновластный Творец: «Бог, сотворивший мир и все, что в нем, Он, будучи Господом неба и земли...» (Деян. 17:24). Это утверждение отражало богословие Ветхого Завета (см. Быт. 1:1; Исх. 20:11; Ис. 42:5) и прямо противоречило эпикурейскому взгляду, что все произошло благодаря случайному соединению вечных атомов[11]. Утверждение Павла также опровергало концепцию стоиков, что все в мире произошло от фаталистического, безличного, рационального принципа (*логоса*).

Павел также противопоставил эпикурейцам ветхозаветную истину о том, что личный, полновластный Бог существует независимо от созданных человеком зданий: «Бог... не в рукотворенных храмах живет...» (Деян. 17:24). Павел не отрицал, что Бог мог являть Свое присутствие в земных зданиях, таких как ветхозаветная скиния и храм, но отвергал идею, что Бог нуждался в физических зданиях, чтобы жить в них. Это утверждение также было ветхозаветной истиной. Размышляя о храме, который Бог повелел ему построить, Соломон сказал: «Поистине, Богу ли жить на земле? Небо и небо небес не вмещают Тебя, тем менее сей храм, который я построил» (3 Цар. 8:27). А позже Исаия передал весть от Бога: «Так говорит Господь: „Небо—престол Мой, а земля—подножие ног Моих; где же построите вы дом для Меня, и где место покоя Моего?"» (Ис. 66:1). Павел ссылался на богословие Ветхого Завета, опровергая мнение эпикурейцев, что боги жили в храмах, сделанных руками человека.

Подобным образом Павел противопоставил богословие Ветхого Завета стоическим и эпикурейским взглядам о долге человека правильно служить богам. Стоики учили, что человек должен жить, бесстрастно принимая безличную судьбу и подчиняясь ей. Они считали, что жить нужно по принципу *apatheia* (бесстрастного безразличия). Эпикурейцы же учили, что человек должен служить богам по принципу *atarxia* (умственного удовольствия), который для них

---

[11] Полезное изложение эпикурейской и стоической философии см.: Carl F. H. Henry, *Christian Personal Ethics* (Grand Rapids, MI: Eerdmans, 1957), 33–36, 74.

означал отсутствие желания к удовольствиям. У стоиков и эпикурейцев были разные взгляды на то, каким должно быть служение богам, но обе системы считали, что боги нуждаются в служении человека. Павел не отрицал, что человек должен служить Богу, но отрицал, что истинный Бог нуждается в этом: «...и не требует служения рук человеческих, как бы имеющий в чем-либо нужду...» (Деян. 17:25). Он мог бы также показать, что ветхозаветная концепция долга перед Богом была связана с любовью к Нему (Втор. 6:4–25). Во всяком случае, Павел явно проповедовал богословие Ветхого Завета. Истинному, полновластному Богу ничего не нужно от человека:

> ...не приму тельца из дома твоего, ни козлов из дворов твоих, ибо Мои все звери в лесу, и скот на тысяче гор, знаю всех птиц на горах, и животные на полях предо Мною. Если бы Я взалкал, то не сказал бы тебе, ибо Моя вселенная и все, что наполняет ее (Пс. 49:9–12).

Еще один пример того, как Павел использовал богословие Ветхого Завета, чтобы опровергать ложные убеждения эпикурейцев и стоиков — это его утверждение, что Бог как полновластный Творец управляет жизнью человека и мира Своим провидением. Он дает всем людям то, что им нужно для жизни: «...Сам дая всему жизнь и дыхание, и все» (Деян. 17:25). Бог дал жизнь всем народам, установив для них времена и границы: «От одной крови Он произвел весь род человеческий для обитания по всему лицу земли, назначив предопределенные времена и пределы их обитанию...» (Деян. 17:26). Это противоречило взгляду эпикурейцев, что жизнь возникла из случайного соединения атомов, а в истории все произошло в результате действия свободной воли человека и безличной природы. Проповедь Павла также противоречила утверждениям стоиков, что все в жизни происходит согласно безличному, фаталистическому принципу *логоса*, а народы и все остальное в истории по сути не имело значения и было предрешено безличной судьбой. Учение же Павла отражало богословие Ветхого Завета. Бог лично сотворил все и дал жизнь всем живым существам (Ис. 42:5); Он предопределил политическое существование и границы народов: «Когда Всевышний давал уделы народам и расселял сынов человеческих, тогда поставил пределы народов...» (Втор. 32:8).

Провозглашая Евангелие, основанное на ветхозаветном учении о Боге и творении, Павел показал, (1) что Бог есть личная Первопричина и Автор всего творения, (2) что Он не зависит от мира, но обладает полнотой власти над ним, направляя его по определенному курсу, (3) что вся жизнь дана Богом и зависит от Него, (4) что Он Источник и высший Судья нравственности и (5) что Он приготовил путь для спасения грешников от последнего суда через покаяние в грехах и идолопоклонстве. То есть Павел использовал аспекты разных «естественных доказательств», но выводил эти понятия не из человеческого разума, а из Божьего откровения в Ветхом Завете. Так, Павел процитировал языческого греческого поэта Эпименида (ок. VI в. до Р. X.) не в качестве источника истины, а чтобы показать ареопагитам, что их собственные культурные светила знали истину, хотя и отвергали ее (Деян. 17:28; см. Тит. 1:12). Павел опирался на Божье откровение, чтобы опровергнуть ложный теизм греческих философов, и из этого видно, что «естественные доказательства» существования Бога в конечном счете должны обращаться не к человеческому восприятию или разуму, а к Божьему откровению в Писании[12].

Итак, Бог существует. Он существует, так как открылся в Библии. Верить, что Он есть, надо по той причине, что Он сказал, что Он есть. Его существование следует признавать не на основании доводов человеческого разума, поскольку он ограничен временем и пространством, а также испорчен пребывающим в человеке грехом. В Библии Бог открыл Себя достаточно, но не исчерпывающе. Человек может знать о Боге только то, что Он открыл в Писании о Своей природе и делах. Но этого достаточно, чтобы люди знали Его и имели личные спасительные отношения. Один из способов, как Бог достаточно и лично открыл Себя человеку, — это разные имена, которыми Он назван в Писании. Далее следует рассмотреть имена Бога.

Имена Бога

Яхве и производные от него
El и производные от него
Adon/adonai: Господь
Tsur: Скала
Ab: Отец

Имя человека символизирует все, что он собой представляет и что делает. Смысл имени человека — это не просто его «словарное значение», которого многие не знают даже для своего имени. Скорее, смысл имени человека включает в себя характер, отношения и действия этого человека в контексте его личности. Таким образом, имя каждого человека уникально, потому что он наделяет это имя собственным значением.

В Библии, особенно в Ветхом Завете, имя человека было важно, поскольку его лексическое значение выражало, или должно было выражать что-то об этом человеке. Для Бога и для израильского народа имена Бога были особенно важны, поскольку они раскрывали разные аспекты того, кто Он такой в Своем существе, в Своих внутренних действиях и в отношениях со Своим творением. Имена Бога настолько представляли Его, что отношение человека к имени Бога приравнивалось к его отношению к Самому Богу (см. Мал. 1:6–7, 11–14). Неудивительно, что у горящего куста Моисей высказал ожидание, что в ответ на его слова: «Бог отцов ваших послал меня к вам», евреи в Египте скажут:

---

[12] Подробнее о правильном апологетическом значении Деян. 17:16–34 см.: Greg L. Bahnsen, *Always Ready: Directions for Defending the Faith*, ed. Robert R. Booth (Nacogdoches, TX: Covenant Media Foundation, 1996), 235–276.

«Как Ему имя?» (Исх. 3:13). И неудивительно, что Бог считает Свое имя святым и внимательно оценивает отношение людей к Его имени. Он обещал, что в будущем, восстановив Израиль, Он «возревнует» по Своему «святому имени» (Иез. 39:25).

Ниже основное внимание сосредоточено на ветхозаветных именах и титулах Бога. Новозаветные имена и титулы Бога следует рассматривать как продолжение ветхозаветных значений, хотя их смысл постепенно открывается еще больше в связи с действиями Бога во времени.

Яхве и производные от него

ЯХВЕ

Самое распространенное имя Бога в Ветхом Завете—это «Яхве», оно встречается более 6800 раз и происходит от тетраграмматона (четыре еврейских согласных, которые транслитерируются как ЙХВХ). Бог назвался этим именем Моисею у горящего куста, сказав: «Вот имя Мое навеки» (Исх. 3:13–15). Оно говорит о вечной и неизменной природе Бога. Как видно из Исхода 3:15, имя «Яхве»—это то, что Бог имел в виду, отвечая на вопрос Моисея о Его имени в 3:13. Он сказал: «Я есмь Сущий» (Исх. 3:14), и затем указал, что имя «Господь» (Яхве)—Его имя навеки (Исх. 3:15). Хотя это имя Бога было известно и до беседы у горящего куста (напр., Быт. 4:26; 5:29; 9:26; 14:22), согласно Исходу 6:3, Бог сказал Моисею об Аврааме, Исааке и Иакове: «Я... с именем Моим „Господь" не открылся им». Между этими текстами в Бытии и Исходе 6:3 нет противоречия, потому что здесь глагол «открылся», скорее всего, означает знание в контексте отношений. Когда патриархи обращались к Богу как к Яхве, их взаимоотношения не опирались на понимание, что «Яхве»—это Его имя. Другое возможное объяснение текста Исхода 6:3 состоит в том, что «открылся» описывает знание на опыте, то есть у патриархов не было «полноты опыта в том, что заключено в этом имени»[13].

После вавилонского плена израильтяне стали воздерживаться от произнесения имени «Яхве», заменяя его именем *adonai*, а в тех случаях, когда имя «Яхве» в тексте стояло до или после имени *adonai* как имени Бога, то вместо «Яхве» говорили *elohim*. Такое изменение в чтении этого имени, вероятно, было вызвано почтением к нему и опасением богохульства. Переводчики Септуагинты и авторы Нового Завета (по вдохновению Святого Духа) сохранили эту еврейскую традицию, использовав греческое слово *kyrios* («Господь»), когда цитировали ветхозаветные тексты с именем «Яхве». Когда масореты изобрели систему огласовки для еврейской Библии, они следовали еврейской традиции произношения имени «Яхве», сопроводив буквы ЙХВХ огласовкой имени *adonai* (а, о, а). Хотя имя было написано как ЙХВХ, произноситься оно должно было как *adonai* («Господь»).

---

[13] Gustav Friedrich Oehler, *Theology of the Old Testament*, 2nd ed. (1884; repr., n. c.: HardPress, 2012), 97.

Масоретская огласовка слова ЙХВХ побудила христиан, писавших на латыни, транслитерировать имя ЙХВХ в масоретском написании как *Iehovah*. Некоторые считают, что эту транслитерацию ввел в 1518 году Пьетро Галатино (ок. 1460–1539 гг.), но она встречается в христианских трудах на латыни начиная с XII века. Итак, средневековая церковь соединила согласные слова ЙХВХ (транслитерированные как IHVH) и огласовку слова *adonai*, так что получилось латинское имя *Iehovah*, то есть «Иегова». Эту транслитерацию приняли реформаторы, а Уильям Тиндейл использовал ее в некоторых стихах в своем переводе Ветхого Завета (1530 г.). Затем слово «Иегова» было использовано в нескольких текстах в Переводе короля Иакова (KJV, 1611 г., см. Исх. 6:3) и Английском пересмотренном переводе (ERV, 1885 г.), а также обычно использовалось как перевод имени «Яхве» в Американском стандартном переводе (ASV, 1901 г.)[14]. Но большинство современных английских переводов сохранили традицию не произносить тетраграмматон, переводя ЙХВХ как «Господь» и обычно выделяя его капителью, чтобы отличить от *adonai*.

Значение имени «Яхве» важно для богословия. Поскольку оно происходит от древнееврейского глагола, означающего «быть» (*khavah*), основной смысл слова «Яхве», особенно на фоне текста Исход 3:14–15, — это «он есть» или «он будет». Так что это имя говорит, что Бог «есть» и «намерен быть». Имя означает, что у Него не было начала, не будет конца, и Он существует всегда. Это имя также подразумевает, что Его существование исходит из Его собственного решения быть Тем, Кто Он есть, поэтому Он вечно Тот, Кем Он является.

Поскольку Бог открыл это имя Моисею в определенной исторической ситуации и поскольку Он действовал как Яхве до этого и будет действовать как Яхве в будущем, это имя указывало на постоянство Его сущности на фоне изменчивых обстоятельств Его творения, особенно Его народа. Например, как Яхве Он был и всегда будет (1) открывающим Самого Себя и Свою волю; (2) Искупителем (Быт. 1:1–2:3 в сравнении с Быт. 2:4–25; 9:26–27; Исх. 3:15–16; 6:26; Втор. 7:9; Пс 18:2–7 в сравнении с Пс. 18:8–15; Ис. 26:4); (3) Вечным (Ис. 41:4; 48:12); (4) Даятелем жизни (Быт. 2:4–25; Иез. 37:13–14, 27) и (5) верховным Судьей всего творения (Иез. 6:13–14; 7:27; 11:10; 12:16). Позже будут рассмотрены совершенства (атрибуты) Бога, но уже из самого имени Яхве должно быть понятно, что Бог — вечный, простой, самосуществующий и присутствующий во всех событиях во времени.

ПРОИЗВОДНЫЕ ОТ ЯХВЕ

В Своем Слове Бог раскрывает важность имени «Яхве» для людей, особенно для Его народа, используя производные от этого имени. Их смысл раскрывается в связи с действиями Бога.

---

[14] Русский Синодальный перевод также несколько раз использует имя «Иегова» (напр. Исх. 3:14, 15:3), но обычно передает его словом «Господь». — *Примеч. ред.*

Yahweh-tsabaoth. Бог есть «Господь Саваоф» или «Господь воинств». Поскольку Он «есть» и «будет» Тем, Кем является, Бог создал, направляет и ведет ангелов как «воинства» небесные (Пс. 23:10; Ис. 6:1–5; 9:7; Агг. 2:6–9; Зах. 4:6) и Свой народ как «воинства» (Исх. 7:4; 12:41; 1 Цар. 17:45) для достижения Своих целей в творении.

Yahweh-yireh. Бог есть «Господь», Который «обеспечит» или «усмотрит» (Быт. 22:14). Поскольку Он «есть» и «будет» Тем, Кем является, Бог усмотрит и обеспечит необходимое для выполнения Своего обещания. В Бытии 22:14 Авраам назвал Бога этим именем, потому что Господь усмотрел овна как жертву вместо Исаака.

Yahweh-rophe. Бог есть «Господь, целитель твой» (Исх. 15:26). Поскольку Он «есть» и «будет» Тем, Кем является, Бог для исполнения Своей воли избавит Свой народ. В Исходе 15:22–26 Моисей вспомнил, что Бог сделал сладкой воду в Мерре, чтобы люди могли утолить жажду и выжить. Так проявились Божья милость, сострадание и забота.

Yahweh-nissi. Бог есть «Господь — мое знамя» (Исх. 17:15, НРП). Поскольку Он «есть» и «будет» Тем, Кем является, Бог будет «знаменем», которое поведет Его народ к победе над врагами. В Исходе 17:15 Моисей поклонился Богу как Тому, Кто дал Своему народу победу над Амаликом и полностью истребит амаликитян с земли.

Yahweh-meqaddishkem. Бог есть «Господь», освящающий Свой народ. Поскольку Бог «есть» и «будет» Тем, Кем является, Он освятит или отделит Свой народ от греха и окружающих народов, чтобы Его народ повиновался Ему. Соблюдение суббот как святых или отделенных дней было знаком для людей, что Бог делает их святыми, отделенными от других народов, чтобы они принадлежали и служили только Ему (Исх. 31:13).

Yahweh-shalom. Бог есть «Господь — мир» (Суд. 6:24, НРП). Поскольку Бог «есть» и «будет» Тем, Кем является, то через Ангела Господнего Он послал Гедеона спасти Израиль от мадианитян (Суд. 6:14). Ангел Господень дал ему знамение, когда жезл Ангела поглотил жертву Гедеона в огне, заверив его, что Бог посылает Гедеона и пойдет с ним, чтобы даровать ему победу. Еврейское слово *shalom*, переводимое как «мир», означает целостность и благополучие. Через Гедеона Бог был готов дать Своему народу полную свободу от врагов и благополучие в Земле обетованной.

Yahweh-roiy. Бог есть «Господь — Пастырь мой» (Пс. 22:1). Поскольку Он «есть» и «будет» Тем, Кем является, согласно 22-му псалму, Бог обеспечит Свой народ всем, что ему нужно в жизни, смерти и вечности. Он будет направлять и защищать Свой народ.

Yahweh-tsidkenu. Бог есть «Господь—наша праведность» (Иер. 23:6). Поскольку Бог «есть» и «будет» Тем, Кем является, в будущем Он поставит Мессию Царем из дома Давидова, Который «будет поступать мудро, и будет производить суд и правду на земле» (Иер. 23:5). Когда этот Царь из дома Давидова будет праведно править «на земле», тогда «Иуда спасется и Израиль будет жить безопасно» (Иер. 23:5–6).

Yahweh-shammah. Бог есть «Господь там» (Иез. 48:35). Поскольку Бог «есть» и «будет» Тем, Кем является, Он восстановит Израиль как спасенный народ в Земле обетованной и устроит новый храм в обновленном Иерусалиме, который будет называться именем «Господь там».

El и производные от него

EL, ELOAH И ELOHIM

Еврейские слова *el, elcah* и *elohim*, когда используются как имена истинного Бога, представляют Его как высшую власть, силу и могущество. Когда слово *el* называет истинного Бога, оно используется с артиклем (напр., Быт. 31:13; 46:3; Пс. 67:21; 76:15) или с другими определениями. Например, Он назван «Бог отца твоего» (Быт. 49:25), «Бог радости и веселья» (Пс. 42:4), «Бог небес» (Пс. 135:26), «Бог верный» (Втор. 7:9), «Бог вечный» (Быт. 21:33), «Бог живой» (И. Нав. 3:10; Пс. 41:3; 83:3). Бог характеризуется полнотой силы, и поэтому Он живой, вечный и верный, дающий радость уповающим на Него.

Имя *elohim*—это множественное число от слова *el* (употребляется более 2 тысяч раз), и по отношению к истинному Богу множественное число, вероятно, служит для усиления[15], указывая, что Его сила настолько полна, что Ему подходит имя во множественном числе. Это имя встречается с самого начала Библии (Быт. 1:1) и во многих местах используется взаимозаменяемо со словом *el* и другими именами Бога в единственном числе (напр., Втор. 7:9; И. Нав. 24:19). Поскольку форма множественного числа *elohim* используется для одного Существа, эта форма должна означать не количество, а что-то другое. Она не доказывает триединство Бога, но, несомненно, согласуется с более поздним библейским откровением о триединстве Бога (см. Быт. 1:26; 3:22; 11:7).

ПРОИЗВОДНЫЕ ОТ *EL/ELOHIM*

Как отмечалось выше, еврейское имя *el* по отношению к истинному Богу часто используется не только с артиклем, но и с определениями, таким образом становясь частью составного имени. Вот несколько примеров употребления слова *el* в составных именах Бога.

---

[15] Heinrich Friedrich Wilhelm Gesenius, *Gesenius' Hebrew Grammar*, ed. E. Kautzsch, rev. A. E. Cowley, 2nd ed. (1910; repr., Oxford, UK: Clarendon, 1976), 246.d.

El shaddai. У специалистов нет единого мнения о лингвистическом корне слова *shaddai*. Некоторые считают, что это слово происходит от древнееврейского *shadah*, указывая на способность Бога обеспечивать. Но более убедительный вариант, что *shaddai* происходит от древнееврейского слова *shadad*, означающего могущество. В отношении истинного Бога слово *shaddai* традиционно переводится как «всемогущий». Будучи всемогущим, Бог питает (Быт. 17:1; 28:3–4; 35:11; 43:14; 48:3–4; 49:25), защищает (Пс. 90:1) и наказывает или осуждает на погибель (Руф. 1:20–21; Иов. 5:17; 6:4; 21:20; Пс. 67:15; Ис. 13:6; Иоил. 1:15). Новый Завет подтверждает, что это ветхозаветное имя описывает Бога как всемогущего, употребляя греческое слово *pantokratōr* в ссылках на ветхозаветное описание Бога словом *shaddai* (см. 2 Кор. 6:18; Откр. 1:8; 4:8; 11:17; 15:3; 16:7, 14; 19:6, 15; 21:22).

El elyon. Этот титул, переводимый как «Бог Всевышний», связан с верховной властью Бога. В Ветхом Завете имя *el elyon* обычно используется, когда говорится о язычниках и врагах Бога и Его народа (Быт. 14:18–22; Чис. 24:16; Втор. 32:8; Пс. 90:1, 9; 91:2; 96:9; Дан. 3:26, 32; 4:14, 21–22, 31; 5:18, 21; 7:25). Это значит, что Богу принадлежит высшая власть над небом (Ис. 14:13–14; Дан. 4:32, 34) и над землей (Втор. 32:8; 2 Цар. 22:14–15; Пс. 9:3–6; 20:8; 46:3–5; 56:3–4; 81:6–8; 82:17–19; 90:9–12; Дан. 5:18–21). Как *el elyon* Бог разделяет людей на народы и устанавливает границы их обитания (см. Деян. 17:26).

El/elohey olam. Поскольку Бог всемогущий, то Он вечный. Он Бог вечный (Быт. 21:33). Множественная форма этого имени Бога используется в Исаии 40:28 (см. Пс. 89:3; 92:2; 102:17).

El/elohim khayyim/khay. Сущность Бога — это совершенная сила, поэтому Он Сам *есть* жизнь. И Он источник жизни для всех (созданных) живых существ, имеющий власть над ними. Он Бог живой (Втор. 5:26; И. Нав. 3:10; 1 Цар. 17:26, 36; 4 Цар. 19:4, 16; Пс. 41:3; 83:3; Ис. 37:4, 17; Иер. 10:10; 23:36; Дан. 6:20, 26; Ос. 1:10).

Adon/adonai: Господь

Хотя тетраграмматон ЙХВХ часто сопровождается огласовкой от *adonai* («мой Господь»), данное еврейское имя/титул Бога (или его абсолютная форма *adon*, «Господь») тоже употребляется. Поскольку это слово относится и к людям, само по себе оно не означает наивысшей власти. Часто оно вообще не указывает на власть, а просто выражает уважение, подобно современному употреблению слова «господин». Но в большинстве случаев оно служит обращением к человеку в каком-то смысле вышестоящему, например: старший в широком смысле (Быт. 24:18; 32:5; 44:7; Руф. 2:13), хозяин (Исх. 21:4–8), руководитель (Быт. 45:8–9; Пс. 104:21), владелец (3 Цар. 16:24), отец (Быт. 31:35), муж (Быт. 18:12), царь (Быт. 40:1; Суд. 3:25; 1 Цар. 22:12; Иер. 22:18; 34:5), князь (Быт. 23:6; 42:10), военачальник (2 Цар. 11:11), правитель (Неем. 3:5) и пророк (3 Цар. 18:7; 4 Цар. 2:3; 4:16). По отношению к истинному Богу имя *adonai* указывает, что Он обладает полной властью над всем остальным.

Tsur: Скала

Библия называет Бога скалой или твердыней, показывая в этом сравнении с физической скалой Его непоколебимую силу и потому совершенную надежность (Втор. 32:4, 15, 18, 30–31; 2 Цар. 22:3; 23:3; Пс. 17:3, 32, 47; 18:15; 27:1; 30:3–4; 41:10; 61:3, 7–8; 70:3; 77:35; 88:27; 91:15; 93:22; 94:1; 143:1; Ис. 17:10; 26:4; 30:29; 44:8; Авв. 1:12). Еврейское слово *tsur* обозначает «утес» или «карьер» (Ис. 51:1). Иногда Писание использует какую-то метафору настолько часто или в таких важных утверждениях, что она становится именем или титулом. К примеру, хотя Иисус не так часто называется «Словом», в важном тезисном утверждении в Евангелии от Иоанна Он назван «Словом». Поскольку это выражение используется так же, как слово «Бог» по отношению к Отцу, уместно заключить, что «Слово» — это имя или титул Иисуса. То же самое может относиться и к термину «Скала» как вечному имени или титулу Бога. И все же это описание Бога в Ветхом Завете кажется не просто метафорическим. По словам апостола Павла, этой скалой, заботившейся об Израиле, был Мессия до воплощения, и они «пили из духовной скалы, следовавшей за ними» (1 Кор. 10:1–4, Кассиан). Таким образом, «Скала» Ветхого Завета подразумевала как Яхве, так и Господа Иисуса до воплощения[16]. Павел прямо сказал: «А скала — это был Христос» (1 Кор. 10:4, Кассиан), тогда как в различных ветхозаветных текстах скалой или твердыней назван Яхве, Бог Израиля. Например, во Второзаконии 32:3–4 сказано:

> Имя Господа прославляю;
>> воздайте славу Богу нашему.
> Он твердыня; совершенны дела Его,
>> и все пути Его праведны;
> Бог верен, и нет неправды в Нем;
>> Он праведен и истинен.

Еще один пример встречается в книге пророка Аввакума 1:12:

> Но не Ты ли издревле
>> Господь, Бог мой, Святой мой?
>> Мы не умрем!
> Ты, Господи, только для суда попустил его.
>> Скала моя! Для наказания Ты назначил его.

Поскольку Бог Отец и Бог Сын в Троице равно божественны, имена «Яхве» и «Скала» в Библии могут относиться и фактически относятся как к Отцу, так и к Сыну.

---

[16] Robert Duncan Culver, *Systematic Theology: Biblical and Historical* (Fearn, Ross-shire, Scotland: Mentor, 2005), 56.

Ab: Отец

Поскольку в Новом Завете имя «Отец» относится к первому Лицу Троицы, когда Ветхий Завет описывает Бога как Отца, то это еврейское слово должно считаться именем/титулом Бога. Во Второзаконии 32:6 сказано, что Бог — Отец Израиля (см. Втор. 32:18; см. также Пс. 88:27; Ис. 63:16; 64:8; Иер. 3:4, 19). Тема Бога как Отца развивается в Новом Завете, который открывает, что первое Лицо Троицы в особом смысле Отец второго Лица Троицы, Божьего Сына (Матф. 7:21; 10:32–33; 11:26–27; 12:50; 15:13; 16:17; 18:10, 14, 19, 35; 25:34; 26:39, 42, 53; Иоан. 5:17; 1 Пет. 1:3; Рим. 15:6; 1 Кор. 15:24; 2 Кор. 1:3; 11:31; Еф. 1:3; Кол. 1:3; Откр. 2:27; 3:5, 21), а также Отец верующих (Матф. 5:45, 48; 6:8–9, 14–15, 18, 26, 32; 10:20, 29; Иак. 3:9; 1 Пет. 1:17; Рим. 1:7; 8:15; 1 Кор. 1:3; 8:6; 2 Кор. 1:2; 6:18; Гал. 1:3–4; 4:6; Еф. 1:2; 4:6; Флп. 1:2; 4:20; Кол. 1:2; 1 Фес. 1:3; 3:11, 13; 2 Фес. 1:1–2; 2:16; Флм. 3).

Отец — вечное имя, свидетельствующее о том, что никогда не было времени, когда Бог Отец не был Отцом Своего единородного Сына. Как нерожденный Отец, первое Лицо Троицы — вечная Первопричина во всех Своих отношениях и делах.

Атрибуты (совершенства) Бога

> Метод определения
> Связь с сущностью Бога
> Классификации
> Непередаваемые совершенства
> Передаваемые совершенства

При рассмотрении имен и титулов Бога уже упоминались многие Его атрибуты, или совершенства (напр., вечность, всемогущество). Ниже они обсуждаются более полно, чтобы в простых терминах, понятных человеку, описать неописуемое (Ис. 40:28; Рим. 11:33).

Атрибуты Бога — это Его характеристики, различные аспекты Его сущности или природы. Термин «совершенства», полученный от греческого слова *aretas* в 1 Петра 2:9, подходит лучше, чем «атрибуты», потому что совершенства указывают на Его совершенные качества и характеризуют совершенного Бога. Термин «атрибуты», по сути, не подразумевает идеальных характеристик и может допускать, что они возникли в чьей-либо концепции Бога, а не в Нем Самом.

Общее определение *совершенств* заключается в следующем: Божьи совершенства — это неотъемлемые характеристики Его природы. Поскольку данные характеристики присущи Его природе, то все Его атрибуты абсолютно совершенны и справедливо называются совершенствами. Более того, поскольку эти совершенства — неотъемлемые характеристики, то без любого из них Бог уже не был бы Богом.

Метод определения

ПИСАНИЕ: ЕДИНСТВЕННЫЙ БОЖЕСТВЕННО ЗАВЕРЕННЫЙ МЕТОД

Поскольку эти совершенства характеризуют Бога, они не могут быть обнаружены и определены человеком, тем более грешным человеком, поскольку он сам по себе не может полностью познать Бога. Бог должен открыть Себя, чтобы человек что-нибудь точно узнал о Боге, включая Его совершенства. Бог открыл Себя в природе, но человек искажает это знание. Только Библия дает точные сведения о Боге и Его совершенствах. Даже эти сведения неполные, но при этом они истинные, поскольку записаны в богодухновенном тексте Писания.

ОШИБОЧНЫЕ МЕТОДЫ

Люди пытались применять разные человеческие методы обнаружения Божьих совершенств. Луи Беркхоф перечисляет методы, к которым прибегали в Средние века и в наше время[17].

Схоластические методы. В Средние века богословы-схоласты стремились извлечь знания о совершенствах Бога из наблюдений за творением:

1. Доказательство причинности (четыре из пяти путей Фомы Аквинского): рассматривает естественный и нравственный порядок творения и делает вывод о всемогущей, абсолютно нравственной Первопричине и Правителе творения.
2. Доказательство отрицания, или доказательство от обратного: заметив несовершенство в творении, отрицает их наличие у Бога, а приписывает Богу полную противоположность несовершенства в творениях (напр., независимость, бесконечность, бестелесность).
3. Доказательство возвышения: приписывает Богу положительные характеристики человека, только в самой высшей степени, исходя из предположения, что ограниченные положительные характеристики людей имеют свое происхождение в идеальной причине.

Современные методы. Современные богословы пытаются использовать свои способы познавать совершенства Бога из наблюдений, основанных на человеческих рассуждениях:

1. Доказательство интуиции: начинает с необоснованных фактов в личном опыте, а затем выводит из этого опыта характеристики Бога.
2. Доказательство потребности: начинает с потребностей человека, а затем выводит из них характеристики Бога в свете предположения, что Бог абсолютно достаточен и надежен, чтобы удовлетворить эти потребности.
3. Доказательство действия: усматривает характеристики Бога из Его действий в природе.

---

[17] Беркхоф. Систематическое богословие. С. 51–54.

4. Доказательство любви (Альбрехт Ричль [1822–1899]): начинает с предположения, что Бог есть любовь, и заключает, что Он есть личность, имеющая полновластную волю, и всемогущий, вечный Творец.

Проблемы ошибочных методов. Все схоластические и современные методы, кратко перечисленные выше, недостаточны, поскольку их подходы базируются не на Божьем откровении в Писании, а на человеческих идеях. Иначе говоря, они практикуют «богословие снизу». Свое представление о Боге они строят на человеческих наблюдениях и рассуждениях, которые в лучшем случае ограничены, а в худшем — отравлены грехом. Богословие снизу предполагает, что все, имеющееся в человеке, есть и в Боге, и делает человека эталоном для измерения Бога, полагая, что человек может познавать Бога без Его помощи. Часто эти методы опираются на ошибочные человеческие представления о Боге, даже если используют при их описании библейскую терминологию (регулярно подчеркивая имманентность Бога в ущерб Его трансцендентности). Если такие схоластические методы опираются на Писание и используются верующими, чей ум был искуплен жертвой Христа, они могут подтвердить учение Писания о Боге. Но, в конечном счете, только Писание — непогрешимый авторитет, чтобы узнавать, кто такой Бог и каковы Его качества.

Связь с сущностью Бога

Прежде чем перейти к определению каждого из Божьих совершенств, необходимо спросить, как они связаны с Его сущностью, или природой. Представляют ли собой Божьи атрибуты части Божьей сущности? Отличаются ли они от сущности Бога или тождественны ей? Выделяется ли одно совершенство как определяющее все остальные? Эти вопросы рассматриваются ниже.

ОШИБОЧНЫЕ ПРЕДСТАВЛЕНИЯ ОБ ЭТОЙ СВЯЗИ[18]

Совершенства — части Божьей сущности или отличаются от нее. Средневековые реалисты утверждали, что Божьи совершенства — это части Его сущности, поскольку у каждого из них есть свое название, указывающее на соответствующие реалии. Похожая мысль состоит в том, что Божьи совершенства отличаются от Его сущности. Герман Бавинк отметил несколько проблем у этих взглядов[19]:

1. Если бы праведность, сила или любовь были лишь частями Божьей сущности, нельзя было бы сказать, что Бог *полностью* праведный, сильный или любящий, но только частично.
2. Если бы праведность, сила или любовь были лишь частями Божьей сущности, нельзя было бы сказать, что Бог *абсолютно* праведный, сильный или любящий, но только относительно.

---

[18] Charles Hodge, *Systematic Theology* (1871; repr., Grand Rapids, MI: Eerdmans, 1981), 1:369–373.

[19] Bavinck, *Doctrine of God*, 120–124.

3. В таком случае Бог не был бы непреложен в Своей сущности, поскольку менялось бы соотношение различных атрибутов, составляющих Его природу. Иногда Он выделял бы Свою справедливость, а иногда—любовь. Он не был бы совершенно и абсолютно любящим и справедливым в каждый момент времени.

Все совершенства—это одно и то же. Средневековые номиналисты полагали, что все совершенства—это одно и то же, поскольку они различаются только названиями, а не соответствующими реалиями. Например, эти учителя сказали бы, что Божья любовь—это *и есть* Его справедливость, а это *и есть* Его сила, а это *и есть* Его милость и так далее. Некоторые ранние лютеранские и реформатские богословы—а также либеральные богословы с пантеистическими взглядами (напр., Спиноза [1632–1677] и Фридрих Шлейермахер [1768–1834])—подобным образом утверждали, что поскольку Бог простой (несоставной), а потому не может иметь никаких составных частей, то между Его совершенствами не может быть никаких реальных различий, как и между Его действиями. Основой для разнообразия Божьих совершенств считали различие в том, как проявляется воздействие Бога на разнообразие Его творений. Однако Бавинк ответил на это несколькими наблюдениями[20]:

1. Бог открыл человеку Свои имена. Человек не придумал их, а в этих именах отражены атрибуты Бога.
2. Сущность Бога—это не абстрактная реальность, лишенная свойств, отношений и характеристик; скорее, это «абсолютная полнота жизни» и она «бесконечно богата». Поэтому ее невозможно «охватить одним взглядом», но она должна «открыться нам сначала в одном, затем в другом отношении, сначала под одним, затем под другим углом».
3. Между разными совершенствами Бога есть реальные различия «в принципе», хотя все они—одно простое единство сущности Бога.
4. Множество имен и атрибутов Бога создают образ Его «наипревосходнейшего величия».

Одно центральное совершенство как сущность Бога, а другие—как производные от него. Открытые теисты считают, что только любовь—это сущность Бога, а все остальные атрибуты вытекают из Его любви и подчинены ей (в конце концов, говорят они, Бог не просто любит, но Он есть любовь, 1 Иоан. 4:8). Открытые теисты также верят, что Бог решил не знать будущих поступков людей, потому что такое знание предопределяло бы поступки людей, тем самым лишая их свободной воли. Они также считают, что Бог никогда не стал бы предопределять действия человека, поскольку это свело бы на нет любые подлинные отношения с человеком; Бог не смог бы ответить любовью на свободный выбор человека любить Его. Взгляд открытого теизма, что любовь—единственное высшее совершенство Бога, ошибочен по следующим причинам:

---

[20] Ibid., 127–132.

1. Писание говорит не только о том, что Бог *есть* любовь (1 Иоан. 4:8), но и о том, что Он *есть* свет (1 Иоан. 1:5), тем самым подчеркивая как Его любовь, так и Его святость (см. Ис. 6:3; Откр. 4:8).
2. Согласно данному взгляду, другие совершенства Бога представляются менее существенными.
3. В прошлом (напр., среди либералов XIX века) сторонники этого взгляда были склонны преуменьшать справедливость Бога, что приводило к отказу от Христова искупления как заместительного, юридического и жертвенного искупления.

ИСТИННОЕ ПРЕДСТАВЛЕНИЕ ОБ ЭТОЙ СВЯЗИ

Сущность Бога идентична Его совершенствам. Между Его сущностью и совершенствами нет содержательного различия, как нет и принципиальной разницы между Божьими совершенствами по отношению друг к другу. Каждое совершенство просто и вечно характеризует всю Его сущность. Иначе говоря, Бог и есть то, какие у Него качества. Он не просто обладает любовью, справедливостью и благостью; Он и есть любовь и справедливость, причем вечно, полностью и совершенно. Бог вечно и в высшей степени сильный, святой и любящий.

Обоснование. Если бы Божьи совершенства не отождествлялись с Его сущностью, а воспринимались как части или свойства, составляющие ее, это бы противоречило простоте Бога. Тогда сами совершенства не были бы божественными, а только частями, составляющими божественное. Но это не соответствует учению Писания. К тому же в Писании сущность (бытие) Бога никогда не рассматривается абстрактно, но всегда в связи с Его совершенствами. Даже утверждение Бога о Своем самодостаточном существовании в Исходе 3:14 находится в контексте личного посещения, чтобы исполнить Свой завет и избавить Свой народ из рабства. Кроме того, такие термины как «Божество» (Рим. 1:20; Кол. 2:9–10), «Божеское естество» (2 Пет. 1:4) и «образ Божий» (Флп. 2:6) говорят о сущности Бога в связи с Его совершенствами, такими как «власть» (Кол. 2:10), «сила» (Рим. 1:20), «слава» (2 Пет. 1:3) и «любовь» (Флп. 2:2). Писание также упоминает некоторые совершенства с глаголом существования, показывая, что Бог полностью является таким совершенством. Например, в 1 Иоанна 4:8 и 16 говорится, что «Бог есть любовь», а в 1 Иоанна 1:5 — что «Бог есть свет», показывая Его святость. Некоторые совершенства в Писании также упоминаются в форме прилагательных (напр., «живой Бог», «вечный Бог», «святой Бог»).

Следствия. Такое понимание Божьих совершенств приводит к нескольким следствиям:

Бог есть каждое из Своих совершенств в полной мере. Каким бы ни был Бог, в Своей сущности Он полностью такой. Если Бог не полностью и абсолютно любящий, если Он не полностью и абсолютно святой или не полностью и абсолютно благой, то Он не полностью и абсолютно Бог. Божьи совершенства должны характеризовать Его полностью, вечно и бесконечно, а иначе Бог не был бы ни неизменным, ни простым. С течением времени Его природа изменялась бы, так как Ему пришлось бы в разное время быть то любящим, то святым. И сущность Бога не могла бы считаться несоставной и простой, поскольку Он был бы лишь частично любовью, частично справедливостью, частично милосердием и так далее. Но Бог *и есть* то, какими качествами Он *обладает;* все Его совершенства, полностью и абсолютно, — это и есть Он.

Божьи совершенства описывают друг друга. Поскольку Бог всей Своей сущностью есть каждое из Своих совершенств, то каждое Его совершенство дополняет и описывает все другие совершенства. Например, Его справедливость — это святая справедливость, а Его любовь — праведная любовь.

Божьи совершенства активные. Каждое из Божьих совершенств полностью действует в Его сущности. В любом аспекте Своей сущности Бог никогда не проявляет пассивности или бездействия. Если не все Божьи совершенства действуют постоянно и полностью в Его сущности, то Бог не действует как Бог ни в одном аспекте, потому что какой-то из аспектов всей Его сущности бездействует, так что другие совершенства остаются без необходимого дополнения и определения. Каким бы ни был Бог, Он должен быть совершенно активным в Своей сущности.

Божьи совершенства следует изучать в гармонии друг с другом. Поскольку Бог есть каждое из Своих совершенств в полной мере, не следует изучать одно совершенство в отрыве от всех остальных. Каждое совершенство должно изучаться как дополняемое и определяемое остальными совершенствами (т. е. объединенное с ними). Все Божьи совершенства должны рассматриваться как взаимно влияющие.

Божьи совершенства возвратные. Еще одно следствие полного отождествления Божьих совершенств с Его сущностью состоит в том, что Его совершенства возвратные. То есть они направлены на Него Самого; каждое из Его совершенств обращено на Бога как на совершенный объект. Каким бы ни был Бог, Он таков прежде всего для Себя и к Себе, и только потом Его совершенства обращены к чему-то или кому-то другому.

Разъяснение. Хотя Бог вечно, бесконечно и полностью есть все Свои совершенства, в Писании люди сознательно сосредотачиваются лишь на одном Его атрибуте в определенный момент времени. Это вызвано тем, что Бог, открывая Себя в Писании, снисходит к ограниченным людям. Но открывая Себя в определенное время как одно из Своих совершенств, Бог по-прежнему полностью и активно есть все Свои совершенства. Поэтому всякий раз, когда Бог раскрывает конкретное совершенство в каком-то событии или утверждении Писания, Он подчеркивает это совершенство в данном контексте, не исключая других совершенств.

Классификации

Прежде чем описывать отдельные Божьи совершенства, следует рассмотреть еще один вопрос. Многие годы богословы пытаются выделить категории божественных совершенств. В Библии эти категории явно не заданы, их предлагают богословы. Этот факт должен предостеречь изучающего Писание от слепого принятия какой-либо категоризации. И все же, поскольку в истории богословия были предложены различные виды категорий, необходимо рассмотреть, есть ли у них достоинства.

НЕГАТИВНЫЕ И ПОЗИТИВНЫЕ СОВЕРШЕНСТВА

Следуя трем путям познания Бога в схоластике (причинность, отрицание и возвышение), данная классификация (негативные и позитивные совершенства) выделяет: (1) негативные совершенства, то есть противоположность ограничений, присущих творению (напр., бесконечность, бесплотность), и (2) позитивные совершенства, то есть присутствующие в человеке, но присущие и Богу в бесконечно совершенной форме (напр., благость, святость, праведность, справедливость).

Проблема этих категорий в том, что они частично совпадают. Когда делают негативное утверждение о Боге, то подразумевают и позитивную концепцию, даже если не удается ее сформулировать явно. Например, сказать, что Бог неизменный (негативное высказывание), значит признать, что Бог постоянный и верный (позитивное высказывание). Верно и обратное. При позитивном высказывании о Боге также подразумевается и негативное. Например, сказать, что Бог вездесущий (позитивное высказывание), значит признать, что Он бесконечный (негативное высказывание) в пространстве.

ЕСТЕСТВЕННЫЕ И НРАВСТВЕННЫЕ СОВЕРШЕНСТВА (ВЕЛИЧИЕ И БЛАГОСТЬ; ПРИРОДА И ЛИЧНОСТЬ)

Естественные совершенства присущи Божьей природе (напр., самосуществование, простота, бесконечность), а нравственные — Его воле, поскольку Бог — нравственное существо (напр., благость, истина, любовь, святость).

Проблема с этой классификацией в том, что нравственные атрибуты — это в той же мере аспекты сущности Бога, как и естественные. Совершенства благости также являются совершенствами Божьего величия (Пс. 144), а совершенства Божьей личности характеризуют и Его природу.

АБСОЛЮТНЫЕ И ОТНОСИТЕЛЬНЫЕ СОВЕРШЕНСТВА

Абсолютные совершенства характеризуют сущность Бога, рассматриваемую саму по себе (напр., самосуществование, бесконечность, духовность), а относительные характеризуют Его сущность, рассматриваемую по отношению к творению (напр., всеведение, вездесущность).

Здесь проблема в том, что эта классификация предполагает, что человек может познавать Бога в Его сущности, но истина в том, что все Божьи совершенства относительны, то есть открыты по отношению к Его творению. И даже так называемые «относительные» совершенства абсолютны, потому что они вечно действуют во взаимоотношениях внутри Троицы, в самом существовании Бога.

ИММАНЕНТНЫЕ/НЕПЕРЕХОДНЫЕ/СТАТИЧЕСКИЕ/СЛЕДСТВЕННЫЕ В ОТЛИЧИЕ ОТ ЭМАНЕНТНЫХ/ПЕРЕХОДНЫХ/ДИНАМИЧЕСКИХ/ПРИЧИННЫХ

Объясняя данную классификацию, важно сначала дать определение следующих терминов:

Имманентный: существующий или пребывающий внутри, внутренне присущий;
Эманентный: возникающий внутри, но производящий внешние результаты;
Непереходный: не требующий прямого объекта для завершения своего действия или смысла;
Статический: неактивный.

Согласно данной классификации, к первой категории относятся совершенства, действующие вне божественной сущности, но остающиеся имманентными в Боге (напр., безмерность, вечность, простота), а ко второй — совершенства, производящие что-то внешнее по отношению к Богу (напр., всемогущество, благость, справедливость).

Недостаток этой классификации в том, что человек не может познать ни одной характеристики Бога, какова она есть в Его сущности, а только в том, как характер Бога открывается в Его действиях. Кроме того, динамические и причинные совершенства также должны быть имманентными и непереходными в Боге, иначе для Его полноты было бы необходимо нечто внешнее. Вместе с тем, никакое совершенство Бога не может быть бездейственным, иначе Бог не был бы постоянно и активно всем Своим существом/сущностью.

НЕПЕРЕДАВАЕМЫЕ И ПЕРЕДАВАЕМЫЕ СОВЕРШЕНСТВА

Лучшая классификация — различие между непередаваемыми и передаваемыми совершенствами. Непередаваемые совершенства — это характеристики, которые есть только у Бога (напр., самосуществование, простота, бесконечность), тогда как передаваемые совершенства — это характеристики, частично передающиеся человеку (напр., благость, праведность, любовь).

Проблема в классификации непередаваемых и передаваемых совершенств заключается в том, что поскольку человек не может знать сущность Бога вне Его отношений со Своим творением, то невозможно узнать ни одной характеристики Бога вне этих отношений. Даже непередаваемые совершенства хотя бы в чем-то похожи на человеческие характеристики, иначе никто не смог бы ничего понять о совершенствах Бога. При этом передаваемые совершенства Бога не совсем похожи на человеческие характеристики, иначе Бог не был бы больше человека в каждой характеристике.

Например, если рассмотреть такое непередаваемое совершенство Бога, как непреложность (неизменность), человек может иметь о нем ограниченное представление, потому что и человек бывает последователен в мышлении, принципах и поведении долгое время. Но это ограниченное понимание, поскольку никто из людей не представляет, что значит не иметь способности меняться по природе и характеру. Если взять такое передаваемое совершенство, как любовь, люди имеют о нем частичное представление, поскольку знают, что Бог открыл в Писании о Своей любви к людям, но не понимают, что такое любовь Бога по отношению к Себе в Троице, и не знают всего о Божьей любви к людям.

Классификация на основе непередаваемых и передаваемых совершенств используется здесь по следующим причинам:

1. Классификация может быть полезным инструментом при изучении Божьих совершенств, помогая людям задуматься о том, насколько Бог уникален в сравнении с человеком.
2. Данная классификация выдержала испытание временем среди богословов разных традиций.
3. Данная классификация подчеркивает как трансцендентность, так и имманентность Бога, отрицая и пантеизм, и деизм.
4. Данная классификация наиболее полезна, если не делать строгого различия между двумя группами совершенств, но рассматривать непередаваемые атрибуты как пояснения к передаваемым атрибутам и наоборот.

ПРЕДОСТЕРЕЖЕНИЯ В ОТНОШЕНИИ ВСЕХ КЛАССИФИКАЦИЙ

Даже классификация на непередаваемые и передаваемые совершенства—это человеческое мнение, поэтому никакая классификация не должна приниматься безоговорочно. Любую классификацию необходимо сопровождать следующими предостережениями.

Деление Бога надвое. Все классификации Божьих совершенств как бы разделяют Бога надвое, не оставляя гармонии между Его совершенствами, словно в Боге нет очевидного единства. Эту слабость можно преодолеть, рассматривая совершенства из первой группы (непередаваемые) как пояснения ко второй (передаваемые) и наоборот, чтобы можно было «сказать, что Бог единый, независимый, неизменный и бесконечный в Своем знании и мудрости, благости и любви, благодати и милости, праведности и святости»[21].

Отделение негативных описаний от позитивных. Любая классификация склонна отделять негативные описания Бога от позитивных, хотя люди, думая о первом, подразумевают и второе. Бавинк объясняет это так:

Если бы они были совершенно непередаваемыми, то были бы и абсолютно непознаваемыми. Но уже то, что мы можем их назвать, доказывает, что так или иначе они были открыты Богом в творении. Следовательно, негативные атрибуты

---

[21] Беркхоф. Систематическое богословие. С. 56.

имеют позитивное содержание: хотя нам нужна идея времени, чтобы получить представление о вечности Бога, и идея пространства, чтобы сформировать представление о Его вездесущности, и понимание ограниченных, изменчивых творений, чтобы узнать о бесконечности и неизменности Бога, все же эти негативные атрибуты дают нам очень важное позитивное знание о Боге. Так, хотя мы и не можем постигнуть вечность в каком-либо позитивном смысле, очень важно знать, что Бог превыше ограничений времени[22].

Описание Бога в сущности. Все классификации, по-видимому, подразумевают, что Бога можно познать в Его сущности, отдельно от Его отношений с творением. Но на самом деле люди не могут так познавать Бога. Никто из людей, кроме Иисуса Христа, не может знать какую-либо из божественных характеристик в совершенстве. Этот недостаток нужно преодолевать, рассматривая даже совершенства из первой группы как хотя бы отчасти подобные человеческим характеристикам и действующие по отношению к творению.

Непередаваемые совершенства

Сделав предварительные наблюдения о божественных совершенствах и способах их изучения, теперь можно дать им определение на основании Писания. В свете того, что совершенства Бога идентичны Его сущности, и особенно на основании следствий из этого факта, мы не должны рассматривать эти совершенства, не размышляя о том, как они активно взаимодействуют друг с другом (т. е. дополняют и определяют друг друга). Следует также помнить, что в первую очередь эти совершенства обращены к Богу прежде чего-либо или кого-либо вне Его. Следующие определения божественных совершенств сопровождаются библейскими истинами, на которых эти определения основаны[23].

НЕЗАВИСИМОСТЬ (САМОСУЩЕСТВОВАНИЕ)

Бог ни от чего не зависит. Он полностью самодостаточный, ни в чем не зависящий ни от чего внешнего, а потому Он вечное, основополагающее Существо, источник жизни и существования для всех остальных существ.

Ниже перечислены библейские доказательства самосуществования Бога:

1. Как Яхве, Бог является самосуществующим, имея жизнь в Самом Себе (Исх. 3:14; Иоан. 5:26).
2. Бог существовал прежде всего остального, и только Им все существует (Пс. 89:3; 1 Кор. 8:6; Откр. 4:11).
3. Бог есть Господь всего (Втор. 10:17; И. Нав. 3:13).
4. Он ни от чего не зависит, все зависит от Него (Рим. 11:36).

---

[22] Bavinck, *Doctrine of God*, 139.

[23] Из-за ограниченного объема это изучение совершенств Бога будет кратким. Более полное изучение атрибутов Бога см.: Herman Bavinck, *Reformed Dogmatics*, vol. 2, *God and Creation*, ed. John Bolt, trans. John Vriend (Grand Rapids, MI: Baker Academic, 2004); Stephen Charnock, *The Existence and Attributes of God* (1853; repr., Grand Rapids, MI: Baker, 1996); Arthur W. Pink, *The Attributes of God* (Grand Rapids, MI: Baker, 2006).

5. Он источник всего (Втор. 32:39; Ис. 45:5–7; 54:16; Иоан. 5:26; 1 Кор. 8:6).

6. Он действует, как Ему угодно (Пс. 113:11; Ис. 46:10–11; 64:8; Иер. 18:6; Дан. 4:35; Рим. 9:19–21; Еф. 1:5; Откр. 4:11).

7. Его совет—основание всего (Пс. 32:10–11; Прит. 19:21; Ис. 46:10; Матф. 11:25–26; Деян. 2:23; 4:27–28; Еф. 1:5, 9, 11).

8. Он все делает ради Себя (И. Нав. 7:9; 1 Цар. 12:22; Пс. 24:11; 30:4; 78:9; 105:8; 108:21; 142:11; Прит. 16:4; Ис. 48:9; Иер. 14:7, 21; Иез. 20:9, 14, 22, 44; Дан. 9:19).

9. Он ни в чем не нуждается, будучи вседостаточным (Иов. 22:2–3; Деян. 17:25).

10. Он первый и последний (Ис. 41:4; 44:6; 48:12; Откр. 1:8; 21:6; 22:13).

11. Он независимый в Своем разуме (Рим. 11:33–35), воле (Дан. 4:35; Рим. 9:19; Еф. 1:5; Откр. 4:11), совете (Пс. 32:11; Ис. 46:10), любви (Ос. 14:5) и силе (Пс. 113:11).

НЕИЗМЕННОСТЬ

Неизменность Бога—это Его абсолютное постоянство в сущности, характере, целях и обещаниях.

Свидетельство Писания. Ниже краткого изложено учение Библии о неизменности Бога:

1. Бог вечно Тот же (Пс. 101:26–28).

2. Он первый и последний (Ис. 41:4; 43:10; 44:6; 48:12).

3. Он есть Сущий (Исх. 3:14).

4. Он нетленный, единый имеющий бессмертие, всегда остающийся таким же (Рим. 1:23; 1 Тим. 1:17; 6:15–16; Евр. 1:11–12).

5. Его мысли, цели, воля и решения неизменны:
   а. Он исполняет Свои угрозы и обещания (Чис. 23:19; 1 Цар. 15:29);
   б. Он не раскаивается в Своих дарах и призваниях (Рим. 11:29);
   в. Он не отвергает людей, с которыми заключил односторонний завет (Рим. 11:1);
   г. Он прославляет тех, кого предузнает (Рим. 8:29–30);
   д. Он совершает то, что начинает (Пс. 137:8; Флп. 1:6);
   е. Его верность никогда не истощается (Пл. Иер. 3:22–23).

6. Он не изменяется (Мал. 3:6; Иак. 1:17).

Вопросы о неизменности Бога. Кажущиеся противоречия возникают при чтении текстов, утверждающих неизменность Бога, вместе с текстами, говорящими, что Бог раскаивается (Быт. 6:6; Исх. 32:12; 1 Цар. 15:11, 35; Иер. 18:10; Ам. 7:3, 6; Ион. 3:9–10; 4:2), меняет Свои намерения (Быт. 18:23–32; Исх. 32:10–14; Ион. 3:10), гневается (Исх. 4:14; Чис. 11:1, 10; Пс. 105:40; Зах. 10:3), отвращает Свой гнев (Исх. 32:14; Втор. 13:17; 2 Пар. 12:12; 30:8; Иер. 18:8, 10; 26:3), относится по-разному к неверующим и верующим (Прит. 11:20; 12:22), с чистым поступает чисто, но противится нечестивым (Пс. 17:26–27), в свое время воплотился (Гал. 4:4), пребывает в церкви (1 Кор. 3:16–17; Еф. 2:19–22; Кол. 1:27), отвергает Израиль (Рим. 11:15), принимает язычников после того, как отвергал их многие годы (Деян. 11:18; Рим 11:11–15), в один момент гневается, а в другой—прощает (Исх. 34:7; Чис. 14:18; Пс. 77), и в один момент близок, а в другой—далек (Иер. 23:23).

Чтобы решить это кажущееся противоречие, многие, как, например, открытые теисты, утверждают, что Бог действительно меняет Свое мнение, цели и обещания в ответ на действия людей. Они полагают, что приведенные в Писании «изменения» Бога невозможно согласовать с традиционным учением, что Бог неизменен. Они заявляют, что если грешники обратятся от греха и проявят веру и любовь к Богу, Он обратится от суда (раскается, передумает), который планировал, и вместо него даст им благословение. Соответственно, если люди перестанут уповать на Бога, Он отменит любые обещанные благословения. По словам открытых теистов, Бог не знает, как люди поступят, и ожидает их действий в каждой конкретной ситуации, прежде чем решит, как поступить в ответ.

В открытом теизме и в подобных ложных учениях, отрицающих неизменность Бога, есть много заблуждений, каждое из которых опровергается, если рассматривать неизменность Бога с правильной библейской точки зрения. Неизменность не означает, что Бог неподвижен или бездеятелен. И она не означает, что Бог не действует определенно во времени или не обладает реальными чувствами. Бог бесстрастен не в том смысле, что у Него совсем нет эмоций или чувств, а в том смысле, что Его эмоции — это активное и сознательное выражение Его святого характера, а не спонтанные страсти (как часто бывает с человеческими эмоциями).

Хорошая возможность понять кажущиеся перемены в Боге, упоминаемые в Писании, — это заметить, что Он открывает Себя в отношениях с людьми. В каждый момент люди воспринимают только один аспект Бога. Бог никогда не меняется, но меняются творения, воспринимающие Его совершенства и действия в соответствии со своим текущим состоянием. Таким образом, действия Бога не подразумевают изменения Его сущности или замысла.

Например, утверждения о том, что Бог «раскаялся» или «изменился» в чемто, — это антропопатизмы, то есть образные выражения, которые говорят об изменениях в отношениях или действиях Бога на доступном человеку уровне. На самом деле кажущиеся «перемены» в Боге всегда находятся в контексте Его вечного всеведения и воли; они не бывают вызваны чем-то неожиданным, к чему Богу пришлось бы приспосабливаться. Все это совершается в гармонии с Его истиной и верностью (см. 1 Цар. 15:29). Все действия Бога, которые могут казаться изменениями, предузнаны и предопределены от вечности.

БЕСКОНЕЧНОСТЬ

Бесконечность Бога описывает Его природу как совершенно превосходящую все ограничения времени и пространства (то есть существующую и действующую вне их). Бесконечность Бога во времени называется Его вечностью или безвременностью, а Его бесконечность в пространстве — Его безмерностью или вездесущностью.

ВЕЧНОСТЬ

Бог совершенно превосходит все ограничения времени, не имея ни начала, ни конца, ни последовательности моментов в восприятии Своего существа и осознании всего остального. Другими словами, в восприятии Самого Себя и всей внешней реальности Бог не ограничен моментами времени.

Свидетельство Писания. Ниже перечислены свидетельства Писания о вечности Бога:

1. Он есть первый и последний одновременно (Ис. 41:4; Откр. 1:8).
2. Он существовал прежде творения (Быт. 1:1; Иоан. 1:1; 17:5, 24).
3. Он пребудет вечно (Пс. 101:27–28).
4. Он Бог от века и до века (Пс. 89:3; 92:2).
5. Число лет Его неисследимо (Иов. 36:26).
6. В Его глазах тысяча лет как один день благодаря непосредственному восприятию всего времени (Пс. 89:5; 2 Пет. 3:8).
7. Он вечный Бог (Ис. 40:28).
8. Он живет вечно (Втор. 32:40; Ис. 57:15; Откр. 10:6; 15:7).
9. Он нетленный и бессмертный (Рим. 1:23; 1 Тим. 6:16).
10. Он был, есть и грядет — все сразу (Исх. 3:14; Откр. 1:4, 8).
11. Его замысел вечен (Еф. 3:11).
12. Он Царь веков (1 Тим. 1:17).
13. Он был и действовал «прежде вековых времен» (2 Тим. 1:9; Тит. 1:2).

«Вневременная» сущность Бога. Важный вопрос, касающийся вечности Бога, состоит в том, существует ли Он только в сменяющихся моментах времени или же и вне последовательности моментов времени. Является ли Бог «вневременным», не зависящим от времени в Своей внутренней жизни, или же существует во времени, момент за моментом?

Бог пребывает во времени, поскольку взаимодействует со Своим творением каждое мгновение. Но Он должен превосходить время, иначе будет ограничен им. Другими словами, вечная природа Бога означает, что Он не связан временем. Тем не менее Он не полностью отделен от него, он присутствует (имманентен) в каждом мгновении, контролируя его для Своих целей и славы. Библейское утверждение: «В начале сотворил Бог небо и землю» (Быт. 1:1), означает, что Бог существовал до «начала», которым стал первый день (Быт. 1:5). Он существовал до первого мгновения первого дня всей внешней реальности. Поэтому Его существование выходит за рамки времени. Действительно, поскольку Бог положил «начало» Своим действием сотворения, Он создал время и Своей силой поддерживает его и в целом, и в каждом мгновении. Бог полностью присутствует в каждом моменте времени и знает все время и совокупно, и в последовательности моментов. Но Бог не подвластен времени. Напротив, Он использует его как слугу, чтобы открывать Свои совершенства.

В Своей сущности Бог существует в вечном «настоящем». Он всегда и «первый», и «последний» по времени (Ис. 41:4; см. 44:6). Бог решил дать спасительную благодать Своим избранным людям «прежде вековых времен» (2 Тим. 1:9; Тит. 1:2), то есть Он действовал до первого мгновения времени. Бог сознательно существует вне последовательности моментов времени.

Бог не ограничен и не обусловлен какими-либо сроками или промежутками времени (см. Пс. 89:2–5; 2 Пет. 3:8). Он есть и начало, и конец, и остается таким же после того, как начало закончилось, и до того, как начался конец. В Своей сущности Бог охватывает как начало, так и конец, для Него и то, и другое — непосредственно воспринимаемая реальность в «настоящем». И поскольку выражение «начало и конец» (Откр. 21:6; 22:13) — это, вероятно, меризм (литературный прием, когда весь диапазон обозначен упоминанием его противоположных пределов), Бог контролирует каждое мгновение как непосредственно воспринимаемую реальность в «настоящем». Бог *есть*, и Он *есть* до начала времени, до первого момента «вековых времен». Бог в Своей сущности никогда не начинает быть. Он никогда не становится.

Аргумент от Божьего всеведения. Все совершенства Бога согласуются с утверждением, что у Него нет последовательности мгновений в опыте Своего существования и осознания всего остального. Например, Бог всеведущий или всезнающий, так что Его знание охватывает все события как равно реальные. Следовательно, поскольку все Божьи совершенства и есть Его сущность, в Его восприятии Своей сущности нет прошлого, настоящего или будущего. Хотя Бог воспринимает последовательность времени (и потому, что Он создал эту последовательность, и потому, что Сын Божий особенно испытывает ее через воплощение), и хотя в Его мыслях есть логическая структура (включая предпосылки и выводы), все же это восприятие последовательности не контролирует, не ограничивает и не обуславливает Его существование и жизнь, как если бы Он существовал только в смене моментов времени. Бог воспринимает и испытывает все как «вечное сейчас».

Аргумент от Божьей безмерности и вездесущности. Бог превосходит все ограничения пространства. Он существует вне физического пространства и все же существует в каждой точке пространства, присутствуя в каждой точке всем Своим существом. Следовательно, Бог должен существовать вне моментов времени, а иначе Он был бы вынужден присутствовать только внутри пространства, поскольку оно существует в любой момент времени.

Аргумент от Божьей неизменности. Так как сущность Бога не может изменяться, Он не может быть подвержен смене времени. Если бы Бог существовал только в каждый отдельный момент, Он должен был бы начинать существовать в каждый следующий момент, а этот вывод противоречит Его неизменности.

Аргумент от Божьей независимости. Поскольку сущность Бога существует независимо ни от чего, но служит источником всего сущего, существование

Бога не может зависеть от моментов времени. Ведь если бы Бог существовал только момент за моментом, Он зависел бы от существования каждого момента.

Аргумент от Божьего всемогущества. Поскольку Бог имеет прямую власть над всем, Он должен обладать властью над будущим и над прошлым, чтобы быть всемогущим. Если бы Он существовал лишь в текущий момент, у Него не было бы реальной власти над прошлым и будущим.

Представление о «последовательности моментов» не соответствует безмерности, неизменности, независимости, всемогуществу, вездесущности и всеведению Бога. Если бы Бог существовал только момент за моментом, Его существование фактически заканчивалось бы в один момент и начиналось в следующий. Он бы не контролировал эту смену моментов, но зависел бы от нее. Более того, Он не превосходил бы пространство и время, поскольку был бы ограничен текущим моментом и действиями в пространстве только так, как оно существует в текущий момент. Наконец, хотя Бог все еще мог бы управлять текущими событиями, чтобы неуклонно двигаться к окончательному завершению Своего плана, Он фактически не управлял бы событиями будущего, поскольку будущее еще не наступило. Таким образом, учитывая изложенные выше соображения, необходимо считать, что Бог существует как во времени, так и вне его. Представление о «последовательности моментов» слишком сильно расходится с тем, как Бог открыл Себя в Писании.

БЕЗМЕРНОСТЬ И ВЕЗДЕСУЩНОСТЬ

Бог в совершенстве присутствует Сам в Себе, превосходя все ограничения пространства, и при этом Он весь присутствует в каждой точке пространства. Трансцендентность означает, что Бог превыше творения и не зависит от него. Безмерностью называют тот факт, что Бог превосходит и наполняет Собой все пространство. А вездесущность указывает, что Бог присутствует в каждой точке пространства всем Своим существом.

Свидетельство Писания. Библейские свидетельства безмерности и вездесущности Бога видны в следующем:

1. Он Творец и Владыка всего (Быт. 14:19, 22; Втор. 10:14; Кол. 1:16; Откр. 10:6).
2. Его не могут вместить небо и земля (3 Цар. 8:27; 2 Пар. 2:6; Ис. 66:1; Деян. 7:48–49).
3. Он наполняет небо и землю, так что ничто не скрыто от Его присутствия, и Он одинаково близок и далек (Пс. 138:7–10; Иер. 23:23–24; Деян. 17:27–28).
4. В разных местах Он проявляет Себя по-разному:
   а. Он обитает на небесах и там Его престол (Втор. 26:15; 2 Цар. 22:7; 3 Цар. 8:32; Пс. 10:4; 32:13; 113:11, 24; Матф. 5:34; 6:9; Иоан. 14:2; Еф. 1:20; Евр. 1:3; Откр. 1:4–5);
   б. Он нисходит с небес (Быт. 3:8; 11:5, 7; 12:7; 15:1; 18:1; Исх. 3:7–8; 19:9, 11, 18, 20; Втор. 33:2; Суд. 5:4);

в. Он обитает среди Своего народа (Исх. 20:24; 25:8; 40:34–35; Втор. 12:11; 1 Цар. 4:4; 2 Цар. 6:2; 3 Цар. 8:10–11; 4 Цар. 19:15);

г. Он далеко (в отношениях) от нечестивых (Пс. 10:5; 49:16–21; 144:20);

д. Он близко (в отношениях) к праведным (Пс. 10:7; 50:21; Ис. 57:15);

е. Христос — это полнота Божества телесно (Кол. 2:9);

ж. Бог пребывает в церкви (Иоан. 14:23; Рим. 8:9, 11; 1 Кор. 3:16; 6:19; Еф. 2:2; 3:17).

Особенности безмерности и вездесущности. Бог превосходит пространство. Бог безмерный и вездесущий в Своей сущности, безотносительно к существованию времени и материи, то есть Он всегда присутствует Сам в Себе. Бог также безмерный и вездесущий по отношению к творению. Пространство — это аспект творения, это не часть Бога. Данные совершенства означают, что Бог не распределен в пространстве, как если бы в каждом месте была только Его часть. Кроме того, Бог не привязан к одному месту. Он полностью присутствует в каждом месте и поддерживает пространство Своей безмерностью. Безмерность Бога не значит, что Он отделен от творения в деистическом смысле, хотя и значит, что Он отличается от творения и превосходит его. Бог поддерживает все творение тем, что полностью присутствует в каждой точке пространства. Он присутствует, например, как на небесах, так и в аду (напр., Откр. 14:9–10), как в праведных, так и в нечестивых. Лучше говорить, что Бог находится *со* временем и пространством, а не *во* времени и пространстве (вопреки концепции исключительно имманентного Бога в либерализме XIX века). Но верно и то, и другое, если не считать Бога ограниченным или связанным временем.

ЕДИНСТВЕННОСТЬ

Единственность Бога — это совершенная уникальность Его сущности, то есть Он не более чем одна сущность, и никакой другой божественной сущности нет.

Ниже перечислены библейские свидетельства единственности Бога:

1. Бог есть только одна сущность (Втор. 6:4; Марк. 12:29).

2. Бог уникален, есть только один Бог (Втор. 4:35; 32:39; Пс. 17:32; Ис. 40:18; 43:10–11; 44:6; 45:5).

3. Идолы суетны и пусты (Втор. 32:21; Пс. 95:5; Ис. 41:29; 44:9–20; Иер. 2:5, 11; 10:14–15; 16:18; 51:17–18; Дан. 5:23; Авв. 2:19).

4. В Новом Завете единственность Бога явлена в Иисусе Христе (Иоан. 17:3; Деян. 17:24; Рим 3:30; 1 Кор. 8:4–6; Еф. 4:5–6; 1 Тим. 2:5).

ЕДИНСТВО (ПРОСТОТА)

Простота Бога — это Его неделимость, полное отсутствие составных частей. То есть каждое Его совершенство и все они вместе — это и *есть* Его сущность.

Свидетельство Писания. Это совершенство подразумевается в утверждениях, что Бог есть истина, праведность, мудрость, дух, свет, жизнь, любовь и святость

(Иер. 10:10; 23:6; Иоан. 1:4–5, 9; 4:24; 14:6; 1 Иоан. 1:5; 4:8, 16; 1 Кор. 1:30). Такие тексты являют Бога как завершенную полноту каждого из этих качеств.

Совместимость с учением о Троице. Простота Бога не противоречит учению о Троице. Сущность Бога не состоит из трех Личностей. Но несоставная и нераздельная божественная сущность существует в каждом из трех Лиц. Разные личные свойства, уникальные для каждого Лица, — это не что-то, добавленное в божественную сущность, но лишь особенности Их личного бытия и отношений. Во всех внешних делах Троицы каждое из Лиц действует без разделения божественной сущности.

ВСЕВЕДЕНИЕ[24]

Божье всеведение — это Его совершенное знание Самого Себя, всего реального помимо Себя и всего, что не становится реальным, в одном вечном и простом (не имеющем частей, но имеющем различия) действии (усилии). Следует отметить, что данное определение не говорит, что Бог знает все «возможное», поскольку в Его вечном разуме и плане есть только реальное, но нет возможного. Он действительно знает, что могло бы произойти, если бы обстоятельства были другими, но поскольку в Его разуме и планах такого никогда не будет, их нельзя считать «возможными». «Возможно» только то, что есть в Божьем плане, потому что только это может стать реальным во времени[25].

Свидетельство Писания. Ниже перечислено то, что знает Бог, как сказано в Писании:

1. Сам триединый Бог (Матф. 11:27; Иоан. 1:18; 10:15; 1 Кор. 2:10).
2. Все сущее (2 Пар. 16:9; Ис. 40:13; 1 Иоан. 3:20; Рим. 11:34; Евр. 4:13).
3. Все нужды (Матф. 6:8, 32).
4. Даже самые незначительные физические вещи (Матф. 10:30).
5. Сердце человека (3 Цар. 8:39; Пс. 7:10; Прит. 15:11; Иер. 11:20; 17:9–10; 20:12; Лук. 16:15; 1 Иоан. 3:20; Рим. 8:27; 1 Фес. 2:4).
6. Помышления и намерения человека (Пс. 138:2; Иез. 11:5; 1 Кор. 3:20).
7. Человек во всей полноте своего существа и поступков (Пс. 138).
8. Преисподняя и Аваддон (Прит. 15:11).
9. Грех и нечестие человека (Пс. 68:6; Иер. 16:17; 18:23; 32:19).
10. То, что могло бы произойти с человеческой точки зрения (1 Цар. 23:10–13; 4 Цар. 13:19; Пс. 80:13–17; Иер. 26:2–7; 38:17–20; Иез. 3:4–6; Матф. 11:21).
11. Люди до своего зачатия (Пс. 138:13–16; Иер. 1:5; Рим. 8:28–30; Откр. 13:8; 17:8).
12. Будущее (Ис. 41:22–26; 42:8–9; 43:9–12; 44:6–8; 46:9–11).
13. Дни и географические пределы, назначенные для каждого человека (Пс. 30:16; 38:5–6; 138:7–16; Иов. 14:5; Деян. 17:26).

---

[24] Некоторые богословы, включая Германа Бавинка, Луи Беркхофа, Чарльза Ходжа и У. Г. Т. Шедда, относят всеведение к передаваемым совершенствам.

[25] Здесь мы отвергаем все формы среднего знания, будь то классическая молинистская концепция или так называемая «компатибилистическая» переформулировка. См. ниже «Природа Божьего знания» (с. 187).

Вечная приоритетность Божьего знания. У Бога знание вечное и априорное («от предыдущего», то есть исходящее от известной или предполагаемой причины к необходимому следствию), а не апостериорное («от последующего», то есть от частного к принципам, от следствий к причинам). Его знание предшествует всему, что существует вне Бога, оно не происходит ни от чего вне Его (Рим. 8:29; 1 Кор. 2:7; Еф. 1:4–5; 2 Тим. 1:9). Оно также совершенное, никогда не увеличивается (Ис. 40:13–14; Рим. 11:34), и определенное—четко сформулированное, точное, надежное, твердое и исчерпывающее (Пс. 138:1–3; Евр. 4:13). Божье знание также вечно активное, оно никогда не пассивное, поскольку сущность Бога вечно активная.

Следствия Божьего знания. Поскольку Божье знание активно, у него есть следствия. Эти следствия преходящи в человеческом опыте, но для Бога это непреходящая реальность—не в смысле времени, поскольку для Него нет последовательности мгновений, а в том смысле, что Бог сознательно и вечно воспринимает их. К основным следствиям Божьего знания во времени относятся сотворение физического мира (Пс. 103:24; 135:5), создание церкви (Еф. 3:10), все действия Бога во времени, включая дарование спасения (Рим. 11:33), а также поклонение человека (Иов. 11:7–9; Пс. 138:17–18; Рим. 11:33).

Природа Божьего знания. Есть два аспекта Божьего знания. Его *знание!естественное*—это осознание Богом Самого Себя. А Его *знание!свободное*—это знание (1) всего, что становится реальным во времени по Его свободной суверенной воле на основании Его извечного решения; (2) всего, что не становится реальностью; и (3) того, как Он проявляет или не проявляет Себя через все внешнее.

Необходимо делать различие между Божьим естественным знанием и Его свободным знанием. Без такого различия получится пантеизм, поскольку знание Бога о Себе зависело бы от Его знания о творении. Однако Бог знает Себя совершенно, независимо от Своего творения.

Тем не менее Его естественное и свободное знание не следует разделять столь резко, как если бы Его извечное решение имело произвольный характер. Бог не выбрал наугад некоторые из Своих идей, чтобы произвести реальность. Напротив, Его свободное знание слало результатом Его естественного знания; то есть совершенное знание Богом Самого Себя содержит и знание о том, как явить Себя творению в величайшей славе. Следуя этому принципу прославить Себя в высшей степени, Божье естественное знание выразилось в вечном и всеохватывающем извечном решении, которым Бог предопределил все происходящее. Поскольку Бог такой, какой Он есть, Он делает то, что делает.

Люди могут знать Бога благодаря Его свободному знанию, явленному в творении. Но они не могут познать Бога через Его естественное знание, поскольку это значило бы знать Бога так, как Он Сам знает Себя. Человек в ограниченной степени может обладать Божьим свободным знанием, но Бог владеет Своим свободным знанием в совершенстве, поскольку Его знание бесконечно.

Кроме того, Божье знание первично. Это исходный образец для всего вне Самого Бога[26]. Он знает Вселенную в ее вечном замысле, прежде ее ограниченного существования во времени и пространстве. Божье знание исходит от Него Самого, не зависит ни от какого внешнего источника, а потому предшествует всему внешнему.

Знание, которым обладает Бог, интуитивное, внутренне присущее и непосредственное, это не следствие наблюдений и рассуждений, происходящих во времени. В то же время оно имеет логическую структуру. Божье знание относится к Его деятельности, а не только к содержанию, оно простое и мгновенное в своем проявлении. Бог все знает полностью и сразу, а не постепенно одно за другим. Тем не менее Он также знает порядок и различия между всеми вещами.

Божье знание исчерпывающее и абсолютно осознанное. Знание человека частичное и по большей части неосознанное. Божье знание — это «чистое действие», оно не может быть пассивным (основанным на исследовании), как у человека, это Его вечная воля. И оно непосредственное, а не деистическое. То есть Бог не устранен от того, что знает. У Него всегда прямое, непосредственное восприятие всего, что Он знает.

Божье предузнание в Новом Завете. Опираясь на историю греческого глагола *proginōskō* (выражающего новозаветное понятие предузнания) и библейские свидетельства о всеведении Бога, богословы расширяют понятие о Божьем предузнании, чтобы в него входило Его личное намеренное знание всего, прежде чем оно станет реальным во времени и пространстве. В качестве доказательства этого более широкого значения предузнания можно указать на пророчества о будущем (напр., Ис. 41:22–26; 42:9; 43:9–12; 44:7; 46:10).

Однако когда глагол *proginōskō* и существительное *prognōsis* используются для описания Божьего предузнания, они говорят о совершенно целенаправленном личном познании Богом всех, кто входит в Его искупительный план прежде их существования во времени и пространстве. При таком понимании, особенно в Новом Завете, Божье предузнание является сотериологическим. Бог предузнал избранных израильтян как Свой народ завета (Рим. 11:2), Иисуса Христа как распятого и воскресшего (Деян. 2:23–24; 1 Пет. 1:18–20) и всех христиан как предопределенных, избранных, призванных, верующих, освященных, оправданных и прославленных (1 Пет. 1:2; Рим. 8:29). Божье предузнание не пассивное, оно не зависит от того, что Бог предвидел, как поступят люди. Наоборот, оно предназначено Богом от вечности. Павел заявил, что Бог «предузнал» (греч. *proginōskō*) только тех, кого Он также «предопределил», «призвал», «оправдал»

---

[26] Беркхоф. Систематическое богословие. С. 69.

и «прославил» (Рим. 8:29–30). Важно отметить, что в Римлянам 8:28 они названы призванными «по Его изволению». В этом контексте Божье предузнание намеренное, оно относится только к тем, кто будет эффективно призван в свое время к спасающей вере во Христа. Когда Новый Завет говорит о *Божьем* предузнании, его объект зсегда люди, а не факты, и эти люди всегда те, кого Он искупил[27].

ВСЕМОГУЩЕСТВО[28]

Всемогущество Бога значит, что Он может делать все, что соответствует Его природе.

Свидетельство Писания. Библейские свидетельства о всемогуществе Бога видны в следующих наблюдениях:

1. Имена и титулы Бога показывают Его силу: *el, elohim* (Бог), *el shaddai* («Бог всемогущий»), *adonai*, Яхве, *Yahweh-tsabaoth* («Господь воинств»), «Сильный Израилев» (Ис. 1:24), «Царь царей и Господь господствующих» (1 Тим. 6:15; Откр. 19:16), «Господь всемогущий» (2 Кор. 6:18; см. Откр. 1:8; 4:8; 11:17) и «блаженный и единый сильный» (1 Тим. 6:15).
2. Для Бога нет ничего слишком трудного, нет ничего невозможного (Быт. 18:14; Иов. 42:2; Иер. 32:27; Зах. 8:6; Матф. 3:9; 19:26; 26:53; Лук. 1:37; 18:27; Еф. 3:20).
3. Бог делает все, что Ему угодно (Пс. 113:11; Ис. 14:24, 27; 46:10; 55:11; Дан. 4:32).
4. Божьи дела являют Его всемогущество (Пс. 8; 17; 18; 23; 28; 32; 103) в сотворении (Быт. 1; Пс. 8:4; Ис. 42:5; 44:24; 45:12, 18; 48:13; Зах. 12:1; Рим. 1:20), провидении (Евр. 1:3) и искуплении (Рим. 1:16; 1 Кор. 1:24).
5. Сила у Бога (Пс. 61:12; 95:7; Откр. 4:11; 5:12; 7:12; 19:1).

Чего Бог не может делать. Есть то, чего Бог, согласно Писанию, не может делать, потому что это противоречило бы Его характеру или явленной воле. Он не может каяться (как человек) или лгать (Чис. 23:19; 1 Цар. 15:29; Евр. 6:18), отречься Себя (2 Тим. 2:13), искушаться (чтобы поддаться искушению) (Иак. 1:13) или изменяться в Своей сущности, целях или обещаниях (Иак. 1:17; Мал. 3:6).

Правильное представление о Божьей силе. Существуют ошибочные и библейские способы описания Божьей силы, которые следует различать.

---

[27] В качестве возражений против данного заявления могут быть выдвинуты два текста. В Деян. 26:5 греч. глагол *proginōskō* используется по отношению к евреям, знавшим Павла в прошлом. В 2 Пет. 3:17 этот глагол относится к людям, знающим фактическое содержание. На основании этих текстов некоторые утверждают, что Божье предузнание—это только интеллектуальное, фактическое знание о ком-то или о чем-то раньше какого-то момента времени. Но в Деян. 26:5 и 2 Пет. 3:17 говорится только о *человеческом* знании другого человека, тогда как выше приводились тексты, говорящие о *Божьем* знании людей в Его плане искупления. Кроме того, в Деян. 26:5 может иметься в виду не просто заблаговременное знание, а, возможно, личное знание, ведь иудейские вожди на самом деле хорошо знали молодого тарсянина Савла. Более подробно о Божьем предузнании в связи с избранием и спасением, см. «Основание избрания» (с. 524) в гл. 7 «Спасение».

[28] Некоторые богословы, включая Германа Бавинка, Луи Беркхофа, Чарльза Ходжа и У. Г. Т. Шедда, относят всемогущество к передаваемым совершенствам.

Неверное представление. В истории богословской мысли многие утверждали, что Бог обладает абсолютной силой в том смысле, что способен делать все, в том числе грешить, страдать, умереть, превратиться в камень или в животное, превратить хлеб в тело Христа, делать противоречивые вещи, изменять прошлое и делать истинное ложным или ложное — истинным. Другие же полагали, что Бог может делать только то, что Ему угодно (согласованная сила).

Библейское представление. Писание показывает, что Бог Своей силой (теоретически) способен делать больше, чем то, что на самом деле происходит, но Его сила действует в связи с Его волей и всеми остальными совершенствами (Быт. 18:14; Иер. 32:27; Зах. 8:6; Матф. 3:9; 19:26; 26:53; Лук. 1:37; 18:27; Еф. 3:20). Поэтому правильное представление о Божьей силе заключается в том, что Он обладает абсолютной силой и теоретически может делать больше, чем Он фактически делает, но не то, что противоречит Его сущности. Единственная реальная божественная сила — это «согласованная сила» Бога, то есть Его способность делать все, что Он решил сделать. Поскольку Божье извечное решение — это результат всех Его совершенств, Он будет делать только то, что решил сделать. Поэтому Его способность ограничена тем, что Ему угодно делать от вечности.

СОВЕРШЕНСТВО[29]

Совершенство Бога говорит не только о Его нравственном совершенстве, то есть Его совершенной святости, справедливости и благости, но и о том, что Бог — это совокупность всех возможных совершенств.

Ниже перечислены свидетельства Писания о совершенстве Бога:

1. Божье величие в своей полноте выходит за рамки человеческого познания (Пс. 144:3; Ис. 40:28).
2. Божья милость к боящимся Его больше, чем человек может постигнуть (Пс. 102:11).
3. Божий труд совершенен в том, что Его дела совершенно истинны и справедливы (Втор. 32:4).
4. Божий путь совершенен, поэтому Слово Божье совершенно истинно (2 Цар. 22:31).
5. Бог нравственно совершенен (Матф. 5:48).

Герман Бавинк хорошо объясняет, что для Бога значит быть совершенным: «Творение совершенно... в своем роде и в ограниченном тварном смысле, когда идея, каким оно должно быть, полностью реализована в нем. Так и Бог совершенен, поскольку идея Бога полностью соответствует Его бытию и природе»[30]. Бог абсолютно совершенен, ничем не встревожен внутри Себя и ничем не обременен извне. Он совершенно самодостаточен. Далее Бавинк обобщает,

---

[29] Некоторые богословы, включая Германа Бавинка, Луи Беркхофа, Чарльза Ходжа и У. Г. Т. Шедда, относят совершенство к передаваемым совершенствам.

[30] Bavinck, *Reformed Dogmatics*, 2:250.

что Бог — это «совокупность всех возможных совершенств, само наивысшее совершенство, Он бесконечно удален от любых недостатков и ограничений»[31]. Благодаря Своему абсолютному совершенству и самодостаточности Бог — самое счастливое из всех мыслимых существ. Поэтому из учения о совершенстве Бога вытекает учение о блаженстве Бога (см. «Блаженство», с. 200).

Передаваемые совершенства

ДУХОВНОСТЬ И НЕВИДИМОСТЬ

Духовность и невидимость Бога означают полное отсутствие материи в божественной сущности, так что Его сущность невозможно воспринимать физическими чувствами.

Свидетельство Писания. Ниже перечислены основные положения библейского учения о духовности и невидимости Бога:

1. Бог вечный (Пс. 89:2–3), вездесущий (Пс. 138:7–12) и невидимый (Рим. 1:20; Кол. 1:15–16; 1 Тим. 1:17; Евр. 11:27; см. также Исх. 33:20).
2. Хотя у Бога есть присущая Ему форма (Флп. 2:6), эта форма невидимая (Втор. 4:12, 15; Иоан. 1:18; 5:37; 6:46; 1 Иоан. 4:12, 20; 1 Тим. 6:16), потому что она не физическая.
3. Бог присутствует в Своем творении духовно (Быт. 2:7; Иов. 33:4; Пс. 32:5–6; 103:30; 138:7).
4. Иисус Христос сказал, что Бог есть дух (Иоан. 4:24).

А как насчет надежды увидеть Бога? Невидимость Бога кажется противоречащей надежде верующих увидеть Бога после воскресения (Иов. 19:26; Пс. 16:15; Матф. 5:8; 1 Иоан. 3:2; Откр. 22:4). В прошлом это созерцание называли «блаженным видением». Как же люди, даже получив воскресшие тела, увидят «лицо» Бога? В ответе следует учесть, что даже в своих воскресших телах люди останутся людьми, а потому их форма и способности все равно будут ограниченными. Однако на небесах и в вечности на верующих не будет влиять живущий внутри грех, поэтому они будут в большей мере воспринимать Бога, поскольку их духовное зрение станет лучше. Утверждения, что в будущем верующие увидят Бога и Его лицо, следует понимать в смысле лучшего духовного видения Божьего откровения о Себе, а не в смысле физического восприятия Его сущности. В вечности у верующих духовное восприятие Бога превзойдет то, что доступно физическим чувствам (см. Иоан. 14:7–9, где Иисус описывает, как можно видеть Бога опосредованно, не видя каждый Его аспект; см. 1 Иоан. 3:2). В Священном Писании «лицо» Бога (напр., Матф. 18:10) — это антропоморфизм, обозначающий внешнее выражение Богом собственного присутствия. «Лицо» Бога не относится к Его сущности[32].

---

[31] Ibid.

[32] Более подробно о соотношении блаженного видения и невидимости Бога см.: Michael Riccardi, "Seeking His Face: A Biblical and Theological Study of the Face of God" (master's thesis, The Master's Seminary, 2015).

МУДРОСТЬ

Божья мудрость—это Его совершенное знание, как Ему следует действовать, чтобы осуществить все, что Ему угодно, для Своей славы. Данное определение основано на еврейском слове *hokmah*, переводимом как «мудрость» или «умение».

Свидетельство Писания об этом атрибуте видно в том, что Своей мудростью Бог творил (Иов. 9:4; 37–38; Пс. 18:2–8; 103:1–34; Прит. 8:22–31; Ис. 40:28; Иер. 10:12) и Своей мудростью спасает (Втор. 4:6–8; Рим. 11:25–33 [особ. 11:33]; 14:24–26 [особ. 14:26]; 1 Кор. 2:6–13; Еф. 3:10–11; Откр. 5:12). Бог—источник мудрости (Прит. 2:6; 9:10; Иак. 1:5). Более того, Он премудрый, то есть абсолютно мудрый (Иов. 12:13; Пс. 146:5; Ис. 40:28; Рим. 11:33; 14:26).

ИСТИНА И ВЕРНОСТЬ

Истина и верность Бога—это идеальное соответствие Его природы тому, каким должен быть Бог, и тому, насколько надежны Его слова и дела, а также точны Его знание, мысли и слова.

Ниже перечислены библейские свидетельства об этом атрибуте:

1. Он единственный настоящий Бог; поэтому Он истинный, в отличие от ложных богов (Втор. 32:21; Пс. 95:5; 96:7; 113:12–16; Ис. 44:9–10; Иоан. 14:6; 17:3; 1 Иоан. 5:20).
2. Он не может лгать или раскаиваться, как человек, то есть так, чтобы Его слово оказалось неверным (Чис. 23:19; 1 Цар. 15:29).
3. Бога характеризует *khesed* (евр. «верная любовь») и истина (2 Цар. 2:6; 15:20; Пс. 39:12).
4. Все Божьи слова истинны и верны (2 Цар. 7:28; Пс. 18:10; 24:10; 32:4; 110:7; 118:86, 142, 151; Дан. 4:34; Иоан. 17:17; Еф. 1:13).
5. Бог богат истиной (Исх. 34:6, НРП).
6. Верность Бога достигает облаков (Пс. 35:6).
7. Бог—скала прибежища благодаря Своей надежности (Втор. 32:4, 15, 18, 30, 37; Пс. 17:3–4; 30:7; 35:6; 42:2–3; 53:9; 56:4; 70:22; 95:13; 142:1; 145:6; Ис. 26:4).
8. Бог хранит Свои заветы (Втор. 4:31; 7:9; Неем. 1:5; Пс. 39:12; Дан. 9:4).
9. Бог верен в даровании полного спасения (1 Иоан. 1:9; 1 Кор. 1:9; 10:13; 1 Фес. 5:24; 2 Фес. 3:3; Евр. 10:23; 11:11).
10. Все Божьи обещания во Христе—«да» и «аминь» (2 Кор. 1:18–20).

Бог истинен метафизически. Он такой, каким и должен быть Бог. Он не таков, как ложные боги, которые суета и ложь (Пс. 95:5; 96:7; 113:12–16; Ис. 44:9–10).

Бог истинен этически. Его откровение о Себе совершенно надежно (Исх. 34:6; Чис. 23:19; Втор. 32:4; Пс. 24:10; 30:7; Иер. 10:8, 10; Иоан. 14:6; 17:3; 1 Иоан. 5:20–21; Рим. 3:4; Тит. 1:2; Евр. 6:18). Это значит, что Бог абсолютно верен (Втор. 7:9; Пс. 88:34; Ис. 49:7; Пл. Иер. 3:22–23; 1 Кор. 1:9; 2 Тим. 2:13; Евр. 6:17–18; 10:23).

Бог истинен логически. Он знает все так, как оно есть на самом деле.

БЛАГОСТЬ

Божья благость заключается в том, что Он есть совершенная совокупность, источник и мерило (для Себя и Своих созданий) всего благоприятного (ведущего к благополучию), добродетельного, благотворного и прекрасного.

Свидетельство Писания. Божья благость видна в следующих свидетельствах из Библии:

1. Никто не благ, кроме Бога (Матф. 5:48; Марк. 10:18; Лук. 18:19).
2. Все создания призваны хвалить Его благость (1 Пар. 16:34; 2 Пар. 5:13; Пс. 105:1; 106:1; 117:1; 135:1; Иер. 33:11).
3. Люди призываются уповать на Господа и узнать, как Он благ (Пс. 33:9).

Объяснение Божьей благости. Бог есть абсолютное благо (Марк. 10:18; Лук. 18:19). В связи с этим Он не может быть доволен ничем, кроме абсолютного совершенства. Поэтому, в конечном счете, Бог может быть доволен только Собой. Следовательно, когда Он любит Свои создания, Он любит их в основном благодаря тому, каков Он Сам[33]. Бог абсолютно и совершенно благ.

Бог—источник всех благословений для сотворенных Им существ (Иак. 1:17). Он наивысшее благо (лат. *summum bonum*) для Своих созданий—правильная цель для всех, стремящихся к истинной благости.

ЛЮБОВЬ

Божья совершенная любовь—это Его решимость отдавать Себя ради Себя и других, Его благосклонность к Себе и к Своему народу. Данное определение подтверждает, что у Бога есть чувства или эмоции, но следует отметить, что чувства Бога—это не страсти, которыми Он движим, а активные принципы, посредством которых Он выражает Свой святой характер. Бог не бесчувственный или неспособный к состраданию; однако мнение, что Бог подвержен эмоциональным колебаниям, не соответствует Библии.

Ниже перечислены библейские свидетельства о Божьей любви:

1. Ветхий Завет многократно говорит о Божьей любви (Втор. 4:37; 7:8, 13; 10:15; 23:5; 2 Пар. 2:11; Ис. 43:4; 48:14; 63:9; Иер. 31:3; Ос. 11:1, 4; 14:5; Соф. 3:17; Мал. 1:2).
2. Бог любит не только самих людей (Втор. 4:37; 7:8, 13; 23:5; Пс. 77:68; 145:8; Прит. 3:12; 2 Пар. 2:11; Иер. 31:3; Мал. 1:2), но и добродетели (проявляемые ими), такие как справедливость и праведность (Пс. 10:7; 32:5; 36:28; 44:8).
3. Божья любовь в высшей степени проявляется между тремя Лицами Троицы (Иоан. 3:35; 5:20; 10:17; 14:31; 15:9; 17:24, 26). То, что эта любовь включает в себя чувства, подтверждается использованием греческого глагола *phileō* для описания любви Отца к Сыну (Иоан. 5:20).
4. Божья любовь явлена в жертве Христа за грех (Иоан. 15:13), за мир, за церковь (Иоан. 3:16; 1 Иоан. 4:9–10; Рим. 5:7–8; 8:37) и за отдельных людей (Иоан. 14:23;

---

[33] См. «Конечная цель спасения» (с. 512) в гл. 7 «Спасение».

16:27; 17:23; Рим. 9:13; Гал. 2:20). В Иоанна 16:27 любовь Бога Отца к верующим включает в себя чувства, о чем свидетельствует глагол *phileō*, описывающий любовь Отца.

5. Сущность Бога есть любовь (1 Иоан. 4:8, 16).

БЛАГОДАТЬ

Божья благодать означает, что Бог в совершенстве дарует благосклонность тем, кто не может ее заслуживать, поскольку они оставили ее и подлежат божественному осуждению. Благодать—это просто «благосклонность» (евр. *khen;* греч. *charis*), поэтому сама по себе она не подразумевает наличия каких-либо заслуг или их отсутствия. Бог всегда благосклонен к Себе прежде чего-либо или кого-либо другого.

Ниже перечислены основные положения библейского учения о Божьей благодати:

1. Благодать обращена в основном на Божий народ (Быт. 6:8; Исх. 33:12, 17; 34:9; Прит. 3:34).
2. Израиль был избран и благословлен Богом только по Его благодати (Исх. 15:13, 16; 19:4; 34:6–7; Втор. 4:37; 7:7–8; 8:14, 17–18; 9:5, 27; 33:3; Ис. 35:10; 43:1, 15, 21; 54:5; 63:9; Иер. 3:4, 19; 31:9, 20; Иез. 16:60–63; Ос. 8:14; 11:1).
3. Божья благодать изобильна (Исх. 34:6; 2 Пар. 30:9; Неем. 9:17; Пс. 85:15; 102:8; 110:4; 114:5; Ион. 4:2; Иоил. 2:13; Зах. 12:10).
4. В Новом Завете Божья благодать—это, главным образом, Его безвозмездная, незаслуженная благосклонность к грешникам, получающим спасение от греха (1 Пет. 5:10; Рим. 3:24; 5:15; 6:23; Еф. 1:6–7; 2:5, 7–8; 2 Фес. 2:16; Тит. 3:7). Это особая, действенная, спасающая благодать, в отличие от общей благодати, то есть общей заботы Бога о творении. Такая благосклонность даруется суверенной Божьей волей без учета заслуг или их отсутствия. Бог всегда дарует благодать, потому что хочет это делать.
5. Божья благодать явлена в Иисусе Христе (Иоан. 1:14; 1 Пет. 1:13).
6. Дарование Богом духовных и земных благословений называется «благодатью» (Иак. 4:6; Рим. 6:1; 12:6–8; Еф. 4:7–12; Флп. 1:2; Кол. 1:2).
7. Божья благодать незаслуженная, она не допускает заслуг (Иоан. 1:17; Рим. 4:4, 16; 6:14, 23; 11:5–6; Гал. 5:3–4; Еф. 2:7–9).

МИЛОСТЬ

Божья милость значит, что Бог в совершенстве имеет такое глубокое сострадание к Своим творениям (людям), что великодушно проявляет благость к ним в их жалком, плачевном состоянии, хотя они не заслуживают этого. Такое определение частично основано на словах, используемых в оригинальном тексте Библии, означающих «милость» (евр. *rakhamim;* греч. *eleos, oiktirmos*). Как и в случае с благодатью, это совершенство не учитывает наличия или отсутствия заслуг у людей, к которым Бог проявляет милость.

Ниже перечислены свидетельства Писания о Божьей милости:

1. Милость—это совершенство или атрибут Бога (Исх. 34:6; Втор. 4:31; 2 Пар. 30:9; Пс. 85:15; 102:8; 110:4; 111:4; 144:8).
2. Она многообразна (Исх. 20:6; Втор. 5:10; 2 Цар. 24:14; Неем. 9:19; Пс. 50:3–4; 56:11; 85:5; Дан. 9:9, 18).
3. Она не истощается (Пл. Иер. 3:22).
4. Милость—это аспект Божьей отцовской любви и заботы (Пс. 102:13).
5. Она дается грешникам после божественного наказания (Ис. 14:1; 49:13–18; 54:8; 55:7; 60:10; Иер. 12:15; 30:18; 31:20; Ос. 2:21–23; Мих. 7:19).
6. Бог назван «Отцом милосердия» (2 Кор. 1:3).
7. Бог явил Свою милость во Христе (Лук. 1:50–54).
8. Христос явил Божью милость во время Своей земной жизни и как Великий Первосвященник на небесах (Матф. 9:36; 14:14; 20:34; Евр. 2:17).
9. Бог являет милость, даруя спасение во всех его аспектах. Это включает поддержку в христианской жизни и кульминацию спасения при возвращении Христа (1 Пет. 1:3; 2:10; 2 Иоан. 3; Иуд. 2, 21; Рим. 9:23; 11:30; 1 Кор. 7:25; 2 Кор. 4:1; Еф. 2:4; Флп. 2:27; 1 Тим. 1:2, 13, 16; 2 Тим. 1:2, 16, 18; Евр. 4:16).

ДОЛГОТЕРПЕНИЕ

Божье долготерпение говорит о том, что Он абсолютно спокоен в отношении Самого Себя и по отношению к грешникам, вопреки их постоянному непослушанию и пренебрежению Его предупреждениями. Бог не «выходит из себя», а действует спокойно, с надлежащим чувством, согласно Своему вечному суверенному плану. Спокойствие означает не то, что у Бога отсутствуют чувства, а что чувства не овладевают Им и не вынуждают действовать наперекор Своей природе.

Свидетельство Писания о Божьем долготерпении заметно в следующих наблюдениях:

1. Бог проявляет терпение к тем, кто достоин божественного наказания (Исх. 34:6; Чис. 14:18; Неем. 9:17; Пс. 85:15; 102:8–9; 144:8; Иер. 15:15; Иоил. 2:13; Ион. 4:2; Наум. 1:3).
2. Бог долготерпел до дней Христа (1 Пет. 3:20; Рим. 3:25).
3. Божье долготерпение сейчас особенно проявляется к грешникам через Иисуса Христа (2 Пет. 3:9, 15; Рим. 2:4; 9:22–23; 1 Тим. 1:16).
4. Бог терпелив в том, что не сразу реагирует на вопли о справедливой мести (Откр. 6:9–11).

СВЯТОСТЬ

Божья святость—это присущее Ему абсолютное величие, благодаря которому Он совершенно отличается от всего вне Себя и в нравственном отношении полностью отделен от греха. В центре данного определения стоит понятие отделения, которое обозначается еврейскими и греческими словами со значением «святой» (евр. *qadosh;* греч. *hosios, hagios*). Среди свидетельств Писания есть два аспекта Божьей святости:

Величественная святость. Это значит, что Бог по природе велик и безупречен в Своем характере, а потому абсолютно отличается от всех Своих созданий бесконечным величием. Он величественно уникален. Такое значение Божьей святости поясняет все остальные Его атрибуты, и все они поясняют Его святость. Это абсолютное отличие утверждается как Ветхим Заветом (Исх. 15:11; 1 Цар. 2:2; 2 Пар. 30:27; Пс. 5:8; 21:4; 47:2; 70:22; 88:19; 96:12; 97:1; 98:3, 5, 9; 102:1; 104:3; 144:21; Прит. 30:3; Ис. 5:16; 6:3; 10:20; 29:23; 43:14–15; 49:7; 54:5; 57:15; Иер. 51:5; Ос. 11:9; Авв. 1:12), так и Новым (Марк. 1:24; Лук. 1:49; 4:34; Иоан. 17:11; Откр. 4:8; 6:10; 15:4).

Этическая, нравственная святость. Поскольку Бог по Своей природе велик и потому абсолютно отличается от всего, что Его окружает, Он совершенно отделен от греха, будучи нравственно и этически совершенным, гнушаясь грехом и требуя чистоты от созданных Им нравственных существ (Лев. 11:44; 19:2; 20:26; 22:32; И. Нав. 24:19; Иов. 34:10; Пс. 5:6; 7:12; Ис. 1:12–17; Иез. 39:7; Ам. 2:7; 5:21–23; Авв. 1:13; Зах. 8:17; 1 Пет. 1:15–16).

ПРАВЕДНОСТЬ (СПРАВЕДЛИВОСТЬ)

Божья праведность—это Его совершенная, абсолютная справедливость в Себе и по отношению к Себе, предотвращение всего, что нарушало бы справедливость Его характера, а также Его откровение о Себе в делах справедливости. И ветхозаветный еврейский термин (*tsedeqah*), и новозаветный греческий термин (*dikaiosynē*), переводимые как «праведность», означают соответствие норме.

Категоризация и свидетельство Писания. Библия описывает два типа справедливости:

Ректоральная справедливость. Это правота Бога (от лат. *rectus*, «прямой») как нравственного Правителя, Законодателя и Судьи всего мира в том, что Он с помощью обещаний награды и наказания требует исполнять закон (Втор. 4:8; 2 Цар. 23:3; Пс. 9:5; 98:4; 118:7, 62, 75, 106; Ис. 33:22; Лук. 1:6; Иак. 4:12; Рим. 1:32; 2:26; 7:12; 8:4; 9:31).

Воздающая справедливость. Этот аспект Божьей праведности—это Его правота в исполнении закона, в распределении наград и наказаний (3 Цар. 8:32; 2 Пар. 6:23; Пс. 7:12; Ис. 3:10–11; 11:4; 16:5; 31:1; 1 Пет. 1:17; Рим. 2:6; 2 Тим. 4:8). Две категории воздающей справедливости Бога—карающая и вознаграждающая. Карающая справедливость значит, что Бог взыскивает за неповиновение Его закону (2 Пар. 12:6; Езд. 9:15; Неем. 9:26–30; Пс. 128:4; Ис. 5:15–16; Иер. 11:20; Иез. 28:22; 36:23; 38:16–23; 39:27; 43:8; Дан. 9:14; Ос. 10:2; Соф. 3:5; Рим. 1:32; 2:9; 12:19; 2 Фес. 1:8; Откр. 15:3; 16:5, 7; 19:2, 11). Вознаграждающая справедливость значит, что Бог раздает награды за послушание Его закону (Втор. 7:9, 12–13; 2 Пар. 6:14–15; Пс. 57:12; Мих. 7:20; Матф. 25:21, 34; Рим. 2:7; Евр. 11:26). Бог не обязан давать награды за послушание, поскольку человек и так должен повиноваться Ему. Но Он милостиво их дает (Иов. 41:11; Лук. 17:10; 1 Кор. 4:7).

Божья святость и праведность в спасении. Святой и праведный Бог требует святости и праведности от людей, которые будут в правильных отношениях с Ним (Лев. 11:44; Пс. 28:2; 1 Пет. 1:15–16). Бог находится в абсолютном и полном противостоянии греху, поэтому Он должен осудить и наказать грех. В спасении грешников открываются святость и праведность Бога, поскольку в процессе спасения Бог действенно осуждает грех и вменяет праведность людям, так что Он может принять их как святых, не поступаясь Своей святостью и праведностью.

Бог явил Свою святость и праведность в спасении Израиля в прошлом и явит ее в спасении Его народа в будущем. Например, в Иезекииля 39:21–29 Бог судит и восстанавливает Израиль, чтобы поддержать и явить Свою святость. Многие подобные тексты показывают, что Бог являет Свою святость и праведность, отделяясь от Израиля, а также судя и спасая его (святость: Лев. 20:26; Пс. 97:1; 98:9; 104:3; 105:47; 107:8; 110:9; Ис. 10:20; 12:6; 41:14, 20; 43:3, 14; 45:11; 47:4; 49:7; 52:10; 55:5; Иез. 36:21–23; Ос. 11:9; праведность: Неем. 9:8; Пс. 71:2; 84:14; 114:5; Ис. 45:21–25; Иер. 33:15; Мал. 4:2). Божья святость и праведность особенно ярко проявились в спасении через Господа Иисуса Христа (Рим. 3:21–22, 24, 26, 30; 4:6, 25; 5:1, 9; 8:30, 33; 1 Кор. 6:11; Гал. 2:16–17; 3:24).

РЕВНОСТЬ

Божья ревность — это Его усердная защита всего, что принадлежит Ему (Он Сам, Его имя, Его слава, Его народ, Его исключительное право на поклонение и послушание, Его земля и Его город).

Ревность Бога видна в следующих положениях Писания:

1. Имя Бога — Ревнитель (Исх. 34:14).
2. Бог ревнует о том, чтобы быть единственным Богом, Которому поклоняются и служат (Исх. 20:5; Втор. 4:24; 5:9; 6:15; 29:18–20; 32:16, 21; 3 Цар. 14:22; Пс. 77:58–59; 78:1–7; 1 Кор. 10:22).
3. Бог ревнует о том, чтобы Ему служили как святому Богу (И. Нав. 24:19; Иак. 4:5).
4. Бог ревностно наказывает Свой грешащий народ (Пс. 78:1–7; Иез. 16:42; 23:25).
5. Бог по Своей ревности восстанавливает Свой народ (4 Цар. 19:31; Ис. 37:32; 63:15).
6. Бог ревнует о Своем святом имени и славе (Иез. 39:25).
7. Бог по Своей ревности утвердит Мессию как Царя на престоле Давида (Ис. 9:6–7).
8. Бог ревностно мстит Своим врагам (Ис. 42:13; 59:16–20; Иез. 5:13; 36:5; 38:19; Наум. 1:2; Соф. 3:8).
9. Бог ревнует о земле Ханаанской и Иерусалиме (Иез. 36:5–38; Зах. 1:14).

ВОЛЯ

Божья воля — это Его совершенное решение и суверенное определение всего, что касается как Его Самого (включая Его установления и действия), так и Его творения (включая события истории, а также мысли и дела людей), и все это ради величия Его славы.

Свидетельство Писания. Все зависит от Божьей воли[34]:

1. Сотворение и сохранение (Пс. 134:6; Иер. 18:6; Откр. 4:11);
2. Власть (Прит. 21:1; Дан. 4:14, 22, 29, 32);
3. Избрание и осуждение (Рим. 9:15–16, 18; Еф. 1:11–12);
4. Страдания Христа (Лук. 22:42; Деян. 2:23; 4:27–28);
5. Возрождение (Иоан. 1:13; Иак. 1:18);
6. Освящение (Флп. 2:13);
7. Страдания верующих (1 Пет. 3:17);
8. Жизнь и судьба человека (Ис. 45:9; Деян. 18:21; Иак. 4:15; Рим. 15:32);
9. Самые незначительные мелочи (Матф. 10:29).

Божья воля—суверенная и не зависит ни от чего внешнего[35]:

1. Бог действует, как Ему угодно (Пс. 113:11; Прит. 21:1; Дан. 4:32).
2. Он никому не дает отчета (Иов. 33:13; Ис. 46:10; Матф. 20:15; Рим. 9:19–20).
3. Он сравнивается с горшечником, а Его создания—с глиной (Иов. 10:9; 33:6; Ис. 29:16; 64:8; Иер. 18:1–10; Рим. 9:19–24).
4. Перед Ним народы—«менее ничтожества» (Ис. 40:15–17).
5. Никто не может помешать Богу поступать, как Ему угодно (Иов. 9:2–13; 11:10; Ис. 10:15; Дан. 4:32).
6. Он милует или ожесточает исключительно по Своей воле (Рим. 9:15–18).
7. Святой Дух распределяет духовные дары, как Ему угодно (1 Кор. 12:11).
8. Человек не вправе требовать, чтобы Бог определенным образом проявил Свою волю (Матф. 20:13–16; Рим. 9:20–21).

Вопрос. Есть ли в библейском учении кажущиеся противоречия внутри Божьей воли?[36]

1. Есть Божья воля о том, что человек должен делать (Матф. 7:21; 12:50; Иоан. 4:34; 7:17; Рим. 12:2), но также есть Божья воля о том, что человек будет делать (Пс. 113:11; Дан. 4:14, 22, 29, 32; Рим. 9:18–19; Еф. 1:5, 9, 11; Откр. 4:11). Иногда кажется, что Божья воля для человека противоречит Его воле в Его же действиях. Например, Бог хочет, чтобы человек повиновался, но ожесточает его в непослушании и неверии (Исх. 4:21; 7:3–5; Рим. 9:17–19).
2. По воле Божьей Авраам должен принести в жертву своего сына, но затем Бог не дал убить его (Быт. 22:1–14).
3. По воле Божьей Езекия должен умереть, но затем Бог продлил его жизнь на 15 лет (4 Цар. 20:1–11; Ис. 38:1, 5).
4. По воле Божьей не следует осуждать праведника, но Иисус был предан на распятие по предопределенному совету и предведению Божьему, при этом ответственность за убийство Мессии Бог возложил на Израиль (Деян. 2:23; 3:18; 4:27–28).
5. Бог ненавидит грех и, согласно Его повелениям, не желает, чтобы он существовал, тем не менее Он предопределил его существование и контролирует

---

[34] Беркхоф. Систематическое богословие. С. 80.

[35] Bavinck, *Doctrine of God*, 228–229.

[36] Ibid., 236.

его Своим провидением (Исх. 4:21; И. Нав. 11:20; 1 Цар. 2:25; 2 Цар. 16:10; Авв. 1; Деян. 2:23; 4:27–28; Рим. 1:24, 26, 28; 2 Фес. 2:11). Он даже предопределил, что Адам и Ева не послушаются в раю и что сатана причинит страдания Иову (Иов. 42:11; см. Еф. 1:11).

6. Бог в одном смысле желает спасения каждого (Иез. 18:23, 32; 33:11), но в другом смысле желает, чтобы некоторые по милости были спасены, а другие ожесточились.

Решение этих кажущихся противоречий состоит в том, чтобы различать в Божьей воле два аспекта: предопределяющую и предписывающую волю.

Предопределяющая воля. Некоторые называют ее «тайной волей» Бога, но хотя ее полнота действительно скрыта, некоторые аспекты этой воли раскрыты (напр., предсказательное пророчество).

Это Божье изволение, Его вечный неизменный совет или определение, которым Он все предопределил. Предопределяющая воля Бога характеризует всю Его сущность, поэтому она вечная, неизменная, независимая и всемогущая (Пс. 32:11; 113:11; Ис. 36:10; Дан. 4:22, 32; Матф. 11:25–26; Рим. 9:18; Еф. 1:4; Откр. 4:11). Это не означает, что Бог—непосредственная или фактическая причина всего, но все существует и происходит в соответствии с Его вечным суверенным установлением. Все непременно происходит по Божьей предопределяющей воле, но Бог не принуждает Свои создания к чему-либо. Бог предопределяет свободный выбор людей. Вестминстерское исповедание гласит: «Прежде всех времен Бог по Своему в высшей степени мудрому и святому произволению свободно и непреложно предопределил все, что должно произойти. Но при этом Он не является создателем греха. Он не лишает Свои творения воли; не устраняет, но утверждает способность вторичных причин вызывать определенные следствия» (3.1).

Таким образом, грех присутствует во всеобщем Божьем плане. Бог не потворствует непослушанию Своих созданий и не служит непосредственной или фактической причиной греха (Иак. 1:13). Он не радуется существованию греха, но предопределяет его Своей волей для достижения самого мудрого и святого результата—прославить Себя (Рим. 5:20–21; 9:17–24).

Необходимо помнить о двух предостережениях в отношении Божьей предопределяющей воли. Во-первых, всякий раз, когда Божья предопределяющая воля включает грех, этот грех непременно произойдет, но будет инициирован волей грешника. И, во-вторых, божественное провидение включает в себя поддержание различных природных процессов и даже создание (без ущерба для Божьей святости) обстоятельств вокруг решения человека согрешить[37].

Предписывающая воля. Она представляет собой Божьи предписания в законе и Евангелии, как человек должен поступать (Матф. 7:21; 12:50; Иоан. 7:17; 1 Иоан. 2:17; Рим. 12:2; 1 Фес. 4:3–8; 5:18; Евр. 13:21). Часто ее называют «открытой» или

---

[37] Более подробно о связи между предопределяющей волей Бога и проблемой зла см. «Божье извечное решение и проблема зла» (с. 518) и «Оправдание Бога» (с. 537) в гл. 7 «Спасение».

«обозначенной» волей Божьей. Иногда предопределяющая и предписывающая воля совпадают, но часто в Своей предопределяющей воле Бог решает,
что творение не подчинится Его предписывающей воле. Бог открывает Свою
предписывающую волю посредством библейских заповедей, запретов, предупреждений, наказаний и судов. Предписывающую Божью волю следует считать волей Бога только в смысле повеления. Его предопределяющая воля — это
совершенство, согласно которому события действительно происходят. Предписывающая воля открывает не то, что сделает Бог, а то, что Он требует от
людей.

Бог включил грех в Свой план, запретив человеку грешить, но использовав
грех как средство, чтобы принести Себе больше всего славы (Быт. 50:20; Деян.
2:23). И в предопределяющей воле, и в предписывающей воле Бог не радуется
греху, но и не решает спасти абсолютно всех людей (напр., Иез. 33:11 следует
отнести к Божьей предписывающей воле). Предопределяющая воля Бога испол-
няется посредством Его предписывающей воли.

Необходимо учитывать как предопределяющую, так и предписывающую
волю Божью. Отрицать Его предписывающую волю — значит поступать неспра-
ведливо в отношении святости Бога, игнорируя тяжесть греха, а отрицать предопределяющую волю Бога — значит отрицать Его всеведение, мудрость, всемогущество и полновластие[38].

БЛАЖЕНСТВО

Божье блаженство значит, что Он совершенно удовлетворен Собой. Это определение отражает греческое слово *makarios*, означающее счастье в связи с осо-
знанием великой привилегии. Обычно это слово переводится «блаженный».
Поскольку Бог абсолютно совершенен, полновластен и свободен в Своих целях и действиях, прославляющих Его имя, Он в высшей степени счастлив, Он
самое счастливое из всех существ. (Подробнее об этой теме см. выше раздел
«Совершенство», с. 190.)

Писание свидетельствует об этом в 1 Тимофею, где сказано, что Бог блаженный (1 Тим. 1:11), а также «блаженный и единый сильный» (1 Тим. 6:15).

СЛАВА

Божья слава — это совокупная красота всех Его совершенств, Его высшая значимость и великолепие. Данное определение соответствует еврейским словам
kabod, *hod* и *hadar*, обозначающим славу. Слово *kabod* означает «вес», а в переносном смысле — «важность». Слова *hod* и *hadar* означают «великолепие». Греческое
слово *doxa*, переводимое как «слава», также имеет базовое значение «блеск» или
«яркость».

---

[38] Более подробно об этих двух аспектах божественной воли см.: John Piper, "Are There Two Wills in God?,"
in *Still Sovereign: Contemporary Perspectives on Election, Foreknowledge, and Grace*, ed. Thomas R. Schreiner and Bruce
A. Ware (Grand Rapids, MI: Baker, 2000), 107–131.

Большинство библейских текстов о Божьей славе говорят о Его явленной славе. Такое явление славы имеет своим источником славу Божьей сущности (Еф. 3:16; Флп. 4:19; Откр. 15:8). Бог явил Свою славу творению (1 Пар. 16:26–29; Пс. 28:3; 95:6; 103:1–5; 110:4; 112:4) и Израилю (Исх. 16:7, 10; 24:16; 33:18–23; Лев. 9:6, 23; Чис. 14:10; 16:19; Втор. 5:24). Божья слава наполнила скинию и храм (Исх. 29:43; 40:34; 3 Цар. 8:11). Израилю было дано Божье «великолепие» (Иез. 16:14). На небесах явленная Божья слава была связана с Его святостью (Ис. 6:3). На земле Божья слава была видна как облако (3 Цар. 8:10–11; Ис. 6:4) и огонь поядающий (Исх. 24:17; Лев. 9:24). Позднее Бог явил Свою славу во Христе (Иоан. 1:14; 2 Кор. 4:4–6) и в церкви (Рим. 15:7; 2 Кор. 3:18; Еф. 5:27).

Итак, Божьи совершенства составляют Его сущность, или характер, который по величию намного превосходит все сотворенное. Сущность Бога — одно неделимое целое, так что все Его совершенства и каждое из них активно характеризуют все Его существо. Следует понимать, что Божьи совершенства всегда активно присутствуют вместе и взаимно влияют друг на друга без какой-либо иерархии, даже если не все они упоминаются в данном тексте Писания. Бог по Своей природе поистине превосходит человеческое понимание, и единственный уместный ответ на изучение хотя бы части Его путей (см. Иов. 26:14) — это благоговейное почтение, поклонение, упование и служение.

Троица[39]

Объяснение
Ветхозаветные указания
Свидетельство Нового Завета
Ранняя история развития богословия

Ощущение непостижимости Бога лишь усиливается, когда при изучении Писания надо задуматься о том, что Бог вечно триедин. Классическое христианское учение о Троице хорошо сформулировано в так называемом Афанасьевском символе веры. Хотя он так называется, его составил не Афанасий (295–373 гг. от Р. Х.), но этот символ веры, скорее всего, был написан не ранее V или VI века. Ключевые определяющие положения выражены во фразе: «...чтобы нам чествовать единого Бога в Троице и Троицу в единице, не сливая ипостасей (лиц) и не разделяя сущности»[40]. Учение о Троице, если кратко, состоит в том, что Бог абсолютно и вечно есть одна сущность, существующая в трех различных и упорядоченных личностях без разделения и без умножения сущности.

---

[39] Дополнительное обсуждение триединства Бога см. «Божественность и триединство» (с. 360) в гл. 5 «Бог Дух Святой».

[40] Символ Quicunque // Афанасий Великий. Творения: в 4 т. Репр. изд. М.: Изд-во Спасо-Преображенского Валаамского Ставропигиального монастыря, 1994. Т. 4. С. 477.

Поскольку Троицу невозможно постичь человеческим умом, учение о ней нужно формулировать отрицательными высказываниями (это часто называется «апофатическим» или «отрицательным» богословием). Например, приведенная выше фраза: «без разделения и без умножения сущности», — это выражение отрицательного богословия. Такие фразы и высказывания необходимы, чтобы установить границы для утвердительных высказываний, таких как приведенное выше: «Бог абсолютно и вечно есть одна сущность, существующая в трех различных и упорядоченных личностях». Данное утвердительное высказывание должно быть ограничено, чтобы исключить мысли, будто у каждого из трех Лиц есть либо третья часть божественной сущности (частичность), либо полная божественная сущность, отличная от идентичных сущностей двух других Лиц (троебожие). Если бы сущность была разделена между тремя личностями, то ни одно из Лиц не было бы божественным. А если бы сущность умножилась в трех личностях, получилось бы три бога.

Хотя различные древние ереси и современные культы заявляют, что Троица—нелогичное учение, выведенное из человеческой философии, это совсем не так, потому что триединство Бога—это прежде всего библейское учение. Хотя оно в конечном счете и непостижимо, оно не противоречит разуму и логике, но его можно рационально объяснить, подтвердить и понять с помощью библейского откровения. Беркхоф уточняет:

> Учение о Троице, бесспорно, является доктриной, полностью основанной на откровении. Правда, надо признать, что человеческий разум может предложить некоторые соображения для обоснования данного учения, и мыслители иногда на чисто философских основаниях преодолевали идею простого единства Бога и приходили к динамической концепции Бога, в которой есть некое саморазграничение. Несомненно и то, что христианский опыт требует подобного представления о Боге. В то же время эту истину невозможно ни познать, ни уверенно обосновать, опираясь на один лишь опыт, — она постижима только благодаря особому откровению Бога. Вот почему крайне важно собрать все библейские основания этой доктрины[41].

Объяснение

ОДИН ПРОСТОЙ БОГ

Есть только один Бог, и Он состоит из одной простой (несоставной, неделимой) сущности (Втор. 6:4; Марк. 12:29; Иоан. 17:3; Иак. 2:19; см. выше «Единственность» и «Единство (простота)», с. 185).

ТРИ ЛИЧНОСТИ

Единый Бог существует вечно в трех отдельных Лицах (или *ипостасях*). В следующих текстах показано, что есть три божественные личности: Матфея 3:16–17; 4:1;

Иоанна 1:18; 3:16; 5:20–22; 14:26; 15:26; 16:13–15. Различия между Лицами поясняются следующей старинной диаграммой, которая называется «щит Троицы» или «щит веры» (самое раннее упоминание датируется началом XIII века)[42].

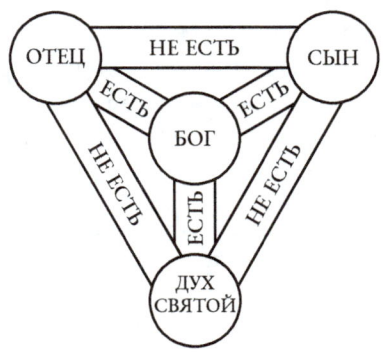

1. Отец есть Бог.
2. Сын есть Бог.
3. Дух Святой есть Бог.
4. Отец не есть Сын.
5. Отец не есть Святой Дух.
6. Сын не есть Святой Дух.

РАВЕНСТВО В СУЩНОСТИ

Каждое из Лиц Троицы (которую также называют Божеством) обладает всей простой (неразделенной) сущностью Бога. Это означает, что три Лица, хотя и отличаются друг от друга, одинаковы в каждом совершенстве божественной сущности. Они равны *в сущности*. То есть, что касается сущности Бога, три Лица равны друг другу. Иначе можно сказать, что три Лица равны друг другу онтологически (в Своем бытии или сущности).

РАЗЛИЧИЯ ЛИЦ

Поскольку каждое из трех Лиц Троицы равно обладает полной, неразделенной божественной сущностью и потому равно божественно, возникает вопрос, чем эти Лица отличаются друг от друга. Лучший ответ — обратиться к Писанию и заметить, что чаще всего Лица Троицы называются именами «Отец», «Сын» и «Святой Дух». Эти обозначения, также называемые формами существования[43], говорят о личных свойствах, отличающих каждое Лицо Троицы от других.

---

[42] «Щит Троицы» (или «щит веры») появлялся в разных формах с начала XIII века. Краткое объяснение этой диаграммы и еще один ее пример см.: Frederick Roth Webber and Ralph Adams Cram, *Church Symbolism: An Explanation of the More Important Symbols of the Old and New Testament, the Primitive, the Mediaeval and the Modern Church*, 2nd ed. (1938; repr., Whitefish, MT: Kessinger, 2010), 44–46.

[43] Использование фразы «формы существования» не следует путать с заблуждением модалистического монархианства (или модализма), который по праву отвергается как ересь. Обсуждение модализма см. «Ранняя история развития богословия» (с. 221).

Называя первое Лицо Троицы «Отцом», Писание приписывает Ему личное свойство *отцовства* по отношению к Сыну. Называя второе Лицо Троицы «Сыном», Писание приписывает Ему личное свойство *сыновства* по отношению к Отцу. Называя третье Лицо Троицы «Духом», Писание приписывает Ему личное свойство *исхождения* по отношению к Отцу и Сыну. В силу Своего отцовства Отец не рожден, но вечно рождает (или «порождает», греч. *gennaō*) Сына. В силу Своего сыновства Сын вечно рожден или порождается Отцом. В силу Своего исхождения Дух вечно исходит от Отца и Сына. Эти понятия лучше всего изложены в Афанасьевском символе веры:

> Отец ни от кого не сотворен, не создан, не рожден.
>   Сын от единого Отца, не сотворен, не создан, но рожден.
>   Дух Святой от Отца (и Сына), не сотворен, не создан, не рожден, но исходящ.
>   Посему, един Отец, а не три отца, един Сын, а не три сына, един Дух Святой, а не три святые духа[44].

Эти различные формы взаимоотношений устанавливают определенный порядок (лат. *taxis*) внутри Троицы, так что можно сказать (только в вопросе взаимоотношений, а не сущности, славы или величия), что Отец—первый, Сын—второй, а Дух—третий.

Эти действия вечного рождения и вечного исхождения иногда называют *opera ad intra*, или внутренними действиями Троицы. Это вечные действия во внутренней жизни Троицы, определяющие формы существования каждой личности Божества. Они отличаются от *opera ad extra*, или внешних действий, производящих следствия вне сущности Бога, то есть в творении. Писание приписывает различные действия Бога в деле искупления конкретному Лицу Троицы. Отец особенно выделен как Творец (1 Пет. 4:19), Сын—как Искупитель и Посредник (Рим. 3:24; Еф. 1:7; 1 Тим. 2:5), а Дух—как производящий освящение (1 Пет. 1:2; 2 Фес. 2:13)[45]. Поэтому внешние действия Троицы в сфере искупления отражают порядок, установленный внутренними действиями вечного рождения и исхождения в божественной жизни. Отец посылает Сына совершить искупление, потому что Он вечно рождает Сына. Дух послан Отцом и Сыном *ad extra*, потому что Он вечно исходит от Них *ad intra*.

Тем не менее во всех этих делах три Лица Троицы действуют неразрывно (см. Иоан. 14:10). Хотя в определенном действии может выделяться то или иное Лицо, ни одно действие не выполняется исключительно одним Лицом без других, поскольку, согласно классическому изречению, «внешние дела Троицы неразделимы» (*opera Trinitatis ad extra indivisa sunt*). Например, ниже приведены тексты, приписывающие упомянутые выше дела другим Лицам Троицы:

---

[44] Символ Quicunque. С. 478. Более подробно о вечном порождении и вечном исхождении см. «Три Лица с божественными отношениями: вечное рождение и вечное исхождение» (с. 219).

[45] Другими словами, *план* искупления приписывается Отцу, *совершение* искупления—Сыну, а *применение* искупления—Духу. Также можно сказать, что в деле искупления все происходит *от* Отца, *через* Сына и *в* Духе.

1. Сотворение и сохранение
   a. Через Сына (Иоан. 1:3, 10; 1 Кор. 8:6; Кол. 1:16–17; Евр. 1:2–3, 10);
   б. Через Духа (Быт. 1:2; Иов. 26:13; 32:8; 33:4; 34:14–15; Пс. 103:30).
2. Искупление
   a. Через Отца (1 Пар. 17:21; Ис. 63:16; Гал. 4:4–5);
   б. Через Духа (Евр. 9:14; Рим. 8:11).
3. Освящение
   a. Через Отца (Иоан. 17:17; 1 Фес. 5:23);
   б. Через Сына (1 Кор. 1:30; Еф. 5:25–27).

Тайна. Троица—это тайна в двух смыслах. Это тайна в библейском смысле, то есть это истина, которая раньше была скрыта, но потом была открыта. Но это также тайна в том смысле, что по сути своей она превыше ума, за пределами человеческого понимания. Троица может быть понята человеком лишь частично, поскольку Бог открыл ее в Писании и в Иисусе Христе. Но она не имеет аналогии в человеческом опыте, и ее основные элементы (три равных Лица, каждое из которых обладает всей простой божественной сущностью и вечно связано с двумя другими без онтологического подчинения) превосходят понимание человека.

Следовательно, эту доктрину следует принимать верой, исходя из того, как Божество открыто в Писании. Ее надо формулировать так, чтобы не разделять сущность Бога и не устранять ни различий между тремя Лицами, ни равенства Их бытия. Для учения о Троице необходимо и утвердительное, и отрицательное богословие.

Иллюстрации. В человеческом опыте нет идеальных аналогий для Троицы. Богословы пытались найти точную иллюстрацию Троицы, но все их попытки либо разделяли сущность, либо нарушали различия между тремя Лицами, либо упускали из виду *личный* характер сущности Бога. В творении нет ничего, в точности подобного Троице. Ниже приводится обобщение этих иллюстраций с указанием их недостатков[46]:

1. Иллюстрации из природы:
   a. Вода в роднике, ручье и реке;
   б. Поднимающийся пар, облако и дождь;
   в. Дождь, снег и лед;
   г. Корень, ствол и ветви дерева.
   Недостаток: нет полноты сущности, но она разделена или распределена.

2. Иллюстрации из жизни и разума человека:
   a. Психологическое единство памяти, чувств и воли (аналогия Августина);
   б. Логическое единство тезиса, антитезиса и синтеза (аналогия Гегеля);
   в. Метафизическое единство субъекта, объекта и субъекта-объекта (аналогия Шедда).
   Недостаток: отсутствует единство трех.

---

[46] Webber and Cram, *Church Symbolism*, 90. См. также замечания Грудема о недостаточности всех аналогий (Систематическое богословие. С 257–259).

3. Иллюстрация из любви: необходимы субъект, объект и их соединение. *Недостаток:* эту триаду составляют две личности (конкретные) и их связь (абстракция), а не три личности в божественной сущности. Кроме того, любовь—это не сущность, которой совместно обладают, а качество.

Никакая иллюстрация не может полностью отобразить Троицу, потому что Троица—это Бог, всегда превосходящий творение в сущности, в личностях и в отношениях. Но если учителя будут объяснять, что любая аналогия в чем-то недостаточна, все же может быть полезно использовать эти несовершенные иллюстрации, чтобы показать, почему и как они не соответствуют точному представлению о Троице. Поняв, в чем Троица *непохожа* на три состояния H$_2$O (лед, вода, пар), можно научиться отвергать модализм. Выяснив, что Троица непохожа на три листа одного клевера, можно избежать деления сущности на части. Усвоив, что Троица непохожа на свет и тепло, исходящие от солнца, можно отказаться от арианства.

Ветхозаветные указания

ИМЯ *ELOHIM* ВО МНОЖЕСТВЕННОМ ЧИСЛЕ

Еврейское божественное имя *elohim*, являясь формой множественного числа, допускает множественность в Боге. Но множественное число необязательно обозначает множественность, потому что бывают другие причины использовать множественное число помимо указания на количество больше одного (напр., выразить уважение или интенсивность). Оглядываясь назад, в свете ясного новозаветного откровения, можно рассматривать имя *elohim* как, по меньшей мере, божественную подготовку к дальнейшему более полному откровению о триединстве Бога.

ДРУГИЕ ТИТУЛЫ БОГА ВО МНОЖЕСТВЕННОМ ЧИСЛЕ

В Екклесиаста 12:1 фраза «твой Создатель»—перевод еврейского причастия во множественном числе, как и фраза «твой Творец» в Исаии 54:5. Опять же, поскольку в древнееврейском языке множественное число может использоваться по-разному, эти титулы не доказывают, что Бог—это более чем одна личность, хотя они соответствуют более ясному новозаветному откровению о Троице и готовят к нему.

БОГ ГОВОРИТ О СЕБЕ ВО МНОЖЕСТВЕННОМ ЧИСЛЕ

Еще одно возможное ветхозаветное подтверждение, что Бог—это не только одна личность, есть в текстах, где Бог говорит о Себе, используя другие формы множественного числа. В Бытии 1:26 Бог говорит: «Сотворим человека по образу Нашему». «Сотворим»—это перевод еврейского глагола в первом лице множественного числа. Бог говорит именно о Себе, не включая ангелов, потому что в 27-м стихе говорится, что «сотворил Бог человека по образу Своему». Еще один еврейский глагол в первом лице множественного числа относится к Богу, говорящему о Себе: «Сойдем же и смешаем там язык их» (Быт. 11:7). Это ответ Бога на решение человека построить Вавилонскую башню, что было выражением непокорности божественному повелению рассеяться по земле. Это выражение в Бытии 11 не указывает ни на кого, кроме Бога на небесах.

В Бытии 3:22 Бог, говоря о Себе, использует местоимение во множественном числе: «Вот, Адам стал как один из Нас». Как и в Бытии 1:26, выражение в Бытии 3:22 говорит только о Боге. Еще одно местоимение во множественном числе Бог применяет к Себе в Исаии 6:8, говоря так, чтобы Исаия услышал: «Кого Мне послать? И кто пойдет для Нас?» Здесь за еврейским глаголом единственного числа, переведенным «послать», следует местоимение множественного числа, относящееся к Богу.

Приведенные тексты показывают, что Бог говорит о Себе и в единственном, и во множественном числе. Как и с именем *elohim*, эти слова во множественном числе могут использоваться в значении усиления. Но ясность, которую Новый Завет позднее внес в понимание Троицы, больше говорит о том, что относящиеся к Богу слова во множественном числе вместе с глаголами и местоимениями в единственном числе представляют собой утверждения Бога, что Он один, и при этом множественен.

БОЛЬШЕ, ЧЕМ ОДНА ЛИЧНОСТЬ КАК «БОГ»

Более явное ветхозаветное свидетельство, что Бог больше, чем одна личность, исходит из текстов, в которых словами «Бог» или «Господь» названы несколько личностей. В Псалме 44:7–8 Мессия назван Богом (*elohim*), и Он воцаряется после того, как Бог (*elohim*) помазал Его:

> Престол Твой, Боже, вовек;
> жезл правоты — жезл царства Твоего.
> Ты возлюбил правду и возненавидел беззаконие,
> посему помазал Тебя, Боже, Бог Твой
> елеем радости более соучастников Твоих.

В Евреям 1:8–9 автор по вдохновению Святого Духа предсказывает, что Бог скажет слова Псалма 44:7–8 Сыну, Которого возведет на престол как Бога.

Еще важнее слова в Псалме 109:1: «Сказал Господь Господу моему: „Сиди одесную Меня, доколе положу врагов Твоих в подножие ног Твоих“». В этом мессианском псалме, чаще всего цитируемом и упоминаемом в Новом Завете, Яхве обращается к Мессии как к «Господу моему» (евр. *adonai*). Авторы Нового Завета говорят, что Иисус — это тот «Господь», Которому говорит «Господь». Сам Иисус косвенно указал фарисеям, что в этом псалме Давид назвал Мессию «Господом» (Матф. 22:41–45; Марк. 12:35–37; Лук. 20:41–44). Иисус говорил о Своей божественности, и Давид называл Его соответственно. В Деяниях 2:32–36 Петр сказал, что Псалом 109:1 исполнился при вознесении Иисуса после воскресения.

Важность этих текстов для тринитаризма заключается в том, что в Новом Завете Бог Святой Дух сказал, что в Псалмах 44:7–8 и 109:1 действительно упоминается как минимум две *божественные* личности, и одна из Них — Сын, Который назван и *elohim*, и *adonai*.

СЫН ЯХВЕ

Есть несколько ветхозаветных текстов, где говорится, что у Бога есть Сын. В Псалме 2:2, 6–7 предсказано, что Божий «Помазанник» воцарится «над Сионом» на основании Божьего определения: «Ты Сын Мой; Я ныне родил Тебя». Итак, этот «Царь» воцарится как «Сын» Бога согласно определению, в котором Он назван «Сыном» Бога. Хотя ветхозаветный текст Псалма 2:6–7 сам по себе не утверждает, что словами «Сын Мой» назван именно вечный Божий Сын, богодухновенный Новый Завет относит этот текст к Иисусу как вечному Божьему Сыну (Евр. 1:1–3).

«ЕДИН» ВО ВТОРОЗАКОНИИ 6:4

«Шема» во Второзаконии 6:4 гласит: «Слушай, Израиль: Господь, Бог наш, Господь един есть». Это еврейское исповедание, что Яхве — это единственный истинный Бог и Он «един», само по себе не исключает множественности в едином Боге. Словом «един» во Второзаконии 6:4 переведено еврейское прилагательное *ekhad*, которое утверждает единство Бога, но может допускать множественность в этом единстве. Это слово также используется в Бытии 2:24 во фразе «одна плоть» применительно к мужу и жене в браке. Действительно, в других случаях слово *ekhad* не подразумевает составного единства. Но если бы во Второзаконии 6:4 было нужно выразить, что Бог — это только одна личность, то там было бы использовано другое еврейское слово, *yakhid*, имеющее значение «единственный, одиночный» (см. Пс. 67:7). Второзаконие 6:4 утверждает монотеизм, а не унитарианство. Этот стих не противоречит учению о Троице (см. 1 Кор. 8:6) и не исключает того, что Бог — более чем одна личность.

АНГЕЛ ЯХВЕ (АНГЕЛ БОЖИЙ)[47]

Ветхий Завет открывает, что это божественная личность, причем в некоторых текстах Он назван Яхве и Богом, а в других упоминается, что Он разговаривает с Яхве. Так что в Ветхом Завете Ангел Яхве представлен как Яхве, и все же Он отличается от Яхве.

К доказательствам божественности Ангела Яхве относится следующее:

1. Его имя используется взаимозаменяемо с именем Бога (Быт. 16:7, 13; 21:17, 19–20; 22:11, 14; 31:11, 13; 48:15–16; Исх. 3:2, 4; Суд. 6:11, 14, 16, 20–21, 23; 13:3, 22–23).
2. Когда Ангел Господень давал обещания, их давал Бог (Быт. 16:10; 22:15–17; см. 12:2; 13:16).

---

[47] Более подробно об Ангеле Господнем см. «Ангел Господень» (с. 758) в гл. 8 «Ангелы».

3. Имя Яхве было в Ангеле Яхве (Исх. 23:20–21).
4. Люди приносили жертвы Ангелу Яхве (Быт. 22:11–13; Суд. 6:21; 13:16, 19–22).
5. Как предсказанный Ангел («вестник») завета, Он будет «Господом» (евр. *adon*, Мал. 3:1).
6. Люди, видевшие Ангела Яхве, называли Его именем Бога (Быт. 16:11–13; Суд. 6:22–23; 13:21–22).
7. Ангел Яхве мог прощать грехи (Исх. 23:21; Зах. 3:3–4).
8. Ангел Яхве утверждал, что Он Бог (Быт. 31:11, 13; Исх. 3:2–6).

Для тринитаризма особенно важно, что Ангел Яхве в Ветхом Завете был назван Яхве и Богом, но также отличался от Яхве:

1. Яхве послал Ангела Яхве (Исх. 23:20–23; 32:34; Чис. 20:16).
2. Ангел Яхве и Яхве говорили друг с другом (Зах. 1:12–13).

Идея данного раздела в том, что откровение об Ангеле Яхве в Ветхом Завете подтверждает, что в Ветхом Завете содержится истина, что Бог—это больше одной личности. Неудивительно, что в свете более ясного новозаветного откровения о триединстве Бога многие богословы в истории церкви (напр., Иустин Мученик, Ириней, Тертуллиан, Климент Александрийский, Ориген, Киприан, Иларий Пиктавийский, Василий Кесарийский и Жан Кальвин) считали, что ветхозаветный Ангел Яхве—это Иисус Христос до воплощения. Они воспринимали ветхозаветные тексты об Ангеле Яхве не как противоречащие учению о Троице, а как поддерживающие его.

БОЖЕСТВЕННОСТЬ СВЯТОГО ДУХА

В Ветхом Завете также говорится о божественности Святого Духа. В нем утверждается, что Святой Дух обладает божественными совершенствами. Согласно Исаии 11:2, Дух—это источник божественной мудрости, силы и знания, а в Псалме 138:7 говорится, что Дух вездесущий. Ветхий Завет также показывает, что Дух участвовал в первоначальном акте сотворения и в труде по сохранению Божьего творения (Быт. 1:2; Иов. 26:13; 34:14–15; Пс. 32:6; 103:30). Дух Божий даже сдерживает грех (Быт. 6:3; Ис. 63:10). Как бы ни был описан Святой Дух в Ветхом Завете, Он имеет личные и божественные качества. Иногда утверждают, что нельзя построить учение о Духе как об отдельной божественной личности на таких ветхозаветных текстах и что подобные тексты—лишь поэтические описания Божьего присутствия. Однако Ветхий Завет не одинок, Новый Завет дополняет его более полным откровением учения о Троице, в том числе и о Святом Духе как об отдельной божественной личности. Кроме того, следует отметить, что еврейские современники Иисуса, в особенности Его ученики, как кажется, понимали, что Святой Дух—это отдельная божественная личность (см. Матф. 1:20; 3:11; Лук. 1:15, 35; 11:13; 12:10; Иоан. 14:26; 20:22). Ясно, что они либо вывели это представление из Ветхого Завета, либо, по крайней мере, считали его полностью согласующимся с ним.

СЛОВО БОЖЬЕ

Еще одним аспектом Ветхого Завета, который готовил путь для более ясного новозаветного откровения о Троице, служит понятие Божьего «слова» (евр. *dabar*). Новозаветное откровение о Сыне Божьем как о божественном «слове» поддерживается и предвосхищается следующими ветхозаветными истинами:

1. Бог творил с помощью Своего слова (Быт. 1:3, 6, 9, 11, 14, 20, 22, 24; Пс. 32:6, 9; 103:7; 147:7; 148:8).
2. Бог проявляет провиденциальную заботу с помощью Своего слова (Втор. 8:3; Пс. 105:9; 147:4–7).
3. Бог спасает с помощью Своего слова: Своим словом Он дает жизнь (Втор. 32:47; Пс. 118:25), направляет (Пс. 118:105), наказывает (Ис. 9:8) и затем спасет израильский народ и вернет их в их землю (Ис. 55:10–13).
4. Слово Божье имеет Божью силу: оно крушит и рубит (Ис. 9:8–10), пожирает, как огонь (Иер. 5:14), разбивает, как молот (Иер. 23:29), исполняет Божий замысел (Ис. 55:11) и исцеляет (Пс. 106:20).

ДРУГИЕ ВЕТХОЗАВЕТНЫЕ УКАЗАНИЯ

В Ветхом Завете есть еще как минимум три грани, предваряющие новозаветное учение о Троице.

Божественная мудрость. Ветхозаветное откровение о Божьей мудрости согласуется с новозаветным учением, что Божья мудрость — это отдельная божественная личность, а именно Христос. Так, в 1 Коринфянам 1:24 Христос назван «Божьей премудростью» (см. 1 Кор. 1:30). В Ветхом Завете Божья мудрость — это то, с помощью чего Бог создал все (Прит. 3:19). В Притчах 8:22–36 Божья мудрость поэтически олицетворяется как то, что принадлежит Ему и служит средством, чтобы давать жизнь, наставление и благодать. Соответственно, такие тексты, как Притчи 8 и Иов 28:12–28, изображают Божью мудрость как нечто отдельное. Возможно, эти тексты представляют мудрость как личность при поэтическом олицетворении, а потому не называют ее личностью буквально. Но более позднее апостольское откровение о Христе как о Божьей премудрости побудило многих отцов церкви увидеть в этих текстах описание второго Лица Троицы до воплощения.

Три отдельные божественные личности. В книге пророка Исаии есть несколько стихов, в которых описаны действия трех отдельных лиц. Исаии 61:1–2 пророчески описывает, как Мессия говорит:

Дух Господа Бога на Мне,
   ибо Господь помазал Меня
благовествовать нищим,
   послал Меня исцелять сокрушенных сердцем,

проповедывать пленным освобождение
и узникам открытие темницы,
проповедывать лето Господне благоприятное
и день мщения Бога нашего,
утешить всех сетующих...

В тексте есть «Господь» (Яхве), «Дух Господа» и говорящий, то есть Мессия. Слова Мессии начинаются с 1-го стиха и продолжаются до 9-го стиха включительно (что верно отмечено в переводе NKJV), а это значит, что именно Мессия говорит: «Я, Господь, люблю правосудие» (ст. 8). Другими словами, Мессия послан Яхве и называет Себя Яхве. В этом тексте есть как минимум две божественные личности, и поскольку упоминается Дух, то в контексте можно увидеть предвосхищение новозаветного учения о Троице.

Еще один текст, на который надо обратить внимание, — это Исаии 63:7–10:

Воспомяну милости Господни
и славу Господню
за все, что Господь даровал нам,
и великую благость Его к дому Израилеву,
какую оказал Он ему по милосердию Своему
и по множеству щедрот Своих.
Он сказал: «Подлинно они народ Мой,
дети, которые не солгут»,
и Он был для них Спасителем.
Во всякой скорби их Он не оставлял их,
и Ангел лица Его спасал их;
по любви Своей и благосердию Своему Он искупил их,
взял и носил их во все дни древние.
Но они возмутились и огорчили Святого Духа Его;
поэтому Он обратился в неприятеля их:
Сам воевал против них.

Здесь упоминается «Господь» (Яхве), «Святой Дух Его» и «Ангел лица Его». Последнего, видимо, лучше всего считать Ангелом Яхве, о котором говорилось выше. Если это так, то з контексте говорится как минимум о двух божественных личностях. И здесь видно, что Святой Дух — это личность, потому что Его «огорчили». Также заметна божественность Святого Духа, поскольку именно за то, что народ огорчил Его своим непослушанием, последовало божественное возмездие. Данный текст еще больше приближается к новозаветному учению о Троице.

Еще один ветхозаветный текст, который может указывать на три божественные личности, — это Исаии 48:12, 16:

Послушай Меня, Иаков
и Израиль, призванный Мой:
Я тот же, Я первый
и Я последний. <..>

> Приступите ко Мне, слушайте это:
>> Я и сначала говорил не тайно;
>> с того времени, как это происходит, Я был там;
> и ныне послал Меня Господь Бог и Дух Его.

Здесь упоминается как минимум два Лица Бога: «Господь Бог» и «Дух Его» (Ис. 48:16). То, что Дух—это личность, не очевидно из этого контекста, но в сочетании с Исаии 63:7–10 понятно, что Дух—это божественная личность. Однако не совсем ясно, названо ли в Исаии 48:12, 16 третье Лицо Божества. Английские переводы расходятся во мнениях, продолжается ли речь того же божественного Лица («Я тот же, Я первый и Я последний», ст. 12) до конца 16-го стиха. В переводах NASB и NKJV это так, и это предпочтительный взгляд. В таком случае говорящий—это Мессия; именно Он «тот же», «первый» и «последний», и Его «послал... Господь Бог и Дух Его». В такой конструкции и говорящий, и Господь Бог—божественные личности, и Дух тоже божественный, поскольку Он вместе с Господом Богом послал Мессию[48].

Акцент на числе три. Наконец, в Ветхом Завете разными способами подчеркивается число три. Возможно, это было предназначено Богом для подготовки к более явному новозаветному учению о Троице. В некоторых случаях акценты заметны в тройных конструкциях, таких как восхваление серафимами Яхве на Его небесном престоле словами «Свят, Свят, Свят» (Ис. 6:3). Еще один пример— тройное Аароново благословение в Числах 6:24–27:

> Да благословит тебя Господь и сохранит тебя!
> Да призрит на тебя Господь светлым лицом Своим и помилует тебя!
> Да обратит Господь лицо Свое на тебя и даст тебе мир!

Питер Тун отмечает, что в древней церкви считали это троекратное благословение указанием на трех Лиц Троицы, особенно в свете повеления апостолам крестить во «имя» (единственное число) Троицы (Матф. 28:19). В Числах 6:27 Яхве сказал, что этим троекратным благословением надо призывать «имя» Яхве на израильский народ[49].

Еще одна тройная конструкция—троекратное благословение Иакова, которым он благословил Иосифа и его сыновей в Бытии 48:15–16:

> И благословил Иосифа и сказал:

>> Бог, пред Которым ходили отцы мои Авраам и Исаак,
>> Бог, пасущий меня с тех пор, как я существую, до сего дня,

---

[48] Однако переводы ESV, HCSB, NIV и RSV закрывают кавычки перед последним утверждением 16-го стиха. Тогда слова «И ныне послал Меня Господь Бог и Дух Его» говорит Исаия о себе как о пророке. В такой конструкции в ст. 12 говорит «Господь Бог», пославший Исаию как пророка. Кроме того, в этих переводах, видимо, считается, что не Дух также послал Исаию, а что «Господь Бог» послал Исаию и Духа. Поэтому, как минимум, в этом тексте из данных переводов не ясно, что Дух—это божественная личность, хотя Дух, по крайней мере, назван как нечто отдельное.

[49] Peter Toon, *Our Triune God: A Biblical Portrayal of the Trinity* (Wheaton, IL: Victor, 1996), 102.

Ангел, избавляющий меня от всякого зла, да благословит отроков сих;
да будет на них наречено имя мое и имя отцов моих
Авраама и Исаака,
и да возрастут они во множество посреди земли.

В свете предыдущего обсуждения текстов об Ангеле Яхве стоит обратить внимание на слова Иакова, что «Ангел», избавляющий его, вместе с «Богом» благословит сыновей Иосифа. Поскольку в молитве Иакова подразумевалось, что только Бог может «благословить» отроков, лучше всего понимать, что «Ангел» — отдельная божественная личность, и Он благословляет вместе с Богом Отцом.

Другие примеры выделения числа три можно увидеть в следующих текстах: Бытие 15:9, 30:36, 40:10, 16, Исход 3:18, 19:11, 23:14, Левит 19:23, Числа 19:12, 22:23–41, 31:19, Иеремия 7:4 («храм Господень» повторяется трижды). Возможно, использование числа три в церемониальном поклонении предназначалось для свидетельства, что Бог Израиля — в трех Лицах, но един.

В свете Нового Завета названные выше аспекты Ветхого Завета постепенно готовят к более ясному новозаветному откровению, что Бог триедин. Бенджамин Уорфилд сделал полезное разъяснение о том, как Ветхий Завет подготовил к более полному новозаветному откровению о Троице:

Из всего этого следует, что складывается очень общее впечатление, что, так или иначе, в ветхозаветном развитии идеи Бога есть намек, что Божество — это не простая монада, и что это служит подготовкой к грядущему откровению о Троице. Казалось бы, мы должны распознать в учении Ветхого Завета о связи Бога с Его откровением через сотворение Словом и Духом хотя бы зачаток различий в Божестве, позднее вполне явленных в христианском откровении. И мы едва ли можем ограничиться этим. Когда уже все сказано, в свете более позднего откровения, тринитарное толкование остается наиболее естественным объяснением тех особенностей, которые более древние авторы прямо трактовали как указания на Троицу; несомненно, это особенно касается описаний Ангела Иеговы и не только их, но и такой формы выражения, что встречается в словах: «Сотворим человека по образу Нашему» (Быт. 1:26), ведь ясно, что 27-й стих: «И сотворил Бог человека по образу Своему», не соответствует представлению, что в предыдущем стихе возвещается о сотворении человека по образу ангелов. Это не то же самое, что неуместное внесение новозаветных идей в текст Ветхого Завета; это лишь чтение текста Ветхого Завета в свете новозаветного откровения. <...> Тайна Троицы не открыта в Ветхом Завете, но она лежит в основе откровения Ветхого Завета и местами почти просматривается. Таким образом, ветхозаветное откровение о Боге не исправляется более полным последующим откровением, а только довершается, углубляется и расширяется[50].

---

[50] Benjamin Breckinridge Warfield, "The Biblical Doctrine of the Trinity," in *Biblical and Theological Studies*, ed. Samuel G. Craig (1952; repr., Philadelphia: Presbyterian and Reformed, 1968), 30–31.

Свидетельство Нового Завета

Для ясного изложения учения о Троице необходим Новый Завет. Как обсуждалось выше, различные ветхозаветные тексты допускают и даже указывают на то, что в Боге есть больше одной божественной личности, хотя Бог только один. Но ветхозаветные утверждения не дают достаточно подробностей, чтобы верующие получили ясное тринитарное учение о Боге. Убедительные свидетельства этого учения открыты в Новом Завете. Учение церкви о Троице ссылается на богодухновенное свидетельство Ветхого Завета, но оно всегда опиралось по большей части на полное развитие Божьего откровения.

ТОЛЬКО ОДИН БОГ

Как отмечалось выше в разделе о божественном совершенстве единства (с. 185), Библия утверждает, что количественно Бог только один. В Новом Завете, в Марка 12:29, Иисус повторяет слова из Второзакония 6:4: «Господь Бог наш есть Господь единый». В Иоанна 17:3 Он характеризует Бога Отца как «единого истинного Бога». Другие тексты также утверждают монотеизм: «Бог един» (Иак. 2:19); «один Бог» (Рим. 3:30); «нет иного Бога, кроме Единого» (1 Кор. 8:4); и «един Бог» (1 Тим. 2:5). В Римлянам 3:30, 1 Коринфянам 8:4 и 1 Тимофею 2:5 словом «Бог» назван Бог Отец, первое Лицо Троицы, но, как показано ниже, Новый Завет иногда называет Бога Отца просто «Бог», чтобы подчеркнуть, что Он Бог, но при этом говорится и о божественности двух других Лиц Троицы. В Новом Завете ясно сказано, что есть только один Бог, но и о каждом из трех Лиц Троицы — Отце, Сыне и Святом Духе — говорится как о равно божественных по имени, природе, правам и делам.

С БОГОМ СВЯЗАНО БОЛЬШЕ ОДНОЙ ЛИЧНОСТИ

В некоторых текстах Писания автор или говорящий связывает две личности с Богом. В Иоанна 5:17–18 Иисус утверждал, что имеет такую же власть работать в субботу, как и Его Отец. За эти слова иудейские религиозные вожди еще больше искали убить Иисуса, потому что, по их мнению, Он нарушил субботу и «Отцом Своим называл Бога, делая Себя равным Богу» (Иоан. 5:18). В Иоанна 10:30 Иисус сказал: «Я и Отец — одно». После этого иудейские вожди взяли камни, чтобы побить Его, обвиняя Его в богохульстве, потому что они считали, что когда Иисус говорил, что Он един с Отцом, Он обожествлял Себя: «Ты, будучи человек, делаешь Себя Богом» (Иоан. 10:33). Иисус также говорил, что Ему принадлежит все, что имеет Отец (Иоан. 16:15; 17:10). Бог Отец и Иисус Христос вместе сотворили все (1 Кор. 8:6); благодать и мир приходят к верующим как от Бога Отца, так и от Господа Иисуса (1 Кор. 1:3; Еф. 1:2); и верующие будут править на земле со Христом тысячу лет как священники Бога Отца и Господа Иисуса Христа (Откр. 20:6).

Другие тексты связывают все три Лица Троицы с Богом. Писание называет три равных и божественных Лица участниками следующих действий:

1. Извечно задумать спасение людей и исполнить его (1 Пет. 1:2; Еф. 1:3–14; 2:13–18).
2. Свидетельствовать, что Иисус—Сын Божий и путь к вечной жизни (1 Иоан. 5:1–12).
3. Публично признать, что Иисус—Спаситель Израиля (Иоан. 1:29–34).
4. Быть с учениками Иисуса и открывать им истину (Иоан. 14:9–10, 26; 15:26; 16:7–15).
5. Вложить веру, надежду и любовь в сердца верующих (Кол. 1:3–8).
6. Искупить, оправдать верующих и жить в них (Гал. 3:11–14).
7. Наделять духовными дарами (1 Кор. 12:4–6).
8. Объединять церковь (Еф. 4:4–6).
9. Продолжать благословлять верующих (2 Кор. 13:13).
10. Утверждать верующих во Христе (2 Кор. 1:20–22).

В контексте Нового Завета только Бог может делать то, что сказано о делах Отца, Сына и Святого Духа для совершения вечного спасения верующих во Христа.

ТРИ ЛИЧНОСТИ НАЗВАНЫ БОГОМ

Отец есть Бог. Новый Завет называет Богом каждое из трех Лиц Троицы. Во многих текстах имя Бог (греч. *theos*) стоит рядом с именем Отец (напр., Иоан. 6:27; Иак. 3:9; Рим. 15:6; 1 Кор. 8:6; 15:24; Еф. 4:6). Как показал Мюррей Харрис, когда в Новом Завете имя *theos* употребляется отдельно по отношению к истинному Богу, оно обычно обозначает первое лицо Троицы—Бога Отца (напр., Иак. 1:5; 1 Пет. 3:18)[51].

Иисус есть Бог. Новый Завет также прямо заявляет, что Иисус есть Бог. Иисус Сам утверждал, что Он Бог. Он называл Себя Сыном Божьим (Матф. 26:63–64; Марк. 14:61–62; Лук. 22:67–71). Иисус относил к Себе выражение «Я есмь» (греч. *ego eimi*), тем самым принимая ветхозаветное божественное имя Яхве. Многие из этих высказываний «Я есмь» выражают метафоры, например, «Я есмь хлеб жизни» (Иоан. 6:35, 48), «Я свет миру» (Иоан. 8:12), «Я есмь дверь» (Иоан. 10:9), «Я есмь пастырь добрый» (Иоан. 10:11, 14), «Я есмь воскресение и жизнь» (Иоан. 11:25). Но многие такие высказывания абсолютные, без каких-либо уточнений (напр., Марк. 14:62; Иоан. 8:24, 28, 58; 13:19; 18:5–8). В Иоанна 13:19 Иисус использует такое абсолютное высказывание в контексте предсказания, что один из учеников предаст Его. Он поясняет ученикам, что говорит это, «дабы, когда сбудется, вы поверили, что это Я». В греческом тексте эти слова взяты из Исаии 43:10 по Септуагинте, где сказано: «...чтобы вы знали и верили Мне, и разумели, что это Я». Данное утверждение находится в более широком контексте Исаии 40–48, где Бог доказывает, что Он единственный истинный Бог, потому что только Он может предсказывать будущее. Поэтому Иисус здесь говорит, что когда

[51] Murray J. Harris, *Jesus as God: The New Testament Use of Theos in Reference to Jesus* (Grand Rapids, MI: Baker, 1992), 21–50.

исполнится Его предсказание, что один из учеников предаст Его, это докажет, что Он Бог.

Иисус также заявляет, что Его послал Отец, так что Он пришел с небес и имеет божественную власть творить дела Отца (Иоан. 3:13; 5:26–37; 6:31–58; 8:42; 16:28–30). Иисус говорит, что у Него с Отцом особые отношения, которых никто другой не имеет (напр., Матф. 7:21; 10:32–33; 11:25–27; Лук. 22:29; 24:49; Иоан. 2:16; 5:19–23; 8:36–38; 10:29–30, 36–38; 14:2–3, 11–12, 23; 15:8–10, 15; 16:10, 26–28; 17:1–26; 20:17).

Иоанн Креститель называет Иисуса «Господом» (Иоан. 1:15, 23, 30) и «Сыном Божьим» (Иоан. 1:34). Бог Отец заявляет об Иисусе: «Сей есть Сын Мой возлюбленный» (Матф. 3:16–17; 17:5). Ангелы провозглашают, что Иисус — «Сын Божий» (Лук. 1:31–35) и «Господь» (Лук. 2:11); во втором случае «Господь» — это божественное имя, потому что оно так используется в ближайшем контексте (Лук. 2:9, 15). В Матфея 14:33 ученики поклоняются Иисусу как «Сыну Божьему». Петр исповедует, что Иисус — «Сын Бога живого» (Матф. 16:16), а Фома обращается к воскресшему Христу: «Господь мой и Бог мой» (Иоан. 20:27–29). До рождения Иисуса Елизавета и Захария называли Его «Господом» (Лук. 1:43, 76). Сотник во время распятия Христа сказал: «Истинно Человек Сей был Сын Божий» (Марк. 15:39).

По вдохновению Святого Духа авторы Нового Завета говорят, что Иисус — это Бог. Матфей отметил, что Иисус — это «с нами Бог» (Матф. 1:23). Лука цитирует, как Петр называет Иисуса «Господом», говоря об исполнении Псалма 109:1 (Деян. 2:34–36), и как Павел подразумевает божественность Иисуса, рассуждая о церкви «Господа и Бога, которую Он приобрел Себе кровию Своею» (Деян. 20:28). Павел говорит, что Христос — «сущий над всем Бог, благословенный вовеки» (Рим. 9:5). В Римлянам 10:9 и 1 Коринфянам 12:3 говорится, что спасительное исповедание — назвать «Иисуса Господом». В Римлянам 14:8–9 Павел утверждает, что Христос — Господь, и даже что Он Господь «и над мертвыми, и над живыми». По словам Павла, Иисус Христос — это «Господь славы» (1 Кор. 2:8), это «один Господь Иисус Христос, чрез Которого все, и мы чрез Него» (1 Кор. 8:6, Кассиан). Павел говорит, что Иисус был «образом Божиим», но «уничижил Себя Самого, приняв образ раба» (Флп. 2:6–7). Он продолжает, говоря, что Иисус смирил Себя, став послушным до смерти на кресте, что Бог Отец «превознес» Иисуса и что однажды все люди исповедают, что Он «Господь Иисус Христос» (Флп. 2:11). В Колоссянам 2:9 Павел утверждает, что в Иисусе «обитает вся полнота Божества телесно».

В нескольких текстах апостолы называют Иисуса «Богом», используя греческую грамматическую конструкцию, для которой филолог Грэнвилл Шарп (1735–1813) сформулировал правило (названное его именем) и определил его значимость для утверждений о божественности Иисуса Христа в Новом Завете. Согласно этому правилу, если греческий союз *kai* соединяет два «существительных или причастия» единственного числа, которые называют личность и стоят в одном падеже, причем перед первым из них есть артикль, а перед вторым — нет, то «последнее… служит дальнейшим описанием» лица, названного первым существительным или причастием[52]. Классические примеры конструкции Грэнвилла Шарпа — это Титу 2:13 («великого Бога и Спасителя нашего Иисуса Христа»), 2 Петра 1:1 («Бога нашего и Спасителя Иисуса Христа») и 2 Петра 2:20 («Господа и Спасителя нашего Иисуса Христа»). Согласно Шарпу, данная конструкция означает, что в этих текстах Иисус назван не только «Спасителем», но и «Богом», и «Господом».

Кроме того, апостолы подразумевали, что Иисус — это Бог, когда относили к Нему ветхозаветные тексты, говорящие о Яхве. В Иоанна 12:36–41 Иоанн по вдохновению Святого Духа цитирует тексты Исаии 53:1 и Исаии 6:10 как причины, почему евреи «не веровали» в Иисуса, хотя «столько чудес сотворил Он перед ними» (Иоан. 12:37). Иоанн говорит, что это неверие было исполнением двух ветхозаветных текстов, которые он процитировал. В Иоанна 12:41 он делает вывод, что «сие сказал Исаия, когда видел славу Его и говорил о Нем». Антецедентом местоимений «Его» и «о Нем» в этом стихе служит местоимение «Он» в 37-м стихе, которое ссылается на имя «Иисус» в 36-м стихе. Таким образом, Иоанн указывает, что Иисус — это «Господь» (евр. *adonai*) из Исаии 6:1, Которого пророк видел «сидящего на престоле», и «Господь [Яхве] Саваоф» из Исаии 6:3, Чьей славы «вся земля полна». Итак, Иисус — это «Господь» из Исаии 6:1–3.

Другие новозаветные тексты также относят к Иисусу ветхозаветные утверждения о Яхве. Деяния 2:21 и Римлянам 10:13 цитируют Иоиля 2:32, указывая, что фраза «призовет имя Господне» (Яхве в Иоил. 2:32) значит поверить и исповедовать, что Иисус есть Господь. Согласно Евреям 1:10–12, слова Бога из Псалма 101:26–28 адресованы Сыну (Евр. 1:8), а это указывает, что Иисус — это «Бог» (евр. *el*) и «Господь» (Яхве) из Псалма 101. А в Ефесянам 4:7–8 слова из Псалма 67:19 выражают, что когда Христос вознесся, Он дал дары церкви. Но ветхозаветный текст относится к *Богу*, Который поднялся на Свою «гору» (Пс. 67:17) и «принял дары» (Пс. 67:19). Поэтому Павел, приводя эту цитату в Ефесянам 4:7–8, имеет в виду, что вознесшийся Христос — это Бог, имеющий право раздавать дары церкви.

Святой Дух есть Бог. Святой Дух в Новом Завете также назван Богом. Его титулы соединяют Его с другими Божественными Лицами: «Дух Божий» (Матф. 3:16), «Дух Господень» (Лук. 4:18), «Дух Отца вашего» (Матф. 10:20), «Дух Мой» (Деян. 2:17–18), «Дух Христов» (Рим. 8:9), «Господь, Который есть Дух» (2 Кор. 3:17–18, Кассиан).

Есть и другие, еще более ясные утверждения о том, что Святой Дух — Бог. Апостол Петр говорит в Деяниях 5:3–4, 9, что, солгав Святому Духу, Анания

[52] Granville Sharp, *Remarks on the Uses of the Definitive Article in the Greek Text of the New Testament* (Philadelphia: B. B. Hopkins, 1807), 3.

и Сапфира солгали «не человекам, а Богу». В 2 Коринфянам 3:17–18 Павел пишет: «Господь есть Дух», а также: «Господь, Который есть Дух» (Кассиан). В 1 Коринфянам 3:16 Павел отмечает, что «Дух Божий живет» в церкви, потому что церковь— это «храм Божий». А в Ефесянам 2:22 он говорит, что именно «Духом» церковь созидается «в жилище Божие».

Кроме того, в Новом Завете утверждается, что Святой Дух говорил слова тех текстов Ветхого Завета, в которых сказано, что эти слова исходят непосредственно от Бога. В Деяниях 28:25–27 Павел заявляет, что Дух Святой сказал «через пророка Исаию» слова, записанные в Исаии 6:9–10, хотя там указано, что эти слова произнес «голос Господа» (Ис. 6:8). Такое же соответствие между новозаветными и ветхозаветными текстами заметно в следующих парах: Евреям 3:7–11 и Псалом 94:7–11, Евреям 10:15–17 и Иеремии 31:31–34.

ТРИ ЛИЦА С БОЖЕСТВЕННЫМИ СОВЕРШЕНСТВАМИ

В Новом Завете описание каждого из Лиц Троицы включает божественные совершенства. Эти характеристики божественные, потому что Новый Завет утверждает их как мерило для оценки других существ. Бог Отец—всемогущий (Матф. 19:26), вездесущий (Матф. 6:4, 6), всеведущий (Матф. 6:4, 6, 8; Лук. 16:15), истинный (Иоан. 3:33), праведный (Иоан. 17:25; см. Деян. 10:34) и живой (Матф. 26:63; Иоан. 5:26; 6:57).

Бог Сын, воплощенный как Иисус Христос,—вечный (Иоан. 1:1; 8:58; 17:5; Откр. 1:8; 21:6; 22:13), всеведущий (Иоан. 1:47–48; 2:24–25; 16:30; 21:17; Откр. 2:23), вездесущий (Матф. 18:20; 28:20; Иоан. 1:48–50), всемогущий (Матф. 8:26–27; 9:25; 21:19; 28:18; Марк. 5:11–15; Лук. 4:38–41; 7:14–15; Иоан. 2:11; 5:36; 10:25, 38; 11:43–44; Евр. 1:3; Откр. 1:8), неизменный (Евр. 1:10–12; 13:8), любящий (Еф. 5:2), святой (Лук. 1:35; Иоан. 8:46; 1 Иоан. 3:5; Евр. 7:26–27), Он есть жизнь (1 Иоан. 1:2; 5:20) и истина (Иоан. 14:6).

Бог Святой Дух—вечный (Евр. 9:14, Кассиан), святой (Еф. 4:30), всеведущий (Иоан. 14:26; 16:12–13; 1 Кор. 2:10–11), всемогущий (Лук. 1:35, 37; 1 Кор. 12:11; Рим. 15:19), Он есть слава (1 Пет. 4:14), жизнь (Рим. 8:2), истина (Иоан. 14:17; 15:26; 16:13; 1 Иоан. 4:6) и благодать (Евр. 10:29).

ТРИ ЛИЦА С БОЖЕСТВЕННЫМИ ПРЕРОГАТИВАМИ

Согласно Новому Завету, каждое Лицо Троицы обладает божественными прерогативами. Это божественные прерогативы, потому что в Библии сказано, что таких прав нет ни у каких других существ. Бог Отец имеет право принимать поклонение (Иоан. 4:23; Иак. 3:9), давать повеления (Иоан. 14:31), прощать грехи (Матф. 6:14) и судить (Иоан. 5:30). Бог Сын имеет право принимать поклонение (Матф. 14:33; 28:9; Иоан. 20:28; Евр. 1:6), давать повеления (Иоан. 15:12, 14), прощать грехи (Марк. 2:8–12), судить (Матф. 25:31–32; Иоан. 5:22; Деян. 10:42; 17:31; 1 Пет. 4:1, 5; Рим. 14:10–11; 2 Кор. 5:10; 2 Тим. 4:1; Откр. 19:11–15; 22:12–13) и быть объектом веры (Иоан. 1:12; 20:31). Бог Дух Святой имеет право принимать поклонение (Еф. 4:30; 1 Фес 5:19; Евр. 10:29)[53], знать глубины Божьи (1 Кор. 2:10), давать повеления (Деян. 8:29; 10:19–20) и наделять дарами (1 Кор. 12:4, 7–8, 11).

ТРИ ЛИЦА ВЫПОЛНЯЮТ БОЖЕСТВЕННЫЕ ДЕЙСТВИЯ

Новый Завет сообщает, что каждое Лицо Троицы совершает божественные действия. Это божественные действия, потому что Новый Завет утверждает, что они определяет всю остальную реальность. Бог Отец творит (1 Кор. 8:6), поддерживает жизнь (Матф. 6:26), открывает истину (Матф. 16:17; Евр. 1:1–2), воскрешает мертвых (Рим. 6:4) и судит (Матф. 15:13; Деян. 17:31). Бог Сын творит (Иоан. 1:3, 10; 1 Кор. 8:6; Еф. 3:9; Кол. 1:16; Евр. 1:2), поддерживает все (Кол. 1:17; Евр. 1:3), открывает истину (Иоан. 16:12–13), воскрешает мертвых (Иоан. 5:28–29; 10:17–18) и судит (Иоан. 5:22, 27; Деян. 10:42; 2 Тим. 4:1). Бог Святой Дух творит (Быт. 1:2; Иов. 26:13; Пс. 32:6), открывает истину и вдохновляет ее написание (Иоан. 16:13; 2 Пет. 1:21; 1 Кор. 2:12–13), воскрешает мертвых (Рим. 8:11), возрождает (Иоан. 3:5–6 Тит. 3:5), живет в верующем (2 Тим. 1:14), запечатлевает (Еф. 1:13–14), дает Божью любовь (Рим. 5:5) и ведет (Рим. 8:14).

ТРИ ЛИЦА С БОЖЕСТВЕННЫМИ ОТНОШЕНИЯМИ: ВЕЧНОЕ РОЖДЕНИЕ И ВЕЧНОЕ ИСХОЖДЕНИЕ

Как уже упоминалось, между Лицами Троицы: Отцом, Сыном Божьим и Духом Божьим—есть вечные отношения. Отец вечно рождает Сына и вечно выдыхает[54] Святого Духа. Сын вечно рождается от Отца и вечно выдыхает Святого Духа. Дух вечно исходит от Отца и Сына.

Вечное рождение Сына и вечное исхождение Духа—это доктрины классического тринитаризма, которые очень часто понимают неверно, так как в мире нет подходящих аналогий, чтобы объяснить или проиллюстрировать эти термины. Хотя Писание прямо говорит, что Отец рождает Сына (Пс. 2:7), а Дух исходит от Отца (Иоан. 15:26), в Библии нет ясного и полного объяснения, что значат эти выражения. Действительно, рождение и дыхание—это действия, свойственные творению, поэтому этих выражений самих по себе явно недостаточно, чтобы вполне выразить чудесные и славные отношения внутри вечного, непреложного, непостижимого Божества. Следовательно, эти слова следует понимать (насколько это возможно) в свете всего, что в Писании говорится об Отце, Сыне и Святом Духе. (Этот раздел следует читать вместе с разделом «Различия Лиц», с. 203).

---

[53] Ни один из приведенных здесь трех текстов не утверждает явно, что у Святого Духа есть прерогатива принимать поклонение как Бог. Но в них говорится, что люди не должны «оскорблять» и «угашать» Святого Духа. Однако в этих запретах подразумевается, что люди должны делать обратное, то есть повиноваться и поклоняться Святому Духу.

[54] Богословы используют этот термин, чтобы описать, как Святой Дух «от Отца исходит» (Иоан. 15:26). Соответствующий латинский термин образован от слова *spirare*, «дышать».

На первый взгляд, *вечное рождение* кажется оксюмороном. В обычной человеческой речи слова «рождать» и «порождать» говорят о начале существования кого-либо или чего-либо. В человеческой жизни рождение происходит только раз, в определенный момент времени. Соединить идею рождения с прилагательным «вечный» — значит изменить ее самым радикальным образом. Крайне важно понять и признать различие между рождением человеческого ребенка и вечным рождением Сына Божьего. Когда мы говорим, что Христос вечно рожден от Отца, мы не говорим о начале Его существования, потому что Писание прямо заявляет: «[Он был] в начале у Бога. Все чрез Него начало быть, и без Него ничто не начало быть, что начало быть» (Иоан. 1:2–3). Никогда не было такого времени, когда бы Сын не существовал. Он есть «Альфа и Омега, начало и конец, Первый и Последний» (Откр. 22:13).

Как же тогда Христос может быть вечно рожден от Отца? Ответ на удивление прост. Когда термины «рождать» или «порождать» используются, чтобы назвать связь Небесного Отца со Своим Сыном (напр., Пс. 2:7; см. Деян. 13:33; Евр. 1:5; 5:5), они описывают не Его начало (поскольку его нет), а извечно установленные отношения сыновства между первым и вторым Лицами Троицы. Таким образом, это выражение описывает вечное, необходимое и отличительное действие Бога Отца, посредством которого Он производит *личное существование* Сына и тем самым сообщает Ему всю божественную сущность (см. Иоан. 5:26)[55].

Эти отношения уникальны; именно этим Сын отличается от Отца и от Духа. Другими словами, Дух не рожден, форма Его существования — *исхождение*. Подобно вечному рождению, исхождение Духа от Отца и Сына описывает вечное, необходимое и отличительное действие Отца и Сына, посредством которого Они выдыхают личное существование Духа и тем самым сообщают Ему всю божественную сущность[56]. Писание прямо не объясняет, в чем различие между рождением и исхождением, но эти термины соответствуют именам «Сын» и «Дух». *Рождение* имеет связь с сыновством, а *исхождение* — подходящее выражение для сочетания с представлением о духе или дыхании. Различие между *рождением* и *исхождением* явно намеренное и важное, даже если мы не можем полностью объяснить, чем эти две формы существования отличаются друг от друга[57].

Как известно, раскол между Восточной и Западной церквями произошел из-за вопроса о том, исходит ли Святой Дух только от Отца или от Отца *и Сына* (лат. *filioque*). В Иоанна 15:26 Иисус говорит: «Дух истины... от Отца исходит».

---

[55] Беркхоф. Систематическое богословие. С. 99–100.

[56] Там же. С. 103.

[57] Джон Оуэн уместно спросил, возможно, вторя тексту Деяния 8:33 (см. Ис. 53:8 в Септуагинте): «Но порождение Сына, исхождение Духа или отличие между ними кто разъяснит?» (John Owen, *On Temptation and the Mortification of Sin in Believers* (Philadelphia: Presbyterian Board of Publication, 1880), 268.)

А в Иоанна 20:22 говорится, что при одном из первых Своих явлений ученикам после воскресения Христос «дунул и говорит им: „Примите Духа Святого"», символизируя саму идею, предполагаемую выражением, обозначающим исхождение Духа. Поэтому вместе со всей Западной церковью мы утверждаем, что Святой Дух исходит от Отца и Сына. Афанасьевский символ веры (*Quicunque Vult*) наиболее сжато описывает отношения внутри Божества: «Отец ни от кого не сотворен, не создан, не рожден. Сын от единого Отца, не сотворен, не создан, но рожден. Дух Святой от Отца (и Сына), не сотворен, не создан, не рожден, но исходящ»[58].

Как упоминалось ранее, эти *opera ad intra* устанавливают определенный порядок (лат. *taxis*) в Троице, так что можно сказать (только об отношениях, а не о сущности, славе или величии), что Отец — первый, Сын — второй, а Дух — третий. Действия *ad intra* вечного рождения и исхождения становятся основанием для порядка, отраженного в действиях *ad extra* в сфере искупления. В сфере искупления Сын подчиняется Отцу (см. Иоан. 5:30; 6:38), потому что Он вечно рождается Отцом[59]. Дух посылается Отцом и Сыном (см. Иоан. 14:26; 15:26), потому что Он вечно исходит от Отца и Сына. Однако ничто из этого не подразумевает, что внутри Троицы есть ранги или иерархия по *сущности*, поскольку каждая личность Божества полностью обладает неразделенной божественной сущностью. Афанасьевский символ веры снова излагает ясное учение Писания удивительно кратко: «И в сей Троице нет первого или последнего, нет большего или меньшего, но три Ипостаси одна другой всецело совечны и равны; так что, по сказанному уже прежде, по всему должно воздавать поклонение Троице в Единице и Единице в Троице»[60].

Ранняя история развития богословия[61]

Завершая исследование Троицы, важно кратко рассмотреть, как учение о Троице (1) было замечено в Писании и (2) сформулировано древней церковью. Слово «Троица» и другие специальные термины традиционного ортодоксального учения о Троице (напр., «ипостась», «сущность») не встречаются в Писании, однако

---

[58] Символ Quicunque. С. 478.

[59] Это противоположно учению тех, кто говорит, что подчинение Сына Отцу *ad extra* коренится в каком-то Его вечном, функциональном подчинении (*ad intra*). Не может быть вечных отношений власти и подчинения между Отцом и Сыном (*ad intra*) без нарушения доктрины божественной простоты, поскольку идея подчинения подразумевает подчинение воли одной личности воле другой личности. Однако, поскольку воля — это свойство природы, а божественная природа (или сущность) трех Лиц Троицы едина и нераздельна, то не может быть подчинения или повиновения от вечности. Воплощенный Сын способен подчиниться Отцу, поскольку теперь, обладая человеческой природой, Он в дополнение к Своей божественной воле обладает и человеческой волей (см. Лук. 22:42; 1 Кор. 15:28).

[60] Символ Quicunque. С. 478.

[61] Этот исторический обзор основан на: Беркхов Л. История христианских доктрин. СПб.: Библия для всех, 2000. С. 87–103; Gregg R. Allison, *Historical Theology: An Introduction to Christian Doctrine* (Grand Rapids, MI: Zondervan, 2011), 231–243; John D. Hannah, *Our Legacy: The History of Christian Doctrine* (Colorado Springs: NavPress, 2001), 71–86; Robert Letham, *The Holy Trinity: In Scripture, History, Theology, and Worship* (Phillipsburg, NJ: P&R, 2004), 89–220.

основаны на библейской терминологии. Учение о Троице было формально изложено Никейским (325 г.) и Константинопольским (381 г.) соборами, но не было придумано на них; они просто сформулировали догмат (официальное заявление), чтобы противостоять широко распространенным ересям. В истории церкви после Нового Завета утверждение этой доктрины восходит к высказываниям ранних апостольских мужей (ок. 90–150 гг.). Эти люди, такие как Климент Римский (трудился ок. 88–99 гг.), Поликарп (ок. 69–155 гг.) и Игнатий (ок. 50 — ок. 110 гг.), утверждали божественность Отца, Сына и Святого Духа, не делая предположений об Их взаимосвязи. В этот период церковь стала подвергаться преследованиям со стороны римских властей, и некоторые из мужей апостольских умерли как мученики. В это же время церковь столкнулась с ересью гностицизма.

Следующий период древней церкви (150–300 гг.) был отмечен усилением гонений со стороны Рима и новыми ересями помимо распространившегося гностицизма. Гностицизм был монистическим и дуалистическим, отрицал подлинные различия в реальности и считал материю и плоть по природе злыми, не созданными Богом, Который был отделен от материи последовательностью эманаций. Гностики отрицали воплощение Христа, поскольку считали, что Бог никогда бы не соединился с материей и не пришел бы на землю; они написали собственные подложные книги, в том числе ложные евангелия.

Другие ереси этого периода включали различные формы монархианства (раннее унитарианство). Динамическое монархианство (адопцианство) учило, что только Отец — Бог, а Иисус был лишь человеком, в Котором с момента рождения, либо крещения, либо воскресения поселилась безличная божественная сила (Логос). Благодаря этой пребывающей в Нем силе у Иисуса была приобретенная божественность, которая ограничивалась только этой силой, но у Него не было божественной сущности.

Модалистическое монархианство (модализм, савеллианство и патрипассианство) учило, что Отец и Сын — это одно и то же. Бог якобы называется Отцом или Сыном в зависимости от времени. Родившегося от девы, Его называют Сыном, а тем, кто поверил в Него, Он открыл, что Он Отец. Единый Бог изменял Свою внешнюю форму по необходимости. Другими словами, есть только один Бог, Который по Своему усмотрению предстает в различных формах (Отец, Сын или Дух). В данной ереси формами считают способы проявления, а не формы существования.

Учители церкви того периода, такие как Иустин Мученик (ок. 100–165 гг.), Ириней (ок. 120–202 гг.), Тертуллиан (ок. 160–220 гг.), Климент Александрийский (ок. 150 — ок. 215 гг.) и Ориген (ок. 184–254 гг.), стали больше писать как апологеты и богословы, противостоя ложным обвинениям, которые язычники выдвигали против христиан, и выступая против гностицизма и монархианства. Эти мужи значительно развили ортодоксальное объяснение учения о Троице.

Ириней написал пять книг против гностицизма. Его труды более подробно объясняли взаимосвязь Отца, Сына и Святого Духа. Тертуллиан ввел в оборот латинское слово *trinitas* для обозначения Божества и латинское слово *persona* для обозначения Лиц. Ориген утверждал вечную божественность Сына и называл три личности греческим словом *hypostasis*, а одну сущность—греческим словом *ousia*. Все эти апологеты утверждали индивидуальность и божественную сущность каждого Лица Троицы.

Одной из проблем того периода, когда апологеты писали о Троице, было появления онтологического субординационизма. Иустин, Ириней и Тертуллиан начали писать о рождении Сына так, словно Отец вечно производит Сына. Ориген пошел еще дальше, сказав, что Сын—«вторичный Бог», уступающий Отцу.

Рассуждения Оригена об Отце и Сыне способствовали тому, что в Александрии некоторое признание получило учение Ария (250–336 гг.), хотя у Ария Сын был подчинен так, как никогда не был у Оригена. Арий учил, что Иисус был всего лишь человеком, в которого вошел Логос. Логос, Сын, был первым и наивысшим творением Бога. Получается, что Сын был не Богом, а творением.

В следующий период (300–600 гг.) богословские размышления и объяснения шагнули дальше, когда гонения на церковь наконец прекратились, так что появилась возможность разобраться с арианством и другими христологическими ересями. Гонения со стороны римских властей достигли кульминации и охватили всю империю при императоре Диоклетиане в начале IV века. Преследования прекратились при императоре Константине, стремившемся помогать церкви. С концом гонений стало развиваться арианство, что привело к доктринальному разделению в церкви. В 325 году Константин созвал Никейский собор, первый вселенский собор, чтобы восстановить единство. Благодаря влиянию Афанасия, секретаря и будущего преемника Александра, епископа Александрийского, собор издал вероучение, утверждавшее Сына как «Бога истинного от Бога истинного» и «Отцу единосущного» (*homoousios*). Однако на соборе было много группировок, включая ариан, и у каждой было свое толкование греческого слова *homoousios*. Этот семантический и богословский конфликт не прекращался следующие пятьдесят лет. Македонская ересь, произошедшая от арианства, утверждала, что Святой Дух тоже был сотворенным существом. Постепенно александрийский взгляд на взаимоотношения Отца, Сына и Святого Духа стал преобладающим среди греческих и латинских богословов, обсуждавших тринитарные термины и приходивших к общему согласию. На Константинопольском соборе (381 г.) никейская формулировка была подтверждена и расширена. Большинство признавало, что она утверждала полную и равную божественность как Сына, так и Духа, о чем свидетельствует сделанное собором пояснение о вере «в Духа Святого, Господа, животворящего... вместе с Отцом и Сыном поклоняемого и славимого».

В последующие годы ортодоксальные церкви приняли точку зрения Никейского и Константинопольского соборов, потому что она отражала то, во что они уже верили. Между 399 и 419 годами Августин написал объемный труд о Троице, подробнее объясняя и защищая ортодоксальный тринитаризм в латиноязычных церквях. Западные церкви внесли одно изменение в Константинопольский символ веры на Толедском соборе (589 г.) В конце выражения, что Святой Дух «исходит от Отца», было добавлено латинское слово *filioque* («и Сына»), указывая, что Святой Дух исходит и от Сына. Грекоязычные восточные церкви были против этого добавления, считая, что оно меняло вероучение без одобрения всей церкви и ставило Сына на тот же уровень, что и Отца, как «причину» Троицы. Западные церкви внесли изменение в Никео-Константинопольский символ веры, потому что хотели, опровергая арианство, подчеркнуть вечное, божественное равенство Сына с Отцом. Разногласия по поводу этого изменения стали основным фактором, приведшим к окончательному отделению Восточной церкви от Западной в 1054 году.

Важно понимать, что при всей имперской и церковной политике 300—500 годов основной мотивацией руководителей церкви в их стремлении более четко объяснить учение о Троице было правильное толкование Писания. О влиянии Писания свидетельствует тот факт, что греческая формулировка Никейского символа веры основана на тексте 1 Коринфянам 8:6, который был в центре конфликта между арианскими и ортодоксальными епископами. Объяснение учения о Троице развивалось, в конечном счете, из-за разногласий между этими богословами о том, что сказано в Библии. Позже ведущие реформаторы подтвердили формулировку того, что стало известно как Никео-Константинопольский символ веры. Реформация была возрождением веры в Библию и изучения ее на языках оригинала. Реформаторы никогда не подтвердили бы никео-константинопольскую доктрину Троицы, если бы не верили, что она соответствует Писанию. Это видно в следующем высказывании Мартина Лютера (1483–1546): «Итак, Писание ясно доказывает, что есть три Лица и один Бог. Ибо я не поверил бы ни трудам Августина, ни учителям церкви, если бы Новый и Ветхий Завет явно не указывали на это учение о Троице»[62].

Божье извечное решение

Характеристики
Ответы на возражения

Божье извечное решение—это Его вечный план, посредством которого, согласно Своей предопределяющей воле и для Своей славы, Он предопределил все, что происходит[63].

---

[62] Martin Luther, *D. Martin Luthers Werke: Kritische Gesamtausgabe* (Weimar, Germany: H. Böhlau, 1883), 39II:305, quoted in Paul Althaus, *The Theology of Martin Luther*, trans. Robert C. Schultz (Philadelphia: Fortress, 1966), 199n1.

[63] Дальнейшее обсуждение этой темы см. «Божье извечное решение» (с. 515) в гл. 7 «Спасение».

Характеристики

Ниже перечислены основные характеристики Божьего извечного решения[64]:

1. Единственное: «по изволению воли Своей» (Еф. 1:11).

2. Всестороннее: охватывает «все» (Еф. 1:11), в том числе предопределяет добрые дела (Еф. 2:10) и греховные поступки людей (Прит. 16:4; Деян. 2:23; 4:27–28), случайные с человеческой точки зрения события (Быт. 45:8; 50:20; Прит. 16:33), средства и цели поступков (Пс. 118:89–91; Еф. 1:4; 2 Фес. 2:13), а также продолжительность (Иов. 14:5; Пс. 38:5) и место жизни человека (Деян. 17:26)[65].

3. Безусловное и не основанное на внешних влияниях: «по изволению воли Своей» (Еф. 1:11; см. также Деян. 2:23; 1 Пет. 1:2; Рим. 8:29–30; Еф. 2:8).

4. Вечное: Он спас и призвал нас «званием святым не по делам нашим, но по Своему изволению и благодати, данной нам во Христе Иисусе прежде вековых времен» (2 Тим. 1:9; см. также Еф. 1:4).

5. Действенное: Бог возвещает «от начала, что будет в конце, и от древних времен то, что еще не сделалось», говорит: «Мой совет состоится, и все, что Мне угодно, Я сделаю» (Ис. 46:10; см. также Пс. 32:11; Прит. 19:21).

6. Непреложное: «Он тверд; и кто отклонит Его?» (Иов. 23:13–14; см. также Пс. 32:11; Ис. 14:24; 46:10; Деян. 2:23).

7. Предопределяет грех и контролирует его последствия: «Предал их Бог…» (Рим. 1:24, 26, 28; см. также Пс. 77:29; 105:15; Деян. 14:16; 17:30; Рим. 3:25).

8. Цель извечного решения: являть и восхвалять Божью славу (Рим. 11:33–36; Еф. 1:6, 12, 14; Откр. 4:11).

Ответы на возражения

ВОЗРАЖЕНИЕ 1: БОЖЬЕ ИЗВЕЧНОЕ РЕШЕНИЕ ПРОТИВОРЕЧИТ НРАВСТВЕННОЙ СВОБОДЕ ЧЕЛОВЕКА

Ответ: субъекты могут считаться свободными, если они действуют без принуждения. Люди свободны действовать в пределах своей природы. Поскольку в Адаме все люди—грешники, их природа испорчена грехом, так что они не свободны выбрать праведность. Тем не менее люди свободно принимают свои нравственные решения в соответствии со своим мышлением и желаниями. Эти решения исходят из падшей человеческой природы, принципиально противящейся тому, чтобы подчиняться Богу. Поэтому люди поступают свободно в своих грехах без принуждения от Бога действовать вопреки их природе. Божье извечное решение распространяется на добровольный выбор субъектов, свободных действовать в пределах собственной природы (см., напр., Быт. 50:19–20; Деян. 2:23; 4:27–28).

---

[64] Larry D. Pettegrew, "The Doctrine of God," unpublished notes (Sun Valley, CA: The Master's Seminary, n. d.), 169–171.

[65] Беркхоф. Систематическое богословие. С. 109.

ВОЗРАЖЕНИЕ 2: БОЖЬЕ ИЗВЕЧНОЕ РЕШЕНИЕ НЕ ПООЩРЯЕТ ЛЮДЕЙ К ДОБРЫМ ДЕЛАМ

Ответ: Божье решение не обращено к людям «как призыв к действию» и не может быть таковым, поскольку его содержание неизвестно, пока оно не осуществится. Однако правила для жизни и веры Бог изложил в Библии, чтобы у человека было руководство, как поступать праведно. Действительно, человек свободен поступать в соответствии со своими мыслями и желаниями, и Бог не удерживает его от добрых дел. Божье извечное решение также включает в себя свободный выбор людей, который определяется Господом для достижения назначенных Им целей:

> Поскольку это решение устанавливает взаимосвязь между средствами и целями, а цели определяются только в результате использования средств, они поощряют усилия вместо того, чтобы мешать им. Твердая вера в то, что, согласно божественным решениям, успех будет вознаграждением за труд, является побуждением к мужественным и настойчивым усилиям[66].

В Библии есть «богословское различие между определенностью и принуждением» (см. Деян. 2:23)[67]. Тот факт, что Бог предрешил некоторое событие, тем самым сделав его определенным, не означает, что Он принуждает людей идти против их собственных мыслей и желаний. Пока нет принуждения в условиях, склоняющих человека к определенным поступкам, человеческое действие может быть определено Богом и непременно произойдет, однако человек остается свободен делать то, что ему угодно[68].

ВОЗРАЖЕНИЕ 3: БОЖЬЕ ИЗВЕЧНОЕ РЕШЕНИЕ — ЭТО ФАТАЛИЗМ

Ответ: фатализм — это безличная, неразумная сила без намеченной конечной цели. В отличие от этого Божье полновластное извечное решение — это личный поступок Бога, Который есть совершенная мудрость, всеведение, справедливость, любовь и благодать. Кроме того, одна из целей извечного решения — спасение людей от греха и вечная жизнь в вечном блаженстве. Фатализм не допускает никаких свободных действий, представляя, что человек действует по принуждению безличных космических сил. А в Божьем извечном решении нет морального принуждения. В фатализме также нет различий между правильным и неправильным, там нет морального смысла Вселенной. Божье же извечное решение основано на Его вечной, совершенной праведности и

---

[66] Там же. С. 115.

[67] Pettegrew, "Doctrine of God," 172.

[68] Здесь мы утверждаем компатибилистическую свободу предпочтения и отвергаем либертарианскую свободу безразличия. Подробнее о компатибилизме см. «Компатибилистическая теодицея» ниже (с. 240). Больше о различии между свободой воли и свободой безразличия см.: Bruce A. Ware, *God's Greater Glory: The Exalted God of Scripture and the Christian Faith* (Wheaton, IL: Crossway, 2004), 61–95. Мы выражаем несогласие с концепцией Уэра о «компатибилистическом среднем знании» в другом месте этой книги, но находим полезным его рассуждения о различии между компатибилистической и либертарианской свободой.

приводит к тому, что верующие будут вечно жить в безупречном нравственном блаженстве.

ВОЗРАЖЕНИЕ 4: БОЖЬЕ ИЗВЕЧНОЕ РЕШЕНИЕ ЗНАЧИТ, ЧТО БОГ НЕСЕТ ОТВЕТСТВЕННОСТЬ КАК ПРИЧИНА ГРЕХА

Ответ: необходимо признать, что грех составляет часть Божьего вечного плана, потому что Он *все* совершает по изволению воли Своей (Еф. 1:11). Это включает величайший грех в истории человечества: убийство Сына Божьего (см. Деян. 2:22–23; 4:27–28). Бог не просто позволил распятие, но целенаправленно и мудро предопределил его ради Своей чести и славы. Точно так же Он не просто позволил братьям Иосифа продать его в египетское рабство, но *определил* их греховный поступок для достижения Своих самых мудрых и святых целей (Быт. 45:5–8; 50:20).

Тем не менее, хотя Бог и предопределил греховные решения свободных нравственных существ, Он не стал из-за этого виновным или порочным, потому что прямо или действенно Он не совершает никакого зла. Согласно Божьему замыслу злые поступки человека опосредованы и происходят в соответствии с его собственными греховными желаниями. Бог абсолютно полновластен, а человек полностью ответственен за свои поступки[69].

Творение[70]

> Божественное сотворение
> Прямой креационизм

Сотворение — это действие, которым Бог посредством Своего Слова для Своей славы из ничего сотворил Вселенную, так что она в своем первоначальном состоянии была свободна от духовного или физического порока. Цель данного обсуждения не в том, чтобы предложить апологетические аргументы в пользу креационизма, а чтобы кратко изложить библейское учение о сотворении и показать, что прямой креационизм — верное толкование библейского рассказа о сотворении.

Божественное сотворение

Следующие положения обобщают основные библейские утверждения о том, как Бог сотворил Вселенную.

НАЧАЛО ВСЕЛЕННОЙ И ВРЕМЕНИ

У Вселенной было начало, и ее началом был первый момент времени (Быт. 1:1; Матф. 19:4, 8; Марк. 10:6; Иоан. 1:1–2; 17:5; Евр. 1:10). Поскольку Бог творил

---

[69] Дальнейшее объяснение см. «Проблема зла и теодицея» ниже (с. 236) и «Божье извечное решение и проблема зла» (с. 518) в гл. 7 «Спасение».

[70] Дополнительное обсуждение творения см. с. 422, 427 в гл. 6 «Человек и грех».

«в начале», это должно включать и начало времени. Бог начал творить в первый момент времени, в начале первого дня (Быт. 1:5). В Бытии 1:1 показано, что Бог существует вне времени, что Он его Творец.

СОТВОРЕНИЕ БЫЛО БЫСТРЫМ И ИЗ НИЧЕГО

Бог Своим Словом создал Вселенную за шесть буквальных 24-часовых дней из ничего (*ex nihilo*) (Быт. 1:1; Пс. 32:6, 9; 148:5; Ис. 45:18; Иоан. 1:3; Деян. 4:24; 14:15; 17:24–25; Рим. 4:17; Кол. 1:16; Евр. 11:3; Откр. 4:11; 10:6). Бог сотворил первую физическую энергию и вещество, потому что при начале творения ничего не существовало. Бог—единственная причина начала Вселенной.

ВСЕЛЕННАЯ ОТЛИЧНА ОТ БОГА И ЗАВИСИТ ОТ НЕГО

Вселенная была сотворена Богом, она отличается от Него, но зависит от Него (Иов. 12:10; Пс. 103:30; 138:7–10; Ис. 42:5; Иер. 23:24; Деян. 17:24–28; Еф. 4:6; Кол. 1:15–17; Евр. 1:3). Бог больше, чем то, что Он сотворил.

ВСЕЛЕННАЯ БЫЛА СОТВОРЕНА ТРИЕДИНЫМ БОГОМ

Бог, сотворивший Вселенную,—это явленный в Библии триединый Бог. Бог Отец инициировал божественное действие сотворения и руководил им (1 Кор. 8:6). В послушании Отцу Бог Сын как Его орудие сотворил Вселенную (Иоан. 1:3; 1 Кор. 8:6; Кол. 1:15–17; Евр. 1:10). Святой Дух тоже участвовал в божественном деле сотворения (Быт. 1:2; Иов. 26:13; 33:4; Пс. 103:30; Ис. 40:12–13). Этот труд не был распределен; скорее, каждое Лицо Троицы действовало сообща с двумя другими Лицами. Бог Отец рассматривается как источник, Бог Сын—как Посредник актов сотворения, а Святой Дух—как исполнитель этих действий. В актах сотворения каждое Лицо участвовало полностью и совместно друг с другом.

СОТВОРЕНИЕ НЕ БЫЛО ВЫНУЖДЕННЫМ

При сотворении Бог действовал непринужденно (Еф. 1:11; Откр. 4:11). Творение не требуется для сущности Бога. Даже изначальное Божье решение не относится к сущности Бога, но это, скорее, необходимое вечное следствие Его сущности. Творение зависит от полновластного Божьего извечного решения, поэтому само по себе оно не требуется для того, чтобы Бог был Богом. Но творение—это необходимое следствие совокупности всего, чем является Бог (Его совершенств/сущности).

СОТВОРЕНИЕ ЧЕЛОВЕКА БЫЛО НЕПОСРЕДСТВЕННЫМ, КУЛЬМИНАЦИОННЫМ И ОСОБЫМ

Бог создал Адама и Еву особенным и непосредственным образом, что стало кульминацией сотворения (Быт. 2:7, 21–23). Первым был сотворен Адам «из праха земного», затем Ева—из одного из его ребер. Они были конкретными личностями, созданными в шестой, последний день творения как кульминация всего, что сотворил Бог. Бог создал человека не из других существ на протяжении целых эпох, но из земли в буквальный шестой день творения. Господь создал его не из мертвых животных, а непосредственно из праха земного по образу Божьему (Быт. 1:27). И когда Бог создал Еву из Адама, они были первыми супругами и образцом для всех браков (Быт. 2:24).

ЧЕЛОВЕК БЫЛ СОТВОРЕН, ЧТОБЫ ВЛАДЫЧЕСТВОВАТЬ НАД ЗЕМЛЕЙ

Бог сотворил Адама и Еву и повелел им владычествовать над всей землей (Быт. 1:27–31). Они были Божьими слугами, чтобы править на земле от Его имени.

ВСЕ СОЗДАНИЯ ДОЛЖНЫ БЫЛИ РАЗМНОЖАТЬСЯ «ПО РОДУ СВОЕМУ»

Бог сотворил все живые существа, чтобы они производили потомство «по роду своему» (Быт. 1:11, 12, 21, 24, 25). Поэтому у наследственной природы каждого вида были установлены нерушимые границы.

ВСЕ БЫЛО СОТВОРЕНО ЗРЕЛЫМ

Бог сотворил все зрелым, с соответствующими признаками возраста. Все живое, в том числе растения (Быт. 1:12), животные (Быт. 1:20–25) и люди (Быт. 1:26–30), были созданы готовыми к воспроизведению. Адам и Ева были созданы готовыми владычествовать над миром. По сути, вся Вселенная была создана так, что все ее системы действовали как зрелые. Например, звезды были созданы вместе со светом, уже достигающим Земли (Быт. 1:14–19).

ВСЕЛЕННАЯ БЫЛА СОТВОРЕНА «ХОРОШО ВЕСЬМА»

Сотворение было полным и совершенным; по Божьим нормам совершенства в творении все было «хорошо весьма» (Быт. 1:31). На тот момент не было ни греха, ни смерти. Это высказывание исключает эволюцию, поскольку для нее требуется разложение и смерть.

ТВОРЕНИЕ ДОЛЖНО БЫЛО СЛАВИТЬ БОГА

Бог творил, чтобы явить Свою славу (Ис. 43:7; 60:21; 61:3; Иез. 36:21–22; 39:7; Лук. 2:14; Рим. 9:17; 11:36; 1 Кор. 15:28; Еф. 1:5–6, 9, 12, 14; 3:9–10; Кол. 1:16)[71]. Бог не стал бы действовать ради какой-нибудь конечной цели кроме Самого Себя, поскольку Он превыше всего остального. Только имея высшей целью Свою славу Бог остается независимым и полновластным. Более того, никакая другая конечная цель не могла бы охватить всего, и любая меньшая цель оказалась бы несостоятельной, поскольку все творения ограничены.

Прямой креационизм

Объяснение сотворения, лучше всего соответствующее библейскому учению, — это *прямой креационизм*, согласно которому Бог сотворил Вселенную Своим

---

[71] Беркхоф. Систематическое богословие. С. 149.

волеизъявлением (лат. *fiat*). Этот взгляд утверждает и доказывает, что Бог создал все за шесть буквальных 24-часовых дней и создал человека по образу Божьему как особое существо, отличное от всех остальных. Писание прямо говорит, что Бог творил непосредственном Своим Словом (Быт. 1:1–31; 2:7; Исх. 20:11; 31:17; Пс. 32:6; 148:1–6; Иоан. 1:3; Кол. 1:16; Евр. 1:2; 11:3; Откр. 4:11).

К основным составляющим прямого креационизма относятся следующие положения:

1. Сотворение совершилось полностью и непосредственно волеизъявлением (*fiat*) личностного, всеведущего, всемогущего Творца за шесть буквальных дней.
   а. Основное значение еврейского слова *уот* («день») подразумевает буквальный 24-часовой день. В Ветхом Завете оно используется таким образом более чем 1900 раз из более чем 2200 случаев.
   б. Еврейское слово *уот* в сочетании с количественным или порядковым числительным, как в Бытии 1, означает буквальный 24-часовой день. Там порядковые числительные также используются с артиклем, что ясно указывает на буквальные дни.
   в. «Вечер» и «утро» обычно обозначают 24-часовой день.
   г. Порядок шести дней творения, за которым следует день отдыха, служит основанием для закона о субботе (Исх. 20:8–11; 31:15–17).
2. Сотворение имело разумную цель. Все было намеренно спланировано и создано Богом для достижения определенных целей.
3. Бытие 1:1 констатирует факт сотворения всего Богом, а остальная часть главы описывает подробности. Бытие 1:1 утверждает сотворение в целом; 1:2 описывает его первый этап: «Земля же была безвидна и пуста», а 1:3–31 излагает последующие этапы, как Бог продолжал формировать первоначальное творение.
4. Живые организмы были сотворены целиком и по четко определенным «родам» с врожденной приспособляемостью к изменениям окружающей среды, происходящей внутри своего вида, не выходя за его пределы.
5. Кульминацией Божьего творения стали мужчина и женщина. Они были сотворены по образу и подобию Божьему завершенными и отличными от остального творения, чтобы владычествовать над миром (Быт. 1:26–30; 2:7, 18–25; Пс. 8:4–9; Матф. 19:4–5; Лук. 3:38; Иуд. 14; Рим. 5:12–14; 1 Кор. 15:45–49; 2 Кор. 11:3; 1 Тим. 2:12–14). Человеческое тело было сотворено из праха земного, а душа/дух—непосредственным действием Бога. Человек имеет как материальную, так и нематериальную составляющие.
6. За сотворением последовали процессы сохранения.
7. Земля относительно молодая; ей, возможно, менее 10 тысяч лет.
8. С течением времени в творении происходит общее уменьшение сложности.
9. Геологическая история отмечена последовавшими за сотворением глобальными катастрофами. Библия указывает на Всемирный потоп и связанные с ним радикальные изменения в атмосфере, топографии и геологии (Быт. 6–8). Потоп состоял из воды, потоками пролившейся с неба и поднявшейся из-под земли, так что она покрыла всю землю до вершин самых высоких гор на земле, и сопровождался разломами земной коры.

Божественные чудеса[72]

Библия говорит о чудесах в различных терминах, описывающих весь «спектр проявления» чудес. Четыре разных еврейских слова в Ветхом Завете передают различные оттенки чудес:

1. *Pele'* в основном передает идею «удивления» (Исх. 15:11; Пс. 76:12).
2. *'Ot* означает «знамение», дающее уверенность, которой до этого не было (Исх. 4:8–9; Чис. 14:22; Втор. 4:34).
3. *Geburah* означает «сила» или «могущество» (Пс. 144:4, 11–12; 150:2).
4. *Mophet* имеет основное значение «чудо», «знак» или «знамение». Оно часто используется вместе с *ot*, как во Второзаконии 4:34; 6:22 и Неемии 9:10.

В Новом Завете используются четыре греческих слова, которые в точности соответствуют ветхозаветным еврейским терминам:

1. *Teras* («удивление») описывает чудо, которое поражает и сильно удивляет. Его исключительный характер означает удивление или восхищение от чуда. В Новом Завете Слово *teras* не употребляется отдельно, а всегда со словом *semeion* («знамение»). Это соответствует еврейским словам *mophet* и *pele'* (см. Втор. 4:34 в Септуагинте). Пример его использования можно увидеть в Деяниях 2:22 в связи с Христом и в Евреям 2:4 в связи с апостолами.
2. *Semeion* («знамение») указывает на нечто, стоящее за чудом. Оно ценно не само по себе, а как указание на что-то другое. Это эквивалент еврейского *'ot* (см. Чис. 14:22 в Септуагинте).
3. *Dynamis* («сила» или «чудо») говорит о силе, которой было совершено чудо, и означает новую и высшую силу. Оно соответствует еврейскому *geburah* (см. Пс. 144:4 в Септуагинте).
4. *Ergon* («дело») использовано Иисусом в Евангелиях по отношению к делам, которые «никто не может творить» (см. Иоан. 15:24).

Эти различные термины составляют библейское чудо. Объединив все их особенности, можно дать следующее определение Божьего чуда:

Видимый феномен, могущественно совершенный Богом непосредственно или через уполномоченного посредника (*dynamis*), исключительный характер которого сразу привлекает внимание наблюдателя (*teras*), указывает на нечто, стоящее за этим феноменом (*semeion*), и является исключительным делом, происхождение которого нельзя приписать никому, кроме Бога (*ergon*).

В более сжатом виде можно сказать, что чудо — это когда Бог временно отменяет законы природы и лично вмешивается в ход жизни, чтобы привести людей и их обстоятельства в соответствие со Своей волей.

Приведенный ниже план описывает разные дела Бога. Используя эти определения, можно избежать путаницы в понятиях.

---

[72] Этот материал о божественных чудесах адаптирован из: Мейхью Р. Обетование исцеления. СПб.: Библия для всех, 2007. С. 176–186. Подробнее о временном характере чудес и их связи с откровением см. «Временные дары (откровение/подтверждение)» (с. 401) в гл. 5 «Бог Дух Святой».

I. Исходные дела сотворения.

II. Длящиеся дела провидения:
   A. Сверхъестественные/чудесные/непосредственные:
      1. Без участия человека.
      2. При участии человека.
   Б. Естественные/нечудесные/опосредованные:
      1. Объяснимые/известные законы.
      2. Необъяснимые/неизвестные законы.

Во всех перечисленных выше делах Бог так или иначе участвует. Например, что касается исцеления, любое выздоровление можно считать «божественным исцелением», но не любое исцеление можно считать «чудесным».

В соответствии с библейским определением, для чудес не требуются вторичные средства, и они не ограничены законами природы. Они включают сверхъестественное вмешательство Бога. Чудеса Иисуса никогда не были ограниченными, никогда не были сомнительными, совершались прилюдно, сразу и во множестве. Что-либо, претендующее сегодня называться *чудом*, также должно обладать этими качествами. К сожалению, современная церковь склонна обесценивать понятие чуда, называя «чудом» все, выходящее за рамки обычного.

К тому же чудеса не производят автоматически духовность в тех, кто их видит. Израильтяне, чудесами избавленные из египетского рабства, очень быстро скатились к идолопоклонству (Исх. 32), хотя поразительные Божьи чудеса еще были свежи в их памяти. Илия совершал зрелищные Божьи чудеса, но верный остаток израильтян был так мал (семь тысяч человек), что пророк считал, что он один стоит за истину (3 Цар. 19). После того как Иисус накормил пять тысяч человек и объяснил им значение этого чуда, многие из учеников отошли от Него и больше не ходили с Ним (Иоан. 6:66).

Сегодня все наоборот. В то время как свидетели подлинных чудес Христа в I веке отвернулись от них и ушли от Него (Иоан. 9:13–22), христиане XXI века, похоже, с любопытством тянутся к переживаниям, которые не достойны даже сравнения с чудесами Христа.

Божественное провидение

Масштаб
Предостережение о «законах природы»
Бог сохраняет Вселенную
Бог содействует во всех событиях
Бог управляет всем для предопределенной цели

Божественное провидение значит, что Бог сохраняет Свое творение, действует в каждом событии в мире и управляет всем во Вселенной для предназначенной цели.

Масштаб

В сферу Божьего провидения входит следующее: Вселенная в целом (Пс. 102:19; Дан. 4:32; Еф. 1:11), физический мир (Иов. 37:1–13; Пс. 103:14; 134:6; Матф. 5:45), животный мир (Пс. 103:21, 28; Матф. 6:26; 10:29), народы (Иов. 12:23; Пс. 21:29; 65:7; Деян. 17:26), рождение и жизнь человека (1 Цар. 1:19–20; Пс. 138:16; Ис. 45:5; Гал. 1:15–16), успехи и неудачи человека (Пс. 74:7–8; Лук. 1:52), то, что кажется случайным или несущественным (Прит. 16:33; Матф. 10:30), защита Божьего народа (Пс. 4:9; 5:13; 62:9; 120:3; Рим. 8:28), обеспечение Божьего народа (Быт. 22:8, 14; Втор. 8:3; Флп. 4:19), ответы на молитвы (1 Цар. 1:9–19; 2 Пар. 33:13; Пс. 64:3; Матф. 7:7; Лук. 18:7–8) и суд над нечестивыми (Пс. 7:13–14; 10:6)[73].

При изучении Божьего провидения важно различать общее провидение и особое провидение. Божье общее провидение включает контроль над всей Вселенной (Пс. 102:19; Дан. 2:31–45; Еф. 1:11). Его особое провидение включает полный контроль над деталями Вселенной, в том числе над деталями истории (Деян. 2:23) и деталями жизни отдельных людей, особенно избранных (Еф. 1:3–12). Некоторые, например, открытые теисты, готовы признать общее провидение, но отрицают особое провидение Бога в жизни отдельных людей. Однако из Римлянам 8:28–30 и Ефесянам 1:1–12 видно, что Божий контроль распространяется на жизнь людей, в частности, избранных.

Предостережение о «законах природы»

Прежде чем рассматривать основные составляющие Божьих дел провидения, важно отметить, что «законы природы» — это не правила, которым Бог обязан следовать. Скорее, законы природы — это то, что люди считают обычными принципами и процессами во Вселенной. Со времени эпохи Просвещения XVII и XVIII веков многие отрицают возможность чудес, поскольку чудеса нарушают законы природы. В ответ на подобные аргументы Писание говорит, что Бог — Творец природы, Он управляет ей и поддерживает ее. Законы природы — это то, как Он обычно поддерживает Вселенную. Однако эти законы находятся под Его полновластным контролем, поэтому Бог имеет право и силу отменять их для совершения чудес. Поскольку Он — Бог порядка, Его руководство Вселенной имеет закономерности. Но законы природы не следует рассматривать как существующие независимо от Бога и не позволяющие Ему вмешиваться во Вселенную. Их следует считать средством, которое Бог избрал для обычного функционирования Вселенной. И не следует считать, что законы природы не могут нарушаться, поскольку они дают те же самые результаты во всех условиях. Но их надо рассматривать как обычный способ, которым Бог действует во Вселенной, хотя Он часто использует их в разных комбинациях, что приводит

---

[73] Philip Schaff, *History of the Christian Church* (Grand Rapids, MI: Associated Publishers & Authors, n. d.), 3:168. См. также: John M. Frame, *Systematic Theology: An Introduction to Christian Belief* (Phillipsburg, NJ: P&R, 2013), 146–170. Фрейм перечисляет следующие сферы, находящиеся под Божьим всеобщим контролем: мир природы, история человечества, жизнь отдельного человека, человеческие решения, грехи, вера и спасение.

к различным результатам. Таким образом, обычно один «закон» не действует сам по себе; скорее, Бог использует множество обстоятельств, сочетая разные «законы», как считает нужным.

Бог сохраняет Вселенную[74]

Первый важный аспект Божьего провидения — это сохранение Вселенной. Это постоянное действие триединого Бога через Бога Сына по поддержанию существования, характеристик и функционирования всего, что Он сотворил.

Бог Сын «поддерживает [греч. *pherō*, несет] существование всей Вселенной Своим могущественным словом» (Евр. 1:3, НРП). Благодаря Христу «все... стоит [греч. *synistēmi*, стоит вместе]» (Кол. 1:17). Апостол Павел сказал, что Богом мы «живем и движемся и существуем» (Деян. 17:28). А Петр отметил, что «нынешние небеса и земля, содержимые тем же Словом, сберегаются огню на день суда и погибели нечестивых человеков» (2 Пет. 3:7). Бог открыл, что именно Он поддерживает дыхание людей и животных, и «если бы Он обратил сердце Свое к Себе и взял к Себе дух ее и дыхание ее, — вдруг погибла бы всякая плоть, и человек возвратился бы в прах» (Иов. 34:14–15). И когда Бог отнимает дыхание у животных, они «умирают и в персть свою возвращаются» (Пс. 103:29).

Бог сохраняет все согласно его свойствам, пока Ему угодно, чтобы это существовало. Бог сохраняет то, что создал, Он не создает новые атомы, молекулы и новую энергию. Бог сохраняет функционирование природы относительно стабильным и предсказуемым, поэтому наука и техника возможны. Но Бог всегда имеет право приостанавливать или прекращать обычные природные процессы. В будущем Он даст Своему народу воскресшие тела, которые никогда не умрут, и больше не будет процессов тления и смерти, действующих сейчас. В вечности «законы природы» будут другими (Откр. 21:1–22:5).

Бог содействует во всех событиях[75]

Второй важный аспект Божьего провидения — это Его содействие во всех событиях. Содействие Бога значит, что Он воздействует на творение (напрямую или через предопределенные вторичные причины), так что оно действует согласно своим свойствам.

В Писании есть много примеров такого содействия. Иосиф сказал, что не братья, а Бог послал его в Египет (Быт. 45:5–8). Господь (Яхве) сказал, что Он будет с устами Моисея, когда тот будет говорить от Его имени (Исх. 4:11–12).

---

[74] Грудем. Систематическое богословие. С. 350–351. См. также: Frame, *Systematic Theology*, 174.

[75] Беркхоф. Систематическое богословие. С. 189–193; Грудем. Систематическое богословие. С. 352–358; Frame, *Systematic Theology*, 180–182. Грудем утверждает, что Бог приводит в действие следующее: неодушевленное творение, животных, внешне «случайные» события, дела народов и все аспекты жизни отдельных людей.

Господь обещал предать врагов Иисусу Навину и народу Израиля, при этом израильтянам все равно надо было сражаться, но Господь даровал им великую победу (И. Нав. 11:6). Бог направляет сердце царя, куда захочет (Прит. 21:1), и Он обратил сердце царя ассирийского, чтобы помочь народу построить храм (Езд. 6:22). Господь дал народу Израиля силу приобретать богатство (Втор. 8:18). Он производит в верующих «и хотение, и действие по Своему благоволению» (Флп. 2:13). Бог определил и злые поступки, например, когда Он побудил Семея проклинать Давида (2 Цар. 16:11). Он использовал Ассирию, чтобы наказать Свой народ (Ис. 10:5). Он «попустил» лживого духа в уста пророков Ахава (3 Цар. 22:23).

Божье содействие во всех событиях не подразумевает Его участия в грехе. Люди грешат согласно Божьему предопределению, но посредством вторичных причин, так что Бог не бывает непосредственной или действенной причиной греха (Быт. 45:5–8; 50:19–20; Исх. 10:1, 20; 2 Цар. 16:10–11; Ис. 10:5–7; Деян. 2:23; 4:27–28). Кроме того, Бог часто ограничивает грех (Иов. 1:12; 2:6) или обращает злой поступок во благо (Быт. 50:20; Пс. 75:11; Деян. 3:13).

Использование Богом вторичных (косвенных) причин помогает объяснить Его содействие в событиях. Силы природы не функционируют сами по себе, но Бог сообщает им энергию в каждом действии (*contra* деизм). Вторичные причины реальны, но не тождественны Божьей силе, иначе не было бы содействия Первопричины (Бога) со вторичными причинами (творением). Бог не просто дает энергию этим косвенным причинам, но и направляет их действия к предназначенной цели. Таким образом, все контролирует Бог, а не человек. Конечно, если Бог хочет, Он может действовать и непосредственно.

Это содействие не подразумевает сотрудничества или синергизма, когда и Бог, и человек действуют отчасти. Но здесь каждый из них полностью служит причиной действия. В конечном счете за каждым поступком стоит Божья воля, и Он же дает энергию. Но человек, будучи косвенной причиной, в ответ на Божью непосредственную причину или на свои собственные желания, вызванные обстоятельствами, инициирует действие во времени. Это содействие инициируется Богом, и Он имеет приоритет в действии, иначе человек в своих действиях был бы независимо полновластным. Божье содействие логически предшествует человеческому действию и предопределяет все вне Бога. Не бывает так, что человек инициирует действие, а Бог затем присоединяется к нему. Бог дает энергию не просто в целом, а именно для конкретных действий в соответствии с Его решением.

Божье содействие также происходит одновременно. Человек никогда ни в чем не действует независимо от Бога. Бог всегда сопровождает человека Своей действенной волей, но ни в каком действии не принуждает его идти против своей природы. Действие происходит одновременно, и это следствие обеих причин (Бога и человека), хотя и в разном смысле. Беркхоф описывает это так: «Бог взаимодействует с человеком в каждом его действии, не ограничивая при этом его свободу. Действие остается свободным волеизъявлением человека, и за него он несет ответственность»[76].

Бог управляет всем для предопределенной цели

Третий важный аспект Божьего провидения во Вселенной — это божественное *правление* всем. Это правление состоит в том, что Бог постоянно активно управляет всем, чтобы через это достичь Своей конечной цели — прославить Себя.

Бог правит как Царь Вселенной[77]. Основная тема Библии — славное царствование триединого Бога, поэтому у нее в центре внимания находится Царство Бога над всем творением. Бог всегда сохраняет и осуществляет суверенное правление во всем и над всем во Вселенной. Он и Царь, и Отец (Матф. 11:25; Деян. 17:24; 1 Тим. 1:17; 6:15; Откр. 1:6; 19:6).

Бог приспосабливает Свое правление к природе Своих созданий. Обычно Он управляет физическим миром с помощью Своих законов природы, и разумом человека с помощью свойств разума. Опосредованно Бог управляет нравственным выбором людей, используя «обстоятельства, стимулы, наставление, убеждение, пример», а также через непосредственное божественное действие Святого Духа в их внутренней природе[78].

Божье правление распространяется на все Его дела — прошлые, настоящие и будущие (Пс. 21:29–30; 102:17–19; Дан. 4:31–32; 1 Тим. 6:15). Оно касается всего, даже наименьших деталей (Матф. 10:29–31), того, что обычно приписывают случаю (Прит. 16:33), а также добрых и злых поступков людей (Флп. 2:13; Деян. 14:16). Бог — Царь Израиля, Который спасет и восстановит Свой народ (Ис. 33:22); Он Царь над всеми народами, обладающий абсолютной властью над всей землей (Пс. 46).

Проблема зла и теодицея

Библейская теодицея
Библейский взгляд на зло
Компатибилистическая теодицея
Теодицея в благовестии

Один из наиболее частых аргументов против существования Бога основан на том, что в мире есть физическое и нравственное зло. Многие неверующие задают следующий вопрос: если Бог реален, и Он совершенно благой и всемогущий, как может существовать зло? Джон Фрейм излагает классическую «проблему зла» следующим образом:

---

[76] Беркхоф. Систематическое богословие. С. 191.

[77] Подробное обсуждение Божьего царствования см. «Какова всеобъемлющая и объединяющая тема Писания?» (с. 45) в гл. 1 «Введение», а также гл. 10 «10».

[78] Беркхоф. Систематическое богословие. С. 194. См. также: Грудем. Систематическое богословие. С. 370; Frame, *Systematic Theology*, 172–174.

Предпосылка 1: Если бы Бог был всемогущим, Он мог бы предотвратить зло.
Предпосылка 2: Если бы Бог был всеблагим, Он хотел бы предотвратить зло.
Вывод: Значит, если бы Бог был и всемогущим, и всеблагим, зла бы не было.
Предпосылка 3: Но зло есть.
Вывод: Поэтому всемогущего, всеблагого Бога нет[79].

Проблема зла касается как физического зла (напр., катастрофы, болезни, страдания, смерть), так и нравственного (грех).

Христианский ответ на проблему зла называется теодицеей. Этот термин происходит от греческих слов *theos* и *dikē*, что означает «судебное слушание Бога» (см. *dikē* в Иуд. 7; 2 Фес. 1:9) или «оправдание Бога». Теодицея означает оправдание Божьего правосудия против обвинений, что присутствие зла в творении якобы показывает, что Он несправедливый, бессильный, или что Его нет. Теодицея заявляет, что Бог всемогущий и всеблагой, хотя и может показаться, что это не так, поскольку в творении есть зло.

Библейская теодицея

Единственно правильная теодицея исходит из Библии. Когда Бога обвиняют на суде человеческого мнения, Слово Божье предоставляет достаточную защиту. Бог дает Свою теодицею, открывая Себя в Своем Слове. Джон Фрейм изложил принципы, показывающие, что Бог и Его Слово—это теодицея, которая служит подлинным ответом на проблему зла[80].

Писание нигде не предполагает, что Бог должен объяснять Свои действия, но утверждает, что Он имеет право на доверие. В 3-й главе Бытия, где рассказано о появлении нравственного и физического зла, Бог не объясняет, как возникло зло в сатане или как Адам и Ева могли согрешить в совершенном мире. Ответ Адама подразумевал, что виноват Бог, но Бог не защищался и вместо этого осудил Адама. В 22-й главе Бытия, где говорится о жертвоприношении Исаака, Бог не объясняет, как Его повеление принести Исаака в жертву согласуется с Его благостью. Согласно Исходу 33:19, Бог не будет представлять Свои решения на рассмотрение людей, но явит благодать и милость кому пожелает без необходимости объяснять Свои действия.

В Иова 38–41, когда друзья обвинили Иова, что он сам причина своих страданий, и когда Иов выразил желание, чтобы Бог отвечал ему, вопросы стал задавать Бог, показывая, что человек неспособен понять, как Бог распределяет добро и зло. Бог так и не объяснил, почему Иов должен был пострадать. И в книге Иова нигде не объясняется, почему он должен был страдать в ответ на обвинения сатаны. Иов хотел, чтобы Бог ответил на его вопросы, но вопросы задавал Бог. В Иезекииля 18:25–30 Бог не защищается от обвинений Израиля в несправедливости, но осуждает его за несправедливость.

[79] John M. Frame, *Apologetics to the Glory of God: An Introduction* (Phillipsburg, NJ: P&R, 1994), 150.
[80] Ibid., 171–190. Последующие разделы главным образом излагают принципы Фрейма, как строится истинная библейская теодицея.

В притче о работниках в винограднике в Матфея 20:1–16 хозяин не защищается от обвинений в несправедливом распределении платы, а обращает обвинение на обвинителей. Тем самым утверждается божественное полновластие. Хозяин представляет свое слово надежным. Правильный взгляд показывает щедрость хозяина без какой-либо несправедливости.

Подобным образом в Римлянам 3:4–6 Павел не задает вопросов о справедливости Бога, а укоряет за подобные вопросы, утверждая права Бога как полновластного Господа. В Римлянам 9:15–20 Павел утверждает суверенное право Бога делать то, что Ему угодно; сомневаться в справедливости Бога — значит неуважительно «огрызаться». По словам Павла, жалуясь на Бога, человек проявляет непослушание. Бог не обязан объяснять Свои действия, чтобы удовлетворить любопытство людей в отношении проблемы зла. Всегда следует утверждать Божье полновластие. Слово Божье абсолютно надежно, и Писание ясно говорит: Бог святой, без какой-либо несправедливости.

Библейский взгляд на зло

Правильная библейская теодицея признает право Бога поступать, как Ему угодно, не объяснять Свои действия, осуждать грешников за зло в мире и призывать их принять Его как средство спасения от зла. Бог справедливый и благой, потому что справедливость и благость присущи Его природе. Он показывает Свою справедливость, помогая людям увидеть историю с Его точки зрения.

Во-первых, Бог дает верный взгляд на прошлое. Бог всегда оправдывал Себя, завершая периоды страданий проявлением благодати. Он дал Моисея, чтобы закончить 400-летнее рабство. И самому Моисею пришлось 40 лет ждать этого поручения. Странствие по пустыне было периодом ожидания, который завершился входом в Землю обетованную. И даже во время этого странствия были периоды ожидания воды и пищи, каждый раз по Божьей милости завершавшиеся сохранением. Чередование периодов ожидания и божественного посещения продолжалось в циклах порабощения и избавления в дни судей и в разделенном царстве. Вся эпоха Ветхого Завета была периодом ожидания, что исполнится Авраамов завет. Она характеризовалась диалектическим противоречием между справедливостью и милостью, что поднимало вопрос о последовательности справедливости и милости Бога. Бог предсказал справедливый суд, но также обещал исполнить Свои обещания. Но это вело к вопросу, как можно примирить и согласовать Божью справедливость и милость, не повредив ни одной из них. Божья справедливость вызывала вопросы о Его милости, а милость — о Его справедливости.

Иисус стал решением ветхозаветной проблемы зла, соединив божественную справедливость и милость. Благодаря Своей искупительной смерти Он Сам служит божественной теодицеей, явив на кресте и справедливость, и милость Бога (Рим. 3:26; 5:8–9, 20–21). Благодать царствует посредством праведности, которая открывается в Евангелии благодати (Рим. 1:17). Поэтому через благодать

Бог приводит нас к похвале Его праведности. Многие ветхозаветные святые пострадали сильнее, чем кто-либо из современных верующих, и все же они умерли, не увидев Божьей победы над злом на кресте Христа. Они должны были верить, что однажды Бог оправдает Себя. Насколько же больше должны новозаветные верующие доверять Богу, что Он явит Свою справедливость при возвращении Христа согласно Его верным обещаниям.

Во-вторых, Бог дает верный взгляд на настоящее. Писание показывает, что Бог всегда использовал и сейчас использует зло для достижения Своих благих целей. Решение проблемы зла должно быть богоцентричным, а не человекоцентричным. Оно должно быть нацелено не на то, чтобы сделать человека счастливее или свободнее, а на то, чтобы прославить Бога. Защита с позиций большего блага действительна лишь когда большее благо видят в том, что прославляет Бога более полно, чем меньшее благо. Счастье человека приходит только через то, что прославляет Бога: послушание, самоотречение и страдания в ожидании окончательной славы. Когда будет достигнуто большее благо в прославлении Бога, верующие и все творение (кроме неверующих) обретут свое большее благо (Рим. 8:28).

Хотя Писание не дает исчерпывающих объяснений всему злу и призывает с терпением переносить бедствия, оно отчасти показывает, как Бог использует зло в Своих целях: чтобы явить Свою благодать и справедливость (Рим. 3:26; 5:8, 20–21; 9:17); чтобы судить зло в настоящем и будущем (Матф. 23:35; Иоан. 5:14); чтобы дать искупление через страдания Христа (1 Пет. 3:18); чтобы распространять Евангелие через страдания Его народа (Кол. 1:24); чтобы потрясти неверующих, привлечь их внимание и призвать к перемене сердца (Зах. 13:7–9; Лук. 13:1–5; Иоан. 9); чтобы наказать верующих (Евр. 12:3–17); и чтобы показать Свою праведность (Рим. 3:26).

Бог заверяет, что в каждом событии у Него всегда есть цель — это Его слава и благо Его народа (Рим. 8:28). Все свидетельства, что Бог использует зло на благо, должны побуждать Его народ уповать на Него с верой, что зло, сейчас не имеющее объяснения, задумано Богом во благо.

В-третьих, Бог дает верный взгляд на будущее. Писание обещает, что в конце концов Бог будет оправдан, а верующие полностью избавлены от зла. В будущем страдания верующих закончатся славой, а благоденствие нечестивых закончится судом (Пс. 72; Ис. 40; Матф. 25; Лук. 1:46–55). Когда в настоящее время Бог кажется несправедливым, нужно ждать Его славы и суда (Авв. 2:2–3) и помнить о Его прежних делах (Авв. 3:1–18). В будущей славе никто не будет сомневаться в справедливости и милости Бога. Дело не в том, что Он представит окончательную исчерпывающую теоретическую теодицею, но когда при втором пришествии Христа Он откроется всем, все сомнения сменятся или пристыженным молчанием, или благоговейной хвалой. И когда Христос будет царствовать в совершенной праведности, уже не будет проблемы зла. Если верить в окончательное оправдание Бога, сейчас нужно просто довериться, что проблема зла решена в Божьем разуме и Его суверенной воле. Поэтому Писание отвечает на проблему зла не философскими рассуждениями, а божественным заверением об окончательном оправдании Бога. Все христиане должны следовать такой схеме, излагая теодицею этому миру в настоящее время.

Наконец, Писание дает верный взгляд, поскольку с помощью него Бог дает верующим новое сердце. Посредством Слова Божьего Дух спасает и превращает сомнение в веру, смиряя людей с их гордой независимостью и приводя их к благодарности за Божью милость. Через Свое Слово Бог дает новое сердце, благодаря чему человек видит Христа, верит в Него и восхваляет Его (1 Кор. 2:12–13). Перемена ценностей, происходящая с обретением нового сердца, поднимает взор человека выше зла этой жизни к Богу, Который в конце покончит со злом и даже теперь использует его для Своей цели. Этот новый взгляд и составляет теодицею христианина.

Компатибилистическая теодицея

Компатибилизм считает, что свободная воля человека и божественный детерминизм, если дать правильные определения, — это дополняющие друг друга понятия; то есть можно принять их вместе без логических противоречий. Компатибилизм утверждает, что воля человека свободна в пределах его природы. Невозрожденная человеческая воля свободна только в пределах человеческой ограниченности и греховности. Поскольку греховная человеческая природа не может повиноваться Богу, падшие люди свободны только грешить. Люди свободны грешить в том смысле, что они хотят грешить, делая это без принуждения. Библейская теодицея согласуется с компатибилистическим взглядом на свободу человека[81]. Она не предполагает, что человек в своей греховности может повиноваться Богу; напротив, по своей греховной природе люди выбирают лишь то, что служит их удовольствию и силе. Следующие библейские принципы объясняют, как все это может быть истинным:

1. Бог предопределяет все события (Еф. 1:11).
2. Грехопадение привело к физическим трудностям и катастрофам (Ис. 45:7; Рим. 8:20–22).
3. Бог предопределяет грех, но человек сам отвечает за свой грех (Деян. 2:23; 4:27–28; 14:16).
4. Бог ожесточает грешников в грехе (Рим. 9:18).
5. Бог никогда не искушает людей к греху (Иак. 1:13).
6. В Писании нигде не говорится, что Бог виноват в грехе или радуется греху, который Он попускает (Пс. 5:5).
7. Бог никого не принуждает грешить, но предопределяет, что человек грешит добровольно и потому виновен (Иак. 1:14–15).
8. Бог контролирует грех людей, таинственно действуя посредством вторичных причин (2 Цар. 24:1, 10; 1 Пар. 2:1).

---

[81] Pettegrew, "Doctrine of God," 214–217.

9. Бог прославляется в Своей справедливости, когда наводит бедствия и судит грех (Ис. 45:5–7; Иез. 28:22; Иоан. 9:2–5).
10. Бог по Своей милости дал спасение от греха тем, кто верит в Христа (Рим. 3:24–26).

Теодицея в благовестии

Общаясь с неверующими, христиане не должны думать, что смогут оправдать Бога какими-то принципами, не взятыми из Слова Божьего. Напротив, они должны объяснять богодухновенную теодицею, излагая ее принципы. Такие библейские принципы можно иллюстрировать личными примерами, но основой разговора должны быть сами принципы. Если строить теодицею на внебиблейских принципах, Бог не будет показан так, как Он установил в Писании.

Библия, будучи Божьей теодицеей, подтверждает все Его совершенства откровением о том, что Он сделал в прошлом, делает в настоящем и сделает в будущем. Представляя Божью теодицею, нельзя идти на поводу у того, что неспасенный считает лучшим для своего счастья, но нужно стремиться призывать людей обратиться от греховной эгоцентричности к смиренному покаянию в грехах и вере в истинного Бога через Иисуса Христа. Не следует соглашаться с неверующими, которые оценивают благополучие человека согласно человеческим желаниям и считают человеческое мышление мерилом справедливости и милости Бога.

Прославление Бога[82]

В направлении Бога
В направлении христиан
В направлении неверующих

Божья слава доминирует в Писании. Некоторые полагают, что *слава* — это объединяющая тема Библии. То, что это слово встречается в Писании более 400 раз, подтверждает такую возможность. Поскольку Божья слава совершенна, как же христиане могут что-нибудь к ней добавить? Почему Писание повелевает верующим воздавать Богу славу? В 2 Коринфянам 3:18 дается объяснение: «Мы же все открытым лицом, как в зеркале, взирая на славу Господню, преображаемся в тот же образ от славы в славу, как от Господня Духа».

Аналогия в том, что Бог для христиан — как солнце для луны. Как солнце — единственный источник света, так и Бог — единственный источник славы; как луна отражает свет, так верующие отражают Божью славу. Поскольку из-за грехопадения образ Бога в человеке покрылся трещинами, грешники скорее рассеивают Божью славу, а не отражают ее к Нему. Но с момента спасения верующие начинают преображаться в тот же образ, так что они отражают больше, чем

---

[82] Этот раздел адаптирован из: Richard Mayhue, *Seeking God: The Pathway of True Spirituality* (2000; repr., Nashville: Lifeway, 2015), 228–233. Используется с разрешения автора.

рассеивают. Поэтому Божья слава все более и более возвращается к Нему так, как Он осветил ей Своих возлюбленных. Именно так христиане могут дать Богу то, чем только Он обладает и ни с кем не делится (Ис. 42:8; 48:11).

Чем можно прославить Бога? Здесь можно выделить и рассмотреть три разные сферы. Действия верующих, прославляющие Бога, относятся к одной из трех категорий: это действия (1) в направлении Бога, (2) в направлении христиан и (3) в направлении неверующих.

В направлении Бога

Быть Богом по определению означает обладать славой. Божью славу отражают многие титулы:

1. «Господь славы» (1 Кор. 2:8).
2. «Велелепная слава» (2 Пет. 1:17).
3. «Царь славы» (Пс. 23:7–10).
4. «Дух славы» (1 Пет. 4:14).

По большей части Божья слава, которую отражают христиане, направляется к Нему через дела личного поклонения и хвалы, обращенные к Богу. Ниже перечислены 20 видов личного поклонения, прославляющих Бога, сначала направленные к Богу, затем направленные к христианам и неверующим.

1. Жить с целью: «Итак, едите ли, пьете ли, или иное что делаете, все делайте в славу Божию» (1 Кор. 10:31). Знаменитый американский проповедник XVIII века Джонатан Эдвардс (1703–1758) применил этот принцип к своей жизни, решив: «Буду делать то, что как можно больше служит к Божьей славе»[83]. Он поместил картину жизни во всех ее проявлениях в раму Божьей славы. Подражая этой цели, верующие могут быть ответом на молитву Павла о филиппийцах (Флп. 1:9–11).

2. Исповедовать грехи: «Тогда Иисус сказал Ахану: „Сын мой! Воздай славу Господу, Богу Израилеву и сделай пред Ним исповедание и объяви мне, что ты сделал; не скрой от меня“» (И. Нав. 7:19). Пребывать в грехе — значит оскорблять Божью святость (Откр. 16:9), а исповедовать свои грехи — значит признать Божью святость и воздать Ему славу.

3. Молиться с ожиданием: «И если чего попросите у Отца во имя Мое, то сделаю, да прославится Отец в Сыне» (Иоан. 14:13). Молитвы во имя Христа приносят славу Отцу. Разумно начинать молитву словами Моисея: «Покажи мне славу Твою» (Исх. 33:18).

4. Жить в чистоте: «Бегайте блуда; всякий грех, какой делает человек, есть вне тела, а блудник грешит против собственного тела. Не знаете ли, что тела ваши суть храм живущего в вас Святого Духа, Которого имеете вы от Бога, и вы не свои? Ибо вы куплены дорогою ценою. Посему прославляйте Бога и в телах

---

[83] Jonathan Edwards, "Resolutions," in *The Works of Jonathan Edwards, vol. 16, Letters and Personal Writings*, ed. George S. Claghorn (New Haven, CT: Yale University Press, 1998), 753.

ваших и в душах ваших, которые суть Божии» (1 Кор. 6:18–20). Жизнь в свете Божьего святого характера приносит Ему славу.

5. Покоряться Христу: «Посему и Бог превознес Его и дал Ему имя выше всякого имени, дабы пред именем Иисуса преклонилось всякое колено небесных, земных и преисподних, и всякий язык исповедал, что Господь Иисус Христос в славу Бога Отца» (Флп. 2:9–11).

6. Хвалить Бога: «Ибо все для вас, дабы обилие благодати тем большую во многих произвело благодарность во славу Божию» (2 Кор. 4:15). Бога прославляли и ангелы при рождении Христа, и самарянин, исцеленный от проказы (Лук. 2:14; 17:11–19). Уста христиан должны наполняться хвалой и славой Господу на протяжении всего дня (Пс. 70:8).

7. Повиноваться Богу: «...ибо, видя опыт сего служения, они прославляют Бога за покорность исповедуемому вами Евангелию Христову и за искреннее общение с ними и со всеми...» (2 Кор. 9:13).

8. Возрастать в вере: «...не поколебался в обетовании Божием неверием, но пребыл тверд в вере, воздав славу Богу и будучи вполне уверен, что Он силен и исполнить обещанное» (Рим. 4:20–21).

9. Страдать за Христа: «Только бы не пострадал кто из вас, как убийца, или вор, или злодей, или как посягающий на чужое; а если как христианин, то не стыдись, но прославляй Бога за такую участь» (1 Пет. 4:15–16). Петр знал, о чем писал, так как много лет назад Христос сказал ему, какой смертью он прославит Бога (Иоан. 21:19).

10. Радоваться в Боге: «...хвалитесь именем Его святым; да веселится сердце ищущих Господа...» (1 Пар. 16:10).

11. Поклоняться Богу: «Все народы, Тобою сотворенные, придут и поклонятся пред Тобою, Господи, и прославят имя Твое...» (Пс. 85:9).

12. Приносить духовные плоды: «Тем прославится Отец Мой, если вы принесете много плода и будете Моими учениками» (Иоан. 15:8).

В направлении христиан

Христианская жизнь начинается с правильных отношений с Богом, но этим она не заканчивается. От направления вверх перейдем к направлению внутрь, то есть к тому, как верующие могут прославлять Бога в церкви и среди других верующих.

13. Провозглашать Божье Слово: «Итак молитесь за нас, братия, чтобы слово Господне распространялось и прославлялось...» (2 Фес. 3:1).

14. Служить народу Божьему: «Служите друг другу, каждый тем даром, какой получил, как добрые домостроители многоразличной благодати Божией. Говорит ли кто, говори как слова Божии; служит ли кто, служи по силе, какую дает Бог, дабы во всем прославлялся Бог через Иисуса Христа, Которому слава и держава во веки веков. Аминь» (1 Пет. 4:10–11).

15. Очищать церковь Христа: «...чтобы представить ее Себе славною церковью, не имеющею пятна, или порока, или чего-либо подобного, но дабы она была свята и непорочна» (Еф. 5:27).

16. Жертвовать щедро: «На опыте этого служения они прославляют Бога за ваше послушание исповедаемому вами Евангелию Христову и за щедрость в общении с ними и со всеми...» (2 Кор. 9:13, Кассиан).

17. Объединять верующих: «И славу, которую Ты дал Мне, Я дал им: да будут едино, как Мы едино» (Иоан. 17:22). Как Христос принял нас, так и мы должны принимать друг друга, во славу Божью (Рим. 15:7).

В направлении неверующих

Сначала вверх, затем внутрь, теперь наружу. Это замыкает круг. В связи с этим возникает вопрос: «А какое из этих трех направлений важнее всего?» Они равно важны, но при прославлении Бога решающее значение имеет их порядок. Нужно сосредоточиться на Боге, прежде чем служить друг другу. А если нет правильных отношений в Теле Христовом, не стоит надеяться достичь погибших Евангелием Христа.

18. Возвещать спасение погибшим: «Велика слава его в спасении Твоем; Ты возложил на него честь и величие» (Пс 20:6). Выражение «в похвалу славы Его» (Еф. 1:6, 12, 14) выделяется в пояснениях апостола Павла о спасении. Действительно, прославлением Бога было отмечено спасение Павла (Гал. 1:23–24) и Корнилия (Деян. 11:18). Поскольку все лишены Божьей славы (Рим. 3:23), то спасение означает восстановление этой славы.

19. Сиять светом Христа: «Так да светит свет ваш пред людьми, чтобы они видели ваши добрые дела и прославляли Отца вашего Небесного» (Матф. 5:16).

20. Распространять Евангелие Божие: «Ибо все для вас, дабы обилие благодати тем большую во многих произвело благодарность во славу Божию» (2 Кор. 4:15). Таким оказался опыт Павла в первом миссионерском путешествии. Когда язычники услышали Евангелие, они возрадовались, прославили Бога и уверовали (Деян. 13:48).

Ихавод, что на древнееврейском значит «нет славы», для верующего было бы хуже всего (1 Цар. 4:21). Немыслимо, чтобы верующий или церковь остались без Божьей славы. Стремление к Божьей славе должно охватывать всю жизнь христианина.

Пусть же благословение псалмопевца и славословие апостола Павла совершаются и сейчас, и всегда:

Благословен Господь Бог, Бог Израилев, един творящий чудеса, и благословенно имя славы Его вовек, и наполнится славою Его вся земля. Аминь и аминь (Пс. 71:18–19).

Богу же и Отцу нашему слава во веки веков! Аминь (Флп. 4:20).

———————

Молитва[84]

О, Отец, небеса проповедуют о непостижимой славе Твоей,
  их простор непрестанно возвещает о делах рук Твоих:
  «День дню передает речь, и ночь ночи открывает знание»,
  о Тебе их проповедь, наш повергающий в трепет Создатель,
    и эту проповедь понимают все.
Послушное Тебе солнце кружится в хороводе мироздания.
От края и до края небес слава Твоя простирается повсюду,
  и в нашей солнечной системе, и за пределами ее.
Мы благоговеем пред Твоей непостижимой мощью.

Но чудесней всего славного творения Твоего—
  Священное Писание, открывающее нам сердце Твое:
    Твой закон, свидетельство, заповеди, постановления и суды—
    все они совершенны, верны, справедливы, безупречны, чисты и истинны.
Слово Твое преобразует душу, дает мудрость,
  приносит радость, просвещает и производит праведность.
  Оттого мы желаем Слова Твоего больше,
    чем золота, оно слаще любого меда для уст наших.

Драгоценный Отец Небесный, все наши желания—в Тебе.
Наши сердца жаждут узреть и воспеть славу Твою.
Не познать нам полного насыщения,
  пока не узрим лик Твой в правде.
В молитве приносим Тебе нашу любовь и поклонение.
  Надеемся на Твои обетования,
  радуемся Твоей верности,
  славим Твою благость,
  уповаем на Твое Слово,
  верим в Твоего Сына
  и покоимся в Твоей благодати.

Спасибо, что учишь нас пребывать в Твоем покое.
Зная, что прошлое, настоящее и будущее—в Твоих руках,
мы с радостью признаем Твой план самым лучшим,
  заповеди Твои праведными,
  мудрость безупречной
  и все пути Твои совершенными.
Ты полон милосердия, святости, правды и благости,
  Ты—источник всего, что воистину благо.
Мы взываем к Тебе, нашему Повелителю и Спасителю,
  чтобы воля Твоя исполнилась в нас.

Даруй нам сердца, без ропота и воздыхания доверяющие
  тому, что Твой священный промысел допускает в нашу жизнь.

---

[84] Эта молитва воспроизводится дословно из: Мак-Артур Д. У престола благодати. СПб.: Виссон, 2015. С. 47–48.

И, как всегда, пролей на нас дождем милость и благодать,
    чтобы нам благодарить Тебя непрестанно.
Когда бы мы ни согрешили, склонив сердца наши к непокорности,
    помоги нам тут же осознать это безрассудство и покаяться.
Удали от нас унылые сетования,
    да возрадуемся мы радостью великой.
    Наполни наши сердца святыми песнопениями хвалы.
    Восставь нас, чтобы нам воссиять путеводными звездами Твоей благодати.
Мы приходим поклониться Тебе, Отче, уповая на прощение Твое и позволение
    войти в Твое присутствие
    и быть принятыми, как истинные поклонники.
Мы приходим во имя нашего Спасителя. Аминь.

«Славь, душа, Творца вселенной»

Славь, душа, Творца вселенной,
Все клади к Его ногам.
Исцеленный и прощенный,
Что я Господу воздам?
Аллилуйя! Аллилуйя!
Пусть несется к небесам!

Славь Его за милосердье
К нашим праотцам в пути:
Не спешил карать неверье,
А давал дары Свои.
Аллилуйя! Аллилуйя!
Дивен Бог в Своей любви.

Как отец детей жалеет,
Знает нас, греха рабов.
Нас ведет стезей Своею,
Избавляет от врагов.
Аллилуйя! Аллилуйя!
Да звучит вовек веков.

Ангелы, нам помогите
Вознестись на высоту.
Старцы, юноши и дети,
Все творенья, там и тут,
Аллилуйя! Аллилуйя!
Славьте Божью доброту.

Генри Лайт (1793–1847)
(перевод Д. А. Ясько)

Список литературы

Основные труды по систематическому богословию

* Беркхоф Л. Систематическое богословие. Мн.: Полиграфкомбинат им. Я. Коласа, 2014. С. 13–180.

* Грудем У. Систематическое богословие: Введение в библейское учение. СПб.: Мирт, 2004. С. 143–446.

* Тиссен Г. Лекции по систематическому богословию. СПб.: Библия для всех, 1994. С. 31–52, 88–149.

Эриксон М. Христианское богословие. СПб. Библия для всех, 1999. С. 222–364.

Bancroft, Emery H. *Christian Theology: Systematic and Biblical*. 2nd ed. Grand Rapids, MI: Zondervan, 1976. 59–94.

Buswell, James Oliver, Jr. *A Systematic Theology of the Christian Religion*. 2 vols. Grand Rapids, MI: Zondervan, 1962–1963. 1:27–182.

Culver, Robert Duncan. *Systematic Theology: Biblical and Historical*. Fearn, Ross-shire, Scotland: Mentor, 2005. 12–225.

Dabney, Robert Lewis. *Systematic Theology*. 1871. Reprint, Edinburgh: Banner of Truth, 1985. 5–193.

Hodge, Charles. *Systematic Theology*. 3 vols. 1871–1873. Reprint, Grand Rapids, MI: Eerdmans, 1975. 1:189–482, 535–636.

Lewis, Gordon R., and Bruce A. Demarest. *Integrative Theology*. 3 vols. Grand Rapids, MI: Zondervan, 1987–1994. 1:177–335.

Reymond, Robert L. *A New Systematic Theology of the Christian Faith*. Nashville: Thomas Nelson, 1998. 129–414.

Shedd, William G. T. *Dogmatic Theology*. 3 vols. 1889. Reprint, Minneapolis: Klock & Klock, 1979. 1:151–546; 3:89–248.

Strong, August Hopkins. *Systematic Theology: A Compendium Designed for the Use of Theological Students*. Rev. ed. New York: Revell, 1907. 52–110; 243–443.

Swindoll, Charles R., and Roy B. Zuck, eds. *Understanding Christian Theology*. Nashville: Thomas Nelson, 2003. 137–287.

Turretin, Francis. *Institutes of Elenctic Theology*. 3 vols. Edited by James T. Dennison Jr. Translated by George Musgrove Giger. 1679–1685. Reprint, Phillipsburg, NJ: P&R, 1992–1997. 1:169–538.

* Обозначает самые полезные.

Специальные труды

Беркхов Л. История христианских доктрин. СПб.: Библия для всех, 2000.

* Кальвин Ж. Наставление в христианской вере: в 3 т. СПб.: Изд-во Рос. гос. гуманит. ун-та, 1997.

* Мак-Артур Д. Битва за начало. СПб.: Библия для всех, 2004.

Пакер Д. Познание Бога. СПб.: Мирт, 2009.

* Тозер Э. Величие Бога. СПб.: Мирт, 1996.

Файнберг Д. Нет Ему подобного: Учение о Боге. СПб.: Библия для всех, 2021.

Хелм П. Провидение. Мн.: Позитив-центр, 2014. (Контуры христиан. богословия)

* Allison, Gregg R. *Historical Theology: An Introduction to Christian Doctrine*. Grand Rapids, MI: Zondervan, 2011.

Ames, William. *The Marrow of Theology*. Translated by John Dykstra Eusden. 3rd ed. 1629. Reprint, Grand Rapids, MI: Baker, 1997.

* Bavinck, Herman. *The Doctrine of God*. Translated by William Hendriksen. 1951. Reprint, Edinburgh: Banner of Truth, 2003.

Beilby, James K., and Paul R. Eddy, eds. *Divine Foreknowledge: Four Views*. Downers Grove, IL: InterVarsity Press, 2001.

Bray, Gerald. *God Is Love: A Biblical and Systematic Theology*. Wheaton, IL: Crossway, 2012.

Carson, D. A. *The Gagging of God: Christianity Confronts Pluralism*. Grand Rapids, MI: Zondervan, 1996.

Charnock, Stephen. *Discourses upon the Existence and Attributes of God*. 2 vols. 1853. Reprint, Grand Rapids, MI: Baker, 1979.

Feinberg, John S. *The Many Faces of Evil: Theological Systems and the Problems of Evil*. Rev. ed. Wheaton, IL: Crossway, 2004.

* Frame, John M. *Apologetics to the Glory of God: An Introduction*. Phillipsburg, NJ: P&R, 1994.

Frame, John M. *The Doctrine of God. A Theology of Lordship*. Phillipsburg, NJ: P&R, 2002.

Frame, John M. *Systematic Theology: An Introduction to Christian Belief*. Phillipsburg, NJ: P&R, 2013.

Ganssle, Gregory E., ed. *God and Time: Four Views*. Downers Grove, IL: InterVarsity Press, 2001.

Geisler, Norman L. *Creating God in the Image of Man?* Minneapolis: Bethany House, 1997.

* Hannah, John D. *Our Legacy: The History of Christian Doctrine*. Colorado Springs: NavPress, 2001.

Harris, Murray J. *Jesus as God: The New Testament Use of Theos in Reference to Jesus*. Grand Rapids, MI: Baker, 1992.

Huffman, Douglas S., and Eric L. Johnson. *God under Fire: Modern Scholarship Reinvents God*. Grand Rapids, MI: Zondervan, 2002.

* Letham, Robert. *The Holy Trinity: In Scripture, History, Theology, and Worship*. Phillipsburg, NJ: P&R, 2004.

Pink, Arthur W. *The Attributes of God*. 1920. Reprint, Grand Rapids, MI: Guardian, 1975.

Piper, John, Justin Taylor, and Paul Kjoss Helseth, eds. *Beyond the Bounds: Open Theism and the Undermining of Biblical Christianity*. Wheaton, IL: Crossway, 2003.

Sexton, Jason S., ed. *Two Views on the Doctrine of the Trinity*. Counterpoint: Bible and Theology. Grand Rapids, MI: Zondervan, 2014.

Toon, Peter. *Our Triune God: A Biblical Portrayal of the Trinity*. Wheaton, IL: Victor, 1996.

Ware, Bruce A. *Father, Son, and Holy Spirit: Relationships, Roles, and Relevance*. Wheaton, IL: Crossway, 2005.

* Ware, Bruce A. *God's Lesser Glory: The Diminished God of Open Theism*. Wheaton, IL: Crossway, 2000.

Ware, Bruce A. *Perspectives on the Doctrine of God: 4 Views*. Nashville: B&H Academic, 2008.

* Ware, Bruce A., and John Starke, eds. *One God in Three Persons: Unity of Essence, Distinction of Persons, Implications for Life*. Wheaton, IL: Crossway, 2015.

Warfield, Benjamin Breckinridge. *Biblical and Theological Studies*. Edited by Samuel G. Craig. 1952. Reprint, Philadelphia: Presbyterian and Reformed, 1968.

* Обозначает самые полезные.

«Христа да славит весь народ»

Христа да славит весь народ
И ангелы да чтут,
Весь мир осанну да поет
Спасителю Христу;
Весь мир осанну да поет
Спасителю Христу.

Вы, друга Божьего сыны,
И все, кто спасены,
Воспойте славу и хвалу
Спасителю Христу;
Воспойте славу и хвалу
Спасителю Христу.

Все расы, классы, племена,
Покиньте суету,
Свои отдайте бремена
Спасителю Христу;
Свои отдайте бремена
Спасителю Христу.

Когда ж придем на высоту,
К Его ногам падем
И песни славы воспоем
Спасителю Христу;
И песни славы воспоем
Спасителю Христу.

Эдвард Перронет (1726–1792)
и Джон Риппон (1751–1836)
(перевод Д. А. Ясько)

4

Бог Сын

Христология

Основные темы 4-й главы
Предвоплощенный Христос
Воглощенный Христос
Прославленный Христос

Библейское свидетельство о Господе и Спасителе Иисусе Христе красной нитью проходит через все Писание. Личность и служение Спасителя, второго Лица Троицы, — центральное свидетельство всей Библии: «...Богу поклонись; ибо свидетельство Иисусово есть дух пророчества» (Откр. 19:10).

Предвоплощенный Христос

Вечное прошлое
Вечный Божий Сын
Явления в Ветхом Завете
Действия в Ветхом Завете
Пророчества в Ветхом Завете

Писание говорит как о божественности Христа, так и о Его человеческой природе. Христос полностью Бог и полностью человек, и эту истину ранняя церковь защищала снова и снова. Только всецело библейское описание может дать точное откровение о бытии Сына Божьего от вечного прошлого до вечного будущего. Хронологическое изучение бытия второго Лица должно начинаться с вечного прошлого.

Вечное прошлое

ТРИЕДИНСТВО

В Ветхом и Новом Заветах есть указания на различия Лиц Троицы. Отец, Сын и Святой Дух показаны как отдельные личности, действующие индивидуально[1]. Более того, библейские авторы приписывают этим личностям божественные атрибуты. Опираясь на библейские данные, непредвзятый ум не может сомневаться в существовании нескольких Лиц Божества, не отвергая ясности, безошибочности и богодухновенности Писания. Любое точное обсуждение Троицы должно начинаться и заканчиваться тем, что говорит Библия.

В откровении от Бога Иоанну сказано, что второе Лицо «было у Бога» (Иоан. 1:1), а это явно указывает на отдельную личность. К тому же только к отдельной личности Божества может быть обращена любовь другой личности Божества (Иоан. 17:24). Их различие также проявляется в подчинении Сына Отцу при осуществлении искупления (Флп. 2:6–7; Евр. 10:5–7; см. «Явления в Ветхом Завете», с. 256). Они также общаются друг с другом и говорят друг о друге: «Отче Мой! Если возможно, да минует Меня чаша сия; впрочем не как Я хочу, но как Ты» (Матф. 26:39). Тринитарная крещальная формула указывает на соравенство трех Лиц Троицы: «Итак, идите, научите все народы, крестя их во имя Отца и Сына и Святого Духа...» (Матф. 28:19).

Утверждая это библейское свидетельство о триединстве Бога, Уильям Шедд выделил 12 действий и отношений, показывающих, что одно Лицо Троицы может что-то делать или испытывать в отношении другого Лица:

> Одно Лицо Троицы любит другое (Иоан. 3:35); пребывает в другом (Иоан. 14:10, 11); страдает от другого (Зах. 13:7); знает другое (Матф. 11:27); обращается к другому (Евр. 1:8); есть путь к другому (Иоан. 14:6); говорит о другом (Лук. 3:22); прославляет другое (Иоан. 17:5); совещается с другим (Быт. 1:26; 11:7); планирует с другим (Ис. 9:6); посылает другое (Быт. 16:7; Иоан. 14:26); награждает другое (Флп. 2:5–11; Евр. 2:9)[2].

ПРЕДСУЩЕСТВОВАНИЕ

Каким было бытие Христа до воплощения? Другими словами, каким было Его предсуществование, когда Он имел только божественную природу до принятия человеческой? Он пребывал на небесах, а затем сошел с небес на землю в момент чудесного зачатия Его человеческой природы в утробе девы Марии (Матф. 1:18–25; Лук. 1:26–38). Второе Лицо Троицы было послано первым Лицом (Богом Отцом), и так явилась Божья любовь к людям: «Ибо так возлюбил Бог мир, что отдал Сына Своего единородного, дабы всякий, верующий в Него, не погиб, но имел жизнь вечную. Ибо не послал Бог Сына Своего в мир, чтобы судить мир, но чтобы мир спасен был чрез Него» (Иоан. 3:16–17). Сын пришел с небес

---

[1] Этот абзац адаптирован из: William D. Barrick, "Inspiration and the Trinity," *MSJ* 24, no. 2 (2013): 185–86. Использовано с разрешения MSJ.

[2] William G. T. Shedd, *Dogmatic Theology* (1889; repr., Minneapolis: Klock & Klock, 1979), 1:279.

(Иоан. 3:31), когда Отец послал Его (Иоан. 6:38; 17:3; 1 Иоан. 4:9). Приход Сына на землю при воплощении показывает, что до этого Он существовал на небесах.

Второе Лицо Троицы существовало до создания Вселенной. Действительно, Библия называет Его Творцом: «Все чрез Него начало быть, и без Него ничто не начало быть, что начало быть» (Иоан. 1:3; см. 1:10; 1 Кор. 8:6; Кол. 1:16–17; Евр. 1:2, 10). Творец всего должен существовать до события сотворения, раньше всего сотворенного. Поэтому Писание свидетельствует, что у Него была божественная слава «прежде бытия мира» (Иоан. 17:5). В этом предвоплощенном состоянии в Троице второе Лицо было объектом любви первого Лица (Иоан. 17:24). Лица Божества проявляли этот передаваемый божественный атрибут друг ко другу всю вечность в прошлом.

Второе Лицо Троицы вечно по природе и бытию. Самое ясное библейское утверждение об этом записано в Иоанна 1:1: «В начале было Слово, и Слово было у Бога, и Слово было Бог». Чтобы читатель не подумал, что «начало» относится лишь к началу творения, автор Послания к евреям явно противопоставляет временное, ограниченное бытие творения постоянному, вечному бытию Творца, Самого Сына Божьего: «В начале Ты, Господи, основал землю, и небеса—дело рук Твоих; они погибнут, а Ты пребываешь; и все обветшают, как риза, и как одежду свернешь их, и изменятся; но Ты тот же, и лета Твои не кончатся» (Евр. 1:10–12; см. Пс. 101:26–28). Ветхий Завет описывает Его существование как «из начала, от дней вечных» (Мих. 5:2). Пророк Исаия называет Его титулами «Бог крепкий» и «Отец вечности» и указывает, что при воплощении Богочеловека не только родился младенец, но и был дан Сын (Ис. 9:6). Христос всегда существовал как Божий Сын, но стал младенцем только в момент Своего чудесного зачатия.

Вечный Божий Сын[3]

Вечное бытие второго Лица ставит вопрос о Его отношениях в Троице. Как второе Лицо Троицы (или «Слово», как Он назван в Иоан. 1:1) Он существовал от вечности в прошлом. Но всегда ли в вечности Он существовал как *Сын*? Возникли две основные точки зрения: вечное сыновство и сыновство при воплощении.

На первый взгляд кажется, что в Евреям 1:5 говорится о рождении Сына Отцом как о событии в определенный момент времени: «Ты Сын Мой, Я *ныне* родил Тебя» и «Я *буду* Ему Отцом, и Он *будет* Мне Сыном». В этом стихе изложены концепции, которые очень трудно понять. *Рождение* обычно означает появление личности. Более того, сыновья обычно подчинены своим отцам. Поэтому кажется, что в тексте сказано нечто, несовместимое с вечными отношениями Отца и Сына, в которых Лица Троицы обязательно должны быть полностью соравными и совечными. Согласно позиции сыновства при воплощении, *сыновство*

---

[3] Этот раздел адаптирован из пересмотренной Джоном Мак-Артуром в 1999 году позиции по вопросу сыновства Христа, наиболее ясно высказанной в: MacArthur, "Reexamining the Eternal Sonship of Christ," *Journal for Biblical Manhood and Womanhood* 5, no. 1 (2001): 21–23. Использовано с разрешения Journal for Biblical Manhood and Womanhood.

указывает на добровольное подчинение, к которому Христос снизошел при воплощении (см. Иоан. 5:18; Флп. 2:5–8).

Позиция вечного сыновства опирается на наблюдение, что в Писании титул «Сын Божий», когда относится к Христу, видимо, всегда говорит о Его божественной сущности и абсолютном равенстве с Богом, а не о добровольном подчинении. Иудейские руководители во времена Иисуса понимали именно так. В Иоанна 5:18 сказано, что они искали убить Иисуса, обвиняя Его в богохульстве, потому что «Он не только нарушал субботу, но и Отцом Своим называл Бога, делая Себя равным Богу». В той культуре взрослый сын важного человека считался равным своему отцу по положению и привилегиям. Почтение, которого требовал царь, получал и его взрослый сын. Как наследник всех прав и привилегий отца сын был по сути таким же, как и отец, а потому он был равен ему практически во всем. Поэтому, когда Иисуса называли Сыном Божьим, все явно понимали это как божественный титул, утверждавший, что Он равен Богу и (что еще важнее) имеет ту же сущность, что и Отец. Именно поэтому иудейские руководители считали титул «Сын Божий» высшим проявлением богохульства.

Если сыновство Иисуса обозначает Его божественность и абсолютное равенство Отцу, оно не может быть титулом, связанным лишь с воплощением. По сути, главная идея сыновства (включая, конечно, божественную сущность Иисуса) должна быть связана с вечными атрибутами Христа, а не только с принятой Им человеческой природой.

Рождение, о котором сказано в Псалме 2 и в Евреям 1, — это не событие во времени. Хотя на первый взгляд кажется, что Писание использует выражения со значением времени («Я ныне родил Тебя»), контекст Псалма 2:7 явно указывает на вечное «определение» Бога. Разумно заключить, что рождение в Псалме 2 также относится к вечности, а не к какому-то моменту времени. Следовательно, выражения, обозначающие время, следует понимать в переносном смысле, а не в буквальном.

Со времени I Константинопольского собора (381 г.) ортодоксальные богословы признают это и обозначают сыновство Христа термином «вечное рождение», а это, надо признать, непростое выражение. По словам Сперджена, этот «термин не несет большого смысла; он просто скрывает наше невежество»[4]. Однако само это понятие библейское. Библия описывает Христа как «Единородного от Отца» (Иоан. 1:14; см. 1:18; 3:16, 18). «Единородный» — это перевод греческого слова *monogenēs*. Его главная идея связана с абсолютной уникальностью Христа. Буквально его можно передать как «единственный в своем роде», и все же оно также ясно указывает, что у Сына та же сущность, что у Отца. Поэтому, хотя термин *monogenēs* не говорит о рождении прямо, он согласуется с этим

---

[4] Charles H. Spurgeon, "Blessing for Blessing" (sermon 2266), in *The Metropolitan Tabernacle Pulpit* (London: Passmore & Alabaster, 1892), 38:352.

библейским понятием (см. Пс. 2:7; Иоан. 5:26), поскольку именно благодаря вечному рождению Христос—уникальный Сын Отца.

Утверждение, что Христос «рожден», само по себе сложное. В сфере творения понятие «рождение» связано с появлением потомства. Рождение сына указывает на его зачатие, на момент, с которого он существует. Поэтому некоторые полагают, что слово «Единородный» говорит о зачатии человека Иисуса в утробе девы Марии. Однако в Матфея 1:20 зачатие воплощенного Христа приписывается Святому Духу, а не Богу Отцу. Рождение, упомянутое в Псалме 2:7 и в Иоанна 1:14, явно значит больше, чем зачатие человеческой природы Христа в утробе Марии.

На самом деле есть другое, более важное значение идеи *рождения*, чем просто появление потомства. По Божьему замыслу каждое существо производит потомство «по роду своему» (Быт. 1:11–12, 21–25). При этом потомство во всем подобно своему родителю. Рождение сына гарантирует, что у него та же природа, что и у отца. Однако Христос, имея божественную природу, не сотворен (Иоан. 1:1–3). У Него не было начала, и Он как Бог существует вне времени. Поэтому «рождение», упомянутое в Псалме 2 и цитирующих его текстах, не связано с появлением божественной или человеческой природы Христа. Но оно связано с тем, что Он имеет одну сущность с Отцом. Следует понимать, что такие выражения, как «вечное рождение», «Единородный Сын» и прочие описания сыновства Христа, подчеркивают абсолютное единство сущности Отца и Сына. Другими словами, такие выражения использованы не для того, чтобы передать идею появления потомства, но чтобы передать истину о единстве сущности внутри Троицы.

Сторонники сыновства при воплощении полагают, что Писание использует терминологию «отец—сын» антропоморфически, то есть сводит непостижимые небесные истины до уровня нашего ограниченного ума, выражая их человеческими понятиями. Но человеческие отношения «отец—сын»—это лишь земные образы бесконечно большей небесной реальности. А согласно позиции вечного сыновства, в Троице вечно существуют подлинные, исходные отношения «отец—сын». Все остальное—земные отображения, хотя и несовершенные из-за человеческой ограниченности, но поясняющие важную вечную реальность.

Если смысл сыновства Христа сводится к Его божественности, возникает вопрос, почему оно относится только ко второму Лицу Троицы, но не к третьему. Ведь богословы не называют Святого Духа Сыном Божьим. Но Дух также имеет ту же сущность, что и Отец. Полная, неразбавленная, неразделенная сущность Бога равно относится к Отцу, Сыну и Святому Духу. Бог есть лишь одна сущность, но существует в трех Лицах. Три Лица равны друг другу, но Они отдельные личности. Их отличительные характеристики кратко выражены свойствами, на которые указывают Их имена: Отец, Сын и Святой Дух. Богословы назвали эти свойства отцовством, сыновством и исхождением. Из Писания ясно, что такие различия необходимы для понимания Троицы. Как полностью объяснить их, остается тайной. Многие аспекты этих истин могут остаться навеки непостижимыми, но такое базовое понимание вечных отношений в Троице представляет собой лучшее общехристианское представление, сложившееся за века церковной истории. Поэтому надо придерживаться вечного сыновства и вечного рождения Христа, хотя они остаются тайнами, в которые мы не сможем вникнуть очень глубоко[5].

Для подтверждения сыновства при воплощении обычно ссылаются либо на утверждения Бога о Сыне при Его рождении (Марк. 1:1; Лук. 1:32, 35), крещении (Матф. 3:17) или преображении (Матф. 17:5), либо на утверждения апостолов о Его воскресении (Деян. 13:30–33; Рим. 1:4). В свете приведенных выше аргументов против сыновства при воплощении утверждения Бога при крещении и преображении Христа просто выражают одобрение и поддержку Отца, а не назначение второго Лица Троицы на положение или роль Сына. Ссылка в Луки 1:35, если ее рассматривать в свете Луки 3:38, может указывать на Иисуса как второго Адама[6]. Тексты, упоминающие сыновство Христа в контексте Его воскресения или в связи с ним, не говорят, что Он «стал» Сыном Божьим через воскресение. Скорее, оно было убедительным откровением, что Он Сын Божий, а не просто человек. Воскресение подтвердило Его сыновство, а не сделало Его Сыном. Как верно заметил Томас Шрайнер: «Крайне важно помнить, что Тот, Кто превознесен в силе как Сын Божий, уже был Сыном»[7]. Одобряющие высказывания Отца при крещении и преображении Христа поддерживают этот вывод, поскольку они были до Его воскресения, но подчеркивают именно Его сыновство. В чем же тогда цель этих одобрительных заявлений Отца?

> Назвав Иисуса Своим Возлюбленным Сыном, Бог Отец объявил не только о божественной природе Их взаимоотношений, но и о божественной любви между Ними. Такие отношения во всем отличает взаимная любовь, преданность и поддержка.
>
> Сказав: «В Котором Мое благоволение», Отец объявил, что полностью поддерживает Сына в том, Кем Он был, что говорил и что делал. Все, что касалось Иисуса, было в полной гармонии с волей и планом Отца[8].

Явления в Ветхом Завете[9]

Одним из главных примеров того, что называют *теофанией* («явлением Бога»), было присутствие Бога на горе Синай (Исх. 19). Другие случаи явления Бога связаны со служением «Ангела Господнего», или вестника Яхве, в подобных текстах:

---

[5] Дальнейшее обсуждение вечного рождения Сына см. «Различия Лиц» (с. 203) в гл. 3 «Бог Отец».

[6] Darrell L. Bock, *Luke 1:1–9:50*, BECNT 3A (Grand Rapids, MI: Baker, 1994), 123.

[7] Thomas R. Schreiner, *Romans*, BECNT 6 (Grand Rapids, MI: Baker, 1998), 42.

[8] Мак-Артур Д. Толкование книг Нового Завета: Евангелие от Матфея, 16–23. Б. м.: Славян. еванг. о-во, 2008. С. 87.

[9] Этот раздел адаптирован из: William D. Barrick, "Inspiration and the Trinity," *MSJ* 24, no. 2 (2013): 182–184. Использовано с разрешения MSJ.

1. Бытие 16:7–13: здесь автор (Моисей, а не Агарь) говорит, что вестник Яхве—это и есть Он Сам: «И нарекла Агарь Господа, Который говорил к ней...» (Быт. 16:13).

2. Исход 3:2–4: позднее в истории вестник Яхве явился Моисею в горящем кусте на горе Хорив в Синайской пустыне. Автор (снова Моисей) говорит, что «воззвал к нему Бог из среды куста...» (Исх. 3:4).

3. Судей 6:11–23: автор книги Судей (не Гедеон и не вестник Яхве) сообщает, что «Господь, воззрев на него, сказал...» (Суд. 6:14).

У таких явлений, как кажется, есть одна важная особенность: все они, по словам Джеймса Борланда, «открывают адресату, по крайней мере отчасти, что-то о Самом [Боге] или Его воле»[10]. Должны ли мы считать божественную личность в этих явлениях Сыном Божьим до воплощения (христофания)? Борланд описывает эти явления как «неожиданные, нерегулярные и временные, видимые и слышимые явления Бога Сына в образе человека, посредством которых Бог нечто сообщал отдельным людям на земле до рождения Иисуса Христа»[11]. Когда в библейском тексте Ангел Господень связан с теофанией, слово «вестник» может быть лучшим переводом, чем «ангел», так как оно называет не природу, а функцию или положение этой личности. Кроме того, Писание говорит, что Он действительно Бог. Он носит имя «Господь», говорит как Бог и проявляет божественную власть и атрибуты. Однако важнее всего, что Он принимает поклонение (Матф. 2:2, 11; 14:33; 28:9, 17). Поскольку в Иоанна 1:18 говорится о Сыне, что «Бога не видел никто никогда; Единородный Сын, сущий в недре Отчем, Он явил»,—то явления Бога в Ветхом Завете должны быть явлениями Сына, а не Отца. В этом стихе «явил»—это перевод греческого слова *exēgeotai*, от которого произошло слово «экзегеза». Если перевести буквально, Сын Божий «истолковал» Отца людям[12].

Действия в Ветхом Завете

Дела второго Лица Троицы в Ветхом Завете включают творение, провидение, откровение и суд. Такие действия присущи Божеству и показывают, что Он Бог. Дела Иисуса в Новом Завете (напр., воскресение) соответствуют делам, приписываемым Ему в Ветхом Завете, и во многом их дополняют.

ТВОРЕНИЕ

Очевидно, что это действие второго Лица Троицы произошло до Его воплощения. Ветхозаветные упоминания Творца или Создателя не различают, какое из божественных Лиц совершает творение. Однако Новый Завет подчеркивает именно это различие.

---

[10] James A. Borland, *Christ in the Old Testament: Old Testament Appearances of Christ in Human Form*, rev. ed. (Fearn, Ross-shire, Scotland: Mentor, 1999), 24.

[11] Borland, *Christ in the Old Testament*, 17.

[12] Более подробное описание Ангела Господнего см. «Ангел Господень» (с. 758) в гл. 8 «Ангелы».

Все чрез Него начало быть, и без Него ничто не начало быть, что начало быть (Иоан. 1:3).

В мире был, и мир чрез Него начал быть, и мир Его не познал (Иоан. 1:10).

...Ибо Им создано все, что на небесах и что на земле, видимое и невидимое: престолы ли, господства ли, начальства ли, власти ли,—все Им и для Него создано... (Кол. 1:16)

...В последние дни сии [Бог] говорил нам в Сыне, Которого поставил наследником всего, чрез Которого и веки сотворил (Евр. 1:2).

В начале Ты, Господи, основал землю, и небеса—дело рук Твоих (Евр. 1:10).

Титул Сына «Слово» (Иоан. 1:1) подтверждает, что Бог сотворил все, сказав Свое слово,—все появилось по Его слову (см. повторение фразы «сказал Бог» в Быт. 1:3, 6, 9, 11, 14, 20, 24 и прямые заявления в Пс. 32:6 в Ветхом Завете и Евр. 11:3 в Новом Завете). Хотя все три Лица Троицы как-то участвовали в творении, Писание говорит, что все появилось именно по слову Сына Божьего.

ПРОВИДЕНИЕ

Провидение означает заботу Бога обо всем Своем творении. К нему относится исполнение всех Его определений с тем, чтобы в конечном счете Он прославился во всех Своих делах, то есть в исполнении Своих замыслов Царства и искупления со всеми их подробностями. Поскольку при сотворении человека по образу Божьему Троица действовала вместе («Сотворим человека по образу Нашему, по подобию Нашему...», Быт. 1:26), Сын Божий, предвоплощенный Христос, также участвовал при начале реализации планов Царства. После потопа, когда человечество восстало против Бога, Троица (включая Сына) снова вмешалась в историю мира (разделив язык людей и рассеяв их по всей земле), чтобы задать ей нужное направление и обеспечить дальнейшее исполнение Божьего замысла в мире под руководством трех Лиц Троицы (Быт. 11:7).

Сын Божий как Мессия, действуя лично и непосредственно, вмешивается в мировую историю, чтобы установить Божье Царство на земле (см. Дан. 2:31–46; Матф. 23:37–25:46; Откр. 11:15). Христос участвовал в отвержении неверующего Израиля и создании церкви и потом будет участвовать в спасении Израиля (Рим. 11:13–36). Христос также действует, чтобы искупить людей и утвердить их во всяком добром деле (2 Фес. 2). Кроме того, Он постоянно поддерживает творение, подкрепляя и направляя его согласно той роли, которую оно играет в Божьем замысле Царства (Евр. 1:3), а это больше, чем простое сохранение всего, как сказано в Колоссянам 1:17. Христос также руководил осуществлением Божьего замысла среди людей.

Один из важных аспектов Божьего провидения касается Его благости. В Ветхом Завете Божья благость проявляется в действиях Того, Кто похож на второе Лицо Троицы. В 22-м Псалме говорится о Яхве как пастыре, который заботится и питает. Благость Господа сопровождает Его народ во все дни жизни (Пс. 22:6). Иисус назвал Себя таким пастырем (Иоан. 10:11, «Пастырь добрый»). В Деяниях 14:17 также описывается благость Божья в том, что Он делал добро, «подавая нам с неба дожди и времена плодоносные и исполняя пищею и веселием сердца наши». Во все времена спасение людей от их грехов было делом Сына Божьего, Чья благость явилась в самом действии, обеспечившем прощение грехов:

> Когда же явилась благодать и человеколюбие Спасителя нашего, Бога, Он спас нас не по делам праведности, которые бы мы сотворили, а по Своей милости, банею возрождения и обновления Святым Духом, Которого излил на нас обильно через Иисуса Христа, Спасителя нашего, чтобы, оправдавшись Его благодатью, мы по упованию соделались наследниками вечной жизни (Тит. 3:4–7).

ОТКРОВЕНИЕ[13]

Термин «богодухновенность» описывает действие Бога, дающего письменное откровение человечеству. Ключевой библейский текст о богодухновенности— это 2 Тимофею 3:16: «Все Писание богодухновенно и полезно…» Слово «богодухновенно»— перевод греческого прилагательного, которое характеризует слово «Писание». Следующее за ним прилагательное («полезно») также относится к «Писанию». Согласно Библии, свойство «богодухновенности» относится именно к Писанию, а не к Его авторам, как и «полезно»— это свойство Писания, а не авторов. Смысл слова «богодухновенно» в том, что Писание обязано своим «происхождением и содержанием божественному дыханию, Духу Божьему»[14]. Таким образом, апостол Павел под руководством Духа Божьего пишет Тимофею, что богодухновенность прямо относится к записанному Слову Божьему.

Каждое Лицо Троицы участвовало в этом процессе и как автор Писания, и как его действующее лицо. Второе Лицо также играло важную роль в создании Библии. Авторы Ветхого Завета часто говорят, что Бог в той или иной форме являлся Своему народу, чтобы избавлять их, вести их или общаться с ними (см. «Явления в Ветхом Завете», с. 256). Эти теофании открывают нечто о Боге или Его воле свидетелям таких явлений. Поскольку такие события представляют собой явления Сына Божьего, они раскрывают роль второго Лица Троицы в передаче откровения, ведущей к созданию Писания. Сам Иисус подтверждает, что Отец послал Свое слово через Своего вестника:

> Ибо Я говорил не от Себя; но пославший Меня Отец, Он дал Мне заповедь, что сказать и что говорить (Иоан. 12:49).

> Разве ты не веришь, что Я в Отце и Отец во Мне? Слова, которые говорю Я вам, говорю не от Себя; Отец, пребывающий во Мне, Он творит дела (Иоан. 14:10).

---

[13] Этот раздел адаптирован из: William D. Barrick, "Inspiration and the Trinity," *MSJ* 24, no. 2 (2013): 180–185. Использовано с разрешения MSJ.

[14] William Hendriksen, *Exposition of the Pastoral Epistles*, NTC (Grand Rapids, MI: Baker, 1957), 302.

Я открыл имя Твое человекам, которых Ты дал Мне от мира; они были Твои, и Ты дал их Мне, и они сохранили слово Твое. Ныне уразумели они, что все, что Ты дал Мне, от Тебя есть, ибо слова, которые Ты дал Мне, Я передал им, и они приняли, и уразумели истинно, что Я исшел от Тебя, и уверовали, что Ты послал Меня (Иоан. 17:6–8).

Я передал им слово Твое; и мир возненавидел их, потому что они не от мира, как и Я не от мира (Иоан. 17:14).

И в Ветхом, и в Новом Завете показано, что Сын Божий говорит с Божьим народом. Таким образом, Библия открывает, что божественный глашатай—это Сам Сын Божий, Тот, Кого апостол Иоанн в начале своего Евангелия называет «Словом»: «В начале было Слово, и Слово было у Бога, и Слово было Бог» (Иоан. 1:1). Бог говорящий—это второе Лицо Троицы, предвоплощенный Христос, сотворивший Своим словом Вселенную и все, что в ней, как написано в 1-й главе Бытия (см. Иоан. 1:2–3, 10). Когда Бог давал откровение пророкам, Сын Божий часто присутствовал лично.

В Бытии 15:1–16 написано, как «слово Господа» явилось Авраму (Быт. 15:1). Он даже вывел Аврама из шатра, чтобы показать ему звезды (15:5). Затем Господь явился как «дым... из печи и пламя огня» (15:17), пройдя между частями жертв, которые приготовил Аврам. Важно отметить сходство дыма и пламени со столбом облачным днем и столбом огненным ночью во время исхода Израиля из Египта, особенно в этом контексте, где дано пророчество, что Бог выведет Израиль из Египта (15:13–14). Эти личные явления одного из Лиц Троицы свидетельствуют о важной роли Ангела Господнего, предвоплощенного Христа в теофании. Встреча Моисея с Богом, явившимся в горящем кусте на горе Синай (Исх. 3:1–12),—еще один пример того, как Ангел Господень (Исх. 3:2; см. Деян. 7:30, 35) дает откровение через Свое личное присутствие. Другие подобные случаи описаны в Судей 6:11–18, Исаии 6 (см. Иоан. 12:41) и Иеремии 1:4–10.

Дух также играет ключевую роль в записи откровения пророками. Следовательно, Отец посылает Своего вестника (предвоплощенного Сына) к Своему народу с божественной вестью, а Святой Дух руководит записью этой вести. Хотя это верно описывает основные действия каждого Лица Троицы в процессе богодухновенности, все же есть некоторые области откровения и его записи, где их функции частично совпадают. Например, Давид говорит: «Дух Господень говорит во мне, и слово Его на языке у меня» (2 Цар. 23:2).

СУД

Сын Божий, будучи Сыном Человеческим (мессианский титул из Дан. 7:13), будет судить нечестивых и праведных: «Когда же приидет Сын Человеческий во славе Своей и все святые Ангелы с Ним, тогда сядет на престоле славы Своей... Тогда скажет и тем, которые по левую сторону: „Идите от Меня, проклятые, в огонь вечный, уготованный диаволу и ангелам его...“» (Матф. 25:31, 41). Евангелие от Иоанна так объясняет назначение Сына Божьего Судьей всех: «Ибо

Отец и не судит никого, но весь суд отдал Сыну, дабы все чтили Сына, как чтут Отца» (Иоан. 5:22–23). Власть производить суд опирается на то, что Он Сын Человеческий (Иоан. 5:27). Кто сделает это лучше, чем то из Лиц Троицы, Кто поистине человек, Кто прожил человеческую жизнь в падшем мире и остался беспорочным, без греха? Сын Божий пришел в этот мир, чтобы стать Сыном Человеческим и совершить суд (Иоан. 9:39). Поэтому Петр провозглашает, что Иисус повелел Своим ученикам «проповедовать людям и свидетельствовать, что Он есть определенный от Бога Судья живых и мертвых» (Деян. 10:42). Апостол Павел подтверждает, что Иисус поставлен Судьей, когда говорит: «...по благовествованию моему, Бог будет судить тайные дела человеков через Иисуса Христа» (Рим. 2:16).

С другой стороны, Христос говорит, что при Своем первом пришествии Он не судил тех, кто непослушен Его словам, потому что Он «пришел не судить мир, но спасти мир» (Иоан. 12:47). Однако «в последний день», при Его втором пришествии, слова Иисуса будут судить тех, кто отвергает Его и не внимает Его словам. Иисус говорил не Своей властью, Отец заповедал Ему, что говорить (Иоан. 12:49). Поскольку Он един с Отцом, Его суд всегда справедлив и праведен (Иоан. 5:30). Поэтому Отец «повелевает людям всем повсюду покаяться, ибо Он назначил день, в который будет праведно судить вселенную, посредством предопределенного Им Мужа, подав удостоверение всем, воскресив Его из мертвых» (Деян. 17:30–31). Тот, Кто есть Слово Божье, Кто словом творит все и Кто возвещает суд, — Он Господь прежде всего как Творец, затем как Спаситель, и в конце как Судья.

Помимо суда над неправедными, Иисус также будет судить верующих, чтобы дать им оценку и наградить их: «...ибо всем нам должно явиться пред судилище Христово, чтобы каждому получить соответственно тому, что он делал, живя в теле, доброе или худое» (2 Кор. 5:10). В другом месте Павел говорит, что и сам предстанет на суд Христов: «...а теперь готовится мне венец правды, который даст мне Господь, праведный Судия, в день оный; и не только мне, но и всем, возлюбившим явление Его» (2 Тим. 4:8).

Пророчества в Ветхом Завете

Одна из веских причин, чтобы искать пророчества о Христе в Ветхом Завете, состоит в том, что Сам Иисус сказал, что пророки говорили о Нем: «Исследуйте Писания, ибо вы думаете чрез них иметь жизнь вечную; а они свидетельствуют о Мне» (Иоан. 5:39). После Своего распятия и воскресения Иисус объяснял сказанное о Нем в Писании («от Моисея, из всех пророков», Лук. 24:27), говоря: «Вот то, о чем Я вам говорил, еще быв с вами, что надлежит исполниться всему, написанному о Мне в законе Моисеевом и в пророках и псалмах» (Лук. 24:44). Здесь единственный раз в Писании вместе с Законом и Пророками упомянуты Псалмы как говорящие о Мессии. Таблица 4.1 перечисляет псалмы, на которые Иисус мог ссылаться в Своем наставлении на дороге в Эммаус.

Таблица 4.1: Христос в Псалмах (Лук. 24:44)*

Псалом	Цитаты в Новом Завете	Значение
2:1–12	Деян. 4:25–26; 13:33; Евр. 1:5; 5:5	Воплощение, распятие, воскресение
8:4–9	1 Кор. 15:27–28; Еф. 1:22; Евр. 2:5–10	Творение
15:8–11	Деян. 2:24–31; 13:35–37	Смерть, воскресение
21:2–32	Матф. 27:35–46; Иоан. 19:23–24; Евр. 2:12; 5:5	Воплощение, распятие, воскресение
39:7–9	Евр. 10:5–9	Воплощение
40:10	Иоан. 13:18, 21	Предательство
44:7–8	Евр. 1:8–9	Божественность
67:19	Еф. 4:8	Вознесение, воцарение
68:21–22, 26	Матф. 27:34, 48; Деян. 1:15–20	Предательство, распятие
71:6–17	—	Тысячелетнее царствование
77:1–2, 15	Матф. 13:35; 1 Кор. 10:4	Богоявление, земное учительское служение
88:4–38	Деян. 2:30	Тысячелетнее царствование
101:26–28	Евр. 1:10–12	Творение, вечность
108:6–19	Деян. 1:15–20	Предательство
109:1–7	Матф. 22:43–45; Деян. 2:33–35; Евр. 1:13; 5:6–10; 6:20; 7:24	Божественность, вознесение, небесное священство, тысячелетнее царствование
117:22–23	Матф. 21:42; Марк. 12:10–11; Лук. 20:17; Деян. 4:8–12; 1 Пет. 2:7	Отвержение как Спасителя
131:12–18	Деян. 2:30	Тысячелетнее царствование

* Взято из «Учебной Библии с комментариями Джона Мак-Артура» (Б. м.: Славян. еванг. о-во, 2011. С. 837).

Евреи сами читали Писание так, что многие понимали его пророчества как прямые предсказания о грядущем Мессии. После того как Иисус призвал Филиппа стать Его учеником (Иоан. 1:43), Филипп нашел Нафанаила и сказал ему, что Иисус из Назарета действительно Тот, о Ком писали Моисей и пророки (Иоан. 1:45). Вместе с тем здесь необходимо упомянуть опасную тенденцию находить пророчества о Христе в каждом ветхозаветном тексте. Такая практика игнорирует истинные пророчества, отвергает герменевтику, необходимую для поиска авторского замысла, губит подлинную экзегезу и экспозицию и представляет Ветхий Завет бессмысленным для его первых читателей, евреев. Это не духовный подход, а посягательство на божественный смысл Ветхого Завета.

Итак, какие пророчества о Христе есть в Ветхом Завете? Что в них открыто о приходе Иисуса и Его делах? В таблице 4.2 приведено 120 таких ветхозаветных пророчеств. Изучение этих ветхозаветных пророчеств само по себе составило бы книгу большого объема[15]. Однако для целей данной книги будет достаточно нескольких ключевых примеров.

---

[15] Например, см.: Ernst Wilhelm Hengstenberg, *Christology of the Old Testament and a Commentary on the Messianic Predictions*, Kregel Reprint Library (1847; repr., Grand Rapids, MI: Kregel, 1970).

*Таблица 4.2: Мессианские пророчества Ветхого Завета**

Пророчество	Тексты Ветхого Завета	Исполнение в Новом Завете
Семя женщины	Быт. 3:15	Гал. 4:4; Евр. 2:14
Через сыновей Ноя	Быт. 9:27	Лук. 3:36
Семя Авраама	Быт. 12:3	Матф. 1:1; Гал. 3:8, 16
Благословение через Авраама	Быт. 12:3; 28:14	Гал. 3:8, 16; Евр. 6:14
Семя Исаака	Быт. 17:19; 21:12	Рим. 9:7; Евр. 11:18
Благословение народам	Быт. 18:18; 22:18; 26:4	Гал. 3:8
Из колена Иудина	Быт. 49:10	Откр. 5:5
Кость не сокрушится	Исх. 12:46	Иоан. 19:36
Благословение сыну-первенцу	Исх. 13:2	Лук. 2:23
Кость не сокрушится	Чис. 9:12	Иоан. 19:36
Змей в пустыне	Чис. 21:8–9	Иоан. 3:14–15
Звезда от Иакова	Чис. 24:17–19	Матф. 2:2; Лук. 1:33, 78; Откр. 22:16
Царь царей, Господь господствующих	Втор. 10:17	1 Тим. 6:15; Откр. 17:14; 19:16
Пророк	Втор. 18:15, 18–19	Иоан. 6:14; 7:40; Деян. 3:22–23
Проклят на дереве	Втор. 21:23	Гал. 3:13
Престол Давида утвердится навеки	2 Цар. 7:12–13, 16, 25–26; 1 Пар. 17:11–14, 23–27; 2 Пар. 21:7	Матф. 19:28; 25:31; Марк. 12:37; Лук. 1:32; Деян. 2:30; 13:22–23; Рим. 1:3; 2 Тим. 2:8; Евр. 1:5, 8; 8:1; 12:2; Откр. 22:1
Обещанный Искупитель	Иов. 19:25–27	Иоан. 5:28–29; Гал. 4:4–5; Еф. 1:7, 11, 14
Провозглашен Сыном Божьим	Пс. 2:1–12	Матф. 3:17; Марк. 1:11; Деян. 4:25–26; 13:33; Евр. 1:5; 5:5; Откр. 2:26–27; 19:15–16
Его воскресение	Пс. 15:8–10	Деян. 2:27; 13:35; 26:23
Осмеян и поруган	Пс. 21:8–9	Матф. 27:39–43, 45–49
Руки и ноги пронзены	Пс. 21:17	Матф. 27:31, 35–36
Воины бросали жребий об одежде	Пс. 21:19	Марк. 15:20, 24–25; Лук. 23:34; Иоан. 19:23–24
Обвинен лжесвидетелями	Пс. 26:12	Матф. 26:59–60; Марк. 14:57–58
Предает дух Свой	Пс. 30:6	Лук. 23:46
Кость не сокрушится	Пс. 33:21	Иоан. 19:36
Обвинен лжесвидетелями	Пс. 34:11	Матф. 26:59–61; Марк. 14:57–58
Ненавидим без вины	Пс. 34:19	Иоан. 15:24–25
Оставлен друзьями	Пс. 37:12	Матф. 27:55; Марк. 15:40; Лук. 23:49
Пришел исполнить волю Отца	Пс. 39:7–9	Евр. 10:5–9
Предан другом	Пс. 40:10	Матф. 26:47–50; Марк. 14:17–21; Лук. 22:21–23; Иоан. 13:18–19
Известен праведностью	Пс. 44:7–8	Евр. 1:8–9

Пророчество	Тексты Ветхого Завета	Исполнение в Новом Завете
Его воскресение	Пс. 48:16	Марк. 16:6
Предан другом	Пс. 54:13–15	Иоан. 13:18
Его вознесение	Пс. 67:19	Еф. 4:8
Ненавидим без вины	Пс. 68:5	Иоан. 15:25
Был злословим	Пс. 68:10	Рим. 15:3
Давали желчь и уксус	Пс. 68:22	Матф. 27:34, 48; Марк. 15:23; Лук. 23:36; Иоан. 19:29
Превознесен Богом	Пс. 71:1–19	Матф. 2:2; Флп. 2:9–11; Евр. 1–8
Говорит притчами	Пс. 77:2	Матф. 13:34–35
Семя Давида вознесено	Пс. 88:4–5, 20, 28–30, 36–38	Лук. 1:32; Деян. 2:30; 13:23; Рим. 1:3; 2 Тим. 2:8
Сын Человеческий придет во славе	Пс. 101:17	Лук. 21:27; Откр. 12:5–10
Неизменен	Пс. 101:25–28	Евр. 1:10–12
Молится о врагах	Пс. 108:4	Лук. 23:34
Другой заменит Иуду	Пс. 108:7–8	Деян. 1:16–26
Священник, подобный Мелхиседеку	Пс. 109:1–7	Матф. 22:41–45; 26:64; Марк. 12:35–37; 16:19; Деян. 7:56; Еф. 1:20; Евр. 1:13; 2:8; 5:6; 6:20; 7:21; 8:1; 10:11–13; 12:2
Краеугольный камень	Пс. 117:22–23	Матф. 21:42; Марк. 12:10–11; Лук. 20:17; Иоан. 1:11; Деян. 4:11; 1 Пет. 2:4; Еф. 2:20
Царь грядет во имя Господа	Пс. 117:26	Матф. 21:9; 23:39; Марк. 11:9; Лук. 13:35; 19:38; Иоан. 12:13
Семя Давида будет царствовать	Пс. 131:11; см. 2 Цар. 7:12–13, 16, 25–26, 29	Матф. 1:1
Провозглашен Сыном Божьим	Прит. 30:4	Матф. 3:17; Марк. 14:61–62; Лук. 1:35; Иоан. 3:13; 9:35–38; 2 Пет. 1:17; Рим. 1:2–4
Покаяние народов	Ис. 2:2–4	Лук. 24:47
Ожесточение сердец	Ис. 6:9–10	Матф. 13:14–15; Иоан. 12:39–40; Деян. 28:25–27
Рождение от девы	Ис. 7:14	Матф. 1:22–23
С нами Бог	Ис. 7:14	Матф. 1:23
Камень соблазна	Ис. 8:14–15	1 Пет. 2:7–8; Рим. 9:33
Свет из тьмы	Ис. 9:1–2	Матф. 4:14–16; Лук. 2:32
Полон мудрости и силы	Ис. 11:1–10	Лук. 2:52; 1 Кор. 1:30
Царствование на престоле Давида	Ис. 16:4–5	Лук. 1:31–33
Ключ Давидов	Ис. 22:21–25	Откр. 3:7
Поглощена смерть победой	Ис. 25:8	1 Кор. 15:54
Камень на Сионе	Ис. 28:16	1 Пет. 2:6; Рим. 9:33
Глухие услышат, слепые увидят	Ис. 29:18	Матф. 11:5; Иоан. 9:39

Пророчество	Тексты Ветхого Завета	Исполнение в Новом Завете
Исцеление для нуждающихся	Ис. 35:5–6	Матф. 9:30; 11:5; 12:22; 20:34; 21:14; Марк. 7:30; Иоан. 5:9
Приготовьте путь Господу	Ис. 40:3–5	Матф. 3:3; Марк. 1:3; Лук. 3:4–5; Иоан. 1:23
Пастырь умирает за овец	Ис. 40:11	Иоан. 10:11; 1 Пет. 2:24–25; Евр. 13:20
Кроткий Раб	Ис. 42:1–6	Матф. 12:17–21
Свет язычникам	Ис. 49:6	Лук. 2:32; Деян. 13:47; 2 Кор. 6:2
Избит и оплеван	Ис. 50:6	Матф. 26:67; 27:26, 30; Марк. 14:65; 15:15, 19; Лук. 22:63–65; Иоан. 19:1
Отвергнут Своим народом	Ис. 52:13–53:12	Матф. 27:1–2; Лук. 23:1–25
Его слову не поверили	Ис. 53:1	Иоан. 12:37–38
Пострадал за других	Ис. 53:4–5, 11–12	Матф. 8:17; Иоан. 11:49–52; Деян. 10:43; 13:38–39; 1 Пет. 2:24; 1 Иоан. 1:7; Рим. 5:18–19; 1 Кор. 15:3; Еф. 1:7
Не отвечал на обвинения	Ис. 53:7	Матф. 27:12–14; Марк. 15:3–4; Деян. 8:28–35; 1 Пет. 2:23
Не было лжи в устах Его	Ис. 53:9	1 Пет. 2:22
Погребен у богатого	Ис. 53:9	Матф. 27:57–60
Распят со злодеями	Ис. 53:12	Матф. 27:38; Марк. 15:27[–28]; Лук. 23:32–34, 39–41; Иоан. 19:18
Вождь и наставник	Ис. 55:4	Деян. 5:31; Откр. 1:5
Призывает тех, кто не от Израиля	Ис. 55:5	Иоан. 10:16; Рим. 9:25–26
Искупитель от Сиона	Ис. 59:20–21	Рим. 11:26–27
Народы ходят в свете	Ис. 60:1–3	Лук. 2:32
Помазан Духом	Ис. 61:1	Лук. 4:18; Деян. 10:38
Помазан проповедовать свободу	Ис. 61:1–2	Лук. 4:17–19
Назван новым именем	Ис. 62:1–4, 12	Откр. 2:17; 3:12
Одеяние запятнано кровью	Ис. 63:1–3	Откр. 19:13
Избранные наследуют	Ис. 65:9	Рим. 11:5, 7
Новое небо и новая земля	Ис. 65:17–25	2 Пет. 3:13; Откр. 21:1
Господь, наша праведность	Иер. 23:5–6	1 Кор. 1:30; Флп. 3:9
Родился Царем	Иер. 30:9	Иоан. 18:37; Откр. 1:5
Избиение младенцев	Иер. 31:15	Матф. 2:17–18
Зачат Святым Духом	Иер. 31:22	Матф. 1:20; Лук. 1:35
Новый завет	Иер. 31:31–34	Матф. 26:27–29; Марк. 14:22–24; Лук. 22:15–20; 1 Кор. 11:25; Евр. 8:8–12; 10:15–17; 12:24; 13:20
Духовный дом	Иер. 33:15–17	Иоан. 2:19–21; 1 Пет. 2:5; Еф. 2:20–21
Дерево, посаженное Богом	Иез. 17:22–24	Матф. 13:31–32
Униженный возвысится	Иез. 21:26–27	Лук. 1:52

Пророчество	Тексты Ветхого Завета	Исполнение в Новом Завете
Добрый Пастырь	Иез. 34:23–24	Иоан. 10:11
Камень оторвался без содействия рук	Дан. 2:34–35	Деян. 4:10–12
Его победоносное Царство	Дан. 2:44–45	Лук. 1:33; 1 Кор. 15:24; Откр. 11:15
Сын Человеческий, грядущий на облаках во славе	Дан. 7:13–14	Матф. 24:30; 25:31; 26:64; Марк. 14:61–62; Деян. 1:9–11; Откр. 1:7
Царство для святых	Дан. 7:27	Лук. 1:33; 1 Кор. 15:24; Откр. 11:15
Время Его смерти	Дан. 9:24–27	Матф. 24:15–21; Лук. 3:1
Восстановление Израиля	Ос. 3:5	Рим. 11:25–27
Бегство в Египет	Ос. 11:1	Матф. 2:15
Обещание Духа	Иоил. 2:28–32	Деян. 2:17–21; Рим. 15:13
Солнце померкнет	Ам. 8:9	Матф. 24:29; Деян. 2:20; Откр. 6:12
Восстановление скинии	Ам. 9:11–12	Деян. 15:16–18
Израиль снова собран	Мих. 2:12–13	Иоан. 10:14, 26
Установление Царства	Мих. 4:1–8	Лук. 1:33
Родился в Вифлееме	Мих. 5:2	Матф. 2:1; Лук. 2:4, 10–11
Земля наполнится познанием славы Господа	Авв. 2:14	Откр. 21:23–26
Агнец на престоле	Зах. 2:10–13	Откр. 5:13; 21:24; 22:1–5
Святое священство	Зах. 3:8	1 Пет. 2:5
Небесный Первосвященник	Зах. 6:12–13	Евр. 4:14; 8:1–2
Царь грядет	Зах. 9:9	Матф. 21:5
Торжественный вход	Зах. 9:9	Матф. 21:4–5; Марк. 11:9–10; Лук. 19:38; Иоан. 12:13–15
Продан за серебро	Зах. 11:12–13	Матф. 26:14–15
За деньги куплена земля горшечника	Зах. 11:12–13	Матф. 27:9–10
Его тело пронзили	Зах. 12:10	Иоан. 19:34, 37
Пастырь поражен, овцы рассеялись	Зах. 13:7	Матф. 26:31; Иоан. 16:32
Его предтеча	Мал. 3:1	Матф. 11:10; Марк. 1:2; Лук. 7:27
Наши грехи очищены	Мал. 3:3	Евр. 1:3
Свет миру	Мал. 4:2–3	Лук. 1:78; Иоан. 1:9; 12:46; 2 Пет. 1:19; Откр. 2:28; 22:16
Приход Илии	Мал. 4:5–6	Матф. 11:14; 17:10–12

* Таблица воспроизведена с небольшими изменениями из: Ralph P. Martin, "Messiah," in *Holman Illustrated Bible Dictionary*, rev. ed., ed. Chad Brand et al. (Nashville: Holman Bible, 2003), 1112–1114. Использовано с разрешения Holman Bible.

МЕССИЯ—СЕМЯ ЖЕНЩИНЫ (БЫТ. 3:15)

Божий приговор змею в Бытии 3:14 не завершился проклятием, что он будет ползать на чреве. Бог продолжил: «...и вражду положу между тобою и между женою, и между семенем твоим и между семенем ее...» (Быт. 3:15). Помимо физических, телесных последствий проклятия добавилась вражда с другим живым существом. Змей не только будет ползать на чреве всю свою жизнь, но и в каком-то смысле воевать с Евой и ее семенем. Эта вражда будет продолжаться не только при жизни одного этого змея. В ней будет участвовать и его семя.

Что подразумевается под «семенем твоим»? Некоторые полагают, что этим образным выражением названы злые люди. Они считают, что в Бытии 3:15 описан конфликт между добрыми и злыми людьми. Однако другие считают, что значение этих слов шире. Они думают, что есть царство зла, в котором правит сатана. Именно он стоял за змеем и в конечном счете несет ответственность за случившееся. Новый Завет подтверждает такое толкование в Римлянам 16:20: «Бог же мира сокрушит сатану под ногами вашими вскоре», и в Откровении 12:9: «И низвержен был великий дракон, древний змий, называемый диаволом и сатаною, обольщающий всю вселенную...»

Такое толкование утверждает, что и о семени женщины Бог говорит в более широком смысле. Так названо царство добра, правителем которого в конце концов станет некий потомок женщины. В будущем именно он победит сатану и положит конец конфликту между этими двумя царствами: «...оно будет поражать тебя в голову, а ты будешь жалить его в пяту» (Быт. 3:15). Подобно тому как Иисус говорит сатане через Петра в Матфея 16:23, так и Бог говорит сатане через змея. Сатана будет жалить семя женщины в пяту. Это нападение нанесет вред, но не приведет к поражению. Однако семя женщины не просто нападет на сатану, но поразит его в голову. Поразить в голову — значит нанести полное поражение. Авторы Нового Завета понимали, что семя женщины — это Мессия (см. Матф. 1:23; 1 Иоан. 3:8; Гал. 4:4; 1 Тим. 2:15; Евр. 2:14). При таком толковании этот стих — первое мессианское пророчество в Писании.

Другие места Писания вторят тексту Бытия 3:15, где важную роль играют *голова* и *пята* (Пс. 21:17; Лук. 24:39–40; Откр. 13:3). Был найден как минимум один скелет распятого в I веке, по которому видно, что римские палачи забивали гвозди так, чтобы жертва не сорвалась с креста. Гвоздь проходил через ноги ниже щиколотки, что вполне можно назвать пятой, и либо каждую стопу прибивали к вертикальному брусу сбоку, либо поворачивали нижнюю часть тела и обе стопы прибивали одним гвоздем[16].

Змей (представляющий сатану) обманул Еву. Поэтому женщина будет матерью Того, Кто окончательно победит сатану. Излагая провозглашенное Богом наказание для змея, Моисей записывает весть надежды, проблеск Божьей милости и благодати. Эпохальному конфликту, начавшемуся при грехопадении человека, придет конец. В связи с этим некоторые богословы назвали Бытие 3:15 *протоевангелиум* («первое Евангелие»), поскольку это самое раннее пророчество с обещанием грядущего Избавителя.

---

[16] См.: Peter Connolly, *Living in the Time of Jesus of Nazareth: From Herod the Great to Masada* (Bnei Brak, Israel: Steimatzky, 1983), 51; Matti Friedman, "In a Stone Box, the Only Trace of Crucifixion," *The Times of Israel*, March 26, 2012, https://www.timesofisrael.com/in-a-stone-box-a-rare-trace-of-crucifixion/.

МЕССИЯ—БОЖИЙ СЫН (ПС. 2)

Многие исследователи Библии трактуют 2-й Псалом просто как указание на одного из царей дома Давида, а не как мессианское пророчество. Однако Новый Завет трактует этот псалом как пророческий и мессианский, цитируя его 18 раз (7 раз в Евангелиях, 5 раз в Откровении, 3 раза в Послании к евреям, 2 раза в Деяниях и 1 раз в Послании к филиппийцам). Стихи 1–3 говорят о восстании всего мира против Господа и своего царя, Помазанника Божьего. В стихах 4–6 Бог заверяет, что Он поставил Своего избранного Царя над народами, а в стихах 7–9 говорит, что этот Царь—Его Сын. Затем Он призывает мир воззреть на Его Сына и полностью подчиниться Ему (2:10–12). В истории Иудеи ни один царь из рода Давида не исполнил записанного в этом псалме. Псалмопевец показывает, что Божий Сын правит всем миром и судит его. Бог даже требует, чтобы правители мира воздали Его Сыну духовное служение и благоговение, подчинившись Ему. «Уповающим» на Божьего Сына дается духовное благословение, а такое никогда не было обещано за послушание земному царю. Сходство личности и поступков в Псалме 2 и Исаии 9:6 говорит о том, что это одна и та же личность.

ТРИНИТАРНЫЕ УКАЗАНИЯ НА МЕССИЮ

В нескольких местах Книги пророка Исаии названы три отдельные божественные личности:

* Исаии 42:1: «Я», «Раб Мой» и «Дух Мой»;
* Исаии 48:16: «Господь Бог», «Я» и «Дух Его»;
* Исаии 61:1: «Господь Бог», «Меня» и «Дух Господа»;
* Исаии 63:7–10: «Господь», «Ангел лица Его» и «Его Святой Дух».

В этих текстах сказано, что Господь пошлет Раба Господня и Своим Духом даст Ему силу. Иисус подтверждает, что в Исаии 61:1 именно Он назван Рабом Господа (Лук. 4:17–21). Такие указания на отдельные Лица Троицы можно проследить в гораздо более ранних ветхозаветных текстах, упоминающих несколько божественных Лиц. Ниже приведены лишь некоторые из таких текстов:

* Бытие 1:1–2: Бог и Дух Божий;
* Бытие 19:24: именем Яхве («Господь») названы две личности: одна на небесах и одна—на земле (см. 18:17, 22–33);
* Иисус Навин 5:13–15: «Вождь воинства Господня» и Сам «Господь».

МЕССИЯ—ПОСРЕДНИК МЕЖДУ БОГОМ И ЧЕЛОВЕКОМ (ИОВ. 33:23–28)

Слова апостола Павла, называющего Богочеловека Иисуса Посредником между Богом и людьми (1 Тим. 2:5), согласуются с тем, что ранее было открыто в самой древней книге Ветхого Завета. Иов признавал, что Бог настолько справедлив и праведен, что человек не может быть прав в Его присутствии (Иов. 9:2). Вопрос был не в том, как человек может быть оправдан, но как он вообще может иметь праведность. Все люди—грешники перед святым Богом. Они не могут предстать перед справедливым и святым Богом. Есть лишь один способ общения человека с Богом—через посредника. У Иова не было надежды на будущее, если никто не вступится за него (Иов. 33:24–28). Он был обречен на «могилу». В конце концов он встретит смерть и затем должен будет предстать перед святым Богом. Но в Иова 19:25 он уже выразил твердую веру, что его Искупитель жив и что Он будет на земле в последние дни. Кто же это и почему Он назван Искупителем Иова?

Искупитель-Посредник Иова должен быть и Богом, и человеком (Иов. 9:32–33; 16:21). Согласно Иова 33:23, эта личность—«ангел» («вестник»), «наставник» («посредник») и «один из тысячи» (то есть «единственный в своем роде», подобно новозаветному слову *monogenēs*, «единородный», в таких текстах, как Иоан. 1:14, 18; 3:16; 1 Иоан. 4:9). Он может указать, что правильно (Иов. 33:23), и избавить Иова от могилы посредством «умилостивления» («выкупа»), которым обладает этот Посредник (Иов. 33:24). Среди других характеристик этого Искупителя-Посредника в книге Иова есть следующие:

1. Он верный свидетель на небесах (Иов. 16:19; см. Откр. 1:5).
2. Он находится в вышних (Иов. 16:19; см. Евр. 9:12, 24).
3. Он Искупитель (Иов. 19:25; 33:24, 28; см. Быт. 48:16; Гал. 3:8–22).
4. Он Посредник (Иов. 33:23; см. 1 Тим. 2:5–6).
5. Он уникален (Иов. 33:23; см. Иоан. 3:16).
6. Он очищает от греха (Иов. 9:30–31; см. 1 Иоан. 1:5–2:2).
7. Он Целитель (Иов. 33:25; см. Иак. 5:16; 1 Пет. 2:24).
8. Он дает песни (Иов. 33:27, НРП: «Тогда он воспоет...»; см. Еф. 5:18–19; Кол. 3:16).

МЕССИЯ—ПРОРОК, СВЯЩЕННИК И ЦАРЬ

Обетование о пророческом служении Мессии впервые встречается во Второзаконии 18, где говорится о Пророке, Который будет «больше Моисея» (Втор. 18:15–22). Пророки, такие как Моисей (и другие после него, от Иисуса Навина до Малахии), исполняли посредническое служение. Народ Израиля не мог приблизиться к Господу или вынести Его славное присутствие. Его устное откровение также превосходило их способности правильно сохранять, распространять и исполнять то, чего требовал от них Господь. Во Второзаконии 5:23–27 описывается такое положение дел относительно божественного присутствия и слова. Израилю был нужен посредник, который мог бы действовать от их имени, общаясь с Богом и передавая людям Его слова. Это посредническое служение было необходимо и для последующих поколений, с которыми Господь заключил Свои заветы.

Для откровения и соблюдения завета требуется божественный представитель, великий Пророк. В Деяниях 3:22–23 апостол Петр объявил, что Мессия исполнил пророчество из Второзакония 18:15–22. Стефан подтвердил то же самое исполнение и сравнил великого Пророка с богоявлением в горящем кусте (Деян. 7:35–38; см. Исх. 3:2). Евреи I века понимали пророчество Моисея как указание на Мессию (Иоан. 1:21, 25), а жители Иерусалима признавали Иисуса

Таблица 4.3: «Отрасль» в свете Евангелий

Мессианский титул	Евангелия
«Давид, Отрасль праведная, Царь» (Иер. 23:5; 33:15)	Евангелие от Матфея: как Царь
«Раб Мой, Отрасль» (Зах. 3:8)	Евангелие от Марка: как Раб
«Муж, — имя Ему Отрасль» (Зах. 6:12)	Евангелие от Луки: как Человек
«Отрасль Господа» (Ис. 4:2)	Евангелие от Иоанна: как Бог

пророком (Матф. 21:11; см. Лук. 7:16; 24:19). Сам Иисус назвал Свое служение пророческим, когда сказал, что должен умереть в Иерусалиме, «потому что не бывает, чтобы пророк погиб вне Иерусалима» (Лук. 13:33).

В будущем эти служения пророка, первосвященника и царя над Божьим народом соединятся в *одном* лице. Ветхий Завет возвестил, что эта личность также будет носить титул «Отрасль» или «Ветвь» (Ис. 4:2; 11:1; Иер. 23:5–6; 33:14–22; Зах. 3:8; 6:12). В Захарии 6:12–13 в частности говорится, что этот Мессия-Священник-Царь построит храм, о котором пророчествовал Аггей (Агг. 2:1–9). Таблица 4.3 показывает собранные Уолтером Кайзером ветхозаветные ссылки на «Отрасль» в сравнении с акцентами четырех Евангелий Нового Завета[17].

Конечно, будущий Первосвященник — это Сам Господь Иисус Христос. В Евреям 5:5–6 сказано: «Так и Христос не Сам Себе присвоил славу быть первосвященником, но Тот, Кто сказал Ему: „Ты Сын Мой, Я ныне родил Тебя“; как и в другом месте говорит: „Ты священник вовек по чину Мелхиседека“». Затем в Евреям 7:14 автор отмечает, что Давид и его потомки принадлежат к колену Иуды: «Ибо известно, что Господь наш воссиял из колена Иудина, о котором Моисей ничего не сказал относительно священства». Первосвященство Господа Иисуса больше любого священства, которое когда-либо было в Израиле, и Его царствование — вечное (см. Пс. 109). Мессия божественен, Он великий грядущий Священник-Царь.

Таким образом, мессианское царствование и священство проходят через библейское откровение и историю Израиля, пока не соединяются в Мессии в пророчествах Захарии. Иисус как Священник принес Свою кровь и умилостивил гнев всемогущего Бога, вызванный грехами Его народа. Затем Он торжествующе восстал из могилы, чтобы сесть на вечный престол, с которого Он вовеки правит всей Вселенной и призывает всех прийти и преклонить колени с верой и покорностью Ему как великому Священнику-Царю. То, на каком престоле Иисус царствует в настоящее время, имеет большое значение для точного понимания Его участия в событиях на земле в настоящем и будущем. Сегодня Иисус еще не на престоле Давида, обещанном великому Сыну Давида в 2 Царств 7:13–16 (см. Откр. 3:21). Сегодня Он Царь над вселенским Божьим Царством. В будущем Иисус вернется, чтобы сесть на престоле Давида (Матф. 25:31) и царствовать

---

[17] Walter C. Kaiser Jr. and Tiberius Rata, *Walking the Ancient Paths: A Commentary on Jeremiah* (Bellingham, WA: Lexham Press, 2019), 277.

в течение тысячи лет как Царь из рода Давида над тем, что называют «мессианским», «промежуточным» и «Тысячелетним царством» (Откр. 20:1–6). В Ветхом и Новом Заветах показаны различия между этими двумя царствованиями (вечным и тысячелетним), у которых разные роли (небесный Царь и земной Царь) и разные цели (исполнение Божьей программы Царства начиная с сотворения и исполнение заветов с Израилем)[18].

Воплощенный Христос

Воплощение
Учение
Чудеса
Арест и суды
Смерть и искупление
Воскресение и вознесение

Воплощение

БОЖЕСТВЕННОСТЬ

Иисус был Богочеловеком, Он истинно и полностью Бог, а также истинно и полностью человек. При воплощении Он внешне явил Свою внутреннюю божественную сущность (греч. *morphē*, «образ», Флп. 2:6). Христос обладал божественной славой (Иоан. 17:5; см. Ис. 42:8). Поэтому автор Послания к евреям решительно заявляет, что Христос был точным отображением Бога: «Сей, будучи сияние славы и образ ипостаси [Бога] и держа все словом силы Своей...» (Евр. 1:3; см. Кол. 1:15). Как Бог Он достоин принимать поклонение: «Также, когда вводит Первородного во вселенную, говорит: „И да поклонятся Ему все Ангелы Божии“» (Евр. 1:6; см. Матф. 2:2; 14:33; Флп. 2:10–11). Славословия Нового Завета даже воздают Христу славу так, что по форме это напоминает ветхозаветное славословие в 1 Паралипоменон:

> Благословен Ты, Господи Боже Израиля, отца нашего, от века и до века! Твое, Господи, величие, и могущество, и слава, и победа и великолепие, и все, что на небе и на земле, Твое: Твое, Господи, царство, и Ты превыше всего, как Владычествующий (1 Пар. 29:10–11).

> Бог же мира, воздвигший из мертвых Пастыря овец великого кровию завета вечного, Господа нашего Иисуса Христа, да усовершит вас во всяком добром деле, к исполнению воли Его, производя в вас благоугодное Ему через Иисуса Христа. Ему слава во веки веков! Аминь (Евр. 13:20–21).

> ...Дабы во всем прославлялся Бог через Иисуса Христа, Которому слава и держава во веки веков. Аминь (1 Пет. 4:11).

---

[18] Книга Алвы Макклейна (Alva J. McClain, *The Greatness of the Kingdom: An Inductive Study of the Kingdom of God* [Chicago: Moody Press, 1968]) излагает эти аргументы более убедительно и исчерпывающе, чем любая другая книга по христианскому богословию. См. также: Бенвер П. Как понимать пророчества о конце времен. СПб.: Библия для всех, 2013. С. 175–184, 303–313.

...Но возрастайте в благодати и познании Господа нашего и Спасителя Иисуса Христа. Ему слава и ныне и в день вечный. Аминь (2 Пет. 3:18).

Достоин Ты, Господи, прияять славу и честь и силу: ибо Ты сотворил все, и все по Твоей воле существует и сотворено (Откр. 4:11).

Достоин Ты взять книгу и снять с нее печати, ибо Ты был заклан, и кровию Своею искупил нас Богу из всякого колена и языка, и народа и племени, и соделал нас царями и священниками Богу нашему; и мы будем царствовать на земле (Откр. 5:9–10).

Другими словами, поклонение Христу должно быть равным поклонению Богу Ветхого Завета. Второе Лицо Троицы не только было «с Богом» при сотворении, но Он Сам был Богом (Иоан. 1:1–3). Создав Вселенную, второе Лицо совершило работу, которую мог выполнить только Бог (стоит отметить, что у еврейского глагола *bara'*, «творить», подлежащим бывает только Бог).

Молитва Иисусу Христу — еще одно подтверждение Его божественности. Иисус учил Своих учеников молиться Ему (Иоан. 14:14; 15:16; 16:23–24). В Деяниях 1:24–25 написано, что ученики молились Христу о водительстве при выборе замены Иуде Искариоту. Стефан произнес две молитвенные просьбы к Иисусу: «Господи Иисусе! Приими дух мой», и «Господи! Не вмени им греха сего» (Деян. 7:59–60). В Дамаске Анания сказал Савлу, чтобы он крестился и призвал имя Иисуса (Деян. 22:16). Павел позже писал, что «всякий, кто призовет имя Господне, спасется» (Рим. 10:13; см. 1 Кор. 1:2). Он также взывал к Христу, чтобы «ангел сатаны» был удален от него (2 Кор. 12:7–8). И Новый Завет завершается молитвой Христу: «Ей, гряди, Господи Иисусе!» (Откр. 22:20).

Поклонение выражается не только в молитве, но и в хвале. В Ефесянам 5:18–20 говорится, что надо назидать друг друга «псалмами и славословиями и песнопениями духовными, поя и воспевая в сердцах ваших Господу...» (Еф. 5:19). Контекст отличает «Бога и Отца» от «Господа нашего Иисуса Христа» (Еф. 5:20, см. также 5:21), так что «Господь» в первую очередь относится к Христу. Песня хвалы в Откровении 5:9–10 также сосредоточена на Господе Иисусе, заплатившем цену искупления Своей кровью. Два библейских гимна ранней церкви воздают хвалу Христу за то, Кто Он и что совершил: Филиппийцам 2:6–11 и 1 Тимофею 3:16. Эти вероучительные гимны излагают учение о Христе. Даже Ветхий Завет содержит христологические гимны в виде мессианских псалмов, например, Псалом 2; 21; 23; 44; 71 и 109. Поэтому даже до появления христианства евреи воспевали хвалу Мессии и пели о Нем по древней Псалтири, сборнику гимнов Израиля.

Одно из важнейших понятий, описывающих отношение верующих к Богу, — это то, что Писание называет «страхом Господним» (2 Пар. 19:9; Пс. 110:10; см. Втор. 6:2; 8:6; 10:12). Объектом такого страха также назван Иисус Христос (Кол. 3:22–24; см. Еф. 5:21, «в страхе Христовом» [Кассиан]), и такой благочестивый страх составляет ключевой раздел «Песни Агнца» (Откр. 15:3):

Таблица 4.4: Божественные качества Иисуса Христа

Божественные качества или атрибуты	Библейские тексты
Вечность	Мих. 5:2; Иоан. 1:1; 8:58; Кол. 1:17
Слава	Матф. 16:27; 24:30; Лук. 9:32; Иоан. 17:5
Благодать	Иоан. 1:14, 16–17; Рим. 1:7; 16:20
Святость	Лук. 4:34; Иоан. 6:69; Евр. 7:26
Неизменность	Евр. 1:10–12 (см. Пс. 101:26–28); 13:8
Жизнь	Иоан. 1:4; 5:21; 11:25; 14:6; Деян. 3:15; Откр. 1:18
Любовь	Марк. 10:21; Иоан. 11:3, 5; 14:21, 31; 15:9–11
Милость	Марк. 5:19; 1 Тим. 1:2; Евр. 2:17
Всемогущество	1 Кор. 1:23–24; Евр. 1:2–3
Вездесущность	Матф. 18:20; Еф. 4:10
Всеведение	Иоан. 1:47–49; 21:17; Деян. 1:24; 1 Кор. 4:5
Праведность	Деян. 3:14; 7:52; 22:14; 2 Пет. 1:1
Самосуществование	Иоан. 1:1–3; Кол. 1:16–17; Откр. 1:8, 17–18
Полновластие	1 Пет. 3:22; Еф. 1:21; Кол. 2:10
Истина	Иоан. 1:14, 17; 14:6; Еф. 4:21

Кто не убоится Тебя, Господи,
        и не прославит имени Твоего?
Ибо Ты един свят.
        Все народы придут
        и поклонятся пред Тобою,
ибо открылись суды Твои (Откр. 15:4).

Второе Лицо Троицы также в полноте обладает всеми божественными атрибутами и проявляет их. Таблица 4.4 содержит примеры всестороннего соответствия Иисуса Христа качествам Бога.

Согласно Новому Завету, Иисус «есть образ Бога невидимого» (Кол. 1:15; см. 2 Кор. 4:4; Евр. 1:3). Поэтому можно сказать, что всякий, видевший Христа, видел и Отца (Иоан. 12:45; 14:7–10). Другими словами, качества и атрибуты Отца пребывают и в Его Сыне.

Библия называет много разных титулов Сына Божьего. Однако многие титулы из списка Джеймса Ларджа[19], претендующего, что в нем перечислены 280 библейских титулов и символов Христа, — это просто символы, иногда субъективные, типологические или фигуральные (напр., Аарон как человеческий образ служения первосвященника, которое исполнилось во Христе, или «удел» как описание, что верующий наследует Христа). При изучении христологии

---

[19] James Large, *Concise Names of Christ* (1888; repr., Chattanooga, TN: AMG, 2009). См. также: David F. Wells, *The Person of Christ: A Biblical and Historical Analysis of the Incarnation*, Foundations for Faith (Westchester, IL: Crossway, 1984), 67–81.

лучше составить более богословский список и разделить его, тщательного отобрав имена, указывающие на божественность Иисуса и на Его человеческую природу. Поэтому титулы, связанные скорее с Его божественностью, перечислены здесь, а связанные скорее с Его человеческой природой будут перечислены при ее обсуждении ниже (с. 279).

- «Вождь воинства Господня» (И. Нав. 5:14–15);
- «Чудный» (Суд. 13:18);
- «Господь сил [или воинств]» (Пс. 23:10; Ис. 6:3, 5 с Иоан. 12:41; Ис. 24:23; Иак. 5:4);
- «Господь», или *adonai* (Пс. 109:1 с Матф. 22:41–45; Рим. 10:9–10; Флп. 2:9–11);
- «Премудрость» / «Мудрость Божья» (Прит. 8; Лук. 11:49; 1 Кор. 1:24);
- «Еммануил», или «с нами Бог» (Ис. 7:14; Матф. 1:23);
- «Отец вечности» (Ис. 9:6);
- «Бог крепкий» (Ис. 9:6);
- «Чудный Советник» (Ис. 9:6);
- «Господь», или Яхве (Ис. 40:3 с Марк. 1:3; Иоил. 2:32 с Рим. 10:13);
- «Творец» (Израиля, Ис. 43:15; душ, 1 Пет. 4:19, всего, что и подразумевает этот титул; Иоан. 1:3; Кол. 1:16; Евр. 1:2);
- «Мышца Господня» (Ис. 53:1);
- «Стенорушитель» (Мих. 2:13);
- «Ангел [вестник] Господень» (см. Зах. 1:11–21, где в 1:20 ангел назван Яхве, а в 1:12–13 Он молится Яхве как другой личности);
- «Жених» (Матф. 9:15);
- «Сын Божий» (Марк. 1:1; Иоан. 3:18; 5:25; Рим. 1:4; Еф. 4:13; Откр. 2:18);
- «Святой» (Марк. 1:24; Иоан. 6:69; Деян. 3:14; Откр. 3:7);
- «Сын Всевышнего» (Лук. 1:32);
- «Слово» (Иоан. 1:1);
- «Единородный» (*monogenēs* = уникальный; Иоан. 1:14, 18; 3:16, 18; 1 Иоан. 4:9);
- «Я есмь» (Иоан. 6:35; 8:12; 10:7, 11; 11:25; 14:6; 15:1; см. «Сущий», Исх. 3:13–14);
- «Пастырь» (Иоан. 10:14; 1 Пет. 2:25; 5:4; см. Пс. 22:1);
- «Жизнь» (Иоан. 14:6);
- «Истина» (Иоан. 14:6);
- «Путь» (Иоан. 14:6);
- «Бог» (Иоан. 20:28; Рим. 9:5);
- «Начальник жизни» (Деян. 3:15);
- «Спаситель» (2 Пет. 1:1; Тит. 2:13);
- «Божья сила» (1 Кор. 1:24);
- «Господь славы» (1 Кор. 2:8);
- «Глава Церкви» (Еф. 4:15; 5:23);
- «Блаженный и единый сильный» (1 Тим. 6:15);
- «Царь царствующих» (1 Тим. 6:15; Откр. 17:14; 19:16; см. Дан. 4:34);
- «Господь господствующих» (1 Тим. 6:15; Откр. 17:14; 19:16);
- «Вождь спасения их» (Евр. 2:10);
- «Виновник спасения вечного» (Евр. 5:9);
- «Начальник и Совершитель веры» (Евр. 12:2);
- «Вседержитель» (Откр. 1:8);
- «Альфа и Омега» (Откр. 1:8);

- «Господь Бог» (Откр. 1:8);
- «Первый и Последний» (Откр. 1:17; 2:8);
- «Истинный» (Откр. 3:7);
- «Верный и Истинный» (Откр. 19:11);
- «Начало и конец» (Откр. 21:6).

КЕНОЗИС[20]

При воплощении Христос добровольно отказался от независимого проявления Своих божественных атрибутов, подчинившись воле Небесного Отца. Библейское основание для этого записано в Послании к филиппийцам:

> Ибо в вас должны быть те же чувствования, какие и во Христе Иисусе: Он, будучи образом Божиим, не почитал хищением быть равным Богу; но уничижил Себя Самого, приняв образ раба, сделавшись подобным человекам и по виду став как человек... (Флп. 2:5–7)

Взяв за основу греческое слова *kenoō*, переведенное как «уничижил», богословы решили называть это понятие «кенозис», или «опустошение». Апостол Павел говорит о добровольном действии, включающем воплощение, при котором Сын Божий принял образ раба (греч. *doulos*). Фраза «Он, будучи образом Божиим» (Флп. 2:6) говорит о предсуществовании Христа, а также о Его унижении.

Слова, «будучи образом [греч. *morphē*] Божиим» (Флп. 2:6), следует понимать как указание на реальность божественности Христа, также как слова «приняв образ [*morphē*] раба» (Флп. 2:7) свидетельствуют о реальности Его рабства. Слово «образ» (*morphē*) не означает, что Христос стал рабом только по виду или был Богом только по внешним проявлениям. Здесь Павел не использует обычное греческое слово со значением «быть». Вместо этого апостол употребляет другое слово, подчеркивающее сущность природы, продолжающееся состояние личности. Он также использует греческое слово, переведенное «образ», обозначающее именно неотъемлемый, неизменный характер чего-то, показывающее, что это такое само по себе. Ум Христов «раскрывается в двух возвышенных действиях самоотвержения, одно из которых названо *kenōsis*, а второе—*tapeinōsis*. В первом Иисус „уничижил Себя“, унизившись от Бога до человека, а во втором—„смирил Себя“, унизившись от человека до смерти»[21].

Чего же предвоплощенный Сын лишил Себя при воплощении? Несколько неудачных вариантов ответа на этот вопрос предложила точка зрения, известная как «кенотическое богословие», названная так по термину *kenōsis*, «опустошение». Ее сторонники неправильно поняли это понятие и заявили, что при воплощении Христос лишил Себя какого-то аспекта божественности. Согласно некоторым формам этого ошибочного учения, Христос сохранил то, что они

---

[20] Некоторые части этого раздела адаптированы из: Мак-Артур Д. Толкование книг Нового Завета: Послание к филиппийцам. СПб.: Библия для всех, 2019. С. 96–101; а также: Mike Riccardi, "On the Incarnation: Avoiding Heresy and Pursuing Humility," *The Cripplegate* (blog), June 7, 2013, http://thecripplegate.com/on-theincarnation-avoiding-heresy-and-pursuing-humility/ (использовано с разрешения автора).

[21] Alva J. McClain, "The Doctrine of the Kenosis in Philippians 2:5–8," *MSJ* 9, no. 1 (1998): 90.

называют существенными атрибутами божественности (напр., святость, благодать), но отказался от атрибутов, которые они называют относительными (напр., всеведение, неизменность).

Однако вечный неизменный Бог по определению не может перестать существовать как Бог. По отношению к Господу Иисусу этот факт подтверждается многими текстами Нового Завета. Даже в состоянии унижения Иисус мог сказать: «Я и Отец—одно» (Иоан. 10:30). Это вовсе не метафорическое выражение единства цели или замысла, но метафизическое утверждение, что у Сына та же сущность, что и у Отца. Для евреев это было очевидно, так как в ответ на это они хотели побить Иисуса камнями за богохульство: «Ты, будучи человеком, делаешь Себя Богом» (Иоан. 10:33). Даже будучи человеком, Он имел право утверждать, что видеть Его—значит видеть Отца (Иоан. 14:9), заявлять, что Он имеет власть над всей плотью (Иоан. 17:2), и принимать поклонение от учеников (Иоан. 20:28). На горе преображения божественность воплощенного Сына была явлена видимым образом, когда Он как бы приподнял завесу Своей человеческой природы и позволил просиять выражению Своей божественной сущности (Матф. 17:2; см. «Преображение», с. 293). Поэтому ясно, что при воплощении Сын не лишил Себя божественной природы или божественных атрибутов.

Но тогда остается вопрос, чего же Он лишил Себя. Впрочем, сам этот вопрос, видимо, основан на неверном понимании слов Павла в 2-й главе Филиппийцам. Хотя глагол *kenoō* действительно означает «опустошать», в Новом Завете он используется исключительно в переносном смысле. Он нигде не означает «выливать», как если бы Иисус вылил из Себя божественные атрибуты. Если бы Павел намеревался написать об этом, он бы использовал слово *ekcheō* (напр., Лук. 22:20; Иоан. 2:15; Тит. 3:6). Глагол же *kenoō* означает «упразднить, сделать недействительным, напрасным». В таком смысле это слово использует Павел в Римлянам 4:14, когда говорит: «Если утверждающиеся на законе суть наследники, то тщетна [*kekenōtai*] вера, бездейственно обетование...» И никто не спрашивает, чего именно лишена вера. Скорее, Павел имеет в виду, что если бы праведность была от закона, то вера была бы упразднена—она была бы ничем. Настолько же неправильно задавать вопрос, чего Христос лишил Себя. Объект этого опустошения—Сам Христос; Он упразднил *Себя*, «уничижил Себя Самого» (Флп. 2:7).

Дальше в этом стихе говорится, как Христос уничижил Себя при воплощении: «...приняв образ раба, сделавшись подобным человекам...» (Флп. 2:7). Христос уничижил Себя, именно приняв человеческую природу. Он уничижил Себя не тем, что лишил Себя какой-то части божественности, а тем, что принял полную, подлинную человеческую природу. Его уничижение заключалось в добавлении, а не в лишении. Если бы Он действительно отказался от Своих божественных атрибутов, это подразумевало бы, что Он перестал быть Богом,—а это шло бы вразрез с тем, что Библия называет Его полностью и поистине Богом (см. «Божественность», с. 271). Но даже принимая человеческую природу, Сын Божий во всей полноте обладал божественной природой, атрибутами и правами.

Каким же было Его унижение? Чтобы стать милостивым и верным Первосвященником, Христос должен был во всех отношениях уподобиться братьям (Евр. 2:17). Поэтому, хотя Божий Сын полностью обладал божественной природой, атрибутами и правами, Он не проявлял их в полной мере. Они были скрыты. Иногда Он проявлял их, к примеру, читая мысли людей (Матф. 9:4) и совершая чудеса (напр., Лук. 5:3–10). Но Господин добровольно подчинился жизни раба (Флп. 2:7; см. 2 Кор. 8:9). Он отказался от славы, из которой пришел. Иисус оставил поклонение святых и ангелов, чтобы быть презренным и отверженным людьми (Ис. 53:3), предав себя на непонимание, отвержение, неверие, ложные обвинения, всевозможное злословие и гонения. Как Божий Сын, Он имел полное право пользоваться божественными преимуществами по Своему усмотрению. Но как страдающий Раб Яхве, Он во всем покорился воле Отца (Иоан. 5:19, 30). Таким образом, хотя Он знал Нафанаила до того, как встретил его (Иоан. 1:47) и даже знал всех людей (Иоан. 2:25), в смирении воплощения Христос не знал часа Своего возвращения (Матф. 24:36). Его внутренняя божественная слава все еще присутствовала в Нем, хотя и была временно скрыта тем, что Он был в образе раба. Хотя Он был полностью человеком, Он был и полностью Богом.

Никакая трактовка кенозиса не может соответствовать Писанию, если в ней Христос не будет «равным Богу» (Флп. 2:6). Будучи равен Богу, Сын Божий добровольно принял человеческую природу и смерть, и при этом Он полностью обладал суверенной, свободной, святой и любящей волей, которой и решил ограничить Себя покорностью Отцу ради замысла искупления и славы всей Троицы.

РОЖДЕНИЕ ОТ ДЕВЫ

Заявление о победоносном потомке («семени») женщины в Бытии 3:15 подразумевает, что эта личность не будет потомком мужчины (см. Гал. 4:4). Таким образом, самое первое мессианское пророчество привлекает внимание к женщине, в отличие от родословия в Бытии 5, где перечислены только отцы. Не называя никакого родства с Адамом, Бог показывает, что этот обещанный потомок не будет причастен к греху Адама. Как для первого Адама Отцом был Бог (см. Лук. 3:38), так и для второго Адама, Иисуса Христа, Отцом был Бог, а не человек (Матф. 1:18–20). Матфей подчеркивает это сопоставление первого Адама со вторым, когда начинает свое Евангелие так: «Книга родословия Иисуса Христа...» (Матф. 1:1, ESV). Здесь использованы те же выражения, которые встречаются только в Бытии 5:1: «Вот книга родословия Адама» (ESV). Такая формулировка выразительно указывает на:

1. новую книгу откровения — Евангелие от Матфея как первую книгу Нового Завета;
2. новую весть — Благую весть об Иисусе Мессии и Спасителе, Еммануиле, что значит: «С нами Бог» (Матф. 1:1, 23);
3. новое творение — младенца мужского пола, рожденного от девы (Матф. 1:18–23);

4. новое начало — новый *генезис* (греч. слово, переведенное в Матф. 1:18 как «рождество»).

В правление иудейского царя Ахаза пророк Исаия получил откровение от Бога, чтобы сообщить царю: «Итак Сам Господь даст вам знамение: се, Дева во чреве приимет и родит Сына, и нарекут имя Ему: Еммануил» (Ис. 7:14). Согласно Матфея 1:22–23, это пророчество исполнилось при чудесном зачатии Иисуса в утробе девы Марии. Некоторые возражают против такого толкования, утверждая, что «девой» надо считать жену Исаии или другую молодую женщину того времени. Однако контекст показывает, что новозаветный комментарий Самого Бога точен:

1. В ближайшем контексте, в Исаии 1–12, даны пророчества о божественном суде над Израилем и о будущем мире, который Мессия принесет народу и всему миру.
2. Исаия не дает конкретного современного исполнения, оставляя «деву» неназванной.
3. Поскольку Ахаз отказался просить знамения для себя и своего времени (Ис. 7:10–12), Бог объявляет о знамении для «дома Давида», что может относиться и не к Ахазу или времени его правления (Ис. 7:13–14).
4. Слово «дева» (евр. *'almah*) относится к молодой женщине, не имевшей интимных отношений с мужчиной (см. Быт. 24:43; Исх. 2:8; Песн. 1:2). Предположение, что для обозначения девственницы должно использоваться еврейское слово *betulah*, как кажется, опровергается употреблением данного термина в Бытии 24:16, где добавлена фраза «которой не познал муж», чтобы слово *betulah* («дева») относилось к девственнице. Термин *'almah* не требует такого уточнения. Септуагинта, древний иудейский перевод Ветхого Завета на греческий язык, передает этот еврейский термин словом *parthenos*, которое используется в Матфея 1:23.

Почему важно учение о зачатии и рождении Иисуса от девы? Прежде всего, правдивость евангельского повествования об Иисусе во многом опирается на истину о рождении от девы. Если представленные Матфеем и Лукой рассказы о беременности Марии без участия мужчины недостоверны, то и все их повествования об Иисусе будут сомнительны. Ученые могут утверждать, что девственное зачатие невозможно, но свидетельство Евангелия остается надежным и заслуживает доверия в свете последовательного свидетельства новозаветных авторов о безгрешной человеческой природе Иисуса. Другими словами, если библейское утверждение о рождении от девы считать ложным, это серьезно подрывает безошибочность и непогрешимость Писания. Кроме того, поскольку автор Писания, в конечном счете, Сам Бог, это представляет собой выпад против правдивости и надежности Бога.

Во-вторых, рождение от девы допускает предсуществование божественной личности и природы. Вечный Божий Сын существовал до чудесного зачатия в утробе Марии. Обычный процесс зачатия человека произвел бы вторую личность, а не просто человеческое тело и природу. Иисус — Богочеловек, одна личность с двумя природами. Очень хорошо сказал об этом Исаия: «Ибо младенец родился нам—Сын дан нам...» (Ис. 9:6). Сын Божий уже существовал—как божественная личность. Добавление Иисусу еще одной личности потребовало бы существования четырех личностей Бога, а не сохранения трех. И эта четвертая личность, хотя и безгрешная, уступала бы другим трем из-за ограничений своей человеческой природы. Человеческая природа Христа не вечна—она имела начало. (Дальнейшее обсуждение соединения божественной и человеческой природы в личности Иисуса см. «Человеческая природа», с. 279).

В-третьих, без девственного зачатия Иисуса не было бы гарантии Его безгрешности. Из-за греха Адама его потомки—грешники; и потомки Адама умирают (Рим. 3:23; 5:12–19; 6:23; см. Пс. 50:7). Смерть может наступить до того, как младенец поймет разницу между правильным и неправильным, и даже до того, как он будет способен понять Евангелие спасения через Иисуса Христа. Смерть младенцев говорит о необходимости учения о первородном грехе, ведь без греха нет смерти. Человеческое тело безгрешного Иисуса было подвержено смерти лишь потому, что Бог возложил на Него все грехи и вину избранных (2 Кор. 5:21).

В-четвертых, без рождения от девы под угрозой оказалась бы вся жизнь и служение Иисуса, а также сопутствующие доктрины. Например, полнота Его божественности и человеческой природы, безгрешная жизнь, чудесные дела, наполненное истиной учение, добровольная заместительная жертва за грешников, телесное воскресение и вознесение, будущее возвращение. Если бы хоть одна доктрина в библейском учении об Иисусе оказалась ложной, это дало бы основание усомниться во всем, сказанном о Нем в Новом Завете.

Наконец, девственное зачатие/рождение Иисуса должно входить в исповедание веры христианина. Рождение Иисуса дало Ему тело из плоти. Дух антихриста отрицает, что Иисус пришел во плоти (1 Иоан. 4:1–3; 2 Иоан. 7). Верующий исповедует, что Иисус принял плоть и кровь (Евр. 2:14), чтобы взять наши грехи (1 Иоан. 3:5). Это исповедание звучит в первой строке раннехристианского гимна, процитированного Павлом: «Бог явился во плоти» (1 Тим. 3:16).

ЧЕЛОВЕЧЕСКАЯ ПРИРОДА

В Библии упоминается много разных титулов Иисуса, связанных с Его человеческой природой. Титулы, относящиеся к Его божественности, перечислены выше (см. «Божественность», с. 271). Эти имена дают представление о личности Иисуса, о Его служении и о том, кем люди Его считают и как они с Ним связаны.

- «Семя» (потомок) женщины (Быт. 3:15; Гал. 4:4);
- «Примиритель» (Быт. 49:10);
- «Искупитель» (Иов. 19:25–27; Гал. 3:13);
- «Помазанник», то есть «Мессия» (евр.) и «Христос» (греч.) (Пс. 2:2; Иоан. 1:41; 4:25; Деян. 18:28);
- «Отрасль» (Ис. 4:2; Иер. 23:5; 33:15; Зах. 3:8; 6:12);
- «Раб» или «Слуга» (Ис. 52:13; Деян. 4:27, НРП);

- «Желаемый всеми народами» (Агг. 2:7);
- «Солнце правды» (Мал. 4:2);
- «Иисус» (Матф. 1:21);
- «Назорей» (Матф. 2:23);
- «Сын Давидов» (Матф. 12:23; 21:9; Марк. 12:35–37; Рим. 1:1–4);
- «Сын Человеческий» (Марк. 2:10; Иоан. 12:34; Деян. 7:56; Откр. 1:13; см. Дан. 7:13);
- «Избранный» (Лук. 9:35, Кассиан; см. Матф. 12:18; 1 Пет. 1:20);
- «Агнец Божий» / «Агнец» (Иоан. 1:29; Откр. 5:6, 8, 12, 13);
- «Учитель» (Иоан. 3:2);
- «Утешитель» (Иоан. 14:16, подразумевается);
- «Иисус Христос» (Деян. 2:38; 3:6);
- «Начальник» (Деян. 5:31);
- «Законодатель и Судия» (Иак. 4:12; см. Матф. 28:18);
- «Краеугольный камень» (1 Пет. 2:4; Еф. 2:20);
- «Утренняя звезда» (2 Пет. 1:19);
- «Ходатай» (1 Иоан. 2:1);
- «Первородный» или Превосходный (Рим. 8:29; Кол. 1:15; Евр. 1:6);
- «Последний Адам» (1 Кор. 15:45–49; см. Рим. 5:14; 1 Кор. 15:21–22);
- «Посредник» (1 Тим. 2:5–6);
- «Брат» (Евр. 2:11–12, подразумевается);
- «Посланник» (Евр. 3:1);
- «Первосвященник» (Евр. 3:1);
- «Свидетель верный» (Откр. 1:5; 3:14);
- «Аминь» (Откр. 3:14);
- «Начало создания Божия» (Откр. 3:14);
- «Лев от колена Иудина» (Откр. 5:5);
- «Корень Давидов» (Откр. 5:5);
- «Звезда светлая и утренняя» (Откр. 22:16).

Ипостасное соединение. В 325 году Никейский собор подтвердил, что в Писании открыто, что Иисус — истинный Бог. Затем в 451 году Халкидонский собор признал, что Иисус в одно и то же время был человеком и Богом, то есть произошло «ипостасное соединение» двух природ без их слияния, изменения, разделения и разлучения[22]. Таким образом, Апостольский символ веры (V в. от Р. Х.) гласит: «Верую... в Иисуса Христа, Единого Его Сына, Господа нашего,

---

[22] Полезно воспроизвести все халкидонское определение ипостасного соединения: «Итак, последуя святым отцам, все согласно поучаем исповедовать одного и того же Сына, Господа нашего Иисуса Христа, совершенного в божестве и совершенного в человечестве, истинно Бога и истинно человека, того же из души разумной и тела, единосущного Отцу по божеству, и того же единосущного нам по человечеству, во всем подобного нам кроме греха, рожденного прежде веков от Отца по божеству, а в последние дни ради нас и ради нашего спасения от Марии Девы Богородицы — по человечеству, одного и того же Христа, Сына, Господа, единородного, в двух естествах неслитно, неизменно, нераздельно, неразлучно познаваемого, — так что соединением нисколько не нарушается различие двух естеств, но тем более сохраняется свойство каждого естества и соединяется в одно Лицо и одну Ипостась, — не на два лица рассекаемого или разделяемого, но одного и того же Сына и единородного, Бога Слова, Господа Иисуса Христа, как в древности пророки (учили) о Нем, и (как) сам Господь Иисус Христос научил нас, и (как) предал нам символ отцов» (Деяния Вселенских соборов, изданные в русском переводе при Казанской духовной академии: в 7 т. 3-е изд. Казань: Центр. тип., 1908–1909. Т. 4. 1908. С. 48).

Который был зачат от Духа Святого, родился от девы Марии». То есть ипостасное соединение состоит из двух природ Христа в одной личности Богочеловека. Это соединение сохраняет божественность Христа без принижения, и Его человеческую природу без возвышения.

Ипостасное соединение — это не то же самое, что рождение от девы или воплощение. Воплощением называют в целом явление Бога в человеческой плоти. Рождение от девы — это средство, которым совершилось воплощение. Чарльз Файнберг объясняет: «Ипостасное соединение — это то, что появилось в результате воплощения»[23]. Это соединение отличается от теофаний тем, что их было несколько и они были временными, а с момента воплощения две природы во Христе существуют вечно. Он Богочеловек ныне и навеки.

Хотя человеческая природа, принятая Сыном Божьим при воплощении, дала Ему возможность иметь человеческий опыт, Он существует не как две личности. Он лишь одна личность с двумя природами: божественной и человеческой. Божественность Христа влияет на индивидуальность (включая характер и личность) Его человеческой природы. Бог Отец приготовил физическое человеческое тело Христа (Евр. 10:5–7; см. Пс. 39:7–9) для воплощения, чтобы Божий Сын мог исполнить волю Отца. Каждая природа обладает собственной волей. В Иоанна 17:24 божественная воля Христа появляется в Его тринитарных отношениях с Отцом до создания мира. Но в Гефсиманском саду Иисус подчиняет Свою человеческую волю воле Отца (Матф. 26:39). Эта двойственность внутри одной личности видна и в ранней юности Иисуса, когда Он поразил учителей в храме Своей мудростью и знанием Писания, проявив Свою божественную природу, но затем подчинил Свою человеческую волю желанию родителей (Лук. 2:47, 51–52). Дело было не в двойной личности, а в двух разных, и при этом совершенных природах.

Наличие человеческой природы означает не просто знакомство с опытом человеческой жизни, но его приобретение. От начала жизни в воплощении и до конца Своего земного пути Иисус пережил рождение (Матф. 2:1), рост (Лук. 2:40), усталость (Иоан. 4:6), сон (Марк. 4:38), голод (Матф. 4:2; 21:18), жажду (Иоан. 4:7; 19:28), гнев (Марк. 3:5), печаль (Матф. 26:37), плач (Лук. 19:41; Иоан. 11:35), сострадание (Матф. 9:36), любовь (Марк. 10:21; Иоан. 11:3, 5, 36), радость (Лук. 10:21; Иоан. 15:11), искушение (Матф. 4:1; Евр. 4:15), молитву (Матф. 14:23; Евр. 5:7), страдания (Матф. 16:21; Лук. 22:44; Евр. 2:18) и смерть (Марк. 15:37–39; Лук. 23:44–46; Иоан. 12:24, 33; Рим. 5:6, 8; Флп. 2:8). Он также первым пережил то, что в итоге будет со всеми людьми: воскресение (Матф. 17:9; Иоан. 2:22; 21:14; Деян. 3:15; 1 Кор. 15:20). Иисус действительно был истинно и полностью человеком, также как истинно и полностью Богом (см. выше «Божественность», с. 271).

В Послании к евреям очень кратко и красиво написано, что Христос должен был принять человеческую природу и что это великое благословение для всего

---

[23] Charles Lee Feinberg, "The Hypostatic Union," *BSac* 92, no. 367 (1935): 262.

человечества: «Посему Он должен был во всем уподобиться братиям, чтобы быть милостивым и верным первосвященником пред Богом, для умилостивления за грехи народа. Ибо, как Сам Он претерпел, быв искушен, то может и искушаемым помочь» (Евр. 2:17–18). Петр проповедует «Иисуса Назорея, Мужа, засвидетельствованного вам от Бога...» (Деян. 2:22). О Нем сказано: «...един и посредник между Богом и человеками, человек Христос Иисус...» (1 Тим. 2:5). Поистине: «Се, Человек!» (Иоан. 19:5).

Об этой удивительной тайне ипостасного соединения двух природ Христа Джон Уолворд пишет, что, «хотя свойства одной природы никогда не приписываются другой, свойства обеих природ должным образом приписываются Его личности»[24]. Этот значит, что при чтении Писания необходимо учитывать так называемое «общение свойств» (лат. *communicatio idiomatum*) в библейском повествовании, чтобы правильно понимать, Кто такой Иисус и что Он совершил. То есть все, что можно сказать об одной из природ Христа, можно справедливо сказать и о личности Христа в целом. Например, слова Павла в Деяниях 20:28 не означают, что у божественной природы есть кровь, потому что Бог есть дух (см. Иоан. 4:24). Но поскольку «кровь» описывает человеческую природу Христа, а «Бог» — божественную, Павел вполне мог сказать об Иисусе, что Бог приобрел церковь Своей кровью. Свойства обеих природ могут характеризовать одну личность Христа. Джон Уолворд указывает семь категорий, перечисленных ниже, по которым следует различать библейские упоминания о природе и личности Христа[25]:

1. Библейские тексты обо всей личности Христа, где важны обе природы:

   Ибо младенец родился нам—
       Сын дан нам;
   владычество на раменах Его,
       и нарекут имя Ему:
   Чудный, Советник, Бог крепкий,
       Отец вечности, Князь мира.
   Умножению владычества Его и мира
       нет предела
   на престоле Давида и в царстве его,
       чтобы Ему утвердить его и укрепить его
   судом и правдою
       отныне и до века.
   Ревность Господа Саваофа соделает это (Ис. 9:6–7).

   ...Родит же Сына, и наречешь Ему имя Иисус, ибо Он спасет людей Своих от грехов их (Матф. 1:21).

   Итак, имея Первосвященника великого, прошедшего небеса, Иисуса, Сына Божьего, будем твердо держаться исповедания нашего (Евр. 4:14).

---

[24] John F. Walvoord, *Jesus Christ Our Lord* (Chicago: Moody Press, 1969), 116.

[25] Ibid., 117–118.

2. Тексты обо всей личности, но атрибуты касаются Его божественности:

   Но Сам Иисус не вверял Себя им, потому что знал всех и не имел нужды, чтобы кто засвидетельствовал о человеке, ибо Сам знал, что в человеке (Иоан. 2:24–25).

   Никто не восходил на небо, как только сшедший с небес Сын Человеческий, сущий на небесах (Иоан. 3:13).

   Иисус же говорил им: «Отец Мой доныне делает, и Я делаю» (Иоан. 5:17).

3. Тексты обо всей личности, но атрибуты касаются Его человеческой природы:

   Тогда Иисус возведен был Духом в пустыню, для искушения от диавола, и, постившись сорок дней и сорок ночей, напоследок взалкал (Матф. 4:1–2).

   ...И родила Сына своего Первенца, и спеленала Его, и положила Его в ясли, потому что не было им места в гостинице (Лук. 2:7).

   Младенец же возрастал и укреплялся духом, исполняясь премудрости, и благодать Божия была на Нем (Лук. 2:40).

   Там был колодезь Иаковлев. Иисус, утрудившись от пути, сел у колодезя. Было около шестого часа (Иоан. 4:6).

4. Кажущееся противоречие в текстах, описывающих всю личность по атрибуту божественной природы, но со ссылкой на человеческую природу:

   Итак внимайте себе и всему стаду, в котором Дух Святой поставил вас блюстителями, пасти Церковь Господа и Бога [божественный атрибут], которую Он приобрел Себе кровию Своею [человеческий атрибут] (Деян. 20:28).

   И когда я увидел Его, то пал к ногам Его, как мертвый. И Он положил на меня десницу Свою и сказал мне: «Не бойся; Я есмь Первый и Последний, и живой [божественный атрибут]; и был мертв [человеческий атрибут], и се, жив во веки веков, аминь; и имею ключи ада и смерти» (Откр. 1:17–18).

5. Кажущееся противоречие в текстах, описывающих всю личность по атрибуту человеческой природы, но со ссылкой на божественную природу:

   Что ж, если увидите Сына Человеческого [человеческий атрибут] восходящего туда, где был прежде [божественный атрибут]? (Иоан. 6:62)

   ...Их и отцы, и от них Христос по плоти [человеческий атрибут], сущий над всем Бог [божественный атрибут], благословенный во веки, аминь (Рим. 9:5).

6. Тексты, описывающие всю личность согласно божественной природе, но со ссылкой на обе природы:

   И сказал ему Иисус: «Истинно говорю тебе, ныне же будешь со Мною в раю» (Лук. 23:43).

   Иисус, взяв хлебы и воздав благодарение, роздал ученикам, а ученики возлежавшим, также и рыбы, сколько кто хотел (Иоан. 6:11).

> Но Иисус, зная Сам в Себе, что ученики Его ропщут на то, сказал им: «Это ли соблазняет вас?» (Иоан. 6:61)

> Ибо вы умерли, и жизнь ваша сокрыта со Христом в Боге. Когда же явится Христос, жизнь ваша, тогда и вы явитесь с Ним во славе (Кол. 3:3–4).

7. Тексты, описывающие всю личность согласно человеческой природе, но со ссылкой на обе природы:

> ...А около девятого часа возопил Иисус громким голосом: «Или, Или! Лама савахфани?»—то есть: «Боже Мой, Боже Мой, для чего Ты Меня оставил?» (Матф. 27:46; Бог не может покинуть или оставить Бога. Всей Своей личностью Иисус находится на кресте, однако Отец временно оставляет Его согласно человеческой природе. Как Богочеловек, Иисус умирает по человеческой природе, потому что божественная природа не может умереть).

> И дал Ему власть производить и суд, потому что Он есть Сын Человеческий (Иоан. 5:27).

Таким образом, библейское богословие одной личности и двух природ Христа должно опираться на тщательное прочтение Писания вместе с признанием нашего ограниченного понимания. Проницательный читатель обратит пристальное внимание на каждую деталь библейского текста, чтобы правильно истолковать его в связи с богословским представлением о том, Кто такой Иисус Христос и что Он сделал, делает и будет делать.

Ограниченное знание Христа. Марка 13:32 ставит перед читателями вопрос о знании Христа, которое Он Сам ограничил: «О дне же том, или часе, никто не знает, ни ангелы небесные, ни Сын, но только Отец». Иисус сказал эти слова во время Своего воплощения (также называемого унижением). Из Деяний 1:6–7, как кажется, понятно, что после воскресения Иисус знал время восстановления Царства Израилю, но тогда не стал открывать его Своим ученикам. Ограничение знаний Христа о времени восстановления не означает, что Его заявления об историчности ветхозаветных событий или Моисеевом авторстве Пятикнижия также должны быть пересмотрены. В конце концов, Он полностью доверял Ветхому Завету как Слову Божьему и по Своей человеческой природе вполне мог вывести все подобные сведения непосредственно из Писания. Тем не менее, даже во время воплощении Иисус, будучи Богом Сыном, оставался всеведущим (см. Иоан. 16:30). Его ограниченное знание в данном случае—результат добровольного отказа от независимого использования Своих божественных атрибутов (см. «Кенозис», с. 275).

ОШИБОЧНЫЕ ВЗГЛЯДЫ

Ошибочные представления об Иисусе возникают из-за небрежного, поверхностного чтения Библии. Поэтому из-за такой небрежности, в сочетании с падшей человеческой природой и враждебностью неверующих, личность Христа с самого начала стала подвергаться нападкам. В ранней церкви заблуждение о природе и личности Христа возникло еще в I веке и угрожало ортодоксальной христологии верующих. Как и в случае с фальшивыми деньгами, лучший способ выявить ложь — это досконально знать истину. Исследование того, что Писание говорит об Иисусе Христе, изобличает заблуждение тех, кто пытается отрицать библейские истины или проповедовать поддельного Христа. Стоит уделить внимание обзору основных христологических ересей (таблица 4.5 на с. 288 также перечисляет эти ереси).

Евиониты. Одно из самых ранних заблуждений, поразивших церковь, утверждало человеческую природу Христа, но отрицало Его божественную природу, поскольку сторонники этой ереси отрицали предсуществование Христа, на что повлияли иудейские учения I века. Эта группа стала известна как евиониты. Для них Иисус был великим человеком, пророком Божьим, наделенным Духом Божьим и после смерти вознесенным на царство. Некоторые евиониты верили в чудесное зачатие Иисуса, другие же отвергали его.

К V веку эта точка зрения исчезла из церкви. Некоторые ее сторонники, вероятно, вернулись в иудаизм, а другие приняли библейскую точку зрения (или, возможно, другое заблуждение, популярное в то время) и остались в церкви. Хотя церковь отвергла эту точку зрения, представление об Иисусе в исламе — это, по сути, учение евионитов, как отмечает Хейк: «Религиозный синкретизм, заметный в этом движении, имел большое историческое значение, поскольку способствовал возникновению и подъему ислама как третьей крупной монотеистической мировой религии»[26].

Гностицизм. Зародившись до новозаветной церкви, гностицизм постепенно вобрал в себя элементы христианства. Это был эклектический культ II века, сочетавший греческую философию, персидский дуализм, элементы иудаизма, восточных мистических религий и христианства. Основной принцип гностицизма отражал идею Платона, что материя — это зло, а дух — добро. Его сторонники считали, что от Бога исходит последовательность эманаций. Эти эманации называли «эонами», и в каждом следующем эоне было все больше материи и все меньше духа, то есть больше зла и меньше добра. Поскольку Яхве Ветхого Завета был Творцом всего (лишь еще одного эона), гностики называли Его «Демиургом». Демиург считался небесным существом, подчиненным другому, большему эону, Высшему Существу. Как сотворивший физический мир и управляющий им, Демиург, по представлениям гностиков, противился всему духовному. Христа в гностицизме считали либо призраком, являвшимся в видимости тела (см. ниже «Докетизм»), либо эоном, соединившимся с Иисусом в какой-то момент между Его крещением и смертью на кресте. Гностическое представление о спасении сводилось к особому знанию (*гносису*), которое через Христа посредством интеллектуального процесса передавалось только элите.

---

[26] Otto W. Heick, *A History of Christian Thought* (Philadelphia: Fortress, 1965), 1:67.

Адопцианство/модализм. В ранней церкви некоторые приняли точку зрения, что Бог усыновил (отсюда термин «адопцианство») человека Иисуса в какой-то момент после Его рождения—либо при крещении, либо при воскресении. Эту ересь часто связывали с Артемоном, но о нем известно мало. Адопцианству учили Павел Самосатский (III в.) и Феодот Кожевник (ок. 190 г.). Адопцианство можно считать одной из монархианских групп, отрицавших Троицу и считавших одного Бога правителем или монархом. Монархианство подчеркивало единство Бога—унитарный взгляд. Его сторонники считали, что три Лица Божества—это лишь три формы (модуса) существования и действия одного Бога. Поскольку они не верили, что Отец и Сын—разные личности, то говорили о патрипассианстве, то есть идее, что на голгофском кресте умер Бог Отец. Поборником модализма в начале III века стал Савеллий, и хотя в 217 году его отлучили, движение, возникшее из его учения, стало известно как савеллианство.

Докетизм. Докетизм получил свое название от греческого термина *dokeō*, означающего «казаться». Эта группа придерживалась крайности, противоположной адопцианству, утверждая божественность Христа, но отвергая Его человеческую природу. Согласно докетизму, материальное существование по сути было злом—взгляд, предложенный Платоном. Поэтому для чистого и святого Сына Божьего было невозможно принять греховную плоть. Они полагали, что Сын Божий явился на землю в виде иллюзии, подобно теофании. У Иисуса якобы не было человеческого тела, и Он не мог страдать или умереть реальной смертью. Лидером этого еретического движения стал Валентин (трудился ок. 136–165 гг.). Ириней (ок. 120–202 гг.) выступил против взглядов Валентина, написав пятитомный труд о заблуждении докетизма. Еще одним известным членом секты докетистов был Маркион (ок. 85—ок. 160 гг.), а Тертуллиан (ок. 160—ок. 220 гг.) писал против учения Маркиона (207–208 гг.). Отец церкви Игнатий (ок. 50—ок. 110 гг.), епископ Антиохийский, при описании божественной и человеческой природ Христа настаивал на использовании слов «подлинно» и «поистине», опровергая использование в докетизме слова «видимо» для описания человеческой природы Христа.

Арианство. Следующая ересь, нападавшая на личность и дела Христа, возникла из учения Ария (250–336 гг.), пресвитера церкви в Александрии (Египет). Арий и его последователи полагали, что временное подчинение Сына воле Небесного Отца в замысле искупления связано с вечным неравенством между Отцом и Сыном. Ариане считали Христа просто сотворенным существом, хотя и признавали Его первым и высшим из всех творений. Христос был не *той же* сущности, что Бог, но *подобной*. Поэтому они помещали Христа где-то между Богом и человеком как Того, Кому следует поклоняться из-за власти, данной Ему Богом.

Никейский (325 г.) и Константинопольский (381 г.) соборы дали ответ на эту ересь. В центре спора оказалось наличие или отсутствие йоты в одном греческом слове: *homoiousia* («подобная сущность») или *homoousia* («та же сущность»).

Различие сводилась к тому, был ли Христос поистине Богом, и собор на основании Писания объявил свое решение, что Христос истинно и полностью Бог и человек. Афанасий (295–373 гг.), впоследствии ставший епископом Александрийским, встал на защиту библейского свидетельства об истинной божественности Иисуса Христа. Соборы привели к утверждению Христа как «Бога от Бога, Света от Света, Бога истинного от Бога истинного, рожденного, несотворенного, единосущного Отцу».

Аполлинаризм. Следующее заблуждение, возникшее в ранней церкви, утверждало истинную божественность Христа, но отрицало полноту Его человеческой природы. Сторонники аполлинаризма, названного по имени Аполлинария (ок. 315 — ок. 392 гг.), епископа Лаодикийского, считали, что Христос обладал настоящим телом и бессмертной душой, но отрицали наличие у Него подлинного человеческого разума (или рациональной души). По сути, они верили, что Христос был Богом, скрывавшемся за человеческой плотью. Поэтому все человеческие немощи Иисуса они приписывали Его божественности, например, неведение, страдание, послушание и поклонение. На самом деле Аполлинарий также был заражен дуализмом Платона, который учил, что дух — это добро, а тело — зло. Аполлинарий считал, что Христос, будучи Богом, не мог иметь человеческой воли.

В 381 году Константинопольский собор осудил учение Аполлинария как еретическое, а в 451 году то же самое было сделано на Халкидонском соборе. Противники этого учения в ранней церкви подчеркивали, что Аполлинарий не мог объяснить борьбу между божественной и человеческой волями Иисуса в таких текстах, как Луки 22:42. Кроме того, поскольку грех затрагивает тело, волю и разум человека, для полноты искупления было необходимо, чтобы разум Христа участвовал в искуплении разума верующего. Конечно, невозможно представить себе настоящего человека без разума.

Несторианство. Значительное разделение в ранней церкви произошло из-за ложного учения Нестория Константинопольского (ок. 381 — ок. 451 гг.). Он приписывал Христу двойственность личности: две личности и две природы, а не одна личность с двумя природами. Несторий правильно понимал, что божественная природа Христа не была зачата Марией, но он, по сути, предположил, что Иисус был обожествленным человеком. Он считал отношения Иисуса с Отцом в принципе такими же, как и отношения верующего с Христом.

Некоторые историки утверждают, что плохая репутация Нестория была создана теми, кто неправильно понял его точку зрения, что нужно сохранить бесстрастность Логоса и полноту человеческой природы Иисуса. Даже Мартин Лютер защищал Нестория от обвинений в том, что он учил разделению Христа на две личности или ипостаси[27]. Николс объясняет, что Несторий «настолько

---

[27] Ibid., 1:180.

*Таблица 4.5: Соборы раннехристианской церкви**

Собор	Дата	Важный вопрос
Никейский	325 г.	Защита божественности Христа; опровержение арианства
I Константинопольский	381 г.	Защита божественности Христа; опровержение арианства и аполлинаризма
Ефесский	431 г.	Защита двух природ Христа; опровержение несторианства
Халкидонский	451 г.	Защита двух природ Христа; опровержение аполлинаризма, несторианства и евтихианства/монофизитства
II Константинопольский	553 г.	Защита двух природ Христа; опровержение евтихианства/монофизитства
III Константинопольский	680—681 гг.	Защита двух природ Христа; опровержение монофелитства
II Никейский	787 г.	Защита использования икон

* Адаптировано из таблицы в: Nichols, *For Us and for Our Salvation*, 56. Использовано с разрешения Crossway, издательского служения Good News Publishers, Wheaton, IL 60187, www.crossway.org.

подчеркивал человеческую и божественную природы Христа, что очень близко подошел к утверждению, что эти две природы в Нем настолько разделены, что Христос — это разделенная личность, человеческая и божественная, что это две личности, а не только две природы»[28]. После своего осуждения на соборах в Ефесе (431 г.) и Халкидоне (451 г.) Несторий утверждал, что его неправильно поняли, так как он всегда считал, что Христос существует в двух природах и одной личности. Поэтому Несторий, возможно, и не придерживался ошибочного учения, которое стали называть несторианством. Тем не менее, он мог слишком сильно выделять две природы Христа, так что преуменьшал Его единство в одной личности, тем самым справедливо вызвав огонь критики со стороны Кирилла, епископа Александрийского, и осуждение Ефесского и Халкидонского соборов. Ясно, что верующим требовалось точное учение о Господе Иисусе Христе.

Евтихианство. Еще одним следствием аполлинаризма стало ошибочное учение, которое называется монофизитство (вера в «одну природу») или евтихианство, по имени его основателя Евтихия Константинопольского (ок. 378 — ок. 454 гг.). Евтихий считал, что между божественной и человеческой природами Иисуса Христа нет различия, но они слились в третью природу, не божественную и не человеческую, а нечто среднее. Поскольку у Иисуса была только одна жизнь, один ум и одна воля, Он должен был обладать одной природой в одной личности. Разновидность евтихианства, выделяющая одну волю, известна как монофелитство. В 451 году Халкидонский собор осудил евтихианство, а в 680 году III Константинопольский собор осудил монофелитство.

---

[28] Stephen J. Nichols, *For Us and for Our Salvation: The Doctrine of Christ in the Early Church* (Wheaton, IL: Crossway, 2007), 105.

КРЕЩЕНИЕ[29]

Бог избрал предсказанного предтечу Мессии, чтобы он крестил Иисуса в водах реки Иордан (Марк. 1:1–10; Иоан. 1:19–31; Деян. 19:4). Целью этого крещения было явить личное присутствие Мессии во исполнение ветхозаветных пророчеств. Иоанн Креститель связал это откровение Мессии с тем, что Христос — это «Агнец Божий, Который берет на Себя грех мира» (Иоан. 1:29). Поскольку отец Иоанна был священником (Лук. 1:5), то Иоанн был «назначенным и посланным Богом священником и пророком», крестившим Иисуса[30].

Почему Иисус крестился? Согласно Его собственному объяснению, «так надлежит нам исполнить всякую правду» (Матф. 3:15). Приняв крещение от Иоанна, Христос подчинился воле Божьей и показал Свою связь с грешниками. Впоследствии Он возьмет их грехи, чтобы им могла вмениться Его совершенная праведность (2 Кор. 5:21). Это проявление послушания при крещении служит примером того, что Он должен был прожить праведную жизнь, которая вменится верующим. Это первое публичное событие в служении Иисуса имело большое значение:

1. Оно предвозвестило важность христианского крещения.
2. Оно отметило первое публичное соотнесение Христа с теми, чьи грехи Он понесет (Ис. 53:11; 1 Пет. 3:18).
3. Оно публично подтвердило Его мессианство прямым свидетельством с небес (Матф. 3:17, где соединены мессианские пророчества Пс. 2:7 и Ис. 42:1)[31].

ИСКУШЕНИЕ

После того как Иоанн крестил Иисуса (Матф. 3:13–17), Дух Святой повел Его в пустыню, где Его искушал сатана (Матф. 4:1–11). Дух Святой играл важную роль в жизни и служении Иисуса. Дух совершил зачатие Иисуса в утробе Марии (Матф. 1:20), помазал Иисуса и дал Ему силу для служения (Матф. 12:28, Лук. 4:18–19; см. Ис. 61:1), а также активно действовал при воскресении Иисуса (Рим. 8:11). Участие Духа, Который повел Иисуса для искушения сатаной, показывает, что это испытание соответствовало суверенному Божьему замыслу искупления.

Искушения сатаны были нацелены на человеческую природу Иисуса, поскольку Бог (а потому и божественная природа Иисуса) «не искушается злом» (Иак. 1:13). По сути, Бог никогда не бывает даже посредником при искушении кого-либо к злу. Однако Он использует бесов, сатану и людей для искушения, когда это соответствует Его суверенным замыслам (Иов. 1–2; Лук. 22:31–32; 2 Кор. 12:7–10). В соответствии с категориями, перечисленными в 1 Иоанна 2:16, сатана искушал Иисуса голодом как одной из «похотей плоти» (Матф. 4:2–3; 1 Иоан. 2:16), предлагал искусить Бога из «гордости житейской» (Матф. 4:5–6; 1 Иоан. 2:16)

---

[29] Адаптировано из: MacArthur, *MacArthur Study Bible: English Standard Version*, 1364. Использовано с разрешения Thomas Nelson.

[30] Lewis Sperry Chafer, *Systematic Theology* (1948; repr., Dallas, TX: Dallas Seminary Press, 1969), 5:59.

[31] Дополнительно о важности крещения Иисуса см. «Послушание Христа» (с. 548) в гл. 7 «Спасение».

и обрести царства мира и всю их славу для утоления «похоти очей» (Матф. 4:8–9; 1 Иоан. 2:16). И за это время испытаний, и за всю Свою земную жизнь Иисус был «подобно нам, искушен во всем, кроме греха» (Евр. 4:15). Иисус мог подвергаться искушениям, но не мог грешить.

В связи с этим возник вопрос: была ли у Христа возможность согрешить в мыслях или делах? Два основных ответа на него сформулировали двумя латинскими фразами[32]. Невозможность для Иисуса согрешить описывают латинской фразой *non posse peccare* («неспособен грешить»). Это противопоставлено понятию *posse non peccare* («способен не грешить»), подразумевающему, что Иисус мог бы согрешить, но сдержался. Здесь необходимо внести ясность: способность не грешить и неспособность грешить — это не то же самое, что греховность и безгрешность. Способность не грешить не предполагает греховную природу. Оба взгляда признают, что Иисус не согрешил (1 Иоан. 3:5).

Представление о способности не грешить предполагает, что Христос мог бы согрешить, хотя и не сделал этого. Этого мнения придерживается значительно меньшая часть современных богословов. Аргументы в его пользу включают следующее:

1. *Полнота человеческой природы Христа:* если при воплощении Христос принял полноту человеческой природы со всеми ее свойствами, у Него должна была быть способность грешить, поскольку безгрешная человеческая природа способна грешить, как показало грехопадение Адама и Евы (Быт. 3:1–6).
2. *Способность Христа подвергаться искушению:* Христос, как и другие, был искушаем во всем (Евр. 4:15). За Свою земную жизнь Он перенес множество искушений (Матф. 4:1–11); а способность подвергаться искушению подразумевает способность грешить. Именно этот аргумент сторонники данного взгляда используют чаще всего.
3. *Свободная воля Христа:* у Христа, как и у Адама до грехопадения, была свободная воля, что подразумевает способность грешить.

Сторонники взгляда, что Христос мог бы согрешить, считают это важным, так как под вопросом оказывается, прежде всего, подлинность человеческой природы Христа, Его искушений, а также Его священнического сострадания. Они считают, что все это теряет смысл, если Христос не был способен грешить.

Впрочем, Писание говорит в пользу противоположной точки зрения, согласно которой Христос был неспособен грешить. Это взгляд большинства евангельских христиан и в прошлом, и в настоящем. Аргументы в пользу этого взгляда включают:

1. *Божественность Христа:* поскольку Христос — Бог, и поскольку Бог не может грешить (Иак. 1:13), то и Христос не мог грешить. Поскольку «возмездие за грех — смерть» (Рим. 6:23), то если бы Бог согрешил, Он бы должен был умереть, но Бог не может умереть, и, соответственно, не может грешить.

---

[32] Следующее краткое обсуждение этих двух взглядов адаптировано из: Michael McGhee Canham, "*Potuit Non Peccare* or *Non Potuit Peccare*: Evangelicals, Hermeneutics, and the Impeccability Debate," *MSJ* 11, no. 1 (2000): 93–114. Использовано с разрешения MSJ.

2. *Божьи извечные решения*: поскольку Бог определил, что план искупления будет выполнен Иисусом Христом, следовательно, Христос не мог согрешить, ведь если бы Он согрешил, план искупления не состоялся бы.

3. *Божественные атрибуты Христа*: некоторые сторонники неспособности грешить ссылаются на *неизменность* Христа (см. Евр. 13:8). Довод состоит в том, что если бы Христос мог согрешить, пока был на земле, Он мог бы согрешить и сейчас. Поскольку сейчас Он не может грешить, и поскольку Он неизменен, следовательно, Он не мог согрешить и пока был на земле. Помимо этого ссылаются на другие атрибуты, такие как всемогущество (способность грешить подразумевает слабость, но у Христа не было слабостей) и всеведение (Иоан. 5:25). Можно возразить, что аргументы от божественных атрибутов Христа не будут решающими для вопроса о способности грешить, потому что при кенозисе Христос добровольно предал независимое использование Своих божественных атрибутов воле Небесного Отца (см. «Кенозис», с. 275). Таким образом, хотя каждый из этих божественных атрибутов сам по себе может подразумевать неспособность грешить, Христос всегда проявлял их в подчинении воле Отца. А Отец никогда бы не повелел Сыну ограничить Свои божественные атрибуты, чтобы Он мог нарушить волю Отца.

4. *Тринитарные отношения Христа*: «исполненный Духа Святого» (Лук. 4:1), Христос не мог не выдержать испытания. Дух Святой не мог потерпеть неудачу в деле, на которое Он был послан Иисусу.

Хотя Иисус не мог согрешить, Его искушения были настоящими—их реальность не зависела от Его способности поддаться им. Более того, поскольку Он никогда не поддался им, Он испытал их полную силу. Поэтому для Иисуса искушение было *более реальным* и *более сильным*, чем для любого другого человека. Сравнение искушений Адама и Иисуса показывает их значительные различия и делает победу Иисуса еще более замечательной:

1. Адам столкнулся с искушением в самой приятной обстановке, в Эдемском саду; Иисус столкнулся с искушением в суровых условиях Иудейской пустыни.

2. Адам жил в совершенстве безгрешного мира; Иисус жил в крайне испорченном и падшем греховном мире.

3. Адам уступил первому же искушению, с которым столкнулся; Иисус снова и снова сталкивался с искушениями в Своей земной жизни и служении (Евр. 4:15), но никогда не уступал.

4. Адам встретился с искушением, когда хорошо питался и жил в прекрасном саду, полном плодов и свежей воды; Иисус был ослаблен сорокадневным постом перед искушением в пустыне.

5. Последствия поражения Адама в искушении были смертельны для всего человечества; последствия победы Иисуса над искушением позволили Ему успешно завершить план искупления.

ЗАВИСИМОСТЬ ОТ СВЯТОГО ДУХА

Рассказ об искушении Иисуса поднимает вопрос о Его связи со Святым Духом и зависимости от Него. В нескольких ветхозаветных пророчествах предсказано, что Мессия будет зависеть от Святого Духа:

...и почиет на нем Дух Господень,
  дух премудрости и разума,
  дух совета и крепости,
  дух ведения и благочестия;
и страхом Господним исполнится... (Ис. 11:2–3)

Вот, Отрок Мой, Которого Я держу за руку,
  избранный Мой, к которому благоволит душа Моя.
Положу дух Мой на Него,
  и возвестит народам суд... (Ис. 42:1)

Дух Господа Бога на Мне,
  ибо Господь помазал Меня
благовествовать нищим,
  послал Меня исцелять сокрушенных сердцем,
проповедовать пленным освобождение
  и узникам открытие темницы,
проповедовать лето Господне благоприятное
  и день мщения Бога нашего,
  утешить всех сетующих,
возвестить сетующим на Сионе,
  что им вместо пепла дастся украшение,
вместо плача—елей радости,
  вместо унылого духа—славная одежда,
и назовут их сильными правдою,
  насаждением Господа во славу Его (Ис. 61:1–3).

Зависимость Христа от Святого Духа заметна при Его зачатии (Матф. 1:20), крещении (Матф. 3:16–17) и искушении в пустыне (Матф. 4:1). Иоанн пишет, что Христос «говорит слова Божии; ибо не мерою дает Бог Духа» (Иоан. 3:34). Действительно, Христос полагался на Духа, чтобы иметь силу для служения (Лук. 4:14), особенно для проповеди (Лук. 4:17–22 как исполнение Ис. 61:1–2; Матф. 12:15–21 как исполнение Ис. 42:1–3). Христос «Святым Духом» дал повеления Своим избранным апостолам (Деян. 1:2) и «Духом Божьим» изгонял бесов (Матф. 12:28). Когда Иисус исцелял, Он делал это силой Духа (Деян. 10:38).

В конце Своего земного пути Иисус Духом Святым принес Себя в жертву на кресте: «...кровь Христа, Который Духом Святым принес Себя непорочного Богу, очистит совесть нашу от мертвых дел, для служения Богу живому и истинному!» (Евр. 9:14). Святой Дух дал Христу сил выдержать все крестные испытания: борение в Гефсимании, унижение перед Пилатом и Иродом, бичевание и терновый венец, путь на Голгофу и распятие. Дух хранил Иисуса физически и не только, помогая Ему держаться Своей цели принести Себя на кресте в жертву за грешников, подчиняясь воле Отца. Решение Христа, хотя и принятое силой Духа, все же было Его собственным: «Потому любит Меня Отец, что Я отдаю жизнь Мою, чтобы опять принять ее. Никто не отнимает ее у Меня, но Я Сам отдаю ее. Имею власть отдать ее и власть имею опять принять ее. Сию заповедь получил Я от Отца Моего» (Иоан. 10:17–18).

Все три Лица Троицы участвовали в воскресении Христа из мертвых. Об участии Отца и Святого Духа сказано: «Если же Дух Того, Кто воскресил из мертвых Иисуса, живет в вас, то Воскресивший Христа из мертвых оживит и ваши смертные тела Духом Своим, живущим в вас» (Рим. 8:11). А приведенный выше текст (Иоан. 10:17–18; см. также 2:19–22) говорит об участии Сына в Своем собственном воскресении.

От зачатия до воскресения и, можно полагать, даже до прославления Иисус опирался на Святого Духа. Это говорит не о Его слабости, но о том, что в состоянии подчинения Христа Небесному Отцу (особенно при воплощении) Дух наделил силой Его человеческую природу, чтобы Он полностью совершил искупление и все остальные аспекты Своей земной миссии. Такое покровительство Духа подтверждается тем, что, когда иудейские руководители решили, что Иисус действовал силой сатаны, Он обвинил их в хуле не против Себя, а против Святого Духа (Матф. 12:30–32).

ПРЕОБРАЖЕНИЕ

Прежде чем стали разворачиваться события, которые приведут к распятию, смерти, погребению, воскресению и вознесению Иисуса на небеса, Он хотел заверить учеников, что вернется и установит Свое Царство. Эту уверенность ученикам дало событие, известное как преображение Иисуса. Особое внимание к Царству в служении Иисуса достигло переломного момента, который обозначен в Матфея 16:21: «С того времени Иисус начал открывать ученикам Своим, что Ему должно идти в Иерусалим и много пострадать от старейшин и первосвященников и книжников, и быть убиту, и в третий день воскреснуть». Иисус преобразился в первую очередь не для того, чтобы доказать Свою божественность, явить Свою небесную славу или подтвердить пророчество о грядущей смерти и воскресении. Скорее, Его целью было приоткрыть славу, которую Он явит, когда вернется установить Свое Царство. Он Сам указал на эту истину в Матфея 16:28: «Истинно говорю вам: есть некоторые из стоящих здесь, которые не вкусят смерти, как уже увидят Сына Человеческого, грядущего в Царствии Своем». Впоследствии Петр так писал о преображении:

> Ибо мы возвестили вам силу и пришествие Господа нашего Иисуса Христа, не хитросплетенным басням последуя, но быв очевидцами Его величия. Ибо Он принял от Бога Отца честь и славу, когда от велелепной славы принесся к Нему такой глас: «Сей есть Сын Мой возлюбленный, в Котором Мое благоволение». И этот глас, принесшийся с небес, мы слышали, будучи с Ним на святой горе (2 Пет. 1:16–18).

Сияющий свет лица Христа на горе («...и просияло лицо Его, как солнце, одежды же Его сделались белыми, как свет», Матф. 17:2) предвещал славу «Сына Человеческого, грядущего на облаках небесных с силою и славою великою...» (Матф. 24:30). Подобное видение славы Христа описал апостол Иоанн:

...глава Его и волосы белы, как белая волна, как снег; и очи Его, как пламень огненный; и ноги Его подобны халколивану, как раскаленные в печи, и голос Его, как шум вод многих. Он держал в деснице Своей семь звезд, и из уст Его выходил острый с обеих сторон меч; и лицо Его, как солнце, сияющее в силе своей (Откр. 1:14–16).

Это удивительно похоже на описание Царя Иисуса, когда Он приходит на суд:

И увидел я отверстое небо, и вот конь белый, и сидящий на нем называется Верный и Истинный, Который праведно судит и воинствует. Очи у Него как пламень огненный, и на голове Его много диадим. Он имел имя написанное, которого никто не знал, кроме Его Самого. Он был облечен в одежду, обагренную кровью. Имя Ему: «Слово Божие». И воинства небесные следовали за Ним на конях белых, облеченные в виссон белый и чистый. Из уст же Его исходит острый меч, чтобы им поражать народы. Он пасет их жезлом железным; Он топчет точило вина ярости и гнева Бога Вседержителя. На одежде и на бедре Его написано имя: «Царь царей и Господь господствующих» (Откр. 19:11–16).

Божья слава наиболее полно и ясно явилась в Господе Иисусе Христе (Евр. 1:1–3). Поэтому апостол Павел называет его «Господом славы» (1 Кор. 2:8) и в 2 Коринфянам 4:3–6 утверждает:

Если же и закрыто благовествование наше, то закрыто для погибающих, для неверующих, у которых бог века сего ослепил умы, чтобы для них не воссиял свет благовествования о славе Христа, Который есть образ Бога невидимого. Ибо мы не себя проповедуем, но Христа Иисуса, Господа; а мы — рабы ваши для Иисуса, потому что Бог, повелевший из тьмы воссиять свету, озарил наши сердца, дабы просветить нас познанием славы Божией в лице Иисуса Христа.

Событие преображения наиболее ярко и выразительно показало, что Иисус был истинной славой Божьей, хотя и скрытой, пока Он во плоти ходил по этой земле. Два пришествия Христа: первое в смирении, облаченного в плоть, и второе во славе, облаченного в свет, — это две великие темы библейского пророчества.

Моисей и Илия, сопровождавшие Иисуса при Его преображении (Матф. 17:3), могут символизировать две категории святых, которые входят в Царство: тех, кто умер, и тех, кто не умрет, но преобразится при восхищении. Однако более надежное объяснение их значения основано на видении в 4-й главе книги Захарии. В этом видении золотой светильник (менора) и две маслины дают Зоровавелю уверенность, что он получит божественную поддержку для восстановления храма. Бог также открывает, что будет давать Своего Духа и неограниченную силу (Зах. 4:6) вплоть до времени будущей славы Царства и храма Мессии. Две маслины — «это два помазанные елеем, предстоящие Господу всей земли» (Зах. 4:14). В момент преображения Иисус — Господь всей земли, а Моисей и Илия — помазанные рядом с Ним. Позже Иоанн указывает, что эти же две маслины — это два свидетеля, пророчествующие 1260 дней во время Великой скорби (Откр. 11:3–4). Совершаемые ими чудеса (Откр. 11:5–6), как кажется, подтверждают, что это могут быть Моисей и Илия:

Хотя доказать тождественность этих двух свидетелей Моисею и Илии невозможно, многие наблюдения позволяют предположить, что это могут быть они, поскольку: 1) подобно Моисею, они поражают землю язвой и, подобно Илии, имеют власть затворить ее от дождя; 2) согласно еврейскому преданию, и Моисей (см. Втор. 18:15–18), и Илия (см. Мал. 4:5–6) должны вернуться в будущем (см. Иоан. 1:21); 3) оба, Моисей и Илия, присутствовали во время преображения — предвкушения второго пришествия Христа; 4) и Моисей, и Илия, призывая людей к покаянию, использовали сверхъестественные методы; 5) Илия был взят живым на небо, а тело Моисея Бог скрыл в таком месте, где оно никогда не будет найдено; 6) засуха, которую принесли эти свидетели, продолжается так же долго (три с половиной года; см. Откр. 11:3), как и засуха, вызванная Илией (Иак. 5:17)[33].

Учение

То, как Иисус учил, показывает, что Он был искусным учителем и рассказчиком, Чьи знания и мудрость были выше, чем у любого другого человека. В любой обстановке и с каждым слушателем было заметно, как превосходно Иисус выражал мысли. Поскольку люди усваивают информацию по-разному, Он использовал самые разные методы. Александр Брюс говорит, с какими трудностями приходилось справляться Иисусу даже при обучении Своих двенадцати учеников:

> Простым рыбакам из Галилеи предстояло многому научиться, прежде чем они будут соответствовать этим высоким требованиям; настолько многому, что время их подготовки к апостольскому служению, даже считая от самого начала служения Христа, кажется слишком коротким. Они поистине были благочестивыми людьми, чья искренняя набожность уже проявилась, когда ради своего Учителя они оставили все. Но на момент своего призвания они были весьма невежественными, узколобыми, суеверными, полными иудейских предрассудков, заблуждений и враждебности. Им нужно было много отучиваться от неправильного, а также много учиться правильному, причем и отучивались, и учились они медленно. Из-за старых убеждений, уже владевших их умами, передавать им новые религиозные идеи было трудной задачей. У них были добрые честные сердца, почва их духовной жизни была способна приносить обильный урожай; но она была твердой, так что требовалось много труда, чтобы ее возделывать, прежде чем она принесет свой плод[34].

То, что Иисус обучил их, и что они возглавили проповедь Евангелия после Его воскресения, а также написали два из четырех Евангелий (от Матфея и от Иоанна), несколько новозаветных посланий (1 и 2 Петра, 1, 2 и 3 Иоанна) и книгу Откровение, — все это показывает, насколько успешно Учитель подготовил их. Петр также мог повлиять на автора Евангелия от Марка, тем самым, хотя и косвенно, расширив свое участие в написании Нового Завета.

---

[33] Учебная Библия с комментариями Джона Мак-Артура. Б. м.: Славян. еванг. о-во, 2011. С. 1995.

[34] Alexander Balmain Bruce, *The Training of the Twelve; Or, Passages out of the Gospels, Exhibiting the Twelve Disciples of Jesus under Discipline for the Apostleship*, 4th ed. (New York: A. C. Armstrong and Son, 1889), 14.

ИИСУС—ИСКУСНЫЙ УЧИТЕЛЬ

Евангелия открывают несколько важных подробностей об Иисусе как искусном Учителе. Ниже выборочно приводятся наблюдения, которые можно сделать из библейского текста[35]:

1. Иисус не был оплачиваемым «профессиональным» учителем: «А вы не называйтесь учителями, потому что один у вас Учитель...» (Матф. 23:8).
2. Иисус избрал Своих учеников (даже того, кто Его предаст): «Не о всех вас говорю; Я знаю, которых избрал. Но да сбудется Писание: „Ядущий со Мною хлеб поднял на Меня пяту свою"» (Иоан. 13:18).
3. Иисус не ограничивался конкретным местом или одной ситуацией; Он учил в храме (Матф. 21:12–13), в синагоге (Марк. 1:21), на горе (Матф. 5:1), в рыбацких лодках (Лук. 5:1–11), на свадьбе (Иоан. 2:1–11), на похоронах (Лук. 7:11–17), у колодца (Иоан. 4:1–26) и во многих других ситуациях.
4. Иисус обладал уникальной властью: «...Он учил их, как власть имеющий, а не как книжники...» (Матф. 7:29).
5. Иисус вел Свою учебную программу, хотя и под руководством Отца: «Я... ничего не делаю от Себя, но как научил Меня Отец Мой, так и говорю» (Иоан. 8:28).
6. Иисус понимал Своих учеников:
   а. Он точно и полностью знал их способности: «Ты учитель Израилев, и этого ли не знаешь?» (Иоан. 3:10), и «Еще многое имею сказать вам, но вы теперь не можете вместить» (Иоан. 16:12);
   б. Он эффективно использовал повторение, приводя много притч о Царстве с теми же самыми уроками (Матф. 13) или снова и снова называя Святого Духа «Утешителем» (Иоан. 14:16, 26; 15:26; 16:7);
   в. Он поощрял усердных учеников, объясняя некоторым из них притчи наедине (Матф. 13:36–43) и уделяя особое внимание Петру, Иоанну и Иакову при Своем преображении (Лук. 9:28–36) и в Гефсиманском саду (Матф. 26:37–38);
   г. Он формировал правильное отношение к Себе, например, когда наставлял самарянку в Иоанна 4:1–26;
   д. Он установил и поддерживал правильные отношения между учениками: «Сия есть заповедь Моя, да любите друг друга, как Я возлюбил вас. Нет больше той любви, как если кто положит душу свою за друзей своих» (Иоан. 15:12–13).
7. Личные качества и способности Иисуса помогали Ему владеть учебной ситуацией:
   а. У Него была исключительная способность удерживать интерес и внимание учеников: «И множество народа слушало Его с услаждением» (Марк. 12:37); а также: «Через три дня нашли Его в храме, сидящего посреди учителей, слушающего их и спрашивающего их; все слушавшие Его дивились разуму и ответам Его» (Лук. 2:46–47);
   б. Он обладал большим терпением, выдержкой и самодисциплиной, например, когда Он молчал перед обвинителями, насмешниками и гонителями (Матф. 26:63; 27:11–14; Лук. 23:9);

---

[35] Следующие наблюдения обобщают почти все содержание книги: Clifford A. Wilson, *Jesus the Teacher* (Melbourne: Hill of Content, 1974), исключая некоторые примеры.

в. Он вел Себя достойно: «Тогда приходит Иисус из Галилеи на Иордан к Иоанну креститься от него. Иоанн же удерживал Его и говорил: „Мне надобно креститься от Тебя, и Ты ли приходишь ко мне?" Но Иисус сказал ему в ответ: „Оставь теперь, ибо так надлежит нам исполнить всякую правду". Тогда Иоанн допускает Его» (Матф. 3:13–15);

г. Он обладал сверхъестественной способностью вести за Собой: «Тогда Иисус сказал им прямо: „Лазарь умер; и радуюсь за вас, что Меня не было там, дабы вы уверовали; но пойдем к нему". Тогда Фома, иначе называемый Близнец, сказал ученикам: „Пойдем и мы умрем с ним"» (Иоан. 11:14–16);

д. Он исправлял неверное мышление, например, когда объяснил ученикам, что они не узнали пищу, которая больше физической (Иоан. 4:31–38);

е. Он использовал выразительный взгляд на Петра, когда тот третий раз отрекся от связи с Ним (Лук. 22:61);

ж. Он мог строго упрекнуть, когда было необходимо: «Он же, обратившись, сказал Петру: „Отойди от Меня, сатана! Ты Мне соблазн! Потому что думаешь не о том, что Божие, но что человеческое"» (Матф. 16:23);

з. Он предупреждал о последствиях: «Ибо, говорю вам, если праведность ваша не превзойдет праведности книжников и фарисеев, то вы не войдете в Царство Небесное» (Матф. 5:20);

и. Он показывал пример смелости, основанной на библейских убеждениях, как когда Он выгнал из храма меновщиков денег (Матф. 21:12–13) или отослал Иуду из среды учеников (Иоан. 13:27–30).

8. Иисус учил, используя множество литературных и речевых приемов:

а. Для эффективной передачи истины Он использовал различные типы лингвистических приемов и стилей, такие как символизм (Матф. 5:13), синонимический параллелизм (Матф. 12:30), антитетический параллелизм (Матф. 10:39), метафоры (Матф. 15:26), гиперболы (Матф. 5:29–30), притчи (Матф. 13) и поговорки (Лук. 4:23). В тексте оригинала (на греческом) заметны и другие языковые приемы, делающие поучения Иисуса незабываемыми. Ассонанс и аллитерация относятся к таким приемам, которые не всегда удается передать в переводе. Матфея 7:2—лишь один подобный пример: «...ибо каким судом судите, таким будете судимы; и какою мерою мерите, такою и вам будут мерить». На греческом языке яркие запоминающиеся триплеты запечатлевали эти утверждения в умах слушателей Иисуса: *en hō gar krimati krinete krithēsesthe, kai en hō metrō metreite metrēthēsetai humin.*

б. Он использовал наглядные пособия: «И сказал им притчу: „Посмотрите на смоковницу и на все деревья: когда они уже распускаются, то, видя это, знаете сами, что уже близко лето"» (Лук. 21:29–30);

в. Он использовал необычные ситуации, например, когда послал Петра взять монету изо рта рыбы, чтобы заплатить налог на храм за двоих (Матф. 17:24–27);

г. Он использовал окружение учеников как наглядное пособие: «Не говорите ли вы, что еще четыре месяца, и наступит жатва? А Я говорю вам: возведите очи ваши и посмотрите на нивы, как они уже побелели и поспели к жатве» (Иоан. 4:35);

д. Он использовал чудеса как наглядные пособия, к примеру, при проклятии смоковницы в Матфея 21:18–22;

е. Иисус Сам был наглядным пособием: «Придите ко Мне все труждающиеся и обремененные, и Я успокою вас; возьмите иго Мое на себя и научитесь от Меня, ибо Я кроток и смирен сердцем, и найдете покой душам вашим; ибо иго Мое благо, и бремя Мое легко» (Матф. 11:28–30).

9. Иисус использовал вопросы как метод обучения:

а. Его вопросы давали возможность для контакта: «Иисус говорит ей: „Жена! Что ты плачешь? Кого ищешь?“» (Иоан. 20:15);

б. Его вопросы вызывали интерес и были наводящими: «Что легче сказать: „Прощаются тебе грехи твои“, или сказать: „Встань и ходи“?» (Лук. 5:23);

в. Он использовал вопросы для проверки знаний: «Он говорит им: „А вы за кого почитаете Меня?“» (Матф. 16:15);

г. Он использовал вопросы учеников: «Тогда Петр приступил к Нему и сказал: „Господи! Сколько раз прощать брату моему, согрешающему против меня? До семи ли раз?“» (Матф. 18:21).

Иисус действительно был Пророком больше Моисея (Втор. 18:15–22; Иоан. 1:17; Евр. 3:3), Учителем-Пророком (Ис. 30:20; Матф. 26:18; Иоан. 13:13) и мудрым Пастырем больше Соломона (Еккл. 12:11; Матф. 12:42). Эти три описания учительского служения Мессии вытекают из трех основных разделов еврейской Библии: Закона, Пророков и Писаний. Иисус действительно исполняет то, что Ветхий Завет возвестил о Мессии, и не только как о Пророке, Священнике и Царе (см. Кенозис», с. 261), но и как об Учителе.

ПРИТЧИ ИИСУСА

В древности евреи часто использовали притчи как одну из форм обучения. Притча представляет собой развернутое сравнение, при этом умело изложенное в форме простой и часто краткой истории из повседневной жизни. Иисус искусно использовал притчи. Его притчи «воплощают простую, мощную глубину Его вести и Его стиля обучения»[36]. При всем том некоторые толкователи неправильно понимают и искажают цель и смысл притч Иисуса.

Во-первых, Иисус не говорил притчами исключительно для того, чтобы сделать Свое учение доступным для народа[37]. В начале Своего служения Он использовал множество наглядных аналогий (см. Матф. 5:13–16), смысл которых был предельно ясен в контексте Его учения. Притчам же требовалось толкование (см. Матф. 13:36), и Иисус использовал их, чтобы в качестве суда скрыть истину от неверующих, в то же время объясняя ее ученикам (Матф. 13:11–12). В какой-то момент служения в Галилее Он начал говорить к народу только притчами (Матф. 13:34). В том, как Иисус скрывал истину от неверующих, проявлялись и суд, и милосердие. Это был суд, так как они оставались во тьме, которую они любили

---

[36] John MacArthur, *Parables: The Mysteries of God's Kingdom Revealed through the Stories Jesus Told* (Nashville: Thomas Nelson, 2015), xiii.

[37] Этот абзац адаптирован из «Учебной Библии с комментариями Джона Мак-Артура» (С. 1400).

*Таблица 4.6: Притчи Иисуса**

Притча	Матфея	Марка	Луки
1. Свеча под сосудом	5:14–16	4:21–22	8:16–17; 11:33–36
2. Мудрый строит на камне, а глупый—на песке	7:24–27		6:47–49
3. Заплата из небеленой ткани на ветхой одежде	9:16	2:21	5:36
4. Молодое вино в ветхих мехах	9:17	2:22	5:37–38
5. Сеятель	13:3–23	4:2–20	8:4–15
6. Плевелы	13:24–30		
7. Горчичное зерно	13:31–32	4:30–32	13:18–19
8. Закваска	13:33		13:20–21
9. Скрытое сокровище	13:44		
10. Драгоценная жемчужина	13:45–46		
11. Невод	13:47–50		
12. Потерянная овца	18:12–14		15:3–7
13. Непрощающий раб	18:23–35		
14. Работники в винограднике	20:1–16		
15. Два сына	21:28–32		
16. Злые виноградари	21:33–45	12:1–12	20:9–19
17. Брачный пир	22:2–14		
18. Смоковница	24:32–44	13:28–32	21:29–33
19. Мудрые и неразумные девы	25:1–13		
20. Таланты	25:14–30		
21. Всходящее семя		4:26–29	
22. Отсутствующий хозяин		13:33–37	
23. Заимодавец и два должника			7:41–43
24. Добрый самарянин			10:30–37
25. Друг в нужде			11:5–13
26. Богатый глупец			12:16–21
27. Бодрствующие рабы			12:35–40
28. Верный домоправитель и неверный раб			12:42–48
29. Бесплодная смоковница			13:6–9
30. Великий пир			14:16–24
31. Строительство башни и готовящийся к войне царь			14:25–33
32. Потерянная драхма			15:8–10
33. Блудный сын			15:11–32
34. Неверный управитель			16:1–13
35. Богач и Лазарь			16:19–31

Притча	Матфея	Марка	Луки
36. Ничего не стоящие рабы			17:7–10
37. Настойчивая вдова			18:1–8
38. Фарисей и мытарь			18:9–14
39. Мины (фунты серебра)			19:11–27

* Адаптировано из «Учебной Библии с комментариями Джона Мак-Артура» (С. 1401).

(см. Иоан. 3:19), и милосердие, так как они уже отвергли свет, и дополнительное провозглашение истины только усилило бы их вечное осуждение.

Во-вторых, Иисус использовал притчи не потому, что они были лучшим методом обучения, чем дидактические беседы или увещания в проповеди. Фактически, в четырех Евангелиях записано больше бесед (45, как минимум[38]), чем притч (39, согласно таблице 4.6).

Иисус использовал разные методы, чтобы четко выразить истину. Он не излагал аллегорические истории со скрытым, сложным значением. При толковании притч Иисуса следует искать их основную, понятную идею. Второстепенные элементы притч не должны восприниматься в каком-то символическом или духовном смысле. Когда символизм притчи оказывался более сложным, Иисус обычно объяснял эти символы, чтобы слушатели не упустили главного[39].

ХАРАКТЕРИСТИКИ УЧЕНИЯ ИИСУСА

Рассмотрев учительское служение Иисуса, можно выделить его важные характеристики[40]:

1. *Новизна:* учение Иисуса было не просто отголоском учения ветхозаветных пророков и мудрецов. Он говорил то, что Моисей и пророки не говорили, по крайней мере, не так ясно, как это делал Он. Шесть раз в Нагорной проповеди Иисус сказал: «Вы слышали, что сказано… А я говорю вам…» (Матф. 5:21–22, 27–28, 31–32, 33–34, 38–39, 43–44).

2. *Простота:* поучения Иисуса были простыми, потому что Он использовал обычную речь и говорил в контексте повседневной жизни. Его наставления были прямыми и по существу: «…когда поститесь, не будьте унылы, как лицемеры, ибо они принимают на себя мрачные лица, чтобы показаться людям постящимися» (Матф. 6:16).

3. *Глубина:* мудрость Иисуса поражала и изумляла слушателей (Матф. 13:54; Марк. 6:2; Лук. 2:47). Его мудрость превзошла мудрость ветхозаветных мудрецов. Неудивительно, что Он сказал о Себе: «И оправдана премудрость всеми чадами ее» (Лук. 7:35), а также: «…вот, здесь больше Соломона» (Матф. 12:42).

4. *Образность:* среди образов, использованных Иисусом в поучениях, есть природные явления (молния, землетрясение, буря, свет, закат), животные (волы,

---

[38] См. диаграмму в: W. Graham Scroggie, *A Guide to the Gospels* (Old Tappan, NJ: Revell, n. d.), 556–557.

[39] MacArthur, *Parables*, chaps. 1–3.

[40] Этот список адаптирован из: W. Graham Scroggie, *The Unfolding Drama of Redemption: The Bible as a Whole* (1953–1970; repr., Grand Rapids, MI: Kregel, 1994), 2:143–146 (public domain).

овцы, собаки, волки, птицы, змеи), растения (полевые цветы, терновник, семена), сельское хозяйство (земледелие, оливковые деревья, виноградники, смоковницы, пшеница), ремесла (портные, рыбаки, купцы, строители) и знакомые картины из жизни общества (свадьбы, прием гостей, праздники, воспитание детей, семейное время сна). Иисус был проницательным наблюдателем человеческой жизни со всеми ее проблемами, страданиями и радостями.

5. *Практичность:* и в притчах, и в беседах в центре внимания находятся действия: «Итак, можно в субботы делать добро» (Матф. 12:12); «Ибо нищих всегда имеете с собою и, когда захотите, можете им благотворить...» (Марк. 14:7); «Матерь Моя и братья Мои суть слушающие слово Божие и исполняющие его» (Лук. 8:21); «...сие творите в Мое воспоминание» (Лук. 22:19); «Верующий в Меня, дела, которые творю Я, и он сотворит, и больше сих сотворит...» (Иоан. 14:12).

6. *Власть:* когда Иисус учил, Он делал это с властью, без предположений, без попыток выбрать правильное мнение: «...Он учил их, как власть имеющий, а не как книжники...» (Матф. 7:29). Изгоняя бесов, Иисус являл Свою божественную власть, и люди это видели: «И все... друг друга спрашивали: „Что это? Что это за новое учение, что Он и духам нечистым повелевает со властью, и они повинуются Ему?“» (Марк. 1:27). Когда Иисус учил в синагоге в Капернауме, люди «дивились учению Его, ибо слово Его было со властью» (Лук. 4:32).

7. *Окончательность:* в каком-то смысле этот аспект учения Господа связан с Его властью. Последствия, о которых Он говорит, неизбежны и бесспорны: «Отвергающий Меня и не принимающий слов Моих имеет судью себе: слово, которое Я говорил, оно будет судить его в последний день» (Иоан. 12:48).

Будучи искусным Учителем, Иисус разбирал сложные вопросы, проявлял сострадание и внимание к ученикам, приводил критиков и противников в молчание, а также снова и снова указывал слушателям на божественное откровение. Он обращался к ученым и безграмотным, богатым и бедным, к элите и изгоям, к юным и старым. Он был воплощением божественного Учителя: «Господь накормит вас хлебом печали, напоит водою страданья, но больше не будет Наставник ваш скрываться, вы увидите Наставника своими глазами!» (Ис. 30:20, СРП).

Чудеса

Иисус доказал Свою божественность и роль Мессии многими чудесами, которые Он совершил во время Своего земного служения (Матф. 11:4–5). Чудо представляет собой действие Божьей силы, которым Он вторгается в физический мир наперекор законам природы. Другими словами, чудо — это сверхъестественное событие в естественном мире. Пророки и апостолы тоже совершали чудеса, но делали это силой, действующей извне (Исх. 14:13; И. Нав. 3:5; Деян. 3:12). Чудеса Иисуса совершались Его внутренней силой (Иоан. 10:25, 37–38; 15:24). Хотя в Евангелиях записано только 37 чудес (см. таблицу 4.7), они указывают на обильное проявление Его божественной силы (Матф. 4:23–24; Иоан. 20:30–31).

*Таблица 4.7: Чудеса Иисуса**

Чудо	Матфея	Марка	Луки	Иоанна
1. Очищение прокаженного	8:2–4	1:40–45	5:12–14	
2. Исцеление слуги сотника (от паралича)	8:5–13		7:1–10	
3. Исцеление тещи Петра	8:14–15	1:30–31	4:38–39	
4. Исцеление больных на исходе дня	8:16	1:32–34	4:40	
5. Усмирение бури	8:23–27	4:35–41	8:22–25	
6. Изгнание бесов в стадо свиней	8:28–34	5:1–20	8:26–39	
7. Исцеление парализованного	9:2–7	2:3–12	5:18–26	
8. Воскрешение дочери начальника синагоги	9:18–19, 23–25	5:22–24, 35–43	8:41–42, 49–56	
9. Исцеление женщины, страдавшей кровотечением	9:20–22	5:25–34	8:43–48	
10. Исцеление двух слепых	9:27–31			
11. Исцеление немого одержимого	9:32–33			
12. Исцеление человека с иссохшей рукой	12:9–14	3:1–6	6:6–11	
13. Исцеление слепого и немого одержимого	12:22		11:14	
14. Насыщение пяти тысяч	14:13–21	6:30–44	9:10–17	6:1–15
15. Хождение по воде	14:22–33	6:45–52		6:16–21
16. Исцеление дочери женщины-язычницы	15:22–28	7:25–30		
17. Насыщение четырех тысяч	15:32–39	8:1–10		
18. Исцеление мальчика-эпилептика	17:14–20	9:14–29	9:37–43	
19. Обнаружение подати на храм во рту рыбы	17:24–27			
20. Исцеление двух слепых	20:29–34	10:46–52	18:35–43	
21. Проклятие смоковницы	21:18–19	11:12–14, 20–25		
22. Изгнание нечистого духа		1:23–28	4:33–37	
23. Исцеление глухонемого		7:31–37		
24. Исцеление слепого в Вифсаиде		8:22–26		
25. Избавление от враждебной толпы			4:28–30	
26. Чудесный улов рыбы			5:1–11	
27. Воскрешение сына вдовы в Наине			7:11–17	
28. Исцеление немощной, скорченной женщины			13:10–17	
29. Исцеление человека, больного водянкой			14:1–6	
30. Очищение десяти прокаженных			17:11–19	
31. Исцеление уха раба			22:50–51	
32. Превращение воды в вино				2:1–11
33. Исцеление сына царедворца (от горячки)				4:46–54
34. Исцеление больного у купальни Вифезда				5:1–9

Чудо	Матфея	Марка	Луки	Иоанна
35. Исцеление слепорожденного				9:1–7
36. Воскрешение Лазаря				11:1–44
37. Второй улов рыбы				21:1–8

* Адаптировано из «Учебной Библии с комментариями Джона Мак-Артура» (С. 1442).

Иногда совершенные Иисусом чудеса приводили людей к вере (Иоан. 2:11; 9:30–33; 11:45) или вызывали готовность слушать Его поучения (Марк. 12:37; Лук. 5:15). Однако подавляющее большинство людей отвергали Иисуса, несмотря на Его чудеса. Чудеса необязательно убеждают людей верить в Господа или весть Евангелия (Матф. 13:58; Лук. 16:31; Иоан. 2:23–25; 12:37; 15:24). Те, кто отверг (и кто сейчас отвергает) Его чудеса, будут сурово осуждены (Матф. 10:1–15; Лук. 10:1–15).

Чудеса Иисуса Христа демонстрируют Его божественность, Его сверхъестественное происхождение, Его силу Творца и власть Господа всего творения. Служение Христа противостояло мировоззрению того времени, настроенному против сверхъестественного, и точно так же противостоит современному миру, слепо принимающему натурализм светских ученых, основанный на униформизме. «Невозможно устранить сверхъестественные элементы из жизни и служения Иисуса, что пытаются сделать критики, выступающие против сверхъестественного. Исторический Иисус из Назарета и божественный Христос неразрывно связаны, поскольку это одна и та же личность. Иисус был и остается Богочеловеком»[41].

Брак в Кане стал поводом для первого и самого запоминающегося проявления чудотворной силы Иисуса в Его служении (Иоан. 2:1–11). Иисус повелел наполнить водой большие каменные водоносы (Иоан. 2:7), и их наполнили до краев. Такое большое количество воды (450–680 литров) обеспечило бы достаточно вина до конца свадебного торжества. Иисус превратил воду в вино мгновенно, ведь слуги сразу подали его гостям. Чудо заключалось в том, что Он из неживой воды сотворил вино, которое получали только из плодов живой виноградной лозы. Обычный процесс ферментации или выдержки вина произошел мгновенно. Иисус показал, что Он тот же Творец, что мгновенно создал зрелые живые организмы из неживой земли за шесть дней творения (Быт. 1:1–31). Отрицание мгновенного творения в Бытии 1, если быть последовательным, приведет к отрицанию чуда, когда Иисус сотворил вино в Кане. Отвержение чуда в Кане ведет к отвержению Иисуса как Богочеловека и Искупителя.

Арест и суды

Какое значение для библейского учения о Христе имеют арест Иисуса и суды над Ним? Может быть, эти вопросы следовало бы рассматривать при изучении

---

[41] John MacArthur, *John 1–11*, MNTC (Chicago: Moody Press, 2006), 76.

исторических деталей жизни Иисуса Христа? Апостол Павел напоминает Тимофею, что «все Писание богодухновенно и полезно для научения, для обличения, для исправления, для наставления в праведности, да будет совершен Божий человек, ко всякому доброму делу приготовлен» (2 Тим. 3:16–17). Поэтому библейские повествования об аресте Иисуса и судах над Ним—это не просто исторические сведения, но явные доказательства Его мессианства.

АРЕСТ ИИСУСА

Пророческое описание Мессии, которого обвиняют и ведут на суд, подразумевало какой-то арест (Ис. 53:8), и Сам Иисус заранее объявил, что Его арестуют (Матф. 17:22; 20:18). Такое исполнение более раннего откровения подтверждает истинность утверждений Иисуса, что Он Мессия. Его арест также противопоставляет падшее человечество (потомков первого Адама) безупречному, безгрешному второму Адаму (Рим. 5:17–19). Прежде всего, этот арест раскрывает совершенный Божий план и охотное послушание Христа этому плану независимо от последствий (Матф. 26:39; Деян. 2:23).

Суды над Иисусом подчеркивают Его безгрешное совершенство, полное послушание и ужасную несправедливость, если смотреть просто по-человечески, по сравнению с сугубой милостью Бога с божественной точки зрения. Еще до суда над Ним иудейские вожди уже составили заговор, чтобы «взять Иисуса хитростью и убить» (Матф. 26:4). Религиозные вожди остро реагировали на то, что Иисус обличал их лицемерие (Матф. 21:45; 23:1–36), и решили убить Его. Они боялись народа, поскольку Иисус был очень популярен, поэтому не могли открыто пойти на убийство (Матф. 21:46). Но они были настолько убеждены, что Иисус был лжепророком и богохульником, что с готовностью взяли на себя ответственность за Его смерть (Матф. 27:25).

Если бы в смерти Иисуса были виновны только евреи, эта вина не возлагалась бы на всех людей. Поэтому в Его казни должны были участвовать и язычники, чтобы все были виновны. Джеймс Бойс и Филипп Райкен отмечают: «Идумейский царь Ирод предал Иисуса римлянам. Римский правитель Понтий Пилат повелел распять Его. Римские воины выполнили приказ Пилата, прибив Иисуса к деревянному кресту и оставив Его там умирать. Евреи привели Иисуса на суд, но в итоге убили Его язычники»[42]. Библейское свидетельство об этом есть в молитве верующих, ожидавших освобождения Петра и Иоанна из тюрьмы: «Ибо поистине собрались в городе сем на Святого Сына Твоего Иисуса, помазанного Тобою, Ирод и Понтий Пилат с язычниками и народом израильским...» (Деян. 4:27).

Божественная сторона ареста, судов и распятия Иисуса также видна в этой молитве, где говорится, что эти люди собрались, «чтобы сделать то, чему быть предопределила рука Твоя и совет Твой» (Деян. 4:28). Как пророчествовал Исаия:

---

[42] James Montgomery Boice and Philip Graham Ryken, *Jesus on Trial* (Wheaton, IL: Crossway, 2002), 26.

«Но Господу угодно было поразить Его...» (Ис. 53:10). Действительно, все шло по предвечному плану всеведущего Бога:

> ...зная, что не тленным серебром или золотом искуплены вы от суетной жизни, преданной вам от отцов, но драгоценною кровию Христа, как непорочного и чистого Агнца, предназначенного еще прежде создания мира, но явившегося в последние времена для вас, уверовавших чрез Него в Бога, Который воскресил Его из мертвых и дал Ему славу, чтобы вы имели веру и упование на Бога (1 Пет. 1:18–21).

У Бога нет «плана Б», все идет по Его единственному плану искупления и Царства.

Более того, Иисус, «зная все, что с Ним будет...» (Иоан. 18:4), во время ареста дал еще одно внешнее доказательство Своей божественности. Он спросил у воинов и служителей первосвященника, кого они ищут, и они ответили: «Иисуса Назорея» (Иоан. 18:3–5). Как только Он назвал Себя, сказав: «„Это Я“, они отступили назад и пали на землю» (Иоан. 18:5–6). Почему они так отреагировали? Вполне разумно полагать, что они могли отступить, поскольку боялись Иисуса, зная о Его репутации чудотворца. Но почему все они пали на землю? Сила Его слова и присутствия вполне могла быть связана с тем, как Иисус сказал: «Это Я». В греческом тексте нет слова «это». Иисус просто назвал Себя словами «Я есмь», то есть божественным титулом, открытым Моисею у горящего куста в Исходе 3:14. Это последнее из подобных утверждений Иисуса о Себе за время земного служения (см. ниже список утверждений «Я есмь» в Евангелии от Иоанна; в других Евангелиях подобные утверждения встречаются только три раза: Матф. 22:32; Марк. 6:50; 14:62). Сила слова, сказанного Иисусом, заставила воинов и служителей пасть перед Ним на землю. Упал даже Его предатель Иуда.

Утверждения «Я есмь» в Евангелии от Иоанна*

В греческом тексте этого Евангелия присутствуют 23 значимых утверждения «Я есмь» (греч. *egō eimi*) (4:26; 6:20, 35, 41, 48, 51; 8:12, 18, 24, 28, 58; 10:7, 9, 11, 14; 11:25; 13:19; 14:6; 15:1, 5; 18:5–6, 8). Некоторые из них Иисус дополнил семью удивительными метафорами, показывающими Его характер как Спасителя мира:

> «Я есмь хлеб жизни» (Иоан. 6:35, 41, 48, 51).
> «Я свет миру» (Иоан. 8:12).
> «Я дверь овцам» (Иоан. 10:7, 9).
> «Я есмь пастырь добрый» (Иоан. 10:11, 14).
> «Я есмь воскресение и жизнь» (Иоан. 11:25).
> «Я есмь путь и истина и жизнь» (Иоан. 14:6).
> «Я есмь истинная виноградная лоза» (Иоан. 15:1, 5).

* Взято из «Учебной Библии с комментариями Джона Мак-Артура» (С. 1578).

И как если бы этого было мало, чтобы доказать, что Иисус поистине Бог, еще одним подтверждением стал следующий случай. Когда Петр достал меч и отсек ухо Малха, раба первосвященника (Иоан. 18:10), Иисус чудесным образом исцелил его (Лук. 22:51). Помимо этого физического чуда исцеления Иисус сказал: «...или думаешь, что Я не могу теперь умолить Отца Моего, и Он представит Мне более, нежели двенадцать легионов ангелов? Как же сбудутся Писания, что так должно быть?» (Матф. 26:53–54). Сам Бог предопределил во всех деталях, как умрет Иисус (Деян. 2:23; 4:27–28). Поэтому смерть Христа стала завершающим проявлением Его покорности воле Отца. И все это было под полным контролем Самого Иисуса (см. Иоан. 10:17–18). События Его ареста показывают божественное полновластие Христа и целенаправленное исполнение ветхозаветных пророчеств о Нем.

СУДЫ НАД ИИСУСОМ

Синедрион. Из евангельских описаний судов над Иисусом ясно:

> Его судили в два этапа: сначала перед религиозной властью (еврейский синедрион), потом перед светской политической властью (Рим, представленный правителем Понтием Пилатом). Каждый этап состоял из трех частей: предварительный допрос, официальное обвинение и официальный приговор. Ни один из авторов Евангелий не дает исчерпывающего описания всех подробностей и этапов этих судов. Для получения полной картины необходимо объединить материал всех четырех Евангелий[43].

В период между Ветхим и Новым Заветами еврейские власти учредили в Иерусалиме Великий синедрион как высший суд Израиля[44]. Он был создан по образцу совета старейшин, который некогда собрал Моисей: «И сказал Господь Моисею: „Собери Мне семьдесят мужей из старейшин Израилевых, которых ты знаешь, что они старейшины и надзиратели его, и возьми их к скинии собрания, чтобы они стали там с тобою...“» (Чис. 11:16). Эти 70 мужей вместе с Моисеем образовали совет из 71 старейшины, который должен был руководить израильтянами в пустыне.

Поскольку совет старейшин, созданный Моисеем, служил образцом для синедриона, в него также входил 71 человек, в том числе 24 главы священнических поколений (см. 1 Пар. 24:4) и 46 других старейшин, избранных из книжников, фарисеев и саддукеев. Начальствовал в синедрионе первосвященник, доводивший число голосов до 71. (Нечетное число гарантировало, что решение может быть принято большинством голосов.)

Во времена Иисуса синедрион был подвержен коррупции и политической борьбе. Место в нем можно было получить благодаря политическим связям,

---

[43] John MacArthur, *One Perfect Life: The Complete Story of the Lord Jesus* (Nashville: Thomas Nelson, 2012), 437na.

[44] Описание Великого синедриона и его судебной системы адаптировано из: John MacArthur, *The Murder of Jesus: A Study of How Jesus Died* (Nashville: Thomas Nelson, 2004), 102–105. Использовано с разрешения Thomas Nelson. www.thomasnelson.com.

а иногда даже за деньги. В синедрионе были распространены лицеприятие и протекционизм, и часто получение или потеря власти в нем зависели от политической выгоды. У Рима был полный контроль над первосвященством, потому что Рим мог назначить или отстранить первосвященника. И первосвященник, и все старшие священники храма были саддукеями, открыто отрицавшими все сверхъестественное в Ветхом Завете. Из-за политической напряженности, царившей между различными фракциями синедриона, израильтянами, Римом и Иродом, решения синедриона часто были политически мотивированными. Фактически, помимо очевидной религиозной враждебности к учению Христа, одной политической выгоды было достаточно, чтобы составить заговор о Его аресте и распятии ради успокоения римлян (см. Иоан. 11:47–53).

Принципы правосудия. Несмотря на повсеместную коррупцию, в основе системы правосудия все еще были правила для свидетелей и принципы непредвзятости, установленные при Моисее. По этим правилам для того, чтобы установить вину, были нужны два заслуживающих доверия свидетеля. Обвиняемый имел право на публичный процесс и защиту, в том числе он мог приглашать свидетелей и представлять доказательства. Чтобы удерживать людей от ложных показаний, закон Моисея установил наказание лжесвидетелей равным наказанию за вину обвиняемого (Втор. 19:16–19). Поэтому, если кто-то лжесвидетельствовал о преступлении, достойном смертной казни, его самого могли казнить.

Раввинское предание добавило еще одно ограничение для применения смертной казни. Совет должен был поститься один день между вынесением приговора и казнью преступника. Это требование не только предотвращало поспешные суды и казни, но и препятствовало казням во время праздников. После обязательного дня поста члены совета снова голосовали на случай, если они изменили свое мнение. Таким образом могли быть отменены обвинительные приговоры, но не оправдательные.

Все эти принципы были установлены, чтобы обеспечить справедливый и милосердный суд. Чтобы сохранить справедливость, совет мог рассматривать только дела, в которых обвинение предъявляла третья сторона. Если обвинение выдвигали члены совета, весь совет лишался права на рассмотрение дела. Все свидетели должны были давать точные, непротиворечивые показания о дате, времени и месте рассматриваемого события. Свидетелями не могли быть женщины, дети, рабы и умственно неполноценные люди. Лица сомнительной репутации также не могли быть свидетелями. До вынесения официального обвинительного приговора совет должен был принимать презумпцию невиновности обвиняемого. Судебные разбирательства по уголовным делам не должны были проводиться ночью, а если разбирательство затягивалось до ночи, то суд должен был сделать перерыв до следующего дня.

Таблица 4.8: Суды над Иисусом*

Суды	Тексты Писания	Богословский акцент
РЕЛИГИОЗНЫЕ СУДЫ		
У Анны — предварительное слушание об учениках Иисуса и Его учении	Иоан. 18:12–14, 19–23	Общее учение
У Каиафы и перед синедрионом — первое официальное слушание, где Иисуса признали виновным в богохульстве и заслуживающим смерти	Матф. 26:57–27:2 (см. также Марк. 14:53–15:1; Лук. 22:54–23:1; Иоан. 18:24)	Божественность Иисуса
ГРАЖДАНСКИЕ СУДЫ		
У Понтия Пилата, римского правителя — где иудеи обвинили Иисуса в подстрекательстве к бунту, а не в богохульстве, но Пилат объявил Его невиновным	Иоан. 18:28–38 (см. также Матф. 27:2, 11–14; Марк. 15:1–5; Лук. 23:1–5)	Человеческая природа и царский титул Иисуса
У Ирода Антипы, четвертовластника Галилеи — где Ирод, видимо, заключил, как и Пилат, что Иисус невиновен в подстрекательстве к мятежу	Лук. 23:6–12	Человеческая и божественная природы Иисуса
У Понтия Пилата, римского правителя — где Пилат уступил иудеям и осудил Иисуса на смерть	Иоан. 18:39–19:16 (см. также Матф. 27:15–26; Марк. 15:6–15; Лук. 23:13–25)	

* Адаптировано из: John MacArthur, *The MacArthur Bible Commentary: Unleashing God's Truth, One Verse at a Time* (Nashville: Thomas Nelson, 2005), 1330. Copyright © 2005 by John MacArthur. Использовано с разрешения Thomas Nelson. www.thomasnelson.com.

Почти все эти правила были явно попраны во время суда над Христом. Этот суд был несправедливым и незаконным практически по всем принципам правосудия того времени. Первосвященник Каиафа и синедрион превратили заседание совета в судебный фарс с заранее поставленной целью убить Иисуса. Судебный процесс над Ним был одним затянувшимся проявлением несправедливости и величайшим нарушением правосудия в мировой истории. Таблица 4.8 перечисляет суды над Иисусом, приведшие к Его казни, а более подробно они обсуждаются ниже.

Религиозные суды. Сначала Иисуса привели к Анне, где состоялся первый суд над Ним (Иоан. 18:12–14). Анна, тесть Каиафы, ранее был первосвященником (ок. 6–15 гг. от Р. Х.), пока предшественник Пилата не лишил его этого положения. У него оставалось большое влияние даже после отставки, скорее всего, потому что евреи по-прежнему считали его настоящим первосвященником, а также потому что пять его сыновей и зять Каиафа в разное время занимали эту должность. Суд у Анны состоял из предварительного допроса (Иоан. 18:12–14, 19–23), вероятно, чтобы дать время собраться синедриону. Анна спрашивал Иисуса о Его учениках и учении. В ответ Иисус указал, что Анне нужны свидетели, чтобы у него были основания вести против Него дело. Один из стоявших поблизости служителей ударил Иисуса за возражение Анне. Когда Иисус указал на то, что всем известно, что Он прав о необходимости свидетелей, никто не ответил, так как Его иудейские противники не собирались проводить справедливый суд (Иоан. 11:47–57). Анна отослал Иисуса обратно к Каиафе и синедриону (Иоан. 18:24).

Затем последовало заседание синедриона, председателем которого был Каиафа (Матф. 26:57–27:2). Римский префект Валерий Грат назначил Каиафу первосвященником около 18 г. от Р. Х. Тот оставался в должности до 36 года, когда римляне сместили его вместе с Понтием Пилатом. Каиафа играл ведущую роль в первом официальном суде и осуждении Иисуса. Ранее в его резиденции старшие священники (в основном саддукеи) и фарисеи «решили взять Иисуса хитростью и убить» (Матф. 26:3–4). Теперь они собрались, чтобы судить Его. Хотя они старались найти лжесвидетелей, в показаниях этих свидетелей не было достаточно существенного согласия, чтобы продолжать суд. Иисус хранил молчание, поскольку свидетели явно не могли сказать против Него ничего существенного, так что Он не считал нужным защищаться от таких слабых обвинений. Наконец, Каиафа попросил Его объявить, действительно ли Он «Христос, Сын Божий» (Матф. 26:63). Иисус подтвердил это, сославшись на Псалом 109:1 и Даниила 7:13, которые Он исполнит. В ответ на это Каиафа разорвал свои одежды и объявил Иисуса виновным в богохульстве, а совет вынес заключение, потребовав Его казни. По сути, в словах Иисуса не было ни богохульства, ни какой-либо непочтительности к Богу: Он говорил истину о Своей божественности. Затем стоявшие там начали плевать на Него, бить и просить показать Свою божественность, назвав, кто тайком ударил Его. Но Иисус никогда не обращался опрометчиво со Своей божественной силой и не использовал ее, чтобы избежать страданий и смерти, когда пришел Его час (хотя использовал ее, чтобы избежать преждевременной смерти, как в Назарете, Лук. 4:28–30).

Гражданские суды. Религиозные суды закончились. Третьим был суд перед римским правителем Понтием Пилатом, с которого началась гражданская фаза судов над Иисусом (Иоан. 18:28–38). Когда Пилат спросил еврейских руководителей, по какому обвинению он может судить Иисуса, они не упомянули богохульство. Они лишь отметили, что не имеют власти казнить Его, поскольку подчиняются римскому закону о смертной казни. Затем они намеренно солгали, сказав, что Иисус призывал людей не платить подать кесарю (Лук. 23:2; см. 20:20–25) и называл Себя царем, другими словами, обвинив Его в подстрекательстве к бунту, а не в богохульстве. Пилат сосредоточился на втором обвинении и спросил Иисуса: «Ты Царь иудейский?» (Иоан. 18:33). Иисус ответил, что Его Царство «не от мира сего» (Иоан. 18:36). Тем самым Он заявил, что Царство Мессии возникло не усилиями людей, а благодаря тому, что Сам Сын Человеческий могущественно и решительно победил грех в жизни Своего народа. При Своем втором пришествии Он победит мировую систему зла и установит временную земную форму Своего Царства. Однако на тот момент Его Царство не было физической или политической угрозой ни для Израиля, ни для Рима.

Иисус не отрицал, что Он Царь, но указал на более высокую цель Своего прихода: «свидетельствовать об истине» (Иоан. 18:37). Евреи поняли бы слова Иисуса о приходе «в мир» как еще одно заявление о божественности. Но Пилат был римлянином, поэтому он упустил эту важную деталь. Пилат задал вопрос об истине, о которой говорил Иисус. Если Иисус и ответил на этот вопрос, в Евангелиях об этом не сказано. Возможно, Пилат и не ждал ответа, так как его решение уже было готово: он не нашел в Иисусе вины, достойной смерти (Иоан. 18:38). Евреи усилили свои обвинения и требование предать Иисуса на смерть, а Он, к изумлению Пилата, молчал (Матф. 27:12–14). Возможно, Иисус молчал во исполнение пророчества (Ис. 42:1–2; 53:7) или потому, что Пилат объявил Его невиновным (Лук. 23:4; Иоан. 18:38), — или по обеим причинам.

Четвертый суд над Иисусом тоже был светским, когда Он предстал перед Иродом Антипой (Лук. 23:6–12)[45]. Несмотря на отчаянные попытки иудейских руководителей обвинить Иисуса, Пилат был удовлетворен тем, что Он не был мятежником. Однако из-за ярости толпы он побоялся освободить Иисуса. Он с облегчением узнал, что Иисус был галилеянином, потому что это дало ему повод отослать Его к Ироду (Лук. 23:5–6). Ирод Антипа был одним из еврейских правителей, поставленных Римом над четырьмя областями Израиля. Антипа был четвертовластником Галилеи, родины Иисуса. Ирод приехал в Иерусалим на праздники, и Пилат воспользовался возможностью разрешить политическую дилемму, отправив Иисуса к своему сопернику.

Никому не хотелось увидеть Иисуса так сильно, как Ироду Антипе из царской династии Иродов. Годом или двумя ранее он казнил Иоанна Крестителя (Матф. 14:1–12). Служение Иисуса охватывало всю Галилею, но Писание не упоминает, что Он когда-либо посещал Тивериаду, столицу Ирода Антипы. Возможно, Иисус намеренно держался на расстоянии от него. Ходили слухи, что Ирод хотел убить и Иисуса. Хотя и ясно, что Иисус не боялся Ирода, Он знал, что должен умереть в Иерусалиме, чтобы исполнилось Писание (Лук. 13:31–33).

Как сильно, должно быть, Христос отличался от решительного пророка и чудотворца, которого ожидал увидеть Ирод! Его лицо уже было в синяках и распухло от нанесенных ударов. Спутанные волосы были в крови и в плевках. Усталый и физически ослабевший от бессонной ночи, Он стоял перед Иродом, связанный, под стражей, как обычный преступник. Ирод увидел Иисуса в человеческом облике, скрывавшем божественность Иисуса от его духовно слепых глаз. Иисус отказался совершить для Ирода какое-либо чудо, которое показало бы, что Он больше, чем человек. Ирод «предлагал Ему многие вопросы, но Он ничего

---

[45] Описание явления Иисуса перед Иродом Антипой адаптировано из: MacArthur, *The Murder of Jesus*, 176–178. Использовано с разрешения Thomas Nelson. www.thomasnelson.com.

не отвечал ему» (Лук. 23:9). Представители синедриона продолжали донимать Христа, стоя рядом и неистово порицая и обвиняя Его (Лук. 23:10). Но в ответ на это Иисус не произнес ни слова (см. Матф. 27:14), ни разу не упрекнув Своих обвинителей и ничего не сказав в Свою защиту (1 Пет. 2:23).

Впрочем, Он хранил полное, абсолютное молчание только перед Иродом. Почему? Прежде всего, Ирод не имел законных полномочий в Иерусалиме. Если бы Ирод и захотел вынести какой-либо приговор по этому делу, то Иисуса нужно было бы вернуть в Галилею и судить там. Поэтому по закону Иисус не был обязан отвечать ему. Но, возможно, у молчания Иисуса была и другая причина. То, как Ирод обошелся с предтечей Иисуса, Иоанном Крестителем, ясно показало его отношение к истине. Поэтому для Иисуса отвечать ему было как «давать святыню собакам» или «бросать жемчуг перед свиньями». Ирод уже был готов обернуться и растерзать Христа (см. Матф. 7:6). В такой ситуации единственным подходящим ответом было молчание.

Вскоре Ирод устал допрашивать Иисуса и решил позабавиться: «Но Ирод со своими воинами, уничижив Его и насмеявшись над Ним, одел Его в светлую одежду и отослал обратно к Пилату» (Лук. 23:11). Лука добавляет историческое пояснение: «И сделались в тот день Пилат и Ирод друзьями между собою, ибо прежде были во вражде друг с другом» (Лук. 23:12). Это был нечестивый союз, дружба, в основе которой было одно, что их объединяло: трусливое и презрительное отношение к Христу. Как Ирод, так и Пилат знали, что Христос не представлял угрозы их политическим интересам. Его внешность и поведение говорили сами за себя. Как мог такой явно мирный, спокойный, хрупкий Человек, Который прославился как учитель и целитель, представлять для кого-либо политическую угрозу? Ироду, как и Пилату, было ясно, что обвинения синедриона сфабрикованные и злонамеренные. Но он с радостью включился в игру. Ирод одел Иисуса в роскошные одежды, а затем он и его стражники в присутствии растущей толпы зевак подвергли Его издевательствам.

Затем Ирод Антипа вернул Иисуса к Пилату для заключительного суда (Матф. 27:15–26; Марк. 15:6–15; Лук. 23:13–25; Иоан. 18:39–19:16). Пилат объявил, что ни он, ни Ирод не нашли вины Иисуса в том, в чем иудеи обвиняли Его (Лук. 23:13–16). Римский правитель стал искать возможности освободить Иисуса, предложив отпустить Его по обычаю освобождать одного из заключенных на Пасху, но иудеи не согласились, требуя вместо этого освободить Варавву (Матф. 27:18–22). Пилат спросил: «Какое же зло сделал Он?» (Матф. 27:23), но иудеи настаивали на распятии Иисуса. Омыв руки в знак своей невиновности, Пилат объявил, что иудеи сами виновны в крови этого невинного Человека (Матф. 27:24). Заключительными действиями Пилата в этой драме было освободить Варавву, бичевать Иисуса и отдать Его римским палачам на распятие (Матф. 27:26). Все участники этого суда виновны в крайней несправедливости против непорочного и безгрешного Христа, Сына Человеческого.

КАЗНЬ ИИСУСА[46]

Страдания перед распятием. Римские воины понятия не имели, Кого они истязали. Для них это было просто распятие еще одного преступника по приказу Пилата, их главнокомандующего. Пилат приказал им бичевать и распять Иисуса, но то, как жестоко они насмехались над Ним, показало их собственную греховность. Ведя Иисуса назад в преторию, они нарочно сделали Его посмешищем для развлечения праздной толпы. Шум привлек внимание всего гарнизона.

Когорта (отряд из 600 воинов) размещалась в крепости Антония, находившейся к северу от храмовой горы. Это было элитное подразделение, в задачи которого входило служить правителю и охранять мир, такой хрупкий в этом самом нестабильном регионе Римской империи. Поскольку евреи были освобождены от военной службы, все эти воины были язычниками. Видимо, они считали, что Иисус заслужил любые насмешки и издевательства, которыми они осыпали Его. Осужденные узники Рима считались подходящими объектами для подобных издевательств, только бы они не умерли до исполнения приговора о распятии.

Иисус подвергся жестокому обращению и избиению еще до того, как был передан Пилату, так что Его лицо, несомненно, уже опухло и кровоточило. После бичевания Его спина представляла собой сплошное месиво из кровоточащих ран и дрожащих мышц, а одежда, в которую Его облачили, только усиливала боль от этих ран. Воины сняли с Иисуса одежду и одели Его в другую. Ее, скорее всего, сделали из старой туники, вероятно, выброшенной одним из воинов. Матфей говорит, что одежда была алой (Матф. 27:28, Кассиан), а Марк и Иоанн называют ее «багряницей» (Марк. 15:17; Иоан. 19:2), так что это, скорее всего, была сильно выцветшая туника. Вероятно, из найденного ими это больше всего напоминало порфиру (означавшую царскую власть).

Их целью явно было поиздеваться над Его заявлением, что Он Царь. Для этого они также сплели терновый венец. Кесарь носил лавровый венок как корону; терновник был жестокой пародией на царский венец. Это были, без сомнения, самые длинные и острые шипы, которые только можно было найти. Разные виды терновника и по сей день растут в Иерусалиме, у некоторых из них пятисантиметровые зазубренные колючки. Шипы вонзились глубоко в голову, когда терновый венец с усилием надевали на Христа. Трость в руке была подобием скипетра—еще одна попытка воинов высмеять Его царские притязания.

Молчание Иисуса могло убедить их, что Он просто сумасшедший, поэтому воины выразили свое полное презрение к Нему, инсценируя почтение, подобающее царю, когда кланяясь Ему и с насмешкой говорили: «Радуйся, Царь иудейский!» Затем, как и иудейские священники, они плевали на Него, а один из них взял трость из Его руки и бил Его по голове. Хотя тростник был жалким

---

[46] Описание страданий и распятия Иисуса адаптировано из: MacArthur, *The Murder of Jesus*, 190–206. Использовано с разрешения Thomas Nelson. www.thomasnelson.com.

подобием скипетра, он был достаточно твёрд, чтобы причинить сильную боль уже израненной голове Иисуса. Апостол Иоанн пишет, что они также били Его руками (Иоан. 19:3), вероятно, нанося удар ладонью и продолжая насмехаться. Но Иисус все время молчал. «Будучи злословим, Он не злословил взаимно; страдая, не угрожал, но предавал то Судии Праведному» (1 Пет. 2:23). Иисус знал, что это входило в замысел Отца для Него, поэтому Он переносил все безропотно и терпеливо. Он перенес насмешки, бичевание, унижение и позор:

> Я предал хребет Мой биющим
>> и ланиты Мои поражающим;
> лица Моего не закрывал
>> от поруганий и оплевания.
> И Господь Бог помогает Мне:
>> поэтому Я не стыжусь,
> поэтому Я держу лицо Мое, как кремень,
>> и знаю, что не останусь в стыде (Ис. 50:6–7).

«И когда насмеялись над Ним, сняли с Него багряницу, и одели Его в одежды Его, и повели Его на распятие» (Матф. 27:31). Жертвам распятия обычно надевали на шею табличку, на которой было написано, за какое преступление их приговорили к казни. Это было частью позора, которому специально подвергали жертв распятия (см. Евр. 12:2; 13:13). Их вели по улицам, устраивая публичное шествие, чтобы сделать зрелище максимально унизительным. Жертвы также должны были нести на место казни свой крест. Римский крест, достаточно большой для распятия взрослого человека, мог весить около 80 килограммов — его вообще было очень тяжело нести. А в таком крайне ослабленном состоянии, в каком был Иисус, было практически невозможно донести такой вес от претории до места распятия за стенами Иерусалима. Матфей пишет, что Иисусу понадобилась помощь, чтобы нести крест: «Выходя, они встретили одного киринеянина, по имени Симона; сего заставили нести крест Его» (Матф. 27:32).

Последняя публичная речь Христа была сказана по дороге на Голгофу. Лука пишет:

> И шло за Ним великое множество народа и женщин, которые плакали и рыдали о Нем. Иисус же, обратившись к ним, сказал: «Дщери Иерусалимские! Не плачьте обо Мне, но плачьте о себе и о детях ваших, ибо приходят дни, в которые скажут: „Блаженны неплодные, и утробы неродившие, и сосцы непитавшие!“ Тогда начнут говорить горам: „Падите на нас!“—и холмам: „Покройте нас!“ Ибо если с зеленеющим деревом это делают, то с сухим что будет?» (Лук. 23:27–31)

В Его словах была цитата из книги Осии: «И скажут они горам: „Покройте нас“, и холмам: „Падите на нас“» (Ос. 10:8). Это было мрачное предупреждение о грядущем бедствии. Поскольку в той культуре рождение детей считалось высшим благословением, которое Бог мог дать женщине, только крайнее горе или бедствие могло заставить сказать: «Блаженны неплодные, и утробы неродившие, и сосцы непитавшие!» (Лук. 23:29).

Зеленое дерево символизировало время изобилия и благословения, а сухое—тяжелые времена. Иисус говорил, что если такая трагедия происходила в спокойное время, то что постигнет народ в тяжелые времена? Если римляне распинали Того, Кого признали невиновным, то что они сделают с восставшим еврейским народом? Христос имел в виду события, которые произойдут менее чем через поколение, в 70 г. от Р. Х., когда римская армия осадит Иерусалим, полностью разрушит храм и уничтожит тысячи и тысячи евреев, причем многие будут распяты. Христос и раньше предупреждал об этой грядущей бойне (см. Лук. 19:41–44). Его знание об этой предстоящей катастрофе, а также понимание, что она постигнет некоторых из этих самых людей и их детей, тяжелым грузом лежали на Его сердце, пока Он шел на крест.

Для евреев распятие было особенно гнусным видом смерти. Оно напоминало повешение на дереве, описанное Моисеем: «Если в ком найдется преступление, достойное смерти, и он будет умерщвлен, и ты повесишь его на дереве, то тело его не должно ночевать на дереве, но погреби его в тот же день, ибо проклят пред Богом всякий повешенный на дереве, и не оскверняй земли твоей, которую Господь Бог твой дает тебе в удел» (Втор. 21:22–23). Закон Моисея также требовал, чтобы все казни происходили за городской стеной (Чис. 15:35; см. Евр. 13:12). У римлян были несколько иные представления. Они старались проводить все распятия вблизи крупных дорог, чтобы внушать страх, делая из казни наглядный пример для всех идущих мимо. Поэтому распятие Иисуса произошло за городом, но в многолюдном месте, специально выбранном, чтобы выставить Его на всеобщее обозрение.

Матфей пишет: «И, придя на место, называемое Голгофа, что значит: Лобное место, дали Ему пить уксуса, смешанного с желчью; и, отведав, не хотел пить» (Матф. 27:33–34). В Марка 15:23 сказано, что в горьком напитке была смирна, которая действует подобно легкому наркотическому средству. Возможно, воины предложили его как обезболивающее, прежде чем забивать гвозди в тело. Иисус выплюнул его, так как не хотел, чтобы Его чувства притупились. Он пошел на крест, чтобы понести грех и ощутить всю его силу; Он собирался в полной мере испытать страдания за грех. Его сердце стремилось исполнить волю Отца, и Он не стал притуплять Свои чувства, пока не совершит весь этот труд.

Уксус и желчь также стали исполнением мессианского пророчества:

> Ты знаешь поношение мое,
>   стыд мой и посрамление мое:
>   враги мои все пред Тобою.
> Поношение сокрушило сердце мое,
>   и я изнемог,
> ждал сострадания, но нет его,—
>   утешителей, но не нахожу.
> И дали мне в пищу желчь,
>   и в жажде моей напоили меня уксусом (Пс. 68:20–22).

Распятие. Страшный позор распятия сопровождался столь же сильной физической болью, но даже в этих невыносимых страданиях из уст Христа исходили слова истины и благодати. Ниже мы рассмотрим это.

Пророчества о распятии. Как обсуждалось выше, «голова» и «пята» двух действующих лиц в Бытии 3:15 указывают на важные подробности конфликта между семенем сатаны и семенем женщины. В обещании о победоносном семени (потомке) женщины упоминалось Его ранение в пяту. Этот образ дополнен в Псалме 21:17, где также упомянуты руки и раны на них, полученные, видимо, в результате казни, что соответствует римскому распятию I века: «Пронзили руки мои и ноги мои». Такой перевод подтверждает греческая Септуагинта, сделанная почти за двести лет до прихода Христа. Еврейский текст также может означать: «Как лев, руки мои и ноги мои». Однако даже такое чтение может означать раны, подобные ранам от львиных зубов или когтей — оба действия могли «пронзить» руки и ноги. Луки 24:39–40 подтверждает, что распятие Иисуса оставило раны на Его руках и ногах: «„Посмотрите на руки Мои и на ноги Мои; это Я Сам; осяжите Меня и рассмотрите; ибо дух плоти и костей не имеет, как видите у Меня“. И, сказав это, показал им руки и ноги». То, что в Псалме 21:17 записано пророчество о казни Мессии, становится совершенно ясным благодаря неоднократным параллелям между евангельскими описаниями событий, сопровождавших распятие Иисуса, и событиями, описанными в 21-м Псалме. Таблица 4.9 (с. 316) перечисляет эти параллели.

Метод и последствия распятия. Распятие было формой казни, которую римляне переняли у персов. Персы придумали метод казни, когда жертву сажали на кол и поднимали высоко над землей, оставляя умирать. Ко времени Христа распятие стало излюбленным способом казни по всей Римской империи и особенно в Иудее, где его регулярно использовали, чтобы всем показать, что ожидает мятежников и повстанцев.

В отношении точного процесса распятия Иисуса остаются некоторые предположения. Ни в одном из Евангелий нет подробного описания метода распятия. После распятия Иисуса Фома сказал другим ученикам: «Если не увижу на руках Его ран от гвоздей, и не вложу перста моего в раны от гвоздей, и не вложу руки моей в ребра Его, не поверю» (Иоан. 20:25). Из его слов мы знаем, что Христос был пригвожден к кресту, а не привязан кожаными ремнями.

Гвозди должны были проходить через запястья (а не ладони), потому что ни сухожилия, ни костная структура кистей не могут выдержать вес тела. Гвозди в ладонях просто разорвали бы плоть между костями[47]. Гвозди, забитые в запястья, обычно ломали кости и рвали связки, но все же структура запястья

---

[47] Описание римского распятия см.: Erich H. Kiehl, *The Passion of Our Lord* (Grand Rapids, MI: Baker, 1990), 126–131.

*Таблица 4.9: Хронология распятия Христа**

Время	Новозаветный текст	Событие	Псалом 21
9:00	Лук. 23:26	Иисуса ведут на Голгофу	
	Лук. 23:33	Иисуса распинают	Пс. 21:17
10:00	Лук. 23:34а	Иисус молится: «Отче, прости им»	
	Лук. 23:34б	Воины делят одежды Иисуса	Пс. 21:19
	Матф. 27:39–43	Люди «злословили Его, кивая головами»	Пс. 21:7–9
	Лук. 23:35	Первосвященники и начальники насмехаются: «Других спасал...»	Пс. 21:13–14
	Лук. 23:39	Один разбойник насмехается: «Спаси Себя и нас»	
11:00	Лук. 23:40, 42	Другой разбойник просит: «Помяни меня, Господи...»	
	Лук. 23:43	Иисус заверяет разбойника: «Ныне же будешь со Мною в раю»	
	Иоан. 19:26–27	Иисус говорит: «Жено! Се, сын твой»	
12:00	Лук. 23:44	Тьма покрывает всю землю на три часа	
13:00	Матф. 27:46	Иисус взывает: «Боже Мой, Боже Мой, для чего Ты Меня оставил?»	Пс. 21:2
	Иоан. 19:28	Иисус говорит: «Жажду»	Пс. 21:15–16
14:00	Иоан. 19:30	Иисус провозглашает: «Совершилось!»	Пс. 21:32
	Лук. 23:46	Иисус молится: «Отче, в руки Твои предаю дух Мой»	Пс. 21:20–22
15:00	Матф. 27:51	Происходит землетрясение, и завеса в храме разрывается надвое	
	Матф. 27:52	Открываются гробницы	
	Матф. 27:54	Сотник восклицает: «Воистину Он был Сын Божий»	
	Лук. 23:48	Народ видит страдания Иисуса и бьет себя в грудь	
	Иоан. 19:31–32	Воины перебивают ноги двум разбойникам	
	Иоан. 19:34	Воин пронзает копьем бок Иисуса	
	Матф. 27:57–60	Иисуса погребают	Пс. 21:16
18:00		Начинается суббота	

* Адаптировано из: William D. Barrick, "Messianic Trilogy: Part One: Psalm 22—The Suffering Messiah," in *Psalms, Hymns, and Spiritual Songs: The Master Musician's Melodies* (unpublished class notes, Placerita Baptist Church, 2004), 5; available at http://drbarrick.org/files/studynotes/Psalms/Ps_022.pdf. Используется с разрешения автора.

достаточно прочная, чтобы удержать вес тела. Гвоздь, пронзая запястье, обычно серьезно повреждал сенсорно-двигательный срединный нерв, причиняя сильную боль в обеих руках. Найденные скелеты распятых в I веке свидетельствуют, что ноги прибивали гвоздями, проходящими через стопу между надпяточной и пяточной костями. Это совпадает с описанием в Бытии 3:15, что семя женщины получит рану в «пяту».

Прибив жертву к кресту, несколько воинов медленно поднимали его верхнюю часть, а нижнюю вставляли в глубокую выемку. Крест резко опускался в выемку, ударяясь о ее дно, так что жертва сразу всем весом повисала на гвоздях в запястьях и ступнях. Это вызывало сильнейшую боль во всем теле, так как из-за рывка основные суставы оказывались вывихнуты из своего естественного положения. Вероятно, об этом Христос пророчески сказал в 21-м Псалме: «Я пролился, как вода; все кости мои рассыпались...» (Пс. 21:15).

Смерть обычно наступала от медленного удушья. Тело жертвы висело так, что диафрагма была сильно сдавлена. Для выдоха приходилось отталкиваться ногами, чтобы у диафрагмы было место для движения. Наконец, из-за усталости, сильной боли или переутомления мышц распятый больше не мог этого делать и умирал от недостатка кислорода. Когда в ногах не оставалось силы или чувствительности, жертва не могла отталкиваться, чтобы дышать, и смерть наступала быстро. Вот почему римляне иногда перебивали ноги жертв ниже колен, чтобы ускорить распятие (см. Иоан. 19:31).

Насмешки членов синедриона были отчаянной попыткой убедить себя и всех остальных свидетелей в том, что Иисус не был Мессией Израиля. Они считали, что Мессию нельзя победить. То, что Иисус висел, беспомощно умирая, насколько они понимали, было доказательством, что Он не Тот, Кем Себя называл. Поэтому они упивались своей победой, самодовольно и чванливо расхаживая среди толпы зрителей и объявляя всем: «Других спасал, а Себя Самого не может спасти; если Он Царь Израилев, пусть теперь сойдет с креста, и уверуем в Него; уповал на Бога; пусть теперь избавит Его, если Он угоден Ему. Ибо Он сказал: „Я Божий Сын"» (Матф. 27:42–43). Если бы они были такими духовными вождями, какими им следовало быть, то заметили бы, что их слова были почти дословным исполнением пророчества в Псалме 21:9.

Такими были духовные вожди Израиля. Они были очень религиозными, но это не имело никакого отношения к Богу. Поэтому из всех, участвовавших в унижении Христа, именно на них лежала самая большая вина. Они делали вид, что сидят на месте Моисея (Матф. 23:2), но сами не верили Моисею (Иоан. 5:46). Они заявляли, что говорят от имени Бога, а на самом деле были детьми сатаны (Иоан. 8:44).

Как всегда, будучи злословим, Иисус не злословил взаимно. Напротив, Его единственными словами о мучителях во время распятия на кресте было прошение, чтобы Бог помиловал их (Лук. 23:34). Он пошел на крест добровольно, сознательно, в смиренном послушании Богу, чтобы умереть за грехи других. Хотя оскорбления и мучения, которым люди подвергли Иисуса, выразились в страданиях, превышающих их разумение, это было ничтожно в сравнении с Божьим гневом против греха, который Он понес ради них.

Семь крестных изречений Иисуса. Пока Христос висел на голгофском кресте, Он произнес семь изречений (см. таблицу 4.9 на с. 316). Его возгласы с креста глубоко отзывались в сердцах верующих на протяжении веков. Последние слова, сказанные человеком перед смертью, часто имеют большое значение для его близких. Слова из уст Христа по своей глубине не имеют равных. Их можно представить следующим образом[48]:

1. Просьба о прощении: «Отче! Прости им, ибо не знают, что делают» (Лук. 23:34).
2. Обещание спасения: «Истинно говорю тебе, ныне же будешь со Мною в раю» (Лук. 23:43).
3. Забота о матери: «Жено! Се, сын Твой... Се, Матерь твоя!» (Иоан. 19:26–27).
4. Мольба к Отцу: «Боже Мой, Боже Мой, для чего Ты Меня оставил?» (Матф. 27:46).
5. Просьба об облегчении: «Жажду» (Иоан. 19:28).
6. Провозглашение победы: «Совершилось!» (Иоан. 19:30).
7. Заключительная молитва: «Отче! В руки Твои предаю дух Мой» (Лук. 23:46).

Семь изречений Иисуса с креста имеют глубокое богословское значение, помогая верующим лучше понимать Его личность, характер, страдания и искупление.

1. Просьба о прощении: «Отче! Прости им, ибо не знают, что делают» (Лук. 23:34).

Божественное прощение состоит в том, что Бог отказывается от законного возмездия, которое грешники заслуживают за грехи против Него. До и во время распятия Иисус подвергался безжалостному насилию от рук нечестивых. Он имел право требовать наказать их за преступления против Него. Однако Иисус добровольно отказался от этого права и решил безоговорочно их простить. Он простил их, потому что в Своей божественности прекрасно знал, что они не понимали, Кто Он такой и что они делают.

У Христа как Богочеловека прощение основано на сочувствующей и сострадательной человеческой природе в сочетании с божественной властью, праведностью, святостью, милосердием и благодатью (см. Исх. 34:6–7). Эта мольба о помиловании раскрывает неизменный характер суверенного Божьего плана дать такого Спасителя, Чья жертва приобретет прощение, которого никогда не могла дать кровь тельцов и козлов (Евр. 10:4; см. Матф. 26:28; Евр. 9:22). Таким образом, первые слова Иисуса с креста подчеркивают, что Он пришел совершить «искупление... и прощение грехов» (Кол. 1:14) тех, кто покается (Рим. 2:4).

2. Обещание спасения: «Истинно говорю тебе, ныне же будешь со Мною в раю» (Лук. 23:43).

Второе изречение с креста было ответом на искреннюю просьбу одного из разбойников, распятых вместе с Иисусом:

---

[48] MacArthur, *Murder of Jesus*, 209–224.

Один из повешенных злодеев злословил Его и говорил: «Если Ты Христос, спаси Себя и нас». Другой же, напротив, унимал его и говорил: «Или ты не боишься Бога, когда и сам осужден на то же? И мы осуждены справедливо, потому что достойное по делам нашим приняли, а Он ничего худого не сделал». И сказал Иисусу: «Помяни меня, Господи, когда приидешь в Царствие Твое!» (Лук. 23:39–42)

Как и с первым изречением, Иисус снова действовал как Богочеловек, проявив атрибуты обеих природ: человеческое сочувствие и сострадание, а также божественное всеведение. Он знал, что слова этого человека исходили из истинно кающегося сердца, сокрушенного грехом и жаждущего милости и прощения Спасителя. Обещание Христа подтверждало Его божественность, ведь только Бог может знать состояние сердца и окончательную участь человека. В Евангелии сказано, что Иисус умер раньше этих разбойников: когда палачи перебивали казненным ноги, то увидели, что Иисус уже скончался (Иоан. 19:31–34). Поэтому Иисус дал это обещание кающемуся разбойнику, зная, что Он первым будет на небесах и сможет встретить этого человека, когда тот придет туда. Иисус был причислен к злодеям, чтобы такие грешники, как этот разбойник, могли быть причислены к искупленным.

3. Забота о матери: «Жено! Се, сын Твой... Се, Матерь твоя!» (Иоан. 19:26–27).

Один из самых трогательных моментов во время распятия Иисуса — это когда Он обращается к Своей матери, давшей Ему человеческую природу (Ис. 49:1). Пророчество старца Симеона пришло к своему горькому исполнению:

И благословил их Симеон и сказал Марии, матери Его: «Се, лежит Сей на падение и на восстание многих в Израиле и в предмет пререканий, — и Тебе Самой оружие пройдет душу, — да откроются помышления многих сердец» (Лук. 2:34–35).

Говоря с креста эти слова, Сын Марии уделил ей все Свое внимание и проявил заботу о ней. Своему ученику Иоанну, который был ближе всего к Его сердцу, Спаситель доверил позаботиться о Своем самом родном человеке на земле — Своей матери. Этим совершенный Человек проявил послушание заповеди почитать своих родителей (Исх. 20:12; Еф. 6:2–3). Он оставил Своим последователям замечательный пример того, что Он имел в виду, когда учил, что забота о родителях должна быть выше приношения даров Богу:

Зачем и вы преступаете заповедь Божию ради предания вашего? Ибо Бог заповедал: «Почитай отца и мать»; и: «Злословящий отца или мать смертью да умрет». А вы говорите: «Если кто скажет отцу или матери: „Дар Богу то, чем бы ты от меня пользовался“, тот может и не почтить отца своего или мать свою»; таким образом вы устранили заповедь Божию преданием вашим. Лицемеры! (Матф. 15:3–7)

Хотя Иисус всю Свою жизнь отдал в жертву Небесному Отцу, Он постарался не устранить заповедь Божью и как должно почтить Свою мать, ведь в преклонном возрасте ей требовался уход. Прежде чем Его жертва совершилась, Он позаботился о Своей матери, как был должен, причем это действительно было важно, поскольку молчание Писания об Иосифе, скорее всего, означает, что он уже умер, оставив Марию вдовой.

4. Мольба к Отцу: «Боже Мой, Боже Мой, для чего Ты Меня оставил?» (Матф. 27:46).

Никто не может полностью постигнуть значение этого возгласа из уст Иисуса. В нем заключена тайна ипостасного соединения (см. «Человеческая природа», с. 279). Наступившая тьма (Матф. 27:45) символизировала как потерю света общения, так и реальность оставления.

В этой ситуации Отец и Сын не были разделены в Своем бытии или в Своей сущности. Единство Троицы оставалось нетронутым. Трехчасовая тьма была следствием гнева вездесущего Отца, Который был верен Своей задаче довести до конца совершенную заместительную жертву Христа.

Некоторые толкователи Библии считают, что Иисус в этот момент просто цитировал слова из Псалма 21:2. Однако, учитывая, что Псалом 21 — это подробное пророчество о распятии, в нем на самом деле пророчески предсказан сердечный вопль Иисуса, когда на кресте Он понес грехи избранных. Поэтому этот возглас не следует считать просто цитатой из псалма или сопереживанием человеческим страданиям псалмопевца[49].

Физическая боль распятия была ничем в сравнении с гневом Отца, излитым на Иисуса. Когда Иисус молился об этом в Гефсиманском саду, Его пот был, как капли крови (Лук. 22:44). Все худшие страхи людей об ужасах ада постигли Иисуса, когда Он сполна принял наказание за грехи всех, кто поверит в Него. В это время тьмы Отец каким-то непостижимым образом оставил Его. «Хотя любовь Отца к Иисусу *как к Сыну* не прекращалась, тем не менее Бог отвернулся от Него и оставил Его *как заместительную жертву за нас*»[50].

Этот заместительный аспект смерти Христа заключается не только в Его физической смерти. Для полного удовлетворения справедливости на Него должен был излиться ничем не смягченный Божий гнев против греха. Таким образом, истинное заместительное искупление включало мучительное чувство отчуждения от Отца, выраженное в сердечной мольбе Христа: «Боже Мой, Боже Мой, для чего Ты Меня оставил?» (Матф. 27:46). Хотя эти муки были временными, перенести гнев Отца было полностью равноценно аду[51].

---

[49] Ibid., 218.

[50] Ibid., 221.

[51] Это следует отличать от еретических учений некоторых харизматических лидеров, что на кресте Иисус фактически стал грешником или буквально сошел в ад, чтобы подвергнуться дальнейшему наказанию. Наоборот, будучи нашей заместительной жертвой, Иисус понес то наказание, которое причиталось Его народу: гнев Отца во всей его полноте. Хотя Божий гнев, изливаемый на грешников в аду, вечен, Иисус по причине достоинства и ценности Своей личности смог погасить его всего за три часа страданий. В этом смысле Он понес всю тяжесть проклятия и наказания, которое заслуживают наши грехи.

Именно это страдание Иисус предвкушал в Гефсиманском саду, когда молился: «...да минует Меня чаша сия...» (Матф. 26:39). Эта чаша—величайшее из всех страданий для совершенно безгрешного Богочеловека: гнев Божий, излившийся на Него, когда Он стал жертвой за грех. В Ветхом Завете чаша часто символизирует Божий гнев на грех (Ис. 51:17, 22; Иер. 25:15–17, 27–29; Пл. Иер. 4:21–22; Иез. 23:31–34; Авв. 2:16). Христу надлежало «подъять грехи многих» (Евр. 9:28) и принять полноту Божьего гнева (Ис. 53:10–11; 2 Кор. 5:21). Такой была цена за грех, который Он понес, и Он полностью ее заплатил. Этот мучительный вопль в Матфея 27:46 отражал крайнюю горечь чаши гнева, которую Он вскоре должен был испить.

Таким образом, страдания Иисуса включали временное разделение с Отцом (представленное тремя часами тьмы на кресте) и принятие полноты Божьего гнева перед физической смертью. Такой хронологии требует седьмое изречение на кресте: «Отче, в руки Твои предаю дух Мой» (Лук. 23:46), поскольку оно указывает на конец временного разделения и восстановление вечного общения. Эта последовательность соответствует опыту тех, за кого Иисус умер: все мертвы духовно, прежде чем они умрут физически. Сначала Иисус одержал победу над духовной смертью, еще находясь на кресте. Через три дня, воскреснув из мертвых, Он одержал победу и над физической, и над вечной смертью.

5. Просьба об облегчении: «Жажду» (Иоан. 19:28).

Пятое изречение Иисуса с креста, состоящее лишь из одного слова, показывает человеческую сторону этого переживания—жажду из-за сильного изнеможения и физических мучений. Однако это весьма сжатое изречение говорит не только о человеческой природе Христа; оно говорит, что Он знал Писание и был тверд, чтобы исполнить все, сказанное о Нем. Псалмопевец написал: «...в жажде моей напоили меня уксусом» (Пс. 68:22). Иоанн отмечает, что Иисус сказал это, «да сбудется Писание» (Иоан. 19:28). И Сам Иисус говорил, что жажду испытывают нечестивые после смерти (Лук. 16:24). Кроме того, если не учитывать существование вечного ада, крестный подвиг Христа невозможно до конца понять и оценить.

6. Провозглашение победы: «Совершилось!» (Иоан. 19:30).

Шестое изречение Иисуса с креста, как и предыдущее,—лишь одно слово в греческом тексте: *Tetelestai!* Его возглас был торжествующим и полным глубокого смысла, поскольку эта греческая форма подразумевает, что завершенное состояние будет продолжаться. Иисус говорил не о завершении Своей земной жизни; Он имел в виду, что выполнил порученное Отцом дело. Примечательно, что в Псалме 21:32 сказано: «...Он это совершил» (ESV), что на древнееврейском также передано одним словом. Иисус одержал величайшую в истории Вселенной победу, завершив Свое дело искупления. Все пророчества Писания об искупительном труде Мессии исполнились, и Божья справедливость была полностью удовлетворена. Выкуп за грех был оплачен сполна, возмездие за грех навсегда совершилось для всех избранных Божьих во все времена. Все, что оставалось Христу, — это умереть, чтобы затем воскреснуть из мертвых. К совершенному Христом делу спасения нельзя ничего добавить.

7. Заключительная молитва: «Отче! В руки Твои предаю дух Мой» (Лук. 23:46).

Последнее крестное изречение Христа было обращено к Отцу, также как первое («Отче! Прости им, ибо не знают, что делают», Лук. 23:34), и четвертое («Боже Мой, Боже Мой! Для чего Ты Меня оставил?» Матф. 27:46). Эти три изречения были молитвами Сына Человеческого. По Своей человеческой природе Иисус с молитвой жил, с молитвой и умер (см. Матф. 14:23; 19:13; 26:36–44; Евр. 5:7).

Христос умер так, как никто никогда не умирал. С одной стороны, Его убили руками беззаконных (Деян. 2:23), а с другой — Отец предал Его мучению и послал на крест (Ис. 53:10). Однако в каком-то смысле Иисуса никто не лишал жизни. Он Сам добровольно отдал ее за тех, кого бескорыстно и жертвенно любил:

Потому любит Меня Отец, что Я отдаю жизнь Мою, чтобы опять принять ее. Никто не отнимает ее у Меня, но Я Сам отдаю ее. Имею власть отдать ее и власть имею опять принять ее. Сию заповедь получил Я от Отца Моего (Иоан. 10:17–18).

Когда Иисус испустил дух, там не было отчаянной борьбы с палачами. Ни один свидетель не наблюдал неистовых смертных мук. Переход Христа в смерть был намеренным действием Его суверенной воли. Он, «преклонив главу, предал дух» (Иоан. 19:30). Просто, тихо и покорно Он целенаправленно отдал Свою жизнь, полностью контролируя Свою смерть.

Смерть и искупление

Семь изречений на кресте показывают, что смерть Иисуса была тем, что Он намеренно и добровольно принял. Как Он умер, это одно; почему Он умер — бесконечно важнее. Библейский факт состоит в том, что Его смерть была необходимой, предопределенной прежде создания мира, и требовалась для спасения грешников.

СМЕРТЬ ХРИСТА

Христианское богословие сосредоточено на совершенном Иисусом Христом спасении через Его заместительную смерть и воскресение из мертвых. Эти две истины составляют ядро евангельской вести спасения. Апостол Павел пишет:

Напоминаю вам, братия, Евангелие, которое я благовествовал вам, которое вы и приняли, в котором и утвердились, которым и спасаетесь, если преподанное удерживаете так, как я благовествовал вам, если только не тщетно уверовали. Ибо я первоначально преподал вам, что и сам принял, то есть, что Христос умер за грехи наши, по Писанию, и что Он погребен был, и что воскрес в третий день, по Писанию, и что явился Кифе, потом двенадцати... (1 Кор. 15:1–5)

Эти две основные составляющие Евангелия также заметны в защите Павла перед Агриппой: «Но, получив помощь от Бога, я до сего дня стою, свидетельствуя малому и великому, ничего не говоря, кроме того, о чем пророки и Моисей говорили, что это будет, то есть что Христос имел пострадать и, восстав первый из мертвых, возвестить свет народу (иудейскому) и язычникам» (Деян. 26:22–23).

Апостол Петр, говоря о спасении душ (1 Пет. 1:9), описывает тот же состоящий из двух частей труд Христа, касающийся Евангелия:

> К сему-то спасению относились изыскания и исследования пророков, которые предсказывали о назначенной вам благодати, исследуя, на которое и на какое время указывал сущий в них Дух Христов, когда Он предвозвещал Христовы страдания и последующую за ними славу. Им открыто было, что не им самим, а нам служило то, что ныне проповедано вам благовествовавшими Духом Святым, посланным с небес, во что желают проникнуть ангелы (1 Пет. 1:10–12).

Следует отметить, что выражение «исследуя, на которое и на какое время» (1 Пет. 1:11) может означать, что неизвестным аспектом исполнения мессианских пророчеств было только время[52]. Пророки понимали, что говорят о Мессии. Ветхозаветные пророки открыли, Кто такой Мессия, целым рядом пророчеств, связывающих Его с Авраамом (Быт. 12:3; см. Гал. 3:8), народом Израиля (Чис. 24:17; см. Матф. 2:2; Откр. 22:16), коленом Иудиным (Быт. 49:10; см. Матф. 1:2–3; 2:6; Евр. 7:14), семейством Ефрафы в городе Вифлееме (Мих. 5:2; см. Матф. 2:5–6; Лук. 2:11), с девственным зачатием (Ис. 7:14; см. Матф. 1:23) и служением в Галилее языческой (Ис. 9:12; см. Матф. 4:12–16). В 53-й главе Исаии есть подробное пророчество о служении и отвержении Мессии, о суде над Ним, Его смерти, воскресении и вознесении.

ХРИСТОВО ИСКУПЛЕНИЕ

Ветхозаветное откровение о жертве[53]. Заместительное наказание означает, что Христос отдал Себя на страдания и смерть, понеся полное возмездие за грех вместо всех грешников, которых Бог спасает. Бог подготовил человечество к искупительной заместительной жертве Христа, заранее дав указания о жертвоприношении. В Ветхом Завете представлены 12 основных принципов, касающихся жертвоприношения животных:

1. Только верующие должны были приносить ветхозаветные жертвы, верующие, которые должны быть научены и послушны (т. е. с правильным учением и правильным поведением). Левит 1:2–3 и 2:1 говорит о верующих израильтянах, а Левит 17:8 и 22:18, 25 — о верующих из других народов (см. Чис. 15:14–16; Ис. 56:6–8).

---

[52] Thomas R. Schreiner, *1, 2 Peter, Jude*, NAC 37 (Nashville: Broadman, 2003), 73–74.

[53] Этот раздел адаптирован из: William D. Barrick, "Penal Substitution in the Old Testament," *MSJ* 20, no. 2 (2009): 2, 6–8. Использовано с разрешения MSJ.

2. Ветхозаветные жертвы должны быть внешним проявлением живой веры. Без веры жертвы бесполезны (Евр. 11:4; см. 1 Цар. 15:22–23; Пс. 50:17–21; Ис. 1:11–15; Мих. 6:6–8).

3. Ветхозаветные жертвы не спасают от греха и не дают прощения грехов. Левитские жертвы не предусматривают устранения или очищения греховной природы человека. Жертвы животных недостаточны для полного и окончательного искупления грехов людей—только человеческая жизнь может полностью искупить человеческую жизнь (см. Лев. 1:3 с Пс. 48:6–10; см. 1 Пет. 1:18–19; Гал. 3:10–14; Евр. 10:1–18).

4. Ветхозаветные жертвы не устраняют временного наказания за грех, особенно за преднамеренный, дерзкий грех. Многие грехи требуют смертной казни: никакая жертва животного не предусмотрена за такие грехи (Лев. 24:10–23; Чис. 15:30). Умышленный, сознательный грех требует смерти грешника. Из-за постоянных намеренных, умышленных грехов каждый человек оказывается приговоренным к смерти, а из-за повсеместности греха смерть царствует, что видно из родословий, где записаны умершие (Быт. 5:5, 8, 11, 14, 17, 20, 27, 31). Снова и снова слово «умер» служит эпитафией для каждого человека (см. также Быт. 11:32; 23:2; 35:19; 50:26). Это поднимает два уместных вопроса: неужели нет жертвы за умышленный грех? И неужели нет прощения за такую умышленную непокорность?

5. Главной целью ветхозаветных жертв было общение с Богом. Они внешне символизировали прощение грехов, дающее ограниченное примирение с верным завету Богом Израиля (Исх. 29:42–43; 30:36). Джон Освальт пишет:

> Хотя временное наказание за грех серьезно и не должно игнорироваться, оно далеко не столь серьезно, как наказание духовное—отчуждение от Бога. В этом суть всей системы жертвоприношений: дать грешным людям возможность иметь общение со святым Богом. Жертвы не смягчают временные последствия греха, но что же они делают? Они связаны с духовными последствиями греха, с тем, что душа согрешающая умрет (и не просто физически, Иез. 18:4, 20), и с тем, что без пролития крови нет прощения за грех (Лев. 17:11; Евр. 9:22)[54].

6. Ветхозаветные жертвы показывают, подчеркивают и усиливают грех и его последствия (Рим. 3:19–20; 5:20; 7:5–11; Гал. 3:21–22).

7. Ветхозаветные жертвы показывают, подчеркивают и усиливают Божью святость, праведность, любовь, благодать, милость и полновластие (Пс. 118:62; Неем. 9:13; Матф. 23:23; Рим. 7:12). Сочетание этих свидетельств о грехе и о характере Бога составляет двойную функцию ветхозаветных жертв. С одной стороны, суть греха—безбожие, он влечет человека *прочь от Бога*[55]. С другой стороны, жертва, через пролитие крови, являющая ужасную природу и последствия греха, богоцентрична, она направляет внимание грешников *на Бога*. Они начинают видеть влияние своего греха на Бога. Их грех—вражда против Бога, отчуждающая их от Него и подтверждающая их бунт против

---

[54] John N. Oswalt, *The Book of Isaiah: Chapters 40–66*, NICOT (Grand Rapids, MI: Eerdmans, 1998), 385.

[55] Norman H. Snaith, *The Distinctive Ideas of the Old Testament* (New York: Schocken, 1964), 60.

власти и характера Бога. Их жертвы умилостивляют справедливый Божий гнев и примиряют их с Богом.

8. Ветхозаветные жертвы показывают, что закон Моисея не предлагает ветхозаветным верующим независимого доступа к Богу (Евр. 9:8–10).

9. Ветхозаветные жертвы показывают, что Божье желание в отношении приношений (даров) Его народа не превышает их типичных возможностей. Жертвы (крупный рогатый скот, овцы, козы, голуби, мука, масло, вино и ладан) были доступны каждому израильтянину. Бог не требовал, чтобы Его народ приносил что-то экзотическое или выходящее за пределы их возможностей. Он не требовал, чтобы они попадали в финансовые затруднения или терпели лишения (см. 1 Кор. 16:2; 2 Кор. 8–9).

10. Ветхозаветные жертвы подчеркивают служение священства (Лев. 1:9; 2:8; 4:20; 6:6; 1 Пет. 2:5; Евр. 5–10).

11. Ветхозаветные жертвы подразумевают признание Божьего завета с Его народом (Лев. 2:13; Пс. 49:5, 16).

12. Бог повелел часть ветхозаветных жертв использовать для поддержания священства. Народ завета должен заботиться о тех, кто служит (Лев. 7:34–35; Неем. 13:5; Мал. 3:8–10).

Итак, эти 12 принципов свидетельствуют, что жертвы в основном связаны с совместным поклонением. Оно совместное, поскольку ветхозаветные верующие публично приносили жертву в святилище, где священники проводили соответствующие обряды. Польза от жертвоприношений могла быть личной, но частных жертвоприношений не было. Пасхальный агнец может показаться частной жертвой, поскольку приносился одним семейством, но прохожие могли видеть кровь на косяках входных дверей, а ягненка можно было разделить с соседом (Исх. 12:4). Ветхозаветные жертвы были связаны с исповеданием, потому что демонстрировали покаянную веру в Яхве и послушание Его уставам и законам. Принося жертвы, ветхозаветный верующий внешне показывал, что он принадлежит Богу завета и Его народу. Это внешнее действие должно было быть результатом истинной веры. Однако при отсутствии веры жертва бесполезна; это пустой жест, лишенный духовной ценности (т. е. ложное исповедание). Бог ненавидит ложную жертву и не примет ее в качестве истинного поклонения (см. 1 Цар. 15:22; Пс. 49:7–15; Ис. 1:13–15).

В свете этих принципов можно рассмотреть ветхозаветное учение о заместительном наказании при жертвоприношении. Овен, предоставленный «Ангелом [вестником] Господним» вместо Исаака в Бытии 22:1–14, иллюстрирует заместительное дарование жизни. Юджин Меррилл предлагает прекрасное объяснение в своей книге по богословию Ветхого Завета, где он пишет, что смерть самого Исаака «осуществилась через замещение, то есть через животное, чья буквальная смерть полностью удовлетворила Божьи требования»[56].

---

[56] Eugene Merrill, *Everlasting Dominion: A Theology of the Old Testament* (Nashville: Broadman, 2006), 236.

Ветхозаветное откровение о заместительной жертве Христа[57]. Различные приношения, описанные и заповеданные в книге Левит, служили для Израиля Божьим наставлением о природе жертвы и помогали подготовить их к необходимости заместительной жертвы Мессии за грех. Таблица 4.10 перечисляет несколько уроков из жертвоприношений Ветхого Завета, которые по Божьему замыслу должен был усвоить Его народ. Таблица 4.11 сопоставляет жертву Иисуса Христа с жертвами по закону Моисея.

Чтобы понять связь ветхозаветной системы жертвоприношений с личностью Мессии, нужно подробно рассмотреть несколько ключевых текстов. Наиболее существенные тексты — это Исход 12 (праздник Пасхи), Левит 16 (День очищения) и, возможно, самый важный, — Исаии 52:13–53:12. Пасха и День очищения представляют собой два крупных религиозных праздника в календаре Израиля, но все праздники вводят понятия, связанные с личностью и служением Мессии (см. таблицу 4.12).

Исход 12: Пасха. Во время последней казни непосредственно перед исходом Израиля из Египта Бог учредил соблюдение Пасхи, где пасхальный агнец служил заместительной жертвой за первородных сыновей израильтян. В Исходе 12:3 Господь наставляет Моисея о приношении пасхального агнца: «...пусть возьмут себе каждый одного агнца по семействам, по агнцу на семейство...» Фраза «на семейство» может подразумевать замещение. Действительно, эта жертва, по-видимому, предотвращала наказание смертью для тех, кто был в этом семействе, особенно для первородных сыновей. Хотя агнец служил замещением, в тексте не говорится, что кровь искупала грехи или очищала их, она только защищала и сохраняла семейство от временного суда.

В Исходе 12:12 Господь говорит, что Он совершит суд, пройдя по земле Египетской. Израильтяне, которые исполнят эти наставления и помажут косяки дверей своих домов кровью заколотого ягненка, избегнут этого суда (Исх. 12:13, 23, 27). И послушные израильтяне действительно избежали смерти (Исх. 12:30). Что достойное смерти сделали израильтяне? Почему они, как и египтяне, находились под угрозой смерти и суда? Два текста помогают понять это. В Исходе 12:12 сказано, что смерть первенцев у египтян была судом над египетскими богами. В Иезекииля 20:4–10 открыто, что израильтяне, находясь в Египте, поклонялись идолам (особенно 20:7–8), о чем говорится и в книге Иисуса Навина: «Итак бойтесь Господа и служите Ему в чистоте и искренности; отвергните богов, которым служили отцы ваши за рекою и в Египте, а служите Господу» (И. Нав. 24:14). Действительно, из-за идолопоклонства израильтян в Египте Господь гневался на них и излил Свой суд (Иез. 20:8). Как и египтяне, израильтяне были приговорены к смерти. Какой неожиданностью это было для израильтян, которые спокойно восприняли предыдущие девять казней, ведь они были обращены

---

[57] Этот раздел, за исключением таблиц, адаптирован из: William D. Barrick, "Penal Substitution in the Old Testament," *MSJ* 20, no. 2 (2009): 8–21. Использовано с разрешения MSJ.

Таблица 4.10: Христос в левитских жертвоприношениях*

Приношение	Места Писания	Дары Христа	Характер Христа
Жертва всесожжения	Лев. 1:3–17; 6:8–13	Искупление	Безгрешная природа Христа
Хлебное приношение	Лев. 2:1–16; 6:14–23	Посвящение	Полная преданность Христа воле Отца
Мирная жертва	Лев. 3:1–17; 7:11–36	Примирение/ общение	Христос имел мир с Богом
Жертва за грех	Лев. 4:1–5:13; 6:24–30	Умилостивление	Заместительная смерть Христа
Жертва повинности	Лев. 5:14–6:7; 7:1–10	Покаяние	Христос внес полную плату за искупление

* Адаптировано из «Учебнсй Библии с комментариями Джона Мак-Артура» (С. 158).

Таблица 4.11: Сравнение жертвоприношений Ветхого Завета и жертвы Христа*

Книга Левит	Тексты Писания	Послание к евреям
Старый завет (временный)	Евр. 7:22; 8:6, 13; 10:20	Новый завет (постоянный)
Ветхие обетования	Евр. 8:6–13	Лучшие обетования
Тень	Евр. 8:5; 9:23–24; 10:1	Реальность
Священство Аарона (многократное)	Евр. 6:19–7:25	Священство Мелхиседека (однократное)
Грешные священнослужители	Евр. 7:26–27; 9:7	Безгрешный священник
Священство, ограниченное смертью	Евр. 7:16–17, 23–24	Вечное священство
Ежедневные жертвоприношения	Евр. 7:27; 9:12, 25–26; 10:9–10, 12	Единая жертва за всех
Жертвоприношение животных	Евр. 9:11–15, 26; 10:4–10, 19	Жертва Сына Божьего
Постоянные жертвоприношения	Евр. 10:11–14, 18	Жертвоприношения больше не нужны
Ежегодное искупление	Евр. 7:25; 9:12, 15; 10:1–4, 12	Вечное умилостивление

* Взято из «Учебной Библии с комментариями Джона Мак-Артура» (С. 160).

Таблица 4.12: Осущестзление во Христе праздников Израиля*

Праздники (Левит 23)	Осуществление во Христе
Пасха (март-апрель)	Смерть Христа (1 Кор. 5:7)
Опресноки (марь-апрель)	Безгрешность Христа (1 Кор. 5:8)
Первых плодов (март-апрель)	Воскресение Христа (1 Кор. 15:23)
Пятидесятница (май-июнь)	Сошествие Духа Христа (Деян. 1:5; 2:4)
Труб (сентябрь-октябрь)	Собирание Израиля Христом (Матф. 24:31)
День очищения (сентябрь-октябрь)	Заместительная жертва Христа (Рим. 11:26)
Кущи (сентябрь-октябрь)	Покой и воссоединение с Христом (Зах. 14:16–19)

* Взято из «Учебной Библии с комментариями Джона Мак-Артура» (С. 186).

против египтян. Но израильтяне согрешили подобно египтянам, поэтому перед десятой казнью Бог открывает грех Своего народа и дает им возможность спастись. Суды Яхве над богами Египта доказывают, что только Он может избавить человека от наказания смертью за грех. Псалом 48 учит этой же истине, но подчеркивает неспособность людей самостоятельно добиться подобного избавления — только Бог может заплатить «выкуп», которого требует (Пс. 48:8–10, 16). Ссылаясь на Псалом 48:15–16, Юджин Меррилл отмечает: «Этот взгляд на бессмертие, или даже на воскресение, отмечает кульминацию откровения Ветхого Завета о состоянии праведных после смерти и в загробной жизни»[58].

Предоставив пасхальную жертву, Господь милостиво пощадил виновных израильтян благодаря жертвенной крови животных и сохранил Свою святость, исполнив обещание избавить Свой народ из Египта (Исх. 12:12–13; см. Лев. 22:32–33). По словам Леона Морриса, «очевидный символизм заключается в том, что смерть наступила, и она заменила смерть первенца»[59]. Брюс Уолтке соглашается, описывая пасхального агнца «и как замещение, и как умилостивление. Он *упраздняет* Божий гнев против грешников, потому что *удовлетворяет* Божью святость»[60]. И вновь очевидно, что Божий гнев на грешников связан с карательным аспектом заместительного наказания. Новый Завет подтверждает заместительный характер пасхальной жертвы. В 1 Коринфянам 5:7 Павел, как минимум, проводит аналогию между заместительным характером пасхального агнца и жертвенной смертью Христа на кресте. Поэтому неудивительно, что Иисус был распят во время Пасхи (Матф. 26:2).

Левит 16: День очищения. Меррилл Ангер приводит такой обзор первых трех книг Торы: «Бытие — книга начал, Исход — книга избавления, а Левит — книга искупления и святой жизни. Бытие показывает человека павшего, Исход — человека избавленного, Левит — человека очищенного, поклоняющегося и служащего»[61]. Левит не просто говорит об очищении грешников и подготовке к поклонению. Там описано, как грешники могут войти в присутствие святого Бога. Левит посвящен духовным отношениям человека с Богом через обряды жертвоприношения, предвосхищающие искупительную смерть Христа. Иногда Левит называют грядкой для ростков новозаветного богословия. С одной стороны, тема святости в этой книге раскрывает плохую весть, что Божья святость не позволяет грешникам приближаться к Нему. С другой стороны, Левит открывает Благую весть, что Бог дает средство, как грешникам быть принятыми и войти в Его присутствие благодаря жертвоприношениям.

Из всех жертв и праздников День очищения имеет самое большое значение для отношений Израиля с Яхве. Исторический фон книги Левит включает

---

[58] Merrill, *Everlasting Dominion*, 588.

[59] Leon Morris, *The Apostolic Preaching of the Cross*, 3rd ed. (Grand Rapids, MI: Eerdmans, 1965), 117.

[60] Bruce K. Waltke, *An Old Testament Theology: An Exegetical, Canonical, and Thematic Approach*, with Charles Yu (Grand Rapids, MI: Zondervan, 2007), 382.

[61] Merrill F. Unger, *The New Unger's Bible Handbook*, rev. ed., rev. Gary N. Larson (Chicago: Moody Press, 1984), 85.

Божий суд над священниками Надавом и Авиудом (Лев. 10:1–20)—суровое напоминание о святости Бога и ее несовместимости с человеческой греховностью. Тем самым подчеркивается необходимость искупления грехов даже для священников. Если священники осквернены, они не могут быть посредниками между людьми и Богом. Без посредников грешные израильтяне не могут приближаться к Богу, а Бог не может оставаться среди них.

«Козел отпущения» (Лев. 16:8–10) символизировал удаление греха от присутствия Божьей славы среди Его народа (см. Пс. 102:12; Мих. 7:19). «Козел отпущения» (перевод еврейского слова *azazel*) больше не упоминается ни в Ветхом, ни в Новом Завете. В День очищения козла отпущения и другого козла было достаточно для принесения жертвы за грех (Лев. 16:5). Некоторые толкователи видят указание на козла отпущения в Исаии 53:6 и в Евреям 13:12[62]. Скорее всего, слово *azazel*—это общее обозначение пустыни, куда изгонялся козел. Можно привести хорошие аргументы в пользу перевода слова *azazel* как «удаление»[63]. Каким бы ни был его смысл, это существенно не меняет основной характер данного обряда.

Описание возложения рук на голову козла (Лев. 16:21–22) показывает, что грехи Израиля переходят на живого козла. Он служит замещением—обреченный умереть в пустыне, отделенный от Израиля, он уносит на себе «все беззакония» израильтян (Лев. 16:22). Кроме того, Левит 16:24, 29–34 указывает, что весь этот обряд давал искупление грехов как для священников, так и для народа. Норман Снэйт, обсуждая взгляды рабби Ишмаэля, упоминает, что «во всех случаях умышленного греха День очищения в лучшем случае сочетается с покаянием, чтобы отсрочить возмездие, но сам по себе не обладает силой даже для этого, а тем более для искупления»[64]. В каком-то смысле рабби Ишмаэль прав. По словам Павла, Бог предложил Иисуса Христа «в жертву умилостивления в крови Его через веру, для показания правды Его в прощении грехов, соделанных прежде…» (Рим. 3:25). День очищения предварял жертву умилостивления, принесенную Мессией в Своей крови. Поэтому, спланировав все именно так (см. 1 Пет. 1:18–21; Евр. 9:26; Откр. 13:8), Бог мог откладывать наказание ввиду его полной, окончательной отмены через совершенное искупление во Христе. Отсрочка временного наказания распространялась равно на верующих и на неверующих в Израиле, поскольку «период благодати» означал временные блага отдаленного замещения в отличие от постоянного и полного применения непосредственного замещения после смерти Христа.

Указывает ли обряд Дня очищения явно или неявно на карательный аспект замещения? Еврейское слово *koper* («выкуп») выражает понятие «замещения»,

---

[62] Напр., Mark F. Rooker, *Leviticus*, NAC 3A (Nashville: Broadman, 2000), 221, 226.

[63] Allen P. Ross, *Holiness to the Lord: A Guide to the Exposition of the Book of Leviticus* (Grand Rapids, MI: Baker Academic, 2002), 319.

[64] Snaith, *Distinctive Ideas*, 68.

называя средство, которым зло или вина перемещаются и тем самым устранятся. Это слово имеет такой смысл в следующих ситуациях:

- Закон о переписи, по которому выкуп предотвращает наказание язвой за нарушение закона (Исх. 30:12–16);
- законы об убийстве, согласно которым преступление карается смертью (Чис. 35:31–33; Втор. 21:1–9);
- служение левитов, охранявших святилище, чтобы отвратить от общества гнев, язву и смерть (Чис. 1:53; 8:19; 18:22–23; см. ситуацию с Финеесом в Чис. 25:11; Пс. 105:30–31);
- неспособность Вавилона откупиться от божественного суда (Ис. 47:11; см. Пс. 48:8–10);
- искупительное значение крови жертвы (Лев. 17:11).

Таким образом, слово *koper* в значении «выкуп» прямо указывает и на замещение, и на наказание.

День очищения выделяется как центральное установление системы жертвоприношений в книге Левит. Больше любого другого еврейского обряда он подчеркивает святость Бога и греховность Его народа. Для Израиля День очищения давал символическое очищение, чтобы у них был доступ к поклонению Яхве. Поэтому День очищения служит символом истинного искупления Господом Иисусом Христом (Евр. 8–10). Главная идея Послания к евреям (см. Евр. 8:1) прямо противоположна главной идее закона Моисея (см. Евр. 9:8). Таким образом, День очищения временно *искупал* грехи народа, *очищал* святилище от осквернения, вызванного этими грехами, и *удалял* эти грехи из общества, чтобы Бог принял поклонение народа. Это не было личным спасением, которое всегда совершалось только верой (Рим. 4:13).

Исаии 52:13–53:12: жертва страдающего Раба. Это поистине первое Евангелие, за которым следуют еще четыре в Новом Завете. За 700 лет до пришествия Христа в нем показаны жизнь и служение истинной и совершенной Жертвы, Того, Кто действительно заберет грех. Во-первых, Исаия описывает страдания Раба Господнего от болезней и скорбей, но не от Его собственных. Это характеризует Его страдания как заместительные: «Он взял на Себя наши немощи и понес наши болезни» (Ис. 53:4). Образ замещения в Исаии 53:6: «…Господь возложил на Него грехи всех нас…» — взят из 16-й главы книги Левит. Характеристики заместительной жертвы в страданиях и смерти Христа тесно связаны со сказанным в Исаии 52:13–53:12. Во-вторых, выражения в Исаии 53 явно включают карательный аспект (см. Ис. 53:5: «изъязвлен… мучим… наказание… ранами…»). В-третьих, с текстом Исаии 53 перекликаются ключевые тексты Нового Завета, такие как Матфея 26:28: «…ибо сие есть кровь Моя нового завета, за многих изливаемая во оставление грехов» (см. также 1 Пет. 3:18; 1 Иоан. 2:2; 4:10; Рим. 8:3; Гал. 1:4; Евр. 5:3; 10:8, 18, 26; 13:11).

Раб Яхве добровольно понес наказание за беззакония «многих». Его жертвенная смерть не была результатом насилия или принуждения. Напротив, это было Его сознательное решение, Он принял Свои страдания и покорился им. Исаии 53:10 («...когда же душа Его принесет жертву умилостивления...») и 53:12 («...предал душу Свою на смерть...») говорят то же самое о добровольной жертве Раба. Юджин Меррилл утверждает, что пророк понимал, о чем писал:

> Благодаря размышлениям о Его личности и о том, что Он перенес, пророку стало ясно, что этот Раб Господа страдал как замещение за нас, то есть за Израиль и, как обобщение, за весь мир (ст. 4–6)... Самое поразительное, что все, что Он сделал, соответствовало воле Бога, Который посредством смерти и последующего воскресения Раба (подразумеваемого в ст. 10б–11а) оправдает грешников на основании Его заместительной жертвы (ст. 11б). Наконец, в назначенное Богом время Он будет торжественно править, одержав победу над грехом и смертью (ст. 12)[65].

Действительно, Раб Яхве соответствует всем требованиям к заместительной жертве: (1) связь с осужденными грешниками («за преступления народа Моего», Ис. 53:8); (2) безупречен, без пятна или порока, которые могли бы сделать Его жертву непригодной («не сделал греха... не было лжи», Ис. 53:9; «Праведник», Ис. 53:11); и (3) Он угоден Яхве («Господу угодно было поразить Его», Ис. 53:10). Козла отпущения в обряде Дня очищения нельзя было заколоть как жертву, так как он нес грехи Израиля и потому был нечистым. Если бы Раб Господа был обычным человеком (самим пророком или даже народом Израиля), возникла бы та же проблема. Это причина, почему грешники не могут служить выкупом или ценой искупления для кого-то еще (см. Пс. 48:8–10). Эти истины показывают, что Раб Яхве в Исаии 53 должен быть Тем, Кто не может быть запятнан, даже понеся грехи многих, — другими словами, Он должен быть одним из Лиц Троицы. Смерть Христа согласуется с обрядом над козлом отпущения, потому что Иисус: (1) понес грехи людей (2 Кор. 5:21; см. 1 Пет. 2:24; Гал. 3:13; Евр. 9:28); и (2) умер вне стана (Евр. 13:12; см. Матф. 21:39; Лук. 20:15; Иоан. 19:17).

Следует также отметить, что фраза «от уз и суда» (или «правосудия», Ис. 53:8) относится к судебному аспекту наказания, которое понес Раб. Есть различия в переводе строки: «...душа Его принесет жертву умилостивления...» (Ис. 53:10). Раб Господа становится жертвой умилостивления или повинности, жертвой, берущей грех и вменяющей праведность. Почему пророк называет жертву раба Яхве жертвой повинности (*'asham*)? Это может указывать в целом на любую искупительную жертву. Дейвид Барон отмечает различие между жертвой умилостивления и жертвой за грех: «Жертва за грех была связана с греховным состоянием приносившего, а жертва повинности была назначена за *фактические прегрешения, плод греховного состояния*. Жертва за грех производила умилостивление, а жертва повинности приносила удовлетворение»[66]. Удовлетворение состояло в том, что Христос заплатил за грех избранных, за каждый их долг перед

---

[65] Merrill, *Everlasting Dominion*, 514.

[66] David Baron, *The Servant of Jehovah: The Sufferings of the Messiah and the Glory That Should Follow* (1920; repr., Minneapolis: James Family, 1978), 121.

Богом. Жертва повинности предполагала как неумышленный (Лев. 5:15–19), так и умышленный грех (такой как кража или мошенничество, Лев. 6:1–5; 19:20–22). Поскольку большинство жертвоприношений относилось только к неумышленным грехам, любая наиболее действенная жертва искупления должна была выходить за пределы этих приношений, чтобы дать искупление умышленных грехов. Это отвечает на заданный ранее вопрос о жертве за умышленный грех. Совершенная жертва Раба решает проблему намеренного греха и дает прощение за умышленную непокорность. Кроме того, жертва повинности не только очищает, но и освящает; она снова делает Израиль святым народом, позволяя им остаться на своей земле со своим Богом. Идеальная жертва умилостивления, принесенная Рабом, удовлетворяет этим требованиям, чего не могла дать левитская система.

Алек Мотиер обобщает 11-й стих, отмечая шесть элементов искупительного служения Раба Яхве:

> Исаия 53:11 — одно из самых полных записанных утверждений в богословии искупления. (1) Раб знает, какие нужды надо восполнить и что для этого надо сделать. (2) Как «Праведник, Раб Мой», Он полностью угоден Богу, против Которого мы согрешили, и назначен Им именно для этого. (3) Как Праведник, Он свободен от всякого осквернения нашим грехом. (4) Он лично отождествил Себя с нашим грехом и нуждой. (5) Эмфатическое местоимение «Он» подчеркивает Его преданность этой роли. (6) Он полностью выполнил Свою задачу, так как понес беззаконие и даровал праведность[67].

Поэтому не должно быть никаких сомнений в том, что жертва Раба была искупительной и заместительной (заместительное наказание: Он понес наказание за грех). Его жертва была единственной истинной и угодной Богу.

Авторы Нового Завета правильно понимали замысел пророка, видя все основания считать текст явно мессианским. В качества примера, обратите внимание на параллели между текстом о Рабе в Исаии и в Марка 10:43–45: страдающий Раб Яхве (Ис. 52:13) стал «всем рабом» (Марк. 10:44; см. Ис. 53:6, «всех нас»), чтобы быть «бо́льшим» (Марк. 10:43), потому что Он «возвысится и вознесется, и возвеличится» (Ис. 52:13). Как «Раб», Он отдал Себя (букв. «Свою душу») в жертву умилостивления (Ис. 53:10), что равнозначно словам «отдать душу Свою для искупления» (Марк. 10:45). Жертва умилостивления (искупление) Раба была превыше других жертв, покрывая как умышленный, так и неумышленный грех «многих» (Марк. 10:45; Ис. 52:14–15; 53:12).

Искупительный труд Христа совершил спасение избранных. Иисус Христос — Спаситель: «...нет другого имени под небом, данного человекам, которым надлежало бы нам спастись» (Деян. 4:12; см. 2 Тим. 1:10; Тит. 2:13). Его кровь очищает от греха (1 Иоан. 1:7; Евр. 13:12). Он Посредник нового завета (Евр. 12:24). Как Спаситель, Христос дает жизнь верующим в настоящее время (2 Кор. 4:10;

---

[67] J. Alec Motyer, *The Prophecy of Isaiah: An Introduction and Commentary* (Downers Grove, IL: InterVarsity Press, 1993), 442.

2 Тим. 1:1) и служит примером их будущего воскресения (2 Кор. 4:14; 1 Фес. 4:14). Благодаря Своему искупительному подвигу Христос—Пастырь, дающий верующим способность делать добрые дела (Евр. 13:20–21). Он Тот, в Котором церковь пребывает и имеет благословение (Еф. 2:13).

Воскресение и вознесение

Без воскресения Христа Его жертвенная смерть не смогла бы стать основанием для спасения от греха (1 Кор. 15:13–19). Поэтому никакое рассмотрение библейского учения о труде Христа не может закончиться Его искупительной смертью.

ОТКРОВЕНИЕ ВЕТХОГО ЗАВЕТА О ВОСКРЕСЕНИИ ХРИСТА

Поскольку и Иисус, и авторы Нового Завета заявляют, что важные факты о Христе уже были открыты через пророков Ветхого Завета (Лук. 24:25–27, 44–47; Деян. 2:25–32; 1 Кор. 15:3–4), важно рассмотреть текстовые свидетельства, подтверждающие их заявления. Еще один фактор, из-за которого трудно увидеть воскресение Христа в Ветхом Завете, связан с тем, что авторы Нового Завета склонны косвенно ссылаться на Его воскресение, говоря о Его «славе». Например, Петр объясняет, что пророки Ветхого Завета исследовали, «на которое и на какое время указывал сущий в них Дух Христов, когда Он предвозвещал Христовы страдания и последующую за ними славу» (1 Пет. 1:11). Явление славы Иисуса чаще всего связано со вторым пришествием, а не с Его воскресением. Без воскресения из мертвых распятый Христос не смог бы вернуться во славе: «Не так ли надлежало пострадать Христу и войти в славу Свою?» (Лук. 24:26; см. также Матф. 16:27; 24:30; 25:31; Марк. 10:37; Лук. 9:26; Иоан. 17:5).

Апостол Павел соотносит воскресение Иисуса с Божьей славой: «...как Христос воскрес из мертвых славою Отца...» (Рим. 6:4),—что дополнительно объясняет связь славы и воскресения в представлении как пророков, так и апостолов. Он даже использует связанную со славой аналогию в своем трактате о воскресении в 1 Коринфянам 15:40–41: «Есть тела небесные и тела земные; но иная слава небесных, иная земных. Иная слава солнца, иная слава луны, иная звезд; и звезда от звезды разнится в славе». Воскресшее тело «восстает в славе» (1 Кор. 15:43), и воскресение верующего тоже характеризуется этой славой: «Когда же явится Христос, жизнь ваша, тогда и вы явитесь с Ним во славе» (Кол. 3:4).

Поэтому, исследуя Ветхий Завет в поисках текстов о воскресении Мессии, следует обращать внимание на тексты, говорящие о Его славе. Например, когда Псалом 23 говорит, что Мессия придет царствовать в Иерусалиме, то называет Его «Царь славы» (Пс. 23:7–10). В то время «покраснеет луна, и устыдится солнце, когда Господь Саваоф воцарится на горе Сионе и в Иерусалиме, и пред старейшинами его будет слава» (Ис. 24:23).

По словам пророка Иезекииля, слава Яхве отошла от храма и города и ненадолго остановилась на горе к востоку от города: «И поднялась слава Господа из среды города и остановилась над горою, которая на восток от города» (Иез. 11:23).

В период будущего Тысячелетнего царства слава Яхве снова войдет в храм с той же стороны—с востока:

И вот, слава Бога Израилева шла от востока, и глас Его—как шум вод многих, и земля осветилась от славы Его. Это видение было такое же, какое я видел прежде, точно такое, какое я видел, когда приходил возвестить гибель городу, и видения, подобные видениям, какие видел я у реки Ховара. И я пал на лицо мое. И слава Господа вошла в храм путем ворот, обращенных лицом к востоку. И поднял меня дух, и ввел меня во внутренний двор... (Иез. 43:2–5)

Захария дополняет это пророчество, указывая, что место к востоку от города— это гора Елеонская, а божественной славой обладает Мессия: «И станут ноги Его в тот день на горе Елеонской, которая перед лицом Иерусалима к востоку; и раздвоится гора Елеонская от востока к западу весьма большою долиною, и половина горы отойдет к северу, а половина ее—к югу» (Зах. 14:4). Это в точности совпадает со словами ангелов при вознесении Иисуса с горы Елеонской после Его воскресения из мертвых: «Мужи галилейские! Что вы стоите и смотрите на небо? Сей Иисус, вознесшийся от вас на небо, придет таким же образом, как вы видели Его восходящим на небо» (Деян. 1:11).

Несколько ветхозаветных ссылок на воскресение Мессии встречаются в книге Иова и в Псалтири. Известный текст из книги Иова гласит:

Но я знаю: Искупитель мой жив,
    и в конце Он встанет над землей;
и когда моя кожа с меня спадет,
    я все же во плоти моей увижу Бога;
я сам увижу Его и не буду Ему чужим,
    своими глазами увижу Его.
(Иов. 19:25–27, НРП).

Поскольку Иов говорит, что увидит своего Искупителя после своей смерти (подразумеваемой под разрушением его кожи), причем увидит Его стоящим на земле, то здесь имеется в виду время, относящееся ко времени после второго пришествия Мессии.

Другой важный текст записан в Псалме 15:10:

...ибо Ты не оставишь души моей в аде
    и не дашь святому Твоему увидеть тление...

Впоследствии данный текст обсуждали и Петр, и Павел. В Деяниях 2:22–31 Петр говорит:

Мужи израильские! Выслушайте слова сии: Иисуса Назорея, Мужа, засвидетельствованного вам от Бога силами и чудесами и знамениями, которые Бог сотворил через Него среди вас, как и сами знаете, Сего, по определенному совету и предведению Божию преданного, вы взяли и, пригвоздив руками беззаконных, убили; но Бог воскресил Его, расторгнув узы смерти, потому что ей невозможно было удержать Его. Ибо Давид говорит о Нем:

«Видел я пред собою Господа всегда,
    ибо Он одесную меня, дабы я не поколебался.
От того возрадовалось сердце мое и возвеселился язык мой;
    даже и плоть моя упокоится в уповании,
ибо Ты не оставишь души моей в аде
    и не дашь святому Твоему увидеть тления.
Ты дал мне познать путь жизни,
    Ты исполнишь меня радостью пред лицом Твоим».

Мужи братия! Да будет позволено с дерзновением сказать вам о праотце Давиде, что он и умер и погребен, и гроб его у нас до сего дня. Будучи же пророком и зная, что Бог с клятвою обещал ему от плода чресл его воздвигнуть Христа во плоти и посадить на престоле его, он прежде сказал о воскресении Христа, что не оставлена душа Его в аде, и плоть Его не видела тления.

Ссылаясь на Псалом 15:10, Павел в Деяниях 13:34–37 подобным образом объясняет:

А что воскресил Его из мертвых, так что Он уже не обратится в тление, о сем сказал так:

«Я дам вам милости, обещанные Давиду, верно».

Посему и в другом месте говорит:

«Не дашь Святому Твоему увидеть тление».

Давид, в свое время послужив изволению Божию, почил и приложился к отцам своим, и увидел тление; а Тот, Которого Бог воскресил, не увидел тления.

Поэтому, согласно Павлу, воскресение Христа было необходимо, чтобы Он в будущем воцарился на земном престоле Давида.

Кроме того, объяснив Псалом 15:10, Петр сразу цитирует Псалом 109:1:

Сего Иисуса Бог воскресил, чему все мы свидетели. Итак Он, быв вознесен десницею Божиею и приняв от Отца обетование Святого Духа, излил то, что вы ныне видите и слышите. Ибо Давид не восшел на небеса; но сам говорит:

«Сказал Господь Господу моему:
„Седи одесную Меня,
    доколе положу врагов Твоих в подножие ног Твоих"» (Деян. 2:32–35).

Другими словами, сам факт, что Мессия сидит по правую руку Отца, доказывает, что Он воскрес из мертвых. Возвышение Христа (равнозначное Его славе) предполагает, что Он уже не в могиле. Поскольку Давид не сидит по правую руку Отца, для Петра было очевидно, что Давид говорил не о себе, а о своем будущем потомке, великом Сыне Давида. Иисус уже цитировал Псалом 109:1, чтобы показать фарисеям, что Он действительно Господь (Матф. 22:41–46), поэтому Петр просто передает то, чему учил Иисус.

Таблица 4.13: Явления Христа после воскресения

Явление	Матфея	Марка	Луки	Иоанна	Деяния	1 Коринфянам
Марии Магдалине у гробницы		16:9–11		20:11–18		
Женщинам на дороге	28:9–10		24:9–11			
Двум ученикам, идущим в Эммаус		16:12–13	24:13–32			
Петру			24:34			15:5*a*
Десяти ученикам			24:36–43	20:19–25		
Одиннадцати ученикам		16:14		20:26–31		15:5*б*
Семи ученикам при ловле рыбы				21:1–23		
Одиннадцати ученикам в Галилее	28:16–20	16:15–18				
Более чем пятистам братьям						15:6
Иакову, Своему брату						15:7*a*
Всем апостолам			24:44–49		1:4–8	15:7*б*
Всем ученикам при вознесении		16:19	24:50–53		1:4–11	
Павлу на дороге в Дамаск					9:1–6; 18:9–10; 22:6–11; 26:12–18	
Павлу в узах в Иерусалиме					23:11	

НОВОЗАВЕТНАЯ ИСТОРИЯ ВОСКРЕСЕНИЯ ХРИСТА

Сам Господь Иисус заранее объявил, что воскреснет из мертвых:

> И когда сходили они с горы, Иисус запретил им, говоря: «Никому не сказывайте о сем видении, доколе Сын Человеческий не воскреснет из мертвых» (Матф. 17:9).

> Отозвав же двенадцать учеников Своих, сказал им: «Вот, мы восходим в Иерусалим, и совершится все, написанное через пророков о Сыне Человеческом, ибо предадут Его язычникам, и поругаются над Ним, и оскорбят Его, и оплюют Его, и будут бить, и убьют Его: и в третий день воскреснет» (Лук. 18:31–33).

> Иисус сказал им в ответ: «Разрушьте храм сей, и Я в три дня воздвигну его». На это сказали иудеи: «Сей храм строился сорок шесть лет, и Ты в три дня воздвигнешь его?» А Он говорил о храме тела Своего. Когда же воскрес Он из мертвых, то ученики Его вспомнили, что Он говорил это, и поверили Писанию и слову, которое сказал Иисус (Иоан. 2:19–22).

Все четыре евангелиста единодушно записали, что Господь Иисус воскрес из мертвых в первый день недели (Матф. 28:1–10; Марк. 16:1–11; Лук. 24:1–12; Иоан. 20:1–10). Таблица 4.13 перечисляет явления Иисуса Христа после Его воскресения.

УЧЕНИЕ НОВОГО ЗАВЕТА О ВОСКРЕСЕНИИ ХРИСТА

Когда Иисус воскрес из мертвых, произошло телесное воскресение всей Его человеческой природы. В Своем воскрешем теле Он мог принимать пищу: «Когда же они от радости еще не верили и дивились, Он сказал им: „Есть ли у вас здесь какая пища?" Они подали Ему часть печеной рыбы и сотового меда. И, взяв, ел пред ними» (Лук. 24:41–43; см. Деян. 10:41). Другие люди, все еще в смертной плоти, могли прикасаться к телу Иисуса: «...Иисус встретил их и сказал: „Радуйтесь!" И они, приступив, ухватились за ноги Его и поклонились Ему» (Матф. 28:9; см. Лук. 24:38–40; Иоан. 20:17). На теле воскрешего Иисуса оставались и были заметны раны от Его распятия, о чем свидетельствует сомневавшийся ученик Фома:

> Другие ученики сказали ему: «Мы видели Господа». Но он сказал им: «Если не увижу на руках Его ран от гвоздей, и не вложу перста моего в раны от гвоздей, и не вложу руки моей в ребра Его, не поверю».
>
> После восьми дней опять были в доме ученики Его, и Фома с ними. Пришел Иисус, когда двери были заперты, стал посреди них и сказал: «Мир вам!» Потом говорит Фоме: «Подай перст твой сюда и посмотри руки Мои; подай руку твою и вложи в ребра Мои; и не будь неверующим, но верующим». Фома сказал Ему в ответ: «Господь мой и Бог мой!» Иисус говорит ему: «Ты поверил, потому что увидел Меня; блаженны невидевшие и уверовавшие» (Иоан. 20:25–29).

Иисус вечно будет полностью Богом и полностью человеком. Он последний Адам, Глава церкви и главный Представитель всего искупленного человечества. Сохранение Его человеческой природы столь же значимо для совершения искупления, как и сохранение Его божественности. Христос должен быть человеком, чтобы представлять верующих в святой жизни на земле, которая может быть вменена им, и чтобы быть их заместительной жертвой на кресте. Он также должен быть Тем, Кто проведет их через смерть в воскресение.

Воскресение Христа привело к следующим великим и славным результатам:

1. Исполнение ветхозаветных пророчеств (см. «Откровение Ветхого Завета о воскресении Христа», с. 333).
2. Исполнение предсказаний Самого Иисуса (см. «Новозаветная история воскресения Христа», с. 336).
3. Подтверждение божественности Сына (Рим. 1:4).
4. Превознесение Отца, являющее Его совершенства (Деян. 2:23–24; Рим. 6:4).
5. Совершенство послушания Иисуса воле Отца (Иоан. 10:17–18).
6. Доказательство, что Отец принял искупительную жертву Христа через смерть на кресте (Рим. 4:25).
7. Обеспечение возрождения избранных (1 Пет. 1:3).
8. Гарантия, что верующие не погибнут за свои грехи (1 Кор. 15:17–18).
9. Обеспечение оправдания верующих и гарантия, что Бог никогда не осудит их (Рим. 8:1–11, 31–34).

10. Возможность для Христа послать Святого Духа верующим, чтобы Он жил в них и образовал из них церковь, Тело Христа (Иоан. 16:7).

11. Провозглашение Христа Главой церкви и Властелином творения (Еф. 1:19–23; Кол. 1:15–19).

12. Установление Божьего принципа власти в том, что Он духовно воскресил верующих от духовной смерти по их преступлениям (Еф. 1:19–20; 2:1–6).

13. Побуждение к духовной жизни, поскольку верующие уже посажены со Христом на небесах, и им обещано, что они будут с Ним во славе (Еф. 2:5–6; Кол. 3:1–4).

14. Осуществление обязательного, полноценного и плодотворного служения Христу (Рим. 7:4; 1 Кор. 15:14, 58).

15. Поощрение назначить первый день недели для поклонения Христу и служения Ему в поместных общинах (Матф. 28:1; Иоан. 20:19; Деян. 20:7; 1 Кор. 16:2).

16. Создание непоколебимого основания для надежды (уверенного ожидания), что Бог исполнит все Свои обещания (1 Пет. 1:3; Рим. 8:23–25; 1 Кор. 15:19–20).

17. Гарантия будущей жизни после воскресения для всех верующих (Иоан. 5:26–29; 14:19; Рим. 4:25; 6:5–10; 1 Кор. 15:20, 23).

18. Подтверждение предстоящего исполнения завета с Давидом (Деян. 2:29–36; 13:34–37).

19. Гарантия того, что Христос будет судить мир (Иоан. 5:24–30; Деян. 17:31).

20. Превознесение Сына и прославление той славой, которую Он ранее имел у Отца (Иоан. 17:5; 1 Пет. 1:10–11, 20–21; Флп. 2:8–9).

В истории искупления нет большего события, чем воскресение Христа, поскольку оно завершает и подтверждает Его жертвенную смерть и для осуществления замысла Царства дает вечно живущего Царя. Чтобы обрести спасение, необходимо верить в воскресение (Рим. 10:9–10).

ВОЗНЕСЕНИЕ ВОСКРЕСШЕГО ХРИСТА

Писание учит, что Христос вознесся обратно на небеса, чтобы сесть по правую руку Отца, и это учение важно, поскольку оно связано с превосходством Сына Божьего:

> Сей, будучи сияние славы и образ ипостаси Его и держа все словом силы Своей, совершив Собою очищение грехов наших, воссел одесную престола величия на высоте, будучи столько превосходнее ангелов, сколько славнейшее пред ними наследовал имя. Ибо кому когда из ангелов сказал Бог:

> «Ты Сын Мой,
> Я ныне родил Тебя?»

И еще:

> «Я буду Ему Отцом,
> и Он будет Мне Сыном?»

Также, когда вводит Первородного во вселенную, говорит:

> «И да поклонятся Ему все ангелы Божии».

Об ангелах сказано:

> «Ты творишь ангелами Своими духов
> и служителями Своими пламенеющий огонь».

А о Сыне:

> «Престол Твой, Боже, в век века;
> жезл царствия Твоего—жезл правоты.
> Ты возлюбил празду и возненавидел беззаконие,
> посему помазал Тебя, Боже, Бог Твой
> елеем радости более соучастников Твоих» (Евр. 1:3–9).

Ученики слышали от Иисуса, что Он вознесется к Отцу:

> «Вскоре вы не увидите Меня, и опять вскоре увидите Меня, ибо Я иду к Отцу».
> Тут некоторые из учеников Его сказали один другому: «Что это Он говорит нам:
> „Вскоре не увидите Меня, и опять вскоре увидите Меня“, и: „Я иду к Отцу“? (Иоан.
> 16:16–17; см. 7:33–34; 8:21; 14:19, 28–29)

Иисус исполнил Свои слова, физически покинув землю и вознесшись на небо
с горы Елеонской (Деян. 1:9–11). Отец принял Его в Свою славу (1 Тим. 3:16), и сейчас Христос сидит на престоле Отца (Откр. 3:21) по правую руку от Него (Деян.
5:31; Еф. 1:19–20), на престоле всеобщего и вечного Царства Божьего (Марк. 16:19;
Деян. 5:31; 7:55–56; Еф. 1:19–20). То, что Он воссел на престоле Отца, показывает,
что Он завершил дело искупления (Евр. 10:12–13; 12:2).

Вознесение Христа было подтверждено видениями Стефана (Деян. 7:55–56),
Павла (Деян. 9:3–5; 22:6–8; 26:13–15) и Иоанна (Откр. 4:1; 5:6). На Павла оно произвело неизгладимое впечатление, став ключевым элементом в его спасении:
живой, воскресший, вознесшийся Мессия говорил с ним с небес.

Прославленный Христос[68]

Небесный Ходатай
Восхищение церкви
Судилище
Второе пришествие
Тысячелетнее царствование
Суд Великого белого престола
Вечное будущее

Небесный Ходатай

В настоящее время служение прославленного Христа Своему народу состоит
в Его ходатайстве за них. Он вознесся и воссел по правую руку Отца, где выступа-
ет в качестве Ходатая и Первосвященника верующих (1 Иоан. 2:1; Рим. 8:34; Евр.
7:25; 9:24). Там Спаситель «ходатайствует за нас» (Рим. 8:34) как превознесенный

---

[68] Более подробное обсуждение этих тем см. гл. 10 «Будущее».

Первосвященник всех верующих: «Главное же в том, о чем говорим, есть то: мы имеем такого Первосвященника, Который воссел одесную престола величия на небесах и есть священнодействователь святилища и скинии истинной, которую воздвиг Господь, а не человек» (Евр. 8:1–2). Таким образом, надежда благочестивого Иова исполнилась: «И ныне, вот, на небесах Свидетель мой, и Заступник мой в вышних!» (Иов. 16:19). Прекрасный пример священнического ходатайства Христа за Своих можно видеть в Его молитве Отцу, записанной в 17-й главе Евангелия от Иоанна.

Восхищение церкви

Все остальные аспекты служения Христа после воскресения относятся к будущему. Его церковь ждет, что Он призовет истинную церковь, Тело Его, взойти к Нему. Это называют «восхищением» церкви, когда верующие, мертвые и живые, соберутся на небесах. В 1 Фессалоникийцам Павел пишет о восхищении:

> Не хочу же оставить вас, братия, в неведении об умерших, дабы вы не скорбели, как прочие, не имеющие надежды. Ибо, если мы веруем, что Иисус умер и воскрес, то и умерших в Иисусе Бог приведет с Ним. Ибо сие говорим вам словом Господним, что мы живущие, оставшиеся до пришествия Господня, не предупредим умерших, потому что Сам Господь при возвещении, при гласе архангела и трубе Божией, сойдет с неба, и мертвые во Христе воскреснут прежде; потом мы, оставшиеся в живых, вместе с ними восхищены [греч. *harpazō*] будем на облаках в сретение Господу на воздухе, и так всегда с Господом будем. Итак утешайте друг друга сими словами (1 Фес. 4:13–18).

Как Иисус умер и воскрес, так воскреснут и умершие во Христе (1 Кор. 15:51–58; 1 Фес. 4:14). Это событие не связано с судом, оно для верующих. Это предстоящее собрание верующих на небеса произойдет внезапно и будет следующим этапом в Божьем плане искупления.

И живые, и умершие будут собраны к Господу на небеса в прославленных телах. Очевидно, фессалоникийцы достаточно знали о суде в день Господень (1 Фес. 5:1–2), но не о предшествующем ему восхищении церкви. Пока Павел не получил это откровение от Бога, единственная ссылка на него была в учении Иисуса в Иоанна 14:1–3. Поскольку Павел не знал назначенного Богом времени этого события, он жил и говорил так, словно оно могло произойти при его жизни. Как и все первые христиане, Павел верил, что оно может произойти в любой момент (Рим. 13:11; 1 Кор. 6:14; 10:11; 16:22; Флп. 3:20–21; 1 Тим. 6:14; Тит. 2:13).

Слова «Сам Господь... сойдет» (1 Фес. 4:16) говорят, как исполнится обещание Иисуса в Иоанна 14:1–3. А до тех пор Он остается на небесах (1 Фес. 1:10; Евр. 1:1–3). Умершие верующие воскреснут первыми (1 Фес. 4:16; 1 Кор. 15:52). Те, кто будет жив в момент восхищения, присоединятся к умершим, которые воскреснут первыми, для встречи с Господом в воздухе (1 Фес. 4:17).

Судилище[69]

Господь Иисус Христос есть Тот, через Кого Бог будет судить всех людей (Иоан. 5:22–23). Верующих Он будет судить с так называемого судилища Христова: «...ибо всем нам должно явиться пред судилище Христово, чтобы каждому получить соответственно тому, что он делал, живя в теле, доброе или худое» (2 Кор. 5:10). Сравнение этого текста с 1 Коринфянам 3:10–15 показывает, что дерево, сено и солома не греховны, а просто бесполезны и потому не выдержат испытания на ценность для вечности. Так описывается самая глубокая мотивация верующего и его высшая цель при угождении Богу: осознание того, что каждый христианин в конечном счете подотчетен Ему.

Термин «судилище» метафорически описывает место, где будет сидеть Господь, оценивая жизнь верующих, чтобы вручить им вечные награды. В Греции судилищем (греч. *bēma*) называли возвышение, на которое поднимались победители соревнований (напр., во время Олимпийских игр) для получения своих венцов. В Новом Завете это слово также используется для описания места, где происходит суд, например, когда Иисус предстал перед Понтием Пилатом (Матф. 27:19; Иоан. 19:13). Однако Павел употребил его, используя спортивные аналогии. В Коринфе было такое возвышение, где вручались награды спортсменам и решались судебные вопросы (Деян. 18:12–16), поэтому коринфянам слова Павла были ясны. Христос будет оценивать дела верующих, совершенные во время их земного служения. Сюда не входят грехи, поскольку возмездие за них полностью оплачено на кресте (Еф. 1:7). Павел говорит о поступках верующих в этой жизни, за которые последует вечная награда и похвала от Бога. То, что христиане делают для Божьей славы в своих временных телах, по Божьей оценке, будет иметь вечные последствия.

Второе пришествие

Греческий термин *parusia* (Матф. 24:3, 27, 37, 39; Иак. 5:7–8; 2 Фес. 2:8) буквально означает «присутствие». В Новом Завете это слово описывает посещение важными людьми. Таким образом, это слово указывает на определенное уникальное «пришествие». Авторы Нового Завета иногда используют это слово для обозначения второго пришествия Христа (и для описания восхищения в 1 Фес. 2:19; 3:13; 4:15; 5:23). Другое греческое существительное, *apokalypsis* (1 Пет. 1:7, 13; 4:13; 1 Кор. 1:7; 2 Фес. 1:7), означающее «откровение» или «раскрытие», также указывает на откровение Христа при Его втором пришествии. Это славное возвращение явит Христа как Царя над всеми.

Иисус вернется на землю с божественной силой и славой, чтобы судить живущих на земле (Матф. 24:30; 25:31–46; Лук. 9:26; см. Дан. 7:13; 2 Пет. 3:12; Иуд. 14; Тит. 2:13; Откр. 1:7). Пророки Ветхого Завета часто говорят о будущем Божьем суде. Один из них, Софония, описывая этот суд, прямо говорит, что Мессия,

---

[69] Этот раздел адаптирован из «Учебной Библии с комментариями Джона Мак-Артура» (С. 1822).

Который «силен спасти», придет на землю (Соф. 3:17). Сам Христос ссылался на слова Софонии (Соф. 1:3 в Матф. 13:41; Соф. 1:15 в Матф. 24:29), что еще больше связывает это пророчество со вторым пришествием Христа.

Бог Отец уже дал Сыну всю власть производить суд: «И дал Ему власть производить и суд, потому что Он есть Сын Человеческий» (Иоан. 5:27; см. Матф. 25:31–32). Учитывая это назначение, Бог дал Свое записанное откровение, которое завершается описанием последнего суда. То, что открывает или раскрывает последняя книга Библии, Откровение, — это характеристики возвращения Иисуса Христа во славе.

Тысячелетнее царствование[70]

Вернувшись со Своей прославленной церковью, Христос установит на земле Свое Тысячелетнее царство (Деян. 1:9–11; 1 Фес. 4:13–18; Откр. 20:1–6). В 20-й главе Откровения шесть раз говорится, что Царство Христа продлится тысячу лет. Нет причин считать, что при этом не имеется в виду буквальный тысячелетний период, в течение которого Иисус Христос будет царствовать на земле во исполнение как многочисленных пророчеств Ветхого Завета (2 Цар. 7:12–16; Пс. 2; Ис. 11:6–12; 24:23; Ам. 9:8–15; Мих. 4:1–8; Зах. 14:1–11), так и Своего учения (Матф. 24:29–31, 36–44).

Что касается общественного устройства, Христос покончит с войнами и установит мир на земле (Ис. 9:7; Мих. 4:34). Справедливость будет царить во всех классах и расах человечества (Пс. 71:4; Ис. 65:21–22), и Бог снова заселит опустевшие земли (Пс. 71:16; Ис. 61:4). Христос научит человечество ценить важные отношения, к примеру, проявляя заботу об угнетенных и страдающих (Ис. 42:3) или исцеляя отношения между родителями и детьми (Мал. 4:6).

В политической сфере Христос утвердится как всемирный верховный Правитель (Пс. 2:8–10; Ис. 2:2–4) и установит столицу мира в Иерусалиме (Иер. 3:17). В Своем Царстве Господь положит конец враждебности народов к евреям (Зах. 8:13, 23). Проклятие Вавилонской башни обратится вспять, так что больше не будет языкового барьера во всех человеческих отношениях (Ис. 19:18; Соф. 3:9).

Что касается поклонения, Христос будет править как Царь и Священник над Израилем и всем миром (Пс. 109:4; Зах. 6:12–13). В мессианском Царстве Израиль будет религиозным лидером мира (Исх. 19:6; Ис. 61:6, 9), а Иерусалим будет духовной столицей мира (Зах. 14:16–17). Поэтому храм в Израиле станет центром поклонения (Иез. 40–48; Агг. 2:6–9).

Грехопадение нарушило данное при сотворении Божье благословение и поручение для человека. Из-за своего непослушания Адам больше не мог управлять так, как задумал Бог. С тех пор все проявления этого первоначального владычества остаются неполными и несовершенными. Псалмопевец так пишет об этой возвышенной роли:

---

[70] Этот раздел адаптирован из: William D. Barrick, "The Kingdom of God in the Old Testament," *MSJ* 23, no. 2 (2012): 179–180, 184. Использовано с разрешения MSJ.

Когда взираю я на небеса Твои—дело Твоих перстов,
  на луну и звезды, которые Ты поставил,
то что есть человек, что Ты помнишь его,
  и сын человеческий, что Ты посещаешь его?

Не много Ты умалил его пред ангелами:
  славою и честью увенчал его;
поставил его владыкою над делами рук Твоих;
  все положил под ноги его:
овец и волов всех,
  и также полевых зверей,
птиц небесных и рыб морских,
  все, преходящее морскими стезями.

Господи, Боже наш!
  Как величественно имя Твое по всей земле! (Пс. 8:4–10)

Здесь псалмопевец описал идеал для человечества, а не его текущее состояние, это замысел для будущего правления в Царстве Господа, а не мрачное прошлое и настоящее. Конечно, Иисус Христос как главный «сын человеческий» (Пс. 8:5) выполнит предназначение человека, будучи единственным совершенным представителем человечества. В Евреям 2:5–14 открыто, что «ныне же еще не видим, чтобы все было... покорено» Христу (Евр. 2:8), потому что Его посредническое Царство еще не наступило. В конце даже правящий сейчас князь мира сего, сатана (Иоан. 12:31; Еф. 2:2), будет подчинен власти и правлению Христа. А пока сатана правит как князь этого мира, Царство Христа еще не наступило. Поэтому Иисус учил Своих учеников молиться: «...да приидет Царствие Твое...» (Матф. 6:10). «Аминь. Ей, гряди, Господи Иисусе!» (Откр. 22:20).

Суд Великого белого престола

После Тысячелетнего царства Христос будет судить неверующих мертвых с Великого белого престола (Откр. 20:11–15). Как Посредник между Богом и людьми (1 Тим. 2:5), Глава Тела, церкви (Еф. 1:22; 5:23; Кол. 1:18), и грядущий вселенский Царь, Который будет царствовать на престоле Давида (Ис. 9:6–7; Иез. 37:24–28; Лук. 1:31–33), Христос—последний Судья всех, кто не поверил в Него как Господа и Спасителя (Матф. 25:14–46; Деян. 17:30–31).

Вечное будущее

В конце истории этого мира Бог соберет верующих в Тысячелетнем царстве, о чем в Ефесянам 1:10 сказано как об «устроении полноты времен» в смысле завершения истории (см. Откр. 20:1–6). Затем Бог все соберет у Себя на новом небе и новой земле, которые Он сотворит (Откр. 21:1–5). Новое вечное состояние будет полностью единым во главе со Христом:

...потому что [Бог] все покорил под ноги Его. Когда же сказано, что Ему все покорено, то ясно, что кроме Того, Который покорил Ему все. Когда же все покорит Ему, тогда и Сам Сын покорится Покорившему все Ему, да будет Бог все во всем (1 Кор. 15:27–28).

Таким образом, вечный рай открывается как величественное Царство, где небо и земля соединены в славе, превосходящей человеческое воображение и пределы земных измерений. Но подлинная слава вечного будущего заключается в том, что все верующие будут обитать в присутствии Господа Иисуса Христа. Они будут пребывать с Господом на небесах, в славном общении с Богом во Христе, а это и есть полнота счастья. Как верующие получили благодать от Агнца, так и свою славу они получат от Него. Человек Христос Иисус будет центром божественной славы на небесах, и от этого центра она будет распространяться на всех святых. Счастье небес в Писании описано как пребывание с Христом: «Истинно говорю тебе, ныне же будешь со Мною в раю» (Лук. 23:43). Видимо, это такая радость, которой желает и будет наслаждаться даже Сам Христос: «Отче! Которых Ты дал Мне, хочу, чтобы там, где Я, и они были со Мною, да видят славу Мою, которую Ты дал Мне, потому что возлюбил Меня прежде основания мира» (Иоан. 17:24). Когда апостол Павел говорит о грядущем восхищении церкви, он так обобщает значение этого события: «...и так всегда с Господом будем. Итак утешайте друг друга сими словами» (1 Фес. 4:17–18).

Более того, именно на такое общение с Христом, как кажется, указывает Писание, когда говорит о Боге и Агнце (закланном Спасителе) вместе, изображая счастье святых на небесах: «...ибо Агнец, Который среди престола, будет пасти их и водить их на живые источники вод; и отрет Бог всякую слезу с очей их» (Откр. 7:17). И еще: «Се, скиния Бога с человеками, и Он будет обитать с ними; они будут Его народом, и Сам Бог с ними будет Богом их. И отрет Бог всякую слезу с очей их, и смерти не будет уже; ни плача, ни вопля, ни болезни уже не будет, ибо прежнее прошло» (Откр. 21:3–4). Здесь «скиния» — это перевод слова, однокоренного глаголу «обитать», которое может описывать воплощение Христа (Иоан. 1:14). И, наконец, апостол Иоанн провозглашает: «Храма же я не видел в нем, ибо Господь Бог Вседержитель — храм его, и Агнец. И город не имеет нужды ни в солнце, ни в луне для освещения своего, ибо слава Божия осветила его, и светильник его — Агнец» (Откр. 21:22–23).

Молитва[71]

О, милосердный Бог, спасибо Тебе за небесного Ходатая,
    Иисуса Христа, Праведника, Который, взойдя на крест,
        принес искупительную жертву за все наши грехи,
            единственную, совершенную жертву,
                достойную Твоей святой справедливости.

---

[71] Эта молитва воспроизводится дословно из: Мак-Артур Д. У престола благодати. СПб.: Виссон, 2015. С. 20–22.

Он Тот, Кто
    вместо обвинения дал нам Свое прощение,
    вместо тьмы—чудный свет,
    вместо непокорности—безусловную любовь,
    вместо смерти—вечную жизнь.
Избавив от мира, в котором царит зло, Он ввел нас в Свое славное Царство.
Хвала Тебе за чудо любви, явленной в Иисусе Христе!
Мы благодарны за то, что Ты послал Сына в облике человека,
    Который во искупление наших грехов
    был презрен, отвержен, избит, осмеян и распят.

В Нем Твоя любовь затмила любую другую.
Твоя милость непостижима для нас, грешников,
    получивших полное и вечное прощение грехов
    через веру в Иисуса Христа.
Поэтому мы жаждем любить Тебя так же, как Ты возлюбил нас.
    Но зная, что это невозможно, вслед за апостолом Петром просим:
    испытай сердца наши, зная, что любовь наша к Тебе непритворна,
        хотя зачастую в это трудно поверить.
Наши сердца не намного мягче камня;
    взываем, растопи их Своей благодатью.
Слишком часто, замыкаясь в себе (словно от Тебя можно отгородиться),
    мы творим то, что нам вздумается.
Помоги нам распахнуть дверь сердца своего, а ключ вручить Тебе!
    Будь нашим Владыкой.

Прими хвалу, Отец, за великую любовь и за Иисуса Христа,
    Единородного Сына Божьего.
Мы славим Тебя, Господь Иисус, за чудесное спасение,
    что даровано Тобой.
Мы преклоняем колени пред Тобой, благословенный Дух Святой,
    за явленную истину Евангелия
    и превращение наших сердец в Твою обитель.
Небесный Отец, пусть Иисус узрит в наших сердцах плод
    Своих ненапрасных скорбей и возрадуется.
Избавь нас от всех ложных верований и упований
    и научи нас покоиться лишь в Иисусе.
Не дай нам стать равнодушными к поражающему своим величием дару спасения.
Да взыщем мы всей силой души
    освящения и неуклонно возрастающей святости!

Господь Иисус, Учитель, Искупитель, Спаситель,
    наша жизнь без остатка
    принадлежит Тебе по праву искупления.
        Все наши таланты и способности да служат к славе Твоей.
        Наполни наши сердца упованием.
        Да избегнем мы множества неотступно преследующих нас искушений
            и умертвим постоянно досаждающие нам прегрешения.
        Да не будет среди нас никакого лицемерия.

Укрепи нашу веру в час испытаний.
Защити от преследований гонителей.
Избавь от зла века сего.

Дорогой Отец светов, у Которого нет изменения и ни тени перемены,
мы признаем, что Ты один—
податель всякого даяния доброго и дара совершенного,
Ты так щедро благословил нас,
даруя нам все обильно для наслаждения.
И как сказано в только что прочитанном отрывке:
величайший дар на земле—это Твой Сын, Иисус Христос,
пожертвовавший Собой,
чтобы освободить нас от рабства греха.
Пусть в наших сердцах не иссякает благодарность,
пусть о ней же свидетельствует каждый прожитый день,
чтобы все видящие ее воздавали Тебе хвалу.
Во имя Иисуса мы молимся. Аминь.

«О, если б сотни уст иметь»

О, если б сотни уст иметь,
Чтоб непрестанно петь,
Господню мудрость прославлять,
Любовь и благодать.

Иисуса имя жизнь дарит,
Снимает всякий гнет,
Приятней музыки звучит,
Спасает от невзгод.

Дает усталым тишину,
Свободу от оков;
Смывает всякую вину
Христа святая кровь.

Глухой, внимай! Немой, хвали!
Откройтесь все уста!
Слепой, прозри и славь Христа,
Владыку всей земли!

Мой Искупитель и Господь,
Молюсь лишь об одном:
Дай мудрости учить и петь
Об имени Твоем.

Чарльз Уэсли (1707–1788)
(перевод Д. А. Ясько)

Список литературы

Основные труды по систематическому богословию

Беркхоф Л. Систематическое богословие. Мн.: Полиграфкомбинат им. Я. Коласа, 2014. С. 337–470.

* Грудем У. Систематическое богословие: Введение в библейское учение. СПб.: Мирт, 2004. С. 595–715.

Тиссен Г. Лекции по систематическому богословию. СПб.: Библия для всех, 1994. С. 227–274.

Эриксон М. Христианское богословие. СПб. Библия для всех, 1999. С. 561–716.

Bancroft, Emery H. *Christian Theology: Systematic and Biblical*. 2nd ed. Grand Rapids, MI: Zondervan, 1976. 95–156.

Buswell, James Oliver, Jr. *A Systematic Theology of the Christian Religion*. 2 vols. Grand Rapids, MI: Zondervan, 1962–1963. 2:17–69.

Culver, Robert Duncan. *Systematic Theology: Biblical and Historical*. Fearn, Ross-shire, Scotland: Mentor, 2005. 419–638.

Dabney, Robert Lewis. *Systematic Theology*. 1871. Reprint, Edinburgh: Banner of Truth, 1985. 182–93, 500–553.

Hodge, Charles. *Systematic Theology*. 3 vols. 1871–1873. Reprint, Grand Rapids, MI: Eerdmans, 1975. 1:483–521; 2:378–638.

Lewis, Gordon R., and Bruce A. Demarest. *Integrative Theology*. 3 vols. Grand Rapids, MI: Zondervan, 1987–1994. 2:251–496.

Reymond, Robert L. *A New Systematic Theology of the Christian Faith*. Nashville: Thomas Nelson, 1998. 545–801.

* Shedd, William G. T. *Dogmatic Theology*. 3 vols. 1889. Reprint, Minneapolis: Klock & Klock, 1979. 2A:261–349; 3:378–400.

Strong, August Hopkins. *Systematic Theology: A Compendium Designed for the Use of Theological Students*. Rev. ed. New York: Revell, 1907. 669–776.

Swindoll, Charles R., and Roy B. Zuck, eds. *Understanding Christian Theology*. Nashville: Thomas Nelson, 2003. 291–387.

Turretin, Francis. *Institutes of Elenctic Theology*. 3 vols. Edited by James T. Dennison Jr. Translated by George Musgrove Giger. 1679–1685. Reprint, Phillipsburg, NJ: P&R, 1992–1997. 1:282–302; 2:271–449.

* Обозначает самые полезные.

Специальные труды

Мак-Артур Д. Наша достаточность во Христе. Б. м.: Славян. еванг. о-во, 2005.

Banks, William L. *The Day Satan Met Jesus: The Temptation of Christ—Cast, Action and Effects of the Wilderness Drama*. Chicago: Moody Press, 1973.

Beilby, James K., and Paul R. Eddy, eds. *The Historical Jesus: Five Views*. Downers Grove, IL: IVP Academic, 2009.

* Berkouwer, G. C. *The Person of Christ*. Studies in Dogmatics. 1954. Reprint, Grand Rapids, MI: Eerdmans, 1975.

Boettner, Loraine. "The Person of Christ." In *Studies in Theology*, 140–351. 12th ed. N. p.: Presbyterian & Reformed, 1974.

* Boice, James Montgomery, and Philip Graham Ryken. *Jesus on Trial*. Wheaton, IL: Crossway, 2002.

* Borland, James A. *Christ in the Old Testament: Old Testament Appearances of Christ in Human Form*. Rev. ed. Fearn, Ross-shire, Scotland: Mentor, 1999.

* Bowman, Robert M., Jr., and J. Ed Komoszewski. *Putting Jesus in His Place: The Case for the Deity of Christ*. Grand Rapids, MI: Kregel, 2007.

Charnock, Stephen. *Christ Crucified: The Once-for-All Sacrifice*. 1830. Reprint, Fearn, Ross-shire, Scotland: Christian Focus, 2012.

* Feinberg, Charles Lee. *Is the Virgin Birth in the Old Testament?* Whittier, CA: Emeth, 1967.

Gaffin, Richard B., Jr. *The Centrality of the Resurrection: A Study in Paul's Soteriology*. Grand Rapids, MI: Baker, 1978.

Geisler, Norman L., and F. David Farnell, eds. *The Jesus Quest: The Danger from Within*. [Maitland, FL]: Xulon, 2014.

* Gromacki, Robert Glenn. *The Virgin Birth: Doctrine of Deity*. Nashville: Thomas Nelson, 1974.

* Heick, Otto W. *A History of Christian Thought*. 2 vols. Philadelphia: Fortress, 1965.

* Hengstenberg, Ernst Wilhelm. *Christology of the Old Testament and a Commentary on the Messianic Predictions*. Kregel Reprint Library. 1847. Reprint, Grand Rapids, MI: Kregel, 1970.

Janowski, Bernd, and Peter Stuhlmacher, eds. *The Suffering Servant: Isaiah 53 in Jewish and Christian Sources*. Grand Rapids, MI: Eerdmans, 2004.

Kiehl, Erich H. *The Passion of Our Lord*. Grand Rapids, MI: Baker, 1990.

* Lawlor, George L. *When God Became Man*. Chicago: Moody Press, 1978.

MacArthur, John. *The Jesus You Can't Ignore: What You Must Learn from the Bold Confrontations of Christ*. Nashville: Thomas Nelson, 2008.

* MacArthur, John. *The Murder of Jesus: A Study of How Jesus Died*. Nashville: Word, 2000.

* MacArthur, John. *One Perfect Life: The Complete Story of the Lord Jesus*. Nashville: Thomas Nelson, 2012.

* MacArthur, John. *Parables: The Mysteries of God's Kingdom Revealed through the Stories Jesus Told*. Nashville: Thomas Nelson, 2015.

MacArthur, John. *The Upper Room: Jesus' Parting Promises for Troubled Hearts*. [The Woodlands, TX]: Kress Biblical Resources, 2014.

MacArthur, John, and Richard Mayhue. *Christ's Prophetic Plans: A Futuristic Premillennial Primer*. Chicago: Moody Publishers, 2012.

* McClain, Alva J. "The Doctrine of the Kenosis in Philippians 2:5–8." *MSJ* 9, no. 1 (1998): 85–96.

* Nichols, Stephen J. *For Us and for Our Salvation: The Doctrine of Christ in the Early Church*. Wheaton, IL: Crossway, 2007.

* Pentecost, J. Dwight. *The Words and Works of Jesus Christ: A Study of the Life of Christ*. Grand Rapids, MI: Zondervan, 1981.

Rydelnik, Michael. *The Messianic Hope: Is the Hebrew Bible Really Messianic?* NAC Studies in Bible and Theology 9. Nashville: B&H Academic, 2010.

Ryrie, Charles Caldwell. *Biblical Theology of the New Testament*. 1959. Reprint, Chicago: Moody Press, 1973.

* Scroggie, W. Graham. *A Guide to the Gospels*. Old Tappan, NJ: Revell, n. d.

Scroggie, W. Graham. *The Unfolding Drama of Redemption: The Bible as a Whole*. 3 vols. 1953–1970. Reprint, Grand Rapids, MI: Zondervan, 1976.

Thomas, Robert L., and F. David Farnell, eds. *The Jesus Crisis: The Inroads of Historical Criticism into Evangelical Scholarship*. Grand Rapids, MI: Kregel, 1998.

* Walvoord, John F. *Jesus Christ Our Lord*. Chicago: Moody Press, 1969.

* Warfield, Benjamin B. *The Person and Work of Christ*. Edited by Samuel G. Craig. Philadelphia: Presbyterian & Reformed, 1950.

* Wells, David F. *The Person of Christ: A Biblical and Historical Analysis of the Incarnation*. Foundations for Faith. Westchester, IL: Crossway, 1984.

* Wilson, Clifford A. *Jesus the Teacher*. Melbourne: Hill of Content, 1974.

Wilson, William Riley. *The Execution of Jesus: A Judicial, Literary and Historical Investigation*. New York: Scribner, 1970.

* Обозначает самые полезные.

«Троицу славьте»

Славьте Отца за великую благость,
Нежно Он любит детей непослушных.
Люди земли и небесные хоры,
Сущего славьте!

Славьте Спасителя, Божьего Сына,
Он к Своим избранным так милосерден!
Девы и юноши, старцы и дети,
Славьте Иисуса!

Славьте и Духа, Он наш Утешитель,
Посланный свыше для блага спасенных.
Все ипостаси Святого хвалите —
Троицу славьте!

Элизабет Чарльз (1828–1896)

5

Бог Дух Святой

Пневматология

Основные темы 5-й главы

Введение в учение о Духе Святом

Божественность и триединство

Спасение

Освящение

Служение

Творение

Писание

Пророческое служение

Эта глава посвящена Святому Духу, третьему Лицу Троицы, Который упоминается в Писании от Бытия до Откровения.

Введение в учение о Духе Святом

Обзор Ветхого Завета
Обзор Нового Завета
Реальность Святого Духа
Имена и титулы
Образные описания Святого Духа
Служение Святого Духа Христу
Служения Святого Духа
Грехи против Святого Духа

Обзор Ветхого Завета

Еврейское слово *ruakh* в Ветхом Завете употребляется 378 раз, а такое же арамейское слово—11 раз (только в книге Даниила). Главным образом оно означает «дух» (1 Цар. 16:14), «ветер» (Исх. 10:13) или «дыхание» (Быт. 6:17, СРП). Подразумеваемое значение почти всегда определяется контекстом, как, например, различие между Духом Божьим (Быт. 6:3) и духом человека (Иов. 10:12) или между отношением (букв. «надменный дух», Прит. 16:18) и нематериальной частью человека (Пс. 30:6).

Из 39 книг Ветхого Завета слово *ruakh* встречается во всех, кроме 7 (Левит, Руфь, Есфирь, Песнь Песней Соломона, Авдия, Наума, Софонии, около 82 %). Однако именно Святого Духа оно называет лишь в 79 из 378 случаев (21 %) и только в 21 из 39 книг Ветхого Завета (51 %), включая Бытие, Исход, Числа, Второзаконие, Судей, 1 Царств, 2 Царств, 3 Царств, 4 Царств, 1 Паралипоменон, 2 Паралипоменон, Неемии, Иова, Псалтирь, Исаии, Иезекииля, Иоиля, Михея, Аггея, Захарии и Малахии.

Святой Дух упоминается от времени сотворения (Быт. 1:2) до последней книги Ветхого Завета (Мал. 2:15). Чаще всего о Божьем Духе говорится в книгах пророков Исаии (15 раз) и Иезекииля (15 раз), а также в книгах Чисел (7 раз), Судей (7 раз), 1 Царств (7 раз) и Псалтирь (5 раз).

Обзор Нового Завета

Новозаветное откровение о Святом Духе намного превосходит ветхозаветное. Греческое слово *pneuma* в Новом Завете встречается 379 раз (почти столько же, что и еврейское слово *ruakh* в Ветхом Завете), однако к Святому Духу оно относится более чем в 245 случаях (65 %), втрое больше, чем в Ветхом Завете. Суммарно в Ветхом и Новом Завете слово «дух» примерно в 43 % случаев (324 из 757 случаев) относятся к Святому Духу.

Слово *pneuma* встречается в 25 книгах Нового Завета (93 %), его нет только в 2 и 3 Иоанна. К Святому Духу оно относится в 23 книгах (85 %), за исключением посланий Иакова, 2 и 3 Иоанна и Филимону.

Святой Дух упоминается в Новом Завете от Матфея 1:18 и до Откровения 21:10. Чаще всего о Нем говорится в книге Деяний (56 раз), посланиях к Римлянам (28 раз) и 1 Коринфянам (22 раза). Одна из самых главных тем—это Дух Святой как Божий дар каждому верующему (1 Иоан. 3:24; 4:13; Рим. 5:5; 2 Кор. 1:22; 5:5; Гал. 3:5; Еф. 1:13–14; 1 Фес. 4:8).

Реальность Святого Духа

Согласно Библии, реальность существования Святого Духа не может вызывать никаких сомнений, поскольку о Нем говорится более 320 раз. Но является ли Святой Дух личностью, как Бог Отец и Бог Сын? Личность не измеряется физическими составляющими, такими как части тела, плоть, кровь и кости. Но она определяется наличием трех основных характеристик: (1) сознание/разум, (2) желание/воля и (3) чувства/эмоции[1]. В Библии более чем достаточно свидетельств, что Святой Дух обладает всеми тремя признаками личности. Таким образом, Его можно считать третьим Лицом триединого Бога.

СОЗНАНИЕ/РАЗУМ

1. Он советует (Ис. 11:2).
2. Он дает мудрость (Ис. 11:2).
3. Он вдохновил Писание (Деян. 1:16; 1 Пет. 1:11; 2 Пет. 1:21; Евр. 3:7; 10:15).
4. Он ходатайствует (Рим. 8:26).
5. Он обладает знанием (Ис. 11:2).
6. Он имеет мысли (Рим. 8:27; 1 Кор. 2:10–13).
7. Он напоминает (Иоан. 14:26).
8. Он дает истину (Иоан. 14:17, 26; 15:26; 16:13; 1 Иоан. 4:6).
9. Он говорит (Деян. 8:29; 10:19; 11:12; 13:2; 28:25; Откр. 2:7–3:22).
10. Он учит (Лук. 12:12; Иоан. 14:26; 1 Кор. 2:13; Евр. 9:8).
11. Он свидетельствует (Иоан. 15:26; 1 Иоан. 5:7–8).

ЖЕЛАНИЕ/ВОЛЯ

1. Он противится грешникам (Быт. 6:3; Деян. 7:51).
2. Он направляет (Деян. 16:6–7).
3. Он распределяет духовные дары (1 Кор. 12:11; Евр. 2:4).
4. Он возрождает (Иоан. 3:7–8; Тит. 3:5).

ЧУВСТВА/ЭМОЦИИ

1. Он испытывает радость (1 Фес. 1:6).
2. Он может быть оскорблен (Евр. 10:29).
3. Он огорчается из-за греха (Ис. 63:10; Еф. 4:30, Кассиан).
4. Он любит (Рим. 5:5; 15:30; Гал. 5:22).

Имена и титулы

Одним из главных доказательств триединства Бога служат имена, которыми назван Святой Дух. Некоторые из них связаны с Отцом, другие — с Сыном, и есть имена, которые уникальны для Святого Духа. Эти имена перечислены в следующих четырех разделах.

СВЯТОЙ ДУХ И ОТЕЦ

«Господь, Который есть Дух» (2 Кор. 3:18, Кассиан)
«Дух Бога живого» (2 Кор. 3:3)
«Дух Бога нашего» (1 Кор. 6:11)

---

[1] Говоря о «чувствах» и «эмоциях», мы не подразумеваем, что чувства Бога—это непроизвольные страсти, которые Им управляют, как часто бывает с человеческими эмоциями. Как гласит Вестминстерское исповедание, Бог «бестелесный, нераздельный и не подверженный страстям, неизменный» (2.1). Бог не находится во власти Своих эмоций, но Его чувства—это суверенное и намеренное выражение Его святого характера. Более подробно см. «Неизменность» (с. 180) в гл. 3 «Бог Отец».

«Дух Божий» (Быт. 1:2; Матф. 3:16; 1 Кор. 2:11)
«Дух Господа Бога» (Ис. 61:1)
«Дух Господень» (Суд. 3:10; Лук. 4:18)
«Дух Его» (Чис. 11:29; Рим. 8:11)
«Дух Мой» (Быт. 6:3)
«Дух Отца вашего» (Матф. 10:20)
«Дух Твой Святой» (Пс. 50:13)
«Дух Твой» (Пс. 138:7)
«Дух Того» (Рим. 8:11)
«Обещанный от Отца» (Деян. 1:4)

СВЯТОЙ ДУХ И СЫН

«Дух Господень» (Деян. 5:9; 8:39, Кассиан)
«Дух Иисуса Христа» (Флп. 1:19)
«Дух Иисуса» (Деян. 16:7, Кассиан)
«Дух Сына [Божьего]» (Гал. 4:6)
«Дух Христов» (1 Пет. 1:11; Рим. 8:9)

УНИКАЛЬНЫЕ ИМЕНА СВЯТОГО ДУХА

«Дух вечный» (Евр. 9:14, Кассиан)
«Дух Святой» (Матф. 1:18)
«Дух Твой благой» (Пс. 142:10)
«Дух» (Чис. 11:17; Матф. 4:1)
«Один Дух» (Еф. 4:4; см. 4:6, «Один Бог и Отец», и 4:5, «Один Господь»)
«Семь духов» (Откр. 1:4; 3:1; 4:5; 5:6)

АТРИБУТЫ СВЯТОГО ДУХА

«Дух благодати» (Евр. 10:29; см. Зах. 12:10)
«Дух ведения и благочестия» (Ис. 11:2)
«Дух веры» (2 Кор. 4:13)
«Дух жизни» (Рим. 8:2)
«Дух истины» (Иоан. 14:17; 15:26; 16:13; 1 Иоан. 4:6; см. 1 Иоан. 5:6)
«Дух премудрости и откровения к познанию Его» (Еф. 1:17)
«Дух премудрости и разума» (Ис. 11:2)
«Дух святыни» (Рим. 1:4)
«Дух славы» (1 Пет. 4:14)
«Дух совета и крепости» (Ис. 11:2)
«Обетованный Святой Дух» (Еф. 1:13)
«Утешитель» (Иоан. 14:26; 15:26; 16:7)

Образные описания Святого Духа

В Библии использованы восемь образных выражений, ясно и прямо соотносящих Святого Духа с метафорическим описанием. Некоторые из этих символов в других текстах Писания могут и не указывать на Святого Духа; к примеру, огонь, который также может символизировать суд (Матф. 25:41; 1 Кор. 3:13). Эти

Таблица 5.1: Образные описания Святого Духа

Одежда	Обретение силы/способности от Святого Духа
Голубь	Праведность Святого Духа
Огонь	Видимое присутствие Святого Духа
Масло	Помазание Святым Духом
Залог	Гарантия Святого Духа
Печать	Собственность и защита Святого Духа
Вода	Спасение, укрепление и введение Святым Духом
Ветер	Спасение Святым Духом и невидимое наделение Его силой

метафоры взяты из мира природы (голубь, огонь, масло, вода и ветер), из области права (залог и печать) или быта (одежда).

Контекст этих символов показывает, что они могут означать служение Святого Духа Христу (голубь и масло), апостолам (одежда, огонь, масло, вода и ветер) и верующим (масло, залог, печать, вода и ветер). Все пять образов, связанных с апостолами, относятся к различным особенностям событий в День Пятидесятницы. Символы, связанные с Христом и верующими, относятся соответственно к крещению и спасению. Масло связано со всеми тремя субъектами (Христос, апостолы и верующие); вода и ветер—с апостолами и верующими; остальные пять образов связаны только с одним лицом или группой.

Интересно, что в Ветхом Завете встречается мало ясных образов (только вода и ветер), а в Новом—все восемь. Они встречаются в Евангелиях (одежда, голубь, вода и ветер), в Деяниях (огонь, масло, вода и ветер), в посланиях Павла (масло, залог и печать), Петра (ветер) и Иоанна (масло). Таблица 5.1 перечисляет эти символы и то, что они обозначают.

ОДЕЖДА (ЛУК. 24:49)

Сын Божий объяснил Своим ученикам, что Отец пошлет им «обетование» (то есть Духа, см. Иоан. 14:16–17), чтобы они «облеклись» (греч. *endyō*) «силой свыше» (Лук. 24:49). Они ожидали этого (Деян. 1:4–5), и это исполнилось (Деян. 2:1–4), как и говорил Христос. Ученики получили силу от Святого Духа для достижения целей Христа (Деян. 2:4). Этот образ подразумевает, что Бог по Своей воле одевает людей, а не сами люди одеваются (см. Кол. 3:12–14). Это объясняет, как апостолы сделали то, чего до Пятидесятницы они не могли сделать.

ГОЛУБЬ (МАТФ. 3:16; МАРК. 1:10; ЛУК. 3:22; ИОАН. 1:32)

Что обозначает голубь (греч. *peristera*) в отношении Святого Духа? Голубь невинен и непорочен (греч. *akeraios*, Матф. 10:16). В Римлянам 16:19 и Филиппийцам 2:15 этим же греческим словом (*akeraios*) описаны верующие, чтобы показать, что они «просты на зло» и являются «чадами Божиими непорочными» соответственно. Вот почему в ветхозаветной системе жертвоприношений бедным, которые были не в состоянии принести ягненка, позволялось использовать голубя как всесожжение в повинность за грех (Лев. 1:14; 5:7; Лук. 2:22–24). В Писании голубь символизирует праведность.

Как *праведность* связана со Святым Духом и крещением Христа? Праведности уделяется особое внимание в контексте крещения Христа. Сын определил Свое служение как исполнение всякой праведности (Матф. 3:15). Поэтому Дух (в виде голубя, символизирующего праведность) положил начало Христову служению праведности (Матф. 3:16). В результате Отец при свидетельстве Духа удостоверил, что Христос — Его праведный Сын (Матф. 3:17).

ОГОНЬ (ДЕЯН. 2:3)

Огонь выразительно показывает присутствие Бога (Исх. 3:2–6; 13:21; Лев. 9:24; Деян. 7:30–33). Явление огня в день Пятидесятницы (Деян. 2:3) очень подходит, чтобы показать видимое присутствие Святого Духа. Павел, должно быть, имел в виду именно этот образ, когда через несколько десятилетий призывал фессалоникийцев не угашать Духа грехом (1 Фес. 5:19).

МАСЛО (1 ИОАН. 2:20, 27; 2 КОР. 1:21)

В Ветхом и Новом Заветах помазание елеем символизирует назначение на ответственный пост. Ветхозаветных священников помазывали на священство (Исх. 40:12–15). Самуил помазал Давида как царя Израиля (1 Цар. 16:13). Новозаветные ученики были помазаны на апостольское служение (2 Кор. 1:21).

Подобным образом Христос — что значит «Помазанник» на греческом (*christos*), как и Мессия на еврейском (*meshiakh*), — был помазан Святым Духом (Деян. 4:27; 10:38) на служение, скорее всего, при крещении. Верующие, названные царственным священством (1 Пет. 2:9), помазаны Святым Духом, так что они знают истину о Христе (1 Иоан. 2:20, 27). Павел был помазан Святым Духом на апостольство (2 Кор. 1:21–22).

Видимо, то же самое произошло с апостолами в день Пятидесятницы. Можно заключить, что на апостольство был помазан не только Павел (2 Кор. 1:21), но и другие ученики были помазаны Святым Духом на апостольское служение, что и описано в Деяниях 2:1–4.

ЗАЛОГ (2 КОР. 1:22; 5:5; ЕФ. 1:14)

В трех новозаветных текстах (2 Кор. 1:22; 5:5; Еф. 1:14) сказано, что Святой Дух дан каждому верующему как гарантия (греч. *arrabōn*) полного спасения, которое полностью завершится при воскресении. У этого слова много синонимов, например, «предоплата», «задаток» или «залог», и оно показывает, что обещание, которое уже начало исполняться, в будущем непременно исполнится до конца. Живущий в верующем Святой Дух — это данный Богом залог того, что дело, начатое Им, когда человек поверил во Христа, в конце концов приведет его к вечной жизни (Флп. 1:6).

ПЕЧАТЬ (2 КОР. 1:22; ЕФ. 1:13; 4:30)

Отец положил Свою печать на Сыне (Иоан. 6:27). Бог запечатлел апостолов (2 Кор. 1:22). Верующие запечатлены Господом (Еф. 1:13; 4:30). Печать, которой Бог запечатлел (греч. *sphragizō*) всех верующих — это Святой Дух. Эта искупительная печать обозначает, что верующие принадлежат Богу, избавившему их от власти тьмы и введшему в Христово царство света (Кол. 1:13). Печать указывает, что духовную безопасность верующих и в этой, и в будущей жизни обеспечивает Бог (более подробное обсуждение см. в разделе «Спасение», с. 367).

ВОДА (ИОАН. 7:38–39; ДЕЯН. 1:5; 2:33; 1 КОР. 12:13 [2×]; ТИТ. 3:5–6)

Святой Дух представлен как вода: (1) дающая жизнь, то есть спасение (Иоан. 7:38–39; 1 Кор. 12:13*б*; Тит. 3:5–6); (2) улучшающая жизнь, то есть укрепление (Деян. 1:5; 2:33); и (3) сохраняющая жизнь, то есть вхождение в церковь (1 Кор. 12:13*а*).

Используя образ воды, Христос говорил о предстоящем (Деян. 1:5), а Петр — о совершившемся (Деян. 2:33) наделении учеников силой Святого Духа в день Пятидесятницы. Ученики были «крещены» (Деян. 1:5), и Отец «излил» обещанного Святого Духа (Деян. 2:33).

В 1 Коринфянам 12:13*б* Павел сравнил спасающее действие Святого Духа с водой, которую пьют (см. Иоан. 4:14). Христос говорил о Духе Святом как о реках живой воды (Иоан. 7:38–39; см. Иез. 36:25–27). Павел представил Святого Духа, как воду, изливаемую при омовении возрождения (Тит. 3:5–6). В Тысячелетнем царстве Христа Бог изольет Своего Духа для искупления дома Израиля (Ис. 32:15; 44:3; Иез. 39:29; Иоил. 2:28–29).

Христос крестит верующих Духом Святым в момент спасения, вводя их в церковь (1 Кор. 12:13*а*). Подобно спасению и укреплению, это вхождение в Тело Христово окончательное и потому необратимое.

ВЕТЕР (ИОАН. 3:8; ДЕЯН. 2:2; 2 ПЕТ. 1:21)

Греческое слово *pneuma* может быть переведено как «дух» (Матф. 5:3), «Дух» (Матф. 1:18), «ветер» (Иоан. 3:8) или «дыхание» (Откр. 13:15, ESV) в зависимости от контекста. В Иоанна 3:8 Иисус сравнил спасающее действие Божьего Духа с ветром, поскольку он невидимый, неожиданный, непредсказуемый, и при этом всегда достигает своей цели (см. Иез. 37:9–14).

Лука описал звук при сошествии Святого Духа в день Пятидесятницы как шум несущегося сильного ветра (Деян. 2:2). Его можно было только слышать, но не видеть, и это произвело мощное воздействие, достигшее кульминации в замечательной проповеди Петра в тот день. Невидимый Дух положил неоспоримое и незабываемое начало церкви Иисуса Христа.

Петр объяснил процесс написания Библии, используя ветер как символ действия Святого Духа при богодухновенности (2 Пет. 1:21). Как ветер движет корабль по морю, так Дух Святой двигал апостолами при написании Библии.

Как корабли остаются «мертвым грузом» без движущей силы ветра, так и авторы Писания были бессильны написать Слово Божье без направляющей силы Святого Духа.

Служение Святого Духа Христу

Святой Дух служил Христу разными способами:

1. Предсказывал Его служения (Ис. 11:1–2; 42:1–4; 61:1–3; Зах. 12:10).
2. Осуществил Его девственное зачатие и рождение (Матф. 1:18, 20; Лук. 1:34–35).
3. Сошел на Него при крещении (Матф. 3:13–17; Марк. 1:9–11; Лук. 3:21–22; Иоан. 1:29–34).
4. Помазал Его проповедовать (Матф. 12:15–21; Лук. 4:17–21).
5. Наделял Его силой (Матф. 12:28; Лук. 4:14–15; 11:20; Деян. 10:38).
6. Исполнял Его (Лук. 4:1–2; Иоан. 3:34).
7. Водил Его (Матф. 4:1; Марк. 1:12; Лук. 4:1, 14; Деян. 1:2).
8. Ликовал с Ним (Лук. 10:21, Кассиан).
9. Помог Ему принести Себя в жертву при распятии (Евр. 9:14).
10. Воскресил Его из мертвых (Рим. 1:4; 8:11).

Служения Святого Духа

Кратко перечисленные ниже служения Святого Духа показывают, что имел в виду Христос, сказав ученикам, что Ему лучше уйти, поскольку тогда Он пошлет Святого Духа (Иоан. 16:7):

1. Он усыновляет (Рим. 8:15).
2. Он крестит (1 Кор. 12:13).
3. Он свидетельствует (Деян. 5:32; 1 Иоан. 5:6–8; Рим. 8:16; 9:1).
4. Он призывает на служение (Деян. 13:2–4).
5. Он обличает (Иоан. 16:8–11).
6. Он дает силу (Исх. 31:1–3; Суд. 13:25; Деян. 1:8).
7. Он наполняет (Лук. 4:1; Деян. 2:4; Еф. 5:18).
8. Он гарантирует (2 Кор. 1:22; 5:5; Еф. 1:14).
9. Он хранит (2 Тим. 1:14).
10. Он помогает (Иоан. 14:16, 26; 15:26; 16:7; 2 Тим. 1:14).
11. Он просвещает (1 Кор. 2:10–13).
12. Он живет в верующих (Рим. 8:9–11; 1 Кор. 3:16; 6:19).
13. Он ходатайствует (Иуд. 20; Рим. 8:26–27; Еф. 6:18; см. 1 Иоан. 5:14–15).
14. Он ведет (Пс. 142:10; Матф. 4:1; Марк. 1:12; Лук. 4:1; Деян. 20:22–23; Рим. 8:14).
15. Он производит плод (Гал. 5:22–23).
16. Он формирует духовный характер (Гал. 5:16, 18, 25).
17. Он возрождает (Иоан. 3:5–6, 8; Тит. 3:5).
18. Он напоминает (Иоан. 14:26).
19. Он сдерживает/обличает грех (Быт. 6:3; Деян. 7:51; 2 Фес. 2:6–7).
20. Он воскрешает (Рим. 1:4; 8:11).
21. Он открывает истину (2 Цар. 23:2; Неем. 9:30; Зах. 7:12; Иоан. 14:17; 1 Кор. 2:10; Еф. 3:5).

22. Он освящает (1 Пет. 1:2; Рим. 15:16; 1 Кор. 6:11; 2 Фес. 2:13).
23. Он запечатлевает (2 Кор. 1:22; Еф. 1:13–14; 4:30).
24. Он выбирает служителей (Деян. 20:28).
25. Он посылает на служение (Деян. 13:4).
26. Он укрепляет (Еф. 3:16).
27. Он учит (Иоан. 14:26; Деян. 15:28; 1 Иоан. 2:20, 27).

Следующие духовные явления также исходят от Святого Духа:

1. Общение (2 Кор. 13:13; Флп. 2:1).
2. Свобода (2 Кор. 3:17–18).
3. Жизнь и мир (Рим. 8:6).
4. Сила (Рим. 15:13; 1 Кор. 2:4; Еф. 3:16).
5. Духовные дары (1 Кор. 12:4–11).
6. Истина (Иоан. 14:17; 15:26; 1 Иоан. 5:6).
7. Единство (Еф. 2:18; 4:3–4).
8. Мудрость (Ис. 11:2).
9. Поклонение (Флп. 3:3).

Грехи против Святого Духа

Не совсем ясно, каким образом воля человека противится воле Бога. Однако это факт, о котором сказано во многих текстах Писания.

Верующие могут противиться воле Божьей, если будут совершать следующие действия против Святого Духа:

1. Опечаливать Его (Еф. 4:30, Кассиан).
2. Лгать Ему (Деян. 5:3).
3. Пренебрегать Им (Гал. 3:3–6; 5:17).
4. Угашать Его (1 Фес. 5:19).
5. Искушать Его (Деян. 5:9).

Неверующие могут противиться воле Божьей, если будут совершать следующие действия против Святого Духа:

1. Хулить Его (Матф. 12:31; Марк. 3:29; Лук. 12:10);
2. Огорчать Его (Ис. 63:10);
3. Оскорблять/раздражать Его (Евр. 3:10; 10:29);
4. Противиться / не покоряться Ему (Быт. 6:3; Неем. 9:30; Ис. 30:1; 63:10; Деян. 7:51; Гал. 5:17);
5. Искушать Его (Пс. 77:41; Евр. 3:8–9).

И верующие, и неверующие могут грешить против Святого Духа следующими способами:

1. Огорчать/опечаливать Его (Ис. 63:10; Еф. 4:30, Кассиан);
2. Искушать Его (Пс. 77:41; Деян. 5:9; Евр. 3:8–9).

Божественность и триединство[2]

Божественность
Триединство

Иногда, хотя и не часто, божественность и триединство Святого Духа подвергались сомнению. Обычно это было связано с тем, что содержанием Писания пренебрегали либо из-за человеческой логики, вытеснявшей безупречное Божье откровение в Библии, либо из-за явного, неприкрытого неверия. Ниже приведены существенные доказательства, подтверждающие божественную природу Святого Духа и триединство Бога.

Божественность

УТВЕРЖДЕНИЯ О БОЖЕСТВЕННОСТИ

В 5-й главе книги Деяний апостол Петр обличает Ананию, говоря: «Для чего ты допустил сатане вложить в сердце твое мысль солгать Духу Святому?» (5:3). Затем он добавляет: «Ты солгал не людям, а Богу» (5:4). То есть апостол говорит, что солгать Духу Святому — значит солгать Богу. Таким образом, он называет Духа Святого Богом.

Слова, сказанные Яхве в Ветхом Завете, иногда приписываются Святому Духу в Новом. Таким образом, Святой Дух, как и Яхве, есть Бог. Сравните следующие тексты: Псалом 94:8–11 и Евреям 3:7–11; Исаии 6:8–10 и Деяния 28:25–27; Иеремии 31:33–34 и Евреям 10:15–17.

Христиане названы храмом Божьим (1 Кор. 3:16; 6:19), потому что Святой Дух есть Бог, и Он живет в каждом из них (Рим. 8:9, 11; 2 Тим. 1:14). Как Божья слава пребывала в Святом святых во времена Ветхого Завета, так теперь Божий Дух живет в истинных верующих.

Действие Бога по созданию церкви, Тела Христова (1 Кор. 12:18, 24, 28), также приписывается Святому Духу (1 Кор. 12:11). Поскольку это действие *Бога*, то божественность Святого Духа снова подтверждается.

В один из самых незабываемых моментов земного служения Христа Он сказал: «Кто будет хулить Духа Святого, тому не будет прощения вовек, но подлежит он вечному осуждению» (Марк. 3:29; см. Матф. 12:31–32; Лук. 12:10). Этот текст Писания тоже демонстрирует божественность Святого Духа, поскольку богохульство может быть произнесено только против Бога[3].

БОЖЕСТВЕННЫЕ ИМЕНА

См. подразделы «Святой Дух и Отец» и «Святой Дух и Сын» в разделе «Имена и титулы» (с. 353). Здесь будет достаточно отметить, что имена Святого Духа

---

[2] Более подробное обсуждение божественности и триединства см. гл. 3 «Бог Отец» и гл. 4 «Бог Сын».

[3] Обсуждение природы хулы на Святого Духа см. «Хула на Святого Духа и отступничество» ниже (с. 370) и «Непростительный грех» (с. 495) в гл. 6 «Человек и грех».

связаны как с Богом Отцом, так и с Богом Сыном, поскольку Святой Дух обладает той же божественной сущностью, что и Отец, и Сын.

БОЖЕСТВЕННЫЕ АТРИБУТЫ

Святой Дух обладает совершенствами Бога, то есть Его непередаваемыми атрибутами. Эти свойства уникальны для Бога по качеству и по степени. Следующие божественные характеристики подтверждают, что Святой Дух — это действительно Бог:

1. Вечность (Евр. 9:14, Кассиан).
2. Слава (1 Пет. 4:14; см. Ис. 42:8; 48:11).
3. Святость (Пс. 50:13; Ис. 63:10–11; Матф. 1:18; Рим. 1:4).
4. Всемогущество (Быт. 1:1–2; Лук. 1:35; Рим. 1:4).
5. Вездесущность (Пс. 138:7–10; см. Иер. 23:24).
6. Всеведение (Ис. 40:13; 1 Кор. 2:10–11).
7. Истина (Иоан. 14:17; 15:26; 16:13).

БОЖЕСТВЕННЫЕ ДЕЙСТВИЯ

Только Бог может совершать следующие божественные действия. Поэтому Святой Дух есть Бог, и Он действует в совершенной гармонии и единстве с Богом Отцом и Богом Сыном:

1. Творение (Быт. 1:2; Иов. 26:13; 33:4).
2. Помощь/утешение (Иоан. 14:16, 26; 15:26; 16:7).
3. Богодухновенность (2 Пет. 1:20–21).
4. Ходатайство (Рим. 8:26–27; см. Иуд. 20; Еф. 6:18).
5. Чудеса (Матф. 12:28; 1 Кор. 12:9, 11).
6. Возрождение (Иоан. 3:5–8; Тит. 3:5).
7. Воскресение (Рим. 8:11).
8. Освящение (1 Пет. 1:2; 2 Фес. 2:13).

БОЖЕСТВЕННЫЕ АССОЦИАЦИИ

Некоторые тексты Писания явно ассоциируют Святого Духа с Богом:

1. Матфея 28:19: здесь наставления Иисуса о крещении объединяют Отца, Сына и Духа как равных участников спасения верующего, которое символически представлено в крещении погружением.
2. Иоанна 14:16, 26; 15:26; 16:7: в этих стихах Иисус говорит, что попросит Отца послать Духа истины как «другого Утешителя». Греческое слово *allos*, переведенное «другой», означает «другой такого же рода», то есть еще одно лицо Троицы. Иисус сделает это, чтобы ученики не остались сиротами, когда Он вознесется на небо (Деян. 1:9). Четыре раза в Евангелии от Иоанна (14:16, 26; 15:26 [2×]) Отец, Сын и Святой Дух упомянуты вместе как равные.
3. 1 Коринфянам 2:10–13: в этом тексте показано, что Отец и Святой Дух в равной мере дополняют друг друга в откровении, просвещении и толковании Божьего Слова.

4. 2 Коринфянам 13:13: в этом тринитарном благословении Павла все три личности Божества упоминаются и представляются равными.

5. Откровение 1:4–5: в тринитарном обращении Иоанна Отец, Дух и Сын соединены как соравные.

НАПАДКИ НА БОЖЕСТВЕННОСТЬ

Самые значительные ереси по поводу Святого Духа относятся к одной из двух категорий: (1) отрицание того, что Дух Святой—это личность, и (2) отрицание того, что Дух Святой—вечный Бог, то есть отрицание триединства Бога.

Савеллианство. Эта богохульная ересь, датируемая концом II или началом III века, предполагала, что есть один Бог, имеющий три проявления, формы, имени или роли. Она утверждала одну личность Бога, но отрицала личности Христа и Святого Духа, тем самым отрицая триединство Бога.

Савеллианство, также известное как модализм, учило, что Отец—это и есть Сын и Святой Дух, в зависимости от того, какую форму или роль Бог принимает в данный момент времени. Иногда его называли монархианством, потому что оно пыталось «защитить одного Бога», но ценой Его триединства, что недопустимо. Одна из разновидностей этой ереси даже называлась патрипассианством («Отец страдал»), поскольку Отец якобы в момент распятия принял роль (форму существования) Сына. Некоторые учили, что этот один Бог последовательно принимал такие роли: сначала как Отец в творении, затем как Сын в искуплении и, наконец, как Святой Дух в возрождении и освящении.

Эти лжеучители пытались защитить учение об одном Боге от ложного обвинения, что они учат вере в трех богов, или политеизму. Но эта попытка защитить монотеизм невольно привела к столь же вопиющему заблуждению, отрицающему личность Христа и Святого Духа. Тем самым они отвергли триединство Бога. Истинная библейская доктрина Троицы утверждает, что есть один Бог (не три) в трех Лицах (не в одном), сосуществующих, совечных и соравных. Заблуждение савеллианства в видоизмененной форме сохраняется в современном унитарианстве.

Арианство. Эта ересь, возникшая в первой половине IV века, учила, что Бог сотворил Христа в вечном прошлом, а Он, в свою очередь, сотворил Святого Духа. Хотя это лжеучение утверждало и личность Христа, и личность Святого Духа (в отличие от савеллианства), оно отрицало Их божественную природу и, следовательно, триединство Бога. Подобно савеллианству, арианство учило, что Бог представляет Собой одну личность с божественной сущностью. Это ложное учение было опровергнуто Никейским (325 г.) и Константинопольским (381 г.) соборами.

Социнианство. Это заблуждение XVI века подтверждало личность Христа, но отрицало Его божественность. Оно также отрицало личность и божественность

Таблица 5.2: Исторические нападки на Троицу и Святого Духа

		Савеллианство*	Арианство	Социнианство
Личность	Отец	Утверждается	Утверждается	Утверждается
	Сын	Отрицается	Утверждается	Утверждается
	Святой Дух	Отрицается	Утверждается	Отрицается
Божественность	Отец	Утверждается	Утверждается	Утверждается
	Сын	Утверждается	Отрицается	Отрицается
	Святой Дух	Утверждается	Отрицается	Отрицается
Триединство		Отрицается	Отрицается	Отрицается

* Савеллианство отрицало божественность *личности* Сына и Духа, поскольку не признавало Их отдельными личностями, в то же время оно утверждало Их божественность, считая Их проявлениями Бога Отца.

Святого Духа, а в итоге и триединство Бога. Различные современные унитарные движения во многом следуют социнианству.

Таблица 5.2 кратко перечисляет ключевые элементы этих трех главных исторических посягательств на божественность Святого Духа и триединство Бога. Анализ таблицы приводит к следующим выводам[4]:

1. Все три взгляда утверждали личность Бога Отца.
2. Только савеллианство отрицало личность Христа.
3. Только арианство утверждало личность Святого Духа.
4. Все три взгляда утверждали божественность Бога Отца.
5. Все три взгляда отрицали триединство Бога.

Триединство[5]

Триединство Бога (тринитаризм) безусловно считается *sine qua non*, или неотъемлемым фактом христианства. Оно было, есть и всегда будет бесспорным основополагающим положением христианской веры.

В вероучении семинарии «Мастерс» эта драгоценная истина кратко излагается так: «Мы учим, что есть лишь один живой и истинный Бог (Втор. 6:4; Ис. 45:5–7; 1 Кор. 8:4), бесконечный, всеведущий Дух (Иоан. 4:24), совершенный во всех Своих атрибутах, единый в Своей сущности, вечно существующий в трех Лицах—Отца, Сына и Святого Духа (Матф. 28:19; 2 Кор. 13:13),—Которые равно достойны поклонения и повиновения». Итак, существует один Бог в трех Лицах,

---

[4] Подробнее см.: George Smeaton, *The Doctrine of the Holy Spirit*, 2nd ed. (1889; repr., Carlisle, PA: Banner of Truth, 1958); Henry Barclay Swete, *The Holy Spirit in the Ancient Church: A Study of the Christian Teaching in the Age of the Fathers* (1912; repr., Grand Rapids, MI: Baker, 1966); John F. Walvoord, *The Holy Spirit: A Comprehensive Study of the Person and Work of the Holy Spirit* (1954; repr., Grand Rapids, MI: Zondervan, 1991).

[5] Этот раздел адаптирован из: Richard Mayhue, "Editorial: One God—Three Persons," *MSJ* 24, no. 2 (2013): 161–165. Использовано с разрешения MSJ. Более подробно обсуждение триединства Бога см. «Троица» (с. 201) в гл. 3 «Бог Отец».

отличных друг от друга, но нераздельно единых по сущности, сосуществующих, совечных и соравных.

Хотя триединство Бога прямо и косвенно проявляется во всей Библии, ни один отдельный текст не высказывает и не объясняет полноту непостижимого триединого Бога (Ис. 40:28). Однако множество подтверждений как в Ветхом, так и в Новом Завете, а также в произведениях ранней церкви делают его неоспоримым положением библейской ортодоксии.

В самом начале Ветхого Завета есть такие тексты, как Бытие 1:26 и 3:22 (см. Быт. 11:5–7), где Бог называет Себя личным местоимением множественного числа:

> И сказал Бог: «Сотворим человека по образу Нашему по подобию Нашему, и да владычествуют они над рыбами морскими, и над птицами небесными, и над скотом, и над всею землею, и над всеми гадами, пресмыкающимися по земле» (Быт. 1:26).

> И сказал Господь Бог: «Вот, Адам стал как один из Нас, зная добро и зло; и теперь как бы не простер он руки своей, и не взял также от дерева жизни, и не вкусил, и не стал жить вечно». И выслал его Господь Бог из сада Едемского, чтобы возделывать землю, из которой он взят (Быт. 3:22–23).

Такое же использование местоимения множественного числа встречается в Исаии 6:8, где сказано: «И услышал я голос Господа, говорящего: „Кого Мне послать? И кто пойдет для Нас?“ И я сказал: „Вот я, пошли меня“».

Но как один может быть тремя? Во Второзаконии 6:4 есть намек: «Слушай, Израиль: Господь, Бог наш, Господь един есть». Еврейское слово *'ehad*, переведенное здесь как «един», часто передает идею единства во многообразии. Например, Бытие 1:5 (один день из двух частей — вечер и утро), Бытие 2:24 (одна пара из двух партнеров — мужчина и женщина), Исход 24:3 (один голос у многих людей), Исход 26:6 (одна скиния из нескольких частей) и Числа 13:24 (одна гроздь из множества ягод). Поэтому неудивительно, что в последней книге Пятикнижия содержится указание на одного Бога в трех Лицах.

Еще конкретнее пророк Исаия пишет о трех личностях, говоря об одном Боге Израиля: «...послал Меня [Христа] Господь Бог и Дух Его» (Ис. 48:16). Подобное сказано в Исаии 61:1: «Дух Господа Бога на Мне», то есть на Христе, и, по сути, именно так Христос истолковал этот текст в Луки 4:18–19.

По мере расширения записанного Божьего откровения новозаветные свидетельства становятся более явными и частыми, показывая, что Отец, Сын и Святой Дух имеют одну божественную сущность и являются равными — один Бог в трех Лицах, единство в многообразии. Все три Лица упоминаются вместе в многочисленных новозаветных текстах:

> И, крестившись, Иисус тотчас вышел из воды, — и се, отверзлись Ему небеса, и увидел Иоанн Духа Божия, Который сходил, как голубь, и ниспускался на Него. И се, глас с небес глаголющий: «Сей есть Сын Мой возлюбленный, в Котором Мое благоволение» (Матф. 3:16–17).

Итак идите, научите все народы, крестя их во имя Отца и Сына и Святого Духа... (Матф. 28:19)

Ангел сказал Ей в ответ: «Дух Святой найдет на Тебя, и сила Всевышнего осенит Тебя; посему и рождаемое Святое наречется Сыном Божиим» (Лук. 1:35).

Когда же приидет Утешитель, Которого Я пошлю вам от Отца, Дух истины, Который от Отца исходит, Он будет свидетельствовать о Мне... (Иоан. 15:26; см. 14:16, 26; 16:7–10, 14–15)

Духа Божия (и духа заблуждения) узнавайте так: всякий дух, который исповедует Иисуса Христа, пришедшего во плоти, есть от Бога... (1 Иоан. 4:2)

А вы, возлюбленные, назидая себя на святейшей вере вашей, молясь Духом Святым, сохраняйте себя в любви Божией, ожидая милости от Господа нашего Иисуса Христа, для вечной жизни (Иуд. 20–21).

Если же Дух Того, Кто воскресил из мертвых Иисуса, живет в вас, то Воскресивший Христа из мертвых оживит и ваши смертные тела Духом Своим, живущим в вас (Рим. 8:11).

Между тем умоляю вас, братия, Господом нашим Иисусом Христом и любовью Духа, подвизаться со мною в молитвах за меня к Богу... (Рим. 15:30)

Благодать Господа нашего Иисуса Христа, и любовь Бога Отца, и общение Святого Духа со всеми вами. Аминь (2 Кор. 13:13).

Ибо если кровь тельцов и козлов и пепел телицы, через окропление, освящает оскверненных, дабы чисто было тело, то кольми паче кровь Христа, Который Духом Святым принес Себя непорочного Богу, очистит совесть нашу от мертвых дел, для служения Богу живому и истинному! (Евр. 9:13–14)

Другие подобные новозаветные тексты, перечисленные ниже, устраняют любые сомнения в триединстве Бога, третье Лицо Которого—Святой Дух:

Деяния 2:33	2 Коринфянам 1:21–22
1 Петра 1:2	Галатам 3:1–5
1 Петра 4:14	Ефесянам 2:19–22
Римлянам 5:5–6	Ефесянам 3:16–19
Римлянам 8:3–4	Ефесянам 4:4–6
Римлянам 8:8–9	Ефесянам 5:18–20
Римлянам 8:15–17	Филиппийцам 3:3
Римлянам 8:26–29	1 Фессалоникийцам 1:3–5
Римлянам 15:16	2 Фессалоникийцам 2:13–14
1 Коринфянам 2:2–5	Титу 3:4–6
1 Коринфянам 6:11	Евреям 10:29–31

В Ефесянам 1:3–14 записан выдающийся тринитарный текст, где описано участие каждого лица Троицы в спасении верующих:

- Бог Отец: 1:3–6
- Бог Сын: 1:7–12
- Бог Дух Святой: 1:13–14

Таблица 5.3: Тринитарные ссылки в начале и в конце Заветов

Книга	Текст	Ссылка/упоминание
Бытие	1:26	«Нашему»
Малахии	2:15	Святой Дух
	2:16	Отец
	3:1–2	Христос
Матфея	1:18	Христос
	1:18	Святой Дух
	1:22	Отец
Откровение	22:17	Святой Дух
	22:18–19	Отец
	22:20–21	Христос

На самом деле, и это не случайно, три Лица единого Бога упоминаются прямо или косвенно в начале и в конце как Ветхого, так и Нового Заветов, от Бытия до Малахии и от Матфея до Откровения, как показывает таблица 5.3.

Когда прошло время апостолов и канон Священного Писания был завершен, ранние отцы церкви начали писать о Троице более подробно. Вот три примера:

Ириней (ок. 120–202 гг.):
Таково правило нашей веры и основание здания, и крепость хождения: Бог, Отец, непроисшедший, необъемлемый, невидимый, единый Бог, Творец всего; это — *самое первое положение* нашей веры. *Второе же положение* — Слово Божье, Сын Божий, Христос Иисус наш Господь, являвшийся пророкам соответственно с образом их пророчества и, следуя определению Отца, через Которого все произошло, Который также *в конце времен*, чтобы привести все к совершенству и соединить, стал человеком между людьми, видимым и осязаемым, чтобы победить смерть и показать жизнь, и произвести общение единения между Богом и человеком. *И третье положение* — Святой Дух, через Которого говорили пророки, отцы научились божественному и праведники встали на путь праведности, и Который *в конце времен* новым образом сошел на человечество по всей земле, обновляя людей для Бога[6].

Григорий Богослов (ок. 330 — ок. 389 гг.):
Сын — не Отец... но то же, что Отец. Дух — не Сын... но то же, что Сын. И Три — едино по Божеству, и Единое — три по личным свойствам...[7]

Августин (354–430 гг.):
Все, что говорится о Боге по отношению к Нему Самому, говорится и в отдельности о каждом из трех Лиц, [т. е.] и об Отце, и о Сыне, и о Святом Духе; а также вместе — и о Самой Троице, но не во множественном, а в единственном числе[8].

---

[6] Ириней Лионский. Доказательство апостольской проповеди. М.: Благовест, 2011. С. 11–12. Курсив в нумерованных «положениях» добавлен; курсив во фразе «в конце времен» как в оригинале.

[7] Григорий Богослов. Слово 31, о богословии пятое, о Святом Духе // Творения иже во святых отца нашего Григория Богослова, архиепископа Константинопольского: в 2 т. СПб.: П. П. Сойкин, 1912. Т. 1. С. 448.

[8] Аврелий Августин. О Троице. Краснодар: Глагол, 2004. С. 142.

Об этом писали не только отдельные люди, но и группы авторов, начавшие составлять символы веры. К числу наиболее важных ранних символов относятся:

Никео-Константинопольский символ веры (ок. 381 г.):
Верую во единого Бога Отца Вседержителя… И во единого Господа Иисуса Христа… Бога истинного от Бога истинного… И в Святого Духа… поклоняемого и прославляемого равночестно с Отцом и Сыном[9].

(Псевдо) Афанасьевский символ веры (ок. 375–525 гг.):
Вселенская же вера эта состоит в том, чтобы нам чествовать Единого Бога в Троице и Троицу в Единице,

не сливая ипостасей (лиц) и не разделяя сущности.

Ибо иная ипостась Отца, иная ипостась Сына, и иная—Духа Святого.

Но и Отца и Сына и Святого Духа Божество едино, слава равна и величие совечно[10].

Со времени Афанасьевского Символа веры богословы заметили, что из всего этого раздела (§ 3–28) можно развить как минимум семь линий рассуждения:

1. Отец—это Бог.
2. Сын—это Бог.
3. Дух Святой—это Бог.
4. Отец—это не Сын.
5. Отец—это не Дух Святой.
6. Сын—это не Дух Святой.
7. Есть только один Бог[11].

Эти семь истин в совокупности учат, что есть один живой и истинный Бог, единый по сущности и вечно существующий в трех Лицах: Отец, Сын и Святой Дух. Другого вывода быть не может ни с библейской, ни с логической точки зрения.

Спасение
Возрождение
Крещение
Запечатление

Хотя человек был создан по образу Божьему, идеально подходя для общения с Ним, из-за грехопадения Адама каждый человек рождается в грехе, отчужденным от Бога и подлежащим Его суду. Исполненный благодати триединый Бог вознамерился спасти остаток Своего творения посредством искупительной жертвы Бога Сына. Писание учит, что спасительные блага, приобретенные

---

[9] Цит. по: Руководство к пониманию православного богослужения / Сост. протоиерей П. Лебедев. Репр. изд. Новосибирск: Православ. гимназия во имя преподоб. Сергия Радонежского, 1996. С. 10–11.

[10] Символ Quicunque // Афанасий Великий. Творения: в 4 т. Репр. изд. М.: Изд-во Спасо-Преображенского Валаамского Ставропигиального монастыря, 1994. Т. 4. С. 477.

[11] Файнберг Д. Нет Ему подобного: Учение о Боге. СПб.: Библия для всех, 2021. С. 514.

крестом Христа, применяются к верующим благодаря служению Святого Духа. В этом разделе будет рассмотрен Его труд, связанный со спасением[12].

Возрождение

Первый шаг в процессе применения спасения Духом — это возрождение. Для понимания возрождения необходимо основополагающее представление о духовной смерти и жизни. Каждый из когда-либо живших людей пострадал от духовной смерти (Рим. 3:23; Еф. 2:1, 5). Будут ли они снова жить, и если да, то как это произойдет? Бог Отец, Бог Сын и Бог Дух Святой дают новую духовную жизнь тем, кто до этого был мертв в своих грехах (Рим. 8:2, 6, 10–11). Возрождение — непосредственное проявление этого действия Божьей благодати.

ОБРАЗНЫЕ ОПИСАНИЯ

В Писании возрождение представлено четырьмя образами: (1) духовное рождение, (2) духовное очищение, (3) духовное творение и (4) духовное воскресение.

Духовное рождение (Тит. 3:5). Греческое слово *palingenesia* обычно переводимое как «возрождение», встречается в Новом Завете лишь дважды (Матф. 19:28; Тит. 3:5). Матфей использует его, говоря о Тысячелетнем царстве как о возрожденном мире, а в Послании к Титу оно относится к спасению. Образованное соединением двух слов, термин *palingenesia* буквально означает «снова рождение» (см. Гал. 4:29). Та же идея встречается в 1 Петра, где использован греческий термин *anagennaō*, тоже означающий «возрождать» (1 Пет. 1:3, 23). В беседе с Никодимом Иисус сказал, что тот должен родиться снова, при этом Он использовал два греческих слова, которые буквально означают «родиться свыше» и описывают духовное возрождение от Бога, обитающего в вышних (Иоан. 3:3, 7; см. Иак. 1:17). В 1 Иоанна неоднократно говорится о рождении от Бога (1 Иоан. 2:29; 3:9; 4:7; 5:1, 4, 18). Совершая возрождение, Дух Святой обличает о грехе, о праведности, и о суде (Иоан. 16:8–11), а затем дарует верующему уверенность в спасении, свидетельствуя о его реальности (1 Иоан. 3:24; Рим. 8:16).

Духовное очищение (Тит. 3:5). Павел дважды использует греческое слово *loutron*, говоря о том, что запачканные грехом люди (Ис. 64:6) омываются благодаря возрождению (Еф. 5:26; Тит. 3:5). Перечислив множество гнусных грехов коринфян (1 Кор. 6:9–10), Павел использует греческое слово *apoluō*, чтобы описать, что теперь они омылись, и связывает это с освящением при спасении и оправдании (1 Кор. 6:11).

Духовное творение (Тит. 3:5). В Титу 3:5 Павел использует греческое слово *anakainōsis* (букв. «опять новое»), которое переводится «обновление». Это слово образовано от слова *kainos*, что значит «новый по качеству», в отличие от *neos*,

---

[12] Более подробно о доктрине спасения, особенно в отношении возрождающего действия Святого Духа, см. гл. 7 «Спасение», особ. «Внутреннее призвание: возрождение» (с. 608).

означающего «новый во времени». Павел использовал оба эти слова в своих посланиях. Подчеркивая новое качество жизни, он выбрал слово *kainos* при описании Божьего искупительного творения (2 Кор. 5:17; Гал. 6:15; Еф. 4:24), а говоря о новизне духовной жизни во времени, он использовал слово *neos* (Кол. 3:10). Благодаря возрождению в смысле духовного обновления христиане обретают новую природу (2 Кор. 5:17) с новыми духовными способностями (Рим. 6:18, 20; 1 Кор. 12:3). Возрожденный, обновленный верующий оказался в лучших условиях, чем у Адама до грехопадения и Божьего проклятия. Первоначально Адам был невинным, а возрожденный верующий объявлен праведным—новым духовным творением Святого Духа, живым для Бога.

Духовное воскресение (Иоан. 6:63). И Павел (2 Кор. 3:6), и Иоанн (Иоан. 6:63) заявляют, что Дух дает жизнь. В других местах Писание утверждает, что Бог дает жизнь (Иоан. 5:21; Рим. 4:17; 6:13; Еф. 2:5; Кол. 2:13). Иоанн говорит, что Христос дает жизнь (Иоан. 5:21). Очевидно, что совместное действие всей Троицы дарует духовную жизнь тем, кто без этого был бы духовно мертв. Таким образом, Писание изображает возрождение как духовное воскресение.

ВЕТХИЙ ЗАВЕТ

Были ли верующие Ветхого Завета возрождены или же возрождение началось с Пятидесятницы? Разумеется, ответ в том, что и ветхозаветные, и новозаветные верующие пережили возрождение.

Два разных способа рассуждения приводят к тому же утвердительному выводу. Во-первых, поскольку только «рожденные свыше», то есть возрожденные люди могут быть в Царстве Божьем (Иоан. 3:3, 5, 7), а во-вторых, поскольку ветхозаветные верующие в спасительном смысле действительно были в Царстве Божьем, то святые Ветхого Завета обязательно были возрождены. Если смотреть на это под другим углом, то ветхозаветные святые были возрождены, поскольку Бог не может оправдать верующего без возрождения, а ветхозаветные верующие были оправданы (Рим. 4:112; см. Пс. 31:1–2).

УЧАСТИЕ ТРОИЦЫ

Все три божественных Лица участвуют в разных аспектах возрождения, так как в Писании сказано, что все три дают жизнь:

1. Бог Отец (Иоан. 1:13; Иак. 1:18; 1 Пет. 1:3; 1 Иоан. 5:11; 2 Кор. 5:17–19; Еф. 2:4–6; Кол. 2:13);
2. Бог Сын (Иоан. 1:12; 5:21);
3. Бог Дух Святой (Иоан. 3:3, 5–7; 6:63; Тит. 3:5).

Именно поэтому Иисус повелел крестить «во имя Отца и Сына и Святого Духа» (Матф. 28:19). Эта формулировка признает индивидуальное и совместное участие всех Лиц Троицы в возрождении.

СВЯТОЙ ДУХ И БОЖЬЕ СЛОВО

Спасение происходит только по воле Божьей, а не по человеческой (Иоан. 1:13; Иак. 1:18; Еф. 2:8–10). Хотя все три Лица Троицы вносят уникальный вклад в возрождение, Писание подчеркивает, что оно происходит именно благодаря совместному воздействию Божьего Духа (Иоан. 3:3, 5–7; Гал. 3:2–3, 14; 1 Фес. 1:5; Тит. 3:5) и Божьего Слова (1 Пет. 1:23; Рим. 1:16; 1 Фес. 1:5; 2:13).

Итак, при возрождении триединый Бог мгновенно наделяет вечной духовной жизнью людей, которые до этого были духовно мертвыми, но по Божьей благодати верой приняли Христа. Это проявление действенной благодати совершается исключительно Святым Духом, без помощи человека, через Слово Божье. Благодаря этому созданию новой жизни верующие навсегда становятся новым творением с новой природой, новыми способностями, желаниями, взаимоотношениями и обязанностями.

ХУЛА НА СВЯТОГО ДУХА И ОТСТУПНИЧЕСТВО

Несмотря на славу Духа, совершающего спасение, Писание указывает два случая, когда люди сами решительно устраняются от Его возрождающего труда. Во-первых, некоторые совершают непростительный грех хулы на Духа Святого (Матф. 12:31–32; Марк. 3:28–30; Лук. 12:10). Иисус учил об этом, когда фарисеи многократно противились Ему и обвиняли Его в нарушении субботы. Он объяснил, что Его сострадание к голодным ученикам (Матф. 12:1–7) и человеку с иссохшей рукой (Матф. 12:9–13) было примером истинного исполнения Божьего закона. Не только это, но и утверждение Иисуса, что Он Господин субботы (Матф. 12:8), а также то, как Он исцелял (Матф. 12:13) и изгонял бесов (Матф. 12:22), неопровержимо свидетельствовало, что Иисус — божественный Мессия (Матф. 12:23). Фарисеи не могли отрицать Его силу, поэтому пытались повлиять на толпы, заявляя, что Иисус совершал чудеса силой сатаны, а не силой Бога. Иисус отметил, что это обвинение было абсурдным (Матф. 12:25–26) и лицемерным (Матф. 12:27). У них не было оснований полагать, что чудеса Иисуса были бесовскими; они просто не хотели принимать Его божественную власть.

В этом контексте Иисус назвал обвинения фарисеев хулой на Святого Духа (Матф. 12:31), потому что Свои чудеса Он совершал именно Духом. Такое богохульство непростительно (Матф. 12:32). Хотя фарисеи получили яснейшее откровение о власти Христа, их сердца были настолько ожесточены, что они отказались принимать то, об истинности чего знали, и вместо этого стали выдвигать клеветнические обвинения, злонамеренно пытаясь заставить Иисуса молчать. Поэтому Иисус объявил, что они лишили себя возможности покаяться и получить прощение. Именно такое ожесточенное, решительное, упорное отвержение и неверие — даже перед лицом самых неоспоримых доказательств — характеризует непростительный грех. Итак, человек совершает непростительный грех, когда видит проявления Духа Божьего в Иисусе, но из-за жестокосердного неверия приписывает их сатане.

Во-вторых, Писание говорит, что бывают люди, которые притворно исповедуют веру во Христа, лишь внешне и временно имея видимость возрождения Духом, но в итоге отпадают и оставляют веру (напр., 2 Пет. 2:20; Евр. 2:1–3; 3:7–13; 6:4–6). Это называют отпадением или отступничеством. Если человек называет себя христианином и заявляет, что он со Христом, а затем отрекается от Него, то это значит, что он никогда не был поистине обращен, и его выход из общения веры показывает, что на самом деле он никогда не был во Христе (см. 1 Иоан. 2:19). Петр пишет, что для этих духовных самозванцев их последнее состояние бывает хуже первого, и что им было бы лучше не знать пути праведности, чем, познав, оставить его (2 Пет. 2:20–21). Причина в том, что человека, полностью оставившего веру в свете полного откровения, невозможно снова обновлять покаянием (Евр. 6:4–6). Отступничество, подобно хуле на Духа Святого, заключается в ожесточенном, решительном отказе от Христа и в признании Божьей истины за ложь, и в этом человек как бы заходит дальше точки невозврата. Хотя об этой точке, видимо, знает только Бог, но бывает такое отвержение, которое исключает возможность покаяния.

Зачастую чувствительная совесть истинных верующих беспокоит их, не согрешили ли они настолько тяжко, что совершили непростительный грех или отступничество. Однако оба этих вопиющих поступка сопровождаются ожесточением сердца и явной ненавистью к Спасителю. Это совсем не похоже на тех, кто любит Христа, так что боится отпасть от Него. Согрешив, верующие должны продолжать отвращаться от греха и верить, что жизни, смерти и воскресения Христа достаточно, чтобы спасти их от Божьего гнева. Поступающим так Христос обещал, что никогда не покинет Своих (Матф. 28:20; Евр. 13:5) и не даст похитить их у Него (Иоан. 10:28–29). Бог обещает закончить Свое дело спасения (Флп. 1:6), поэтому ничто не может отделить истинных верующих от Божьей любви во Христе (Рим. 8:38–39). Боязливые верующие должны исследовать себя, каяться в грехе, искать праведность только у Христа, радоваться достаточности Его спасительной любви и следовать за Ним с новой силой.

Крещение

После того, как Божий Дух возрождает тех, кто раньше был мертв в грехах (Еф. 2:1–3), так что теперь они наследуют вечную жизнь, одновременно происходит как минимум шесть важных духовных преобразований с участием Духа:

1. Христос *крестит* верующего Духом в Тело Христово (1 Кор. 12:13).
2. Отец *запечатлевает* верующего Духом, что служит знаком его принадлежности Богу и гарантией его спасения (Еф. 1:13).
3. Дух *поселяется* в верующем (1 Кор. 3:16).
4. Дух *наполняет/контролирует* верующего (Еф. 5:18).
5. Дух *производит* духовный плод в жизни верующего (Гал. 5:22–23).
6. Дух *одаряет* верующего для служения в церкви (1 Кор. 12:4).

Эти действия будут обсуждаться далее в этом разделе и ниже в разделах «Освящение» (с. 378) и «Служение» (с. 399). Все шесть происходят одновременно в момент спасения, но каждое из них рассматривается в Писании отдельно.

Самым подходящим временем для обещанного Христом сошествия Духа (Иоан. 14:16–17; Деян. 1:4–5) была Пятидесятница (через 50 дней после Пасхи, в мае или июне), когда отмечался еврейский праздник седмиц (Исх. 34:22), также известный как праздник жатвы (Исх. 23:16). Когда евреи праздновали первые плоды физической жатвы (Лев. 23:15–17), новозаветная эпоха церкви ознаменовалась первыми плодами Святого Духа (Деян. 2:1–4; см. Рим. 8:23) на жатве спасения (этот образ см. Иоан. 4:35). Дух теперь служит в рамках нового завета, а не старого (Рим. 7:6; 2 Кор. 3:2–11; Евр. 8:6–7, 13; 9:15; 10:1).

РАССУЖДЕНИЯ ИЗ ПИСАНИЯ

Ожидание крещения Духом упоминается во всех четырех Евангелиях и в 1-й главе книги Деяний. *Опыт* крещения Духом начался в 2-й главе книги Деяний, о чем напоминает 11-я глава. *Объяснение* крещения Духом было дано позже, в 1 Коринфянам 12.

Ожидание. Все четыре Евангелия (Матф. 3:11–12, Марк. 1:8, Лук. 3:16–17 и Иоан. 1:32–34) приводят слова Иоанна Крестителя, что Христос будет крестить Святым Духом. Греческий предлог *en* должен переводиться как «в» или «посредством», поскольку перед этим применительно к воде он был использован именно в этих очевидных значениях[13]. Как человек погружается (*baptizō*) «в» воду или «в среду» воды, так он крестится «в» или «посредством» Святого Духа.

В этих текстах упоминаются три разных крещения: (1) водное крещение, означающее совершившееся покаяние; (2) крещение Духом, означающее спасение и вхождение во вселенскую церковь, Тело Христа (1 Кор. 12:13); и (3) крещение огнем, указывающее на суд над неверующими (Матф. 3:12; 25:41; Лук. 3:16; Иоан. 15:6; Откр. 20:14–15).

Матфей, Марк и Лука говорят о событии, которое произошло до крещения Христа (ок. 26 г. от Р. Х. весной), а Иоанн ссылается на случай после крещения Христа (ок. 26 г. от Р. Х. осенью). Через три с лишним года Христос дал ученикам последние наставления о крещении Духом (Деян. 1:4–5). Готовясь вознестись на небеса с горы Елеонской весной 30 года, Господь напомнил им о том, что раньше говорил Иоанн Креститель, и отметил, что первичное исполнение этого произойдет лишь несколько дней спустя, когда они будут ожидать в Иерусалиме (Деян. 1:4–5).

Опыт. Спустя десять дней, в день Пятидесятницы, совершилось то, о чем говорили Иоанн и Христос (Деян. 2:1–21). Почему можно сделать такой вывод, хотя Лука не пишет этого прямо? Примерно через шесть лет (ок. 36 г. от Р. Х.), когда

---

[13] Уоллас Д. Углубленный курс грамматики греческого языка: Экзегетический синтаксис Нового Завета. Новосибирск: Новосибирская библ. богосл. семинария, 2010. С. 397.

Таблица 5.4: Сравнение сценариев крещения

	Крещение покаяния	Крещение в поместной церкви	Крещение Духом
Креститель	Иоанн Креститель	Пастор	Христос
Средство	Вода	Вода	Дух Святой
Крещенный	Кающийся человек до Пятидесятницы	Верующий после Пятидесятницы	Верующий после Пятидесятницы
Условие	Покаяние	Вера во Христа	Вера во Христа
Способ	Погружением в воду	Погружением в воду	Погружением в Духа Святого
Следствие	Признавался как ветхозаветный верующий	Послушание повелению Христа в поместной церкви	Вхождение во вселенское Тело Христа

Петр пришел в дом римского сотника Корнилия в Кесарии (Деян. 11:13–18), он проповедовал Евангелие этой языческой семье. Они были спасены и приняли Святого Духа. Тогда Петр вспомнил, что это было (1) подобно Пятидесятнице в Деяниях 2 и (2) похоже на сказанное Христом об ожидании в Деяниях 1:5. Поэтому он заключил, что теперь с семьей Корнилия произошло то же, что и на Пятидесятницу. Позднее на Иерусалимском совете (ок. 49 г. от Р. Х.) Петр подтвердил и повторил то, что 13 лет назад он говорил в Кесарии (Деян. 15:6–11).

Объяснение. Исторические повествования в Евангелиях и Деяниях говорят об *ожидании* и *опыте* крещения Духом, но не дают *объяснения* его смысла или значения. Однако Павел написал об этом коринфской церкви (ок. 55 г. от Р. Х.) и объяснил, что получается в результате крещения Духом: «Ибо все мы одним Духом крестились в одно тело, иудеи или еллины, рабы или свободные, и все напоены одним Духом» (1 Кор. 12:13).

Чтобы было легче понять уникальные аспекты крещения Духом, таблица 5.4 сопоставляет шесть основных факторов для трех вариантов крещения. Подводя итог, можно сказать, что крещение Духом происходит, когда Иисус Христос, Господь Своей церкви, начиная со дня Пятидесятницы Духом Святым помещает христиан в Свое Тело, церковь, в момент, когда человек верой принимает Его как Спасителя и Господа. Благодаря этому действию Христа христиане погружаются в Его вселенское Тело и присоединяются к нему по суверенной воле Спасителя.

В книге Деяний описаны несколько случаев крещения Духом, которые при сравнении с этим объяснением вызывают вопросы[14]. Иисус повелел Своим ученикам проповедовать Евангелие в Иерусалиме, Иудее, Самарии и до края земли (Деян. 1:8). Апостолы повиновались, и основные вехи распространения Евангелия описаны в Деяниях 2, 8, 10–11 и 19. На этом пути от Иерусалима к Ефесу, от евреев к язычникам каждый этап был отмечен особыми обстоятельствами.

---

[14] Следующие три абзаца адаптированы из: John MacArthur, *The MacArthur Daily Bible: New King James Version* (Nashville: Thomas Nelson, 2003), 608. Используется с разрешения Thomas Nelson. www.thomasnelson.com.

Таблица 5.5: Четыре особых случая обращения

Место	Иерусалим/Иудея	Самария	Кесария	Ефес
Текст	Деян. 2:1–21	Деян. 8:14–24	Деян. 10:1–11:18	Деян. 19:1–7
Время	Пятидесятница, ок. 30 г.	ок. 31–32 гг.	ок. 36 г.	ок. 52 г.
Группа	Евреи	Самаряне	Язычники	Ученики Иоанна Крестителя
Святой Дух	Крестились и исполнились Святым Духом	Приняли Святого Духа	Приняли Святого Духа	Приняли Святого Духа
Знамение	Говорили на языках как знамение для евреев	Не записано	Говорили на языках как знамение для евреев	Говорили на языках и пророчествовали как знамение для евреев
Обстоятельства	Совместное пребывание	Возложение рук	Проповедь Петра	Возложение рук

Деяния описывают сошествие Святого Духа в роли обещанного Утешителя (Иоан. 14:16) как поразительное аудиовизуальное событие (Деян. 2:1–13), которое частично и выборочно повторялось (Деян. 8:14–19; 10:44–48; 19:1–7). Эти повторения происходили в особых случаях, когда сообщалось, что верующие получили Святого Духа или исполнились Им. Во всех этих случаях не было ни звука несущегося сильного ветра, ни языков огня, которые присутствовали в первоначальном событии (Деян. 2:1–13); однако люди говорили на языках, которых они не знали, и другие их понимали. Эти события не следует брать за основу для учения, что верующие сегодня должны ожидать, что исполнение Святым Духом будет подтверждаться подобными говорением на языках. Даже в книге Деяний подлинное обращение не всегда приводило к таким необычным явлениям, сопровождавшим исполнение Духом. Например, три тысячи человек уверовали и крестились в тот же день Пятидесятницы, начавшийся так драматично (Деян. 2:41), но в их случае Писание ничего не говорит о языках.

Итак, почему в некоторых случаях языки служили подтверждением веры? Когда действительно так происходило, то это, вероятно, показывало, что к церкви присоединялись сильно отличающиеся группы верующих. Каждой новой группе Дух Святой оказывал особый прием. Так, в церковь вошли самаряне (Деян. 8:14–19), язычники (Деян. 10:44–48) и верующие по старому завету (Деян. 19:1–7), и было утверждено единство церкви. Чтобы явно показать это единство, в каждом случае требовалось в какой-то мере повторение того, что случилось с верующими евреями на Пятидесятницу, то есть присутствие апостолов и сошествие Духа, явно заметное благодаря говорению на языках Пятидесятницы. Таблица 5.5 обобщает детали этих четырех особых случаев.

Примерно за два десятилетия проповедь Евангелия распространилась от Иерусалима до Ефеса, достигнув и евреев, и язычников. Эти четыре важных шага показывают распространение церкви, которое сопровождалось крещением Духом с говорением на языках, что было знамением, подтверждающим подлинность Божьего благовествования. Некоторые сделали вывод, что эти четыре ярких исторических эпизода тогда были нормой, которая сохранилась до настоящего времени. Однако из посланий в целом складывается совсем иное представление, что это были действительно особые моменты, которые не будут повторяться.

Какой подход правильный? Ответ будет ясен, если объективно и последовательно применить к Деяниям и посланиям два классических стандартных правила библейского толкования:

1. Использовать Писание, а не личный опыт, чтобы определить доктринальную истину.
2. Использовать учительные (дидактические), а не исторические (повествовательные) разделы Писания, чтобы определить, что было не просто описано, но предписано, то есть что было исключением, а что следует считать нормой.

Применение этих принципов приводит к представлению, что события, описанные в Деяниях 2, 8, 10–11 и 19, были исключениями из правил, предназначенными для исторического обоснования и иллюстрации распространения Евангелия в уникальный период перехода от богобоязненного иудаизма к новозаветному христианству, описанному в книге Деяний. Это не было нормативным ожиданием и опытом евангельского служения в последующие века вплоть до настоящего времени[15].

Есть еще четыре новозаветных текста, говорящих о крещении настолько неопределенно, что мнения толкователей значительно различаются. Следует сделать несколько коротких наблюдений:

1. Римлянам 6:3: «крестившиеся во Христа». В данном тексте речь идет о союзе христианина «со Христом», поэтому это не относится к водному крещению.
2. Галатам 3:27: «во Христа крестившиеся». Данный текст учит той же истине, что и Римлянам 6:3. Использованный греческий предлог *eis*, а не *en*, означает «неразрывный союз и полное подчинение».
3. Ефесянам 4:5: «одно крещение». Вполне возможно, что этот текст относится к водному крещению «во Христа». Кажется, что это относится ко всем до одного христианам.
4. Колоссянам 2:12: «погребены с Ним в крещении». Это выражение очень похоже на Римлянам 6:3–4, так что Павел, скорее всего, имеет в виду союз христианина «со Христом».

---

[15] См.: Walter C. Kaiser Jr., "The Baptism in the Holy Spirit as the Promise of the Father: A Reformed Perspective," in *Perspectives on Spirit Baptism: Five Views*, ed. Chad Owen Brand (Nashville: Broadman, 2004), 15–37.

С большой вероятностью все эти четыре утверждения Павла относятся к союзу христианина «со Христом».

ОБОБЩЕНИЕ С ПРОТИВОПОСТАВЛЕНИЕМ

Ниже перечислены утверждения и соответствующие им отрицания, поясняющие, что такое крещение Духом, а что нет:

1. Крещение Духом—это милостивый дар от Бога; не нужно его искать, добиваться или просить в молитве.
2. Крещение Духом связано исключительно с возрождением/спасением; для него не нормативна связь с временным даром языков или другими чудесными дарами апостольского периода.
3. Крещение Духом—это однократное завершенное событие; это не обратимое или повторяющееся событие.
4. Крещение Духом—это свидетельство о спасении человека; это не мера духовной зрелости само по себе.
5. Крещение Духом—это начальное благословение и постоянный результат спасения; это не второе действие благодати или второе благословение.
6. Крещение Духом неразрывно связано со спасением; оно не отделено от спасения и не происходит после него.
7. Крещение Духом происходит по суверенной воле Христа; оно не достигается какими-либо действиями верующего.
8. Крещение Духом в Новом Завете считается уже дарованным Христом каждому верующему; его нигде не повелевают обрести или сохранить.
9. Крещение Духом происходит с каждым христианином с Пятидесятницы до настоящего времени; его не было у верующих во время Ветхого Завета или Евангелий.
10. Крещение Духом относится к каждому верующему; оно не ограниченно только духовно зрелыми.
11. Крещение Духом дает свободное вхождение во вселенское Тело Христа; оно не основано на последующих личных духовных достижениях.
12. Крещение Духом отличается от пребывания Духа и от исполнения Духом, хотя и связано с ними; его не следует приравнивать ни к одному из них.

Крещение Святым Духом—это позиционное действие, происходящее в жизни каждого христианина одновременно с возрождением. Тексты в Деяниях, говорящие о крещении Духом после обращения, связаны с переходным характером описанного там периода. В 1 Коринфянам 12:13 записано нормативное учение о крещении Духом, где сказано, что крещение Духом приводит к новому положению всех христиан в Теле Христа с момента обращения. Учитывая плотский характер коринфских христиан, которым Павел адресовал этот текст, можно заключить, что крещение Духом необязательно влияет на последующую святость. Церковь, духовное Тело Христа, формируется, когда верующие погружаются Христом в Духа и соединяются со всеми остальными христианами, начиная с Пятидесятницы. Крещение Святым Духом—это не то, к чему надо стремиться, а факт спасения, за который надо благодарить Бога.

Запечатление

Сам Божий Дух приходит, чтобы возродить верующего, поселиться в нем и быть гарантией его спасения, в момент, когда он кается в грехе и верит в смерть, погребение и воскресение Иисуса Христа. Обетованный Дух (Еф. 1:13) даруется Богом как Его гарантия будущего наследства верующего во славе.

Апостол Павел раскрыл тему *запечатления*, используя два греческих слова: *sphragizō*, «запечатать», и *arrabōn*, «залог» (2 Кор. 1:21–22; 5:5 [55–56 гг. от Р. Х.]; Еф. 1:13–14; 4:30 [60–62 гг. от Р. Х.]). Оба термина заимствованы из светского употребления, но Павел использовал их в духовном смысле для образного описания важного аспекта спасения с участием Святого Духа. Слово *sphragizō*, «запечатать», обозначало древнюю практику, когда на письмо или имущество человека помещали мягкий воск, на котором делали оттиск уникальной меткой, безошибочно обозначающей владельца или отправителя. Это символизировало безопасность, защиту, принадлежность, власть и подлинность. Слово *arrabōn*, «залог», означало авансовый платеж или задаток при деловом соглашении, удостоверяющий, что оставшаяся часть будет выплачена. Оно выражало идею залога, дающего уверенность и определенность.

В контексте спасения печать указывает, что верующие принадлежат Богу как купленные дорогой ценой — кровью Сына Божьего Иисуса Христа (1 Кор. 6:19–20). Бог запечатлевает верующего (2 Кор. 1:22; 5:5) Святым Духом, как Он ранее запечатлел Христа (Иоан. 6:27). Таким образом, Святой Дух и есть печать (2 Кор. 1:22), удостоверяющая, что христианин — это Божье дитя.

Все истинные верующие получают печать Святого Духа в момент спасения (Рим. 8:9). Как человек спасается благодатью через веру во Христа, так он и запечатлевается Святым Духом по Божьей благодати. Верующим нигде не сказано стремиться к запечатлению или что-то делать для него. Всегда предполагается, что они уже запечатлены в результате своего спасения. Напротив, христианам дано предостережение не огорчать Духа Святого, Которым Бог запечатлел их (Еф. 4:30).

Непосредственная цель запечатления — отметить тех, кто однажды получит полное и окончательное спасение, а именно воскресение (Рим. 8:20–23). Вот почему в Римлянам 8:23 говорится, что в настоящее время в жизни верующих есть «начаток Духа», поскольку гораздо больше проявлений Духа относится к будущему воскресению и искуплению тела (2 Кор. 5:4–5; Еф. 1:14; 4:30). Само запечатление относится к настоящему времени, но оно временное, так как служит предвкушением конечного результата, который настанет в будущем и будет вечным. Когда верующий запечатлен Святым Духом, это значит, что спасение дано ему властью Бога и заверено тем, что у него есть Дух Самого Бога. Поскольку христиане принадлежат Богу, они находятся в духовной безопасности под защитой Его всемогущих и непобедимых духовных ресурсов.

Дух—это не только Божья печать на верующих, но и гарантия (2 Кор. 1:22; 5:5; Еф. 1:14) того, что Бог в конце концов выполнит Свое обещание о вечной жизни в воскрешенном и прославленном теле. Дух—это Божий залог, первый взнос и задаток, служащий безупречным удостоверением того, что Бог непременно завершит начатое (Флп. 1:6). Поэтому Павел и говорил о запечатлении «...обетованным Святым Духом, Который есть залог наследия нашего, для искупления удела Его, в похвалу славы Его» (Еф. 1:13–14). Дух—это непосредственная гарантия получения окончательного Божьего обещания—вечной жизни (см. Иоан. 10:28–29; Рим. 8:31–39).

Освящение[16]

Введение
Пребывание
Исполнение
Плод

Введение[17]

В Новом Завете верующие в Господа Иисуса Христа называются разными словами. Самое распространенное современное название—это «христианин» (греч. *Christianos*). Однако такое наименование встречается в Писании только трижды (Деян. 11:26; 26:28; 1 Пет. 4:16). Неясно, каким был первоначальный оттенок значения (положительный или отрицательный); однако это слово относится только к тем, кто поверил в Иисуса Христа и пошел по Его пути.

В Евангелиях и Деяниях наиболее распространено слово «ученик» (греч. *mathētēs*), которое использовано более 250 раз и чаще всего относится к последователям Христа. Из его связи с «христианами» в Деяниях 11:26 можно сделать вывод, что словом «ученик» пользовались раньше слова «христианин» и, что более важно, христианином считался настоящий ученик Христа.

По всему Новому Завету образ духовной семьи благодаря *новому рождению* заметен в том, что часто употребляется слово «брат» (греч. *adelphos*) и несколько раз—слово «сестра» (греч. *adelphē*, 2 Иоан. 13; Флм. 2). Еще одно яркое выражение—это «раб» (греч. *doulos*) по отношению к Христу как «Господу» (греч. *kyrios*).

Каждый из этих пяти терминов кажется очевидным и вполне уместным. Однако это не так с еще одним названием верующего—«святой» (греч. *hagios*). Это самое неожиданное, поразительное и незаслуженное название. Хотя в Евангелиях и Деяниях оно встречается нечасто, слово «святой» преобладает в посланиях и Откровении.

---

[16] Более подробное обсуждение см. «Освящение» (с. 668) в гл. 7 «Спасение».

[17] Этот раздел адаптирован из: Richard L. Mayhue, "Sanctification: The Biblical Basics," *MSJ* 21, no. 2 (2010): 143–57. Использовано с разрешения MSJ.

Почему христиане, ученики, братья, сестры и рабы названы «святыми»? Они не были святыми до спасения; они не святые в своей земной жизни, поскольку свят только Бог; и они не будут безгрешными, пока после смерти не окажутся на небесах. Но Писание ясно, часто и решительно объявляет верующих «святыми» или «освященными».

Идея святости или освящения отмечает начало и конец канона: «И благословил Бог седьмой день, и освятил его...» (Быт. 2:3); «...праведный да творит правду еще, и святой да освящается еще» (Откр. 22:11). Более того, Бог повелел Моисею: «Святы будьте, ибо свят Я, Господь, Бог ваш» (Лев. 19:2), а Петр повторил этот наказ: «По примеру призвавшего вас Святого, и сами будьте святы во всех поступках, ибо написано: „Будьте святы, потому что Я свят“» (1 Пет. 1:15–16). Эта идея «отделения», «посвящения» или «святости» пронизывает все Писание — как Ветхий, так и Новый Завет. Освящение, хотя и не ограничивается действием Святого Духа, часто напрямую связано с Ним (1 Пет. 1:2; Рим. 8:23; 1 Кор. 6:11; 1 Фес. 4:7–8; 2 Фес. 2:13; Тит. 3:5).

Почему «святой»? Это единственное из шести упомянутых выше названий, которое сосредоточено на Божьем атрибуте святости (см. Ис. 6:1–8) и Его замысле, чтобы все истинно верующие во Христа все больше и больше проявляли это качество как признак подлинного христианства (см. Евр. 12:10). Дух святости (Рим. 1:4, Кассиан), иначе называемый Святым Духом (Пс. 50:13; Ис. 63:11; Матф. 1:18; Иуд. 20) служит олицетворением этого исключительного качества. В дальнейшем обсуждении, посвященном этому названию верующих, будут рассмотрены спасительные результаты освящения и святости на основании следующих знакомых библейских текстов:

Итак будьте совершенны, как совершен Отец ваш Небесный (Матф. 5:48).

Возлюбленные! Мы теперь дети Божии; но еще не открылось, что будем. Знаем только, что, когда откроется, будем подобны Ему, потому что увидим Его, как Он есть. И всякий, имеющий сию надежду на Него, очищает себя так, как Он чист (1 Иоан. 3:2–3).

Могущему же соблюсти вас от падения и поставить пред славою Своею непорочными в радости, Единому Премудрому Богу, Спасителю нашему чрез Иисуса Христа Господа нашего, слава и величие, сила и власть прежде всех веков, ныне и во все веки. Аминь (Иуд. 24–25).

Притом знаем, что любящим Бога, призванным по Его изволению, все содействует ко благу. Ибо кого Он предузнал, тем и предопределил быть подобными образу Сына Своего, дабы Он был первородным между многими братиями. А кого Он предопределил, тех и призвал, а кого призвал, тех и оправдал; а кого оправдал, тех и прославил (Рим. 8:28–30).

[Я]... уверен в том, что начавший в вас доброе дело будет совершать его даже до дня Иисуса Христа... (Флп. 1:6)

В Новом Завете три разные группы слов синонимично описывают спасение, ссылаясь на прошлое, настоящее и будущее. Таблица 5.6 (с. 380) иллюстрирует

Таблица 5.6:   Группы слов, описывающие спасение

	Совершенство (греч. *teleioō, teleios*)	Спасение (греч. *sōzō, sōtēria, sōtērion*)	Освящение (греч. *hagiazō, hagiasmos, hagios*)
Прошлое	«Ибо Он одним приношением навсегда сделал *совершенными* освящаемых» (Евр. 10:14)	«Он *спас* нас не по делам праведности, которые бы мы сотворили, а по Своей милости, банею возрождения и обновления Святым Духом...» (Тит. 3:5)	«И такими были некоторые из вас; но омылись, но *освятились*, но оправдались именем Господа нашего Иисуса Христа и Духом Бога нашего» (1 Кор. 6:11)
Настоящее	«Итак, возлюбленные, имея такие обетования, очистим себя от всякой скверны плоти и духа, *совершая* святыню в страхе Божием» (2 Кор. 7:1)	«Итак, возлюбленные мои, как вы всегда были послушны, не только в присутствии моем, но гораздо более ныне во время отсутствия моего, со страхом и трепетом совершайте свое *спасение*...» (Флп. 2:12)	«Ибо воля Божия есть *освящение* ваше, чтобы вы воздерживались от блуда; чтобы каждый из вас умел соблюдать свой сосуд в святости и чести... Ибо призвал нас Бог не к нечистоте, но к святости» (1 Фес. 4:3–4, 7)
Будущее	«Но вы приступили... к Судии всех Богу, и к духам праведников, достигших *совершенства*...» (Евр. 12:22–23)	«Так поступайте, зная время, что наступил уже час пробудиться нам от сна. Ибо ныне ближе к нам *спасение*, нежели когда мы уверовали» (Рим. 13:11)	«Сам же Бог мира да *освятит* вас во всей полноте, и ваш дух и душа и тело во всей целости да сохранится без порока в пришествие Господа нашего Иисуса Христа» (1 Фес. 5:23)

эту закономерность примерами текстов Писания, и приведенные в ней данные можно обобщить следующими 10 наблюдениями:

1. Слова «спасение», «освящение» и «совершенство» могут использоваться в Писании синонимично как группы слов со значительным акцентом на спасении.
2. Спасение—часть освящения в самом широком смысле, а освящение—часть спасения в его полном смысле.
3. Таким образом, спасение и освящение неразделимы. Невозможно иметь одно без другого.
4. Каждая из этих трех групп слов может описывать прошлое, настоящее или будущее.
5. Каждая из этих трех групп слов может описывать начало, продолжение или завершение в контексте искупления.
6. Каждая из этих трех групп слов может описывать как часть спасения, так и спасение в целом.
7. Без учета этого библейского парадокса в сотериологии наверняка появятся ошибочные выводы.
8. В Писании сказано, что человек уже стал тем, кем он еще только становится.
9. Библия повелевает человеку сейчас быть таким, каким невозможно полностью стать до вечности.
10. Ключ к сохранению ясности в возможной путанице при толковании—правильно выявлять отдельные части в каждом библейском тексте.

Таблица 5.7: Аспекты освящения

Основной исполнитель	ОТЕЦ	СЫН	СВЯТОЙ ДУХ
	«Ибо призвал нас Бог не к нечистоте, но к *святости*» (1 Фес. 4:7)	«...Церкви Божией, находящейся в Коринфе, *освященным* во Христе Иисусе, призванным святым, со всеми призывающими имя Господа нашего Иисуса Христа, во всяком месте, у них и у нас...» (1 Кор. 1:2)	«Мы же всегда должны благодарить Бога за вас, возлюбленные Господом братия, что Бог от начала, через *освящение* Духа и веру истине, избрал вас ко спасению...» (2 Фес. 2:13)
Время	ПРОШЛОЕ	НАСТОЯЩЕЕ	БУДУЩЕЕ
	«И ныне предаю вас, братия, Богу и слову благодати Его, могущему назидать вас более и дать вам наследие со всеми *освященными*» (Деян. 20:32)	«...Чтобы каждый из вас умел соблюдать свой сосуд в *святости* и чести...» (1 Фес. 4:4)	«...Чтобы утвердить сердца ваши непорочными во *святыне* пред Богом и Отцом нашим в пришествие Господа нашего Иисуса Христа со всеми святыми Его» (1 Фес. 3:13)
Основные средства	ЕВАНГЕЛИЕ	СЛАВА/ПИСАНИЕ	ВОСКРЕСЕНИЕ
	«...Чтобы *освятить* ее, очистив банею водною посредством слова...» (Еф. 5:26)	«Мы же все... *взирая* на славу Господню, *преображаемся* в тот же образ от славы в славу...» (2 Кор. 3:18) «*Освяти* их истиною Твоею; слово Твое есть истина» (Иоан. 17:17)	«...И не только она, но и мы сами, имея начаток Духа, и мы в себе стенаем, ожидая усыновления, *искупления* тела нашего» (Рим. 8:23)
Действия	НАЧАЛО	ПРОДОЛЖЕНИЕ	КУЛЬМИНАЦИЯ
	«По сей-то воле *освящены* мы единократным принесением тела Иисуса Христа» (Евр. 10:10)	«Итак, возлюбленные, имея такие обетования, очистим себя от всякой скверны плоти и духа, совершая *святыню* в страхе Божием» (2 Кор. 7:1)	«Неправедный пусть еще делает неправду; нечистый пусть еще сквернится; праведный да творит правду еще, и *святой* да освящается еще» (Откр. 22:11)
Основные результаты	ПОЛОЖЕНИЕ	ПРОГРЕСС	СОВЕРШЕНСТВО
	«...Открыть глаза им, чтобы они обратились от тьмы к свету и от власти сатаны к Богу, и верою в Меня получили прощение грехов и жребий с *освященными*» (Деян. 26:18)	«Но ныне, когда вы освободились от греха и стали рабами Богу, плод ваш есть *святость*, а конец—жизнь вечная» (Рим. 6:22)	«...Чтобы утвердить сердца ваши *непорочными* во святыне пред Богом и Отцом нашим в пришествие Господа нашего Иисуса Христа со всеми святыми Его» (1 Фес. 3:13)

Личные последствия	ОПРАВДАНИЕ	ОСВЯЩЕНИЕ	ПРОСЛАВЛЕНИЕ
	«И такими были некоторые из вас; но омылись, но *освятились*, но оправдались именем Господа нашего Иисуса Христа и Духом Бога нашего» (1 Кор. 6:11)	«Ибо воля Божия есть *освящение* ваше, чтобы вы воздерживались от блуда...» (1 Фес. 4:3)	«Притом знаем, что любящим Бога, призванным по Его изволению, все содействует ко благу. Ибо кого Он предузнал, тем и предопределил быть подобными образу Сына Своего, дабы Он был первородным между многими братиями. А кого Он предопределил, тех и призвал, а кого призвал, тех и оправдал; а кого оправдал, тех и *прославил*» (Рим. 8:28–30)
Духовные реалии	СУДЕБНОЕ ЗАЯВЛЕНИЕ	ПОКОРНОЕ ПОДЧИНЕНИЕ	СВЕРХЪЕСТЕСТВЕННОЕ ЗАВЕРШЕНИЕ
	«Ибо Он одним приношением навсегда сделал совершенными *освящаемых*» (Евр. 10:14)	«Говорю по рассуждению человеческому, ради немощи плоти вашей. Как предавали вы члены ваши в рабы нечистоте и беззаконию на дела беззаконные, так ныне представьте члены ваши в рабы праведности на *дела* святые» (Рим. 6:19)	«Сам же Бог мира да *освятит* вас во всей полноте, и ваш дух и душа и тело во всей целости да сохранится без порока в пришествие Господа нашего Иисуса Христа» (1 Фес. 5:23)

Эти вводные размышления, затрагивающие освящение как по частям, так и в целом, обеспечивают контекст для последующего обсуждения. Оно намеренно будет сосредоточено главным образом на *прогрессирующем освящении*, то есть на том, что происходит в жизни христианина после спасения. Однако до этого в таблице 5.7 (с. 381) показаны несколько аспектов освящения, чтобы подчеркнуть его сложность.

Хотя кто-то может подумать, что данное обсуждение освящения далеко от практической жизни, на самом деле верно прямо противоположное. Результатом *систематического* богословия становится Божий план для *духовного* богословия. Христианская доктрина выливается в христианскую жизнь. По сути дела, все вопросы богословия и христианской жизни можно обсуждать, раскрывать и различать, изучая и применяя то, что Библия говорит об освящении.

Приведенные ниже списки показывают, что само Писание говорит о трех временны́х аспектах освящения: позиционном, прогрессирующем и завершенном.

НАЧАЛО: ПОЗИЦИОННОЕ (ОПРЕДЕЛЯЮЩЕЕ) ОСВЯЩЕНИЕ

И ныне предаю вас, братия, Богу и слову благодати Его, могущему назидать вас более и дать вам наследие со всеми *освященными* (Деян. 20:32).

...Открыть глаза им, чтобы они обратились от тьмы к свету и от власти сатаны к Богу, и верою в Меня получили прощение грехов и жребий с *освященными* (Деян. 26:18).

...По предведению Бога Отца, при *освящении* от Духа, к послушанию и окроплению кровию Иисуса Христа: благодать вам и мир да умножится (1 Пет. 1:2).

...Церкви Божией, находящейся в Коринфе, *освященным* во Христе Иисусе, призванным святым, со всеми призывающими имя Господа нашего Иисуса Христа, во всяком месте, у них и у нас... (1 Кор. 1:2)

От Него и вы во Христе Иисусе, Который сделался для нас премудростью от Бога, праведностью и *освящением* и искуплением... (1 Кор. 1:30)

И такими были некоторые из вас; но омылись, но *освятились*, но оправдались именем Господа нашего Иисуса Христа и Духом Бога нашего (1 Кор. 6:11).

...Чтобы *освятить* ее, очистив банею водною посредством слова... (Еф. 5:26)

Мы же всегда должны благодарить Бога за вас, возлюбленные Господом братия, что Бог от начала, через *освящение* Духа и веру истине, избрал вас ко спасению... (2 Фес. 2:13)

По сей-то воле *освящены* мы единократным принесением тела Иисуса Христа (Евр. 10:10).

ПРОДОЛЖЕНИЕ: ПРОГРЕССИРУЮЩЕЕ ОСВЯЩЕНИЕ

Освяти их истиною Твоею; слово Твое есть истина (Иоан. 17:17).

Говорю по рассуждению человеческому, ради немощи плоти вашей. Как предавали вы члены ваши в рабы нечистоте и беззаконию на дела беззаконные, так ныне представьте члены ваши в рабы праведности на *дела святые* (Рим. 6:19).

Но ныне, когда вы освободились от греха и стали рабами Богу, плод ваш есть *святость*, а конец — жизнь вечная (Рим. 6:22).

Мы же все открытым лицом, как в зеркале, *взирая на славу* Господню, *преображаемся* в тот же образ от славы в славу, как от Господня Духа (2 Кор. 3:18).

Итак, возлюбленные, имея такие обетования, очистим себя от всякой скверны плоти и духа, совершая *святыню* в страхе Божием (2 Кор. 7:1).

Ибо воля Божия есть *освящение* ваше, чтобы вы воздерживались от блуда... (1 Фес. 4:3)

...Чтобы каждый из вас умел соблюдать свой сосуд в *святости* и чести... (1 Фес. 4:4)

Ибо призвал нас Бог не к нечистоте, но к *святости*. Итак непокорный непокорен не человеку, но Богу, Который и дал нам Духа Своего Святого (1 Фес. 4:7–8).

Итак, кто будет чист от сего, тот будет сосудом в чести, *освященным* и благопотребным Владыке, годным на всякое доброе дело (2 Тим. 2:21).

КУЛЬМИНАЦИЯ: ЗАВЕРШЕННОЕ ОСВЯЩЕНИЕ

...Чтобы утвердить сердца ваши непорочными во *святыне* пред Богом и Отцом нашим в пришествие Господа нашего Иисуса Христа со всеми святыми Его (1 Фес. 3:13).

Сам же Бог мира да *освятит* вас во всей полноте, и ваш дух и душа и тело во всей целости да сохранится без порока в пришествие Господа нашего Иисуса Христа (1 Фес. 5:23).

Следующие восемь описаний кратко выражают суть того, что такое освящение согласно учению Писания:

1. Спасительный труд, начатый Богом, в котором участвуют все три Лица Троицы.
2. Спасительный труд, который Бог продолжает совершать в этой жизни вплоть до его завершения на небесах.
3. Спасительный труд, неотделимый от оправдания или прославления[18].
4. Спасительный труд, совершаемый Богом силой Божьего Слова и Божьего Духа.
5. Спасительный труд Бога, который, будучи начат, не может быть потерян, остановлен или отменен.
6. Спасительный труд Бога, побуждающий истинных святых к святой реакции, состоящей в библейском послушании действию Святого Духа.
7. Спасительный труд Бога, не искореняющий грех у верующих до их прославления.
8. Спасительный труд, дающий твердую надежду в этой жизни благодаря несомненной вечной надежде на будущую жизнь.

Пребывание

При изучении Святого Духа есть два крайних подхода. Радикальная преемственность предполагает, что все дела Духа Святого в Новом Завете непременно были и в Ветхом Завете. Радикальная разрывность, напротив, утверждает, что все дела Духа Святого в Новом Завете существенно отличаются от того, что было в Ветхом. Эти крайние подходы следуют тому же принципу, что и другая пара противоположных крайностей: либо в Ветхом Завете Дух Святой практически бездействовал, а в Новом Завете был очень активен, либо Он был в равной мере активен в обоих Заветах.

---

[18] Джон Райл объясняет: «Начнем с подобия освящения и оправдания: 1) И то, и другое изначально есть бесплатный дар благодати Божьей. Только благодаря Его жертве верующие оправданы и освящены. 2) И то, и другое является трудом спасения, совершенного Христом, частью вечного завета с Его народом. Христос есть Источник жизни, и от Него исходит прощение и святость. Он есть Корень всего. 3) И то, и другое есть удел верующих. Оправданные также являются освященными, а освященные—оправданы. Бог соединил освящение и оправдание—они неразделимы. 4) Оправдание и освящение начинаются одновременно. Когда человек становится оправданным, начинается и его освящение. Он может не чувствовать, но все это факт. 5) И то, и другое равно необходимо для спасения. Никто еще не достиг небес без обновленного сердца и прощения, без благодати Духа и крови Христа. Одно так же важно, как и другое» (Райл Д. Святость: природа, препятствия, трудности и корни. Пенза: Приди и помоги, 2016. С. 54).

Особенно распространены крайние позиции при обсуждении пребывания Святого Духа. Хотя совершенно справедливо утверждение, что Святой Дух пребывал в верующих в обоих Заветах, на этом, по сути, согласие и заканчивается. Одна сторона говорит, что пребывание в Ветхом Завете было таким же, как и в Новом[19]. Другая же придерживается мнения, что служение пребывания Духа, начавшееся на Пятидесятницу (Деян. 2), значительно отличается от ветхозаветного[20].

Чтобы разобраться в этом вопросе, сначала следует рассмотреть, что сказано в Ветхом и Новом Заветах о пребывании Духа. Собрав исходные данные, можно будет прийти к обоснованному заключению.

ВЕТХИЙ ЗАВЕТ

Как минимум в четырех случаях говорится, что Дух Святой пребывал в ветхозаветных верующих. Во-первых, Иисус Навин назван человеком, «в котором есть Дух» (Чис. 27:18), в связи с будущим положением руководителя, которое он займет как преемник Моисея. Во-вторых, Писание открывает, что Дух вошел в Иезекииля, когда готовил его обличать крайне мятежный израильский народ (Иез. 2:2; 3:24). Интересно, что это, как кажется, происходило дважды, то есть Дух Святой, войдя в него первый раз, покинул его и вернулся второй раз; таким образом, первое пребывание не было постоянным. В-третьих, Новый Завет говорит о времени служения ветхозаветных пророков, когда Дух Христов активно пребывал в них (1 Пет. 1:10−11). Выражение «Дух Христов» относится к Святому Духу (Деян. 16:7; Рим. 8:9; Гал. 4:6; Флп. 1:19), как и выражение «Дух Божий» в Римлянам 8:9, где они используются взаимозаменяемо.

Есть утверждения, что в Иосифе и Данииле также пребывал Дух (Быт. 41:38; Дан. 4:5−6, 15; 5:11−14; 6:3). Однако эти свидетельства исходили от языческих правителей (фараона, Навуходоносора, царицы при правлении Валтасара, самого Валтасара и Дария), которые ничего не знали о Божьем Святом Духе, так что их нельзя считать авторитетными свидетелями. Впрочем, стоит отметить, что они так пытались объяснить необычные способности этих особых мужей Божьих. Невозможно определить, действительно ли Дух Святой пребывал в Иосифе и Данииле в этих случаях.

Есть еще несколько ветхозаветных текстов, говорящих о том, что Бог вложит Своего Духа в сердце народа Израиля (Иез. 11:19; 36:26−27; 37:14). Это божественное обещание исполнится в Тысячелетнем царстве Христа после Его второго пришествия.

Намного чаще Ветхий Завет говорит не о пребывании Духа, а о сошествии Святого Духа «на» отдельных вождей Израиля, чтобы укрепить их. Такими же выражениями описан Симеон, который держал младенца Христа в храме

---

[19] Leon J. Wood, *The Holy Spirit in the Old Testament* (Grand Rapids, MI: Zondervan, 1976), 69−70.

[20] James M. Hamilton Jr., *God's Indwelling Presence: The Holy Spirit in the Old and New Testaments* (Nashville: B&H Academic, 2006).

Таблица 5.8: Случаи укрепления Святым Духом

Личность	Место Писания
Веселиил	Исх. 31:3; 35:30–31
Моисей	Чис. 11:17
Семьдесят старейшин	Чис. 11:25
Валаам	Чис. 24:2
Иисус Навин	Втор. 34:9
Гофониил	Суд. 3:10
Гедеон	Суд. 6:34
Иеффай	Суд. 11:29
Самсон	Суд. 14:6, 19; 15:14
Саул	1 Цар. 10:10; 11:6; 19:23
Давид	1 Цар. 16:13
Слуги Саула	1 Цар. 19:20
Амасай	1 Пар. 12:18
Азария	2 Пар. 15:1
Иозиил	2 Пар. 20:14
Захария	2 Пар. 24:20
Исаия	Ис. 61:1
Иезекииль	Иез. 3:24; 11:5

(Лук. 2:25–35). Это выражение, не подразумевающее пребывания, встречается в Ветхом Завете от книги Исход до книги Иоиля (таблица 5.8).

В редких случаях Дух также физически перемещал людей (3 Цар. 18:12; 4 Цар. 2:16; Иез. 3:12, 14; 8:3; 11:1, 24; 37:1; 43:5). Такое происходило и в эпоху после Пятидесятницы с Филиппом и Иоанном (Деян. 8:39–40; Откр. 21:10).

Основные характеристики пребывания Духа в верующих в Ветхом Завете можно выразить так:

1. Нечастое.
2. Только в избранных вождях Израиля.
3. Временное.
4. Укрепление для служения.

НОВЫЙ ЗАВЕТ

Родственные греческие слова *oikeō*, *enoikeō* и *katoikētērion* описывают, как Святой Дух «живет внутри» истинных верующих. Без пребывающего в нем Святого Духа человек не может быть истинным верующим (Иуд. 19; Рим. 8:9). Шесть ключевых текстов, говорящих о пребывании Духа в верующих, — это Римлянам 8:9, 11, 1 Коринфянам 3:16, 6:19, Ефесянам 2:22 и 2 Тимофею 1:14. Если рассматривать в контексте, то все они, кроме одного, говорят о верующих индивидуально.

Однако в Ефесянам 2:22, видимо, говорится о пребывании Духа как в индивидуальном, так и в коллективном смысле, то есть в Теле Христа, в церкви. Бог обитал в физическом храме в ветхозаветном Иерусалиме; Дух Божий обитает индивидуально в каждом члене новозаветного Тела, а также коллективно во всех них вместе.

Основные характеристики пребывания Духа в верующих в Новом Завете можно выразить так:

1. Всегда при спасении.
2. Во всех верующих индивидуально.
3. Постоянно.
4. Коллективно во вселенской церкви.
5. Для укрепления в святой жизни и плодотворном служении.

Если сравнить особенности ветхозаветного пребывания Духа с отличительными признаками новозаветного пребывания, можно заметить некоторые существенные различия. Тогда возникает вопрос: пребывал ли Дух Святой в верующих во времена Ветхого Завета и Евангелий так же, как и в верующих со дня Пятидесятницы (Деян. 2)?

ОДИНАКОВО ЛИ ПРЕБЫВАНИЕ ДУХА В ВЕТХОЗАВЕТНЫХ И НОВОЗАВЕТНЫХ ВЕРУЮЩИХ?

Действие Духа в Ветхом Завете было не совсем таким, какое представлено в Новом Завете. Пятидесятница ознаменовала начало определенных существенных различий. Изучая факт сошествия Духа в день Пятидесятницы, не следует полагать, что до этого Он никак не участвовал в событиях. Однако ситуация существенно изменилась, потому что начиная с Пятидесятницы Дух Святой навсегда поселяется в верующих.

То, что Дух Святой не поселялся в ветхозаветных верующих так же, как в верующих со дня Пятидесятницы и позже, кажется несомненным по следующим причинам:

1. Значительное различие в приведенных выше основных характеристиках указывает на резкий контраст между пребыванием Духа в Ветхом и Новом Заветах.
2. Хотя все ветхозаветные верующие, как и новозаветные, были возрождены силой Божьего Духа, нигде в Писании не говорится, что в Ветхом Завете пребывание Духа было необходимой составляющей спасения.
3. В Иоанна 7:39 Иисус прямо сказал, что Святой Дух еще не был дан всем верующим в смысле крещения Духом, пребывания Духа и исполнения Духом.
4. В Иоанна 14:17 Христос сказал о Святом Духе: «...Он с вами пребывает и в вас будет». Греческий глагол *menō*, переведенный словом «пребывает», не означает «живет внутри», что обычно передается словами *oikeō, enoikeō* или *katoikētērion*. Более того, хотя глагол «быть» имеет текстовый вариант в настоящем

времени, свидетельство манускриптов в пользу будущего времени гораздо лучше. Таким образом, Христос учил, что в будущем (после Пятидесятницы) Дух будет жить в верующих не так, как Он пребывал с Его учениками в то время.

5. В Иоанна 13–17 Иисус сказал апостолам ожидать, что произойдет нечто значительное, потому что, когда Он уйдет, Святой Дух будет послан вместо Него. Старый завет сменялся новым (Евр. 8). Пребывание Святого Духа будет частью нового.

6. Если бы Дух пребывал во всех ветхозаветных святых, не было бы необходимости прямо указывать в Писании несколько особых случаев пребываниях Духа в Ветхом Завете.

7. В 1 Царств 16:14 говорится, что Дух Божий отошел от Саула, а в Псалме 50:13 Давид молится, чтобы Бог не отнял от него Святого Духа. Смысл этих отрывков наиболее понятен, если считать, что они говорят об укреплении Святым Духом, а не о спасении, поскольку в противном случае пребывание Духа было бы необратимым.

8. В Новом Завете Дух живет не только в верующих индивидуально, но и в церкви коллективно. Поскольку началом церкви был день Пятидесятницы, в Ветхом Завете не могло быть такого пребывания Духа, как в Новом.

9. В 2 Коринфянам 6:16, где цитируются Исход 29:45 и Левит 26:12, записаны слова Бога: «Вселюсь в них и буду ходить среди них...» (Кассиан). Ни один из этих трех текстов не утверждает, что Бог Своим Духом будет жить «внутри» них как в народе или индивидуально, но что Он поселится «среди» них внешне.

Исполнение

Исполнение Святым Духом происходило как в Ветхом, так и в Новом Завете. Если читать Писание от Бытия до Откровения, то первое упоминание об исполнении Духом встречается в Исходе 31:3, а последнее — в Колоссянам 1:9. При обсуждении особенностей исполнения Духом можно выделить три периода: (1) до Пятидесятницы (от Бытия до Евангелий, ок. 1440 г. до Р. Х. — 30 г. от Р. Х.), (2) Пятидесятница (Деян. 1–2, 30 г. от Р. Х.), и (3) после Пятидесятницы (от Деян. 3, 30 г. от Р. Х., до восхищения церкви). В результате исполнения человек получал от Духа необычные способности или характер.

В Ветхом Завете используется еврейское слово *male'* (в Септуагинте — греч. *empimplēmi*), в Новом — три разных, но очень похожих по смыслу греческих термина: (1) *pimplēmi*, (2) *plērēs* и (3) *plēroō*. Во всех этих словах заложена идея господства или полного контроля. При описании действия Святого Духа они выражают общую идею о власти Бога как причине и послушании человека — как следствии.

ДО ПЯТИДЕСЯТНИЦЫ

Ветхий Завет. Эпоху до Пятидесятницы можно разделить на два главных периода. Первый охватывает Ветхий Завет, где описано несколько случаев исполнения Духом.

Случаи. «Исполнение» упоминается пять раз в следующих ситуациях: (1) строительство скинии (ок. 1444 г. до Р. Х.), (2) служение Иисуса Навина (ок. 1405 г. до Р. Х.), (3) строительство храма Соломона (ок. 966 г. до Р. Х.), и (4) служение пророка Михея (ок. 700 г. до Р. Х.). Вот эти случаи:

1. Веселеил (явно) получил от Святого Духа способности, чтобы изготовить скинию и ее принадлежности (Исх. 31:2–3).
2. Веселеил и Аголиав (явно) получили от Святого Духа особое художественное мастерство для работы над принадлежностями скинии (Исх. 35:31–35).
3. Иисус Навин (неявно) получил от Святого Духа мудрость, чтобы вести Израиль в качестве преемника Моисея (Втор. 34:9).
4. Хирам (неявно) получил от Святого Духа способности, чтобы помогать Соломону строить первый храм в Израиле (3 Цар. 7:14, 40, 45).
5. Михей (неявно) получил от Святого Духа способности для служения обличения (Мих. 3:8; см Зах. 4:6).

Наблюдения. Случаи исполнения в Ветхом Завете были весьма редкими, хотя возможно, что Дух исполнял и других людей, но об этом в Писании не говорится. Ветхозаветное исполнение Духом было связано только с тем, что Святой Дух давал силы или способности отдельным руководителям, чтобы они осуществляли Божий замысел в особые периоды истории Израиля. Ни один из случаев исполнения не был связан с изменением характера под влиянием Духа. Как описание причины и следствия исполнение Духом очень похоже на другие ветхозаветные выражения: «На них почил Дух» (Чис. 11:26), Бог «послал Духа Своего на них» (Чис. 11:29), и «был на нем Дух Божий» (Чис. 24:2).

Евангелия. Второй период до Пятидесятницы — это время служения Иисуса, когда также было лишь несколько примеров исполнения Духом.

Случаи. В Евангелиях об «исполнении» прямо говорится всего четыре раза, и только у Луки. Помимо этого есть еще два неявных исполнения, и все они произошли примерно за тридцатилетний период времени с участием четырех человек:

1. Иоанн Креститель был (явно) «исполнен» с момента зачатия (Лук. 1:15).
2. Елисавета была (явно) «исполнена», когда была беременна Иоанном (Лук. 1:41).
3. Захария был (явно) «исполнен», чтобы пророчествовать (Лук. 1:67).
4. Иисус в детстве был (неявно) «исполнен» Духом (Лук. 2:40).
5. Христос был (явно) «исполнен» при начале Своего служения (Лук. 4:1; см. Лук. 3:22).
6. Вполне возможно, что ученики (неявно) исполнились Духом, когда Христос дунул на них, сказав: «Примите Духа Святого» (Иоан. 20:22). Действие Христа можно считать залогом того, что исполнится Его обещание о сошествии Святого Духа в день Пятидесятницы (Иоан. 14:26–27; Деян. 1:4; 2:4).

Наблюдения. В Евангелиях, как и в Ветхом Завете, исполнение Духом затрагивало лишь отдельных людей для уникального, неповторяющегося служения. Через исполнение Дух наделял их способностями. От первого упоминания об «исполнении» в Ветхом Завете до последнего упоминания в Евангелиях — за весь период до Пятидесятницы, длившийся около 1475 лет, — всего девять человек (не считая одиннадцати учеников) были исполнены Святым Духом. До Пятидесятницы исполнение Духом было редким, ограниченным и исключительным.

ПЯТИДЕСЯТНИЦА

Обстановка. В Деяниях 1–2 описано смещение центра внимания с израильского народа на церковь. Это смещение произошло в день Пятидесятницы, после воскресения и вознесения Христа (Деян. 1:1–11). Одиннадцать учеников (и присоединившийся позже Матфий, Деян. 1:13, 15–26), близкие родственники Иисуса (Деян. 1:14) и остальные верующие (Деян. 1:15) собрались в Иерусалиме, чтобы молиться и ожидать предстоящего служения Святого Духа, которое Христос обещал в горнице (Иоан. 13–17) и в Деяниях 1:4–5.

Когда пришел день Пятидесятницы, пришел и Дух Святой (Деян. 2:1–4). Всех собравшихся верующих, 120 человек, Христос крестил Духом Святым в церковь (см. «Крещение», с. 371, 1 Кор. 12:13), и все они исполнились Духа Святого (Деян. 2:3–4). Все 120 человек получили от Духа способность говорить на других реальных языках, которых они не знали (Деян. 2:4–12). Кроме того, все они исполнились Святого Духа в том смысле, что Он изменил их характер, о чем позже будет писать Павел (Еф. 5:18–21).

Наблюдения. Дух продолжал выборочно наделять людей особыми способностями, как это было и раньше в Ветхом Завете и Евангелиях. На Пятидесятницу исполнение Духом пережили все христиане, а не только отдельные люди в особых случаях. С Пятидесятницы также началось новое измерение, состоящее в производимом Духом изменении характера всех христиан (Еф. 5:18–21).

ПОСЛЕ ПЯТИДЕСЯТНИЦЫ

Святой Дух продолжал наделять способностями для служения отдельных людей и несколько особых групп вплоть до времени, включавшего первое миссионерское путешествие (Деян. 11:24; 13:9, 52). Можно полагать, что Дух продолжал производить благочестивый характер во всех христианах, как это произошло на Пятидесятницу, а затем было объяснено в Ефесянам 5:18–21.

Приблизительно до 48 года. В период после Пятидесятницы и до конца первого миссионерского путешествия Павла есть дополнительные примеры исполнения Духом в эпоху церкви. За период с 30 по 48 годы Писание сообщает о восьми случаях наделения силой Святого Духа:

1. Петр проповедовал на своем родном языке, как и в Деяниях 2:14–40 (Деян. 4:8).
2. Христиане смело говорили Слово Божье на своем родном языке (Деян. 4:31).
3. Семь человек были избраны в помощь апостолам (Деян. 6:3, 5).
4. Стефан безбоязненно проповедовал (Деян. 7:55; см. 6:10).
5. Павел исполнился Духа вскоре после обращения (Деян. 9:17).
6. Варнава служил в Антиохии (Деян. 11:24).
7. Павел противостоял волхву Елиме (Деян. 13:9–11).
8. Павел, Варнава и их ученики служили в первом миссионерском путешествии (Деян. 13:52).

48 год и позже. С 14-й главы Деяний и до 22-й главы Откровения (по меньшей мере, до восхищения церкви) больше не упоминается «исполнение», связанное с наделением способностями или силой, как это было в Ветхом Завете, в Евангелиях, на Пятидесятницу и после нее до конца первого миссионерского путешествия. Поэтому можно считать, что начиная со второго миссионерского путешествия, которое было предпринято в Деяниях 14, «исполнение», описанное в Ефесянам 5:18–21, стало единственной формой исполнения.

Ефесянам 5:18–21[21]. Павел пишет: «И не упивайтесь вином, от которого бывает распутство; но исполняйтесь Духом…» (Еф. 5:18). Поскольку апостол начинает с объяснения того, чем исполнение не является, хорошо будет с этого же начать и данное обсуждение.

Во-первых, исполнение Святым Духом — это не захватывающее, доступное лишь немногим переживание внезапного укрепления и одухотворения до постоянного состояния особого благочестия благодаря второму действию благословения после спасения. Также это не временное событие, вызывающее экстатическую речь или видения.

Во-вторых, исполнение Духом — это не другая крайность, это не стоические попытки исполнять Божью волю при благословении Святого Духа, но своими силами. Это не просто человеческое действие, получающее Божье одобрение.

В-третьих, исполняться Духом — это не то же самое, что иметь Святого Духа, потому что Дух поселяется в каждом верующем в момент его спасения. В Римлянам 8:9 Павел утверждает: «Если же кто Духа Христова не имеет, тот и не Его». В отличие от верующих до Пятидесятницы, на которых Дух Святой сходил временно (Суд. 13:25; 16:20; 1 Цар. 16:14; Пс. 50:13), в христианах Он живет постоянно.

В-четвертых, исполняться Духом не значит постепенного получать Его все в большей степени. Каждый христианин не только имеет Святого Духа, но имеет Его во всей полноте. Бог не раздает Святого Духа порциями, как если бы Он мог разделяться на части.

---

[21] Этот раздел адаптирован из: Мак-Артур Д. Толкование книг Нового Завета: Послание к ефесянам. Б. м.: Славян. еванг. о-во, 2002. С. 297–299.

В-пятых, из 1 Коринфянам 12:13 понятно, что исполнение Духом — это не то же самое, что крещение Духом, потому что каждый верующий уже крещен Духом и принял Его. Хотя результаты крещения Духом и принятия Духа практические и реальные, это не то, что можно почувствовать, и, конечно же, не то, что переживают только особо благословенные верующие. Крещение Духом — это реальное духовное событие, происходящее с каждым верующим в тот момент, когда он становится христианином и Христос помещает его в Свое Тело посредством Святого Духа, Который навсегда поселяется в жизни этого человека. Исполнение же Духом может прерваться из-за личного греха.

Павел обвинял коринфян в незрелости и греховности не потому, что они еще не имели Святого Духа или не были крещены в церковь, чтобы затем увещать их искать Духа для исправления создавшейся ситуации (1 Кор. 1:1–8). Напротив, он напомнил, что каждый из них уже обладал Святым Духом (1 Кор. 12:7, 11). Они грешили не из-за отсутствия Святого Духа, а вопреки Его присутствию. Даже когда христианин грешит, Святой Дух продолжает жить в нем, и от этого его грех оказывается еще ужаснее. Когда христианин оскорбляет (Еф. 4:30) или угашает Духа (1 Фес. 5:19), он оскорбляет и угашает Духа, живущего в нем.

Наконец, исполнение Святым Духом — это не то же самое, что запечатление Духом или Его залог. Это уже свершившийся факт (Еф. 1:13). Нигде к верующим не обращено повеление или призыв, чтобы Дух Святой поселился в них, крестил их или запечатлевал. *Единственное* повеление — исполняться Духом.

С другой стороны, в Филиппийцам 1:11 Павел использует слово «исполнены» в отношении спасения («исполнены плодов праведности», см. также Иак. 3:18). Он также использует слово «исполняйтесь», чтобы объяснить освящение в Ефесянам 5:18–21 (см. Кол. 1:9–10). Ефесянам 1:23 и 3:19 вторят тексту 5:18, а Римлянам 15:13–14 и Колоссянам 3:12–4:6 параллельны более широкому контексту Ефесянам 5:15–6:9. Слова Павла предполагают спасение ефесян, а в 5:18–21 он объясняет их ответственность в процессе освящения, используя выражение «исполняться Духом».

Повеление. В отличие от всех предыдущих упоминаний об исполнении Духом, в Ефесянам 5:18 апостол повелевает верующим *продолжать* исполняться Святым Духом или быть под Его контролем. Он использует повеление, призывая их постоянно подчиняться контролю Духа, потому что такова воля Божья (Еф. 5:17).

У людей есть выбор из двух вариантов: исполняться плотью в неверии (Рим. 1:29–32; см. Деян. 13:10, 45; 19:28–29) или исполняться Святым Духом в спасении и освящении (Еф. 5:18). Исполнение Духом подтверждает подлинность спасения тем, что верующий покоряется Божьей воле через послушание учению Писания и водительству Святого Духа.

Условия. Как христианин может покоряться Божьей воле? Не оскорбляя (Еф. 4:30) и не угашая Святого Духа (1 Фес. 5:19) такими греховными привычками, как опьянение от вина (Еф. 5:18) или ложь Святому Духу, как у Анании и Сапфиры (Деян. 5:3, 9).

С другой стороны, христианам нужно поступать мудро (Еф. 5:15). Павел также увещает верующих поступать по Духу и жить Духом (Гал. 5:16, 25). Слово Божье по действию Божьего Духа дает христианину необходимые для этого силы или способности. В Колоссянам 3:16 Павел призывает, чтобы Слово Христово вселялось в верующих обильно. Неудивительно, что Писание становится причиной, приводящей к исполнению Духом (см. Кол. 3:12–4:6 и Еф. 5:15–6:9).

Подтверждения. Основной характеристикой спасения и последующего освящения верующего служит его постоянное, укоренившееся, растущее послушание Слову Божьему, получающее силу от живущего в нем Святого Духа, Который контролирует образ жизни истинного христианина. В Ефесянам 5:19–6:9 приведены некоторые важные примеры.

Во-первых, об исполнении Духом свидетельствует характер разговоров человека (Еф. 5:19). Можно выделить три направления: наружу, назидая друг друга. Внутрь, в сердце своем. Вверх, прославляя Господа.

Во-вторых, исполнение Святым Духом подтверждается постоянной благодарностью Господу, не зависящей от обстоятельств (Еф. 5:20; см. 1 Фес. 5:18). Такая реакция должна всегда проявляться во всех жизненных событиях.

В-третьих, служение Духа в жизни христианина оказывает сильное влияние на его смиренные отношения с окружающими. Это касается отношений между христианами (Еф. 5:21), отношения жен к мужьям (Еф. 5:22–24), мужей к женам (Еф. 5:25–33), детей к родителям (Еф. 6:1–3), родителей к детям (Еф. 6:4), работников к работодателям (Еф. 6:5–8) и работодателей к работникам (Еф. 6:9).

Все представленные в Ефесянам 5–6 признаки дополняются другими текстами Нового Завета, такими как 2 Петра 1:5–11, 1 Коринфянам 13:4–7 и Галатам 5:22–23. Верующий несет ответственность за то, чтобы исполняться Святым Духом лично, совместно, постоянно, обыкновенно, покорно, охотно и послушно.

Плод

Исаия пророчествовал, что Дух Господень наделит Бога Сына плодом (Ис. 11:1, ESV) премудрости и разума, совета и крепости, знания и благочестия, праведности и истины (Ис. 11:2, 5). Это служение будет происходить в то время, когда Давидов завет (2 Цар. 7:12–16) исполнится через Мессию в Его Тысячелетнем царстве на земле (Ис. 11:6–16).

Иоанн Креститель призывал людей, считавших себя верующими, принести в своей жизни добрый плод, достойный их покаяния, то есть подтверждающий его (Матф. 3:8–10; Лук. 3:8–9). Христос учил, что присущие дереву свойства познаются по плодам, которые оно приносит (Матф. 7:16–20; 12:33; Лук. 6:43–44). С этим соглашается и псалмопевец (Пс. 1:3–6).

Христос противопоставил не приносящую плода ветвь (Иоан. 15:2, 6; см. Матф. 13:18–22) и приносящую плод (Иоан. 15:2, 5; см. Матф. 13:23). Ветвь, приносящая плод, будет обрезана, чтобы принести больше плода (Иоан. 15:2), и в итоге она принесет много плода (Иоан. 15:5). Павел называл это плодом праведности (Флп. 1:11), как и Иаков (Иак. 3:18). А бесплодная ветвь в конце концов будет выброшена как бесполезная и сожжена (Иоан. 15:6).

Павел много написал о действии Духа в Послании к галатам. Сначала он рассмотрел действие Святого Духа при спасении (Гал. 3:2–3, 5, 15; 4:6, 29; 5:5), а затем перешел к действию Святого Духа при освящении (Гал. 5:16–18, 22–25). Здесь он противопоставил дела плоти (Гал. 5:19–21) плоду Духа (Гал. 5:22–23). Позже, в Послании к ефесянам, он говорил подобное о бесплодных делах тьмы (Еф. 5:3–7, 11) в сравнении с плодом света (Еф. 5:8–9, Кассиан).

В целом, как показывают эти разнообразные места Писания, производимый Духом плод можно описать как прославляющее Бога христианское мышление и поведение в послушании Писанию. Можно выделить шесть категорий плода:

1. Плод отношений (Гал. 5:22–23; Еф. 5:9).
2. Плод действий (Кол. 1:10; Тит. 3:8, 14).
3. Плод поклонения (Евр. 13:15).
4. Плод благовествования (Рим. 1:13; Кол. 1:5–6).
5. Плод проповеди истины (1 Иоан. 4:2; Еф. 5:9).
6. Плод щедрого даяния (Рим. 15:26–28; 2 Кор. 9:6–8, 13; Флп. 4:17).

ПЛОД ДУХА

В Послании к галатам Павел побуждал их поступать по Духу (Гал. 5:16, 25), быть водимыми Духом (Гал. 5:18), приносить плод Духа (Гал. 5:22–23) и, поступая так, жить Духом (Гал. 5:25). Этот одобренный Павлом святой образ жизни, начавшийся со спасения, когда Святой Дух поселился в верующем (1 Кор. 3:16; 6:19), затем должен свидетельствовать об исполнении Духом (Еф. 5:18). Павел завершил Послание галатам той же мыслью (Гал. 6:7–16).

«Плод» (греч. *karpos*) в Галатам 5:22 имеет единственное число, а не множественное, поскольку истинно верующие могут проявлять все эти составляющие одновременно. Позже апостол описал это освящающее действие Духа как плоды праведности (Флп. 1:11). Таким образом, девять характерных качеств («таковые», Гал. 5:23) относятся ко всему освящающему труду Духа в жизни того, кто оправдан, то есть объявлен праведным по вере в Господа Иисуса Христа. Это напоминает 15 граней бриллианта под названием «любовь» (1 Кор. 13:4–7), качества пресвитера (1 Тим. 3:1–7; Тит. 1:6–9) и качества, заповеданные верующим во Христа (2 Пет. 1:5–11; Кол. 3:12–17).

Во время вечери в горнице перед распятием Христос сказал: «По тому узнают все, что вы Мои ученики, если будете иметь любовь между собою» (Иоан. 13:35; см. 15:8). Поэтому неудивительно, что Павел начинает обсуждение духовного плода с любви.

Любовь. Заместительная смерть Христа стала наивысшим примером любви (греч. *agapē*). Он сказал: «Нет больше той любви, как если кто положит душу свою за друзей своих» (Иоан. 15:13). Павел призывал, чтобы такая высшая любовь отличала любовь мужа к жене: «Мужья, любите своих жен, как и Христос возлюбил Церковь и предал Себя за нее» (Еф. 5:25). В 1 Коринфянам 13:8 обещано, что «любовь никогда не перестает».

Таким образом, любовь—это передаваемый божественный атрибут, занимающий центральное место в характере Отца (1 Иоан. 4:8), явленный Христом на кресте и производимый Святым Духом в верующих. В широком смысле любовь можно определить как сознательную, жертвенную и волевую приверженность благополучию другого в послушании Слову Божьему (2 Иоан. 6), независимо от реакции на нее или от того, чего эта любовь будет стоить дающему и получит ли он что-нибудь за это. Эта любовь христиан к другим христианам (Кол. 1:8), как и следовало ожидать, чаще всего поощряется в Новом Завете как отношение «друг к другу».

Радость[22]. Радость (греч. *chara*)—это счастье, основанное на неизменных Божьих обещаниях и вечных духовных ценностях. Это чувство благополучия у человека, который понимает, что между ним и Господом все в порядке (1 Пет. 1:8). Эта радость не вызвана благоприятными обстоятельствами, но она остается даже в самых тяжелых и мучительных обстоятельствах (Иоан. 16:20–22; 1 Фес. 1:6). Радость—это дар Божий, поэтому верующие не должны ее вырабатывать, но им следует наслаждаться теми благословениями, которое у них уже есть (Флп. 4:4).

Радость, производимая Святым Духом (Рим. 14:17), уместна как во времена благополучия (3 Иоан. 4), так и в дни испытаний (Иак. 1:2–4). Радость—это глубокая, неизменная внутренняя благодарность Богу за Его доброту, и она не уменьшается и не перестает, даже когда человека постигают не самые приятные обстоятельства.

Мир[23]. Мир (греч. *eirēnē*) проявляется в правильной, устойчивой и безмятежной реакции на все, происходящее в жизни. Мир, даруемый Святым Духом, превыше человеческого понимания (Флп. 4:6–7); это внутренний покой, происходящий от уверенности в спасительных отношениях с Христом. Глагольная форма этого греческого слова подразумевает взаимную связь и полный порядок. Как и радость, такой мир не зависит от обстоятельств (Иоан. 14:27; Рим. 8:28; Флп. 4:7, 9). Мир среди бурь жизни предполагает сердечную невозмутимость и упование, укорененные в поразительном осознании, что жизнь человека находится в руках суверенного и всемогущего Бога.

---

[22] Этот раздел адаптирован из «Учебной Библии с комментариями Джона Мак-Артура» (Б. м.: Славян. еванг. о-во, 2011. С. 1851).

[23] Этот раздел адаптирован из «Учебной Библии с комментариями Джона Мак-Артура» (С. 1851).

Долготерпение. Долготерпение (греч. *makrothymia*) подразумевает самообладание, чтобы не мстить в ответ. Оно переносит ущерб, нанесенный другими, не требуя возмездия, и охотно принимает раздражающие и болезненные ситуации. Само слово «долготерпение» хорошо описывает эту идею.

Павел проявил долготерпение в служении коринфянам, приписывая его Святому Духу (2 Кор. 6:1–10, особ. 6:6). Иаков восхвалял долготерпение во времена страданий за веру (Иак. 5:7–11). Петр напоминал читателям о Божьем долготерпении до их спасения (1 Пет. 3:20; 2 Пет. 3:15). Долготерпение — составляющая любви (1 Кор. 13:4), и, в конечном счете, его следует проявлять ко всем (Еф. 4:2; 1 Фес. 5:14).

Благость. Благость (греч. *chrēstotēs*) или доброта выражается в нежной, мягкой заботе о других, которая ищет, как можно им послужить. Отец (Рим. 2:4; Тит. 3:4) и Сын (Матф. 11:30) проявили благость, совершив спасение. Верующие должны быть добры друг к другу (Еф. 4:32; Кол. 3:12) и стараться, чтобы их благость привлекала других (2 Кор. 6:6).

Милосердие. Милосердие (греч. *agathōsynē*) проявляется в умении вести себя с людьми так, чтобы это наилучшим образом служило Божьей славе, даже когда приходится их обличать и исправлять. Милосердие связано с «плодом Духа» (Еф. 5:9). Слово *agathōsynē*, переведенное здесь «милосердие», в древнегреческой литературе не встречается нигде, кроме Библии, а в Септуагинте оно названо качеством Бога (Неем. 9:25).

Вера. Вера, или верность (греч. *pistis*), — это внутреннее отношение, которое последовательно выражается во внешней преданности, в неизменном следовании своим духовным убеждениям. Бог показывает пример верности в Своем характере (Рим. 3:3). А святых в 70-ю седмину Даниила призывают быть верными перед лицом возможного мученичества (Откр. 13:10; 14:12).

Кротость. Кротость (греч. *prautēs*), что иногда переводят как «мягкость», означает силу под контролем, что выражается в смирении сердца. В светском употреблении это греческое слово означало легкий ветер или укрощенного зверя, то есть силу, которая используется во благо, а не на зло. Павел указывал на это качество Христа (2 Кор. 10:1; см. Матф. 11:29). А Христос учил: «Блаженны кроткие, ибо они наследуют землю» (Матф. 5:5). Кротость описывает три отношения: (1) подчинение Божьей воле (Кол. 3:12); (2) готовность учиться (Иак. 1:21); (3) уважение к другим (Еф. 4:2).

Воздержание. Воздержание, или самообладание (греч. *enkrateia*), что буквально значит «в силе», подразумевает внутреннее сдерживание своих влечений и страстей и, как следствие, духовное умение постоянно подчиняться не человеческой воле, а превосходящей ее Божьей воле. Это похвальное качество благочестия

Таблица 5.9: Плод уподобления Христу*

Плод	Призывы к христианам	Примеры уподобления Христу
Любовь	Матф. 22:34–40 Иоан. 13:34 1 Иоан. 4:7 1 Кор. 16:14 Еф. 5:2 Кол. 3:14	Иоан. 10:11–18; 13:1; 15:9–10, 13 Еф. 5:2
Радость	Иак. 1:2 1 Пет. 4:13 Рим. 12:12, 15 Флп. 3:1; 4:4	Иоан. 15:11; 17:13 Евр. 12:2
Мир	1 Пет. 3:11 2 Кор. 13:11 Еф. 4:3 Флп. 4:7–8 Кол. 3:15 2 Тим. 2:22	Иоан. 14:27; 16:33; 20:19, 21
Долготерпение	Еф. 4:2 Кол. 3:12 Фес. 5:14 Тим. 4:2	2 Пет. 3:15 1 Тим. 1:16
Благость	Кол. 3:12 2 Тим. 2:24	Матф. 11:30 Тит. 3:4
Милосердие	Рим. 12:9, 21 Гал. 6:10 Еф. 4:28	Лук. 18:18–19 Иоан. 7:12
Вера	Откр. 2:10	Откр. 1:5
Кротость	Гал. 6:1 Еф. 4:2 Кол. 3:12 1 Тим. 6:11	Матф. 11:29
Воздержание	2 Пет. 1:5–6	Ис. 53:7 1 Пет. 2:23

* Эта таблица адаптирована из двух таблиц в: Keith H. Essex, "Sanctification: The Biblically Identifiable Fruit," *MSJ* 21, no. 2 (2010): 210–211. Используется с разрешения MSJ.

(2 Пет. 1:6), которым Павел описал дисциплину стремящегося к победе спортсмена (1 Кор. 9:25). В послании к церкви на Крите, где служил Тит, Павел назвал воздержание в числе качеств, необходимых для пресвитера (Тит. 1:8).

В таблице 5.9, кратко выражающей учение Библии о плоде Духа, собраны новозаветные призывы приносить плод и примеры плода в уподоблении Христу. Можно сделать как минимум шесть важных выводов из объяснений Павла о плоде Духа:

1. Это учение адресовано всем истинным верующим как необходимое для христианской жизни (2 Тим. 3:16–17).

2. Эти качества заповеданы в контексте призыва «поступать по Духу» (Гал. 5:16, 25).

3. Эти производимые Духом качества представляют собой передаваемые атрибуты Бога, которые служат отличительными признаками христианского благочестия (Гал. 5:22–23).

4. Поскольку слово «плод» стоит в единственном числе, а не во множественном, Павел имел в виду, что это один плод со многими характеристиками, и все они должны проявляться в любой момент времени.

5. Эти плодоносные качества (Гал. 5:22–23) подтверждают подлинность христанской жизни в противоположность делам плоти (Гал. 5:13, 16–17, 19–21), которые осуждают неверующих (Гал. 5:21).

6. В то время как закон был полностью против дел плоти, нет закона против действия Святого Духа (Гал. 5:23). Этот плод означает истинную духовную свободу того, кто освобожден от закона (Гал. 5:18) и теперь живет в эпоху нового завета.

ДЕЛА ПЛОТИ

Перед обсуждением плода Духа Павел рассмотрел противоположную тему дел плоти (Гал. 5:19–21). В контексте он перечислил отношения и действия, которые можно объяснить лишь неискупленной плотью неверующих, но не освящающим действием Духа в христианах. Среди дел плоти есть грехи сексуального и духовного характера, грехи расположения и взаимоотношений (см. Рим. 1:24–32; 1 Кор. 6:9–10).

Апостол назвал 15 конкретных примеров, чтобы проиллюстрировать, что он имеет в виду. Этот список был составлен не как исчерпывающий, а как показательный. Павел применял иллюстративный подход и в других случаях как в позитивных, так и в негативных контекстах, используя выражения «такие дела» или «таковые» (Рим. 1:32; 2:2; Гал. 5:21, 23).

Павел акцентировал внимание не на случайных грехах, а на упорстве в греховных привычках, указывающих на продолжение нечестивого образа жизни. Он заключил (Рим. 1:32), что такие люди достойны смерти, подразумевая вторую смерть из Откровения 20:11–15. В Галатам 5 Павел делает похожий вывод, «что поступающие так Царствия Божия не наследуют» (Гал. 5:21; см. также Матф. 5:2C; Иоан. 3:5; 1 Кор. 6:10; Еф. 5:5).

Таким образом, Новый Завет двумя разными способами использует образ плода, чтобы отличить христиан от неверующих, у которых нет производимого Святым Духом освящения. Во-первых, отсутствие плода характерно для неверующего, а обильный плод отличает истинного верующего (Матф. 13:18–23, особ. 13:23; Иоан. 15:2–6). Во-вторых, верующие приносят добрые плоды, а неверующие—худые плоды (Матф. 7:16–20; 12:33; Лук. 6:43–44; Гал. 5:19–23).

Служение

Обзор даров
Временные дары (откровение/подтверждение)
Постоянные дары (говорение/служение)
Важные вопросы

В Ветхом Завете только отдельные люди получали силу Духа Святого для духовного служения. В Новом же Завете каждый верующий одарен для служения в Теле Христа, церкви.

Несколько новозаветных греческих слов помогают понять, как это действует. Во-первых, слово *charis* (1 Пет. 4:10; Рим. 12:6), обычно переводимое как «благодать», указывает на незаслуженную благосклонность. От него образовано слово *charisma* (1 Пет. 4:10; Рим. 11:29; 12:6; 1 Кор. 1:7; 12:4, 9, 28, 30–31; Еф. 4:7), означающее «дар благодати». Оба слова используются вместе в 1 Петра 4:10 и Римлянам 12:6, в полной мере выражая смысл духовной одаренности в церкви. Во-вторых, слово *pneumatikos*, используемое в 1 Коринфянам 12:1 и 14:1 в контексте даров, добавляет измерение *духовного* в отличие от *естественного* (см. *psychikos*, «душевное» в 1 Кор. 2:14–15; 15:46). Другими словами, это дары, связанные со Святым Духом, которые имеют духовную природу и даны для духовной цели. Наконец, слово *merismos*, «раздаяние» (Евр. 2:4) передает идею, что происхождение и распределение духовных даров—от Бога, а не от людей.

С духовными дарами в Новом Завете связаны все Лица Троицы. Бог Отец запланировал и назначил дары (1 Кор. 12:18, 28). Бог Сын предоставил эти дары (Еф. 4:7–8, 11). Бог Дух Святой поселяется в людях и наделяет их духовными дарами (1 Кор. 12:11). Все три Лица Троицы участвуют в наделении дарами (1 Кор. 12:4–6).

Обзор даров

В Новом Завете есть как минимум семь списков даров, и все они отличаются. Поэтому эти списки репрезентативные, а не исчерпывающие (см. таблицу 5.10, с. 400). Они записаны в 1 Коринфянам 12–13 (55 г. от Р. Х.), Римлянам 12 (56 г.), Ефесянам 4 (ок. 61 г.) и 1 Петра 4 (ок. 64 г.).

Хотя в этих списках в основном перечислены дары, данные Святым Духом, в некоторых упоминаются и служения. В 1 Коринфянам 12:28–30 среди даров упоминаются апостолы, пророки и учители. А в Ефесянам 4:11, наоборот, перечислены только апостолы, пророки, евангелисты и пастыри-учители.

Следующие наблюдения представляют собой некоторые из наиболее важных описаний и выводов из Божьего откровения о духовных дарах:

1. Спасение—это дар *charisma*, то есть незаслуженный дар Божьей благодати (Рим. 6:23; Еф. 2:8; Тит. 2:11).
2. Святой Дух—это также дар *charisma*, то есть незаслуженный дар Божьей благодати (1 Иоан. 3:24; 4:13; Рим. 5:5; 1 Фес. 4:8; см. также Деян. 2:38; 10:45; Евр. 6:4).

Таблица 5.10: Духовные дары

1 Кор. 12:8–10	1 Кор. 12:28–30	1 Кор. 13:1–3	1 Кор. 13:8–9	Рим. 12:6–8	Еф. 4:11	1 Пет. 4:10–11
Слово мудрости	Апостолы	Языки	Пророчество	Пророчество	Апостолы	Говорение
Слово знания	Пророки	Пророчество	Языки	Служение	Пророки	Служение
Вера	Учители	Знание	Знание	Учение	Евангелисты	
Дары исцелений	Силы чудодейственные	Вера		Увещание	Пастыри-учители	
Чудотворения	Дары исцелений	Даяние		Даяние		
Пророчество	Вспоможение					
Различение духов	Управление			Руководство		
Разные языки	Разные языки			Благотворение		
Истолкование языков	Истолкование языков					

3. Духовные дары, как и крещение Духом, сопровождают спасение.

4. Индивидуальная одаренность определяется волей Божьей, а не человеческой (1 Кор. 12:11, 18, 24; Евр. 2:4).

5. Духовные дары постоянны и непреложны (Рим. 11:29).

6. Духовные дары, полученные при спасении, следует отличать от естественных дарований, имеющихся от рождения (1 Кор. 12:11). Разумеется, Дух Святой может использовать оба вида одаренности для Своих божественных целей.

7. Духовная одаренность сама по себе необязательно делает христианина духовным, как видно на примере коринфской церкви (1 Кор. 14:20). Духовный характер имеет наивысший приоритет (Кол. 1:28).

8. Дары есть у всех христиан без исключения (1 Пет. 4:10; 1 Кор. 12:7, 11; Еф. 4:7), и они могут иметь более одного дара, так что получается уникальное сочетание даров.

9. Святой Дух производит различные дары (1 Кор. 12:4), которые христиане используют в различных служениях (1 Кор. 12:5–6) с различными результатами (1 Кор. 12:6).

10. Индивидуальная одаренность служит общему благу (1 Кор. 12:7) через то, что христиане служат друг другу (1 Пет. 4:10).

11. Дары должны использоваться с любовью (1 Кор. 13:8, 13), потому что без любви их применение бесполезно (1 Кор. 13:1–3).

12. Дары различаются по мере данной Богом благодати (Рим. 12:6; Еф. 4:7), и христиане должны использовать их для служения как добрые распорядители Божьей благодати (1 Пет. 4:10).

13. Писание повелевает, чтобы христиане служили своими дарами (Рим. 12:6; Еф. 4:11–14), это их долг и ответственность.

14. Основная цель постоянных духовных даров заключается в назидании церкви (1 Кор. 14:4–5, 12, 17, 26; см. Еф. 4:12–13).

15. Плодотворное применение духовных даров приносит славу Богу (1 Пет. 4:11).

Временные дары (откровение/подтверждение)[24]

Ниже обсуждение будет касаться как временных даров, которые прекратились с концом апостольского периода[25], так и постоянных, которые будут продолжаться до конца века церкви. Временные и постоянные дары перечисляются в семи списках тремя способами. Во-первых, два списка подчеркивают временные дары (1 Кор. 12:8–10; 13:8–9). Во-вторых, два других списка выделяют постоянные дары (1 Пет. 4:10–11; Рим. 12:6–8). Наконец, в трех списках временные и постоянные дары смешаны (1 Кор. 12:28–30; 13:1–3; Еф. 4:11). Мы начнем с временных даров, которые служили как для откровения, так и для подтверждения особых Божьих вестников и ознаменования эпохи нового завета.

Три утверждения в Новом Завете прямо говорят о том, что через людей совершаются божественные чудеса, связанные с временными дарами. Во-первых, обратите внимание на богодухновенное пояснение Петра о цели чудес Иисуса: «Мужи израильские! Выслушайте слова сии: Иисуса Назорея, Мужа, засвидетельствованного вам от Бога силами и чудесами и знамениями, которые Бог сотворил через Него среди вас, как и сами знаете…» (Деян. 2:22). Петр, по сути дела, вторил Христу, утверждавшему, что Его дела удостоверяют Его притязания на божественность и мессианство. Чудеса Иисуса неопровержимо подтверждали истинность Его заявлений, что Он Богочеловек (Иоан. 11:47–48). Они отличали Христа, имевшего безупречное свидетельство чудес, как истинного Мессию в отличие от всех лжехристов за всю историю человечества.

Во-вторых, Павел прямо говорит о связи чудес со служением апостолов в 2 Коринфянам 12:12. Он особенно подчеркивает, что признаками (*sēmeia*) апостола были знамения, чудеса и силы. Бог использовал эти сверхъестественные явления, чтобы удостоверить, что это Его апостол, и тем самым подтвердить его весть (Деян. 2:43; 5:12; Рим. 15:19; Евр. 2:1–4). Практически такой же метод Бог использовал для удостоверения ветхозаветных пророков: Он исполнял слово пророков и совершал через них чудеса (см. Втор. 13:1–5; 18:21–22). Чудеса позволяли отличать истинных пророков и апостолов от ложных.

---

[24] Значительная часть следующего обсуждения чудес и временных даров адаптирована из: Мейхью Р. Обетование исцеления. СПб.: Библия для всех, 2007. С. 179–186.

[25] Более подробное обсуждение конкретных временных даров и их прекращения см. «Духовные дары внутри церкви» (с. 842) в гл. 9 «Церковь». Также см. статьи в двух номерах журнала «Master's Seminary Journal», посвященных дарам откровения и учению о прекращении даров: *MSJ* 14, no. 2 (2003): 143–327; *MSJ* 25, no. 2 (2014): 17–93.

В-третьих, автор Послания к евреям утверждает, что Бог использовал чудеса для того, чтобы подтвердить весть спасения. В Евреям 2:3–4 говорится, что Бог через апостолов посредством чудес засвидетельствовал об истинном спасении.

Эти тексты из Деяний, 2 Коринфянам и Евреям учат, что главной целью чудес, которые Бог совершал через людей с временными дарами, было *подтвердить, что Его вестники несут истинное откровение от Бога*. Это верно как для временных даров откровения, так и для временных даров подтверждения.

БИБЛЕЙСКИЙ ОБРАЗЕЦ ПОДТВЕРЖДАЮЩИХ ЧУДЕС

В Ветхом Завете есть много примеров этого главного предназначения чудес. В Исходе 3 и 4 говорится, что Бог в конце концов убедил Моисея стать Его представителем в Египте. На каждое возражение Моисея Бог отвечал сверхъестественным знамением, которое должно было подтвердить полномочия Моисея. В Исходе 4:30–31 сказано, что после этих знамений евреи поверили. После одного знамения и трех казней волхвы фараона тоже поверили (Исх. 8:18–19). Можно предположить, что после десяти казней и событий при Чермном море поверил и фараон (Исх. 14:26–30), а вера евреев обновилась (Исх. 14:31).

Накормив Илию своим последним куском хлеба, вдова из Сарепты увидела, что ее припасы пополняются сверхъестественным образом (3 Цар. 17:8–16). Когда умер ее сын, она засомневалась (3 Цар. 17:17–18), но после его чудесного воскресения она уверовала (3 Цар. 17:24). Божье чудо удостоверило, что Илия — истинный пророк. Так произошло и на горе Кармил, когда по слову Илии огонь сошел с неба, обратив к вере народ среди разгула неверия и вопиющего идолопоклонства (3 Цар. 18:30–40). Нееман убедился, что Елисей заслуживает доверия, после того как был исцелен от проказы (4 Цар. 5:14–15). Навуходоносор признал надежность Даниила, когда тот верно пересказал и истолковал сон царя (Дан. 2:46–47).

Очевидно, что Бог совершал чудеса через людей, чтобы подтвердить подлинность Своих вестников. Чудеса никогда не совершались просто ради зрелища, по легкомыслию или для возвеличивания вестника.

В библейской истории можно выделить три основных периода, когда Бог совершал чудеса через людей. Такие чудеса с участием людей происходили и в другие периоды, но сравнительно редко. Вот эти три основных периода:

1. Служение Моисея и Иисуса Навина, ок. 1450–1390 гг. до Р. Х.
2. Служение Илии и Елисея, ок. 860–800 гг. до Р. Х.
3. Служение Христа и апостолов, ок. 30–60 гг. от Р. Х.

Но даже в эти периоды чудеса не были нормой для всех Божьих служителей. Об Иоанне Крестителе Господь сказал: «Ибо говорю вам: из рожденных женами нет ни одного пророка больше Иоанна Крестителя; но меньший в Царствии Божием больше его» (Лук. 7:28). При этом апостол Иоанн пишет о нем: «...Иоанн не сотворил никакого чуда, но все, что сказал Иоанн о Нем, было истинно» (Иоан. 10:41). Позже истинность проповеди Иоанна была подтверждена чудесами Христа. Поэтому статус Божьего человека главным образом подтверждается не чудесами, а истинностью его вести.

ПРЕДОСТЕРЕЖЕНИЕ ИЗ ВНЕБИБЛЕЙСКОЙ ИСТОРИИ

Рассказы о чудесах не ограничиваются библейской историей или даже христианством. По сути дела, если бы для оценки подлинности религии использовали количество предполагаемых чудес, истинное христианство далеко отстало бы от ложных религий. То, что так называемые чудеса происходят за пределами христианской веры, должно побудить христиан быть осторожными с теми, кто претендует на чудотворение.

История предполагаемых чудес в христианской среде после 100 г. от Р. Х. изобилует исцелениями. Выдающийся богослов Бенджамин Уорфилд заметил:

> За первые 50 лет послеапостольской церкви нет или почти нет свидетельств о чудотворении; следующие 50 лет их немного и они незначительны; в следующем III веке их число растет; и только в IV веке они становятся многочисленными и четкими, а в V и последующих веках их еще больше. Таким образом, если эти свидетельства чего-то стоят, с самого начала вместо постоянного уменьшения числа чудес наблюдался его неуклонный рост[26].

И все же, соответствует ли характер и качество чудес послеапостольского периода тем, которые описаны в Библии? Филип Шафф, выдающийся историк церкви, приводит веские основания против этих чудес[27]:

1. Они «отличаются менее возвышенным моральным содержанием» и «сильно превосходят» библейские чудеса «внешней помпезностью».
2. Они не служат для подтверждения «христианского образа жизни в целом».
3. «Чем дальше мы от апостольской эпохи, тем больше совершается чудес...»
4. Отцы церкви не сообщали всей правды о предполагаемых чудесах.
5. Отцы церкви признавали, что тогда «часто совершались обманы».
6. «Никейские чудеса вызывали сомнения и споры даже среди своих современников...»
7. Отцы церкви противоречили себе, когда учили, что чудеса давно прекратились, а потом рассказывали о происходивших чудесах.

Христиане должны внимать предупреждениям истории, какой бы ни была их собственная позиция в отношении чудес, совершаемых через людей. Сатана будет делать все возможное, чтобы обольстить христиан и завлечь их на тупиковый путь ложных чудес (2 Кор. 11:13–15). Последовавшие этим путем однажды

---

[26] Benjamin B. Warfield, *Counterfeit Miracles* (1918; repr. Edinburgh: Banner of Truth, 1972), 10.

[27] Шафф Ф. История христианской церкви. СПб.: Библия для всех, 2007. Т. III. С. 309–310.

предстанут перед Иисусом и скажут, что творили чудеса во имя Его, но Он ответит им: «Я никогда не знал вас; отойдите от Меня, делающие беззаконие» (Матф. 7:23).

ПРЕКРАЩЕНИЕ ДАРОВ ОТКРОВЕНИЯ И ПОДТВЕРЖДЕНИЯ

Действительно ли временные дары и чудеса через людей оставались после апостольского века? Писание учит, что чудеса служили для удостоверения Божьего вестника и, в конечном счете, для подтверждения Божьей вести. Однако, когда апостол Иоанн записал книгу Откровение, канон Нового Завета и всего Божьего откровения в Писании был завершен. После 95 г. от Р. Х. у Бога не было причин совершать чудеса через людей, поскольку Он больше не открывал истину, которую надо было подтверждать; после Откровения канон был закрыт. Поэтому Божьи чудеса и временные дары через людей прекратились.

Хотя нет библейского утверждения, где прямо и ясно сказано о прекращении или продолжении временных даров и чудес через людей при завершении апостольского века, если принять во внимание всю волю Божью, можно найти ответ. Вот некоторые указания в Новом Завете, что с окончанием апостольского века действительно закончился период временных даров и чудес через людей.

Деяния 2:22, Римлянам 15:18–19, 2 Коринфянам 12:12 и Евреям 2:4 указывают, что Бог давал знамения чудес, чтобы удостоверять Божьих вестников. С завершением канона такие знамения уже не могли служить предназначенной для них Богом цели.

Если следовать ходу истории во времена апостолов, писавших о чудесных дарах, то с течением времени количество чудес уменьшалось[28]. В Деяниях 19:11–12 (52 г. от Р. Х.), 1 Коринфянам (55 г. от Р. Х.) и Римлянам (56 г. от Р. Х.) говорится о происходивших тогда особенных чудесах. Более поздние послания показывают, что такие явления шли на убыль. Павел не исцелил Епафродита (Флп. 2:27, 60 г. от Р. Х.). Павел предписал Тимофею по причине болезни желудка употреблять вино (1 Тим. 5:23, 62–64 гг. от Р. Х.), а не посоветовал ему обратиться к тому, кто его исцелит. Трофима Павел оставил больного в Милите (2 Тим. 4:20, 66–67 гг. от Р. Х.).

Иаков, писавший около 45–49 гг. от Р. Х., увещал верующих, которые были серьезно больны, призвать пресвитеров, чтобы те помазали их и помолились над ними, а не приглашать того, кто мог исцелять. В посланиях к семи церквям (Откр. 2–3, 95 г. от Р. Х.) чудесные дары знамений не упоминаются. Это были последние записанные в Писании слова Христа, обращенные к Его церкви.

Писание учит, что чудеса, совершаемые через людей, служили очень конкретной цели. Она заключалась в удостоверении Божьих пророков и апостолов

---

[28] Следующие три абзаца адаптированы из: Richard L. Mayhue, "The Gifts of Healing," *MSJ* 25, no. 2 (2014): 21–22. Использовано с разрешения MSJ.

как уполномоченных вестников, несущих послание небес (Деян. 2:22; 2 Кор. 12:12; Евр. 2:1–4). Когда Иоанн написал Откровение, канон Писания завершился и больше не было божественной причины, чтобы чудеса совершались через людей. Следовательно, такие чудеса прекратились вместе с временными дарами.

Перечисленные ниже 9 временных чудесных даров/служений были предназначены для откровения или подтверждения и прекратились с завершением апостольской эры, поскольку их задачи были выполнены:

1. Апостол (1 Кор. 12:28; Еф. 4:11)—человек, которого Сам воскресший Христос уполномочил и послал основать и утвердить церковь.
2. Исцеление (1 Кор. 12:9, 28, 30)—данная Богом способность сразу возвращать здоровье больному без необходимости веры исцеляемого.
3. Пророчество (1 Кор. 12:10; Еф. 4:11)—данная Богом способность получать и сообщать прямое словесное откровение от Бога человеку.
4. Различение духов (1 Кор. 12:10)—данная Богом способность отличать истину от лжи в утверждениях людей, которые заявляли, что их слова передают пророческое откровение от Бога.
5. Слово знания (1 Кор. 12:8; 13:2, 8)—данная Богом способность напрямую передавать слово наставления от Господа, чтобы направить поместную церковь в понимании пророчества (считается даром откровения, поскольку связано с пророчеством в 13:8).
6. Слово мудрости (1 Кор. 12:8)—данная Богом способность напрямую передавать слово от Господа, чтобы умело вести поместную церковь в принятии конкретного решения (считается даром откровения из-за близости к слову знания, которое связано с пророчеством в 13:8).
7. Чудотворение (1 Кор. 12:28)—данная Богом способность совершать могущественные дела, которые нарушают или усугубляют естественные природные процессы.
8. Языки (1 Кор. 12:10, 28; 13:1)—данная Богом способность говорить на реальном человеческом языке без его изучения.
9. Истолкование языков (1 Кор. 12:10, 30; см. 14:26–28)—данная Богом способность переводить слова говорящего на языках.

Постоянные дары (говорение/служение)

Перечисленные ниже 11 постоянных даров/служений предназначены для говорения и служения и остаются после апостольской эпохи вплоть до настоящего времени:

1. Благотворение (Рим. 12:8)—данная Богом способность охотно сопереживать людям, замечать их физические, эмоциональные и духовные нужды и помогать справиться с ними.
2. Вера (1 Кор. 12:9; 13:2)—данная Богом способность доверять Ему во всех аспектах Его труда, даже когда результат кажется неопределенным. Этот дар производит полную уверенность в том, что Бог достигнет Своих целей.

3. Вспоможение/служение (Рим. 12:7; 1 Кор. 12:28)—данная Богом способность жертвенно и покорно помогать удовлетворять нужды других христиан.

4. Евангелист (Еф. 4:11)—данная Богом способность эффективно излагать и объяснять Евангелие неспасенным.

5. Пастырь-учитель (Еф. 4:11)—данная Богом способность пасти христиан, то есть вести, обеспечивать, питать, защищать и в целом заботиться о них.

6. Пророчество/проповедь (Рим. 12:6)—не связанная с откровением данная Богом способность провозглашать Писание.

7. Раздаяние (Рим. 12:8; 1 Кор. 13:3)—данная Богом способность щедро, радостно и жертвенно отдавать свое земное имущество Господу на дело служения.

8. Различение духов (1 Кор. 12:10)—данная Богом способность выявлять доктринальные заблуждения и религиозный обман. Это постоянный аспект дара, который проявляется в служении. Будучи «отцом лжи» (Иоан. 8:44), сатана все время стремится подделывать истинные дела Бога, выдавая себя за ангела света (см. 2 Кор. 11:14), действуя в основном через лжеучителей, которые распространяют «учения бесовские» (1 Тим. 4:1). Сегодня в церкви есть верующие, наделенные выдающимися способностями выявлять ложь, сопоставляя ее с библейской истиной.

9. Руководство/управление (Рим 12:8; 1 Кор. 12:28)—данная Богом способность ревностно руководить христианами ради исполнения Божьей воли.

10. Увещание (Рим. 12:8)—данная Богом способность действенно побуждать к практической святости в сердце и в поступках посредством ободрения, утешения, наставления и убеждения.

11. Учение (Рим. 12:7; 1 Кор. 12:28)—данная Богом способность ясно толковать, объяснять и применять Писание для христиан.

Важные вопросы

Ниже приведены пять из наиболее часто задаваемых вопросов о духовных дарах и ответы на них, основанные на Писании.

Вопрос 1. Получают ли христиане только один дар?
Ответ: Скорее всего, каждый христианин имеет уникальное сочетание нескольких даров, а не один исключительный дар.

Вопрос 2. Что христианам нужно знать о духовных дарах?
Ответ:
- Спасение—это *charisma*, то есть безвозмездный дар (Рим. 6:23).
- Святой Дух—это дар, составляющий часть спасения (1 Иоан. 3:24; 4:13; Рим. 5:5; 1 Фес. 4:8).
- Каждый верующий получил дар, духовный по своему источнику и характеру (1 Пет. 4:10; 1 Кор. 1:7; 7:7).
- Божья воля, а не человеческая устанавливает, кто получает какой дар (1 Кор. 12:11, 18).
- Духовные дары разнообразны (1 Кор 12:12–27), поскольку из нескольких списков даров в Новом Завете нет двух одинаковых (Рим. 12:6–8; 1 Кор. 12:8–10, 28–30; 13:1–3, 8; см. 1 Кор. 7:7).

- Среди качеств, ожидаемых от руководителей церкви и зрелых верующих, духовные дары не выделяются (Гал. 5:22–23; 1 Тим. 3:1–7; Тит. 1:5–9; см. 1 Кор. 13:4–7).
- То, какие духовные дары получили люди, необязательно указывает на уровень их духовности.

Вопрос 3. Как можно определить духовную одаренность христианина?
Ответ:

- Понимая, что Бог уникально одаряет людей, следует больше сосредоточиться на одном многогранном даре, чем на многих дарах (1 Пет. 4:10).
- Один из явных признаков—это способность верующего добиваться высоких результатов в определенном служении при минимальных усилиях.
- Духовные дары наиболее эффективно применяются в поместной церкви, где рано или поздно другие христиане заметят и признают духовные дары верующего.
- Личные наклонности христианина и наблюдения других верующих будут вести к плодотворному служению.

Вопрос 4. Что христиане должны делать со своими духовными дарами?
Ответ: Они должны использовать свои дары для созидания церкви (1 Кор. 14:12) и служения друг другу (1 Пет. 4:10; 1 Кор. 12:7).

Вопрос 5. Какие бывают ошибки, которых христиане должны избегать при использовании духовных даров?
Ответ:

- Назидание себя, а не других (1 Пет. 4:10).
- Действие своей силой, а не силой Духа (1 Пет. 4:11).
- Возвышение себя, а не использование дара для славы Божьей (1 Пет. 4:11).

Творение[29]

В Писании очень мало сказано о Святом Духе и творении. Однако Его участие упоминается в самой первой главе Библии, именно там, где можно было ожидать. Когда Бог сказал: «Сотворим человека по образу Нашему и по подобию Нашему», Он трижды использовал местоимение множественного числа (Быт. 1:26). Писание здесь бесспорно подразумевает, что в процессе творения участвовали и Бог Отец, и Бог Сын и Бог Святой Дух. Бытие 1:2 фактически описывает один из аспектов участия Святого Духа.

При изучении других мест Писания толкователи видят связь Святого Духа с творением в двух стихах книги Иова (которая, возможно, была написана раньше, чем Бытие). Однако, если рассматривать в контексте, то ни Иова 26:13, ни Иова 33:4, видимо, не говорят о первоначальном творении. Кроме того, иногда с рассказом о сотворении в Бытии 1–2 связывают два стиха в Псалтири (Пс. 32:6; 103:30). Впрочем, по контексту еврейский термин *ruakh* в этих стихах лучше переводить как «дыхание», то есть эти тексты едва ли говорят о сотворении.

---

[29] Более подробное обсуждение творения см. «Творение» (с. 227) в гл. 3 «Бог Отец».

Надо выяснить, сколько нужно библейских текстов, чтобы утвердить истинное учение. На самом деле, чтобы утвердить истину, достаточно одного ясно и правильно истолкованного текста. В таком случае Бытие 1:2 и 1:26 — это более чем достаточно для установления несомненной истины, что Бог Святой Дух вместе с Богом Отцом и Богом Сыном участвовал в сотворении неба и земли (Быт. 1:1).

Писание[30]

Откровение и богодухновенность
Наставление, просвещение и подтверждение
Использование

Как отмечается ниже, Дух истины (Иоан. 14:17, 26; 15:26; 16:7, 13; 1 Иоан. 4:6; 5:7) активно участвует во всех аспектах передачи Божьего Слова:

Бог дает	Верующие принимают
Откровение	Спасение
Вдохновение	Освящение
	Наставление
	Просвещение
	Удостоверение
	Использование

Христос сказал Своим ученикам, что Дух Божий — это Параклит, божественный Друг, Который сделает все необходимое, чтобы содействовать Божьему делу через апостолов. Поскольку Христос учил их свидетельствовать о Нем и вести других к познанию истины, то в Его отсутствие с апостолами будет Параклит, чтобы укреплять их и побуждать продолжать учить тому, чему их научил Христос (Иоан. 14:16, 26), чтобы помогать ученикам свидетельствовать о Христе (Иоан. 15:26–27) и обличать мир проповедью истины (Иоан. 16:7–11). Во всех этих четырех текстах из Евангелия от Иоанна греческое слово *paraklētos* лучше всего перевести как «Помощник». Как видно из ближайшего контекста этих стихов, в каждом случае Иоанн подчеркивает, что Параклит помогает ученикам *знать*, *помнить* и *проповедовать* истину о Христе. Первые пять глав книги Деяний подтверждают, что Параклит пришел и помог ученикам знать истину и возвещать ее в силе (Деян. 1:8; 2:4, 33; 4:8, 31; 5:32).

То, как Святой Дух действовал через апостолов, закладывает основание для Его служения в связи с Писанием. Павел говорил об этом аспекте служения Духа в 1 Коринфянам 2:10–16, рассматривая действие Духа в откровении и богодухновенности (2:10–11), наставлении (2:12–13) и просвещении, подтверждении и использовании (2:14–16).

---

[30] Более подробное обсуждение Писания см. гл. 2 «Слово Божье».

Откровение и богодухновенность

Термином «откровение» обычно называют божественное сообщение общими или особыми средствами о том, что ранее было непознаваемо для людей (1 Кор. 2:10–11). Богодухновенность относится только к записанному Божьему Слову и значит, что Дух Святой защищает от ошибок Божье откровение, передаваемое через авторов-людей, так что написанное оказывается абсолютно истинным и достоверным, вплоть до выбора слов (2 Тим. 3:16–17). Петр дополнительно пояснил богодухновенность, когда написал, что пророчество в Писании произошло не по действию человеческой воли, но через людей, которых направлял Святой Дух (2 Пет. 1:20–21). Иоанн был в Духе (Откр. 1:10), когда получил богодухновенное откровение ст семи духов (Откр. 1:4), как образно назван Святой Дух с помощью числа совершенства (семь), говорящего о полноте Духа (см. Откр. 4:5; 5:6).

Роль Святого Духа в эткровении подтверждается многими, говорившими от имени Бога:

Пророки во время и после исхода (Неем. 9:20, 30; Ис. 63:11, 14; Агг. 2:5);
Давид (2 Цар. 23:2);
Иезекииль (Иез. 3:24, 27);
Михей (Мих. 3:8);
Захария (Зах. 7:12);
Симеон (Лук. 2:26);
Ученики Христа (Матф. 10:20; Марк. 13:11; Лук. 12:12);
Агав (Деян. 11:28);
Павел (1 Кор. 2:10);
Петр (1 Пет. 1:10–12).

Подобное свидетельство других авторов подтверждает, что Дух Святой помогал не только в откровении, но и в богодухновенности:

Исаия (Ис. 59:21);
Иоанн (Иоан. 16:13; Откр. 1:4, 10);
Павел (Еф. 3:5).

Иногда библейские авторы говорят о конкретных текстах Писания, которые были и открыты, и вдохновлены Святым Духом:

Матфей (Матф. 22:43; Марк. 12:36, цитата из Пс. 109:1);
Лука (Деян. 1:16, 20, цитаты из Пс. 40:10; 68:26; 108:8);
Лука (Деян. 4:25–26, цитата из Пс. 2:1–2);
Лука (Деян. 28:25–27, цитата из Ис. 6:9–10);
Павел (1 Тим. 4:1, возможно, цитата из Матф. 7:15; 24:24);
Автор Послания к евреям (Евр. 3:7–11, цитата из Пс. 94:7–11);
Автор Послания к евреям (Евр. 9:1–8, цитата из Исх. 25–26);
Автор Послания к евреям (Евр. 10:15–17, цитата из Иер. 31:33–34);
Иоанн (Откр. 2:7, 11, 17, 29; 3:6, 13, 22; 14:13, общие примеры).

Наставление, просвещение и подтверждение

Неемия писал: «И Ты дал им Духа Твоего благого, чтобы наставлять их...» (Неем. 9:20). Павел свидетельствовал: «...что и возвещаем не от человеческой мудрости изученными словами, но изученными от Духа Святого...» (1 Кор. 2:13). Иоанн ободрял своих читателей: «...вы не имеете нужды, чтобы кто учил вас; но как самое сие помазание [см. „от Святого", 1 Иоан. 2:20] учит вас всему...» (1 Иоан. 2:27; см. также 1 Кор. 2:14–16). Павел молился о ефесянах: «...чтобы Бог Господа нашего Иисуса Христа, Отец славы, дал вам Духа премудрости и откровения к познанию Его, и просветил очи сердца вашего, дабы вы познали...» (Еф. 1:17–18).

Из всех глав Библии 118-й Псалом чаще всего упоминает нужду человека в божественном наставлении. Девять раз псалмопевец настоятельно просит: «Научи меня уставам Твоим» (Пс. 118:12, 26, 33, 64, 66, 68, 108, 124, 135). Можно предположить, что он искал наставления от Духа Святого. Что Христос сделал для учеников, открыв им ум к пониманию Писания (Лук. 24:45), то Святой Дух делает для христиан.

Просвещением может называться либо спасение человека (2 Кор. 4:4, 6; см. Деян. 26:18; Евр. 6:4), либо потребность верующего в лучшем понимании или толковании Библии. Псалмопевец, молившийся, чтобы Дух Святой научил его, также просил о просвещении: «Открой очи мои, и увижу чудеса закона Твоего» (Пс. 118:18; см. также Пс. 118:27, 34, 73, 125, 144, 169; Еф. 1:18). Затем он засвидетельствовал о пользе просвещения: «Откровение слов Твоих просвещает, вразумляет простых» (Пс. 118:130).

Хотя просвещение Святого Духа необходимо и полезно, надо понимать, чем оно не является и чего не может делать. Эти ограничения напоминают верующим не ожидать того, чего Писание не обещает:

1. Просвещение не действует вне Слова Божьего (Пс. 118:18; Лук. 24:45).
2. Просвещение не гарантирует, что у всех христиан будет доктринальное согласие, поскольку человеческая составляющая может привести к ложному учению (Гал. 2:11–21).
3. Просвещение не означает, что все о Боге познаваемо (Втор. 29:29).
4. Просвещение не значит, что люди-учители не нужны (Еф. 4:11; 1 Тим. 3:2; 2 Тим. 4:2).
5. Просвещение не заменяет собой личное прилежное изучение Библии (2 Тим. 2:15).
6. Просвещение не происходит однократно (2 Тим. 2:15).

Помимо наставления и просвещения христиан Дух Святой также свидетельствует верующему, что Писание истинно и надежно. Как минимум три новозаветных текста говорят об этом аспекте служения Духа по отношению к Слову Божьему (Деян. 5:32; 1 Иоан. 5:6; Евр. 10:15). Несомненно, самый выдающийся и безупречный свидетель о достоверности Библии—это Дух Истины (Иоан. 14:17).

Использование

Дух Святой не только участвует в провозглашении и объяснении Писания (1 Кор. 2:4–5; 1 Фес. 1:5), но и наделяет верующих силой к послушанию. У того, что верующий позволяет слову Христа жить в нем (Кол. 3:16–17), и того, что верующий позволяет Святому Духу управлять его жизнью (Еф. 5:18–20), результаты очень похожи, и это показывает, что, помимо интеллектуальной стороны познания Писания, Святой Дух в равной степени придает силу воле верующих к послушанию Писанию.

Дух также дает христианам духовное оружие и помогает использовать его в сражении с духовной тьмой сатаны и бесов. Важная часть вооружения христианина—это «меч Духа, что есть слово Божие» (Еф. 6:17, Кассиан). Поэтому, идет ли верующий по пути Христа или сражается за славу Христа, неразрывная связь Святого Духа с Писанием ведет его вперед к победе.

Пророческое служение[31]

Возрождение
Воскресение
Семидесятая седмина Даниила
Тысячелетнее царстзо
Вечное будущее

Если сравнивать, Писание очень мало говорит о роли Духа в событиях будущего. Ниже приведен краткий обзор того, что об этом написано.

Возрождение

Во время 70-й седмины Даниила (Откр. 6:9–11; 7:9–17; 14:6) и Тысячелетнего царства Христа (Ис. 25:9; 44:2–5; Иер. 24:6–7; Иез. 36:25–31) обратятся самые разные люди. Начиная с Адама и Евы и до последнего человека, который будет спасен, все духовно ожизают благодаря возрождающей силе Святого Духа (Иоан. 3:1–15)[32].

Воскресение

Именно силой Святого Духа каждый верующий, от первого (1 Фес. 4:13–18) до последнего (Откр. 20:5–6), воскреснет из мертвых (Рим. 1:4; 8:11, 23).

Семидесятая седмина Даниила

В синагоге Назарета Христос прочитал текст Ис. 61:1–2а и сказал, что прочитанное Он исполнил в то время. Написанное в Исаии 61:2б–3 Он исполнит позднее

---

[31] Более подробное обсуждение пророчеств см. гл. 10 «Будущее».

[32] Более подробное обсуждение возрождения см. «Внутреннее призвание: возрождение» (с. 608) в гл. 7 «Спасение».

во время второго пришествия. В обоих случаях именно Дух Святой наделяет Его силой (см. Лук. 4:17–21).

Дух Святой будет исполнять волю Божью во время суда над народами (Ис. 34:8–16, особ. 34:16). Действия Бога в это время будут происходить силой Духа Святого (Зах. 4:3–6; см. 4:11–14; Откр. 11:3–4).

В 2 Фессалоникийцам 2:6–7 упоминается удерживающий. О том, кто это такой, было сделано множество предположений: (1) Римская империя, (2) человеческое правительство, (3) еврейское государство, (4) проповедь Евангелия, (5) связывание сатаны, (6) ангелы, (7) Божье провидение, (8) какой-то пророк, например, Илия или Павел, (9) церковь, или (10) Святой Дух.

Беззаконник, упомянутый в этом тексте, получает силу от сатаны (2 Фес. 2:9; см. Откр. 13:2, 4), поэтому надо задать вопрос: у кого или чего достаточно силы, чтобы серьезно ограничивать влияние сатаны на протяжении тысячелетий? При оценке разных вариантов наиболее вероятным представляется Святой Дух. В начале Писания Он совершал подобное служение (Быт. 6:3), и нет оснований полагать, что Он его прекратил (см. Иоан. 16:8–11; Деян. 7:51). Только у Бога есть сила, чтобы действенно контролировать сатану и исходящее от него зло (см. Иуд. 9, где архангел Михаил полагается на Бога в конфликте с сатаной). Как именно Святой Дух удерживает, в Писании не говорится, хотя это может быть связано с сочетанием таких средств, как человеческое правительство (Рим. 13:1–7) и истинные верующие, то есть церковь.

Тысячелетнее царство

Исаия писал о Тысячелетнем царстве Христа и восстановлении обещанного царства Давида в Израиле (Ис. 11:2–16; см. 2 Цар. 7:10–17). В то время, когда будет править Христос, Дух Святой будет давать Ему силу (Ис. 11:2). Исаия описал общую цель служения Христа в Тысячелетнем царстве (Ис. 42:1–4).

Что касается израильского народа, в Библии есть три вида общих ссылок на Святого Духа. Во-первых, Бог «изольет» Своего Духа на народ (Ис. 32:15; 44:3; Иез. 39:29; Иоил. 2:28–29; Зах. 12:10). Во-вторых, Бог обещает вложить Своего Духа «в них» (Иез. 11:19; 36:26–27; 37:14). В-третьих, Бог говорит, что Его Дух будет «на» них (Ис. 59:21). Таким образом, в определенное Богом время Дух соберет Израиль обратно в Землю обетованную (Ис. 34:16).

Вечное будущее

Писание прямо не упоминает Духа Святого в связи с вечным будущим. Впрочем, божественность Духа и триединство Бога гарантируют, что Бог Дух Святой будет вечно продолжать действовать в совершенной гармонии с Богом Отцом и Богом Сыном.

———

Молитва[33]

Наш великий Небесный Отец,
    благословенный Сын и вечный Дух Святой,
    мы преклоняем колени пред Тобой, триединый Бог,
       совершенный во всех путях Своих,
       единственно истинный Господь.
Наши сердца преисполнены благодарностью Небесному Отцу за искупление,
    приготовленное для нас Сыном
    и предложенное нам Духом Святым.
И хоть мы не заслуживали его, Ты радушно принял нас
    в Свое предвечное Царство,
    чтобы мы могли стать соучастниками Твоей невыразимой славы.

Отче, мы вновь и вновь благодарим Тебя за полноту благодати и любви Твоей,
    не пожалевшего для нас единородного Сына
    и отдавшего Его для искупления нашего.

Господь Иисус, Ты, будучи образом Божьим,
    не счел нужным держаться за Свое верховное звание.
Ты уничижил Себя, приняв образ раба,
    сделавшись подобным людям и по виду став как человек.
Уподобившись нам, Ты стал рабом, послушным воле Отца
    «даже до смерти, и смерти крестной».
Эта единственная жертва искупила наши грехи навсегда
    и обеспечила нам тот покров, в котором мы так нуждались:
    незапятнанную одежду Твоей совершенной праведности.

Дух Святой, Ты тоже возлюбил нас непреходящей любовью,
    Ты сотворил в наших сердцах Свою вечную обитель,
       позволяя жизни и силе Своей течь через нас,
       производя обильные плоды и преображая
          нас в образ Христа.

О, Бог, Ты един, хоть и в трех лицах, мы прославляем и благодарим Тебя
    за милость настолько незаслуженную, за благодать такую безмерную.
    Твоя благость неисчерпаема,
    милость вечна,
    верность простирается ко всем народам,
    слава видна во всех свершениях Твоих,
    а Твоя неизменная любовь—песня наша.

Мы приходим к Тебе, триединый Бог,
    воцарившийся в наших сердцах,
    правящий вселенной,
    мы смиренно просим Тебя: когда мы слабеем, укрепи нас,
    и прежде всего в прославлении.

---

[33] Эта молитва воспроизводится дословно из: Мак-Артур Д. У престола благодати. СПб.: Виссон, 2015. С. 49–51.

Ты, Кто лишь словом уст Своих создал вселенную,
    Единственный «озарил наши сердца,
        дабы просветить нас познанием славы Божьей
        в лице Иисуса Христа».
Мы так благодарны, что Ты предназначил нам спасение!

Господь, мы приходим к Тебе в молитве, чтобы прославить Тебя.
Приведи наши жизни в порядок, угодный Тебе,
    и обнови нашу решимость любить и слушаться Тебя,
        а также наше рвение и верность Тебе.
Будь прославлен в жизни каждого из нас,
    мы молимся во имя Иисуса. Аминь.

«Приди, о Боже, к нам»

Приди, о Боже, к нам,
Открой людским сердцам
Твою любовь.
Наш Отче праведный,
Во всем прославленный,
Приди и царствуй в нас
Во век веков.

Приди, Всевластный Сын,
Шатры любви раскинь,
Спаси людей!
Нам все грехи прости,
Открой добра пути
И Духа святости
На нас излей!

Приди, Предвечный Дух,
И, через верных слуг,
Учи народ.
В сердца Твой мир вселяй,
Веди в небесный край
И мощь Твою являй
Из рода в род.

Наш Триединый Бог,
Тебе и в день тревог
Поем псалмы.
Нам мощь Твою открой,
Яви в нас образ Твой,
Чтоб вечно жить с Тобой
Сумели мы.

    Автор неизвестен
    (перевод Д. А. Ясько)

Список литературы

Основные труды по систематическому богословию

Беркхоф Л. Систематическое богословие. Мн.: Полиграфкомбинат им. Я. Коласа, 2014. С. 86–104; 485–495.

Грудем У. Систематическое богословие: Введение в библейское учение. СПб.: Мирт, 2004. С. 716–736.

Тиссен Г. Лекции по систематическому богословию. СПб.: Библия для всех, 1994. С. 113–116.

Эриксон М. Христианское богословие. СПб. Библия для всех, 1999. С. 715–748.

* Bancroft, Emery H. *Christian Theology: Systematic and Biblical.* 2nd ed. Grand Rapids, MI: Zondervan, 1976. 157–82.

Dabney, Robert Lewis. *Systematic Theology.* 1871. Reprint, Edinburgh: Banner of Truth, 1985. 193–201.

Hodge, Charles. *Systematic Theology.* 3 vols. 1871–1873. Reprint, Grand Rapids, MI: Eerdmans, 1975. 1:522–34.

Strong, August Hopkins. *Systematic Theology: A Compendium Designed for the Use of Theological Students.* Rev. ed. New York: Revell, 1907. 304–52.

* Swindoll, Charles R., and Roy B. Zuck, eds. *Understanding Christian Theology.* Nashville: Thomas Nelson, 2003. 389–536.

Turretin, Francis. *Institutes of Elenctic Theology.* 3 vols. Edited by James T. Dennison Jr. Translated by George Musgrove Giger. 1679–1685. Reprint, Phillipsburg, NJ: P&R, 1992–1997. 1:302–10.

* Обозначает самые полезные.

Специальные труды

* Бидервольф В. Исследование учения о Святом Духе. Мн.: Пикорп, 1998.

Оуэн Д. Святой Дух. Одесса: Христианское просвещение, 2009.

* Паш Р. Святой Дух: Его сущность и действие. Гуммерсбах: Вестник мира, 1995.

Томас Р. О дарах духовных: Систематическое изучение 1 Коринфянам 12–14. Сакраменто: Благодать, 2006.

Carson, D. A. *Showing the Spirit: A Theological Exposition of 1 Corinthians 12–14.* Grand Rapids, MI: Baker, 1937.

Cole, Graham A. *He Who Gives Life: The Doctrine of the Holy Spirit.* Foundations of Evangelical Theology. Wheaton, IL: Crossway, 2007.

* Cumming, James Elder. *Through the Eternal Spirit: A Bible Study on the Holy Ghost.* New York: Revell, 1896.

Firth, David G., and Paul D. Wegner. *Presence, Power, and Promise: The Role of the Spirit of God in the Old Testament.* Downers Grove, IL: IVP Academic, 2011.

* Hamilton, James M., Jr. *God's Indwelling Presence: The Holy Spirit in the Old and New Testaments.* Nashville: B&H Academic, 2006.

* MacArthur, John. *The Silent Shepherd: The Care, Comfort, and Correction of the Holy Spirit.* 2nd ed. Colorado Springs: Cook, 2012.

Smeaton, George. *The Doctrine of the Holy Spirit.* 2nd ed. 1889. Reprint, Carlisle, PA: Banner of Truth, 1958.

Swete, Henry Barclay. *The Holy Spirit in the Ancient Church: A Study of the Christian Teaching in the Age of the Fathers.* 1912. Reprint, Grand Rapids, MI: Baker, 1966.

Swete, Henry Barclay. *The Holy Spirit in the New Testament: A Study of Primitive Christian Teaching.* 1910. Reprint, Grand Rapids, MI: Baker, 1964.

* Thomas, W. H. Griffith. *The Holy Spirit.* 1913. Reprint, Grand Rapids, MI: Kregel, 1986.

* Walvoord, John F. *The Holy Spirit: A Comprehensive Study of the Person and Work of the Holy Spirit.* 1954. Reprint, Grand Rapids, MI: Zondervan, 1991.

Ware, Bruce A. *Father, Son, and Holy Spirit: Relationships, Roles, and Relevance.* Wheaton, IL: Crossway, 2005.

Wood, Leon J. *The Holy Spirit in the Old Testament.* 1976. Reprint, Eugene, OR: Wipf & Stock, 1998.

* Обозначает самые полезные.

Харизматические/пятидесятнические вопросы

* Мак-Артур Д. Чуждый огонь: Опасность оскорбления Святого Духа практикой фальшивого поклонения. Одесса: Христиан. просвещение, 2018.

Мастерс П. Эпидемия целительства. М.: б. и., 1994.

* Мейхью Р. Обетование исцеления. СПб.: Библия для всех, 2007.

* Chantry, Walter J. *Signs of the Apostles: Observations on Pentecostalism Old and New.* 2nd ed. Edinburgh: Banner of Truth, 1976.

Edgar, Thomas R. *Satisfied by the Promise of the Spirit: Affirming the Fullness of God's Provision for Spiritual Living.* Grand Rapids, MI: Kregel, 1996.

Frost, Henry W. *Miraculous Healing: A Personal Testimony and Biblical Study.* 1931. Reprint, London: Evangelical Press, 1972.

Gaffin, Richard B., Jr. *Perspectives on Pentecost: Studies in New Testament Teaching on the Gifts of the Holy Spirit.* Phillipsburg, NJ: P&R, 1979.

Gromacki, Robert G. *The Modern Tongues Movement.* Rev. ed. Phillipsburg, NJ: P&R, 1972.

Grudem, Wayne A., ed. *Are Miraculous Gifts for Today? Four Views.* Counterpoints. Grand Rapids, MI: Zondervan, 1996.

Hanegraaff, Hank. *Christianity in Crisis: 21st Century.* Nashville: Thomas Nelson, 2009.

Horton, Michael. *The Agony of Deceit.* Chicago: Moody Press, 1990.

Kole, André, and Al Janssen. *Miracles or Magic?* Eugene, OR: Harvest House, 1987.

* MacArthur, John F., Jr. *Charismatic Chaos.* Grand Rapids, MI: Zondervan, 1992.

* Mayhue, Richard L. *The Biblical Pattern for Divine Healing.* 1979. Reprint, Winona Lake, IN: BMH, 2001.

McConnell, D. R. *A Different Gospel: A Historical and Biblical Analysis of the Modern Faith Movement.* Peabody, MA: Hendrickson, 1988.

Moriarty, Michael G. *The New Charismatics: A Concerned Voice Responds to Dangerous New Trends*. Grand Rapids, MI: Zondervan, 1992.

Napier, John. *Charismatic Challenge: Four Key Questions*. Homebush West, Australia: Anzea, 1991.

Nolen, William A. *Healing: A Doctor in Search of a Miracle*. Greenwich, CT: Fawcett, 1976.

* Smith, Charles R. *Tongues in Biblical Perspective: A Summary of Biblical Conclusions concerning Tongues*. 2nd ed. Winona Lake, IN: BMH, 1973.

Tada, Joni Eareckson. *A Place of Healing: Wrestling with the Mysteries of Suffering, Pain, and God's Sovereignty*. Colorado Springs: Cook, 2010.

Torrey, R. A. *Divine Healing: Does God Perform Miracles Today?* 1924. Reprint, Grand Rapids, MI: Baker, 1974.

* Warfield, Benjamin B. *Counterfeit Miracles*. 1918. Reprint, Edinburgh: Banner of Truth, 1972.

* Обозначает самые полезные.

«Пою могущество Творца»

Пою могущество Творца, им поднят гор хребет,
Оно простерло моря гладь и неба синий свет;
Я воспеваю мудрость, что свет солнца дню дарит,
Луне и звездам только в ночь она светить велит.

Пою Господню благодать, что нам дала плоды,
Он словом тварей сотворил, назвал их «хороши».
Господь, ты чудеса явил, куда ни кину взор,
Смотрю ль на землю, где ходил, иль на небес простор.

Нет ни былинки, ни цветка без признаков живых,
И туч гряды, и ветра взмах—все здесь от слов Твоих.
Все то, что к жизни вызвал Бог, Он Сам потом хранил,
И всюду, где след наших ног, там Он уже ходил.

Исаак Уоттс (1674—1748)
(перевод В. Кушнир)

Словарь богословских терминов[1]

Авраамов завет. Завет, который Бог заключил с Авраамом в Бытии 12.

Агнец Божий. Так Иоанн Креститель назвал Христа как Того, Кто берет на Себя грех мира, лично принимая наказание за грех (Иоан. 1:29, 36; 1 Пет. 1:18–19; 1 Кор. 5:7).

ад, вечный. Место будущего наказания нечестивых или неверующих; это место великих мучений, где Божье присутствие не благословляет, а только производит суд.

Адам, последний или второй. Так в 1 Коринфянам 15 и Римлянам 5 назван Иисус Христос при противопоставлении с Адамом (первым Адамом).

адопцианство. Тип христологии, согласно которому Бог избрал человека Иисуса, чтобы возвысить Его до божественного сыновства.

аллегорическое толкование. Метод толкования Библии, когда пытаются найти не буквальный смысл, а более глубокий.

амилленаризм. Точка зрения, что ни до, ни после второго пришествия Христа не будет периода Его земного правления. Тысяча лет в Откровении 20:1–7 считается символом, обозначающим либо полноту царствования Христа, либо блаженство верующих на небесах.

ангелология. Учение об ангелах.

ангелофания. Принятие ангелами видимого образа в особых случаях.

ангелы, падшие. Ангелы, которые восстали против Бога и потому пали. Теперь они под руководством сатаны противятся Божьему делу. Их также называют бесами.

ангелы, святые. Ангелы, которые не пали со своего положения послушания.

аннигиляционизм. Мнение, что хотя бы некоторые люди навсегда прекратят существовать в момент смерти или через какое-то время после нее.

антиномизм. Противление закону, в частности, отказ от идеи, что христианская жизнь должна руководствоваться законами или правилами.

антихрист. Противник Христа, выдающий себя за Него. Согласно 1 Иоанна 2:18, 22 и 4:3, антихрист, видимо, — это дух, присутствующий в мире на протяжении всего века церкви. Некоторые пытаются признать антихристом конкретных людей или должности. Реформаторы и другие считали антихристом папство. Видимо, в мире действует дух или принцип непокорности, который в последние дни в полной мере проявится в форме личности.

антропология. Изучение человеческой природы и культуры. Богословская антропология — это богословское учение о человеке.

---

[1] Словарь с незначительными изменениями взят из: Millard J. Erickson, *The Concise Dictionary of Christian Theology*, rev. ed. (Wheaton, IL: Crossway, 2001). Использовано с разрешения Crossway, издательского служения Good News Publishers, Wheaton, IL 60187, www.crossway.org.

антропоморфизм. Описание Бога как имеющего человеческие качества или существующего в человеческой форме.

антропопатизм. Описание Бога как имеющего человеческие эмоции.

аполлинаризм. Объяснение личности Христа в IV веке: божественный Христос принял не всю человеческую природу, а только плоть; Его человеческая душа (разум или *nous*) была заменена Логосом или Словом.

арианство. Точка зрения на личность Христа, когда Его считают высшим из сотворенных существ, а потому Он по праву считается богом, но не Богом.

арминианство. Точка зрения, отрицающая кальвинистское понимание предопределения. Арминианство утверждает, что Божье решение дать спасение конкретным людям основано на Его предведении о том, кто именно поверит. Оно также придерживается мнения, что подлинно возрожденные люди могут потерять свое спасение, и некоторые действительно его теряют. Арминианство часто имеет менее глубокое представление о человеческой порочности, чем кальвинизм.

архангел. Главный ангел. По имени в Писании назван только архангел Михаил (Иуд. 9). Другое упоминание «архангела» (1 Фес. 4:16) не содержит имени. Гавриил, еще один ангел, упомянутый в Писании по имени (Дан. 8:16; 9:21; Лук. 1:19, 26), не назван архангелом.

атеизм. Вера в то, что Бога нет.

атрибуты Бога. Характеристики или качества Бога, представляющие Его таким, каков Он и есть. Не следует считать, что они что-то Ему приписывают или чем-то дополняют, как будто к Его природе можно что-то добавить. Но это неотъемлемые свойства Его существа.

атрибуты Бога, непередаваемые. Атрибуты Бога, у которых нет соответствующих им качеств в природе человека.

атрибуты Бога, передаваемые. Атрибуты Бога, у которых есть соответствующие им качества в природе человека.

безопасность верующего. Точка зрения, что христиане Божьей силой сохраняются к окончательному спасению. Это учение также называют «неотступность святых».

безошибочность. Качество Библии, состоящее в том, что она абсолютно верна и правдива во всем, о чем говорит.

безусловное избрание. Кальвинистская точка зрения, что Бог избирает определенных людей к спасению независимо от какой-либо предвиденной добродетели или веры с их стороны.

безусловный завет Бога. Соглашение с человечеством, которое Бог выполнит просто потому, что Он так обещал. Это отличается от условного завета, выполнение которого зависит от какого-либо действия или реакции людей.

бесы. Падшие ангелы, которые теперь творят зло под руководством своего предводителя, сатаны.

библеизм. Очень сильная и даже беспрекословная приверженность авторитету Библии.

библейское богословие. Организация богословских доктрин согласно тому, в каких разделах Библии они встречаются, а не по темам. Библейское богословие не пытается переформулировать библейские выражения в современной форме.

библиология. Учение о Писании.

Библия, ее авторитет. Учение о том, что поскольку Бог, высший авторитет, дал нам богодухновенную Библию, то у нее есть производное право предписывать христианам, как надо верить и поступать.

Библия, ее богодухновенность. Действие Святого Духа на авторов Библии, которое гарантирует, что написанное ими точно сохранило божественное откровение, и по сути делает Библию Словом Божьим.

Библия, ее канон. Собрание книг, которые церковь приняла как авторитетные.

благовествование Христово. Термин, которым Павел называет весть о спасении (Рим. 15:19; 1 Кор. 9:12; 2 Кор. 2:12; 9:13; 10:14; Гал. 1:7; Флп. 1:27; 1 Фес. 3:2).

благодать, действенная. Тот факт, что избранные Богом для вечной жизни обязательно придут к вере и спасению.

благодать, ее средства. Каналы, через которые Бог передает Свои благословения людям.

благодать, общая. Благость, направленная на всех людей посредством Божьего общего провидения; например, то, что Бог всем дает солнечный свет и дождь.

благочестие. Сходство с Богом в нравственном и духовном характере.

блюститель. Дословный перевод греческого слова *episkopos*, то есть тот, кому поручен надзор за служением церкви.

Бог, Его благодать. То, что Бог поступает со Своим народом не на основании того, что они заслуживают, а просто по Своей доброте и щедрости применительно к их нуждам.

Бог, Его вечность. Тот факт, что у Бога нет начала и не будет конца. Он всегда был и всегда будет.

Бог, Его гнев. Неприятие Богом зла и ненависть к нему, а также Его намерение наказать зло.

Бог, Его единственность. Тот факт, что Бог, хотя и в трех Лицах, все же один по Своей сущности.

Бог, Его единство. Тот факт, что Бог один, а не много, и что Он не состоит из частей, а является простым и несоставным.

Бог, Его имманентность. Присутствие и деятельность Бога в творении и человеческой истории.

Бог, Его неизменность. Учение о том, что Бог неизменен. В некоторых направлениях греческой мысли это учение практически стало представлением о статичном Боге. Однако при правильном понимании это просто выделение неизменного характера и надежности Бога.

Бог, Его непостижимость. Тот факт, что вследствие величия Бога мы никогда не сможем полностью и исчерпывающе понять Его.

Бог, Его самосуществование. Качество, состоящее в том, что основание жизни Бога находится в Нем Самом и не вызвано ничем внешним.

Бог, Его святость. Отделенность Бога от всего остального и, в частности, от всякого зла.

Бог, Его слава. Красота, величие и великолепие Бога.

Бог, Его совершенство. Абсолютная завершенность и полнота Бога. Он не испытывает ни в чем недостатка и не имеет никакого нравственного несовершенства.

Бог, Его суверенность. Главенство Бога и Его тщательный контроль над всем происходящим.

Бог, Его трансцендентность. Отделенность Бога от творения и истории и превосходство над ними.

богодухновенность, вербальная. Учение, что Святой Дух так направлял библейских авторов, что даже отдельные слова и части слов были такими, как задумал Бог.

богодухновенность, полная. Представление, что богодухновенно все Писание, а не только отдельные книги, части книг или типы материала.

богодухновенность. Действие Святого Духа на авторов Библии, которое гарантирует, что написанное ими точно сохранило божественное откровение, и по сути делает Библию Словом Божьим.

богохульство. Непочтительные и оскорбительные или клеветнические высказывания против Бога.

богоцентричный. Относящийся к чему-то, что сосредоточено на Боге как на высшей ценности.

Богочеловек. Воплощенное второе Лицо Троицы, Иисус Христос.

Божество. Триединый Бог—Отец, Сын и Святой Дух.

Божье извечное решение. Решение Бога, принятое в вечности, благодаря которому становится неизбежным все, происходящее во времени.

буквализм. Библейский перевод или толкование, которое понимает значение языка в его простейшем, наиболее очевидном и зачастую наиболее конкретном смысле.

вездесущность Бога. Тот факт, что Бог присутствует везде и имеет доступ ко всем сферам реальности.

вербальная богодухновенность. Учение, что Святой Дух так направлял библейских авторов, что даже отдельные слова и части слов были такими, как задумал Бог.

ветхий человек. Термин, которым Павел называет невозрожденного человека или человека вне спасения во Христе (Рим. 6:6; Еф. 4:22–24; Кол. 3:9–10); он противоположен новому человеку.

вечная безопасность верующего. Точка зрения, что христиане Божьей силой сохраняются к окончательному спасению. Это учение также называют «неотступность святых».

вечная жизнь. Духовная жизнь, данная верующему; она качественно превосходит естественную жизнь и простирается за ее пределы в вечность.

вечная смерть. Завершение духовной смерти, постоянное отделение грешника от Бога.

вечная участь. Будущее состояние человека, будь то в раю или в аду, с Богом или без Него.

вечное наказание. Бесконечное по своей природе наказание, которое постигнет неискупленных грешников после этой жизни.

вечное рождение. Вечное, необходимое и отличительное действие Бога Отца, посредством которого Он производит личное бытие Сына и тем самым сообщает Ему всю божественную сущность.

вменение. Судебное засчитывание или передача греха или праведности одного человека другому.

вменение, доктрина. Оправдание верующих на основании праведности Христа или осуждение неверующих на основании греха Адама.

вменение праведности Христа. Действие Бога, когда Он засчитывает праведность Христа грешникам, поверившим в Него во спасение.

внебиблейский. Относящийся к чему-то, не упоминающемуся в Библии.

внезапность. Состояние чего-то, что может произойти в любой момент или вот-вот случится. Когда этот термин применяется ко второму пришествию, он означает, что Христос может вернуться в любое время.

вознесение Христа. Телесный уход Иисуса с земли и возвращение на небеса на 40-й день после воскресения (Лук. 24:51; Деян. 1:9).

возрождение. Действие Святого Духа, создающее новую жизнь в грешном человеке, благодаря которому он кается и начинает верить во Христа.

воплощенный Христос. Состояние Христа с того времени, как Он стал человеком.

воскресение Христа. Историческое событие и соответствующее учение, состоящее в том, что Христос вернулся к жизни в воскресенье после Своего распятия.

всеведение Бога. Знание Бога обо всем, что является надлежащим объектом знания, включая все будущие события.

всемогущество Бога. Способность Бога делать все, что является надлежащим объектом силы.

вторая смерть. Окончательное состояние тех, кто умирает без предложенного Богом спасения. Этот термин встречается в Откровении 2:11, 20:6, 14 и 21:8.

гамартиология. Учение о грехе.

геенна. Транслитерация еврейского названия долины Еннома (4 Цар. 23:10). Так стали называть окончательное духовное состояние нечестивых (Матф. 10:28; Марк. 9:43).

герменевтика. Наука толкования Писания.

гнев Божий. Неприятие Богом зла и ненависть к нему, а также Его намерение наказать зло.

гностицизм. Движение в раннем христианстве, начавшееся уже в I веке, которое (1) подчеркивало особую высшую истину, которую получают от Бога только более просвещенные, (2) учило, что материя есть зло, и (3) отрицало человеческую природу Иисуса.

голова. Наиболее заметная часть тела, осуществляющая контроль над остальными. Поэтому Христос назван Главой церкви и всего сущего (Еф. 1:10, 22–23).

гомилетика. Наука и искусство подготовки и изложения проповеди.

господство Христа. Власть и господство Иисуса Христа над всем сущим, особенно как это отражается в жизни христианина.

грамматико-историческая экзегетика. Толкование Библии, подчеркивающее, что отрывок следует объяснять в свете его синтаксиса, контекста и исторической обстановки.

грех Адама. Первоначальный грех Адама в Эдемском саду. Вызвав грехопадение, этот грех имел далеко идущие последствия для человечества.

грех, его повсеместность. Тот факт, что все люди грешники и что грех присутствует во всех культурах, расах и социальных классах.

грех, непростительный. Хула на Духа Святого—грех, за который Иисус объявил «вечное осуждение», в отличие от грехов, которые могут быть прощены (Матф. 12:31–32; Марк. 3:28–29; Лук. 12:10). Иисус сделал это заявление после того, как фарисеи приписали Веельзевулу то, что Иисус совершил силой Святого Духа.

грех, простительный. В римско-католической системе грех, который не ведет к духовной смерти. Простительный грех совершается сознательно, но не с целью противиться Богу во всем, что делает человек.

грех, смертный. Грех, вызывающий духовную смерть. В римско-католическом богословии считается, что смертный грех уничтожает божественную жизнь в душе, в то время как простительный грех лишь ослабляет эту жизнь. В смертном грехе есть сознательная и намеренная решимость противостоять Богу во всем, что человек делает, а в простительном грехе есть противоречие между неправильным действием и совершающим его человеком.

греховность, полная. Идея, что греховность затрагивает всю природу человека и все его действия; это не означает, что каждый человек настолько грешен, насколько только возможно.

грехопадение. Первоначальный грех непослушания Адама и Евы, в результате которого они утратили Божье расположение (Быт. 3).

грехопадение, его буквальное понимание. Убеждение, что грехопадение было реальным событием во времени и пространстве, произошедшим с двумя историческими личностями.

Давидов завет. Завет, по которому Бог даровал Давиду и его потомкам царство навсегда (2 Цар. 7; см. 2 Пар. 13:5).

девственное рождение. Учение, что зачатие Иисуса произошло благодаря чудесному действию Святого Духа без интимных отношений Марии с мужчиной.

деизм. Убеждение, что Бог сотворил мир, но не имеет постоянного участия в нем и в его событиях.

действенная благодать. Тот факт, что избранные Богом для вечной жизни обязательно придут к вере и спасению.

действенное призвание. Божья непреодолимая спасительная благодать, воздействующая на избранных, так что они отвечают верой.

детокрещение. Практика крещения младенцев.

дихотомизм. Точка зрения на человеческую природу, когда ее считают состоящей из двух частей, обычно из материальной и духовной (т. е. тела и души).

докетизм. Мнение, что человеческая природа Иисуса не была подлинной, а Он просто казался человеком.

Дух Божий. В Ветхом Завете выражение, которое часто считают указанием на Святого Духа, и которое так объяснил Петр, процитировав Иоиля 2:29 (см. Деян. 2:18).

духовная война. Борьба христиан против сил духовного мира (Еф. 6:10–17).

духовная смерть. Отделение от Бога.

духовно мертвые. Состояние неверующих. Из-за последствий греха они не принимают духовные истины (1 Кор. 2:14) и совершенно не способны угодить Богу (Рим. 8:7–8).

духовность. Глубокое посвящение и уподобление Богу вследствие возрождающего действия и освящающего влияния Святого Духа.

душа, креацианистский взгляд на происхождение. Убеждение, что Бог непосредственно и особо создает каждую душу при рождении; другими словами, душа не передается от родителей.

душа, традуционистский взгляд на происхождение. Убеждение, что человеческая душа получена путем передачи от родителей при зачатии.

Евангелие. Весть о спасении, предложенная Богом всем верующим; также название каждой из первых четырех книг Нового Завета, повествующих о жизни и учении Иисуса.

евиониты. Ранняя христологическая ересь, считавшая Иисуса человеком, но не Богом.

евтихианство. Учение о том, что у Иисуса была только одна природа.

единственность Бога. Тот факт, что Бог, хотя и в трех Лицах, все же один по Своей сущности.

Еммануил. Имя Иисуса, означающее «с нами Бог» (также Эммануил).

ересь. Верование или учение, противоречащее Писанию и христианскому богословию.

естественное богословие. Богословие, которое формируется независимо от особого откровения в Писании; оно пытается подтвердить некоторые элементы богословия только на основании опыта и разума.

заместительная смерть. Представление, что смерть Христа произошла вместо истинно верующих.

замещение. Действие, когда кто-то занимает место другого.

запечатление Духом. Действие Бога, когда Он отмечает верующего Святым Духом (Еф. 1:13).

запись Писания. Сохранение Богом Его откровения в письменном виде через действие Святого Духа в процессе богодухновенности.

земля, новая. Полностью искупленная Вселенная; она называется «новым небом и новой землей» (2 Пет. 3:13) и будет явлена в будущем благодаря действию Бога (Откр. 21:1).

злые ангелы. Ангелы, которые восстали против Бога и потому пали. Теперь они под руководством сатаны противятся Божьему делу. Их также называют бесами.

злые духи. Бесы.

змей. Существо, которое искусило Еву в Эдемском саду. Обычно это считают явлением сатаны, и этот термин используется по отношению к нему в других местах Писания (Откр. 20:2).

Иерусалим, Новый. В Откровении 3:12 и 21:2 так названо окончательное состояние церкви.

избрание. Божье решение выбрать особую группу или отдельных людей к спасению или к служению. В частности, этот термин используется в смысле предопределения отдельных получателей спасения.

избранные. Те, кто особо избран Богом. Термин может относиться либо к народу Израиля, либо к лицам, предназначенным к спасению или к особому служению.

Иисус из Назарета. Имя, данное Младенцу, рожденному Девой Марией, Который был зачат под влиянием Святого Духа.

Иисус Христос. Составное имя воплощенного второго Лица Троицы: Иисус—имя человека из Назарета, а Христос—греческое слово со значением «Мессия», то есть «Помазанник». Он назван Иисусом Христом в Деяниях 5:42.

имманентность. Присутствие и деятельность Бога в творении и человеческой истории.

инфралапсарианство. Форма кальвинизма, которая учит, что извечное решение о грехопадении логически предшествовало извечному решению об избрании. То есть порядок Божьих извечных решений таков: (1) создать людей; (2) позволить грехопадение; (3) спасти некоторых и осудить других; и (4) обеспечить спасение только избранным.

ипостасное соединение. Соединение божественной и человеческой природ Иисуса в одной личности, неслитно, неизменно, нераздельно и неразлучно.

искупление. Аспект подвига Христа, и особенно Его смерти, обеспечивающий восстановление общения между отдельными верующими и Богом.

искупление, заместительное. Взгляд, что искупительная смерть Христа произошла за грешников.

искупление, неограниченное. Учение, что Христос умер за всех людей, как избранных, так и неизбранных.

искупление, ограниченное. Объяснение искупления, гласящее, что Христос умер только за избранных. Его также называют частным искуплением.

искупление, теория выкупа. Ошибочная теория искупления, что кровь Христа была выкупом, заплаченным сатане, чтобы освободить людей от его власти.

искупление, теория заместительного наказания. Теория искупления, что смерть Христа—это жертва, принесенная в уплату наказания за наши грехи. Бог Отец принимает ее вместо наказания, которое должны были понести верующие во Христа.

искупление, теория нравственного влияния. Неполная теория искупления, что смысл смерти Христа был в том, чтобы продемонстрировать нам Божью любовь и тем самым побудить нас откликнуться на Божье предложение спасения.

искупление, теория примера. Неполная теория искупления, что воздействие искупления состоит в том, что Иисус показал нам пример приверженности Отцу, которому мы должны следовать.

искупление, теория сатисфакции. Неполная теория искупления, что смерть Христа была жертвой Богу, чтобы удовлетворить Его честь, уязвленную злом, совершенным против Него людьми.

искупление, теория управления. Неполная теория искупления, что главным смыслом смерти Христа было продемонстрировать святость Божьего закона и серьезность его нарушения.

исполнение прообраза. Новозаветные реалии, для которых определенные лица, предметы или практики Ветхого Завета служат прообразами или символами.

исполнение Святым Духом. Контроль Святого Духа над всей жизнью христианина. Исполнение Святым Духом может и должно постоянно повторяться. Его следует отличать от крещения Святым Духом, которое происходит один раз в момент возрождения.

исполненный Духа. Характеристика верующих, настолько контролируемых Святым Духом, что вся их жизнь носит духовный характер.

историческое богословие. Изучение хронологического развития богословской мысли; в случае христианства — изучение развития христианского богословия от библейских времен до наших дней.

исхождение Духа. Вечное, необходимое и отличительное действие Отца и Сына, посредством которого Они выдыхают личное существование Духа и тем самым сообщают Ему всю божественную сущность. Восточная православная церковь, возражая против фразы в западной версии Никейского Символа веры, гласящей, что Святой Дух исходит от Отца и Сына (филиокве), отделилась от Западной церкви.

кальвинизм. Идеи Жана Кальвина. Термин применяется, в частности, к доктрине предопределения, согласно которой Бог суверенно избирает людей к спасению не по каким-либо заслугам или даже предвиденной вере, а просто по Своей свободной воле и незаслуженной благодати.

канон. Собрание книг, которые церковь приняла как авторитетные.

канонизация. Процесс признания канона Писания.

кенозис. Самоуничижение Христа через принятие человеческой природы (Флп. 2:7), так что Он стал функционально подчинен Отцу и скрыл Свои божественные атрибуты, хотя и не лишился их.

компатибилистическая свобода. Идея, что человеческая свобода не противоречит Божьему суверенному предопределению всех событий, включая мысли, выбор и действия людей.

конечное состояние. Состояние человека после воскресения, будь то в раю или в аду.

космологический аргумент. Аргумент о существовании Бога: поскольку у всего, что существует во Вселенной, должна быть причина, то должен быть Бог.

крещение верующих. Крещение, при котором сначала требуется заслуживающее доверия исповедание веры.

крещение Духом Святым. Действие Иисуса Христа, когда каждого истинного верующего начиная с Пятидесятницы Он в момент спасения помещает в церковь посредством Духа Святого (1 Кор. 12:13).

крещение младенцев. Практика крещения младенцев.

либерализм. Любое движение, которое открыто для пересмотра или изменения традиционного учения и практики христианства.

личное спасение. Спасение, рассматриваемое с точки зрения отношений человека с Богом, а не с точки зрения изменения структуры общества.

лукавый. Сатана.

мидтрибулационизм. Представление, что церковь пройдет половину Великой скорби, а затем будет восхищена Христом.

миллениум. Период тысячелетнего царствования Христа на земле.

мировоззрение. Широкое концептуальное обобщение, формирующее взгляд человека на всю реальность.

модализм. Взгляд, что три лица Троицы — это разные способы деятельности Бога, а не отдельные личности.

Моисеев завет. Свод законов, данных Богом через Моисея.

монархианство. Подход, подчеркивающий единство Бога, в частности, движение в II и III веках. Оно имело две формы: динамическое монархианство и модалистическое монархианство.

монархианство, динамическое. Точка зрения, что Иисус не имел божественной сущности, но Бог действовал в Нем.

монархианство, модалистическое. Движение, объяснявшее Троицу как последовательные откровения Бога—сначала как Отца, затем как Сына и, наконец, как Святого Духа. Оно возникло в III веке.

монергизм. Представление, что возрождение осуществляется исключительно действием Бога.

монизм. Философия или богословие, когда все объясняют каким-то одним принципом; представление, что реальность бывает только одного типа.

назидание. Буквально «созидание», укрепление духовной жизни христиан и общин.

небеса. Будущая обитель верующих. Место полного счастья и радости, которое особенно отличается присутствием Бога.

неверующий. С христианской точки зрения, не христианин или невозрожденный человек.

невеста Христова. Одно из описаний церкви.

неизменность Бога. Учение о том, что Бог неизменен. В некоторых направлениях греческой мысли это учение практически стало представлением о статичном Боге. Однако при правильном понимании это просто выделение неизменного характера и надежности Бога.

неотступность. Учение о том, что истинные верующие устоят в вере до конца.

непогрешимость. Качество Библии, состоящее в том, что она всегда достигает своей цели.

непорочный Агнец Божий. Иисус как совершенная жертва.

неправедные. Те, кто не был оправдан и прощен.

непреодолимая благодать. Божья благодать при возрождении, посредством которой Бог действенно открывает слепые глаза для славы Христа и сообщает духовную жизнь мертвому сердцу грешника. Это учение иногда также называют действенной благодатью.

неспасенные. Те, кто все еще находится в своих грехах, а потому отделены от Бога.

несторианство. Еретическая точка зрения, по сути разделяющая Христа на две личности—божественную и человеческую.

новая земля. Полностью искупленная Вселенная; она называется «новым небом и новой землей» (2 Пет. 3:13) и будет явлена в будущем благодаря действию Бога (Откр. 21:1).

новое рождение. Возрождение, когда Бог дает верующему новую жизнь.

новое творение. Возрождение, происходящее в верующем человеке, а также будущее обновление и восстановление всего творения.

новое тело. Тело, которое будет получено при воскресении.

новый завет. Христианское домостроительство, установленное Христом и апостолами. В некоторых случаях новый завет используется как синоним Евангелия Христа.

новый человек. Термин, которым Павел называет возрожденного человека (Еф. 4:22–24; Кол. 3:9–10).

нравственный аргумент. Аргумент о существовании Бога: Бог необходим как объяснение нравственных ценностей и нравственного побуждения.

образ Божий. То, что отличает человека от остальных Божьих созданий: человек создан по образу Божьему (Быт. 1:26).

общая благодать. Благость, направленная на всех людей посредством Божьего общего провидения; например, то, что Бог всем дает солнечный свет и дождь.

общность человечества. Представление, что все люди произошли от одних и тех же предков, а потому поражены последствиями действий Адама, в частности, первого греха в Эдемском саду.

ограниченное искупление. Объяснение искупления, гласящее, что Христос умер только за избранных. Его также называют частным искуплением.

одержимость бесами. Состояние, когда бесы живут в человеке и преобладают над ним.

озеро огненное. Место вечного наказания нечестивых. Оно шесть раз упоминается в книге Откровение (19:20; 20:10; 20:14 [2×]; 20:15; 21:8), также называется «озеро, горящее огнем и серой».

онтологический аргумент. Аргумент о существовании Бога, использующий чисто логическое мышление, а не чувственное наблюдение за физической Вселенной. Обычная формулировка такова: Бог—величайшее из всех мыслимых существ. Такое существо должно существовать, потому что если бы его не было, можно было бы представить себе более великое существо, то есть идентичное существо, которое также обладает атрибутом существования. Ансельм и Рене Декарт—два самых известных сторонника онтологического аргумента.

оправдание верой. Провозглашение того, что человек возвращен в состояние праведности через веру во Христа и упование на Его подвиг, а не на основании собственных достижений.

освящение. Так называют первоначальное спасение, затем постепенный рост в уподоблению Христу и, наконец, окончательное освящение, или прославление.

откровение. Объявление того, что неизвестно; раскрытие того, что скрыто.

откровение, общее. Откровение, доступное всем людям во все времена, в частности, через физическую Вселенную.

откровение, особое. То, как Бог проявляет Себя в определенное время и в определенном месте через определенные события, например, исход и видение Исаии в 6-й главе; а также Писание.

откровение, прогрессирующее. Представление о том, что последующее откровение строится на основе предыдущего. Таким образом, оно содержит истины, которые не были известны ранее.

открытый теизм. Отказываясь от классического представления о неизменности и всеведении Бога, это богословие утверждает, что Бог развивается, открывая то, чего Он не знал, и меняет Свои решения. Бог рискнул создать людей, чьи действия Он необязательно мог знать заранее.

отступничество. «Отпадение», обычно намеренный и полный отказ человека от веры, которую он ранее исповедовал.

отцы церкви. Руководители церкви в период, непосредственно следующий за началом эпохи Нового Завета.

очищения, день. День, когда ветхозаветный священник совершал очищение всех грехов народа (Лев. 16).

пантеизм. Вера в божественность всего, устраняющая различие между творением и Творцом.

Параклит. Греческий термин, использованный в отношении Святого Духа (Иоан. 14:16, 26; 15:26; 16:7); обычно переводится как «Советник» или «Утешитель».

патрипассианство. Идея, что Сын на самом деле был Богом Отцом, Который явился в другой форме, так что Отец пострадал и умер на кресте в лице Сына.

пелагианство. Еретическое богословие, восходящее к идеям Пелагия, которое подчеркивает способность и свободу воли человека, а не его испорченность и греховность. По мнению большинства пелагиан, можно жить без греха. Влияние греха Адама на его потомков сводилось к плохому примеру.

первая смерть. Физическая смерть.

первородный грех. Влияние греха Адама на тех, кто соединен с ним. Влияя на наше поведение независимо от наших собственных действий и до них, первородный грех говорит как о вмененной вине, так и о унаследованной греховности Адама для всех людей, кроме Иисуса.

перфекционизм. Небиблейское представление, что в этой жизни можно достичь состояния, когда верующий больше не грешит.

Писание. Канонические книги Ветхого и Нового Заветов.

Писание, его авторитет. Учение о том, что поскольку Бог, высший авторитет, дал нам богодухновенную Библию, то у нее есть производное право предписывать христианам, как надо верить и поступать.

плод Духа. Совокупность духовных добродетелей, перечисленных Павлом в Галатам 5:22–23; например, любовь, радость и мир.

плоть. Человеческая природа. В Библии этот термин имеет как буквальный, так и переносный смысл: он описывает как физическую, так и греховную природу людей.

пневматология. Учение о Святом Духе.

покаяние. Богоугодная печаль о грехе и решимость отвернуться от него.

поклонение. Выражение почтения, чести и хвалы Богу.

политеизм. Вера в более чем одного Бога.

полная греховность. Идея, что греховность затрагивает всю природу человека и все его действия; это не означает, что каждый человек настолько грешен, насколько только возможно.

порядок спасения (*ordo salutis*) Традиционная последовательность рассмотрения различных аспектов спасения; например: возрождение, обращение, оправдание, освящение.

посредник. Тот, кто становится между двумя сторонами, чтобы примирить их. Иисус Христос—единственный спасительный Посредник между Богом и человеком.

постмилленаризм. Эсхатологический подход, когда считают, что Христос вернется после тысячелетнего правления. Это значит, что Он будет править, не присутствуя физически.

посттрибулационизм. Представление, что церковь пройдет Великую скорбь, а затем будет восхищена, чтобы встретить Христа.

праведность. Состояние правоты или нравственной чистоты, будь то своими силами или на основании вмененной добродетели.

пребывание Святого Духа. Присутствие Святого Духа в жизни верующего.

предопределение. В широком смысле, Божье вечное, независимое определение всего сущего; в узком смысле, вечное решение Бога о том, кто будет спасен, а кто будет оставлен и осужден за свой грех.

предопределяющая воля Божья. Божьи решения, из-за которых фактически происходит каждое событие.

предсуществование. Состояние существования до этой жизни. Классическое христианство использует этот термин применительно ко второму Лицу Троицы, при воплощении ставшему Иисусом из Назарета.

премилленаризм. Убеждение, что Христос вернется и затем установит Свое земное правление на период в тысячу лет.

пресвитер. Руководитель в синагоге (старейшина), в ранней церкви или в современной поместной общине в некоторых деноменациях. Требования к должности изложены в 1 Тимофею 3:1–7 и Титу 1:5–9.

претеризм. Толкование эсхатологии и, в частности, книги Откровения, когда считают, что описанные там события уже произошли или происходили во время ее написания.

претрибулационизм. Представление, что Христос возьмет церковь из мира до 70-й седмины Даниила.

призвание. То, как Бог призывает людей к спасению или к конкретному служению.

провидение, божественное. Забота Бога о творении, включающая его сохранение и тщательное руководство им для достижения поставленных Богом целей.

пролегомены. Изучение вводных вопросов богословия.

промежуточное состояние. Состояние людей между временем их смерти и воскресения.

прообраз. Реальное историческое событие или лицо, которое в каком-то смысле символизирует или предвосхищает последующее событие; в частности, ветхозаветное предвосхищение нозозаветного события.

пророчество. В широком смысле, авторитетное провозглашение или выступление от имени Бога, подобное проповеди; в более узком смысле, непогрешимое провозглашение божественного откровения, которое часто предсказывает будущее, но не ограничивается этим.

просвещение. Действие Святого Духа, благодаря которому Писание становится понятным, когда его слушают или читают.

прославление. Заключительный шаг в процессе спасения; он включает в себя завершение освящения и устранение всех духовных недостатков.

прославленное тело. Воскресшее или ставшее совершенным тело будущего.

прямой креационизм. Убеждение, что Бог творил непосредственным действием. Часто это также подразумевает, что творение произошло за короткий период времени и что не было естественного развития промежуточных форм.

распят со Христом. Тот факт, что верующий соединен со Христом в Его смерти (Гал. 2:20).

реформатское богословие. Богословие, подчеркивающее суверенность Бога, особенно в вопросе спасения, тесно связанное с богословской традицией, восходящей к Реформации XVI века; иногда его называют изложением доктрин благодати.

савеллианство. Учение, происходящее от идей Савеллия, по сути, представляющее собой модалистическое монархианство: Бог—это одно существо, одна личность, и Он последовательно принимает три различные формы или проявления.

самосуществование. Качество, состоящее в том, что основание жизни Бога находится в Нем Самом и не вызвано ничем внешним.

сатана. Дьявол, один из сотворенных ангелов, который восстал против Бога и поэтому был изгнан с небес. Он возглавил противление Богу и небесным силам.

Святой Дух. Третье Лицо Троицы, полностью божественное и полностью личностное.

синергизм. Идея, что человек сотрудничает с Богом в некоторых аспектах спасения, особенно в возрождении, которое, как утверждается, происходит благодаря совместным усилиям божественной помощи и человеческой веры.

систематическое богословие. Дисциплина, которая стремится упорядочить учение Писания в логически организованной форме.

Слово Божье. Весть, которая пришла от Бога. Иисус и авторы Нового Завета называют Словом Божьим Ветхий Завет (см. Иоан. 10:35). Сегодня всю Библию называют Словом Божьим.

служения Христа. Роли или функции Христа; традиционно это служения пророка, священника и царя.

смерть, вторая. Окончательное состояние тех, кто умирает без предложенного Богом спасения. Этот термин встречается в Откровении 2:11, 20:6, 14 и 21:8.

смерть, первая. Физическая смерть.

собственно богословие. Учение о Боге.

совершенства, абсолютные. Те атрибуты Бога, которые не зависят от его отношения к сотворенным объектам и людям.

совершенство Бога. Абсолютная завершенность и полнота Бога. Он не испытывает ни в чем недостатка и не имеет никакого нравственного несовершенства.

совесть. Чувство, что человек обязан делать правильное и избегать неправильного; иногда считается способностью, присущей человеческой природе.

сотериология. Учение о спасении.

сохранение. Аспект божественного провидения, связанный с тем, что Бог поддерживает существование всего, что Он создал.

социнианство. Еретическое учение, возникшее на основе идей Фауста Социна, которое подчеркивало нравственность, отрицало божественность Христа, предопределение, божественное предузнание и первородный грех, а также считало искупление Христа примером, а не принесенным Отцу удовлетворением.

союз со Христом. Базовый аспект учения о спасении: в результате соединения со Христом в Его искупительной смерти, а также в силе Его воскресения, верующим засчитывается Его праведность и они приобщаются к Его святости.

спасение. Действие Бога по освобождению верующего от власти и проклятия греха, а затем восстановление этого человека в общении с Богом, для которого люди были изначально созданы.

«спасение господства». Учение, что спасительная вера характеризуется покаянием в грехе и принятием Иисуса Христа как Господа и Спасителя.

спасение по благодати. Спасение, понимаемое как бесплатный дар, не заслуженный его получателем.

стойкость. Способность христиан, по милости Божьей, переносить испытания, искушения и скорби.

суверенная воля. Тот факт, что выбор и решения Бога никоим образом не ограничены внешними факторами; а также право Бога принимать решения, не отвечая ни перед кем и ни перед чем, кроме Себя.

суверенность Бога. Главенство Бога и Его тщательный контроль над всем происходящим.

судилище. Возвышение, на котором сидел судья во время судебных слушаний. Термин описывает окончательный суд над истинно верующими, который совершит Христос.

супралапсарианство. Точка зрения, что Божьи извечные решения имеют следующий (логический) порядок: (1) спасти некоторых людей и осудить других; (2) создать как избранных, так и отверженных; (3) позволить грехопадение всех людей; (4) обеспечить спасение только для избранных.

тайна. То, что неизвестно или не полностью понятно. Павел заявляет, что Бог открыл Свои тайны, чтобы они больше не были непонятными (напр., Еф. 1:9; 3:3).

теизм. Вера в личного Бога.

телеологический аргумент. Аргумент о существовании Бога: порядок во Вселенной должен быть делом высшего Дизайнера.

теодицея. Попытка показать, что Бог не может быть виновным или заслуживающим порицания как причина зла.

теофания. Видимое явление или проявление Бога, особенно в Ветхом Завете.

тленное тело. Физическая природа людей, подверженная смерти и тлению.

традуционизм. Убеждение, что человеческая душа получена путем передачи от родителей при зачатии.

трансцендентность Бога. Отделенность Бога от творения и истории и превосходство над ними.

трихотомизм. Точка зрения, что человеческая природа состоит из трех частей, обычно определяемых как тело, душа и дух.

Троица. Учение, что Бог один и при этом Он вечно существует в трех Лицах: Отец, Сын и Святой Дух.

труд Христа. Служение Христа, особенно Его искупительная жизнь и смерть.

Тысячелетнее царство. В премилленаризме—Царство, которое Христос установит на земле на тысячу лет после Своего второго пришествия.

уверенность в спасении. Убежденность, которую Бог дает верующему, что он действительно спасен.

умилостивление. Идея, что Христово искупление удовлетворяет Божий гнев.

универсализм. Небиблейское представление, что в конце концов все люди будут спасены и возвратятся к Богу.

унитарианство. Вера в Бога как только в одну личность.

условное бессмертие. Разновидность аннигиляционизма, согласно которой бессмертие—это особый дар для верующих, а неверующие в момент смерти просто перестают существовать.

усыновление. Аспект спасения, в котором Бог принимает отчужденного грешника, возвращая ему отношения и преимущества, присущие Его детям. По сравнению с обычным прощением и отпущением грехов, этот термин также подразумевает благосклонное отношение.

функциональное подчинение. Идея, что воплощенный Христос, второе Лицо Троицы, не переставая быть равным Отцу в том, Кто Он, подчинился Отцу в том, что Он делал.

футуристический. Относящийся к будущему.

ходатайственный труд Святого Духа. Представление, что Святой Дух ходатайствует за нас, когда мы не знаем, как молиться (Рим. 8:26–27).

ходатайство Христа. Учение о том, что нынешнее служение Христа ради верующих включает в себя посредничество за них перед Отцом (Рим. 8:34; Евр. 7:25).

христианские доктрины. Учения христианства о природе Бога, Его делах и отношениях со Своим творением.

христологический. Относящийся к Христу или, в частности, к учению о Христе.

христология. Учение о личности и делах Христа.

Христос. Буквально «Помазанник», титул, описывающий Иисуса как Мессию.

Христос как заместительная жертва. Идея, что смерть Христа произошла вместо тех, кто поверит в Него.

Христос как Пророк. Одно из трех служений Иисуса Христа, Его труд в откровении.

Христос как Священник. Одно из трех служений Иисуса Христа, Его искупительный и ходатайственный труд.

Христос как Царь. Одно из трех служений Иисуса Христа, Его власть как правителя.

Христос, две Его природы. Учение, что Иисус в одной личности был и Богом, и Человеком.

Христос, Его божественность. Идея, что Христос есть Бог, как и Отец.

Христос, Его заместительная смерть. Представление, что смерть Христа произошла вместо истинно верующих.

Христос, Его предсуществование. Представление, что Человек, родившийся в Вифлееме как Иисус из Назарета, был предсуществующим вторым Лицом Троицы.

Христос, Его человечность. Идея, что Иисус был настолько же человеком, как и мы, за исключением того, что в Нем не было греховной природы и фактического греха.

Христос, неспособность грешить. Убеждение, что Христос не мог согрешить.

Царство Божье. Божье правление, будь то внутренне в сердцах людей или внешне на земле.

церковная дисциплина. Активное попечение церкви о поведении ее членов. Термин часто имеет несколько значений, а именно: или наставления, направленные на исправление, или даже отлучение.

церковь. Люди, истинно верующие во Христа. Этот термин в Новом Завете может обозначать как вселенскую церковь (все истинные верующие), так поместную (конкретная группа верующих, собранных в одном месте).

человек греха. Так переводится фраза, которой Павел описывает антихриста в 2 Фессалоникийцам 2:3. Лучше ее перевести как «человек беззакония».

человек, ветхий. Термин, которым Павел называет невозрожденного человека или человека вне спасения во Христе (Рим. 6:6; Еф. 4:22–24; Кол. 3:9–10); он противоположен новому человеку.

человек, душевный. Человек в неискупленном состоянии, вне спасения в Иисусе Христе.

человек, новый. Термин, которым Павел называет возрожденного человека (Еф. 4:22–24; Кол. 3:9–10).

человекоцентричность. Представление, что центральное положение во Вселенной занимают люди и их ценности, а не Бог и Его ценности.

эволюция. Процесс развития из одной формы в другую; в частности, биологическая теория о том, что все живые формы развились из более простых форм посредством ряда постепенных шагов.

экзегетика. Получение смысла отрывка путем извлечения его из текста, а не привнесения в текст.

экклезиология. Учение о церкви.

эсхатология. Учение о последних событиях или о будущем вообще.

Яхве. Транслитерация основного еврейского имени Бога.

adonai. Древнееврейское имя Бога, означающее «Господь».

analogia scriptura. Убеждение, что поскольку Писание представляет собой единое целое, смысл одной его части становится понятнее при изучении других его частей.

creatio ex nihilo. Буквально «сотворение из ничего» на латыни, идея, что Бог творил без использования предзарительно существующих материалов.

el shaddai. Древнееврейское имя Бога, которое подчеркивает Его силу.

elohim. Распространенное древнееврейское обозначение божества, имеющее общий характер, так что оно относится и к языческим богам, и к истинному Богу израильтян.

homoousios. Термин, которым ортодоксальные христиане, в частности, Афанасий и его последователи, выражали тезис, что Иисус имеет ту же природу, что и Отец.

hypostasis. «Ипостась», от греческого слова со значением «сущность» или «природа», означающего реальную природу или сущность чего-либо в отличие от его атрибутов. В христианской мысли этот термин используется для любого из трех Лиц Троицы и особенно для Христа, второго Лица Троицы, в Его божественной и человеческой природах.

imago Dei. Латинский термин со значением «образ Божий».

ousia. Слово, означающее сущность, особенно в отношении неразделенной природы Бога.

Общий список литературы

Основные труды по систематическому богословию

Беркхоф Л. Систематическое богословие. Мн.: Полиграфкомбинат им. Я. Коласа, 2014.

Грудем У. Систематическое богословие: Введение в библейское учение. СПб.: Мирт, 2004.

Тиссен Г. Лекции по систематическому богословию. СПб.: Библия для всех, 1994.

Эриксон М. Христианское богословие. СПб. Библия для всех, 1999.

Bancroft, Emery H. *Christian Theology: Systematic and Biblical*. 2nd ed. Grand Rapids, MI: Zondervan, 1976.

Buswell, James Oliver, Jr. *A Systematic Theology of the Christian Religion*. 2 vols. Grand Rapids, MI: Zondervan, 1962–1963.

Culver, Robert Duncan. *Systematic Theology: Biblical and Historical*. Fearn, Ross-shire, Scotland: Mentor, 2005.

Dabney, Robert Lewis. *Systematic Theology*. 1871. Reprint, Edinburgh: Banner of Truth, 1985.

Hodge, Charles. *Systematic Theology*. 3 vols. 1871–1873. Reprint, Grand Rapids, MI: Eerdmans, 1975.

Lewis, Gordon R., and Bruce A. Demarest. *Integrative Theology*. 3 vols. Grand Rapids, MI: Zondervan, 1987–1994.

Reymond, Robert L. *A New Systematic Theology of the Christian Faith*. Nashville: Thomas Nelson, 1998.

Shedd, William G. T. *Dogmatic Theology*. 3 vols. 1889. Reprint, Minneapolis: Klock & Klock, 1979.

Strong, August Hopkins. *Systematic Theology: A Compendium Designed for the Use of Theological Students*. Rev. ed. New York: Revell, 1907.

Swindoll, Charles R., and Roy B. Zuck, eds. *Understanding Christian Theology*. Nashville: Thomas Nelson, 2003.

Turretin, Francis. *Institutes of Elenctic Theology*. 3 vols. Edited by James T. Dennison Jr. Translated by George Musgrove Giger. 1679–1685. Reprint, Phillipsburg, NJ: P&R, 1992–1997.

Труды по библейскому богословию

Все Писание

Кайзер У. На пути к экзегетическому богословию: Библейская экзегетика для проповедников. СПб.: Библия для всех, 2008.

Schreiner, Thomas R. *The King in His Beauty: A Biblical Theology of the Old and New Testaments*. Grand Rapids, MI: Baker Academic, 2013.

Vos, Geerhardus. *Biblical Theology: Old and New Testaments*. Grand Rapids, MI: Eerdmans, 1948.

Ветхий Завет

Kaiser, Walter C., Jr. *Toward an Old Testament Theology*. Grand Rapids, MI: Zondervan, 1978.

Merrill, Eugene H. *Everlasting Dominion: A Theology of the Old Testament*. Nashville: Broadman & Holman, 2006.

Payne, J. Barton. *The Theology of the Older Testament*. Grand Rapids, MI: Zondervan, 1962.

Zuck, Roy B., ed. *A Biblical Theology of the Old Testament*. Chicago: Moody Press, 1991.

Новый Завет

Лэдд Д. Богословие Нового Завета. СПб.: Библия для всех, 2003.

Guthrie, Donald. *New Testament Theology*. Downers Grove, IL: InterVarsity Press, 1981.

Schreiner, Thomas R. *New Testament Theology: Magnifying God in Christ*. Grand Rapids, MI: Baker Academic, 2008.

Zuck, Roy B., ed. *A Biblical Theology of the New Testament*. Chicago: Moody Press, 1994.

История доктрин

Берков Л. История христианских доктрин. СПб.: Библия для всех, 2000.

Пеликан Я. Христианская традиция: История развития вероучения. М.: Духовная б-ка, 2007– .

Allison, Gregg R. *Historical Theology: An Introduction to Christian Doctrine*. Grand Rapids, MI: Zondervan, 2011.

Bray, Gerald. *God Has Spoken: A History of Christian Theology*. Wheaton, IL: Crossway, 2014.

González, Justo L. *A History of Christian Thought*. Rev. ed. 3 vols. Nashville: Abingdon, 1987.

Hannah, John D. *Our Legacy: The History of Christian Doctrine*. Colorado Springs: NavPress, 2001.

Heine, Ronald E. *Classical Christian Doctrine: Introducing the Essentials of the Ancient Faith*. Grand Rapids, MI: Baker Academic, 2013.

Kelly, J. N. D. *Early Christian Doctrines*. 5th ed. London: Continuum, 2000.

Pelikan, Jaroslav. *The Christian Tradition: A History of the Development of Doctrine.* 5 vols. Chicago: University of Chicago Press, 1971–1989.

Schaff, Philip. *The Creeds of Christendom.* 3 vols. New York: Harper & Brothers, 1877.

Shedd, William G. T. *A History of Christian Doctrine.* 2 vols. New York: Charles Scribner, 1863.

Учебники по богословию

Бойс Д. Основы христианской веры: Содержательное и доступное богословие. Киев: Киевская богосл. семинария, 2001.

Ватсон Т. Основы практического богословия. Б. м.: Dutch Reformed Tract Society, 2002.

Пакер Д. Основы богословия. СПб.: Шандал, 2001.

Chafer, Lewis Sperry. *Major Bible Themes: 52 Vital Doctrines of the Scripture Simplified and Explained.* Revised by John F. Walvoord. Grand Rapids, MI: Zondervan, 1974.

Enns, Paul. *The Moody Handbook of Theology.* Chicago: Moody Press, 1989.

Evans, William. *The Great Doctrines of the Bible.* Revised by S. Maxwell Coder. Chicago: Moody Press, 1974.

Lightner, Robert P. *Handbook of Evangelical Theology: A Historical, Biblical, and Contemporary Survey and Review.* Grand Rapids, MI: Kregel, 1995.

Milne, Bruce. *Know the Truth: A Handbook of Christian Belief.* 3rd ed. Downers Grove, IL: InterVarsity Press, 2009.

Богословские словари

Теологический энциклопедический словарь / Под ред. Уолтера Элвелла. М.: Ассоциация «Духов. возрождение», 2003.

Bercot, David W., ed. *A Dictionary of Early Christian Beliefs: A Reference Guide to More Than 700 Topics Discussed by the Early Church Fathers.* Peabody, MA: Hendrickson, 1998.

Cairns, Alan. *Dictionary of Theological Terms: A Ready Reference of over 800 Theological and Doctrinal Terms.* 3rd ed. Greenville, SC: Ambassador-Emerald International, 2002.

Erickson, Millard J. *The Concise Dictionary of Christian Theology.* Rev. ed. Wheaton, IL: Crossway, 2001.

Holloman, Henry W. *Kregel Dictionary of the Bible and Theology: Over 500 Key Theological Words and Concepts Defined and Cross-Referenced.* Grand Rapids, MI: Kregel Academic & Professional, 2005.

Huey, F. B., Jr., and Bruce Corley, eds. *A Student's Dictionary for Biblical and Theological Studies.* Grand Rapids, MI: Zondervan, 1983.

Другие книги по богословию

Akin, Daniel L., ed. *A Theology for the Church*. Nashville: B&H Academic, 2007.

Ames, William. *The Marrow of Theology*. Translated and edited by John D. Eusden. 1629. Reprint, Grand Rapids, MI: Baker, 1997.

Boyce, James P. *Abstract of Systematic Theology*. 1887. Reprint, Hanford, CA: den Dulk Christian Foundation, n. d.

Chafer, Lewis Sperry. *Systematic Theology*. Edited by John F. Walvoord. 4 vols. Grand Rapids, MI: Kregel, 1993.

Dagg, J. L. *Manual of Theology*. 1857. Reprint, Harrisonburg, VA: Sprinkle, 2009.

Dick, John. *Lectures on Theology*. Cincinnati, OH: Applegate, 1856.

Frame, John M. *Systematic Theology: Introduction to Christian Belief*. Phillipsburg, NJ: P&R, 2013.

Gill, John. *A Body of Doctrinal Divinity*. 1769. Reprint, Paris, AR: Baptist Standard Bearer, 1984.

Kuyper, Abraham. *Encyclopedia of Sacred Theology: Its Principles*. New York: C. Scribner's Sons, 1898.

McCune, Rolland. *A Systematic Theology of Biblical Christianity*. 3 vols. Allen Park, MI: Detroit Baptist Theological Seminary, 2009–2010.

Ussher, James. *A Body of Divinity, or, The Sum and Substance of Christian Religion*. 3rd ed. London: Thomas Downes and George Badger, 1649.

О главных редакторах

Джон Мак-Артур, доктор богословия, доктор литературы

Д-р Джон Мак-Артур—старший пастор церкви «Грейс Коммьюнити» в городе Сан-Вэлли, штат Калифорния (с 1969 г. по настоящее время), президент университета и семинарии «Мастерс», а также автор, участник конференций и ведущий учитель медиа-служения «Благодать вам». В 1985 году он стал президентом колледжа «Мастерс» (ранее Лос-анджелесский баптистский колледж), теперь это аккредитованный четырехлетний христианский гуманитарный университет в Санта-Кларите, Калифорния. В 1986 году Джон основал семинарию «Мастерс», магистратуру для подготовки служителей для пасторской и миссионерской работы.

После завершения своего первого бестселлера «Благовествование Христово» (1988 г.) д-р Мак-Артур написал почти 400 книг и учебных пособий, в том числе «Наша достаточность во Христе», «Я не стыжусь благовествования», «Раб», «Чуждый огонь», «Двенадцать обыкновенных мужчин», «The Jesus You Can't Ignore», «The Murder of Jesus», «One Perfect Life», «A Tale of Two Sons», «The Truth War» и другие. Книги д-ра Мак-Артура переведены почти на три десятка языков. «Учебная Библия с комментариями Джона Мак-Артура», краеугольный камень его служения, доступна на английском (ESV, NASB, NIV и NKJV), арабском, испанском, китайском, немецком, португальском, русском и французском языках. Серия толкований на книги Нового Завета, состоящая из 33 томов, была завершена в 2015 году.

Подробнее о служении д-ра Мак-Артура см.: Iain H. Murray, *John MacArthur: Servant of the Word and Flock* (Edinburgh: Banner of Truth, 2011), и *MSJ* 22, no. 1 (2011), юбилейный сборник в честь Джона Мак-Артура.

Ричард Мейхью, доктор богословия

С 1980 по 1984 годы д-р Ричард Мейхью был одним из пресвитеров в церкви «Грейс Коммьюнити», где служил помощником д-ра Мак-Артура в служении обучения и директором ежегодных пасторских конференций. С 1984 по 1989 годы он нес служение пастора в исторической Братской церкви благодати в городе Лонг-Бич, Калифорния. В 1989 году д-р Мейхью стал преподавателем семинарии «Мастерс», а в следующем году был назначен деканом семинарии (1990–2014 гг.). С 2000 по 2008 годы д-р Мейхью также был проректором колледжа «Мастерс».

Он автор, соавтор или редактор более 30 книг, в том числе «Обетование исцеления», «Как самому толковать Библию», «Разоблачение сатаны», «1 & 2 Thessalonians», «Bible Boot Camp», «Christ's Prophetic Plans», «Practicing Proverbs», «Seeking God», «What Would Jesus Say about Your Church?», а также многочисленных журнальных статей.

В 2016 году д-р Мейхью после более 40 лет пасторского и семинарского служения ушел на пенсию как почетный вице-президент, декан и профессор богословия в семинарии «Мастерс». Подробнее о служении д-ра Мейхью, см.: *MSJ* 25, no. 2 (2014), посвященный Ричарду Мейхью, и его личный веб-сайт RichardMayhue.net.

Заключительный гимн для размышления

«Господи Боже, будь светом моим»

Господи Боже, будь светом моим
Голосом чистым, зовущим, живым.
Что мне весь мир и вся жизнь без Тебя?
Ночью ли, днем ли — Ты радость моя.

Будь моей истиной, светлой, благой.
Твой я отныне, навек Ты со мной.
Ты — мой Отец, я покорный Твой сын,
Ты — мое сердце и мой Господин.

Чести, богатства я не восхотел.
Ты — моя слава, мой вечный удел.
Только Тобою я в мире богат,
Только в Тебе я искуплен и свят.

Дал мне победу Твой жертвенный крест.
Скоро вкушу я блаженство Небес.
Как бы дороги мои не легли,
Будь моим светом, Владыка земли!

Древний ирландский гимн
(перевод О. Б. Лукмановой)

Общий указатель

Christianos, 378
ab, 170
abyssos, 892
'adam, 421, 422
adonai, 164, 165, 168, 169, 989
analogia scriptura, 28, 989
angelos, 704
apatheia, 161
assensus, 629, 632
atarxia, 161
bēma, 341, 911–913
charisma, 399, 842, 843
communicatio idiomatum, 282
diabolos, 717
diakonia, 812, 858
dynamis, 231, 852
ekklēsia, 780, 949
el, 167, 168
el shaddai, 168, 189, 989
elohim, 164, 167, 168, 708, 989
episkopos, 798
ex nihilo, 228, 423, 989
fiat, 230
fiducia, 629, 632
filioque, 220, 224
gehenna, 890
gewiyyah, 437
hadēs, 884
hilaskomai, 557–559, 572
homoiousia, 286
homoousia, 286
homoousios, 223, 989
hypostasis, 223, 631, 989
imago Dei, 430, 989
ipsissima verba, 119
kaphar, 557, 558, 571, 572
kardia, 440
kyrios, 164
leb/lebab, 440

mal'akh, 704
merismos, 399
metanoia, 625
monogenēs, 254, 274, 663
nephesh, 438, 439, 444
non posse peccare, 290
notitia, 629, 632
opera ad extra, 204, 221
opera ad intra, 204, 221
ordo salutis, 598–602, 984
ousia, 223, 989
pactum salutis, 541
parousia, 341
pneuma, 352, 357, 440, 443
pneumatikos, 399, 843
posse non peccare, 290
presbyteros, 798, 799, 810
psychē, 439, 443
ruakh, 352, 407, 439, 440
sarx, 443
sheol, 885, 891
shub, 624, 625
sola fide, 654–658
summum bonum, 193
syneidēsis, 441
sōma, 437, 442
taxis, 204, 221
theopneustos, 82, 85
theos, 215, 716
tsur, 169

Абеляр, Пьер, 566
аборт, 420, 451, 456, 457
абсолютные атрибуты/совершенства, 176
Аваддон, 715
Августин, 36, 205, 224, 366, 477, 486, 546, 875, 933
Авраам, 463, 474, 502
Авраамов завет, 474, 898, 918–921, 925, 973
автографы, 82, 111, 117, 118

авторитет Писания, *см.* Писание, авторитет

Агнец Божий, 280, 555, 973

ад
    вечный, 890–894, 973
    временный, 883–885, 887

Адам
    второй, *см.* Адам, последний
    грех, *см.* грех, Адама
    историческая личность, 425–427
    последний, 256, 280, 337, 427, 435, 474, 484, 549, 652, 898, 933, 939, 959, 973
    потомки, 279, 426
    представитель человечества, 426, 427, 489–491, 652
    смерть через него, 882
    сопоставление с Христом, 426, 490, 549

Адам и Ева
    грех, 482, 483
    искушение сатаной, 727–731
    падение, 477, 478, 481, 482
    стыд, 482

адвентисты седьмого дня, 460

адопцианство, 222, 286, 973

аккомодация, 112–114

Александр Александрийский, 223

аллегорическое толкование, 877, 933, 973

Аллис, Освальд, 878

аль-Газали, 157

Американский стандартный перевод, 165

амилленаризм, 875, 932–935, 973

амиральдианство, 573

Анания, 736, 857

ангел бездны, 716

Ангел Господень, 208, 209, 213, 256, 257, 758–762

ангелология, 40, 703–777, 973

ангелофания, 706, 973

ангел-хранитель, 762, 763

ангелы, 703–714, 973
    злые, 710, 711, 748, 753, 765, 979
    им нельзя поклоняться, 763, 764
    им оказали гостеприимство, 764
    индивидуальность, 705
    история, 708, 709
    как вестники, 706
    место обитания, 710, 711
    организационная структура, 711
    падшие, 706, 746, 973, *см.* бесы
    реальность, 705, 706
    сила, 711, 712
    служение, 712, 713
    сотворение, 708
    суд над ними, 713, 765, 766
    упоминание в Писании, 706–708
    участь, 713, 714
    численность, 709, 710

Ангер, Меррилл, 328

Английский пересмотренный перевод, 165

Англиканская церковь, 810
    о возрождении через крещение, 616

Анна (первосвященник), 308

Анна (пророчица), 900

аннигиляционизм, 459, 460, 462, 893, 894, 973, 988

Ансельм, 157, 546, 565, 983

антиинтеллектуализм, 61

антиномизм, 658, 659, 685, 973

Антиох IV Эпифан, 955

антихрист, 469, 480, 498–500, 738, 745, 768, 879, 907, 916, 930, 931, 943, 953–956, 973

антропология, 39, 419–474, 973

антропоморфизм, 191, 974

антропопатизм, 181, 974

апокрифы, 125

аполлинаризм, 287, 288, 974

Аполлинарий, 287

Аполлион, 716

апостолы, 796, 846–848, 850
    дар откровения/подтверждения, 405
    и каноничность, 130, 131

апостолы и пророки, основополагающая роль в церкви, 795, 847

апостольская преемственность (католичество), 108

аргумент «от всеобщности религии», 158

аргумент «от развития человечества», 158

арианство, 206, 223, 224, 286, 287, 362, 363, 583, 974

Арий, 223, 286

Аристотель, 156, 157

арминианство, 487, 488, 974
    о неограниченном искуплении, 573,
        574, 582
    об общей благодати, 514
    об условном избрании, 525–531, 536
Арминий, Якоб, 566
архангел, 706, 974
археология, 107
Арчер, Глисон, 771
ассертивизм, 727
атеизм, 459, 974
атрибуты Бога, *см.* Бог, атрибуты
Афанасий, 126, 130, 201, 223, 287, 546
Афанасьевский символ веры, 201, 204,
    221, 367

Бавинк, Герман, 160, 172, 173, 178, 186, 189,
    190
баптисты, 811
Барон, Дейвид, 331
Барт, Карл, 634
бездна, 892, 915, 960
беззаконник, 412, *см.* человек греха
безопасность верующего, 974, 976, *см.*
    неотступность
безошибочность, 74, 112–119, 974
    и обычная речь, 118, 119
    ограниченная, 114
безусловное избрание, *см.* избрание,
    безусловное
Бек, Джеймс, 430, 457
Бем, Дж., 626
Беркли, Джордж, 442
Беркхоф, Луи, 159, 160, 171, 186, 189, 190,
    202, 235, 420, 525, 546, 607, 618, 624,
    626, 668, 677
Бертон, Джон, 72
беседа на Елеонской горе, 929, 930, 958
бесплодность, 394
бессмертие
    условное, 893
бессмертие, условное, 983
«Бессмертный, незримый, всезнающий
    Бог» (гимн), 150
бесы, 706, 745–758, 768–770, 974
    в мире сегодня, 769, 770
    история, 749–752
    как слуги Бога, 753

    организационная структура, 711
    сила, 752, 753
    суды над ними, 752, 758, 915, 916
Бёттнер, Лорейн, 524, 535, 537
библеизм, 28, 974
библиология, 39, 73–149, 975
Библия, *см.* Писание
благовестие, 55, 793, 821
благовестники, 797, *см.* евангелизм,
    духовный дар
благодать, 194, 634, 635, 975
    действенная, 370, 975, 978
    ее средства, 680, 822–837, 975
    непреодолимая, 614, 982
    общая, 514, 515, 574, 883, 975, 983
    предваряющая, 487, 488, 514, 586
благословение
    Аароново, 212
    духовное, 822, *см.* средства благодати
    за послушание, 51, 58, 139
    Иакова, 212
    народов, 463, 464, 876, 904, 920
благость, 396
    общая, 501
благотворение, духовный дар, 405, 860
«блаженное видение», 191
блаженство, 200
Блеймайрс, Гарри, 57
близость к Богу, 63, 64
блюстители, 798, 799, 975
Бог, 151–249
    автор возрождения, 609–611
    автор освящения, 676, 677
    атрибуты, 170–201, 218, 974
        современные методы определе-
        ния, 171, 172
        схоластические методы определе-
        ния, 171
    безмерность, 183–185
    бесконечность, 181
    благодать, 194, 975
    благость, 193
    блаженство, 200
    вездесущность, 183–185, 976
    верность, 192
    вечность, 153, 182–184, 191, 975
    «вневременная» сущность, 182–184

воля, 197–200
всеведение, 183, 186–189, 873, 977
всемогущество, 184, 189, 190, 873, 977
гнев, *см.* гнев Божий
долготерпение, 195
единственность, 185, 202, 214, 975, 979
единство, 185, 186, 202, 214, 975
знание, 187, 188
    естественное, 187
    как чистое действие, 188
    необходимое, 525
    свободное, 187, 525
и причина греха, 227
и учение о грехе, 479
имена, 163–170
имманентность, 172, 178, 185, 975, 980
использует зло во благо, 239, 518
истина, 192
любовь, 193, 194, 432, 544, 545, 547
    избирающая, 528–531
милость, 194, 195
мудрость, 192, 210
не источник греха, 481
не кается в грехе, 634
независимость, 179, 180, 183
неизменность, 178, 180, 181, 183, 975
непостижимость, 153–155, 975
Первопричина, 518, 519
печать авторитета на Писании, 111, 112
познаваемость, 153, 154
праведность, 196, 197
предузнание, 188, 189
простота, 185, 186, 202
раскаивается или изменяется, 180, 181
ревность, 197
самосуществование, 153, 179, 180, 975,
    986
святость, 195, 196, 551, 688, 975
сила, согласованная, 190
слава, 200, 201, 241, 242, 512, 513, 975
совершенство, 190, 191, 975, 986
Спаситель, 513
справедливость, 196, 197, 537, 545, 547
суверенность, 538, 976, 987
    в искуплении, 28
    и ответственность человека, 538
    над сатаной, 731

суды, 911–917
существование, 151–163
сущность, 172–175, 179
трансцендентность, 172, 178, 184, 976,
    987
триединство, 167, 201, 209, 252,
    363–367
характер, 50
Царь, 45–47
бог века сего, 716
богач и Лазарь, 885
богодухновенность, 75–105, 259, 975, 976
    вербальная, 82, 96–98, 976
    естественная, 81, 82
    и Святой Дух, 82–84, 101, 260, 409, 976
    и Сын Божий, 259, 260
    концептуальная, 80, 81
    полная, 82, 91, 96–98, 976
    теории, 79–82
    частичная, 80, 81
богословие, 35–71
    апофатическое, 202
    библейское, 37, 40, 41, 974
    догматическое, 37
    духовное, 382
    естественное, 37, 979
    замещения, 787, 903, 918, 940
    и славословие, 596
    историческое, 37, 981
    отрицательное, 202
    пастырское, 38
    практическое, 38
    реформатское, 573, 830, 986
    систематическое, 38–41, 986
        и доктрина, 42–45
        и духовное богословие, 382
        и жизнь верующего, 63–67
        и мировоззрение, 53–56
        и служение, 67, 68
        и ум, 56–63
        преимущества и ограничения, 41,
            42
    «снизу», 152, 158, 172
    экзегетическое, 37, 40, 41
богохульство, 214, 309, 976
богоцентричность, 239, 324, 420, 513, 606,
    791, 976

Богочеловек, 271, 278, 281, 436, 499, 976
бодрствующие, обозначение ангелов, 706
божественный страдательный залог, 534
Божество, 203, 976
«Божье Слово, книга книг» (гимн), 72
Бойс, Джеймс, 304
большие пророки (Ветхий Завет), 48
Борланд, Джеймс, 257
Брайт, Джон, 47
брак, 449–453
    и пол, 449, 450
    метафора, 640, 641
    юридическое заявление, 647
братья и сестры, 378, 666
Браун, Джон, 65
Браун, Уильям, 53
Брахман, 460
броня праведности, 739
Брюс, Александр, 295
буддизм, 421, 438, 461, 637, 646, 876
буквализм, 976
буквальный принцип толкования, 27
Буллингер, Генрих, 831

Вавилон, 463, 464, 468, 469, 471, 472
Вавилонская башня, 342, 463, 468, 502, 904
Валентин, 286
Валерий Грат, 309
Вангемерен, Виллем, 772
Варавва, 311
Вартимей, 632
Василий Кесарийский, 209
Ватсон, Томас, 37
веельзевул, 716
Велиар, 717
Великая скорбь, 691, 745, 904, 932, 933,
    948–950, 952–954
    и планетарное небо, 895
Великое поручение, 62, 110, 606, 629, 793,
    907, 935
Великое пробуждение, 936
величественная святость, 196
вера, 629–634
    Божий дар, 634–636
    духовный дар, 405, 860, 861
    и возрождение, 617–621
    и оправдание, 598, 600, 653–657
    и покаяние, 600, 601, 605, 607, 622–624

    и послушание, 51, 633, 634
    и усыновление, 598
    интеллектуальная составляющая, 631
    как средство, 656, 657
    плод Духа, 396
    эмоциональная составляющая, 631
«верить, что» и «верить в», 632
верность, 396
верующие
    воскресение, 888, 889
    промежуточное состояние, 885, 886
    смерть, 883, 884
Вестминстерское исповедание веры, 120,
    199, 353, 515, 614
ветер, образ Святого Духа, 357
Ветхий Завет, 47
    авторитетность, 93–95, 103
    авторство, 100
    богодухновенность, 91, 92, 95–99
    жертвы, 323–325, 327
    историческая достоверность, 99, 100
    канон, 127, 128
    о бесах, 747, 748, 750
    о возрождении, 369, 616, 617
    о воскресении, 692, 693
    о сатане, 720, 721
    о Святом Духе, 352, 385–389
    о Троице, 206–213
    о Царстве Божьем, 898, 899
    об ангелах, 704, 708
    основные темы, 48
    прообразы и пророчества, 51, 52
    пророчества, 261–271, 855, 908
    старейшины, 306, 799
    указания на промежуточное царство,
    938, 939
    явления Ангела Господнего, 256, 257,
    759
вечеря Господня, 820, 828–831
вечеря любви, 828
вечное будущее, 343, 344, 412
вечное состояние, 960–964
вина, 487, 488, 730, 731
    в грехе Адама, 482, 487–490
    перекладывание, 482
владычество над творением, 229, 342, 432,
    433, 898

и грехопадение, 484, 502, 877
власть, 105, 106
    божественная, 106
    гражданская, 466–469, 514
    родителей, 514
    человеческая, 466–469
вменение, 561, 976, 977
    греха Адама, 489
    греха Христу, 561, 649, 650
    праведности Христа, 551, 561, 650–653,
        977
внебиблейские книги, 125, 977
внезапность, 929, 931, 977
«во Христе», 522, 637
вода
    и Дух, 617, 669
    образ Святого Духа, 357
возвышение (в схоластике), 171, 176
воздержание, 396, 803
возложение рук, 805
возрождение, 368–371, 411, 602, 608–622,
    977
    Вселенной, 612, 962
    и вера, 601, 602, 617–621
    как начало освящения, 669
    результаты, 621, 622
    средство, 615–617
    таинственное, 617
    через крещение, 616, 617, 827
воинство
    обозначение ангелов, 706
    обозначение бесов, 748
война, духовная, 738–742, 978
Вольф, Ганс Вальтер, 433
воля, 39, 197–200, 434, 613, 633
    предопределяющая, 199, 590, 985
    предписывающая, 199, 200, 590
    суверенная, 187, 531, 609, 610, 987, *см.*
        воля, предопределяющая
    тайная, *см.* воля, предопределяющая
воплощение, 271–288, 977
    и образ Божий, 436
    как особое откровение, 78
Вос, Герхардюс, 626
«Воскликни Богу, вся земля!» (гимн), 69
воскресение, 333, 437, 438, 461, 462,
    691–696, 888–890

ветхозаветных святых, 910
    второе, 910, 934, 937
    духовное, 369
    и Святой Дух, 411
    и союз со Христом, 639
    неискупленных, 911
    первое, 910, 933, 934, 937
    порядок, 909–911
    святых церкви, 910
восстановление, 872, 875–877, 962
Восточная церковь
    о возрождении через крещение, 616
    раскол с Западной церковью, 220
восточные религии, 421, 438, 460, 876
восуществление, 830
восхищение церкви, 340, 781, 947–952, 959
враг, обозначение сатаны, 717
вражда
    между людьми, 484
    против Бога, 483
времена язычников, 905, 906, 943
всеведение, 183, 186–189, 873, 977
Всемирный потоп, 28, 230, 451, 463, 485,
    502, 919
всемогущество, 184, 189, 190, 873, 977
всеоружие Божье, 738–741
всесожжение, 327
вспоможение, духовный дар, 406, 858, 859
Вульгата, 85, 128, 136
выкуп, 329, 562, 563
выкуп (теория искупления), 565, 980

Гавриил, 707
Галатино, Пьетро, 165
гамартиология, 39, 475–509, 977
Гамильтон, Флойд, 878
Гарретт, Джеймс, 42
Гарретт, Дуэйн, 772
Гегель, 157, 205
гедонизм, 726
геенна, 890, 891, 977
Генри, Карл, 53
герменевтика, 141, 142, 977
Гетцман, Дж., 626
Гибсон, Джонатан, 587
Гилл, Джон, 37
гиперинтеллектуализм, 61
гиперкальвинизм, 532

гипотетический универсализм, 573, 574,
584, 587
глоссолалия, 853
гнев Божий, 320, 321, 328, 483, 549, 551,
554–559, 567, 568, 874, 956, 975, 977
гностицизм, 222, 223, 285, 438, 592, 874,
977
Голгофа, 314, 744
голова, 267, 641, 977
голубь, образ Святого Духа, 355, 356
гомилетика, 977
гомосексуализм, 420, 452–455
гордость житейская, 289
«Господа славь ты, мой дух» (гимн), 8
гостеприимство, 453, 764, 792
грамматико-исторический метод, 877,
878, 903, 977
грамматический принцип толкования,
28
грех, 475–509
    Адама, 486–491, 501, 502, 977
        необъясненная общность, 487
        плохой пример, 487
        представительное главенство,
            489–491
        реальное представительство, 488,
            489
        союзное представительство,
            489–491
        унаследованная греховная приро-
            да, 487, 488
    библейское богословие, 501–504
    вменен Христу, 638, 649, 650
    и другие учения, 479, 480
    к смерти, 496, 497
    как безбожие, 324
    непростительный, 495, 496, 978
    определение, 476–478
    освобождение от его власти, 670, 671
    очищение от него, 612, 669
    первородный, 279, 486, 984
    победа над ним, 689
    повсеместность, 324, 492, 493, 977
    происхождение, 480–482
    простительный, 497, 498, 978
    против Святого Духа, 359
    разные степени, 494, 495

    сдерживание, 514
    смертный, 497, 498, 978
    трагедия, 50
    упраздненный, 671
    христианина, 498
греховность
    полная, 492, 493, 614, 620, 978, 984
    унаследованная, 487, 488
грехопадение, 473, 502, 872, 873, 978
    и деторождение, 451, 452
    и образ Божий, 431, 436
    последствия, 482–493
греческая философия, 161–163, 285
грешные сифиты (Бытие 6), 771
Григорий Богослов, 36, 366
Григорий Нисский, 447
Гроций, Гуго, 566
Грудем, Уэйн, 155, 205, 234, 434, 494, 531,
534, 569, 656, 661, 684, 822
гуманизм, 726

Дабни, Роберт, 676
Давидов завет, 468, 474, 898, 918, 924, 925,
978
дары духовные, 399–407, 842–862
    временные, 401–405
        прекращение, 28, 404, 405,
            847–849
    постоянные, 405, 406
Даффилд, Джордж, 866
деизм, 178, 235, 978
действие, метод познания Бога, 171
Декарт, Рене, 157
дела плоти, 398
Демарест, Брюс, 430, 457
Демиург, 285
демократия, 106
день (сутки), 230, 424
день Господень, 872, 880, 914, 956, 957
день искупления (прославление тела),
564
День очищения, 328–331, 553, 554, 556, 560,
582, 984
деньги, любовь к ним, 803, 813
дерево познания добра и зла, 481, 500,
501, 717, 882
деспотизм, 106
Десять заповедей, 921, 923

детерминизм, 475
дети Божьи
    в искупительном смысле, 662–664
    неотступная вера, 684–687
детокрещение, *см.* крещение, младенцев
джайнизм, 461
Дженкинс, Кристофер, 636
Джеффери, Стив, 567
Джонстоун, Джулия, 506
диакониссы, 814
«Дидахе», 36, 130
Дик, Джон, 37
диктовка (теория богодухновенности), 79, 80
динамические атрибуты/совершенства, 177
Диоклетиан, 129, 130, 223
диспенсационализм, 902
дихотомизм, 442–446, 978
добрые дела, результат оправдания, 657–659
доверие (составляющая веры), 629, 632–634
доказательства существования Бога, 155–163
доказательство возвышения, 176
доказательство отрицания, 176
доказательство причинности, 176
докетизм, 285, 286, 978
Докинз, Ричард, 459
доктрина, 42–45
    враждебность к ней, 137–139
    и жизнь, 43, 44
долготерпение, 195
    плод Духа, 396
Домициан, 929
дракон, обозначение сатаны, 717
«друг друга» в повелениях, 792, 835
дуализм (материальное/духовное), 437, 874, 875
дух, *см.* ангелы; сатана; бесы
    злой, 748, 749, 979, *см.* бесы
    и душа, 444
    лживый, 717, 748
    нематериальное существо, 705
    нечистый, 746, 748, 749
    обозначение ангелов, 707

    обозначение бесов, 748
    обозначение сатаны, 717
    человека, 439, 440, 442
Дух истины, 101
духовное видение (эсхатологическая модель), 874, 875
духовность, 63, 64, 67, 978
душа, 438, 439, 442, 461
    и дух, 444
    и тело, 443, 444
        комплексное единство, 445
    креацианизм, 446
    полное освящение в момент смерти, 673
    предсуществование, 446
    происхождение, 446, 447
    существование после смерти, 459
    традуционизм, 447
душевный человек, 601, 607–609, 989, *см.* неверующий
дьявол, 717
дьяконы, 812–817, 858

Ева, 449
    влечение к мужу, 484
    обманута сатаной, 481, 482, 728, 729
    сотворение, 449, 450
Евангелие, 979
евангелизм, духовный дар, 406, 797, 861
евиониты, 285, 979
Евсевий, 130, 933
евтихианство, 288, 979
Евтихий Константинопольский, 288
евхаристия, 829
Елисей, 402, 845
Еммануил, 274, 979
Епафродит, 859
епископальная форма церковного управления, 810
епископы, 798–800, 810
ересь, 222, 223, 284–288, 362, 363, 487, 979
ессеи, 550
естественные атрибуты/совершенства, 176

жаба, обозначение бесов, 749
желательная воля, 590
женщины, *см.* пол; Ева

духовно равны мужчинам, 805
не служат пресвитерами или пастора-
ми, 804, 805
жертва, 323–333, 553–556
всесожжения, 327
за грех, 321, 327, 331
заместительная, 541, 543, 548, 979
мирная, 327
повинности, 327, 331, 332
жертвоприношение, 327, 553–555
животных, 323–325
животные, обозначение ангелов, 707
жизнь вечная, 438, 462, 503, 893, 976

завершение
истории искупления, 48, 52, 53
спасения, 681, 691–694
завет, 28, 898, 907, 917–928
безусловный, 918, 974
благодати, 918
дел, 490, 918
искупления, 541, 918
отношения вассал-сюзерен, 541
зависимости греховные, 803, 813
Закон (Ветхий Завет), 48
Закон и Пророки, 128, 261
закон Моисея
дан через ангелов, 712
доступ к Богу, 325
и закон Христа, 923
о гомосексуализме, 454
о лжесвидетельстве, 307
законничество, 658, 671, 785
законы природы, 231–234
залог, образ Святого Духа, 356, 684
заместительная смерть, *см.* смерть, заместительная
заместительное наказание, *см.* наказание, заместительное
замещение, 51, 328–330, 552, 979
запечатление Духом, 377, 378, 683, 684, 979
запись Писания, 259, 260, 979
заслуги Христа и неотступность святых,
682
Заступник, 580
зачатие и личность, 455–457
«Зачем неверие и страх?» (гимн), 580
защита окружающей среды, 420

звезда, обозначение ангелов, бесов,
сатаны, 707, 717, 749
зверь (антихрист), 955
земледелие, 470
Земля, молодая, 28, 230
земля, новая, 465, 469, 473, 504, 887, 896,
960, 961, 961, 979, 982
обновленная, 961, 962
полностью новая, 961
зло, 238–240, 621, 622
естественное, 500
нравственное, 500
змей, 266, 267, 502, 717, 979
знание, 187, 188, *см.* всеведение
апостериорное, 187
априорное, 187
духовный дар, 405, 856
как чистое действие, 188
личное, 188, 189
необходимое, 525
первичное, 188
свободное, 525
составляющая веры, 629–631
зрелость, 63, 64, 111

Иаков и Исав, 520
Игнатий, 222, 286
идеализм (взгляд на исполнение пророчеств), 930, 931
идеализм (устройство человека), 442, 444
Иероним, 446
Иерусалим, разрушение в 70 г. от Р. Х.,
905, 928, 929, 932, 943, 945, 955
Иерусалимский собор, 465, 809
избрание, 520–531, 539, 602, 979
безусловное, 524, 525, 528–531, 535, 540,
614, 974
во Христе, 522
индивидуальное, 522–524
коллективное, 521, 522
подразумевает отвержение, 535
условное, 525–531, 536
избранные, 534, 979
извечное решение, 190, 224–227, 515–520,
976
безусловное, 516
и проблема зла, 518, 519
исполнено Христом, 291, 542

непреложное и действенное, 517

прежде сотворения, 516

изгнание, значение ада, 891

изоляционизм, 726

Израиль

благословение народов, 463, 464, 876, 904, 920

восстановление, 903, 906, 907

и церковь, 787–789, 877, 903–909

избрание, 521, 522

истинный, 788

нарушил завет Моисея, 922, 926

праздники, 327

спасение, 52, 877, 903, 906, 907, 921, 954

суд над ним, 913, 914

царство священников, 464, 503, 905

«Иисус—Друг одиноких» (гимн), 698

Иисус Христос, 251–349

арест и суды, 303–311

божественность, 215–217, 251, 271–275, 290, 291, 303, 988

в пророчествах Ветхого Завета, 261–271

взгляд на Писание, 93–105

вознесение, 338, 339, 474, 596, 896, 901, 977

воплощение, 271–288

воплощенный, 271–339, 977

воскресение, 293, 333–338, 596, 901, 909, 977

встречи с бесами, 750

второе пришествие, 102, 341, 342, 691, 878, 910, 944, 957–959

Глава церкви, 274, 337, 641, 794, 795

господство, 216, 794, 977

две природы, 280–284, 287, 288, 988

Его заслуги и неотступность святых, 682

жертва, 326–333, 553–556

зависимость от Святого Духа, 291–293

заместительная жертва, 546–549, 650, 651, 988

заместительная смерть, 988

зачатие, 278, 292

и эсхатология, 878–880

искупление, 323–333, 474

искушение, 289–292, 734, 735

как образ Божий, 435–437, 474

как основание церкви, 639, 640

как первый плод, 639, 909

как последний Адам, 256, 280, 337, 427, 435, 474, 484, 549, 652, 898, 933, 939, 959, 973

крещение, 256, 289, 292, 356, 550

миссия, 540–544

неспособность грешить, 290, 291, 735, 988

о безошибочности Писания, 115, 116

ограниченное знание, 284

одна личность, 280–284, 445

осуществляет искупление, 512, 540

первое пришествие, 878, 944

победа над сатаной, 564, 741, 742, 744, 745

послушание, 542, 543, 548–551, 638, 652

активное и пассивное, 651

Посредник, 268, 269, 280, 332

праведность, 549–551, 650–653

предвоплощенный, 251–271

представитель человечества, 337, 426, 427, 490, 652

предсуществование, 252, 253, 278, 285, 985, 988

преображение, 256, 276, 293–295

присутствие на вечере Господней, 830, 831

притчи, 298–300

проповедь Евангелия, 605

Пророк, 269–271, 988

прославленный, 339–344

распятие, 312–322

рождение от девы, 277–279, 281, 978

свободная воля, 290

Священник, 269–271, 339, 582–584, 988

семь крестных изречений, 317–322

смерть, 312–322, 503, 901

и искупление, 322–333

созидает церковь, 782–784

страдания, 312–322

Судья, 343

Сын Авраама, 921

Сын Давидов, 925

умер за «мир», 591–594

унижение, 312–314

уничижение, 275–277

учение, 295–301

ходатайство, 339, 340, 596, 682, 742, 988

Царь, 269–271, 342, 343, 900, 901, 988

человеческая природа, 251, 279–284, 290, 988

чудеса, 301–303, 402, 424, 852

явления до воплощения, 761

явления после воскресения, 336

Иларий Пиктавийский, 209

Илия

при преображении Иисуса, 294

чудеса, 402, 845

иллюзионизм, 726

имманентность, 172, 177, 178, 185, 975, 980

имманентные атрибуты/совершенства, 177

индивидуализм, 726

индивидуальность, 434, 446

индуизм, 421, 438, 460, 461, 876

интуиция, метод познания Бога, 171

инфралапсарианство, 533, 980

Иоанн Дамаскин, 36

Иоанн Креститель, 48, 239, 389, 503, 550

ипостасное соединение, 280–284, 980

ипостась, 202, 989

Ириней, 36, 209, 222, 223, 286, 366, 546, 929

Ирод Антипа, 310, 311

искупление, 322–333, 539, 540, 553, 562–564, 569, 872, 980

гипотетическая необходимость, 546

действенность, 571, 572, 578–582

достаточность, 568–572, 597

заместительное, 332, 546, 553, 980

масштаб, 572–575

универсалистские тексты, 574, 575, 577, 585–596

необходимость, 546, 547

неограниченное, 573, 578, 980

общее, *см.* искупление, неограниченное

ограниченное, 573, 594, 614, 980, 983, *см.* искупление, частное и универсалистские тексты, 594, 596

определенное, *см.* искупление, частное

осуществление, 539–596

отвращение Божьего гнева, 556–559

план, 515–539

последующая абсолютная необходимость, 546

потенциальное, 578, 581

применение, 597–696

природа, 548–564

причина, 544, 545

тела и души, 673

теории, 565–568

цель, 512, 513

частное, 573–577, 584, 983

эсхатологическое, 563, 564

искуситель, обозначение сатаны, 718

ислам, 285, 446, 637, 646, 936

исполнение

прообраза, 553, 980

Святым Духом, 388–393, 821, 980

истина, 102, 192, 354

истолкование языков, духовный дар, 405, 853–855

историцизм (взгляд на исполнение пророчеств), 930

историческая ситуация книг Библии, 86–88

исторические книги (Ветхий Завет), 48

исторический принцип толкования, 27

история искупления, славный конец, 49, 52, 53

исход, 503, 905

исхождение, 204, 219–221, 255, 981

исцеление, духовный дар, 405, 848, 852, 853

Иуда Искариот, 272, 736

иудаизм, 646

Иустин Мученик, 209, 222

Ихавод, 244

казнь, смертная, 431, 451, 457, 467

Каиафа, 308, 309

Каин, 467, 502

Кайзер, Уолтер, 270, 773

«Как может быть?» (гимн), 510

Калвер, Роберт, 434

Кальвин, Жан, 37, 156, 209, 446, 493, 534, 546, 548, 590, 658, 831, 981

кальвинизм, 532, 535, 981

«пятипунктовый», 573
«умеренный», 535
канон, 124–132, 846, 975, 981
    завершение, 36, 131, 132, 847, 848
    критерии, 130, 131
Кант, Иммануил, 157
карма, 460
«Катехизис Католической церкви», 616
католицизм, *см.* Римско-католическая
    церковь
кенозис, 275–277, 284, 981
Киприан, 209
Кирилл Александрийский, 288
Кит, Уильям, 70
Клайн, Мередит, 773
клеветник, обозначение сатаны, 718
Климент Александрийский, 36, 209, 222,
    444
Климент Римский, 222
«Книга общих молитв», 616
книги мудрости (Ветхий Завет), 48
князь
    бесовский, 718
    господствующий в воздухе, 718
    мира сего, 718
    обозначение ангелов, 707
    обозначение бесов, 748
козел отпущения, 329, 331, 554, 556, 561
Кокцей, Иоанн, 490
колесницы, обозначение ангелов, 707
коммунизм, 421, 821
компатибилизм, 226, 240, 241, 981
комплексный принцип толкования, 28
комплементаризм (роли мужчин и жен-
    щин), 28
конгрегационалисты, 811
конгрегациональная форма церковного
    управления, 810, 811
конечное состояние, 981
Константин, 129, 223, 933
континуализм (чудесные дары), 847–849
Корей, 558
космологический аргумент, 157, 981
креацианизм (происхождение души),
    446, 979
креационизм, 28, 229, 230, 422–425
    внезапный, 422–425

прямой, 229, 230, 985
крещение, 824–828
    верующих, 825, 826, 981
    водное, 372, 825–828
    домашних, 825
    Духом, 371–376, 392, 824, 825, 981
    и спасение, 826–828
    Иисуса, 289
    младенцев, 618, 826, 978, 981
    огнем, 372
кротость, 396
крышка ковчега, 154, 554–556
культизм, 727
культура, 469–473

Лайт, Генри, 246
Ларсон, Гэри, 875
лев рыкающий, обозначение сатаны, 719
левиафан, обозначение сатаны, 718
Лейбниц, 157
лесбиянство, 455
лжепророк (эсхатологический), 722, 738,
    745, 768
лжепророки, 96, 797, 930
лжеучители, 57, 535, 594, 595, 786, 838, 861
лжец, обозначение сатаны, 718
либерализм, 173, 981
    протестантский, 459, 663
либертарианская свобода, 226, 536
Лица Троицы
    действия, 219
    отношения, 219–221
    прерогативы, 218, 219
    совершенства, 218
личность, 434, 455–462
логос, принцип, 161, 162
лоза и ветви, 640–642, 790
лукавый, 718, 981
Лэдд, Джордж Элдон, 940, 941
любовь, 193, 194, 395, 435, 690
    метод познания Бога, 172
Лютер, Мартин, 224, 287, 447, 475, 616, 635,
    645, 775, 830, 831, 930
лютеранство, 811
    о возрождении через крещение, 616
    о союзе с Христом, 642
Люцифер, 718

Майли, Джон, 611

Мак-Артур, Джон, 634, 825, 854

македонская ересь, 223

Макклейн, Алва, 36, 271, 897

малые пророки (Ветхий Завет), 48

Маркион, 129, 286

Мартин, Альберт, 556

Маршалл, Иан Ховард, 588

масло, образ Святого Духа, 356

масоретский текст, 128, 133, 164, 165

«Мастерс», вероучение семинарии, 363

материализм, 442, 444, 690, 726, 770

Мейчен, Дж. Грешем, 137

Мелхиседек, 759, 761

мерзость запустения, 879, 944, 946, 953, 955

Меррилл, Юджин, 27, 325, 328, 331, 432

Мессия

    Божий Сын, 268

    Посредник, 268, 269

    предан смерти по истечении 69 седмин, 945

    Пророк, Священник, Царь, 269–271

    семя женщины, 266, 267

    тринитарные указания, 268

место умилостивления, 154, 554–556

Методистская церковь, 810

меч Духа, 741

мидтрибулационизм, 948, 981

миллениум, 932, 936, 981, *см.* Тысячелетнее царство

милосердие, 396

милость, 194, 195

«Милость Господня» (гимн), 506

мир

    злая мировая система, 689, 690

    плод Духа, 395

    с Богом, *см.* примирение

мировоззрение, 53–56, 62, 63, 981

мирская жизнь, 689, 690

Михаил (архангел), 412, 706, 707, 715, 748, 761, 974

многоженство, 452, 802, 813

множественное число по отношению к Богу, 206, 207

модализм, 203, 206, 222, 286, 362, 981

Моисеев завет, 468, 471, 474, 503, 553, 899,

918, 921–923, 926, 981

Моисей, 474

    автор Пятикнижия, 89

    при преображении Иисуса, 294

    чудеса, 402

молитва, 143, 678, 820

    и уверенность в спасении, 687, 688

    и усыновление, 665

    Иисусу Христу, 272

    как духовное оружие, 741

    как средство благодати, 678, 680, 832, 833

    о прощении, 636

молодая Земля, 28, 230

монархианство, 222, 286, 362, 982

    динамическое, 222, 982

    модалистическое, 203, 222, 982

монархия, 106

монергизм, 611, 982

монизм, 442–444, 982

монотеизм, 208, 214, 362, 632

монофелитство, 288

мормоны, 429

Моррис, Леон, 328

Мотиер, Алек, 332, 579

мудрость, духовный дар, 405, 856

муж одной жены, 802, 813

муж, обозначение ангелов, 707

мужской и женский пол, 448, 449, 453

«муки рождения», 952, 953

Муратори, канон, 129

мусульмане, 157, 637, *см.* ислам

Мюррей, Джон, 39, 40, 489, 544, 546, 551, 559, 568, 569, 580, 581, 610, 612, 619, 632, 637, 649, 651, 653, 677, 691, 696, 771

Нагорная проповедь, 98

назидание, 792, 793, 842, 844, 982

    взаимное, 842, 855

наказание

    вечное, 438, 462, 890, 893, 976

    духовное, 894

    заместительное, 323, 325–333, 551–564, 567, 568, 980

    отцовское, 665, 666

народы, 469, 876, *см.* нации

    благословение, 876, 920

    суд, 876, 914, 915

Насели, Эндрю Дейвид, 574
наследование, 106
наследство и усыновление, 666, 667
наставление, 145
    в праведности, 111
    и Святой Дух, 410
«настоящий лукавый век», 622
натурализм, 303, 420, 458
наука, 55, 62, 303
нации, 462–466, 469
Неандер, Иоахим, 8
небеса, 862, 863, 894–896, 982
    промежуточные, 691, 883, 885, 886
небо
    атмосферное, 895
    второе, 711, 895
    новое, 960, 961
    первое, 711, 895
    планетарное, 711, 895
    третье, 710, 711, 737, 895, 896
неверующий, 359, 613, 618, 619, 673, 689,
    982
    в церви, 817–819
    воскресение, 889, 890
    может наслаждаться красотой и
        добротой, 514
    промежуточное состояние, 884, 885
    смерть, 883
невозмутимость, 395
негативизм, 726
негативные атрибуты/совершенства, 176,
    178, 179
независимость как центр всякого греха,
    478
незрелость, 64
неизбранные, 535
неоортодоксия, 433
неотступность, 602, 614, 681–690, 974, 982
    и союз со Христом, 639
непередаваемые атрибуты/совершен-
    ства, 177–191, 974
непереходные атрибуты/совершенства,
    177
непогрешимость, 114, 982
неправедные, 982
нерожденные, как личности, 456
неспасенные, 982

неспособность грешить, 290, 291, 735, 988
несторианство, 287, 288, 982
Несторий, 287, 288
нечестивые правители (Бытие 6), 773
Никео-Константинопольский символ
    веры, 367
Никодим, 368, 591, 609–611, 616, 617
новое небо и новая земля, 102, 612, 709,
    874, 887, 896, 960, 961
новое рождение, 620, 982, *см.* возрожде-
    ние
новое творение, 492, 613, 982
новое творение (эсхатологическая мо-
    дель), 875–877
Новый Завет, 47
    доказательства богодухновенности,
        92, 93
    исполнение прообразов и проро-
        честв, 52
    как Писание, 100–102, 104, 105
    канон, 128–130
    о бесах, 748–752
    о Ветхом Завете, 93–100, 103, 104, 115
    о сатане, 721
    о Святом Духе, 352, 386–388
    о Троице, 207, 208, 214–221
    о Царстве Божьем, 899–902
    об ангелах, 704, 705, 708, 709
    основные темы, 48, 49
    откровение о Боге, 50
новый завет, 474, 503, 789, 898, 918, 922,
    923, 925–928, 982
    в церкви, 927, 928
Новый Иерусалим, 465, 469, 709, 896, 963,
    964, 979
Ноев завет, 451, 470, 474, 502, 898, 918, 918,
    919
Ной, 451, 470, 474, 502, 918
номинализм, 727
    средневековый, 173
нормализм, 28
нравственное влияние (теория искупле-
    ния), 566, 980
нравственные атрибуты/совершенства,
    176
нравственный аргумент, 157, 158, 983

«О, если б сотни уст иметь» (гимн), 346, 671

обличение, 110

образ Божий, 88, 420, 424, 430–437, 451, 473, 919, 983

    и смертная казнь, 468, 919

    искажен грехом, 473

    реляционный взгляд, 433, 434

    субстанциальный взгляд, 433, 434

    функциональный взгляд, 433, 434

образность в учении Иисуса, 300

обращение, 601, 602, 622–636

обряд воспоминания (смысл причастия), 830, 831

обувь готовности, 739, 740

общение

    в церкви, 643, 678, 680, 819, 820, 834, 835

    с Богом, 659, 664, 687

    со Христом, 498

«общение свойств», 282

общинная жизнь, 821

общность человечества, 430, 983

Ови, Майкл, 567

овцы, обозначение избранных, 576, 577

огонь

    вечный, 462, 891, 893

    образ Святого Духа, 356

ограниченность человека (в библейской непогрешимости), 113

одежда, образ Святого Духа, 355

одержимость, 753–758, 983

одержимые мужчины (Бытие 6), 772

оживление, 680

озеро огненное, 460, 485, 874, 883, 983

олигархия, 106

омовения ветхозаветные, 550

онтологический аргумент, 156, 157, 983

оправдание, 597, 598, 600, 602, 643–659

    ведет к добрым делам, 657–659

    верой, 598, 600, 983

    и освящение, 668

    и призвание, 599

    и союз со Христом, 638

    определение, 646

    основание, 649–653

    юридическое заявление, 646–649

Ориген, 36, 209, 222, 223, 444, 446, 874, 933

оригиналы Писания, 75, 82, 111, 114, 117, 122, 124, 133–135

Освальт, Джон, 324

освящение, 65–67, 378–398, 474, 597, 602, 668–680, 983

    средства, 677, 678

    динамика, 679, 680

    завершенное, 384, 672–675

    и оправдание, 668

    позиционное (определяющее), 383, 669–671

    прогрессирующее, 382, 383, 597, 602, 672, 675–680

    и союз со Христом, 639

    сверхъестественное действие Бога, 675

отвержение, 531–539

ответственность и способность, 673

Отец, 151–249

    безусловное избрание, 540

    вечный план искупления, 599

    есть Бог, 215

    избирающая любовь, 512, 528

    планирует искупление, 512

    привлечение, 619

отец лжи, обозначение сатаны, 719, 736

откровение, 983

    естественное, 156, 603

    и богодухновенность, 76–79

    и Святой Дух, 409

    общее, 61, 62, 76–79, 112, 156, 603, 983

    особое, 61, 62, 78, 79, 112, 983

    прогрессирующее, 38, 958, 969–971, 983

открытый теизм, 173, 174, 181, 233, 983

относительные атрибуты/совершенства, 176

отношения

    нарушены грехопадением, 483, 484

    с Богом

        коллективные, 643

        личные, 643

отречение Петра, 735

отрицание (в схоластике), 171, 176

отступничество, 370, 371, 686, 687, 983

Отт, Людвиг, 569

отцовство
　всеобщее, 663, 664
　искупительное, 664
　личное свойство, 204, 255
отцы церкви, 107, 136, 210, 403, 546, 562,
　795, 984
отчуждение между Богом и человеком,
　561
Оуэн, Джон, 220, 546, 643, 679
очищение, духовное, 368
О'Брайен, Джон, 569

Павел
　в ареопаге, 161–163, 607, 629, 663
　жало в плоть, 735, 737
Павел Самосатский, 286
Пайпер, Джон, 616, 652, 826
Пакер, Джеймс, 141, 579, 580
пантеизм, 178, 984
папство, как антихрист, 930, 973
Параклит, 408, 984, *см.* Святой Дух, Уте-
　шитель
парацерковные организации, 810
пасторы, 798–800
пастырство, духовный дар, 406, 861
«Пастырь Ерма», 126, 130
Пасха, 325–328, 503, 554, 555, 828
пасхальный агнец, 325, 326, 328, 548, 549,
　554, 555
патрипассианство, 222, 286, 362, 984
пелагианство, 984
Пелагий, 487
Первопричина, 518, 519
первосвященник, 553–556, 582–584
первые события, 876
переводы Библии, *см.* Писание, перево-
　ды
передаваемые атрибуты/совершенства,
　177, 178, 191–201, 974
перекладывание вины, 482
переходные атрибуты/совершенства, 177
перфекционизм, 673–675, 984
пессимизм, 726
Петр Ломбардский, 37
Петр, его отречение, 735
печаль, 624, 626, 627
　мирская, 627
печати (суды), 953

печать, образ Святого Духа, 357, 377, 378,
　683, 684
Пешитта, 136
ПИОНН, 614
Писание, 73–145, 984
　авторитет, 105–112, 975, 984
　авторы-люди, 85–87, 113, 122, 131
　безошибочность, 74, 112–119, 974
　　и обычная речь, 118, 119
　　ограниченная, 114
　богодухновенность, *см.* богодухно-
　　венность
　«выдохнуто Богом», 85
　двойное авторство, 90
　достаточность, 110, 111
　запись, 259, 260, 979
　изучение, 144
　как обличение, 110
　как особое откровение, 78
　как Слово Божье, 73
　канон, *см.* канон
　надежность, 74
　непогрешимость, 74, 114, 982
　обязательства перед ним, 142–145
　переводы, 135–137, 165
　питание, 143
　почтение, 144
　принятие, 143
　проповедь, 140–142
　свидетельствует о себе, 109
　символические описания, 74
　сохранность, *см.* сохранность Писа-
　　ния
　трепет перед ним, 145
　учение, 137–139
　чтение и размышление, 678
　ясность, 28, 110, 111
план искупления, 515–540
　и миссия Сына, 540–544
　как единый план, 49
Платон, 156, 157, 285–287, 437, 459, 874, 875
плод Духа, 393–398, 621, 984
плод покаяния, 625, 627, 628
плоть, 437, 443, 984
　дела, 398
пневматология, 39, 351–417, 984
победа, над грехом и сатаной, 553, 564

погружение (форма крещения), 825
поддержка пресвитеров, 807, 808
подобие Божие, 430, 431, *см.* образ Божий
подотчетность взаимная, 835
подчинение
    верующих пресвитерам, 841
    Сына Отцу, 221
        функциональное, 221, 988
позитивные атрибуты/совершенства, 176, 178, 179
познание Бога, 63
познание истины, 63
покаяние, 515, 600, 624–629, 635, 636, 984
    и вера, 600, 601, 605, 607, 622–624
    таинство (в католицизме), 497
поклонение, 833, 834, 984
    ангелам, 763, 764, 833
    в церкви, 791, 833, 834
    Иисусу Христу, 218, 271, 272
    Святому Духу, 219
пол, 447–455
Поликарп, 222
политеизм, 362, 984
политкорректность, 839
помазание елеем, 356
Понтий Пилат, 309–312
пораженчество, 726
порядок внутри Троицы, 204, 221
порядок спасения, 598–602, 984
посвященность церкви
    вечере Господней, 820
    друг другу, 819, 820
    молитве, 820
    Писанию, 819
    Христу, 817–819
последние события, 873, 876, *см.* эсхатология
последовательность моментов, взгляд на вечнось Бога, 184
послушание, 143, 144, 621, 622, 680, 689
    и вера, 633, 634
    и Святой Дух, 411
    Христа
        активное, 651
        пассивное, 651
посредник, 268, 269, 280, 329, 332, 984
постмилленаризм, 934–936, 984

постмодернизм, 421, 476
посттрибулационизм, 948–951, 985
потоп, 28, 230, 451, 463, 485, 502, 919
потребность, метод познания Бога, 171
похоть очей, 290
похоть плоти, 289
«Пою могущество Творца» (гимн), 418
пояс истины, 738
праведность, 196, 197, 356, 653, 985
    практическая, 621
    Христа, 644
        вменение, 561, 645, 650–653
        как основание оправдания, 549, 649
правление (провидение), 236
правосудие, 307, 308
пребывание Святого Духа, 384–388, 985
предваряющая благодать, 487, 488, 514, 586
предопределение, 519, 520, 528, 602, 985
    асимметричное, 532–534
    двойное, 532
    симметричное, 532, 533
предосуждение, 533, 534
предсуществование, *см.* Иисус Христос, предсуществование
    души, 446
предузнание, 188, 189, 525–528, 602
премилленаризм, 933, 935–941, 985
    диспенсационный, 902
    исторический, 940, 941
    футуристический, 28, 902–904, 918, 939, 940
преображение
    ума и наклонностей, 676
    Христа, 293–295
пресвитерианская форма церковного управления, 810, 811
пресвитеры, 798–812, 841, 985
    авторитет, 811, 812
    множественность, 808, 809, 841
    обязанности, 800–802
    поддержка, 807, 808
    рукоположение, 805–807
    требования, 802–805, 816
пресуппозиционный подход к Писанию, 28

пресуществление, 830
претеризм, 928–930, 985
претериция, 533, 534
претрибулационизм, 948–952, 985
«Приди, о Боже, к нам» (гимн), 414
призвание, 985
    внешнее, 603–608
        всеобщее, 606, 607
        искреннее, 607, 608
        не действенное, 608
    внутреннее, 608–622
    действенное, 522, 526, 576, 586,
        599–603, 608, 609, 612, 615, 619,
        622, 978
    и возрождение, 601
    и оправдание, 599
    общее, *см.* призвание, внешнее
применение искупления, 569
пример (теория искупления), 980
примирение, 553, 560, 561, 569
«Примкните к Иисусу!» (гимн), 865
приношение, хлебное, 327
притчи, 298–300, 900, 901
причастие, *см.* вечеря Господня
причина
    вторичная, 232, 234, 235
    действенная, 518, 519
    непосредственная, 518, 519
причинность (в схоластике), 171, 176
причинные атрибуты/совершенства, 177
проблема зла, 236–241, 500, 501, 518, 519
провидение, 232–236, 517, 518, 985
    и богодухновенность, 86
    и сохранность Писания, 117, 120, 124
    и Сын Божий, 258, 259
    общее, 233
    особое, 233
провозглашение Евангелия, *см.* призвание, внешнее
прогрессирующее освящение, *см.* освящение, прогрессирующее
прогрессирующее откровение, *см.* откровение, прогрессирующее
проклятие сатаны, 744
пролегомены, 35–71, 985
промежуточное состояние, 461, 884–888, 985

проницательность, духовная, 688, 861, *см.* различение духов
прообраз, 51, 503, 512, 553, 985
    исполнение, 553, 980
проповедь, 140–142, 144, 801
    верная Слову, 839
    евангельский призыв, 62, 604–606
    и рост церкви, 785
    необходимость для спасения, 604
    постоянный духовный дар, 406
    разъяснительная, 142
пророки, 84, 91
    ветхозаветные, 899, 900, 905
    новозаветные, 104, 105, 796, 797, 855, 856
пророчество, 51, 83, 84, 985
    духовный дар, 405, 855, 856
    духовный подход, 877
    и проповедь, 855, 856
    исполнение, 107
    современное, 848
просвещение, 57, 410, 985
Просвещение, эпоха, 112, 233, 475
прославление Бога, 241–243
прославление верующих, 424, 597, 599, 600, 602, 691–696, 962, 985
    и усыновление, 667
простота учения Иисуса, 300
противник, обозначение сатаны, 719, 731
протоевангелиум, 267
протология, 876
прощение грехов, 605, 606, 649, 650
прямой креационизм, 229, 230, 985
прямые действия (особое откровение), 78
психопанихия, 460
пята, 267, 316
Пятидесятница, 372–376, 387, 388, 390
    рождение церкви, 780, 781

Раб, страдающий, 330–333, 503, 551, 957
рабби Ишмаэль, 329
рабство
    греха, 551
        и искупление, 562
        и усыновление, 664
    египетское, 48, 512, 536
раввинское предание, 307
радость, 395

в церкви, 821
раздаяние, духовный дар, 406, 859, 860
различение духов, 405, 406, 857
размножение, 450–452
размышление, 60, 61
Райкен, Филипп, 304
Райл, Джон, 384
раса, 463
распят со Христом, 670, 936
распятие, 312–322
рационализм, 726
реализм, средневековый, 172
реинкарнация, 460, 461
Реймонд, Роберт, 559, 576
религия божественного свершения, 646
религия человеческих достижений, 646
релятивизм, нравственный, 476
Реформация, 475, 930
     об оправдании, 647
Римская империя, 49, 51, 129, 312, 315, 412,
     468, 783, 930, 944, 946, 955
Римско-католическая церковь, 810, 930
     о вечере Господней, 830
     о возрождении через крещение, 616
     о каноне, 126
     о повторении жертвы Христа, 569
     о смертных и простительных грехах,
          497, 498
     о таинстве покаяния, 497
     о Тысячелетнем царстве, 933
     об авторитете Писания, 107
     об оправдании, 497, 647
     таинства, 642, 646, 822, 830
Ричль, Альбрехт, 172
Робинсон, Джон, 442
рождение
     вечное, 204, 219–221, 254–256, 976
     девственное, см. Иисус Христос, рож-
          дение от девы
     духовное, 368, см. рождение, новое;
          возрождение
     новое, 378, 620, 982, см. возрождение
     свыше, 609, 610, см. возрождение
     Сына Божьего, 253–256
рост, духовный, 66, 67
«Роу против Уэйда», 456
руководство, духовный дар, 406, 859

рукоположение, 805–807

савеллианство, 222, 286, 362, 363, 986
Савеллий, 286
саддукеи, 97, 306, 307, 309, 705
Сак, Эндрю, 567
сакраментализм, 615, 616, 642
самообладание, 396
самосуществование, 153, 179, 180, 975, 986
саранча, обозначение бесов, 749
сатана, 714–745, 986
     будет править через антихриста, 469
     искушение Иисуса, 289–291
     как слуга Бога, 731–738
     князь мира сего, 343, 472
     козни, 59, 723–731
     наделит силой человека греха,
          498–500
     не может читать мысли, 766–768
     обманщик, 481, 727–731, 768, 769
     падение, 477, 480, 481, 706
     победа над ним, 741, 742
     подражание Богу, 721, 722
     подрывает авторитет Писания, 119
     последнее восстание, 960
     связан, 902, 932, 934, 936, 937
     сила, 722, 723
     суд над ним, 742–745, 915, 916
          вечный, 745
     характер, 715–719
сатисфакция (теория искупления), 565,
     566, 980
Саул, одержимость, 755, 756
Свидетели Иеговы, 460
свитки Мертвого моря, 133
свобода
     компатибилистическая, 226, 981
     либертарианская, 226, 536
свободное предложение Евангелия, 581
связывание и развязывание, 837
Святой Дух, 440, 986
     атрибуты, 354, 361
     божественность, 217, 218, 360–362
     внутреннее свидетельство, 108, 109
     грехи против Него, 359
     действия, 361
     и богодухновенность, 82–84, 101, 260,
          409

и Божье Слово, 370
и наставление, 410
и неотступность, 683
и новый завет, 926, 927
и освящение, 378–398, 677
и Отец, 353, 354, 361
и откровение, 409
и победа верующего над сатаной, 742
и просвещение, 410
и Сын, 354, 361
и творение, 407, 408
и уверенность в спасении, 688
исполнение, 388–393
исполнитель возрождения, 611
исхождение, 204, 219–221, 255, 981
как залог, 356, 684
как печать, 357, 377, 378, 683, 684, 979
личность, 352, 353
образные описания, 354–358
оскорбление, 392
плод, 393–398
пребывание, 384–388, 391, 985
применяет искупление, 512
служение воплощенному Христу,
     291–293, 358
служения, 358, 359
угашение, 359, 392
Утешитель, 101, 354, 361, 374, 984, *см.*
     Параклит
ходатайство, 988
хула на Него, 370, 371, 495, 496
святость, 64, 65, 195, 196, 379, 676, 829
и усыновление, 668
этическая, 196
святые, 378, 379
обозначение ангелов, 707
священнический завет, 918, 923, 924
секуляризм, 936
семидесятая седмина, 411, 412, 709, 711,
     713, 738, 752, 880, 902, 903, 915, 931,
     939–941, 947, 948
семьдесят седмин, 941–947
семья, духовная, 378
семя женщины, 52, 266, 267, 279, 426, 451
сенсационализм, 725
сенсуализм, 725
Септуагинта, 125, 128, 133, 136, 164, 278, 315

серафим, 707
сердце, 440, 441
     каменное, 441, 613
     плотяное, 441, 613
сила, согласованная, 190
сильный, обозначение сатаны, 719
синедрион, 306, 307
синергизм, 235, 611, 618, 619, 986
ситуационизм, 726
сифиты, 771
скала, 169, 782
скиния, 553, 560, 570
скорбь, *см.* Великая скорбь
Скугал, Генри, 678
славословие, 155, 271, 518, 596, 659
«Славь, душа, Творца вселенной» (гимн),
     246
следственные атрибуты/совершенства,
     177
Слово Божье, 73, 986, *см.* Писание
     вечная сохранность, 120–122
     как средство благодати, 678–680,
          822–824
     как Сын Божий, 260
слово знания, духовный дар, 405, 856
слово мудрости, духовный дар, 405, 856
служение, 399–407, 622, 834
     духовный дар, 406, 858, 859
служители церкви, 795–800
смертная казнь, 431, 451, 457, 467, 468, 919
смерть, 457, 458, 473, 881–884
     верующих, 883, 884
     вечная, 485, 486, 881, 883, 891, 976
     вторая, 485, 977, 986
     духовная, 485, 502, 881, 978
     животного, 485
     заместительная, 541, 979
     неверующих, 883
     первая, *см.* смерть, физическая
     побеждена Христом, 884
     противоестественна, 882
     три вида, 484–486, 881
     физическая, 485, 881
Смит, Уолтер Чалмерс, 150
Смитон, Джордж, 594
Сноу, Лоренцо, 429
сны и видения (особое откровение), 78

Снэйт, Норман, 329
соблюдение Божьих заповедей, 678
собор
    Ефесский (431 г.), 288, 487
    Иерусалимский, 465, 809
    Константинопольский (381 г.), 222, 223, 254, 286, 287, 362
    Константинопольский (680 г.), 288
    Никейский (325 г.), 222, 223, 280, 286, 362
    Толедский (589), 224
    Халкидонский (451 г.), 280, 287, 288
собственно богословие, 39, 151–249
совершенства Бога, *см.* Бог, атрибуты
совершенство, значение освящения, 380
совесть, 77, 441, 442, 986
совет Троицы (план спасения), 540–544, 599
современный мир, 475
согласие (составляющая веры), 629, 631, 632
содействие (аспект провидения), 234–236
содействующие дары, 849
содомия, 454
созерцание Бога, 191
Сократ, 437, 459
сокрушение, 627
солидарность, коллективная, 586
Соломон, 62, 468, 471, 503, 899, 905, 925
сон души, 460, 887
сосуды
    гнева, 532–534, 536, 538, 576
    милосердия, 532, 533, 536, 576
сотворение, 872, *см.* творение
    божественное, 227–229
    человека, 427–430
        непосредственное и особое, 228, 229, 427–430
сотериология, 39, 511–701, 986
Соуси, Роберт, 788
сохранение, 234, 986
сохранность Писания, 119–122
    и каноничность, 124–132
    и текстология, 132–137
    на земле, 122–124
социнианство, 362, 363, 566, 642, 986
союз со Христом, 375, 376, 489, 498,

636–643, 986
    духовный, 641
    живительный, 641
    органический, 641
    освобождение от власти греха, 670, 671
    постоянный, 641
    юридический, 489, 641
спасение, 367–371, 380, 511–701, 987
    и грех, 479
    и крещение, 826–828
    как дар, 627, 634–636
    личное, 935, 981
    людей из всех народов, 465
«спасение без господства», 659
«спасение господства», 629, 634, 987
Спаситель, Его праведность и заместительная жертва, 49, 51, 52
Сперджен, Чарльз, 38, 254, 581, 779
Спиноза, 157, 173
способность не грешить, 290
справедливость, 196, 197, 342
    воздающая, 196
    ректоральная, 196
Спраул, Роберт, 532
Спэффорд, Хорейшо, 966
сребролюбие, 803, 813
средства благодати, 680, 822–837, 975
старейшины, 798, 985, *см.* пресвитеры
    в Ветхом Завете, 306, 799
статические атрибуты/совершенства, 177
стела Тель-Дана, 107
Стефан, 272, 443, 461, 815, 846, 852
«Стоит основанье» (гимн), 146
стоицизм, 90, 161, 162
стойкость, 679, 684, 901, 908, 987
Стормс, Сэм, 887
Стоун, Сэмюэл, 778
страдания, 238, 239, 483, 484, 500, 635, 679, 731, 737, 752, 883
    Христа, *см.* Иисус Христос, страдания
страннолюбие, 803, *см.* гостеприимство
страх Господень, 272
Стронг, Огастес, 642
стыд, 482, 502, 624, 628, 912
суббота, 423
    знамение Моисеева завета, 921

не заповедана в Новом Завете, 923
суверентизм, 28
суд, 501
    Великого белого престола, 343, 916
    и Сын Божий, 260, 261
    над ангелами, 765, 766
    над бесами, 752, 758, 915, 916
    над Израилем, 913, 914
    над миром, 954
    над народами, 914, 915
    над сатаной, 742–745, 915, 916
        вечный, 745
    овец и козлов, 914, 915, 917
судилище, 341, 911–913, 987
суды
    будущие, 911–917
    печатей, 953
    труб, 953
    чаш, 953, 954
суперсессионизм, 787, 903, 918, 940
супралапсарианство, 533, 987
Сущий, 153, 164
схоластика, 171, 172, 176
    об атрибутах Бога, 171
счастье, 200
Сын, см. Иисус Христос
    Авраама, 921
    Божий, 208, 216, 253–256
        в Ветхом Завете, 256–271
        и откровение, 259, 260
        и провидение, 258, 259
        и суд, 260, 261
        как Мессия, 268
        как Слово, 260
        Творец, 253, 257, 258
        титулы, 273–275
    Давидов, 925
    Человеческий, 100, 260, 261, 280, 322,
        343, 898
сыновство
    вечное или при воплощении, 253–256
    личное свойство, 204, 255
сыны Божьи, 707, 770–773

таинство, 497, 822
тайна, 104, 205, 516, 556, 785, 987
тартар, 892
«Твердыня наша, вечный Бог» (гимн), 775

творение, 227–230
    восстановление, 872, 875–877, 962
    духовное, 368
    и грех, 484
    и образ Божий, 436
    и Святой Дух, 407, 408
    из ничего, 228, 961
    как общее откровение, 76
    мгновенное, 303
    новое, 492, 613, 982
    отличие от Творца, 112, 477
    уничтожение, 961
    хорошо весьма, 229, 437, 500
    шесть дней, 228, 230, 303, 422
теизм, 163, 987
текстология, 132–137, 141
телеологический аргумент, 157, 987
тело, 437, 438, 442, 443
    и душа, 442–444
        комплексное единство, 445
    искупление, 673
    новое, 694, 982
    ожидает полного освящения, 673
    прославление, 691
    прославленное, 438, 439, 694–696, 889,
        985
        восстает в силе, 695
        как духовное, 696, 889
        нетленное, 695
        отмечено славой, 695
    тленное, 694, 695, 987
Тель-Дан, стела, 107
теодицея, 236–241, 500, 501, 518, 519, 987
    и благовестие, 241
    компатибилистическая, 240, 241
теология завета, 490, 918
теофания, 256, 257, 259, 260, 759, 761, 987
терпение, см. долготерпение
Тертуллиан, 209, 222, 223, 286, 447
«Течет ли жизнь мирно, подобно реке»
    (гимн), 966
Тиндейл, Уильям, 139, 165
Тихоний, 933
толкование Божьего провидения, 678
Топлади, Огастес, 580
традуционизм, 447, 979, 987
трансгендерность, 420, 449

трансцендентность, 172, 178, 184, 976, 987
трезвость, 803, 813
три (число) в Ветхом Завете, 212
трихотомизм, 443–445, 987
троебожие, 202, 575
Троица, 201–224, 252, 363–367, 445, 987
    в древней церкви, 221–224
    вечный совет, 540–544, 599
    внешние дела неразделимы, 204
    действия и отношения в Ней, 252
    и возрождение, 369
    и единство Бога, 186
    и Мессия, 268
    и неспособность Христа грешить, 291
    и откровение, 259
    и сотворение, 228
    и частное исупление, 575–577
    иллюстрации, 205, 206
    личные свойства, 204, 255
    общение Лиц, 431
    порядок Лиц, 204, 221
    равенство Лиц в сущности, 203, 221
    тайна, 205
«Троицу славьте» (гимн), 350
трубы (суды), 953
Трумэн, Карл, 573, 575, 583
Тули, Майкл, 456
Тун, Питер, 212
Турретин, Франциск, 37, 546
Тысячелетнее царство, 49, 102, 271, 342,
    343, 412, 474, 504, 691, 873, 902–904,
    909, 932, 936–941, 959, 960, 987
    взгляды, 932–941
    и ангелы, 709, 711
    и владычество над творением, 484
    и воскресение, 910
    и деторождение, 452
    и священнический завет, 923, 924
    и суд над сатаной, 745
    нации и правительства, 469
    отрицание, 878

убийца, обозначение сатаны, 719
уверенность в спасении, 687–690
увещание, духовный дар, 406, 858
угашение Духа, 356, 392
ум, 56–63
    искупленный, 56

испытанный, 58–60
как у Христа, 58
обновленный, 56, 57
полезный, 60, 61
при возрождении, 613
просвещенный, 57
уравновешенный, 61, 62
умерщвление греха, 680
умилостивление, 328, 553, 555–559, 569,
    988
универсализм, 725, 893, 988
унитарианство, 208, 222, 286, 362, 363, 988
униформитарианизм, 727
Уолворд, Джон, 282
Уолтке, Брюс, 328
Уорфилд, Бенджамин, 67, 89, 213, 403, 656
Уоттс, Исаак, 418
управление (теория искупления), 566, 567,
    980
управление семьей, 803, 813
управление, духовный дар, 406, 859
упраздненный грех, 671
усыновление, 597, 598, 602, 659–668, 988
    и союз со Христом, 638
    как юридическое заявление, 662
    привилегии, 664–668
утверждение/повеление (подход к этике),
    671
участь вечная, 531, 888, 976
учение, 110, 137–139, 801
    духовный дар, 406, 857
    здравое, 43–45, 137–140
ученичество, 55, 145, 835
Уэллс, Дейвид, 36
Уэр, Брюс, 226
Уэсли, Чарльз, 346, 510, 671, 702

Фадж, Эдвард, 460
Файнберг, Чарльз, 281
фарисеи, 96, 207, 370, 495, 577, 591, 632, 644
фатализм, 226, 227
феноменологический язык, 118
Феодот Кожевник, 286
Фергюсон, Синклер, 613
Фива, 814
Филипп (апостол), 262
Филипп (благовестник), 386, 751, 797, 815,
    846, 852, 861

Филлипс, Гэри, 53
философия, 161–163, 285
Финеес, 558, 649, 923, 924
Фома Аквинский, 37, 157, 158, 171, 446, 546
форма (у Платона), 156
формы существования (Троица), 203, 204
Фосдик, Гарри Эмерсон, 459
Фрейд, Зигмунд, 421
Фрейм, Джон, 233
фундаментализм, 28
футуризм, 28, 928, 931, 932

Халлель, 829
харизматические дары, 848
харизматы, 847, 854
Харрис, Мюррей, 215
Хартшорн, Чарльз, 157
Хейк, Отто, 285
херувим, 481, 705, 707, 708
Ходж, Арчибальд, 546
Ходж, Чарльз, 186, 189, 190, 546, 676
храм, 333, 790, 791, 923–925, 943–945, 955, 963
«Христа да славит весь народ» (гимн), 250
христадельфиане, 460
христианин (термин), 378
христианская жизнь, 243
    как дистанция, 679
христологические ереси, 223
христология, 39, 251–349, 988
христоплатонизм, 875
Христос, *см.* Иисус Христос
«Христос—основа церкви» (гимн), 778
Христос (титул), 356, 988
христофания, 761
Хукема, Энтони, 491
хула на Святого Духа, 370, 371, 495, 496, 978
Хьюз, Филип, 460

Царство Божье, 45–47, 897–902, 988
    буквальное исполнение, 784
    в Ветхом Завете, 898, 899
    в Новом Завете, 899–902
    вечное, 344, 901, 902, 959
    духовное, 902, 933
    земное, *см.* Тысячелетнее царство
    и церковь, 784–786, 907–909, 933

мессианское, 271, 342, 900, *см.* Тысячелетнее царство
промежуточное, 271, 960, *см.* Тысячелетнее царство
тысячелетнее, *см.* Тысячелетнее царство
царь, обозначение сатаны, 719
Цвингли, Ульрих, 831
целители веры, 849, 852
целомудрие, 803
церковная дисциплина, 812, 835–837, 841, 842, 989
церковь, 779–869, 989
    библейские метафоры, 789–791
    благовествует погибающим, 793
    видимая и невидимая, 786, 787
    власть в ней, 794, 795
    возвеличивает Бога, 791, 792
    вселенская, 787
    гонения, 908
    единство, 821, 837–839
    и ангелы, 765
    и великая скорбь, 948, 949
    и грех, 480
    и Израиль, 787–789, 877, 903–909
    и Царство Божье, 784–786, 907–909, 933
    как Божья семья, 666
    как духовное Царство, 785, 786
    как невеста Христа, 640, 789, 982
    как Тело Христово, 789, 790
    как храм Божий, 790, 791
    назидает верующих, 792, 793, 842
    определение, 780, 781
    основание, 782, 795
    поместная, 787
    посвященность, 817–821
    предвкушение небес, 862, 863
    руководство, *см.* церковь, управление
    уникальная миссия, 907
    управление, 800, 809–812, 841
    цели, 791–793
    членство, 839–842
цессационизм, 842, 847–849, *см.* дары духовные, временные

чада гнева, 664
Чапман, Джон Уилбур, 699

Чарльз, Элизабет, 350
частичность (неверное понимание Троицы), 202, 206
чаши (суды), 953, 954
человек
    библейское богословие, 473, 474
    ветхий, 491, 492, 976, 989
    душевный, 601, 607–609, 989, *см.* неверующий
    и грех, 479
    и общество, 462–473
    комплексное единство, 445, 446
    новый, 491, 492, 983, 989
    нравственная свобода, 225
    сотворение, 427–430
        непосредственное и особое, 228, 229, 427–430
человек греха, 498–500, 879, 946, 953, 955, 956, 989
человекоцентричность, 239, 420, 791, 989
человечество, 420–422
    единство и разнообразие, 462–466
Чикагское заявление о безошибочности Библии (1978), 114
чистилище, 654, 655
чувства
    влияние богословия, 39
    при возрождении, 613
чудеса, 231, 232, 845–847
    и духовные дары, 401–405, 845–849
    Иисуса, 301–303
    как подтверждение, 401–405
    определение, 231
    отличаются от провидения, 850
чудотворение, духовный дар, 405, 850–852

Шарп, Грэнвилл, 216
Шафф, Филип, 403
Шедд, Уильям, 186, 189, 190, 205, 252
«Шема», 208
Шлейермахер, Фридрих, 173

шлем спасения, 740, 741
Шрайнер, Томас, 256, 595, 648, 649

щедрость, 859, 860
щит веры, 740

эволюция, 423–425, 989
эвтаназия, 420
эготизм, 727
Эдвардс, Джонатан, 242, 513, 519, 537, 538
экзегетика, 141, 142, 989
экзистенциализм, 433, 726
экклезиология, 40, 779–869, 989
экуменизм, 726, 839
эманентные атрибуты/совершенства, 177
эмоции, 435
эмоциональность в поклонении, 834
Эпикур, 459
эпикурейство, 90, 161, 162
Эпименид, 163
Эриксон, Миллард, 433, 476
эсхатология, 40, 871–968, 989
    и грех, 480
    и Иисус Христос, 878–880
    и толкование Библии, 877, 878
    космическая, 873, 897–964
    личная, 873, 881–896
    определение, 871–873
этническая принадлежность, 462–466, 876

«Я есмь», 215, 305, 830
язык, 112, 118, 119
языки
    ангельские, 706
    в современной церкви, 848, 849
    духовный дар, 405, 853–855
    истолкование, 405, 853–855
язычники
    их времена, 905, 906, 943
    их спасение, 52, 464, 465, 503, 921
ясность (принцип толкования), 28
Яхве, 164–167, 989

Указатель текстов Писания

Бытие
книга 38, 48, 52, 54, 64,
90, 91, 99, 128,
132, 135, 328,
351, 352, 366,
388, 407,
425–427, 480,
704, 763, 969
1 .... 46, 189, 230, 260,
303, 422,
424–428, 898
1–2 .... 46, 106, 124, 132,
407, 422, 424,
425, 428, 434,
448, 469, 476,
882, 918, 919
1–3 743
1–5 .... 771, 772
1–11 .... 426, 502
1:1 .... 108, 109, 111,
140, 152, 161,
167, 182, 227,
228, 230, 408,
427, 516, 872
1:1–2 .... 268, 361
1:1–2:3 165
1:1–31 .... 230, 303
1:2 .... 205, 209, 219,
228, 230, 352,
354, 361, 407,
408, 440
1:3 .... 73, 91, 210, 258,
425, 428, 601,
612
1:3–31 230
1:5 .... 182, 228, 364,
425
1:6 .... 91, 210, 258, 428
1:9 .... 91, 210, 258, 428
1:11 .... 91, 210, 229, 258,
428
1:11–12 255
1:12 229

1:14 .... 91, 210, 258, 428
1:14–17 895
1:14–19 229
1:20 .... 91, 210, 258, 428
1:20–25 ...... 229, 771
1:21 229
1:21–25 255
1:22 210
1:24 .... 91, 210, 229, 258,
428
1:25 229
1:26 .... 91, 167, 206, 207,
213, 252, 258,
364, 366, 407,
408, 424, 428,
430–432, 434,
437, 469, 983
1:26–28 ...... 430, 432–434,
463, 474, 504,
877, 887, 898,
908, 933, 939,
959, 963
1:26–30 ...... 229, 230, 767
1:27 .... 206, 213, 229,
421, 428, 430,
431, 433, 448,
453
1:27–31 229
1:28 .... 432, 437, 447,
451, 469, 919
1:28–29 91
1:31 .... 79, 229, 428, 437,
444, 448, 500,
714, 742, 743,
767, 876, 962
2 .... 422, 426, 428,
448, 708
2:1–2 447
2:3 379
2:4 425
2:4–25 165
2:7 .... 191, 228, 230,
425, 428,

437–439, 443,
446, 448, 462
2:8 428
2:15 470
2:15–17 ...... 500, 882
2:16–17 ...... 61, 78, 91, 728
2:17 .... 457, 483, 484,
717, 719, 767
2:18 .... 428, 432, 449
2:18–25 230
2:19–20 432
2:21–22 448
2:21–23 ...... 228, 425
2:22 .... 422, 448
2:22–24 432
2:23 .... 437, 449
2:23–24 ...... 94, 450
2:24 .... 208, 229, 364,
450, 640
2:25 .... 422, 730
3 .... 46, 59, 237, 431,
470, 480, 500,
502, 708, 714,
717, 718, 727,
729–731, 743,
744, 898, 956,
963, 964, 978
3:1 .... 476, 480, 717,
718, 727, 728,
744
3:1–5 743
3:1–6 .... 290, 719, 720,
725
3:1–7 .... 59, 767
3:1–24 .... 79, 723
3:2 744
3:4 .... 119, 717, 728,
744
3:4–5 .... 728, 767
3:5 .... 478, 481, 482,
729
3:6 .... 478, 481, 729,
730

3:7 . . . . 452, 482, 730
3:8 . . . . 153, 184, 481,
        482, 560
3:8–10 452
3:9 . . . . 78, 481, 730
3:10 482
3:10–11 730
3:11 78
3:12 482
3:12–13 730
3:13 . . . . 483, 744
3:13–14 717
3:13–19 91
3:14 . . . . 266, 744
3:15 . . . . 263, 266, 267,
        277, 279, 315,
        316, 426, 451,
        501, 502, 720,
        744, 873, 904
3:16 . . . . 451, 483, 484
3:17 . . . . 484, 500, 587,
        908
3:17–19 . . . . . . 470, 877
3:18–19 484
3:19 . . . . 425, 484, 485
3:21 485
3:22 . . . . 167, 207, 364
3:22–23 364
3:22–24 560
3:23–24 485
3:24 . . . . 485, 705, 707,
        708, 963
4 . . . . 99, 470
4:1 . . . . 451, 473, 502,
        527
4:1–2 426
4:1–16 128
4:7 484
4:8 . . . . 484, 485
4:14 467
4:15 467
4:16–17 467
4:17 527
4:19 452
4:20 470
4:21 470
4:22 470
4:23 484
4:23–24 467
4:25 . . . . 426, 527
4:26 164

5 . . . . 277, 426, 457,
        485, 502
5:1 . . . . 277, 424, 426,
        428
5:1–2 . . . . 421, 428, 430
5:1–3 . . . . 426, 431
5:3 . . . . 426, 431, 447
5:5 . . . . 324, 426, 485
5:8 . . . . 324, 485
5:11 . . . . 324, 485
5:14 . . . . 324, 485
5:17 . . . . 324, 485
5:20 . . . . 324, 485
5:27 . . . . 324, 485
5:28–29 . . . . . . 451, 473, 502
5:29 164
5:31 . . . . 324, 485
6 771
6–8 230
6:1–4 770–773
6:2 . . . . 452, 771, 892
6:3 . . . . 209, 352–354,
        358, 359, 412,
        437, 772
6:4 771
6:5 . . . . 440, 441, 470,
        502
6:5–7 772
6:5–13 919
6:6 180
6:7 428
6:8 . . . . 194, 919
6:11–13 502
6:12–13 437
6:17 . . . . 352, 439
6:18 . . . . 918, 919
7–8 502
7:11–12 895
8:1 . . . . 439, 440
8:2 711
8:20–9:17 . . . . 502, 919
8:20–21 919
8:21 441
8:21–22 898
8:22 . . . . 470, 919
9:1 . . . . 451, 463, 468,
        470, 919
9:2 919
9:3–4 919
9:5 919
9:5–6 468

9:6 . . . . 430, 431, 451,
        919
9:7 . . . . 451, 919
9:9 919
9:11 919
9:12 919
9:13 919
9:15 919
9:15–17 437
9:16 . . . . 918, 919
9:17 919
9:18–27 463
9:19 463
9:20 470
9:20–23 451
9:21 470
9:22 452
9:26 164
9:26–27 165
9:27 263
10 463
10–11 . . . . 463, 468, 876,
        904
10:2–5 463
10:6–20 463
10:10 45
10:21–31 463
11 . . . . 207, 463
11:1–9 . . . . 112, 463, 468,
        502
11:3–4 470
11:4 463
11:5 184
11:5–7 364
11:5–9 470
11:7 . . . . 167, 184, 207,
        252, 258
11:27–12:3 463
11:32 324
12 . . . . 464, 904, 973
12–50 426
12:1–3 . . . . 91, 919
12:2 208
12:2–3 . . . . 502, 873, 876,
        899, 904, 925
12:3 . . . . 263, 323, 463,
        876, 907, 920,
        921, 925, 926
12:6–7 . . . . 899, 920
12:7 184
12:15–19 452

13:14−17 920
13:16 208
14:18 761
14:18−22 168
14:19 184
14:22 . . . . 164, 184
15 920
15:1 . . . . 184, 260, 920
15:1−16 260
15:1−21 91
15:5 . . . . 260, 710, 711,
             920
15:6 . . . . 651, 655, 658,
             921
15:7−17 920
15:9 213
15:13−14 260
15:17 260
15:18 920
15:18−21 920
16:4 452
16:7 . . . . 208, 252, 704,
             759
16:7−13 257
16:7−14 760
16:10 208
16:11−13 . . . . . 209, 760, 761
16:13 . . . . 208, 257
17 920
17:1 . . . . 108, 168
17:2 920
17:5 920
17:6 . . . . 468, 920
17:7 920
17:8 920
17:10−14 920
17:14 437
17:19 263
17:19−21 522
18 708
18:1 184
18:1−3 764
18:1−19:22 708
18:2 . . . . 706, 707
18:12 168
18:14 . . . . 189, 190
18:17 268
18:18 263
18:19 . . . . 522, 527
18:20−33 453
18:22−33 268

18:23−32 180
19 . . . . 99, 452, 453
19:1 . . . . 712, 773
19:1−2 764
19:1−26 711
19:5 . . . . 453, 454, 527
19:7 453
19:8 . . . . 453, 527
19:10−11 453
19:12−13 712
19:15 773
19:23−29 453
19:24 268
19:36 452
20:2 503
20:6 476
21:12 . . . . 263, 522
21:17 . . . . 208, 759, 760
21:19−20 208
21:33 . . . . 153, 167, 168
22 237
22:1−14 . . . . . . 198, 325, 657
22:8 233
22:9−18 . . . . . . 760, 761
22:11 208
22:11−13 209
22:11−18 760
22:14 . . . . 166, 208, 233
22:15−17 208
22:15−18 920
22:17 920
22:18 . . . . 263, 463, 502,
             876, 904, 905,
             907, 920, 921,
             925
23:2 . . . . 324, 457
23:6 168
24:7 . . . . 759, 760
24:16 . . . . 278, 527
24:18 168
24:40 . . . . 759, 760
24:43 278
25:8 458
25:17 458
25:21−22 456
26:4 263
28:1−17 708
28:3−4 168
28:12 . . . . 706, 773
28:14 263
29:14 437

30:1 451
30:36 213
31:11 . . . . 208, 209
31:11−13 760
31:13 . . . . 167, 208, 209
31:15 649
31:35 168
32:1 773
32:1−2 708
32:3 . . . . 704, 759
32:5 168
32:6 . . . . 704, 759
32:22−32 760
32:24−30 . . . . . 760, 762
34:2 452
35:11 168
35:16−18 451
35:18 . . . . 439, 881
35:19 324
37−50 54
37:13−17 471
37:35 624
38:12 624
38:15 452
38:26 527
39:7 452
40:1 168
40:1−2 471
40:10 213
40:16 213
41:8 440
41:38 385
41:53−57 471
42:10 168
43:14 168
44:7 168
45:5−8 . . . . 227, 234, 235,
             517, 518
45:8 225
45:8−9 168
46:3 167
47:18 437
48:3−4 168
48:13−20 805
48:15−16 . . . . . 208, 212, 760
48:16 . . . . 269, 760, 762
49:8−10 464
49:8−12 904
49:10 . . . . 263, 279, 323,
             904
49:25 . . . . 167, 168

50:1 . . . . 458, 882
50:3 882
50:19–20 . . . . . 225, 235
50:20 . . . . 200, 225, 227,
                235, 517, 518,
                731
50:26 324

Исход
книга 89, 328, 352, 386,
                556, 969
1–2 89
1:11 471
1:17 467
2–14 54
2:8 278
2:23–25 512
3 . . . . 89, 402
3–14 78
3:1–4:23 91
3:1–7 760
3:1–10 759
3:1–12 260
3:2 . . . . 208, 260, 269
3:2–4 257
3:2–5 760
3:2–6 . . . . 209, 356,
                760–762
3:3–4 153
3:4 . . . . 208, 257
3:5 760
3:6 97
3:7–8 . . . . 184, 512
3:9 512
3:13 164
3:13–14 274
3:13–15 164
3:14 . . . . 153, 164, 165,
                174, 179, 180,
                182, 305, 630,
                760
3:14–15 165
3:15 . . . . 91, 164
3:15–16 165
3:16 512
3:18 213
4 402
4:3–4 845
4:8–9 231
4:11–12 . . . . . . 92, 234
4:14 180
4:19 439

4:21 . . . . 198, 199, 536
4:22 91
4:30 845
4:30–31 402
6:3 . . . . 164, 165
6:19 512
6:26 165
7:3 440
7:3–5 198
7:4 166
7:10 845
7:11–12 768
7:12 845
7:13 440
7:22 768
8:7 768
8:18–19 . . . . . . 402, 768
8:19 536
8:22 949
9:4 949
9:7 536
9:16 . . . . 103, 512
9:26 949
10:1 . . . . 235, 536
10:13 352
10:16 476
10:20 235
10:23 949
11:7 949
11:10 536
12 . . . . 326, 554
12:1–14 828
12:3 326
12:4 325
12:5 548
12:12 326
12:12–13 328
12:13 . . . . 326, 554
12:21 799
12:23 . . . . 326, 760
12:24 554
12:27 . . . . 326, 554
12:30 326
12:36 471
12:38 464
12:41 166
12:46 263
13:2 263
13:21 356
13:21–22 760
14:4 . . . . 512, 536

14:8 536
14:13 301
14:17–18 512
14:19 760
14:19–20 760
14:26–30 402
14:31 402
15:3 165
15:11 . . . . 196, 231
15:13 194
15:16 194
15:22–26 166
15:26 166
16:7 201
16:10 201
17:2–7 735
17:5–6 845
17:14 . . . . 91, 92
17:15 166
18:21–22 799
19 . . . . 153, 256
19:3 . . . . 91, 922
19:4 194
19:5–6 921
19:6 . . . . 342, 464, 468,
                503, 899, 905
19:6–7 91
19:7 799
19:9 184
19:11 . . . . 184, 213
19:17 780
19:18 184
19:20 184
20:1 91
20:1–5 763
20:1–17 921
20:2–3 477
20:3–5 833
20:5 197
20:6 195
20:8–11 . . . . . . 230, 423
20:9 425
20:11 . . . . 161, 230
20:12 319
20:14 453
20:24 185
21–23 921
21:4–8 168
21:22–25 456
22:19 453
22:21 464

23:7 648
23:14 213
23:16 372
23:20–21 209
23:20–23 . . . . 209, 760, 762
23:21 . . . . 209, 760
23:23 759
24:1–8 921
24:3 . . . . 127, 364
24:4 . . . . 86, 91
24:16 201
24:17 201
25–26 409
25–31 921
25:8 185
25:18–22 . . . . . 707, 708
25:22 556
26:6 364
26:31–35 790
28:3 440
29:42–43 324
29:43 201
29:45 388
30:6 556
30:11–16 557
30:12–16 330
30:36 324
31 471
31:1–3 358
31:2–3 389
31:2–6 471
31:3 . . . . 386, 388
31:13 166
31:15–17 230
31:16–17 921
31:17 230
31:18 122
32 . . . . 232, 471
32:1–10 763
32:7–14 513
32:10 557
32:10–14 180
32:12 180
32:14 180
32:19 122
32:30 557
32:34 . . . . 209, 760
33:2 760
33:11 101
33:12 . . . . 194, 524, 527
33:14 760

33:17 . . . . 194, 524, 527
33:18 . . . . 242, 680
33:18–23 201
33:19 . . . . 237, 530
33:20 . . . . 154, 191
34:1–2 122
34:5–7 680
34:6 . . . . 140, 192, 194, 195
34:6–7 . . . . 194, 318
34:7 . . . . 180, 547, 559
34:9 194
34:14 . . . . 197, 569, 763
34:22 372
34:27 . . . . 79, 82, 91, 92, 922
34:27–28 122
35:5 440
35:30–31 386
35:31–35 389
37:8 . . . . 707, 708
39:30 65
40:12–15 356
40:34 201
40:34–35 185
40:34–38 553

Левит
книга 45, 89, 326–328, 330, 352, 553, 571, 969
1:1 86
1:2–3 323
1:3 . . . . 324, 548
1:3–4 553
1:3–17 327
1:4 805
1:5 582
1:9 325
1:10 548
1:11 582
1:14 356
2:1 323
2:1–16 327
2:8 325
2:13 325
3:1 548
3:1–17 327
3:2 582
3:2–13 805
3:6 548
3:8 582

3:13 582
4:1 86
4:1–5:13 327
4:4–33 805
4:6–7 582
4:12 556
4:17–18 582
4:20 . . . . 325, 557, 571, 579
4:21 556
4:25 582
4:26 . . . . 557, 571, 579
4:30 582
4:31 . . . . 557, 571, 579
4:34 582
4:35 . . . . 571, 579
5:1 554
5:7 356
5:9 582
5:10 . . . . 571, 579
5:13 . . . . 571, 579
5:14–6:7 327
5:15–19 332
5:16 . . . . 571, 579
5:17 554
5:18 . . . . 571, 579
6:1 86
6:1–5 332
6:6 325
6:7 . . . . 571, 579
6:8 86
6:8–13 327
6:11 556
6:14–23 327
6:24 86
6:24–30 327
7:1–10 327
7:2 582
7:11–36 327
7:18 554
7:20–27 554
7:34–35 325
8:14 805
8:17 556
8:18 805
8:22 805
9:6 201
9:11 556
9:23 201
9:24 . . . . 201, 356
10:1–20 329

11:44 . . . . 196, 197, 673
12:7–8 579
12:8 571
13:46 556
14:18–20 557
14:20 . . . . 571, 579
14:29–31 557
14:53 . . . . 571, 579
15:19–30 557
16 . . . . 326, 328, 330,
          984
16:2 . . . . 154, 556
16:5 329
16:8–10 . . . . . . 329, 554
16:9 582
16:15 . . . . 582, 650
16:15–19 554
16:16 557
16:17 554
16:18–19 . . . . . 557, 582
16:21 . . . . 650, 805
16:21–22 . . . . . 329, 554
16:22 329
16:24 . . . . 329, 554
16:27 556
16:29–34 329
16:30 557
16:32 571
16:32–34 554
17:4 554
17:6 582
17:7 747
17:8 323
17:9 554
17:10 554
17:11 . . . . 324, 330, 437,
          439, 554
17:14 554
17:16 554
18 454
18:22 . . . . 453, 454
18:23 453
18:26 454
18:27 454
18:29 . . . . 454, 554
18:30 454
19:2 . . . . 196, 379
19:8 554
19:20–22 332
19:22 . . . . 557, 571, 579
19:23 213

19:34 464
20 454
20:3–6 554
20:10 453
20:10–16 923
20:13 . . . . 453, 454
20:15–16 453
20:17 554
20:17–18 554
20:19 554
20:26 . . . . 196, 197
20:27 747
22:3 554
22:16 554
22:18 323
22:18–25 548
22:20–21 548
22:25 323
22:32 196
22:32–33 328
23 327
23:15–17 372
23:29 554
24:10–23 324
24:14 556
24:23 556
25 942
25:47–55 562
26:12 388

Числа
книга 89, 352, 969
1:1 86
1:53 330
2:1 86
6:24–27 212
6:27 212
8:19 330
9:12 263
10:10 895
11:1 180
11:10 180
11:16 . . . . 306, 799
11:16–17 799
11:17 . . . . 354, 386
11:25 386
11:26 389
11:29 . . . . 354, 389
12:1 464
13:24 364
13:34 771
14:10 201

14:18 . . . . 180, 195
14:22 231
14:22–24 144
14:41 477
15:14–16 323
15:30 324
15:35 314
16 558
16:5–7 521
16:19 201
16:45 558
16:46 558
16:46–50 845
16:47–48 558
16:48–49 558
18:22–23 330
19:12 213
19:17–19 616
20:16 . . . . 209, 760
21:6–9 547
21:8–9 263
21:9 633
22:22–35 760
22:23–41 213
22:28–30 743
22:31 706
22:35 760
23:5 760
23:19 . . . . 140, 180, 189,
          192
24:2 . . . . 386, 389
24:16 168
24:17 323
24:17–19 263
25 . . . . 557, 923
25:3 558
25:4 558
25:7–8 558
25:8 558
25:8–9 558
25:10–13 924
25:11 330
25:11–13 558
25:13 924
27:12–14 89
27:18 385
27:18–23 805
28:14 895
31:19 213
33:55 737
35:29–34 557

35:30. 836
35:31–33 330

Второзаконие
книга 48, 89, 104, 128,
            352, 734, 746,
            969
1:13–17 799
1:37. 90
2:30. 536
3:23–25 80
3:23–26 . . . . . 82, 90
4:1–2 108
4:2. . . . . .81, 113, 122, 131,
            140
4:5–6 . . . . . . 464, 503, 905
4:6–8 192
4:8. 196
4:12. . . . . .154, 191
4:15. . . . . .154, 191
4:19. . . . . .706, 748
4:24. 197
4:30. 952
4:31. . . . . .192, 195
4:34. 231
4:35. 185
4:37. . . . . .193, 194, 522
5:4. 78
5:9. 197
5:10. 195
5:23–27 269
5:24. 201
5:26. 168
6:2. 272
6:4. . . . . .110, 185, 202,
            208, 214, 363,
            364
6:4–25 162
6:6–7 110
6:13. . . . . .94, 763
6:13–14 735
6:15. 197
6:16. . . . . .94, 735
6:22. 231
7:6–7 521
7:6–8 . . . . 527, 529
7:6–9 907
7:7. . . . . .524, 545
7:7–8 194
7:8. . . . . .193, 524
7:9. . . . . .165, 167, 192
            196

7:12–13 196
7:13. 193
7:25. 454
8:2. 735
8:3. . . . . .74, 78, 94, 138,
            143, 210, 233,
            734
8:6. 272
8:14. 194
8:17–18 194
8:18. 235
9:5. 194
9:27. 194
10:12. 272
10:14. . . . . .184, 711
10:15. . . . . .193, 522
10:17. . . . . .108, 179, 263
10:20. 94
11:11. 711
11:16. 763
12:11. 185
12:32. . . . . .81, 113, 122, 127,
            131, 140
12:32–13:5 92
13:1–5 . . . . 96, 127, 131, 401,
            726, 797, 855
13:13. 717
13:17. 180
14:1. 772
17:1. 454
17:2–3 748
17:4. 454
17:6. . . . . .95, 836
17:15. 521
17:18–20 124
18 269
18:1–5 521
18:9–14 454
18:10–12 747
18:15. 263
18:15–18 295
18:15–22 . . . . . 92, 269, 298
18:18. 75
18:18–19 263
18:20–22 . . . . . 96, 797, 848, 855
18:21–22 401
19:6. 440
19:15. . . . . .95, 836
19:16–19 307
21:1–9 330
21:5. 521

21:22–23 314
21:23. . . . . .263, 549
22:5. 448
23:5. 193
24:1–4 94
24:16. 491
25:1. 648
25:4. . . . . .85, 104
26:15. 184
27–28 563
27:1. 799
27:15. 455
27:21. 453
27:26. 563
28–29 921
29:18–20 197
29:29. . . . . .42, 110, 154, 410
30:1–6 926
30:2. 625
30:6. . . . . .613, 617
30:17. 763
31:24–26 . . . . . 92, 127
31:24–29 86
31:26. 127
32:2. 42
32:3–4 169
32:4. . . . . .140, 169, 190,
            192
32:6. . . . . .170, 595
32:8. . . . . .162, 168
32:15. . . . . .169, 192
32:16. 197
32:17. . . . . .747, 753, 766
32:18. . . . . .169, 170, 192
32:21. . . . . .185, 192, 197
32:30. 192
32:30–31 169
32:37. 192
32:39. . . . . .180, 185
32:40. 182
32:47. 210
33:2. . . . . .184, 710
33:2–3 707
33:3. 194
33:27. 153
34:5–12 127
34:9. . . . . .386, 389, 805
34:10. 101
34:10–12 78

Иисуса Навина
книга 48, 969

1:8 . . . . 60, 127, 139
1:8–9 91
3:5 301
3:10 . . . . 167, 168
3:13 179
5:13–15 . . . . . . 268, 760
5:14–15 274
5:15 760
7 490
7:9 . . . . 180, 667
7:13 92
7:19 242
7:24–25 490
9:4 727
10:12–13 118
10:12–14 845
11:6 235
11:20 . . . . 199, 536
23:8 450
23:13 737
24:2 92
24:14 326
24:19 . . . . 167, 196, 197
24:27 92

Судей
книга 125, 352, 746,
              763, 969
2:1–4 760
2:20 477
3:10 . . . . 354, 386
3:25 168
5:4 184
6:7–18 92
6:11 208
6:11–16 760
6:11–18 . . . . . . 260, 760
6:11–23 257
6:11–24 764
6:14 . . . . 166, 208, 257
6:16 208
6:20–21 208
6:21 209
6:22–23 209
6:23 208
6:24 166
6:34 386
9 731
9:1–22 731
9:23 . . . . 746, 748, 753
9:23–24 750
9:56–57 . . . . . . 731, 750, 753

11:29 386
11:39 527
13:2–22 760
13:3 208
13:6–20 764
13:16 209
13:17–18 760–762
13:18 274
13:19–22 209
13:20 760
13:21–22 209
13:21–23 760
13:22–23 208
13:25 . . . . 358, 391
14:6 386
14:19 386
15:14 386
15:19 439
16:20 391
19:1–30 624
19:22 717
19:25 527
20:16 476
21:6 624
21:11–12 527
21:15 624

Руфь
книга 45, 125, 352, 969
1:20–21 168
2:13 168

1 Царств
книга 123, 125, 126,
              352, 746, 969
1:8 440
1:9–19 233
1:15 440
1:19 527
1:19–20 233
2:2 . . . . 196, 782
2:6 458
2:12 717
2:25 . . . . 199, 517, 536
2:27 92
2:27–28 521
3:1 680
3:12 440
3:21 . . . . 91, 680
4:4 . . . . 154, 185
4:21 244
7:3 625

8:20 765
10:10 386
10:18 92
10:24 521
10:25 127
11:3 799
11:6 386
12:22 . . . . 180, 667
13:1 123
15:2 92
15:11 180
15:22 325
15:22–23 324
15:29 . . . . 140, 180, 181,
              189, 192
15:35 180
16 . . . . 732, 756
16:4 799
16:13 . . . . 356, 386
16:14 . . . . 352, 388, 391,
              440, 732
16:14–15 . . . . . 752, 756
16:14–16 . . . . . 732, 746, 748
16:14–23 . . . . . 750, 755
16:16 756
16:23 . . . . 732, 746, 748,
              756
17:26 168
17:26–49 732
17:36 168
17:45 . . . . 166, 706
18 756
18:10 . . . . 732, 746, 748,
              750, 752, 755,
              756
19 756
19:9 . . . . 732, 746, 748,
              750, 752, 755,
              756
19:20 . . . . 386, 823
19:23 386
21:6 94
22:12 168
22:21–23 715
23:10–13 186
24:6 440
24:7 756
24:11 756
25:31 441
26:9 756
26:11 756

26:16 756
26:23 756
28:19 756
31:10 437
31:12 437

2 Царств
книга 125, 126, 352,
              969
1:14 756
1:16 756
2:6 192
2:11 732
5:1 437
5:4–5 732
6:2 185
7 . . . . 925, 978
7:9 925
7:10 925
7:10–11 925
7:10–17 412
7:11 925
7:11–13 898
7:12 925
7:12–13 . . . . . 263, 264
7:12–16 . . . . 342, 393, 899,
              920, 924, 925
7:12–19 . . . . . 468, 899
7:13 925
7:13–16 270
7:14–15 925
7:16 . . . . 263, 264, 925
7:18–29 925
7:19 . . . . 925, 926
7:25–26 . . . . . 263, 264
7:28 192
7:29 264
8:11 432
11 92
11–12 732
11:11 168
12:7 92
12:10–12 665
12:13 626
12:14 726
13 732
14–18 732
15:20 192
16:10 199
16:10–11 235
16:11 235
20 732

22:3 169
22:7 184
22:14–15 168
22:31 . . . . 78, 190
23:1–2 127
23:2 . . . . 84, 88, 92, 95,
              260, 358, 409,
              823
23:3 . . . . 169, 196
24 732
24:1 . . . . 240, 517, 518,
              733
24:10 240
24:10–17 711
24:14 195
24:16–17 760

3 Царств
книга 352, 704, 970
3:5 91
3:8 522
3:9 441
3:12 62
4:29–34 62
7–8 471
7:14 389
7:40 389
7:45 389
8–10 . . . . 468, 899, 905
8:10–11 . . . . . 154, 185, 201
8:11 201
8:27 . . . . 161, 184, 710,
              896
8:31–32 648
8:32 . . . . 184, 196
8:35 . . . . 624, 711
8:39 186
8:46 . . . . 493, 675
8:48 625
10:1–10 905
10:1–13 468
10:4–5 471
10:23–25 . . . . . 468, 899
10:24 905
11 . . . . 468, 503, 899,
              905
11:31 92
12:24 92
13:1–2 92
13:21 92
14:3–7 92
14:5 91

14:22 197
16:24 168
17–19 54
17:8–16 402
17:9–24 845
17:17–18 402
17:24 402
18:7 168
18:12 386
18:30–40 402
18:41–45 845
19 232
19:4–8 760
19:5 708
20:13 92
21:13 717
21:17–19 732
21:17–26 717
22 732
22:1–40 720
22:6 732
22:19 . . . . 91, 710, 711, 748
22:19–23 . . . . . 722, 753
22:21–22 . . . . . 714, 715
22:21–23 . . . . . 717, 732
22:22–23 . . . . . 705, 717, 718,
              748, 750, 755
22:23 235
22:37–38 . . . . . 717, 732

4 Царств
книга 352, 970
1:2–3 716
1:3–4 760
1:10–12 845
1:15–16 760
2:3 168
2:8 845
2:11 707
2:14 845
2:16 386
4:1–7 845
4:16 168
4:18–41 845
5:1–19 845
5:14–15 402
6:6 845
6:15–17 706
6:17 . . . . 707, 763, 845
13:16 805
13:19 186
16 168

17:13.........625
17:16.........748
18:4..........135
19:4..........168
19:15.........185
19:31.........197
19:35.........710, 760
20:1–11......198
20:16.........91
21:3..........748
21:5..........748
22:8–10......123
23:4–5.......748
23:10.........890, 977
23:24.........127
23:25.........625
24:13.........471

1 Паралипоменон
книга 128, 352, 970
1:1...........426, 727
2:1...........240
5:21..........118
6:50–53......924
12:18.........386
15:2..........521
16:10.........243
16:26–29.....201
16:34.........193
17:11–14.....263
17:21.........205
17:23–27.....263
21...........714, 732
21:1.........518, 720, 732,
          733
21:1–8.......725
21:2..........733
21:3..........733
21:15–18.....760
21:27.........760
24:4..........306
28:4–6.......521
29:1..........521
29:10–11.....271
29:11–12.....722
29:16.........667

2 Паралипоменон
книга 128, 352, 704,
          970
2:6...........184
2:11..........193

5:13..........193
6:14–15......196
6:23..........196
7:14..........627, 680
12:6..........196
12:12.........180
13:5..........978
15:1..........386
16:9..........186
18...........732
18:1–34......720
18:18.........710, 711
18:18–22.....722
18:20–21.....714
18:20–22.....715, 717
18:21–22.....717, 718
18:22.........748
19:9..........272
20:6..........106
20:14.........386
21:7..........263
24:20.........386
24:20–22.....128
30:8..........180
30:9..........194, 195
30:27.........196, 711
32:8..........437
32:21.........704, 759, 760
33:13.........233
34:14–16.....123

Ездры
книга 970
3:2...........733
5:2...........733
6:22..........235
7:10..........144
9:4...........91
9:15..........196
10:3..........91

Неемии
книга 352, 970
1–2..........54
1:5...........192
2:1–8........943
3:5...........168
8:5–6........111, 144
8:8...........801
9:6...........423, 705, 706,
          708, 709, 717,
          720, 746, 748

9:7...........522
9:8...........197
9:10..........231
9:13..........324
9:17..........194, 195
9:19..........195
9:20..........409, 410
9:25..........396
9:26–30.....196
9:30..........358, 359, 409
9:37..........437
13:5..........325

Есфирь
книга 48, 352, 704, 970

Иова
книга 48, 237, 334, 352,
          407, 704, 734,
          738, 969
1–2..........289, 714, 715,
          717, 720, 722,
          731, 768
1:1–2:10.....59
1:1–2:13.....726
1:6...........705, 707, 712,
          715, 743, 746,
          772
1:6–12......723
1:7...........715, 722
1:9–11......733
1:12..........235, 731, 768
1:13–19......731
2:1...........705, 707, 712,
          715, 743, 746,
          772
2:1–6.......723
2:2...........715
2:4–5.......733
2:6...........235, 731, 768
2:7–8.......731
2:9–10......731
3:3...........456
5:1...........707
5:17..........168
6:4...........168
7:11..........444
8:10..........440
9:2...........268
9:2–13......198
9:4...........192
9:15..........648

9:18.........439
9:20.........649
9:30−31......269
9:32−33......269
9:33.........805
9:37−38......192
10:8−11......456
10:9.........198
10:12........352
11:4.........42
11:7−8.......154
11:7−9.......187
11:7−12......42
11:10........198
12:10........228, 458, 514
12:13........192
12:23........233
14:5.........186, 225, 518
14:10........458
15:15........707
16:19........269, 340
16:21........269
18:14........457
19:12........707
19:13−19.....692
19:25........269
19:25−26.....437, 461, 888
19:25−27.....263, 279, 334,
            693
19:26........191
20:3.........440
21:20........168
22:2−3.......180
22:23........624
23:12........143, 823
23:13−14.....225
25:3.........707
26:6.........715
26:7.........118
26:13........205, 209, 219,
            228, 361, 407
26:14........154, 201
27:3.........439
27:6.........440
28:3.........154
28:12−28.....210
28:22........715
31:12........715
32:8.........205, 440
33:4.........191, 205, 228,
            361, 407

33:6.........198
33:13........198
33:23........269
33:23−28.....268
33:24........269
33:24−28.....269
33:25........269
33:27........269
33:28........269
34:10........196
34:13........106
34:14−15.....205, 209, 234
34:15........437
36:26........154, 182
37:1−13......233
37:5.........154
37:6−12......517
37:12−13.....517
38−41........237
38:1−39:30....42
38:4−7.......711, 715, 746
38:7.........705, 707, 708,
            710, 712, 717,
            720, 765, 772
38:17........784
41:11........196
42:2.........189, 517, 589,
            682
42:3.........626
42:6.........624, 626, 627
42:10........732
42:11........199

Псалтирь
книга 82, 86, 87, 96,
            127, 261, 272,
            334, 352, 704,
            746, 969
1 527
1:1−3 819
1:2..........60
1:2−3 ....678, 801
1:3..........66
1:3−6 393
1:6..........527
2 ....254, 255, 268,
            272, 342, 474
2:1−2 409
2:1−3 268
2:1−12 ......262, 263
2:2..........208, 279
2:4..........896

2:4−6 ....268, 897, 898
2:6−7 208
2:7..........219, 220, 254,
            255, 289
2:7−8 542
2:7−9 268
2:8−10 342
2:9..........504
2:10−12 268
4:2..........832
4:9..........233
5:5..........240
5:6..........196
5:8..........196
5:13.........233
7:10.........186
7:12.........196
7:13−14 233
8 189
8:4..........189, 711
8:4−9 ....230, 262
8:4−10 ......343, 898
8:5..........343, 420
8:5−9 ....433, 473, 484
8:6..........708
8:7..........585, 908
9:2..........440
9:3−6 168
9:5..........196
9:14.........784
9:25.........152
9:37.........897
10:4.........184
10:5.........185
10:6.........233
10:7.........185, 193, 648
11:7.........74, 746
13 140
13:1.........152, 767
13:3.........493
13:8.........273
14:2.........863
15:3.........670
15:8−10 263
15:8−11 262
15:9.........437
15:10........334, 335
16:15........191
17 189
17:3.........169, 782
17:3−4 192

17:26–27 180
17:31 78
17:32 . . . . 169, 185, 782
17:36 740
17:47 169
18 . . . . 74, 189
18:2 . . . . 76, 423
18:2–5 895
18:2–7 . . . . . . 76, 165
18:2–8 192
18:3 76
18:4–5 76
18:8 . . . . 96, 111
18:8–10 79
18:8–12 . . . . . 78, 110, 678
18:8–15 . . . . . 76, 110, 165
18:10 . . . . 96, 192
18:11 . . . . 74, 143
18:15 169
19:2 832
20:6 244
20:8 168
21 . . . . 272, 315–317, 320
21:2 . . . . 316, 320
21:2–32 262
21:4 196
21:7–9 316
21:8–9 263
21:9 317
21:13–14 316
21:15 317
21:15–16 316
21:16 316
21:17 . . . . 263, 267, 315, 316
21:19 . . . . 263, 316
21:20–22 316
21:27 440
21:29 . . . . 233, 517, 897
21:29–30 236
21:32 . . . . 316, 321
22 . . . . 82, 88, 166, 258
22:1 . . . . 166, 274
22:2 88
22:4 88
22:6 259
23 . . . . 189, 272, 333
23:1 . . . . 106, 604, 898
23:6 680
23:7–10 . . . . . . 242, 333

23:10 . . . . 166, 274
24:10 . . . . 140, 192
24:11 180
26:4 . . . . 60, 613, 680, 832
26:8 680
26:12 263
27:1 169
28 189
28:1 707
28:2 . . . . 197, 792
28:3 201
28:10 897
30:3–4 169
30:4 180
30:6 . . . . 140, 263, 352, 439, 440
30:7 . . . . 192, 763
30:16 186
31 . . . . 82, 650
31:1–2 369
31:1–7 726
31:5 832
32 189
32:4 192
32:5 . . . . 193, 514
32:5–6 191
32:6 . . . . 209, 210, 219, 228, 230, 258, 407, 423, 601, 612, 706, 748
32:9 . . . . 210, 228, 423
32:10 517
32:10–11 . . . . . 180, 682
32:11 . . . . 180, 199, 225, 516, 517
32:13 184
32:16–17 733
32:21 667
33:8 . . . . 713, 760, 762
33:9 . . . . 193, 515, 687
33:10 670
33:21 263
34:5–6 . . . . . . 713, 760
34:11 263
34:19 263
35:6 192
36:23–24 726
36:28 193
37:12 263
38:5 225
38:5–6 186

39:7–9 . . . . . . 262, 263, 281
39:9 . . . . 613, 622
39:12 192
40:10 . . . . 262, 263, 409
41:2–3 . . . . . . 613, 832
41:3 . . . . 167, 168
41:10 169
42:2–3 192
42:4 167
43:2–5 832
44 272
44:7–8 . . . . . . 207, 208, 262, 263
44:8 193
46 236
46:3–5 168
47:2 196
48 328
48:6–10 324
48:8–10 . . . . . 328, 330, 331
48:15–16 328
48:16 . . . . 264, 328
49:2 514
49:5 325
49:7–15 325
49:9–12 162
49:16 325
49:16–21 185
50 82
50:3–4 . . . . . . 195, 626
50:5–6 626
50:6 479
50:7 . . . . 109, 279, 486, 597, 881
50:12 440
50:13 . . . . 354, 361, 379, 388, 391, 439
50:14 627
50:17–21 324
50:19 627
50:21 185
51:3 514
52 140
52:2 . . . . 152, 767
53:9 192
54:13–15 264
56:3–4 168
56:4 192
56:11 195
57:12 196
58:14 897

61:3 169
61:7–8 169
61:12 . . . . 106, 189
62:2 437
62:2–3 832
62:7 60
62:9 233
64:3 233
65:7 233
67:7 208
67:15 168
67:17 217
67:18 . . . . 707, 710
67:19 . . . . 217, 262, 264
67:21 167
68:5 264
68:6 186
68:10 264
68:20–22 314
68:21–22 262
68:22 . . . . 264, 321
68:26 . . . . 262, 409
70:3 169
70:8 243
70:22 . . . . 192, 196
71 . . . . 272, 935, 936
71:1–19 264
71:2 197
71:4 342
71:6–17 262
71:16 342
71:18–19 244
72 239
72:15 772
74:7–8 233
75:11 235
76:12 231
76:15 167
77 180
77:1–2 262
77:2 264
77:15 262
77:29 225
77:35 169
77:39 437
77:41 359
77:49 748
77:58–59 197
77:68 193
78:1–7 197
78:9 180

80:13–17 186
80:14 607
81 . . . . 97, 720
81:6 . . . . 97, 716, 721, 773
81:6–8 168
82:17–19 168
83:2–3 832
83:3 . . . . 167, 168
84:14 197
85:5 195
85:9 243
85:15 . . . . 194, 195
87:4 891
87:12 715
88:4–5 . . . . 264, 925
88:4–38 262
88:6 . . . . 707, 712
88:7 707
88:8 . . . . 706, 707, 712
88:12 108
88:19 196
88:20 264
88:27 . . . . 169, 170
88:28–30 . . . . . 264, 897, 898
88:34 192
88:36–38 264
89:2–3 191
89:2–5 183
89:3 . . . . 108, 153, 168,
            179, 182, 722
89:5 182
89:10 485
90 94
90:1 168
90:6 747
90:9 168
90:9–12 168
90:11 763
90:11–12 . . . . . 713, 735
90:14 527
91:2 168
91:15 169
91:16 108
92:2 . . . . 168, 182
93:21 649
93:22 169
94:1 169
94:6 792
94:7–11 . . . . . . 218, 409
94:8–11 360
95:5 . . . . 185, 192, 747

95:6 201
95:7 189
95:13 192
96:7 . . . . 192, 763
96:9 168
96:12 196
97:1 . . . . 56, 196, 197
98:3 196
98:4 196
98:5 . . . . 196, 792
98:9 . . . . 64, 196, 197, 792
99:3 428
101 . . . . 217, 961
101:17 264
101:25–28 264
101:26–27 961
101:26–28 . . . 180, 217, 253,
            262, 273
101:27–28 182
101:28 722
102:1 196
102:8 . . . . 194, 195
102:8–9 195
102:11 190
102:12 329
102:13 . . . . 195, 665
102:17 168
102:17–19 236
102:19 . . . . 233, 896, 897
102:20 . . . . 707, 712
102:20–21 712
102:21 . . . . 707, 710
103 . . . . 108, 189
103:1–5 201
103:1–34 192
103:4 707
103:7 210
103:14 . . . . 233, 517, 678
103:14–15 514
103:21 233
103:24 187
103:27 517
103:28 233
103:29 234
103:30 . . . . 191, 205, 209,
            228, 407
104:3 . . . . 196, 197
104:4 680
104:21 168
105:1 . . . . 193, 514
105:8 . . . . 180, 512

105:9 210
105:15 225
105:30–31 330
105:31 649
105:33 439
105:37 . . . . 747, 753
105:37–38 766
105:40 180
105:47 197
106:1 193
106:8 514
106:18 784
106:20 210
107:8 197
108:4 . . . . .264, 718
108:6 . . . . .718, 733
108:6–19 262
108:7–8 264
108:8 409
108:20 718
108:21 180
108:28 718
109 . . . . 95, 100, 270, 272,
        957
109:1 . . . . .92, 98, 207, 208,
        216, 274, 309,
        335, 409
109:1–2 . . . . . . 474, 896, 901,
        957
109:1–7 . . . . . . 262, 264
109:2 . . . . .432, 898
109:4 . . . . .342, 761
110:4 . . . . .194, 195, 201
110:7 192
110:9 197
110:10 272
111:4 195
112–117 829
112:4 201
113:11 . . . . 180, 184, 189,
        198, 199, 516,
        517, 525, 589,
        682
113:12–16 192
113:24 . . . . 184, 430
114:5 . . . . .194, 197
117:1 193
117:22–23 . . . . 262, 264
117:26 264
118 . . . . 60, 61, 74, 91,
        410

118:7 196
118:12 410
118:15 61
118:16 60
118:18 . . . . 57, 143, 410, 823
118:23 61
118:25 210
118:26 410
118:27 . . . . 61, 410
118:33 410
118:33–34 57
118:34 410
118:37 678
118:43 . . . . 81, 96, 113, 140
118:44–45 60
118:47–48 60
118:48 61
118:62 . . . . 196, 324
118:64 410
118:66 410
118:68 . . . . 410, 514
118:71 678
118:73 410
118:75 196
118:78 61
118:86 192
118:89 . . . . 79, 111, 115, 119,
        120, 726
118:89–91 225
118:93 60
118:97 . . . . 61, 622
118:99 61
118:102 57
118:105 . . . . . . 74, 110, 210, 678
118:106 196
118:108 410
118:124 410
118:125 410
118:127 74
118:130 . . . . . . 57, 410
118:135 410
118:140 . . . . . . 74, 79
118:142 . . . . . . 111, 140, 192
118:144 410
118:148 61
118:151 . . . . . . 111, 140, 192
118:152 121
118:160 . . . . . . 81, 96, 111, 113,
        115, 120, 140,
        746
118:169 410

118:176 60
120:3 233
122:1 710
128:4 196
131:11 264
131:12–18 262
134:5 . . . . .108, 722
134:6 . . . . .198, 233, 516,
        517, 525, 589
134:17 439
135:1 193
135:5 187
135:26 167
137:2 96
137:8 180
138 186
138:1–3 187
138:1–6 . . . . . . 108, 722
138:2 186
138:5 805
138:6 155
138:7 . . . . .191, 209, 354
138:7–10 . . . . . 184, 228, 361,
        722
138:7–12 . . . . . 108, 191
138:7–16 186
138:8 891
138:13 447
138:13–16 . . . . 186, 456
138:15 447
138:16 . . . . 233, 516, 518
138:17–18 . . . . 155, 187
142:1 192
142:5 60
142:10 . . . . 354, 358
142:11 180
143:1 169
144 176
144:3 . . . . .154, 155, 190
144:4 231
144:5 60
144:8 195
144:9 514
144:11–12 231
144:11–13 897
144:20 185
144:21 196
145:6 192
145:8 193
146:5 . . . . .155, 192
146:8 895

147:4–7 210
147:7 210
148:1–6 230
148:2 . . . . 705, 710, 712,
   717, 720, 765
148:2–5 . . . . . 705, 708
148:4 710
148:5 . . . . 228, 612, 717,
   720
148:8 . . . . 210, 517
150:2 231
150:3–5 471

Притчи
книга 82, 969
1:1 82
1:7 63
2:1–5 514
2:6 192
3:1–2 514
3:11–12 665
3:12 193
3:19 210
3:34 194
4:2 42
4:23 440
6:12 717
6:23 74
8 . . . . 210, 274
8:22–31 192
8:22–36 210
9:10 . . . . 63, 192
10:1 82
11:7 883
11:14 . . . . 733, 808
11:20 180
12:5 859
12:22 180
13:1–2 514
13:24 514
13:25 666
14:32 884
15:11 . . . . 186, 715
15:13 440
15:22 808
16:4 . . . . 180, 225
16:9 518
16:18 352
16:33 . . . . 225, 233, 236,
   518
17:15 . . . . 648, 649
18:23 450

19:2 476
19:18 . . . . 514, 666
19:21 . . . . 180, 225
20:9 675
21:1 . . . . 198, 235, 517
23:7 . . . . 724, 739
24:6 733
25:1 . . . . 82, 127
27:17 678
27:19 724
27:20 715
28:13 832
30:3 196
30:4 264
30:5 . . . . 74, 96, 140, 746
30:5–6 . . . . . . 74, 78, 81, 108,
   113
30:6 . . . . 122, 131

Екклесиаста
книга 86, 969
3:1–2 457
3:11 77
3:19 439
3:20 425
3:21 439
4:5 437
7:20 675
9:5 460
11:9 429
12:1 206
12:6–7 457
12:7 . . . . 425, 440, 446,
   881
12:9 82
12:11 298

Песнь Песней
книга 48, 352, 969
1:2 278

Исаии
книга 48, 100, 210, 352,
   746, 969
1–12 278
1:1 127
1:2 . . . . 73, 476
1:11–15 324
1:12–17 196
1:13–15 325
1:16–17 628
1:16–20 58
1:18 58

1:24 189
2:1–4 785
2:2–4 . . . . 264, 342, 464,
   469, 472, 876,
   877, 899,
   904–908, 940,
   959
2:11 959
2:12 956
3:10–11 196
4:2 . . . . 270, 279
4:4 . . . . 617, 734
5:1–7 790
5:15–16 196
5:16 196
5:19 516
5:23 648
6 . . . . 260, 707, 983
6:1 . . . . 217, 762
6:1–3 217
6:1–4 . . . . 78, 707, 708, 711,
   712, 763
6:1–5 166
6:1–8 379
6:1–13 145
6:2 707
6:3 . . . . 64, 174, 196, 201,
   212, 217, 274,
   707, 765
6:4 201
6:5 274
6:6 707
6:6–13 140
6:8 . . . . 207, 218, 364,
   762
6:8–10 360
6:9–10 . . . . . . 218, 264, 409,
   536, 608
6:10 217
7:10–12 278
7:13–14 278
7:14 . . . . 92, 264, 274, 278,
   323, 878
8:14–15 264
9:1–2 264
9:6 . . . . 252, 253, 268,
   274, 279, 760
9:6–7 . . . . 197, 282, 343,
   469, 785, 794
9:7 . . . . 166, 342, 907
9:8 210

9:8–10 210
9:12 323
9:13 625
10:1–8 . . . . . . 517, 518
10:5 235
10:5–7 235
10:15 198
10:20 . . . . 196, 197
11 . . . . 436, 472, 500,
           876, 884, 906,
           933, 936
11:1 . . . . 270, 393
11:1–2 358
11:1–10 264
11:2 . . . . 209, 353, 354,
           359, 393, 412
11:2–3 292
11:2–16 412
11:4 . . . . 196, 469
11:5 . . . . 393, 469
11:6–9 908
11:6–12 342
11:6–16 393
12:6 197
13–23 905
13:6 . . . . 168, 956
13:9 . . . . 503, 956
13:10 . . . . 711, 879
13:11 503
13:21 747
14 . . . . 480, 714, 766
14:1 195
14:4–21 . . . . . 743, 766
14:11–12 481
14:12 . . . . 707, 718, 766
14:12–13 720
14:12–14 . . . . 719, 720, 743,
           766
14:13 717
14:13–14 . . . . 168, 743, 766
14:14 . . . . 478, 481
14:24 . . . . 189, 225
14:27 . . . . 189, 517
16:4–5 264
16:5 196
17:10 169
19:16–25 . . . . 876, 959
19:18 342
19:24–25 . . . . 469, 903, 905,
           908
22:21–25 264

24 . . . . 939, 954
24:1 954
24:5 . . . . 927, 939, 954
24:20 961
24:21 . . . . 745, 748, 758
24:21–22 745
24:21–23 939
24:22 758
24:23 . . . . 274, 333, 342,
           897
25 876
25:8 . . . . 264, 883, 938
25:9 411
26:4 . . . . 165, 169, 192
26:9 . . . . 440, 444, 445
26:19 . . . . 462, 888
26:19–20 691
27:1 . . . . 717, 718, 721,
           752
27:6 . . . . 466, 899, 905,
           959
28:11 846
28:11–12 854
28:16 264
29:13 137
29:16 198
29:18 264
29:23 196
29:24 42
30:1 359
30:20 . . . . 298, 301
30:29 169
31:1 196
32:1 927
32:6 440
32:15 . . . . 357, 412, 617
32:15–20 927
33:22 . . . . 196, 236
34:4 748
34:8 . . . . 952, 956
34:8–16 412
34:14 747
34:16 412
34:61:2 956
35 . . . . 436, 472, 900
35:5–6 265
35:10 194
36:10 199
37:4 168
37:17 168
37:32 197

37:36 . . . . 118, 710, 760
38:1 198
38:5 198
38:10 784
40 239
40–48 . . . . 62, 215
40:3 274
40:3–5 265
40:6 437
40:8 . . . . 79, 111, 119, 121
40:11 . . . . 265, 790
40:12–13 228
40:13 . . . . 186, 361
40:13–14 187
40:15–17 198
40:18 185
40:26 748
40:28 . . . . 154, 168, 170,
           182, 190, 192,
           364
41:4 . . . . 153, 165, 180,
           182, 183
41:8 522
41:14 197
41:20 197
41:22–26 . . . . 186, 188
41:29 185
42:1 . . . . 268, 289, 292,
           439, 521, 523
42:1–2 310
42:1–3 292
42:1–4 . . . . . . 358, 412
42:1–6 265
42:1–7 513
42:3 342
42:5 . . . . 161, 162, 189,
           228, 446
42:8 . . . . 242, 271, 361,
           513, 569, 833
42:8–9 186
42:9 188
42:13 197
43:1 194
43:3 197
43:4 193
43:6 772
43:6–7 . . . . . . 430, 791
43:7 229
43:9 648
43:9–12 . . . . . 186, 188
43:10 . . . . 180, 215, 516

43:10–11 185
43:11 569
43:14 197
43:14–15 196
43:15 . . . . 64, 194, 274
43:21 194
43:25 513
43:26 648
44:1 522
44:2–5 411
44:3 . . . . 357, 412, 617
44:6 . . . . 153, 180, 183,
            185, 722
44:6–8 186
44:7 188
44:8 169
44:9–10 192
44:9–20 185
44:24 . . . . 189, 423, 456,
            516
44:28 . . . . 107, 731
45:1 731
45:4 . . . . 522, 524
45:5 . . . . 185, 233
45:5–7 . . . . . . 180, 241, 363
45:7 240
45:9 198
45:11 197
45:12 189
45:18 . . . . 189, 228
45:21–25 197
45:22 606
46:9–10 . . . . . . 589, 682, 873
46:9–11 186
46:10 . . . . 180, 188, 189,
            198, 225, 516,
            517, 525, 742
46:10–11 . . . . 180, 517
47:4 . . . . 197, 667
47:11 330
48:9 . . . . 180, 513
48:9–11 791
48:11 . . . . 242, 361, 513,
            569, 833
48:12 . . . . 165, 180, 211,
            212
48:13 189
48:14 . . . . 193, 516
48:16 . . . . 211, 212, 268,
            364
49:1 319

49:1–6 464
49:3 . . . . 791, 906
49:3–6 503
49:6 265
49:7 . . . . 192, 196, 197
49:13–18 195
50:6 265
50:6–7 313
51:1 169
51:17 321
51:22 321
52:10 197
52:13 . . . . 279, 332, 904
52:13–53:12 . . 265, 326, 330,
            503
52:14–15 332
52:15 926
53 . . . . 107, 323, 330,
            331, 503, 878,
            879
53:1 . . . . 217, 265, 274
53:1–12 785
53:3 . . . . 277, 501
53:3–6 927
53:4 . . . . 330, 551
53:4–5 265
53:4–6 . . . . . . 331, 650
53:5 . . . . 330, 552, 578
53:6 . . . . 329, 330, 332,
            551, 556, 568,
            605, 650
53:7 . . . . 265, 310, 397,
            549
53:8 . . . . 220, 304, 331
53:9 . . . . 265, 331
53:10 . . . . 305, 322, 331,
            332, 590
53:10–11 . . . . 321, 331
53:10–12 542
53:11 . . . . 289, 331, 332,
            551
53:11–12 265
53:12 . . . . 265, 331, 332,
            551, 576
54:5 . . . . 194, 196, 206
54:8 195
54:16 180
55:1 . . . . 606, 617
55:3 606
55:4 265
55:5 . . . . 197, 265

55:6–7 606
55:7 . . . . 195, 605, 627
55:8–9 58
55:9 . . . . 155, 726
55:10–11 75
55:10–13 210
55:11 . . . . 74, 189, 210, 823
56 464
56:6–8 323
56:7 94
57:15 . . . . 153, 182, 185,
            196, 602, 667
59:2 560
59:16–20 197
59:17 . . . . 739, 741
59:20 624
59:20–21 . . . . . 265, 913, 927
59:21 . . . . 119, 409, 412,
            823
60 906
60:1–3 265
60:5–7 472
60:10 195
60:21 229
61:1 . . . . 211, 265, 268,
            289, 354, 364,
            386
61:1–2 . . . . 210, 265, 292,
            411
61:1–3 . . . . . . 292, 358
61:2 411
61:3 229
61:4 342
61:6 342
61:8 . . . . 211, 927
61:9 . . . . 211, 342
61:10 651
62:1–4 265
62:12 265
63:1–3 265
63:4 956
63:7–10 . . . . . . 211, 212, 268
63:9 . . . . 193, 194, 759,
            760
63:10 . . . . 209, 353, 359
63:10–11 361
63:11 . . . . 379, 409
63:14 409
63:15 197
63:16 . . . . 170, 205
64:6 . . . . 368, 734

64:8 . . . . 170, 180, 198
65 876
65–66 472
65:3 747
65:9 265
65:11 747
65:16 140
65:17 . . . . 691, 961
65:17–25 . . . . . 265, 472, 884,
            906, 935, 938,
            959
65:20 . . . . 452, 504, 910,
            938, 950, 960
65:21–22 342
65:23 . . . . 452, 910
66 876
66:1 . . . . 161, 184
66:2 145
66:22 961
66:22–23 890
66:22–24 890
66:24 890

Иеремии
книга 123, 125, 970
1:1–2 127
1:4–10 260
1:5 . . . . 88, 186, 456
1:10 521
2:5 185
2:11 185
3:4 . . . . 170, 194
3:8–10 747
3:10 625
3:17 342
3:19 . . . . 170, 194
4:1–4 625
5:14 . . . . 74, 210
6:10 608
7:4 213
7:11 94
7:31–32 890
8:6 624
8:8–9 111
9:23–24 55
9:24–25 727
10:8 192
10:10 . . . . 140, 168, 186,
            192
10:12 192
10:14–15 185
10:23 518

11:20 . . . . 186, 196
12:1 648
12:15 195
14:7 . . . . 180, 667
14:9 667
14:21 180
15:15 195
15:16 143
16:17 186
16:18 185
17:9 . . . . 440, 441, 493,
            514, 609
17:9–10 186
18:1–10 198
18:6 . . . . 180, 198
18:8 180
18:10 180
18:11 625
18:11–12 625
18:23 186
20:9 74
20:12 186
22:18 168
23:5 . . . . 167, 270, 279
23:5–6 . . . . 167, 265, 270
23:6 . . . . 167, 186
23:14–16 . . . . . 797, 855
23:23 180
23:23–24 184
23:24 . . . . 228, 361
23:29 . . . . 74, 210
23:36 168
24:6–7 411
25:5 625
25:9 731
25:12 942
25:15–17 321
25:27–29 321
26:1–2 81
26:2 . . . . 78, 122, 140
26:2–7 186
26:3 . . . . 180, 625
26:18 127
29:10 942
30:1–4 92
30:2 79
30:7 . . . . 907, 952, 954
30:9 265
30:18 195
31:3 193
31:9 . . . . 194, 663

31:15 265
31:19 . . . . 624, 627
31:20 . . . . 194, 195
31:22 265
31:27 928
31:31 928
31:31–32 922
31:31–34 . . . . . 218, 265, 617,
            899, 913, 926,
            927
31:32 926
31:33 . . . . 441, 926
31:33–34 . . . . . 360, 409
31:35 895
31:36 927
31:37 895
31:38 928
31:40 927
32:17 . . . . 108, 423, 722
32:19 186
32:27 . . . . 189, 190
32:40 927
32:41 927
33:11 193
33:14–22 270
33:15 . . . . 197, 270, 279
33:15–17 265
33:20–21 924
34:5 168
35:15 625
36 123
36:4 123
36:23 . . . . 119, 123
36:27–28 123
36:32 . . . . 83, 123
38:17–20 186
43:10 731
46:10 956
50:5 927
51:5 196
51:17–18 185

Плач Иеремии
книга 125, 970
3:20 439
3:22 195
3:22–23 . . . . . . 180, 192
4:21–22 321

Иезекииля
книга 352, 970
1 708

1–24 905
1:4–28 707
1:5–14 707
2:2 . . . . 385, 756
3:4–6 186
3:12 386
3:14 386
3:24 . . . . 385, 386, 409,
          756
3:27 409
5:13 197
6:13–14 165
7:27 165
8:3 386
8:13 494
10:1–20 707
10:15 708
10:20–22 707
11:1 386
11:5 . . . . 186, 386, 823
11:10 165
11:18–20 617
11:19 . . . . 385, 412, 609,
          613
11:23 333
11:24 . . . . 386, 823
12:16 165
13:3–9 . . . . . . 797, 855
13:5 956
16 715
16:14 201
16:23–43 747
16:32 790
16:42 197
16:53–63 927
16:60–62 927
16:60–63 194
17:22–24 265
18:4 . . . . 324, 515
18:20 . . . . 324, 491
18:21 625
18:23 . . . . 199, 590, 606,
          607
18:25–30 237
18:31–32 589
18:32 . . . . 199, 515, 591,
          606, 607
20:1–45 92
20:4–10 326
20:7–8 326
20:8 . . . . 326, 554

20:9 180
20:14 180
20:22 180
20:32 440
20:33 913
20:33–38 913
20:34 913
20:35–36 913
20:37 913
20:38 914
20:44 180
21:7 439
21:26–27 265
23:22–30 747
23:25 197
23:31–34 321
25–32 905
27:8 859
28 . . . . 480, 714, 766
28:1–19 . . . . . . 743, 766
28:2 766
28:6 766
28:11–19 743
28:12–17 . . . . . 720, 766
28:13 . . . . 480, 715, 720,
          743
28:13–14 743
28:14 . . . . 481, 707, 715
28:15 . . . . 481, 706, 708,
          715, 720, 743
28:16 . . . . 707, 743
28:22 . . . . 196, 241
28:24 737
30:3 . . . . 956, 957
33:11 . . . . 199, 200,
          589–591, 606,
          607
33:19 627
34:23–24 266
34:25–27 927
36:5 197
36:5–38 197
36:21–22 229
36:21–23 197
36:22–23 513
36:23 196
36:25–26 612
36:25–27 . . . . . 357, 611, 617,
          669
36:25–31 411
36:26 . . . . 441, 609, 613

36:26–27 . . . . . 385, 412, 661,
          899, 926
36:27 . . . . 613, 660
37:1 386
37:1–11 611
37:9–14 357
37:11 611
37:12 611
37:12–14 . . . . . 910, 911
37:13–14 165
37:14 . . . . 385, 412, 611,
          660
37:21–28 927
37:24–28 343
37:26 927
37:27 165
38:16–23 196
38:19 197
39:7 . . . . 196, 229
39:21–29 197
39:25 . . . . 164, 197
39:27 196
39:29 . . . . 357, 412
40–48 342
43:2–5 334
43:5 386
43:8 196
44:10 924
44:15 924
48:11 924
48:35 167

Даниила
книга 48, 100, 352, 706,
          707, 970
1 471
1–6 54
2 . . . . 469, 899
2:21 517
2:31–45 233
2:31–46 258
2:34–35 266
2:44 897
2:44–45 266
2:46–47 402
3 471
3:16–18 467
3:25 760
3:26 168
3:28 . . . . 759, 760
3:32 168
3:33 897

4:5–6 385
4:10 . . . . 706, 707
4:14 . . . . 168, 198, 706,
            707, 897
4:15 385
4:20 . . . . 706, 707
4:21–22 168
4:22 . . . . 198, 199, 897
4:29 198
4:31 168
4:31–32 . . . . . 236, 897
4:32 . . . . 168, 189, 198,
            199, 233, 516,
            517, 525, 682
4:34 . . . . 168, 192, 274
4:35 180
5:11–14 385
5:18 168
5:18–21 168
5:20 440
5:21 168
5:23 185
6:3 385
6:7 467
6:10 467
6:20 168
6:22 . . . . 759, 760
6:26 168
7 899
7–8 107
7:7–8 955
7:8 . . . . 943, 955
7:10 . . . . 710, 711
7:13 . . . . 260, 280, 309,
            341, 879
7:13–14 . . . . . 266, 794
7:18–27 670
7:21 955
7:23–25 955
7:25 168
7:26–27 939
7:27 266
8:1–8 748
8:9–14 955
8:13 707
8:13–27 708
8:16 . . . . 707, 712, 974
8:20–22 748
8:23–25 955
9:2 . . . . 127, 942
9:3–19 942

9:4 192
9:9 195
9:13 . . . . 624, 625
9:14 196
9:17–18 667
9:18 195
9:18–19 513
9:19 180
9:20–21 78
9:20–23 706
9:20–27 708
9:21 . . . . 707, 712, 974
9:21–23 712
9:24 . . . . 942, 945, 954
9:24–27 . . . . . 266, 789, 928,
            931, 941, 944,
            945
9:25 943
9:26 . . . . 905, 943, 945,
            955
9:26–27 955
9:27 . . . . 499, 879, 902,
            904, 907, 915,
            931, 943–946,
            952–956
10:1–13 706
10:10 712
10:10–21 708
10:12 110
10:13 . . . . 706, 707, 711,
            713, 722, 748
10:14 712
10:16 706
10:18 706
10:20 . . . . 706, 707, 713,
            748
10:20–21 711
10:21 . . . . 707, 713, 722,
            748
11:2 748
11:36 943
11:36–45 955
11:37 955
11:45 956
12:1 . . . . 707, 713, 722,
            748
12:1–2 888
12:2 . . . . 424, 438, 460,
            462, 691, 693,
            889, 909–911,
            959

12:3 765
12:5–13 708

Осии
книга 48, 969
1:4 897
1:10 . . . . 168, 772
2:6 737
2:21–23 195
3:1–5 790
3:5 . . . . 266, 625
4:6 819
5:4 625
5:15 680
8:14 194
10:2 196
10:8 313
11:1 . . . . 193, 194, 266,
            663
11:4 193
11:9 . . . . 196, 197, 429
12:3–4 760
12:4 760
14:5 . . . . 180, 193

Иоиля
книга 45, 352, 386, 969
1 956
1:15 . . . . 168, 956, 957
2 . . . . 914, 956
2:1 956
2:11 956
2:12–13 625
2:13 . . . . 194, 195
2:28–29 . . . . . 357, 412, 617
2:28–32 266
2:29 978
2:31 956
2:32 . . . . 217, 274
3 . . . . 914, 915, 956
3:1–2 914
3:1–16 914
3:2 914
3:11 707
3:12 914
3:14 . . . . 956, 957

Амоса
книга 969
2:7 196
3:2 . . . . 522, 527
4:13 439
5:18 956

5:20 956
5:21–23 196
7:3 180
7:6 180
7:8 74
8:9 266
9:8–15 342
9:11–12 . . . . . 266, 899
9:11–15 . . . . . 464, 905

Авдия
книга 352, 969
15 956

Ионы
книга 969
2:1 100
2:2–3 832
2:10 569
3:5–6 627
3:9–10 180
3:10 . . . . .180, 627
4:2 . . . . .180, 194, 195

Михея
книга 352, 969
1–3 905
2:12–13 266
2:13 274
3:8 . . . . .389, 409
4:1–8 . . . . 266, 342
4:34 342
5:2 . . . . .92, 253, 266, 273,
       323, 878
6:6–8 . . . . 324, 922
7:19 . . . . .195, 329
7:20 196

Наума
книга 352, 970
1:2 197
1:3 195
1:15 717

Аввакума
книга 970
1 199
1:12 . . . . .169, 196
1:13 196
2:2–3 239
2:4 636
2:14 266
2:16 321
2:19 185

3:1–18 239

Софонии
книга 352, 970
1:3 342
1:7 956
1:14 956
1:15 . . . . .342, 952
3:5 196
3:8 197
3:9 342
3:17 . . . . .193, 342

Аггея
книга 352, 970
1:1 733
2:1–9 270
2:5 409
2:6–9 . . . . 166, 342
2:7 280
2:23 521

Захарии
книга 52, 270, 352, 746,
       970
1:9–6:5 . . . . . . 704, 708
1:11–12 760
1:11–21 274
1:12 760
1:12–13 . . . . . .209, 274, 762
1:13 760
1:14 197
1:20 274
2:10–13 266
3 . . . . 714, 733
3:1 . . . . .717, 718
3:1–2 720
3:1–5 . . . . 722, 727
3:1–10 760
3:2 733
3:3–4 . . . . 209, 734
3:8 . . . . .266, 270, 279,
       733
3:9 734
4 . . . . 294, 500
4:3–6 412
4:6 . . . . .166, 294, 389
4:11–14 412
4:14 294
6:12 . . . . .270, 279
6:12–13 . . . . . .266, 270, 342
7:12 . . . . .75, 111, 358, 409
8:6 . . . . .189, 190

8:13 342
8:17 196
8:23 342
9:9 . . . . .266, 944, 945
9:9–10 945
9:10 945
10:3 180
11:12–13 266
12:1 . . . . .189, 446
12:10 . . . . .52, 194, 266, 354,
        358, 412, 785,
        906, 945
12:10–13:1 734
13:1 617
13:2 748
13:7 . . . . .98, 252, 266
13:7–9 239
14 . . . . 921, 936, 938,
        939, 958
14:1 956
14:1–2 938
14:1–9 907
14:1–11 342
14:3–4 958
14:4 . . . . .334, 913, 938
14:5 707
14:8–9 785
14:8–21 785
14:9 . . . . .879, 897, 913,
        925, 933, 938,
        959
14:16–17 342
14:16–19 . . . . .327, 504, 938,
        960

Малахии
книга 48, 125, 132, 352,
       366, 464, 970
1:2 193
1:6–7 163
1:11–14 163
1:14 45
2:10 663
2:15 . . . . .352, 366
2:16 . . . . .366, 641
3:1 . . . . .209, 266, 704,
       759, 760
3:1–2 366
3:2–3 962
3:3 266
3:6 . . . . .180, 189
3:8–10 325

4:2 . . . . 197, 280
4:2–3 266
4:3 73
4:4–6 131
4:5 956
4:5–6 . . . . 266, 295
4:6 342

Матфея
книга 45, 101, 270, 277,
                   295, 336, 366,
                   704, 705, 970
1:1 . . . . 263, 264, 277,
                   469, 878, 900,
                   905, 921, 925
1:2–3 323
1:5 464
1:6 45
1:18 . . . . 278, 352, 354,
                   357, 358, 361,
                   366, 379, 440,
                   544
1:18–20 277
1:18–23 . . . . . . 277, 712
1:18–24 709
1:18–25 . . . . . 86, 252
1:20 . . . . 209, 255, 265,
                   289, 292, 358,
                   440, 704, 759
1:21 . . . . 280, 282, 571,
                   579, 756
1:22 . . . . 75, 366
1:22–23 . . . . . . 92, 127, 264, 278
1:23 . . . . 216, 264, 267,
                   274, 277, 278,
                   323
1:24 . . . . 704, 759
1:25 86
2:1 . . . . 266, 281
2:1–12 465
2:2 . . . . 257, 263, 264,
                   271, 323
2:5 92
2:5–6 323
2:6 323
2:11 257
2:13–15 . . . . . . 709, 712
2:15 . . . . 92, 266
2:17–18 . . . . . . 92, 265
2:19–21 712
2:19–23 709
2:22 552

2:23 280
3:2 . . . . 503, 785, 880,
                   900
3:3 265
3:5–6 550
3:6 825
3:8 . . . . 628, 790
3:8–10 393
3:9 . . . . 189, 190
3:11 . . . . 209, 550, 824,
                   927
3:11–12 372
3:12 372
3:13–15 297
3:13–17 . . . . . . 289, 358, 824
3:14 550
3:15 . . . . 289, 356, 544,
                   545, 550, 568,
                   638, 653
3:16 . . . . 217, 354–356
3:16–17 . . . . . 93, 202, 216, 292,
                   364
3:17 . . . . 78, 256, 263, 264,
                   289, 356
4 734
4:1 . . . . 202, 281, 292,
                   354, 358, 717,
                   718
4:1–2 283
4:1–11 . . . . . . 59, 94, 127, 289,
                   290, 715, 721,
                   723, 725
4:2 281
4:2–3 . . . . 289, 734
4:3 . . . . 718, 734
4:3–11 715
4:4 . . . . 74, 78, 138, 143,
                   823
4:5–6 . . . . 289, 734
4:6 . . . . 734, 735
4:6–7 119
4:7 . . . . 735, 823
4:8–9 . . . . 290, 734
4:10 . . . . 94, 719, 763, 768,
                   823, 833
4:11 . . . . 709, 712, 764
4:12–16 323
4:14–16 . . . . . . 92, 127, 264
4:17 . . . . 472, 474, 503,
                   601, 628, 785,
                   880, 900, 905

4:19 793
4:23 . . . . 144, 785
4:23–24 . . . . . 301, 794
4:24 . . . . 750, 754
5–7 . . . . 116, 900, 908
5:1 296
5:3 . . . . 357, 440, 785
5:4 . . . . 613, 624, 627
5:5 396
5:6 . . . . 613, 633
5:8 . . . . 191, 441
5:10–12 690
5:12 896
5:13 297
5:13–16 . . . . . . 67, 298
5:14–16 299
5:16 244
5:17 94
5:17–18 . . . . . . 97, 98, 879
5:18 . . . . 97, 115, 119, 121,
                   122
5:18–19 95
5:20 . . . . 297, 398, 549,
                   644, 650, 653,
                   785
5:21–22 300
5:22 890
5:27–28 300
5:29–30 297
5:31–32 300
5:33–34 300
5:34 184
5:37 718
5:38 552
5:38–39 300
5:42–48 432
5:43–44 300
5:44–45 589
5:45 . . . . 76, 170, 233, 501,
                   514, 517
5:48 . . . . 64, 170, 190, 193,
                   379, 540, 547,
                   549, 604, 644,
                   650, 653, 673
6:2 860
6:4 218
6:5–6 832
6:5–14 832
6:6 218
6:7 832
6:8 . . . . 186, 218

6:8–9 170
6:9 . . . . .184, 665, 789,
              896
6:10 . . . . .343, 862,
              896–898
6:11 832
6:11–12 675
6:12 636
6:13 . . . . .718, 742, 832
6:14 218
6:14–15 170
6:16 300
6:18 170
6:26 . . . . .170, 219, 233,
              517
6:29 99
6:32 . . . . .170, 186
6:33 726
7:2 297
7:6 311
7:7 233
7:11 . . . . .493, 665
7:12 95
7:13 . . . . .575, 592
7:13–14 531
7:15 . . . . .409, 722, 786,
              797, 838, 855
7:15–17 797
7:16–20 . . . . . 393, 398
7:18 673
7:19 . . . . .674, 891
7:21 . . . . .170, 198, 199,
              216
7:21–23 . . . . . 685, 722, 786
7:22 . . . . .748, 751
7:22–23 575
7:23 . . . . .404, 527, 528,
              592, 658
7:24–25 782
7:24–27 299
7:28 43
7:28–29 . . . . . 42, 45, 95, 139
7:29 . . . . .296, 301
8:2–3 852
8:2–4 302
8:4 100
8:5–13 . . . . . . 302, 465
8:11 99
8:12 898
8:14–15 302
8:16 . . . . .302, 440, 746,

748, 750, 754,
              755
8:16–17 852
8:17 . . . . .127, 265
8:23–27 302
8:26–27 218
8:28 . . . . .751, 754
8:28–34 . . . . . 302, 750, 755
8:29 . . . . .745, 746,
              751–753
8:31 . . . . .746, 748, 752
8:32 . . . . .753, 755, 794
8:33 754
9:1–8 852
9:2–7 302
9:4 . . . . .277, 440
9:5–6 654
9:6 794
9:15 274
9:16 299
9:17 299
9:18–19 302
9:20–22 302
9:22 654
9:25 218
9:27 925
9:27–31 302
9:30 265
9:32 754
9:32–33 . . . . . 302, 751, 757
9:32–34 . . . . . 750, 755, 769
9:33 755
9:34 . . . . .718, 749
9:35 785
9:36 . . . . .195, 281
9:37–38 832
10:1 . . . . .744, 746, 749,
              750, 846, 852
10:1–2 796
10:1–8 . . . . . . 751, 753
10:1–15 303
10:5–7 . . . . . . 465, 900
10:8 . . . . .750, 846
10:14–15 454
10:16 355
10:20 . . . . . . .170, 217, 354,
              409
10:22 . . . . . . .585, 684
10:24–25 789
10:28 . . . . . . .439, 443, 444,
              883, 890, 977

10:29 . . . . .170, 198, 233,
              517
10:29–31 236
10:30 . . . . .186, 233
10:32–33 . . . . 170, 216, 825
10:37–39 633
10:39 . . . . .297, 439
11–12 472
11:2–5 900
11:4–5 301
11:5 . . . . .264, 265
11:10 . . . . .266, 765
11:12 947
11:14 266
11:18 . . . . .749, 754
11:20–24 . . . . 99, 494, 880, 900,
              905
11:21 . . . . .186, 627
11:23–24 454
11:25 236
11:25–26 . . . . 180, 199, 537
11:25–27 216
11:26–27 170
11:27 . . . . .186, 252, 794
11:28 633
11:28–30 . . . . 298, 606
11:29 . . . . .396, 397
11:30 . . . . .396, 397
12 . . . . .495, 496
12:1–7 370
12:1–8 94
12:1–21 495
12:3 99
12:3–4 92
12:8 . . . . .370, 495
12:9–13 370
12:9–14 302
12:12 301
12:13 370
12:15–21 . . . . 292, 358
12:17–21 . . . . 127, 265
12:18 280
12:22 . . . . .265, 302, 370,
              750, 754, 757,
              794
12:22–24 . . . . 495, 755
12:22–29 . . . . 744, 755, 769,
              770
12:22–32 . . . . 880, 900
12:23 . . . . .280, 370

12:24.........716, 718, 719,
           749, 905
12:25−26 .... 370, 495
12:27.........370, 495
12:28.........289, 292, 358,
           361, 495, 900
12:29.........564, 719, 947
12:30.........297
12:30−32 .... 293, 495
12:31.........359, 370
12:31−32 .... 360, 370, 495,
           496, 978
12:32.........370
12:33.........393, 398, 626
12:38−42 100
12:39−40 127
12:39−41 99
12:40.........99
12:41.........626, 827
12:42.........99, 298, 300
12:43−45 .... 746, 752
12:45.........748, 749, 752
12:46−50 666
12:50.........170, 198, 199
13 ....296, 297, 952
13:3.........140
13:3−4 725
13:3−9 ...... 685, 817, 900
13:3−23 299
13:3−52 785
13:5−7 66
13:10−17 880
13:10−23 74
13:11.........45, 900
13:11−12 298
13:11−16 785
13:13−15 127
13:14.........95
13:14−15 ..... 100, 264
13:15.........608, 625, 626
13:18−19 725
13:18−22 393
13:18−23 ..... 398, 685, 900
13:19.........46, 140, 718, 720,
           785, 947
13:20−22 66
13:21.........817
13:23.........393, 398
13:24.........46
13:24−30 .... 299, 725, 786,
           900

13:25.........717
13:27−30 713
13:28.........717
13:30.........952
13:31−32 ..... 265, 299
13:31−33 ..... 901, 935
13:33.........299
13:34.........298
13:34−35 264
13:35.........127, 262
13:36.........298
13:36−43 ..... 296, 713, 900
13:38.........718, 719, 722,
           908
13:39.........709, 717
13:39−43 713
13:40.........722, 952
13:41.........342, 709
13:41−42 950
13:44.........46, 299, 627, 633
13:44−46 623
13:45.........46
13:45−46 ..... 299, 633
13:47.........46
13:47−50 299
13:48−50 952
13:49.........709
13:50.........604
13:52.........46
13:54.........300, 856
13:58.........303
14:1−12 310
14:13−21 .... 302, 424
14:14.........195
14:22−33 302
14:23.........281, 322, 832
14:33.........216, 218, 257,
           271
15:1−11 95
15:2.........799
15:2−6 44
15:3−7 319
15:3−9 96
15:8.........622
15:8−9 137
15:13.........170, 219
15:14.........96
15:15.........809
15:19.........440
15:21−28 .... 750, 755
15:22.........754, 925

15:22−28 302
15:26.........297
15:32−39 302
15:34−39 424
16 ....725, 783
16:13−23 59
16:15.........298
16:16.........101, 216, 782
16:16−17 809
16:16−19 770
16:17.........170, 219
16:18.........781−784, 788,
           791, 795
16:19.........770
16:21.........281, 293, 901
16:21−23 ..... 726, 745
16:23.........58, 267, 297, 743,
           766
16:27.........273, 333, 709,
           713
16:28.........293
17:2.........276, 293
17:3.........294
17:5.........78, 216, 256
17:5−7 93
17:9.........281, 336
17:10−12 266
17:14−18 757
17:14−20 ..... 302, 755
17:14−21 750
17:15.........751
17:20.........860
17:22.........304
17:24−27 ..... 297, 302
18 841
18:10.........170, 191, 711,
           713, 762, 763
18:12−14 299
18:14.........170
18:15.........836
18:15−17 .... 812, 836, 841
18:15−18 770
18:15−20 .... 498, 837, 839,
           863
18:16.........836
18:17.........737, 836
18:18−20 837
18:19.........170
18:20.........218, 273
18:21.........298, 635
18:23−35 299

18:35.........170, 440
19:3–9 94
19:4.........227, 425, 428,
           448
19:4–5 ...... 99, 230
19:4–6 450
19:6.........641
19:8.........227
19:13.........322
19:13–14 785
19:18.........453
19:22.........627
19:23–24 45
19:26........189, 190, 218
19:28........263, 368, 469,
           611, 876, 877,
           900, 901, 906,
           908, 925, 941,
           959, 962
19:28–29 472
20:1–16 ...... 238, 299
20:3.........562
20:13–16 198
20:15.........198, 536, 608
20:18.........304
20:26–28 817
20:28........552, 562, 565,
           576
20:29–34 ..... 302, 852
20:34........195, 265
21:1–8 945
21:4–5 ...... 127, 266
21:5.........266
21:9.........264, 280
21:11.........270
21:12–13 ..... 94, 296, 297
21:14.........265, 852
21:15.........925
21:18.........281
21:18–19 302
21:18–22 298
21:19.........218
21:28–32 299
21:29–32 626
21:32.........625
21:33–45 299
21:39.........331
21:42.........262, 264
21:43.........784, 785, 898
21:45.........304
21:46.........304

22:1–14 785
22:2–14 ...... 299, 606
22:14.........531, 600, 603,
           608
22:21.........467
22:29.........770
22:30.........452, 706, 709,
           711, 771
22:31–32 97
22:32.........97, 99, 305
22:34–40 397
22:36–40 435
22:37.........439, 724, 833
22:41–45 ..... 98, 207, 264, 274
22:41–46 335
22:43.........409
22:43–44 100
22:43–45 ..... 99, 262
22:44–45 92
23–25........302
23:1–36 304
23:2.........317
23:8.........296
23:13.........785
23:23.........324
23:26.........626
23:33.........890
23:35.........99, 239
23:37–25:46 .. 258
23:37–39 900
23:38.........905
23:39.........264
24 .... 902, 928, 929,
           952
24–25........879, 914, 928,
           929, 931, 946,
           951, 952, 958
24:3.........341, 958
24:4–7 953
24:4–8 953
24:5.........722, 930
24:9.........952, 953
24:10.........953
24:11.........722, 855, 953
24:12.........953
24:12–13 684
24:13.........602
24:14.........785, 930, 953
24:15.........99, 100, 499, 879,
           907, 941, 944,
           946, 955

24:15–16 95
24:15–21 266
24:15–28 915
24:16–20 953
24:16–21 879
24:16–22 955
24:21.........952
24:22.........521, 534
24:24.........409, 722
24:27.........341
24:29.........266, 342, 879,
           895, 930, 953
24:29–30 958
24:29–31 342
24:30.........266, 273, 293,
           333, 341, 794,
           879, 930, 953
24:31.........327, 521, 709,
           713, 951, 953
24:32–44 299
24:34.........928
24:35.........79, 119, 121, 961
24:36.........277, 711, 712,
           929
24:36–44 342
24:37.........341
24:37–39 771–773
24:37–41 952
24:38–39 99
24:39.........341
25 .... 239, 915
25:1–13 ...... 299, 914
25:14–30 ..... 299, 914
25:14–46 343
25:21.........196, 785, 817
25:23.........785, 813, 817
25:31.........260, 263, 266,
           270, 333, 474,
           709, 711, 713,
           901, 925, 930,
           952, 957, 958
25:31–32 ..... 218, 342, 914,
           917, 951
25:31–34 925
25:31–46 ..... 341, 469, 592,
           882, 914, 915,
           917, 949, 951,
           953
25:32.........917
25:32–46 ..... 929, 930
25:34.........170, 196, 516,

789, 917, 952
25:40. . . . . 764, 915
25:41. . . . . 260, 354, 372,
454, 462, 706,
713, 715, 722,
732, 745–748,
752, 758, 765,
766, 891, 893,
915–917, 950
25:45. . . . . 764, 915
25:46. . . . . 462, 483, 531,
604, 893, 915
26:2. 328
26:3–4 309
26:4. 304
26:14–15 266
26:17–29 555
26:18. 298
26:26–28 830
26:27–29 265
26:28. . . . . 318, 330, 563,
576, 828
26:31. . . . . 98, 266
26:36–44 322
26:37. 281
26:37–38 296
26:38. 439
26:38–46 832
26:39. . . . . 170, 252, 281,
304, 321
26:41. 695
26:42. 170
26:47–50 263
26:53. . . . . 170, 189, 190,
706, 710
26:53–54 306
26:57–27:2. . . . 308, 309
26:59–60 263
26:59–61 263
26:63. . . . . 218, 296, 309
26:63–64 215
26:63–66 960
26:64. . . . . 264, 266, 794,
958
26:67. 265
27:1–2 265
27:2. 308
27:3. . . . . 627, 799
27:3–5 632
27:4. 627
27:5. 627

27:9–10 266
27:11–14 . . . . . 296, 308
27:12–14 . . . . . 265, 310
27:14. 311
27:15–26 . . . . . 308, 311
27:18–22 311
27:19. . . . . 341, 912
27:23. 311
27:24. 311
27:25. 304
27:26. . . . . 265, 311
27:28. 312
27:30. 265
27:31. . . . . 263, 313
27:32. 313
27:33–34 314
27:34. . . . . 262, 264
27:35–36 263
27:35–46 262
27:38. 265
27:39–43 . . . . . 263, 316
27:41. 799
27:42–43 317
27:45. 320
27:45–49 263
27:46. . . . . 284, 316, 318,
320–322, 556
27:48. . . . . 262, 264
27:50. 440
27:51. 316
27:52. 316
27:54. 316
27:55. 263
27:57–60 . . . . . 265, 316
28:1. 338
28:1–2 712
28:1–10 . . . . . . 336, 709
28:2. . . . . 711, 712
28:5. 705
28:5–7 764
28:6. 712
28:9. . . . . 218, 257, 337
28:9–10 336
28:16–20 336
28:17. 257
28:18. . . . . 106, 218, 280,
794, 901
28:18–20 . . . . . 62, 110, 793, 797,
840, 846
28:19. . . . . 212, 252, 361,
363, 365, 369,

465, 606, 762,
818, 824, 825,
828
28:19–20 . . . . . 791, 835, 857,
907, 935
28:20. . . . . 45, 139, 140, 218,
371, 783, 831

Марка
книга 101, 105, 125,
270, 295, 336,
970
1:1. . . . . 256, 274
1:1–10 289
1:2. . . . . 266, 765
1:3. . . . . 265, 274
1:4. 625
1:8. 372
1:9–11 . . . . 358, 762
1:10. 355
1:11. 263
1:12. 358
1:12–13 721
1:13. 718
1:14–15 . . . . . . 600, 605, 785
1:15. . . . . 539, 623, 624,
628, 674
1:16–22 793
1:21. 296
1:21–28 755
1:22. 42
1:23. 754
1:23–26 751
1:23–28 . . . . . . 302, 750
1:24. . . . . 196, 274, 746,
751–753
1:27. . . . . 42, 301, 849
1:29–34 750
1:30–31 302
1:32. 754
1:32–34 302
1:34. . . . . 746, 755
1:35. 832
1:39. 750
1:40–45 302
1:42. . . . . 848, 852
2:3–12 302
2:8–12 218
2:10. 280
2:12. 849
2:14. 793
2:21. 299

2:22.........299
3:1–6 302
3:5..........281
3:11.........750, 751
3:13.........850
3:13–15 .....521, 744
3:14.........796
3:14–15 751
3:15.........750
3:22.........716, 718, 749
3:27.........719, 770
3:28–29 978
3:28–30 370
3:29.........359, 360
3:30.........749, 754, 769
4:2..........45
4:2–20 299
4:15.........720
4:21–22 299
4:26–29 299
4:30–32 299
4:35–41 302
4:38.........281
5:1–16 752
5:1–17 755
5:1–20 ......302, 750
5:2..........754
5:4..........751
5:5..........751
5:7..........746, 751, 752
5:8..........755
5:9..........752
5:10.........752
5:11–15 218
5:12.........752
5:13.........755
5:15.........751, 754
5:15–16 754
5:18.........754
5:19.........273
5:22–24 302
5:25–34 302
5:29.........437
5:34.........654
5:41–42 794
6:2..........300, 856
6:7..........750
6:7–13 751
6:12–13 846
6:13.........750
6:21–29 139

6:30–44 302
6:45–52 302
6:46.........832
6:50.........305
7:1–13 111
7:3..........799
7:5..........799
7:13.........73
7:15.........626
7:21–23 493
7:24–30 .....750, 755
7:25.........754
7:25–30 302
7:30.........265
7:31–37 302
8:1–10 302
8:22–26 .....302, 852
8:38.........705, 709
9:1–13 83
9:7..........93
9:12–13 98
9:14–29 .....302, 750, 752, 755
9:17.........748, 751, 752, 754
9:18.........751
9:20.........748, 751
9:22.........752
9:25.........749, 757
9:29.........663
9:38.........750, 751
9:43.........890, 977
9:48.........745
10:6.........227, 424
10:18........193, 514
10:21........273, 281
10:37........333
10:42–43 798
10:42–45 859
10:43........332
10:43–45 .....332, 800
10:44........332
10:45........332, 503, 552, 562, 565, 576
10:46–52 .....302, 632
10:52........654, 848, 852
11:9.........264
11:9–10 266
11:12–14 302
11:18........44, 45
11:21........809

11:24........832
11:43–44 794
12:1–12 299
12:10–11 .....262, 264
12:25........706, 711, 771
12:26........100
12:29........185, 202, 214
12:31........792
12:35–37 .....207, 264, 280
12:36........95, 409, 823
12:37........110, 263, 296, 303
13 ....952, 958
13:11........409
13:20........521
13:22........722, 786
13:27........521
13:28–32 299
13:31........79, 119
13:32........284, 711
13:33–37 299
14:7.........301
14:12–25 555
14:17–21 263
14:22–24 265
14:24........552
14:25........831
14:27........98
14:34........439
14:36........664
14:49........98
14:53–15:1....308
14:57–58 263
14:61–62 .....215, 264, 266
14:62........215, 305
14:65........265
15:1–5 308
15:3–4 265
15:6–15 .....308, 311
15:15........265
15:17........312
15:19........265
15:20........263
15:23........264, 314
15:24–25 263
15:27–28 265
15:37........458
15:37–39 281
15:39........216
15:40........263
16:1–11 336

16:3–4 712
16:4–7 764
16:5 . . . . 706, 707, 715
16:6 264
16:9 . . . . 750, 755
16:9–11 336
16:9–20 . . . . . 134, 826
16:12–13 336
16:14 336
16:15 . . . . 606, 783
16:15–18 336
16:16 826
16:17 750
16:19 . . . . 264, 336, 339
16:20 846
20–25 302
35–43 302

Луки
книга 85, 87, 104, 125,
            128, 129, 270,
            336, 704, 705,
            707, 746, 970
1:1–4 . . . . 82, 86, 87
1:5 289
1:6 196
1:8–23 709
1:15 . . . . 209, 389
1:16–17 . . . . . 625, 900
1:19 . . . . 707, 711, 712,
            974
1:26 . . . . 707, 712, 974
1:26–35 764
1:26–38 . . . . . 86, 252, 709, 712
1:31–33 . . . . . 264, 343
1:31–35 216
1:32 . . . . 256, 263, 264,
            274
1:32–33 . . . . . 465, 468, 469,
            900, 959
1:33 . . . . 263, 266
1:34–35 358
1:35 . . . . 209, 218, 256,
            264, 265, 361,
            365, 544
1:37 . . . . 189, 190, 218
1:41 . . . . 389, 456, 550
1:43 216
1:44 456
1:46 439
1:46–47 . . . . . 440, 444, 445
1:46–55 239

1:49 . . . . 196, 667
1:50–54 195
1:52 . . . . 233, 265
1:54–55 921
1:67 . . . . 389, 921
1:70 140
1:72–74 900
1:72–75 921
1:76 216
1:78 . . . . 263, 266
2:4 266
2:7 283
2:8–15 712
2:8–20 709
2:9 216
2:10–11 266
2:10–14 764
2:11 . . . . 216, 323
2:13 . . . . 706, 710, 711,
            748
2:13–14 . . . . . 705, 765
2:14 . . . . 229, 243
2:15 . . . . 216, 711
2:22–24 356
2:23 263
2:25 900
2:25–35 386
2:26 409
2:31–32 465
2:32 . . . . 264, 265
2:34–35 319
2:38 900
2:40 . . . . 281, 283, 389
2:46–47 296
2:47 . . . . 281, 300
2:51–52 281
2:52 264
3:1 266
3:3 . . . . 550, 625
3:4–5 265
3:7 872
3:8 . . . . 600, 625, 628
3:8–9 393
3:10–14 625
3:11 . . . . 628, 859
3:13 628
3:14 628
3:16 372
3:16–17 372
3:21–22 358
3:22 . . . . 93, 252, 355, 389

3:36 263
3:38 . . . . 230, 256, 277,
            426
4:1 . . . . 291, 358, 389
4:1–2 358
4:1–13 . . . . . . 94, 721
4:2 718
4:6 898
4:8 763
4:13 718
4:14 . . . . 292, 358
4:14–15 358
4:16–21 129
4:17–19 265
4:17–21 . . . . . 268, 358, 412
4:17–22 292
4:18 . . . . 217, 265, 354
4:18–19 . . . . . 289, 364, 860
4:23 297
4:25–26 99
4:27 99
4:28–30 . . . . . 302, 309
4:31–37 755
4:32 . . . . 42, 45, 301
4:33 754
4:33–37 . . . . . 302, 750
4:34 . . . . 196, 273, 751
4:36 . . . . 715, 849, 852
4:38–39 302
4:38–41 . . . . . 218, 750
4:39 812
4:40 302
4:41 751
5:1 . . . . 73, 93
5:1–11 . . . . . . 296, 302
5:3–10 277
5:12–14 302
5:15 303
5:16 832
5:18–26 302
5:23 298
5:32 . . . . 625, 629
5:36 299
5:37–38 299
6:6–11 302
6:13 . . . . 521, 796
6:18 750
6:18–19 852
6:40 812
6:43–44 . . . . . 393, 398
6:45 440

6:47–49 299
7:1–10 302
7:11–17 . . . . . . 296, 302
7:14–15 218
7:16 270
7:21 . . . . 440, 705, 746, 749, 750
7:24 . . . . 704, 759, 765
7:27 266
7:28 402
7:29 648
7:32 562
7:33 . . . . 749, 754
7:35 300
7:41–43 299
8:2 . . . . 715, 749, 750, 752, 755
8:4–15 299
8:10 45
8:12 720
8:15 441
8:16–17 299
8:21 301
8:22–25 302
8:26–37 755
8:26–39 . . . . . 302, 746, 750
8:27 754
8:28 751
8:29 752
8:31 . . . . 716, 745, 758, 892
8:36 754
8:41–42 302
8:43–48 302
8:48 654
8:56 849
9:1 . . . . 744, 750, 852
9:10–17 302
9:18 832
9:23 605
9:26 . . . . 333, 341, 705
9:28–29 832
9:28–36 296
9:30–31 461
9:32 273
9:35 . . . . 93, 280, 521, 523
9:37–43 . . . . . 302, 750, 755
9:39 748
9:49 750
9:49–50 751
9:52 . . . . 704, 759

10:1 852
10:1–15 303
10:7 . . . . 85, 104
10:9 852
10:17 744
10:17–19 852
10:17–20 . . . . . 750, 751, 753
10:18 745
10:19 717
10:20 . . . . 748, 752, 896
10:21 . . . . 281, 358
10:27 445
10:29 657
10:30–37 299
10:40 812
11:1–2 832
11:2–4 832
11:5–10 832
11:5–13 299
11:9 678
11:9–13 832
11:11–13 665
11:13 . . . . 209, 665
11:14 . . . . 302, 750
11:14–23 770
11:14–26 . . . . . 755, 769
11:15 . . . . 716, 718, 749
11:20 358
11:21 . . . . 716, 719, 723
11:21–22 564
11:22 . . . . 717, 719, 723, 770
11:26 . . . . 748, 749
11:29–32 99
11:30–32 99
11:31 99
11:32 626
11:33–36 299
11:49 274
11:50–51 128
11:51 99
12:8 711
12:8–9 709
12:10 . . . . 209, 359, 360, 370, 978
12:12 . . . . 353, 409
12:16–21 299
12:20 . . . . 429, 439, 882
12:29–30 665
12:30–31 665
12:32 . . . . 516, 665

12:35–40 299
12:41 809
12:42–48 299
12:47–48 . . . . . 494, 891
12:48 800
13 . . . . 756, 757
13:1–5 239
13:3 629
13:5 629
13:6–9 299
13:10–13 751
13:10–17 . . . . . 302, 750, 755, 756
13:11 756
13:16 . . . . 721, 756
13:18–19 299
13:20–21 299
13:28 99
13:31–33 310
13:32 750
13:33 270
13:35 264
14:1–6 302
14:16–24 . . . . . 299, 606
14:25–33 299
15:3–7 299
15:3–8 835
15:7 . . . . 626, 764, 793
15:8–10 299
15:10 . . . . 626, 705, 711, 713, 764, 793
15:11–32 299
15:18 605
16:1–13 299
16:15 . . . . 186, 218
16:17 . . . . 75, 98, 119
16:19–31 . . . . . 299, 443, 461, 713, 883, 885
16:22 . . . . 713, 763, 885
16:23 885
16:24 . . . . 321, 885
16:25 885
16:27–31 94
16:31 303
17:3–4 635
17:4 626
17:7–10 300
17:8 812
17:10 196
17:11–19 . . . . . 243, 302
17:11–21 852

17:19........654
17:20–21.....785
17:21........898
17:26–27.....771–773
17:28........99
17:28–32.....454
17:32........99
18:1.........820
18:1–6.......853
18:1–8.......300, 832
18:7.........521, 534
18:7–8.......233
18:8.........935
18:9.........655
18:9–14......300, 655
18:14........655
18:18–19.....397
18:18–27.....827
18:19........193
18:27........189, 190
18:31–33.....336
18:35–43.....302
18:42........654
19:9.........756
19:10........756
19:11........900
19:11–27.....300, 880, 913
19:38........264, 266
19:41........281
19:41–44.....314, 900, 905,
           906
20:9–19......299
20:15........331
20:17........98, 262, 264
20:20–25.....309
20:35–36.....706
20:36........706
20:41–44.....127, 207
20:42........95
21..........928, 952, 958
21:20–24.....905, 906, 943
21:24........905, 943
21:27........264, 958
21:28........564
21:29–30.....297
21:29–33.....299
21:31........900
21:33........79
22..........735
22:3.........721, 743
22:3–6.......727, 736

22:7–20......555
22:15–20.....265
22:19........301, 552, 791,
           829, 840
22:19–20.....824
22:20........276, 552, 789,
           829, 913, 922,
           927
22:21–23.....263
22:22........541
22:27........812
22:29........216
22:31........715, 720, 721,
           735
22:31–32.....289, 683
22:31–34.....725, 726
22:32........626, 683, 735
22:33........735
22:34........735
22:41........832
22:42........198, 221, 287
22:43........709, 712, 764
22:44........281, 320, 832
22:50–51.....302
22:51........306
22:52........799
22:54–23:1....308
22:61........297
22:62........735
22:63–65.....265
22:67–71.....215
23:1–5.......308
23:1–25......265
23:2.........309
23:4.........310
23:5–6.......310
23:6–12......308, 310
23:9.........296, 311
23:10........311
23:11........311
23:12........311
23:13–16.....311
23:13–25.....308, 311
23:26........316
23:27–31.....313
23:29........313
23:32–34.....265
23:33........316
23:34........263, 264,
           316–318, 322
23:35........316

23:36........264
23:39........316
23:39–41.....265
23:39–42.....319
23:40........316
23:40–43.....826
23:42........316
23:43........283, 316, 318,
           344, 444, 461,
           654, 691, 885
23:44........316
23:44–46.....281
23:46........263, 316, 318,
           321, 322
23:48........316
23:49........263
24:1–12......336, 709
24:4–7.......764
24:5–8.......712
24:9–11......336
24:10–11.....735
24:12........735, 764
24:13–32.....336
24:13–35.....95
24:19........270
24:20........736
24:25–27.....42, 93, 98, 333
24:26........333
24:26–27.....95
24:27........96, 125, 261
24:32........42
24:34........336
24:36–43.....336, 696, 735
24:36–47.....95
24:38–40.....337
24:39........696, 705
24:39–40.....267, 315
24:41–43.....337
24:44........125, 128, 261,
           262
24:44–46.....98
24:44–47.....93, 95, 333
24:44–49.....126, 336, 819
24:45........57, 410
24:47........264, 601, 606,
           629, 783, 784,
           828
24:49........216, 355
24:50–53.....336
24:51........977
49–56........302

Иоанна
книга 101, 115, 169,
        270, 295, 305,
        336, 971
1:1 . . . . 74, 182, 218, 252,
        253, 258, 260,
        273, 274, 761
1:1–2 227
1:1–3 . . . . 255, 272, 273,
        516
1:1–4 794
1:1–5 78
1:2–3 . . . . 220, 260
1:3 . . . . 205, 219, 228,
        230, 253, 258,
        274, 424, 767,
        768
1:4 273
1:4–5 186
1:9 . . . . 186, 266
1:10 . . . . 205, 219, 253,
        258, 260, 768
1:10–11 78
1:11 . . . . 264, 784, 874,
        959
1:12 . . . . 218, 369, 598,
        602, 606, 633,
        661, 662, 664,
        789, 827
1:12–13 . . . . . . 64, 725
1:13 . . . . 198, 369, 370,
        610
1:14 . . . . 78, 86, 194, 201,
        254, 255, 269,
        273, 274, 344
1:15 216
1:17 . . . . 194, 273, 298
1:18 . . . . 154, 186, 191,
        203, 254, 257,
        269, 274, 762
1:19–31 289
1:21 . . . . 269, 295
1:23 . . . . 216, 265
1:25 269
1:29 . . . . 280, 289, 503,
        549–551, 555,
        568, 592, 973
1:29–34 . . . . . . 215, 358
1:30 216
1:32 355
1:32–34 372

1:34 216
1:36 . . . . 555, 973
1:41 279
1:43 262
1:45 262
1:47 277
1:47–48 218
1:47–49 273
1:48–50 218
1:49 46
1:51 . . . . 706, 711, 712
2:1–11 . . . . 296, 302, 303,
        424
2:5 812
2:7 303
2:9 812
2:11 . . . . 218, 303, 845,
        852
2:15 276
2:16 216
2:19–21 265
2:19–22 . . . . . . 293, 336
2:22 281
2:23 845
2:23–25 303
2:24–25 . . . . . . 218, 283
2:25 277
3:1 . . . . 591, 610
3:1–15 411
3:2 . . . . 280, 632, 845
3:3 . . . . 109, 368–370,
        601, 610, 618,
        619, 785, 913
3:3–8 . . . . 609, 660
3:5 . . . . 369, 398, 601,
        611, 612, 616,
        617, 621, 669
3:5–6 . . . . 219, 358, 661
3:5–7 . . . . 369, 370
3:5–8 . . . . 109, 361
3:6 . . . . 610, 611, 621
3:7 . . . . 368, 369, 610
3:7–8 353
3:8 . . . . 357, 358, 440,
        569, 610, 611,
        616, 618, 621,
        661
3:10 . . . . 296, 610, 616
3:13 . . . . 216, 264, 283
3:14 . . . . 99, 127, 585
3:14–15 . . . . . . 263, 633

3:14–16 547
3:15 616
3:16 . . . . 193, 203, 254,
        269, 274, 432,
        544, 585, 591,
        601, 605, 616,
        659, 663, 682,
        793, 827
3:16–17 252
3:16–21 726
3:18 . . . . 254, 274, 608,
        616
3:19 300
3:19–20 . . . . . . 613, 690
3:21 613
3:29 . . . . 544, 577
3:31 253
3:33 218
3:34 . . . . 93, 292, 358
3:35 . . . . 193, 252, 794
3:36 . . . . 477, 540, 616,
        725, 893, 911
4:1–26 296
4:6 . . . . 281, 283
4:7 281
4:13–14 633
4:14 . . . . 357, 633
4:18 450
4:23 . . . . 218, 833
4:23–24 . . . . . . 791, 834
4:24 . . . . 186, 191, 282,
        363, 434
4:25 279
4:26 305
4:31–38 297
4:34 . . . . 198, 575
4:35 . . . . 297, 372
4:46–54 302
4:54 845
5 100
5:1–9 . . . . 302, 852
5:4 708
5:9 265
5:14 239
5:17 . . . . 170, 283
5:17–18 . . . . . . 94, 214
5:18 . . . . 214, 254, 761
5:19 277
5:19–23 216
5:20 . . . . 193, 432
5:20–22 203

5:21.........273, 369
5:22.........218, 219, 794,
         912, 916
5:22−23......261, 341
5:24.........654, 725
5:24−30......338
5:25.........274, 291
5:25−29......437
5:26.........179, 180, 218,
         220, 255
5:26−27......916
5:26−29......338
5:26−37......216
5:27.........219, 261, 284,
         342, 662, 912
5:27−29......794
5:28−29......219, 263, 438,
         462, 693, 888,
         889, 909
5:29.........424, 910
5:30.........218, 221, 261,
         277
5:31.........95
5:33−35......94
5:33−47......131
5:36.........94, 218, 846, 852
5:37.........191
5:37−38......94
5:39.........98, 261
5:39−47......94
5:40.........613, 619, 633
5:43.........784
5:45.........99
5:45−46......100
5:45−47......95, 127
5:46.........317
6:1−15......302
6:2.........845
6:11.........283
6:14.........263, 845
6:15.........832, 947
6:16−21......302
6:20.........305
6:27.........215, 357, 377
6:31−58......216
6:33.........592
6:35.........215, 274, 305,
         633, 830
6:37.........496, 524, 543,
         576, 583, 586,
         587, 633, 681,

         780
6:37−40......543, 682
6:38.........221, 253, 541,
         543, 548, 575
6:39.........524, 543, 576,
         583, 587, 681
6:39−40......692
6:40.........543, 544, 576,
         614
6:41.........305
6:44.........524, 543, 576,
         583, 586, 608,
         619, 633, 692
6:46.........154, 191
6:48.........215, 305
6:49.........99
6:50−58......633
6:51.........305, 552, 592
6:54.........692
6:55−65......576
6:56.........637
6:57.........218
6:61.........284
6:62.........283
6:63.........75, 93, 369, 611,
         621, 660, 661
6:64.........608
6:65.........524, 543, 583,
         586, 601, 608,
         619, 633
6:66.........232
6:68.........93, 809
6:69.........273, 274
6:70.........521
7:7.........690
7:12.........397
7:16.........43
7:17.........109, 198, 199
7:19.........99
7:20.........749, 754, 769
7:31.........845
7:33−34......339
7:34.........951
7:37−38......633
7:38−39......357
7:39.........387
7:40.........263
7:53−8:11.....134
8:1−2........832
8:12.........215, 274, 305,
         830

8:14−20......95
8:17.........836
8:18.........305
8:21.........339
8:24.........215, 305, 630
8:26−28......100
8:28.........215, 296, 305
8:29.........548
8:31.........684, 689, 793,
         817
8:34.........563
8:35.........664
8:36−38......216
8:38.........663
8:42.........216, 663
8:43.........608, 613
8:44.........317, 406, 472,
         661, 663, 690,
         717−720, 723,
         727, 736, 738,
         744, 748, 769,
         861
8:46.........218, 631
8:48−49......749, 754, 769
8:52.........754, 769
8:56.........99
8:58.........215, 218, 273,
         305, 761
9 239
9:1−7........303
9:2−5........241
9:13−22......232
9:22.........827
9:30−33......303
9:35−38......264
9:39.........261, 264
10:3.........789
10:7.........274, 305
10:9.........215, 305, 830
10:10.........499
10:11.........215, 259, 265,
         266, 274, 305,
         552, 789, 830
10:11−15.....576
10:11−18.....397
10:12.........947
10:14.........215, 266, 274,
         305, 524, 543,
         789
10:14−15.....543, 544, 576,
         577, 783

10:15.........186, 527, 552
10:15−16.....543
10:16........265, 593
10:17........193
10:17−18.....219, 292, 293,
          306, 322, 337,
          548, 575, 651
10:18........542, 794
10:20........749, 754
10:20−21.....769
10:21........754, 769
10:22−30.....97
10:25........218, 301, 846
10:26........266, 576, 577,
          789
10:27........527, 576
10:27−28.....639
10:27−30.....594, 595
10:28........544, 576, 682,
          947
10:28−29.....371, 378, 682,
          742, 790
10:29........524, 543, 577,
          583, 587, 681,
          780, 947
10:29−30.....216
10:30........214, 276, 762
10:33........214, 276, 761
10:33−36.....716, 773
10:34........721
10:34−35.....97
10:34−36.....97
10:35........74, 97, 115, 986
10:36−38.....216
10:37−38.....301, 845
10:38........218, 846, 852
10:41........403
11:1−44......303
11:3.........273, 281
11:5.........273, 281
11:14−16.....297
11:24........693
11:25........215, 273, 274,
          305, 784, 793
11:27........630
11:35........281, 882
11:36........281
11:42........630
11:43........612
11:43−44.....218, 599
11:44........612

11:45........303
11:47−48.....401, 768
11:47−53.....307
11:47−57.....309
11:49−52.....265, 593
11:50........593
11:51−52.....593
12:2.........812
12:4.........594
12:13........46, 264
12:13−15.....266
12:14........98
12:14−16.....99
12:19........575
12:20−21.....586
12:22−28.....586
12:24........281
12:25........439
12:26........812
12:27........445
12:27−30.....93
12:28........78
12:31........343, 564, 718,
          720, 722, 741,
          744, 745
12:32........585, 586
12:33........281, 585
12:34........280
12:35−36.....767
12:36........217
12:36−41.....217
12:37........217, 303, 608,
          845
12:37−38.....265
12:37−40.....536
12:38−41.....127
12:39−40.....264
12:41........217, 260, 274
12:41−42.....762
12:42−43.....827
12:45........273, 762
12:46........266, 614, 767
12:47........261
12:48........301
12:49........259, 261, 548
12:49−50.....100
13...........736
13−17........388, 390
13:1.........397, 432, 435
13:2.........721, 736
13:12−38.....101

13:13........298
13:18........98, 262, 264, 296,
          521
13:18−19.....263
13:19........215, 305, 630
13:21........262, 445
13:27........721, 736, 743
13:27−30.....297
13:34........397, 792
13:34−35.....432, 837
13:35........67, 394, 690, 793,
          834
14...........951
14:1.........951
14:1−3.......340, 951
14:2.........184
14:2−3.......216
14:3.........831, 951, 957
14:6.........62, 115, 140, 186,
          192, 218, 252,
          273, 274, 305,
          718
14:7.........762
14:7−9.......191
14:7−10......273
14:9.........276, 435, 762
14:9−10......78, 215
14:10........100, 204, 252,
          259
14:10−11.....630
14:11........252, 846, 852
14:11−12.....216
14:12........301
14:13........242
14:13−14.....820, 832
14:14........272
14:15........67, 143, 794, 862
14:16........280, 296, 358,
          361, 365, 374,
          408, 858, 984
14:16−17.....355, 372
14:17........115, 218, 353,
          354, 358, 359,
          361, 387, 408,
          410, 596, 785,
          823
14:17−18.....641
14:19........338, 339, 790
14:21........67, 143, 273, 680,
          794
14:21−24.....432

14:23........67, 143, 154, 185,
         193, 216, 785,
         794
14:24........143
14:26........86, 101, 203, 209,
         215, 218, 221,
         252, 296, 353,
         354, 358, 359,
         361, 365, 408,
         796, 819, 823,
         846, 858, 984
14:26–27.....389
14:27........395, 397
14:28–29.....339
14:30........718, 720, 722
14:31........193, 218, 273,
         548
15:1.........274, 305, 830
15:1–4.......817
15:1–11......63, 790
15:2.........393
15:2–6.......398
15:4.........637
15:4–5.......639, 640
15:4–10......790
15:5.........305, 393, 394,
         493, 726
15:6.........372, 393, 394
15:8.........67, 243, 394, 659
15:8–10......216
15:9.........193, 432
15:9–10......397
15:9–11......273
15:10........678, 794
15:11........281, 397
15:12........218, 566, 793
15:12–13.....296, 432
15:13........193, 395, 397,
         576
15:14........218
15:15........216
15:16........272, 521
15:18–21.....690
15:18–25.....781
15:19........521
15:24........231, 301, 303
15:24–25.....263
15:25........264
15:26........115, 203, 215,
         218–221, 296,
         353, 354, 358,

         359, 361, 365,
         408, 762, 858,
         984
15:26–27.....101, 408, 796
16–17........273
16:7.........296, 338, 354,
         358, 361, 408,
         596, 858, 880,
         984
16:7–10......365
16:7–11......408
16:7–15......215
16:8–11......358, 368, 412
16:10........216
16:11........564, 718, 720,
         722, 744, 768
16:12........102, 296
16:12–13.....218, 219
16:12–14.....102
16:12–15.....796, 819, 846
16:13........102, 115, 218,
         219, 353, 354,
         361, 408, 409
16:13–15.....203, 823
16:14–15.....102, 365
16:15........214
16:16–17.....339
16:20–22.....395
16:23–24.....272
16:26–28.....216
16:27........194, 432, 630
16:28–30.....216
16:30........218, 284, 528,
         630
16:32........266
16:33........397, 952
17...........340, 583
17:1–3.......543
17:1–26......216, 832
17:2.........276, 524, 544,
         576, 583, 587,
         681, 794
17:3.........140, 152, 154,
         185, 192, 202,
         214, 253, 606
17:4.........542, 543, 575,
         597
17:5.........182, 218, 227,
         252, 253, 271,
         273, 333, 338,
         542, 761

17:6.........524, 543, 576,
         583, 587, 681,
         780
17:6–8.......260
17:7–8.......101
17:8.........630
17:9.........543, 544, 576,
         577, 583, 587,
         681, 780
17:10........214
17:11........196
17:12........98, 719
17:13........397
17:14........101, 260
17:15........718, 742
17:17........66, 81, 96, 101,
         109, 113, 115,
         138, 140, 192,
         205, 381, 383,
         678, 822
17:17–19.....75
17:20........583, 587, 742
17:20–21.....524
17:21........630, 643, 790,
         819, 834
17:22........244
17:23........194, 432, 435,
         790
17:24........182, 193, 252,
         253, 281, 344,
         432, 528, 543,
         544, 576, 583,
         587, 681, 692,
         780
17:24–26.....501
17:25........218
17:26........193, 432
18:3–5.......305
18:4.........305
18:5–6.......305
18:5–8.......215
18:8.........305
18:10........306, 619
18:12–14.....308
18:19–23.....308
18:20........585
18:24........308, 309
18:28–38.....308, 309
18:33........309
18:36........309
18:37........265, 310

18:38 . . . . 138, 310
18:39 46
18:39–19:16 . . 308, 311
19:1 265
19:2 312
19:3 . . . . 46, 313
19:5 282
19:10 467
19:11 . . . . 106, 467, 494,
       662
19:13 . . . . 341, 912
19:17 331
19:18 265
19:19 46
19:21 46
19:23–24 . . . . . 262, 263
19:24 127
19:26–27 . . . . . 316, 318, 319
19:28 . . . . 281, 316, 318,
       321
19:28–30 98
19:29 264
19:30 . . . . 316, 318, 321,
       322, 571, 597,
       744, 830
19:31 317
19:31–32 316
19:31–34 319
19:34 . . . . 266, 316
19:36 263
19:37 266
20:1–10 336
20:5 764
20:11 764
20:11–12 706
20:11–18 . . . . 336, 709
20:15 298
20:17 . . . . 216, 337, 663
20:19 . . . . 338, 397
20:19–23 126
20:19–25 336
20:20 694
20:21 397
20:22 . . . . 209, 221, 389
20:23 770
20:25 315
20:25–29 337
20:26–31 336
20:27 694
20:27–29 216
20:28 . . . . 218, 274, 276

20:30 . . . . 42, 845
20:30–31 301
20:31 . . . . 218, 601, 630
21:1–8 303
21:1–23 336
21:6 619
21:11 619
21:14 281
21:15 140
21:15–17 . . . . 735, 798
21:17 . . . . 140, 218, 273,
       528
21:19 243
21:25 42

Деяния
книга 49, 66, 74, 93,
       125, 128, 268,
       336, 352, 355,
       373–376, 378,
       402, 465, 704,
       705, 708, 746,
       749, 752, 754,
       755, 781, 825,
       828, 840, 848,
       854, 855, 903,
       970
1 372
1–2 . . . . 388, 390
1–5 408
1–12 735
1:1–3 . . . . 86, 87
1:1–11 390
1:2 . . . . 292, 358, 521,
       796
1:3 906
1:4 . . . . 354, 389
1:4–5 . . . . 355, 372, 390
1:4–8 . . . . 126, 336
1:4–11 336
1:5 . . . . 327, 357, 373
1:5–8 796
1:6 . . . . 876, 901, 906,
       941
1:6–7 284
1:6–8 465
1:7 . . . . 906, 929
1:7–8 901
1:8 . . . . 358, 373, 408,
       791, 793, 797,
       846, 853
1:9 . . . . 361, 977

1:9–11 . . . . . . 266, 339, 342,
       929, 958
1:10 707
1:10–11 . . . . . 709, 764
1:11 . . . . 334, 712, 896,
       957
1:12 958
1:13 390
1:14 . . . . 390, 820, 832
1:15 . . . . 390, 853, 854
1:15–16 666
1:15–20 262
1:15–26 . . . . . 126, 390
1:16 . . . . 103, 353, 409,
       823
1:16–26 264
1:20 409
1:21–25 796
1:22 . . . . 847, 850
1:24 . . . . 273, 521, 796,
       820
1:24–25 272
1:26 . . . . 796, 850
2 . . . . 372, 373, 375,
       385, 387, 819,
       822, 853–855,
       898, 941
2:1–4 . . . . 355, 356, 372,
       390
2:1–13 374
2:1–21 . . . . . . 372, 374, 780
2:2 357
2:3 356
2:3–4 390
2:4 . . . . 327, 355, 358,
       389, 408, 854,
       907
2:4–11 . . . . . . 846, 853
2:4–12 390
2:5 854
2:6–11 848
2:7 849
2:8 853
2:9–11 854
2:11 854
2:12 . . . . 849, 853, 854
2:13 855
2:14 854
2:14–40 . . . . . 391, 809, 817
2:15–16 103
2:16 855

2:16–18 855
2:17 . . . . 799, 907
2:17–18 . . . . . 217, 855
2:17–21 . . . . . 127, 266
2:18 . . . . 854, 978
2:19 854
2:20 . . . . 266, 956
2:21 217
2:22 . . . . 231, 282, 401,
          404, 405, 657,
          846, 852
2:22–23 . . . . . 227, 784
2:22–24 736
2:22–31 334
2:23 . . . . 180, 198–200,
          225, 226, 233,
          235, 240, 304,
          306, 322,
          516–519, 542
2:23–24 . . . . . 188, 337
2:24 . . . . 564, 694
2:24–31 262
2:25–28 127
2:25–32 333
2:27 263
2:29–31 92
2:29–36 338
2:30 262–264
2:30–36 925
2:31 127
2:32–35 335
2:32–36 207
2:33 . . . . 357, 365, 408
2:33–35 262
2:34–35 127
2:34–36 216
2:36 . . . . 518, 794
2:37–38 629
2:38 . . . . 280, 399, 600,
          605, 826, 827
2:38–42 . . . . . 791, 840
2:38–47 780
2:39 . . . . 609, 781
2:41 . . . . 66, 374, 439, 781,
          783, 817, 828,
          840
2:41–47 817
2:42 . . . . 45, 126, 139, 787,
          796, 817, 819,
          820, 828, 832,
          840, 846, 850,

857
2:42–47 . . . . . 791, 821
2:43 . . . . 401, 796, 821,
          846
2:43–47 821
2:44–45 . . . . . 821, 860
2:46 821
2:47 . . . . 781, 783, 793,
          821, 840
3 . . . . 388, 958
3:6 280
3:8 852
3:12 301
3:12–26 809
3:13 235
3:14 . . . . 273, 274
3:15 . . . . 273, 274, 281
3:18 . . . . 103, 198, 880,
          958
3:18–21 931
3:19 . . . . 605, 625, 629,
          827
3:19–21 958
3:19–26 784
3:20 880
3:21 . . . . 140, 451, 472,
          691, 873, 875,
          877, 880, 883,
          962
3:22 127
3:22–23 . . . . . 263, 269
3:24–25 855
3:25 . . . . 127, 876
4:4 . . . . 66, 781
4:8 . . . . 391, 408, 799
4:8–12 . . . . . . 103, 262, 809
4:10–12 266
4:11 264
4:11–12 782
4:12 . . . . 332, 726
4:16 768
4:23–31 832
4:24 228
4:24–31 820
4:25–26 . . . . . 127, 262, 263,
          409
4:27 . . . . 279, 304, 356,
          518
4:27–28 . . . . . 180, 198, 199,
          225, 227, 235,
          240, 306, 517,

519, 542
4:28 . . . . 304, 516
4:29–31 93
4:30 846
4:31 . . . . 73, 391, 408
4:32 784
4:32–37 834
4:33 796
4:34–36 821
5 . . . . 360, 736
5:1–11 . . . . . . 497, 725, 726,
          751, 860
5:3 . . . . 359, 360, 392,
          720, 721, 736,
          751, 857
5:3–4 217
5:4 . . . . 360, 821
5:5 736
5:9 . . . . 217, 354, 359,
          392
5:10 736
5:11 . . . . 736, 835
5:12 . . . . 401, 796, 846
5:13 736
5:13–14 818
5:14 . . . . 66, 781, 840
5:16 . . . . 751, 754
5:19 709
5:20 . . . . 139, 140, 142
5:27–32 140
5:28 . . . . 45, 793
5:29 . . . . 139, 467
5:29–32 809
5:31 . . . . 265, 280, 339,
          635, 792, 827
5:32 . . . . 358, 408, 410
5:42 980
6 . . . . 814, 815
6:1–6 . . . . 814, 815
6:2 . . . . 73, 798, 812
6:2–6 806
6:3 . . . . 391, 652, 806,
          815
6:3–4 858
6:4 . . . . 140, 143, 798,
          815, 819, 823,
          832, 850
6:5 . . . . 391, 815, 840
6:6 806
6:7 . . . . 66, 74, 781
6:8 . . . . 846, 852

6:8–15 815
6:10 . . . . 391, 856
7 92
7:1–60 815
7:22 . . . . 89, 471
7:30 260
7:30–33 356
7:30–35 . . . . . 759, 760
7:35 260
7:35–38 269
7:37 855
7:38 . . . . 712, 780
7:48–49 184
7:51 . . . . 353, 358, 359,
            412, 600, 608,
            614
7:52 273
7:53 712
7:54–60 45
7:55 391
7:55–56 339
7:56 . . . . 264, 280, 896
7:59 . . . . 440, 443, 885
7:59–60 . . . . . 272, 461
8 . . . . 373, 375
8:1 840
8:4–40 797
8:5–7 . . . . 846, 852
8:5–12 815
8:6 846
8:6–7 795
8:7 . . . . 751, 754, 852
8:12 . . . . 785, 828
8:13 . . . . 846, 849
8:14 74
8:14–19 374
8:14–24 374
8:22 . . . . 440, 625
8:25 74
8:26 709
8:26–40 815
8:28–35 265
8:29 . . . . 219, 353
8:31 140
8:33 220
8:34–39 828
8:38 828
8:39 . . . . 354, 947
8:39–40 386
9:1–6 336
9:1–9 . . . . 847, 850

9:3–5 339
9:3–7 93
9:10–16 93
9:13 670
9:17 391
9:18 828
9:26 840
9:31 . . . . 66, 781
9:32 670
9:35 . . . . 66, 625
9:41 . . . . 670, 853
9:41–42 852
9:42 . . . . 66, 781, 853
10–11 . . . . 373, 375
10:1–11:18 374
10:3–8 709
10:9 832
10:19 353
10:19–20 219
10:22 709
10:25–26 763
10:34 218
10:34–48 . . . . . 825, 828
10:38 . . . . 265, 292, 356,
            358, 723
10:39–41 796
10:41 337
10:42 . . . . 218, 219, 261
10:43 . . . . 265, 855
10:44–46 854
10:44–48 . . . . . 374, 826
10:45 . . . . 399, 849
10:46 . . . . 846, 854
10:48 828
11 . . . . 372, 815
11:1 74
11:12 353
11:13 709
11:13–18 373
11:14 825
11:15–17 825
11:17 846
11:17–18 660
11:18 . . . . 180, 244, 609,
            635, 682
11:21 . . . . 66, 625, 781
11:24 . . . . 390, 391, 781
11:26 378
11:27–28 . . . . . 104, 796, 855,
            856
11:28 . . . . 409, 795

11:29–30 . . . . . 799, 815
11:30 . . . . 799, 808
12:1–2 763
12:2 45
12:6–11 763
12:7–11 . . . . . 709, 712
12:11–16 832
12:12 763
12:13–15 763
12:15 763
12:20–23 712
12:24 74
12:25 105
13:1 . . . . 104, 796, 805,
            855, 856
13:2 . . . . 353, 807
13:2–4 358
13:4 359
13:5 . . . . 74, 105
13:6–12 852
13:7 74
13:9 390
13:9–11 391
13:10 . . . . 392, 718, 719,
            737
13:12 . . . . 43, 45
13:22–23 263
13:23 264
13:27 855
13:30–33 256
13:33 . . . . 220, 262, 263
13:34–37 . . . . . 335, 338, 925
13:35 263
13:35–37 262
13:38–39 . . . . . 265, 606, 683
13:40 855
13:44 74
13:45 392
13:46–48 789
13:47 265
13:48 . . . . 244, 522
13:48–49 . . . . . 74, 781
13:52 . . . . 390, 391
14 391
14:1 . . . . 66, 781
14:2 439
14:3 . . . . 846, 852
14:8–18 852
14:9–10 853
14:9–15 763
14:12 809

14:15 . . . . 228, 423, 625
14:15–17 514
14:16 . . . . 225, 236, 240
14:17 . . . . 76, 259, 895
14:21 . . . . 66, 793
14:21–22 858
14:22 785
14:23 . . . . 787, 799, 806,
              808, 840
14:27 787
15 . . . . 105, 809
15:1 789
15:2 . . . . 799, 808
15:3 . . . . 601, 623
15:4 799
15:6 799
15:6–11 373
15:7–11 809
15:9 630
15:11 630
15:12 846
15:13–18 465
15:13–21 809
15:14–18 . . . . . 907, 925
15:15 855
15:16–18 266
15:19–31 810
15:22 . . . . 799, 801, 840
15:28 359
15:29 453
15:32 . . . . 855, 856
15:35 857
15:35–36 74
15:37–39 105
16:4 799
16:5 . . . . 66, 781, 840
16:6–7 353
16:7 . . . . 354, 385
16:11–15 825
16:14 682
16:16 . . . . 748, 749, 751,
              754
16:16–18 . . . . . 751, 755, 852,
              857
16:17 751
16:18 748
16:19 619
16:30–31 827
16:31 . . . . 601, 827
16:31–33 828
16:32 74

17 . . . . 54, 161
17:2–3 . . . . 127, 129
17:6 793
17:10–11 103
17:11 . . . . 131, 857
17:12 66
17:13 74
17:16 440
17:16–34 163
17:17 562
17:19 45
17:23 161
17:23–31 76
17:24 . . . . 161, 185, 236,
              429
17:24–25 . . . . . 153, 228
17:24–28 228
17:25 . . . . 162, 180, 514,
              663
17:26 . . . . 162, 168, 186,
              225, 233, 462,
              463, 517, 663
17:27–28 184
17:28 . . . . 163, 234, 429,
              514, 663
17:29 663
17:30 . . . . 225, 539, 590,
              607, 629, 674
17:30–31 . . . . . 261, 343
17:31 . . . . 218, 219, 338
17:32 608
18:3 808
18:8 828
18:9–10 336
18:11 74
18:12–16 341
18:21 198
18:24–25 857
18:24–28 144
18:27 . . . . 635, 840
18:28 279
19 . . . . 373, 375
19:1–5 828
19:1–7 374
19:4 . . . . 289, 624
19:4–5 825
19:6 . . . . 854, 855
19:8 785
19:10 . . . . 74, 793
19:11–12 . . . . . 404, 751
19:11–17 755

19:12 749
19:13 . . . . 749, 754
19:13–16 . . . . . 751, 752
19:13–17 751
19:14–16 852
19:15–16 749
19:16 751
19:20 74
19:28–29 392
19:32 780
19:41 780
20 799
20:7 338
20:7–12 852
20:10 439
20:17 . . . . 787, 799, 808,
              840
20:19 812
20:21 . . . . 600, 605, 623,
              624, 628
20:22–23 358
20:25 785
20:27 . . . . 139, 140, 142
20:28 . . . . 216, 282, 283,
              359, 562, 571,
              576, 579, 683,
              780, 783, 787,
              798–800, 807,
              810, 841
20:28–30 801
20:29 838
20:29–30 . . . . . 786, 797, 950
20:29–31 797
20:32 . . . . 65, 381, 383, 669,
              678, 792, 823
20:35 858
21:8 . . . . 797, 815, 861
21:9–11 855
21:10–11 . . . . . 795, 856
21:18 799
21:30 619
22:3 90
22:6–8 339
22:6–11 336
22:14 273
22:16 . . . . 272, 827
23:8 705
23:10 947
23:11 336
24:14 855
24:14–15 693

25:23–26:32 .. 62
26:5 189
26:12–18 336
26:13–15 339
26:16 850
26:17–18 600
26:18 . . . . 381, 383, 410,
            613, 614, 623,
            625, 669, 723,
            744
26:20 . . . . 625, 627, 827
26:22 855
26:22–23 323
26:23 263
26:27 . . . . 632, 855
26:28 378
27:11 859
27:15 84
27:17 84
27:23–26 709
28:23 . . . . 786, 855
28:25 353
28:25–27 . . . . . 218, 264, 360,
            409
28:31 . . . . 786, 898

Иакова
книга 105, 125,
            128–130, 352,
            970
1:2 397
1:2–4 . . . . 64, 395, 678
1:4 674
1:5 . . . . 192, 215, 807,
            820, 832, 856
1:6–8 61
1:13 . . . . 189, 199, 240,
            289, 290, 481,
            734
1:14–15 240
1:17 . . . . 180, 189, 193,
            368, 514, 518
1:18 . . . . 74, 113, 140, 150,
            198, 369, 370,
            601, 604, 610,
            611, 615, 662,
            682, 823
1:19–20 727
1:21 396
1:22 858
1:22–25 74
1:23–25 678

1:25 764
2 658
2:10 . . . . 563, 604
2:10–11 494
2:15–16 446
2:16 437
2:17 . . . . 600, 622, 658
2:18 658
2:19 . . . . 202, 214, 596,
            605, 632, 658,
            688, 746, 753
2:20 . . . . 600, 658
2:21 657
2:23 154
2:24 657
2:25 765
2:26 . . . . 438, 440, 445,
            457, 600, 658,
            881
3:1 . . . . 494, 800, 824
3:2 675
3:9 . . . . 170, 215, 218,
            428, 430, 431
3:14–18 837
3:15 748
3:17 856
3:18 . . . . 392, 394
4:2 678
4:4 690
4:5 197
4:6 194
4:7 . . . . 723, 742
4:8 742
4:12 . . . . 196, 280
4:15 198
5:4 274
5:7–8 341
5:7–11 396
5:8 928
5:13–14 832
5:13–16 853
5:14 . . . . 801, 808
5:16 . . . . 269, 792, 832,
            835
5:16–18 860
5:17 295

1 Петра
книга 129, 295, 971
1:1 . . . . 521, 534, 796,
            850

1:2 . . . . 188, 204, 215,
            225, 359, 361,
            365, 379, 383,
            555, 590, 677
1:3 . . . . 170, 195, 337,
            338, 368, 369,
            609–611
1:3–5 696
1:3–7 678
1:4 . . . . 662, 667
1:5 . . . . 683, 684
1:6–7 781
1:7 341
1:8 . . . . 395, 613
1:9 323
1:10–11 . . . . . . 338, 385
1:10–12 . . . . . . 110, 323, 409,
            705
1:11 . . . . 323, 333, 353,
            354, 823
1:12 . . . . 713, 764, 765,
            823
1:13 . . . . 59, 194, 341, 724
1:13–21 67
1:14–15 795
1:14–16 . . . . . . 64, 667, 731
1:15–16 . . . . . . 196, 197, 379,
            673
1:15–17 829
1:16 863
1:17 . . . . 170, 196, 667
1:17–19 563
1:18–19 . . . . . . 324, 548, 549,
            555, 562, 828,
            973
1:18–20 188
1:18–21 . . . . . . 305, 329
1:20 . . . . 280, 521, 523,
            526, 528, 541,
            599
1:20–21 338
1:22 . . . . 439, 792, 835,
            837
1:23 . . . . 74, 75, 368, 370,
            601, 604, 609,
            615, 621
1:23–25 . . . . . . 160, 617, 662
1:24 79
1:24–25 119
1:25 . . . . 79, 121, 601, 604,
            615

2:1–3 . . . . 74, 822
2:2 . . . . 66, 75, 143, 672,
              792, 801, 819,
              823
2:2–3 . . . . 67, 787, 798
2:4 . . . . 264, 280, 521,
              523
2:4–5 643
2:4–8 . . . . 790, 795
2:4–10 65
2:5 . . . . 265, 266, 325,
              784, 791
2:5–7 640
2:6 . . . . 264, 521, 523
2:7 . . . . 262, 790
2:7–8 264
2:8 . . . . 534, 535
2:9 . . . . 170, 356, 609,
              614, 784, 785,
              791, 793
2:9–10 . . . . . . 786, 791
2:10 195
2:11 780
2:12 956
2:13 467
2:13–14 466
2:14 467
2:21 568
2:22 265
2:23 . . . . 265, 311, 313,
              397
2:24 . . . . 265, 269, 331,
              503, 545, 548,
              552, 556, 566,
              571, 578, 579,
              597, 605, 638,
              650, 682
2:24–25 265
2:25 . . . . 274, 789, 798
3:1–5 74
3:7 450
3:8 . . . . 809, 837
3:11 397
3:15 . . . . 59, 66, 67, 793
3:17 198
3:18 . . . . 215, 239, 289,
              330, 552, 553,
              561, 606, 820,
              830
3:19–20 771
3:20 . . . . 92, 195, 396

3:21 . . . . 824, 826
3:22 . . . . 273, 711, 753
4 399
4:1 218
4:5 218
4:8 . . . . 792, 837
4:8–10 835
4:9 792
4:10 . . . . 399, 400, 406,
              407, 792,
              843–845
4:10–11 . . . . . 243, 400, 401,
              787, 840, 842,
              845, 849, 862
4:11 . . . . 29, 271, 401, 407,
              791, 845, 851
4:12–14 690
4:13 . . . . 341, 397
4:14 . . . . 218, 242, 354,
              361, 365
4:15–16 243
4:16 378
4:17 . . . . 736, 789
4:19 . . . . 204, 274
5:1 . . . . 808, 809
5:1–2 799
5:1–3 801
5:1–4 . . . . 787, 810
5:2 . . . . 798, 800, 806,
              841
5:2–3 111
5:2–4 . . . . 789, 810, 859
5:3–4 841
5:4 274
5:5 . . . . 792, 835
5:6 727
5:6–7 737
5:6–11 769
5:8 . . . . 472, 661, 715,
              719, 720, 722,
              742, 745, 746,
              838, 937
5:9 . . . . 630, 742
5:10 . . . . 194, 609, 687,
              780, 860

2 Петра
книга 129, 130, 295,
              714, 971
1 83
1:1 . . . . 217, 273, 274,
              591, 761

1:2–3 . . . . 63, 111
1:2–4 55
1:3 . . . . 58, 174, 599, 609,
              823
1:3–4 . . . . 74, 677
1:3–5 684
1:4 . . . . 174, 616, 622,
              643, 662
1:5 677
1:5–6 397
1:5–8 609
1:5–10 685
1:5–11 . . . . . . 393, 394
1:6 397
1:8 63
1:10 . . . . 599, 602, 687
1:10–11 901
1:12–14 83
1:16–18 293
1:16–21 848
1:17 . . . . 242, 264
1:18 83
1:19 . . . . 74, 83, 266, 280,
              856
1:19–20 110
1:19–21 . . . . . 795, 797
1:20 83
1:20–21 . . . . . 75, 81, 83, 86,
              109, 111, 113,
              114, 141, 361,
              409
1:21 . . . . 140, 219, 353,
              357, 823, 856
2:1 . . . . 594, 595, 722,
              781, 786, 797,
              855, 950
2:1–2 838
2:1–3 . . . . 838, 855
2:2–3 . . . . 797, 855
2:4 . . . . 546, 574, 589,
              713, 716, 745,
              747, 748, 752,
              753, 758, 766,
              771, 892, 916
2:5 . . . . 92, 515
2:6 . . . . 92, 454
2:6–7 454
2:8 454
2:11 712
2:12 838
2:13 . . . . 828, 838

2:14.........838
2:16.........743
2:17.........495, 838
2:19.........478, 563, 803,
         838
2:20.........217, 371
2:20–21 371
2:22.........838
3 ....931, 961, 962
3:5..........425
3:6..........962
3:7..........234, 691, 961
3:8..........182, 183, 591
3:8–13 473
3:9..........195, 515, 589,
         590
3:10.........79, 106, 879, 956,
         957, 961, 962
3:10–13 ......424, 957
3:11.........961
3:11–15 793
3:12.........341, 961
3:13.........265, 887, 896,
         961, 979, 982
3:14–16 128
3:15.........195, 396, 397,
         515, 856
3:15–16 ......104, 846
3:16.........42, 688, 796
3:17.........189, 477
3:18.........63, 66, 272, 672,
         739

1 Иоанна
книга 45, 129, 295, 687,
         704, 971
1–2..........592
1:2..........218
1:3..........643, 687, 790,
         791, 819, 834,
         863
1:5..........174, 186, 540,
         547, 604, 644,
         689
1:5–2:2......269
1:6–10 592
1:7..........265, 332
1:8..........498, 670, 675
1:8–10 689
1:9..........192, 636, 675,
         678, 832

2:1..........280, 339, 559,
         583, 723, 858
2:1–6 727
2:2..........330, 552, 557,
         559, 592, 593,
         683
2:3..........689, 862
2:3–6 628
2:3–11 786
2:6..........143
2:9–11 690
2:12.........513, 828
2:12–14 819
2:12–19 688
2:13.........742
2:13–14 ......718, 723, 757
2:15.........690
2:15–17 ......622, 838, 863
2:16.........289, 290, 729,
         730, 734
2:17.........199, 661, 961
2:18.........722, 954, 973
2:19.........371, 594, 595,
         686, 817
2:20.........109, 356, 359,
         410, 613
2:21.........738
2:22.........722, 973
2:24.........790
2:27.........57, 109, 356, 359,
         410, 613, 688,
         823
2:28.........912
2:29.........368, 601, 620,
         621
3:1..........662
3:1–2 789
3:1–3 688
3:2..........191, 436, 673,
         679, 863
3:2–3 ....379, 862, 872
3:4..........477
3:5..........218, 279, 290,
         571, 579
3:6..........496, 614, 674
3:8..........267, 564, 689,
         723, 744, 768
3:8–10 720
3:9..........368, 609, 621,
         674, 689
3:10.........664, 690, 719

3:11.........792, 835, 837
3:12.........690, 718, 719
3:13.........690, 781
3:16.........547, 552, 566
3:16–18 622
3:16–19 690
3:17.........628
3:20.........186
3:22.........688
3:23.........792, 835, 837
3:24.........65, 66, 352, 368,
         399, 406
4:1..........786, 855, 861
4:1–3 ....279, 688, 838,
         950
4:1–4 726
4:1–6 855
4:2..........365, 394
4:3..........973
4:4..........723, 742, 753,
         757
4:5–6 688
4:6..........218, 353, 354,
         408
4:7..........368, 397, 601,
         620, 622, 792,
         835, 837
4:8..........173, 174, 186,
         194, 395, 544,
         622
4:9..........253, 269, 274
4:9–10 ....193, 544
4:10.........330, 545, 547,
         552, 557, 559,
         683
4:11–12 ......792, 835, 837
4:12.........191
4:13.........65, 352, 399, 406,
         637, 688
4:15.........643
4:16.........174, 186, 194,
         622
5:1..........368, 601, 619,
         620, 622, 630,
         687
5:1–12 215
5:3..........622, 794
5:4..........368, 601, 620,
         622
5:4–5 742
5:5..........630

5:6.............115, 354, 359,
         410
5:6–8........358
5:7.............408
5:7–8........353
5:11.........369
5:12.........790
5:13.........602, 687
5:14.........688
5:14–15......358, 497, 832,
         853
5:16.........496, 497, 736
5:18.........368, 622, 742,
         757
5:18–19......718
5:18–20......56
5:19.........564, 622, 690,
         716, 718, 720,
         937
5:20.........192, 218, 637,
         761
5:20–21......140, 192
20...........191
27...........356

2 Иоанна
книга........45, 129, 130, 295,
         352, 704, 714,
         971
1............808
3............195
5............792, 835, 837
6............143, 395, 794
7............279
9–10.........44, 45, 139
10...........838
13...........378

3 Иоанна
книга........45, 129, 130, 295,
         352, 704, 714,
         971
1............808
2............439
4............143, 395
5............635
9............809

Иуды
книга........105, 125, 130,
         971
2............195

3............132, 139, 670,
         838, 855
3–4..........781, 786, 797
4............534, 535, 595,
         786, 789, 855,
         950
6............706, 713, 716,
         745, 747, 748,
         752, 753, 758,
         766, 771, 916
7............92, 237, 454
8–10.........852
9............412, 706, 707,
         715, 720, 722,
         726, 748, 758,
         974
10...........838
12...........828, 838
13...........495, 838
14...........230, 341, 707,
         710
16...........838
17...........796
18...........477
19...........386
20...........358, 361, 379,
         855
20–21........365
21...........195
23...........835, 947
24–25........379
25...........106

Римлянам
книга........80, 87, 352, 404,
         644, 654, 970
1............429, 455, 478
1–3..........478
1:1–4........280
1:2..........74, 84
1:2–4........264
1:3..........263, 264
1:4..........256, 274, 337,
         354, 358, 361,
         379, 411, 657,
         677
1:6..........609
1:7..........65, 170, 273, 670,
         780, 789
1:9..........440
1:11.........843
1:11–13......87

1:13.........394
1:16.........189, 370, 758
1:16–17......55, 75, 127, 604,
         644
1:17.........238, 653
1:18.........159, 454, 477,
         483, 559, 636
1:18–3:20....493, 503
1:18–20......514, 515
1:18–21......159
1:18–25......76
1:18–32......470, 558, 833,
         911
1:19–20......152, 603
1:20.........174, 189, 191,
         424
1:21.........441, 493, 565
1:21–22......608
1:21–31......603
1:23.........180, 182, 478
1:24.........199, 225, 559
1:24–27......449
1:24–32......398
1:25.........429, 478, 721,
         722, 729, 738,
         767
1:25–28......666
1:26.........199, 225, 559
1:26–27......453, 455, 478
1:28.........199, 225, 559,
         767
1:29–32......392
1:32.........196, 398, 603,
         652
2:1–3:20.....558
2:2..........398
2:4..........195, 318, 396,
         429, 515, 883
2:5..........429, 454, 483,
         559, 883, 956
2:5–8........909
2:5–11.......915
2:6..........196
2:7..........196, 910
2:8..........454, 559
2:9..........196
2:12.........594
2:14–15......77, 441, 501
2:15.........441, 514
2:16.........261
2:23.........477

2:26 196
2:28–29 789
3 . . . . 654, 655
3:2 103
3:3 396
3:4 . . . . .140, 192, 534
3:4–6 238
3:5 559
3:5–6 500
3:9–20 127
3:10 604
3:10–11 719
3:10–18 . . . . . .109, 514
3:13 719
3:19–20 324
3:20 922
3:20–26 644
3:20–28 649
3:21–5:21 503
3:21–22 . . . . . .197, 653
3:21–26 559
3:21–28 645
3:21–30 827
3:22 . . . . .644, 654
3:23 . . . . .244, 279, 368,
            476, 493, 514,
            563, 565, 585,
            604, 644, 649
3:24 . . . . .194, 197, 204,
            653, 656, 827
3:24–25 556
3:24–26 . . . . . .241, 572, 827
3:25 . . . . .195, 225, 329,
            545, 547, 548,
            556, 558, 559,
            571, 579, 589,
            639, 650, 654,
            683
3:25–26 568
3:26 . . . . .197, 238, 239,
            545, 547, 566,
            648–650, 654
3:27–28 530
3:28 . . . . .598, 600, 627,
            642, 649, 654,
            827
3:30 . . . . .185, 197, 214,
            827
4 . . . . 654, 655, 921
4:1–12 127
4:1–25 561

4:3 . . . . .649, 651, 921
4:3–5 . . . . 497, 549, 568,
            642
4:4 194
4:4–5 . . . . 551, 649, 651,
            655, 827
4:5 . . . . .646, 649, 827
4:6 . . . . .197, 658
4:6–8 593
4:7–8 650
4:9 649
4:9–13 658
4:10 649
4:10–12 921
4:11 649
4:12 789
4:13 330
4:14 276
4:16 . . . . .194, 656
4:17 . . . . .228, 369, 423,
            612
4:20–21 243
4:22 649
4:23 649
4:24 . . . . .639, 649
4:25 . . . . .197, 337, 338,
            544, 596, 605
4:112 369
5 . . . . 491, 561, 973
5:1 . . . . .197, 425, 561,
            598, 600, 649,
            650, 654
5:2 696
5:3–5 678
5:4 821
5:5 . . . . .219, 352, 353,
            399, 406, 432
5:5–6 365
5:6 . . . . .281, 552, 605
5:7–8 193
5:8 . . . . .239, 281, 513,
            544, 547, 552,
            568, 605
5:8–9 238
5:9 . . . . .197, 565
5:9–10 561
5:10 . . . . .483, 560, 566,
            568, 597
5:10–11 560
5:11 561
5:12 . . . . .426, 457, 480,

            481, 486, 500,
            550, 574, 641,
            882
5:12–14 230
5:12–19 . . . . . .279, 489, 652
5:12–21 . . . . . .426, 486, 487,
            489, 490, 575
5:14 . . . . .280, 426, 490
5:15 . . . . .194, 486
5:15–16 843
5:16 . . . . .644, 652
5:17–19 304
5:18 . . . . .488, 490, 574,
            575, 585, 641,
            648, 652
5:18–19 . . . . . .265, 486, 492,
            544, 545, 568,
            641, 652
5:19 . . . . .488, 490, 550,
            551, 638, 641,
            652
5:20 . . . . .324, 922
5:20–21 . . . . . .199, 238, 239
6:1 194
6:1–2 66
6:1–7:6 670
6:1–8:17 503
6:1–14 659
6:2 670
6:3 . . . . .375, 824, 825
6:3–4 . . . . 375, 637
6:3–5 670
6:3–6 659
6:4 . . . . .219, 333, 337,
            621, 638, 825
6:4–11 639
6:5 . . . . .586, 639, 820,
            825
6:5–10 338
6:6 . . . . .437, 562, 563,
            638, 976, 989
6:6–7 670
6:8 . . . . .586, 637, 638
6:8–9 630
6:9–10 670
6:10 . . . . .571, 597, 825,
            830
6:11 . . . . .670, 671
6:12 671
6:12–13 671
6:13 . . . . .369, 695

6:14..........194, 670, 671,
            922
6:14–18......689
6:15..........922
6:16–17......563
6:17..........440
6:18..........369, 563, 670
6:19..........65, 382, 383
6:20..........369
6:22..........381, 383, 563,
            659
6:23..........194, 279, 290,
            399, 406, 515,
            549, 563, 604,
            644, 649, 650,
            843
7:1..........670
7:4..........338, 639, 670
7:5–11......324
7:6..........372, 923
7:12..........79, 196, 324, 922,
            926
7:14–25......621, 670, 689
7:15..........690
7:15–23......154
7:24..........438, 689
8 ....584, 876
8:1..........497, 498, 572,
            638, 650, 659,
            681, 683, 883,
            912
8:1–5........767
8:1–11......337
8:2..........218, 354, 368,
            611, 621
8:3..........330
8:3–4........365, 907
8:4..........196, 652
8:5–9........613
8:5–11......767
8:6..........359, 368
8:7..........109, 483, 493,
            560, 603, 618
8:7–8........485, 493, 540,
            566, 597, 607,
            674, 978
8:8..........618, 671
8:8–9........365
8:9..........185, 217, 354,
            360, 377, 385,
            386, 391, 643,

            672
8:9–10......641
8:9–11......358
8:10..........637
8:10–11......368
8:11..........185, 205, 219,
            289, 293, 354,
            358, 360, 361,
            365, 386, 411,
            437, 694
8:12–13......621
8:13..........437, 672, 677,
            680
8:14..........219, 358, 789,
            823
8:14–16......662
8:14–17......67
8:15..........170, 358, 687
8:15–16......664
8:15–17......365
8:16..........358, 368, 440
8:16–17......66, 789
8:17..........616, 639, 662,
            667, 678
8:17–18......692
8:18..........501
8:19..........789, 962
8:19–23......79, 587, 908
8:19–25......599
8:20..........500, 587, 877,
            962
8:20–21......691
8:20–22......240, 515
8:20–23......377
8:21..........587, 664, 789,
            962
8:23..........372, 377, 379,
            381, 411, 424,
            437, 438, 446,
            462, 503, 563,
            598, 662, 667,
            673, 692, 889,
            962
8:23–25......338
8:26..........353, 832
8:26–27......358, 361, 988
8:26–29......365
8:27..........58, 186, 353, 670
8:28..........77, 89, 189, 233,
            239, 395, 516,
            517, 731, 780

8:28–29......525, 678
8:28–30......186, 233, 379,
            382
8:28–39......584
8:29..........187, 188, 280,
            436, 525, 526,
            528, 662, 668,
            680, 681, 692
8:29–30......180, 189, 225,
            520, 522, 526,
            544, 576, 583,
            584, 599, 600
8:29–39......583, 584
8:30..........197, 600, 602,
            603, 608, 609,
            611, 650, 681,
            691, 780
8:31..........584, 731
8:31–34......337, 681
8:31–39......378, 595
8:32..........583, 584
8:32–33......577
8:32–34......521, 583
8:32–39......731
8:33..........197, 534, 544,
            576, 583, 584
8:33–34......648, 650, 682,
            723
8:34..........339, 577, 583,
            584, 596, 683,
            988
8:35..........681
8:35–39......583, 584, 594,
            682, 723
8:37..........193, 740
8:37–39......681, 757
8:38..........711, 752, 753
8:38–39......371, 497, 639,
            641, 666, 790,
            884
8:39..........498
9 ....535, 538, 788
9–11..........788
9:1..........358, 441
9:1–3........80
9:3..........788
9:5..........216, 274, 283
9:6..........788, 789, 903
9:6–13......127
9:6–18......529
9:7..........263

9:7−9 522
9:8 664
9:10−13 522
9:11 . . . . .516, 529, 530,
      535
9:11−12 529
9:11−13 . . . . . 520, 529
9:13 . . . . .194, 535
9:14 . . . . .500, 530
9:14−18 684
9:15 530
9:15−16 198
9:15−17 127
9:15−18 198
9:15−20 238
9:16 . . . . .530, 535, 569
9:17 . . . . .103, 229, 239,
      535
9:17−19 198
9:17−24 199
9:18 . . . . .198, 199, 240,
      535, 536, 607
9:18−19 198
9:19 . . . . .180, 516, 535
9:19−20 198
9:19−21 180
9:19−23 533
9:19−24 198
9:20 . . . . .500, 536, 537
9:20−21 198
9:21 . . . . .536, 608
9:22 . . . . .534, 535
9:22−23 . . . . . 195, 515, 532,
      536, 537, 576
9:23 195
9:23−24 791
9:25−26 . . . . . 127, 265, 785
9:27−29 127
9:30 654
9:30−32 . . . . . 530, 922
9:31 196
9:33 . . . . .127, 264
10 538
10:1 832
10:3 645
10:3−4 653
10:4 . . . . .550, 605, 633,
      645, 653, 654,
      922
10:5−17 77
10:6 654

10:9 . . . . .216, 496, 605,
      630
10:9−10 . . . . . 274, 338, 824,
      827
10:10 654
10:11−21 684
10:13 . . . . .66, 217, 272, 274,
      539, 603, 827
10:13−17 603
10:14 . . . . .109, 630
10:14−15 823
10:14−17 539
10:14−21 109
10:17 . . . . .109, 160, 615,
      630
10:18 76
10:19 791
10:21 . . . . .539, 607
11 906
11:1 . . . . .180, 789, 907
11:2 . . . . .188, 522, 526,
      527
11:5 . . . . .265, 788, 906
11:5−6 194
11:6 . . . . .656, 657, 827
11:7 . . . . .265, 523, 534
11:11 . . . . .791, 907
11:11−12 876
11:11−15 180
11:11−20 785
11:12 . . . . .466, 906
11:13−36 258
11:15 . . . . .180, 876, 906
11:17 790
11:25−26 . . . . 785, 789
11:25−27 266
11:25−33 192
11:26 . . . . .327, 522, 789,
      906, 921, 945
11:26−27 . . . . 265, 879, 906,
      913, 927
11:28−29 . . . . 522, 907
11:29 . . . . .180, 399, 400,
      843
11:30 195
11:31 477
11:32 585
11:33 . . . . .155, 170, 187,
      192, 539, 791
11:33−34 155
11:33−35 . . . . 42, 180

11:33−36 . . . . . 58, 108, 225
11:34 . . . . .58, 186, 187
11:36 . . . . .153, 179, 229,
      518, 539
12 . . . . 399, 845, 860
12:1 . . . . .437, 666, 791,
      792, 862
12:1−2 . . . . . . 795, 834
12:2 . . . . .56, 198, 199, 672,
      676, 677, 724,
      819
12:3 . . . . .66, 844
12:3−8 840
12:5 . . . . .641, 643, 789
12:5−8 842
12:6 . . . . .399−401, 406,
      843, 851, 855,
      856
12:6−7 812
12:6−8 . . . . . . 194, 400, 401,
      406, 842, 845,
      850, 851
12:7 . . . . .406, 851, 857,
      858
12:8 . . . . .405, 406, 800,
      851, 858−860
12:9 397
12:10 . . . . .792, 835, 837
12:12 . . . . .397, 820, 832
12:15 397
12:16 . . . . .792, 835, 837
12:19 196
12:21 397
13:1 . . . . .106, 439, 467
13:1−2 467
13:1−5 514
13:1−7 . . . . . . 412, 466, 501
13:2 467
13:3 467
13:3−4 812
13:4 467
13:5 467
13:7 467
13:8 . . . . .792, 835, 837
13:11 . . . . .66, 340, 380, 598
13:12 738
13:14 680
14:4 789
14:8−9 216
14:10 . . . . .911, 912
14:10−11 218

14:15.........594
14:17.........395, 785, 898,
            901
14:19.........793
14:23.........671
14:24–26.....192
14:25.........84
14:26.........192
15:2.........793
15:3.........264
15:4.........44, 923
15:5.........792, 809, 835,
            837
15:6.........170, 215
15:7.........201, 244, 792,
            835
15:13.........266, 359
15:13–14.....392
15:14.........792, 835
15:16.........359, 365
15:18–19.....404, 852
15:19.........218, 401, 846,
            975
15:22–25.....87
15:25.........812
15:26–28.....394
15:30.........353, 365
15:32.........198
16:1.........814, 840
16:11.........637
16:14.........666
16:16.........780, 783, 792,
            835
16:17.........44, 139, 837
16:19.........355
16:20.........267, 273, 720,
            744
16:22.........83

1 Коринфянам
книга.......336, 352, 404,
            829, 848, 854,
            855, 970
1:1.........850
1:1–8.........392
1:2.........65, 272, 381, 383,
            638, 668–670,
            780
1:3.........170, 214
1:4–16.......825
1:7.........341, 399, 406
1:7–8.........912

1:8.........636
1:9.........192, 599, 608,
            609, 611, 643,
            687, 784, 790,
            819
1:10.........808, 837
1:11–13......669
1:14–17......826
1:18.........66, 75, 594, 604
1:18–2:5.....77
1:18–21......604
1:18–25......725
1:20–21......63
1:20–31......791
1:23–24......273
1:24.........189, 210, 274,
            599, 609
1:26.........599
1:27–31......524
1:29–30......531
1:30.........186, 205, 210,
            264, 265, 383,
            524, 550,
            637–639, 641,
            653
2:1–2........782
2:2–5........365
2:4.........359, 781
2:4–5........411, 823
2:4–16......109
2:6.........674
2:6–13.......192
2:6–16.......75
2:7.........187, 515, 516
2:8.........216, 242, 274,
            294
2:10.........186, 219, 358,
            409, 688
2:10–11......218, 361, 408,
            409
2:10–13......353, 358, 361
2:10–16......408, 819
2:11.........154, 354
2:12.........688
2:12–13......57, 219, 240, 408
2:13.........353, 410
2:13–14......42
2:14.........109, 485, 493,
            601, 603, 607,
            608, 613, 618,
            674, 978

2:14–15......399
2:14–16......408, 410, 823
2:15.........613
2:16.........56, 58, 613
3:1.........669
3:1–3........42, 63
3:2.........74, 143
3:6–7.......66
3:9.........783
3:10.........782
3:10–11......790
3:10–15......341, 950
3:11.........782, 795
3:11–15......912
3:12–15......498, 912
3:13.........354, 912
3:14.........912
3:15.........912
3:16.........154, 185, 218,
            358, 360, 371,
            386, 394
3:16–17......180, 791
3:20.........186
3:22–23......667
3:23.........783
4:5.........273, 501, 913
4:7.........196, 531
4:9.........713, 764
4:16.........811
4:20.........786, 789
5.........736, 923
5:1.........669
5:1–13.......751, 835, 841
5:4.........841
5:4–7.......810
5:5.........497, 736
5:6.........836
5:7.........327, 328, 503,
            549, 555, 568,
            973
5:8.........327
5:9.........838
5:9–6:11.....765
5:11.........737, 751, 836
5:12.........765
5:13.........498, 737, 751,
            765, 810, 863,
            923
6:1.........765
6:1–7........669
6:2.........765, 791

6:3 . . . . 765, 766
6:9 . . . . 453, 786
6:9–10 . . . . . . 368, 398, 452,
898
6:10 398
6:11 . . . . 197, 353, 359,
365, 368, 379,
380, 382, 383,
670
6:12 575
6:14 340
6:15–16 641
6:17 . . . . 790, 824, 834
6:18 677
6:18–20 243
6:19 . . . . 185, 358, 360,
386, 394, 437,
695
6:19–20 . . . . . 377, 783, 791
6:20 . . . . 562, 595, 791
7:1–5 726
7:2 450
7:5 . . . . 718, 720
7:7 406
7:23 . . . . 562, 595
7:24 450
7:25 . . . . 86, 195
7:29 450
8:3 527
8:4 . . . . 214, 363
8:4–6 185
8:6 . . . . 170, 179, 180,
205, 208,
214–216, 219,
224, 228, 253,
768
8:11 . . . . 552, 594
8:12 594
9:1 796
9:4–9 807
9:12 975
9:13 807
9:18 808
9:20–21 923
9:21 575
9:25 397
9:27 438
10:1–4 169
10:2 824
10:4 . . . . 169, 262, 782
10:6 923

10:11 340
10:13 . . . . 192, 718, 832
10:16 830
10:16–17 820
10:20–21 . . . . 722, 752
10:21 747
10:22 197
10:23 575
10:31 . . . . 29, 242, 430, 791
10:32 . . . . 780, 787
11:1 811
11:2 126
11:2–16 422
11:3 794
11:7 430
11:8 . . . . 425, 448
11:10 713
11:12 425
11:16 780
11:18 828
11:18–20 787
11:20–22 669
11:21 828
11:22 780
11:23–26 . . . . 819, 829
11:24 552
11:24–25 831
11:24–29 820
11:25 . . . . 265, 927
11:26 831
11:27–32 . . . . 820, 829
11:29–30 . . . . 497, 736
11:30 665
12 . . . . 372, 845, 850
12–13 399
12–14 . . . . 669, 842, 844,
853, 854
12:1 . . . . 399, 843, 854
12:3 . . . . 216, 369
12:4 . . . . 219, 371, 399,
400, 843
12:4–5 850
12:4–6 . . . . . . 215, 399, 843
12:4–7 842
12:4–11 359
12:4–27 844
12:4–28 809
12:4–29 862
12:4–31 . . . . . 840, 842
12:5 812
12:5–6 400

12:6 400
12:6–11 843
12:7 . . . . 392, 400, 407,
678, 792, 843,
844, 854
12:7–8 219
12:7–10 844
12:7–27 843
12:8 . . . . 405, 737, 851,
856
12:8–10 . . . . . 400, 401, 406,
845, 850, 851
12:9 . . . . 361, 399, 405,
843, 851, 852,
860
12:10 . . . . 405, 406,
850–852, 854,
857, 861
12:11 . . . . 198, 218, 219,
353, 360, 361,
392, 399, 400,
406, 843, 854
12:12 789
12:12–13 641
12:12–27 . . . . 406, 790, 835
12:13 . . . . 357, 358,
371–373, 376,
390, 392, 641,
824, 825, 839,
843, 981
12:18 . . . . 360, 399, 400,
406, 843
12:24 . . . . 360, 400
12:25 . . . . 792, 835
12:26 643
12:27 . . . . 641, 789
12:28 . . . . 360, 399, 405,
406, 795, 796,
798, 805, 843,
851, 852, 855,
857–859
12:28–29 850–852
12:28–30 . . . . 399–401, 406,
845, 847, 850,
851
12:28–31 850
12:30 . . . . 405, 851, 854
12:30–31 . . . . 399, 843
13 80
13:1 . . . . 405, 706, 851,
854

13:1–3 .... 400, 401, 406,
844, 845
13:1–7 844
13:2 .... 405, 851, 857,
860
13:2–3 854
13:3 .... 406, 851
13:4 396
13:4–7 .... 393, 394, 407
13:6 839
13:8 .... 395, 400, 405,
406
13:8–9 .... 400, 401, 845
13:10 849
13:12 .... 673, 863
13:13 .... 400, 849
14 855
14:1 .... 399, 843
14:1–5 856
14:2 854
14:3 856
14:4 .... 844, 854
14:4–5 401
14:5 .... 844, 854
14:5–17 853
14:6 854
14:6–18 851
14:6–19 855
14:12 .... 401, 407, 844
14:13 854
14:13–15 832
14:14 440
14:15 834
14:17 401
14:18 854
14:19 .... 834, 854
14:20 400
14:21 854
14:21–22 854
14:22 .... 846, 851, 853
14:23 .... 841, 855
14:24–25 818
14:26 .... 401, 792, 844
14:26–27 855
14:26–28 405
14:27 854
14:27–28 ..... 844, 853
14:28 855
14:29 .... 797, 855
14:37 .... 86, 796
14:37–38 ..... 104, 131

14:39 854
14:40 .... 834, 844
15 .... 427, 491, 540,
973
15:1–4 826
15:1–5 322
15:3 .... 265, 498, 567
15:3–4 .... 103, 333, 540
15:4 605
15:5 336
15:6 336
15:7 336
15:7–8 796
15:7–9 .... 796, 850
15:8 .... 796, 847, 850
15:8–9 796
15:9 780
15:12–19 692
15:13–19 333
15:14 338
15:16 694
15:17–18 337
15:18 594
15:19 694
15:19–20 338
15:20 .... 281, 338, 889
15:20–22 639
15:20–24 ..... 438, 503, 909
15:20–28 898
15:21–22 280
15:22 .... 427, 489, 490,
549, 638, 641,
693
15:22–23 ..... 544, 673
15:22–24 909
15:23 .... 327, 338, 462,
667, 691, 694,
696, 910, 911
15:23–24 693
15:24 .... 170, 215, 266,
711, 723, 752,
753, 939
15:24–28 ..... 108, 474, 713,
908, 959, 960
15:25–26 794
15:26 .... 457, 694, 882
15:27 .... 433, 585
15:27–28 ..... 262, 344
15:28 .... 221, 229, 939
15:35 889
15:35–49 889

15:38 425
15:40–41 333
15:42 889
15:42–44 ..... 667, 673, 695
15:42–57 544
15:43 .... 333, 889
15:44 889
15:45 .... 427, 435, 474,
484, 489, 549,
641, 652, 693,
898, 933, 939
15:45–46 889
15:45–49 ..... 230, 280
15:46 399
15:47 427
15:49 .... 427, 436
15:50 .... 438, 889, 898,
910
15:50–57 599
15:50–58 ..... 910, 911, 951
15:51 .... 424, 694
15:51–52 947
15:51–53 ..... 693, 781, 929
15:51–57 952
15:51–58 340
15:52 .... 340, 691
15:53 694
15:54 264
15:54–55 ..... 872, 882
15:54–57 ..... 694, 781, 784
15:56–57 501
15:57 757
15:58 .... 338, 835, 872
16:1–2 821
16:2 .... 325, 338
16:14 397
16:15 812
16:21 83
16:22 .... 340, 688
28 399
96 808

2 Коринфянам
книга 60, 402, 737, 970
1:1 .... 670, 780
1:2 170
1:3 .... 170, 195, 687
1:3–5 858
1:10 949
1:18–20 192
1:20 878
1:20–22 215

1:21 356
1:21−22 . . . . . . 356, 365, 377,
          757
1:22 . . . . 352, 356−359
          377, 378, 684
2:5−11 727
2:11 . . . . 59, 715, 720,
          722−724, 742
2:12 975
2:14 . . . . 63, 757
2:15 594
2:17 74
3:1−2 840
3:2−11 372
3:3 353
3:3−8 789
3:6 . . . . 369, 611, 621,
          901, 907, 927
3:9 648
3:14 767
3:16 625
3:17 664
3:17−18 . . . . . . 217, 218, 359,
          822
3:18 . . . . 201, 241, 353,
          381, 383, 436,
          602, 609, 668,
          672, 675−677,
          679, 680, 739,
          821
4 613
4:1 . . . . 195, 812
4:2 74
4:3 594
4:3−4 154
4:3−6 294
4:4 . . . . 56, 59, 160, 273,
          410, 485, 564,
          608, 613, 618,
          660, 669, 690,
          716, 724, 726,
          762, 767, 937
4:4−6 201
4:5 . . . . 160, 783
4:6 . . . . 56, 63, 160, 410,
          425, 485, 601,
          612−614, 618,
          621, 623, 629,
          660, 669, 680,
          823
4:10 332

4:13 354
4:13−14 630
4:14 333
4:14−18 692
4:15 . . . . 243, 244
4:16 883
4:17−18 679
4:18 619
5:1 692
5:1−2 886
5:1−5 438
5:2 667
5:3 . . . . 438, 886
5:4−5 377
5:5 . . . . 352, 356, 358,
          377, 378, 684
5:8 . . . . 461, 673, 691,
          884, 885
5:9 786
5:10 . . . . 218, 261, 341,
          498, 911, 912,
          950
5:11 . . . . 605, 793
5:12 440
5:14−15 . . . . . . 586, 659
5:15 586
5:16 613
5:17 . . . . 56, 369, 492, 503,
          514, 613, 616,
          621, 637, 638,
          661, 669, 789,
          790, 824, 883
5:17−19 369
5:18 . . . . 560, 594
5:18−19 560
5:19 . . . . 479, 561, 593,
          594
5:20 . . . . 605, 606, 793
5:21 . . . . 86, 279, 289, 321,
          331, 503, 550,
          551, 553, 556,
          561, 568, 597,
          605, 633, 638,
          645, 649, 653
6:1−10 396
6:2 265
6:6 396
6:7 . . . . 113, 738
6:14 450
6:14−15 818
6:14−18 . . . . . . 757, 839

6:15 717
6:16 . . . . 388, 791
6:18 . . . . 168, 170, 189,
          668, 789
7:1 . . . . 65, 66, 380, 381,
          383, 668, 677,
          835
7:8 625
7:9−11 785
7:10 . . . . 627, 689
7:10−11 625
8−9 325
8:2−5 859
8:3−4 812
8:9 . . . . 277, 552
8:13−14 821
8:23 . . . . 796, 850
9:1 812
9:6−8 394
9:6−15 833
9:7 860
9:13 . . . . 243, 244, 394,
          975
10 126
10:1 396
10:4 . . . . 59, 738
10:4−5 . . . . . . 56, 59, 838
10:5 . . . . 59, 724
10:13 126
10:14 975
10:15−16 126
11:1−3 720
11:1−15 44
11:2 . . . . 640, 789
11:3 . . . . 59, 230, 714,
          717−720,
          722−724, 743
11:5 796
11:13 722
11:13−15 . . . . . 403, 720, 721,
          726, 769
11:14 . . . . 406, 715, 718,
          722, 723, 861
11:14−15 723
11:15 . . . . 722, 723
11:23−28 737
11:26 . . . . 684, 722
11:31 170
12 737
12:2−3 710
12:2−4 . . . . . . 895, 947

12:4 42
12:7 . . . . 720–722, 737,
            748, 752, 758
12:7–8 272
12:7–10 . . . . . . 289, 725, 726
12:12 . . . . 401, 404, 405,
            795, 796, 845,
            846, 850, 852
12:15 439
12:21 625
13:1 836
13:2–3 93
13:5 . . . . 637, 687, 786
13:11 . . . . 397, 809
13:13 . . . . 215, 359, 362,
            363, 365, 762
27:3 625

Галатам
книга 714, 970
1:1 796
1:2 787
1:3–4 170
1:4 . . . . 330, 622, 908
1:6–7 722
1:6–9 786
1:7 975
1:8 706
1:8–9 838
1:9 131
1:13 780
1:15 88
1:15–16 233
1:15–17 . . . . . . 796, 850
1:23–24 244
2:3 789
2:4 . . . . 684, 722
2:9 105
2:11–21 . . . . . . 45, 138, 410
2:16 . . . . 530, 600, 630,
            645, 649, 654,
            827
2:16–17 197
2:17 638
2:19–20 . . . . . . 637, 671
2:20 . . . . 194, 552,
            636–638, 641,
            642, 687, 790,
            986
2:21 645
3 . . . . 563, 907
3:1–5 365

3:2 530
3:2–3 . . . . 370, 394
3:3–6 359
3:5 . . . . 352, 394, 530
3:6 649
3:7 756
3:7–9 . . . . 907, 921
3:8 . . . . 263, 323
3:8–22 269
3:10 563
3:10–14 324
3:11 . . . . 636, 649
3:11–14 215
3:13 . . . . 263, 279, 331,
            547, 549, 552,
            553, 563, 568,
            571, 597
3:14 370
3:15 394
3:16 . . . . 115, 263, 451,
            474, 904, 906
3:19 . . . . 712, 922
3:21 547
3:21–22 324
3:21–24 645
3:21–26 . . . . . 646, 649
3:22 654
3:22–27 547
3:24 . . . . 197, 600, 639,
            654
3:26 . . . . 602, 638, 654,
            661, 662, 664,
            789
3:27 . . . . 375, 638, 653,
            824, 825
3:28 . . . . 465, 789
3:29 . . . . 907, 921
4:4 . . . . 180, 263, 267,
            277, 279
4:4–5 . . . . 205, 263, 545,
            550, 563, 661,
            906
4:5 664
4:6 . . . . 170, 354, 385,
            394, 662, 789
4:6–7 664
4:7 667
4:8 664
4:9 527
4:13 853
4:22–31 664

4:29 . . . . 368, 394
5 398
5:3–4 194
5:4 649
5:5 394
5:6 . . . . 602, 633, 684
5:13 . . . . 398, 792
5:16 . . . . 358, 393, 394,
            398, 492
5:16–17 . . . . . 398, 609
5:16–18 . . . . . 394, 823
5:17 . . . . 359, 677
5:18 . . . . 358, 394, 398,
            440, 922
5:19 455
5:19–21 . . . . . 394, 398, 912
5:19–23 398
5:21 . . . . 398, 786
5:22 . . . . 353, 394
5:22–23 . . . . . 358, 371, 393,
            394, 398, 407,
            609, 621, 677,
            688, 823, 984
5:22–24 . . . . . 685, 790
5:22–25 . . . . . 394, 659
5:23 . . . . 394, 398
5:25 . . . . 358, 393, 394,
            398
5:26 . . . . 792, 835
6:1 . . . . 397, 498, 835
6:1–2 835
6:2 . . . . 786, 792, 835
6:7–16 394
6:10 . . . . 397, 789
6:11 83
6:12–15 789
6:15 369
6:16 . . . . 126, 788, 903,
            906
6:17 437

Ефесянам
книга 704, 970
1 513
1:1 . . . . 523, 670
1:1–12 233
1:2 . . . . 170, 214
1:3 . . . . 170, 514, 523,
            637, 660
1:3–4 539
1:3–6 . . . . 365, 761
1:3–12 233

1:3–14 . . . . 215, 365, 523,
577
1:4. . . . . .199, 225, 516,
522–524, 528,
529, 544, 638,
660
1:4–5 . . . . 187, 520, 528,
545, 576, 599
1:4–6 . . . . 513, 661
1:5. . . . . .180, 198, 516,
522–524, 529,
530, 546, 638,
661
1:5–6 . . . . 229, 791
1:6. . . . . .225, 244, 512,
513, 524
1:6–7 194
1:7. . . . . .204, 263, 265,
341, 562, 563,
595, 638, 660,
828
1:7–8 524
1:7–12 . . . . . . 365, 513, 761
1:9. . . . . .180, 198, 229,
516, 541, 545,
987
1:10. . . . . .343, 977
1:11. . . . . .180, 198, 199,
225, 227, 228,
233, 240, 263,
430, 516, 517,
525, 541, 589,
780
1:11–12 198
1:12. . . . . .225, 229, 244,
513
1:12–14 791
1:13. . . . . .192, 354, 357,
371, 377, 392,
524, 979
1:13–14 . . . . . 219, 352, 359,
365, 377, 378,
513, 660, 683,
761
1:14. . . . . .225, 229, 244,
263, 356, 358,
377, 378, 513
1:15–19 833
1:17. . . . . .63, 354
1:17–18 . . . . . 57, 410
1:17–19 30

1:18. . . . . .410, 613, 679
1:18–19 57
1:19–20 . . . . . 338, 339
1:19–23 338
1:20. . . . . .184, 264
1:20–21 794
1:20–22 901
1:20–23 . . . . . 596, 605
1:21. . . . . .273, 711, 753
1:22. . . . . .262, 343, 781,
783, 786, 794
1:22–23 . . . . . 641, 790, 977
1:23. 392
2:1. . . . . .109, 368, 485,
487, 514, 597,
608, 614, 881
2:1–3 . . . . 371, 601, 618,
727
2:1–6 338
2:1–10 67
2:2. . . . . .185, 343, 472,
564, 661, 664,
690, 711, 715,
717, 718, 720,
753
2:3. . . . . .486, 597, 603,
661, 664
2:4. . . . . .195, 513
2:4–5 . . . . 109, 609, 610,
664
2:4–6 369
2:4–9 682
2:5. . . . . .194, 368, 369,
485, 487, 514,
638
2:5–6 . . . . 338, 637
2:6. . . . . .596, 637, 638,
641
2:7–8 194
2:7–9 194
2:8. . . . . .225, 399, 609,
619, 627, 660
2:8–9 . . . . 635, 642, 653,
727, 827
2:8–10 370
2:9. 658
2:10. . . . . .225, 517, 620,
621, 627, 638,
658, 789
2:11–3:6. 465
2:11–12 464

2:11–22 . . . . . 876, 907
2:12. 639
2:13. . . . . .333, 639
2:13–16 465
2:13–18 215
2:14–15 922
2:14–16 464
2:15. 787
2:16. 560
2:18. . . . . .359, 606, 825
2:19. 789
2:19–22 . . . . . 180, 365, 639,
643
2:20. . . . . .108, 264, 280,
795, 797, 846,
847, 849, 850,
855, 856
2:20–21 265
2:20–22 791
2:21. 640
2:21–22 791
2:22. . . . . .218, 386, 387
3:1–6 787
3:3. . . . . .856, 987
3:4–7 785
3:5. . . . . .104, 140, 358,
409, 795, 847,
850
3:6. . . . . .876, 907
3:9. 219
3:9–10 229
3:10. . . . . .187, 711, 791
3:10–11 192
3:11. . . . . .182, 515, 516,
541
3:14–19 833
3:16. . . . . .201, 359, 676
3:16–19 365
3:17. . . . . .185, 637
3:19. 392
3:20. . . . . .189, 190
3:20–21 791
4 399
4:1. . . . . .780, 863
4:2. . . . . .396, 397, 792,
835
4:3. . . . . .397, 643, 666,
808, 837
4:3–4 359
4:4. 354
4:4–6 . . . . 215, 365

4:5 . . . . 354, 375, 820,
                828
4:5–6 185
4:6 . . . . 170, 215, 228,
                354
4:7 . . . . 399, 400
4:7–8 . . . . 217, 399
4:7–12 194
4:8 . . . . 262, 264
4:10 . . . . 273, 711
4:11 . . . . 399–401, 405,
                406, 410, 793,
                795, 797, 798,
                805, 845, 847,
                850, 851, 855,
                857, 861
4:11–12 . . . . . . 57, 111, 792, 842,
                844
4:11–13 . . . . . . 64, 795, 844
4:11–14 401
4:11–16 678
4:12 . . . . 789, 818, 835
4:12–13 401
4:12–16 791
4:13 274
4:14 137
4:14–16 67
4:15 . . . . 44, 274, 794, 856,
                858
4:15–16 639
4:17 . . . . 493, 767
4:17–18 . . . . . . 159, 485, 603,
                608
4:17–19 154
4:18 . . . . 109, 477, 483,
                493, 613, 664,
                767
4:20–24 110
4:21 273
4:22 680
4:22–24 . . . . . . 491, 492, 621,
                976, 983, 989
4:23 . . . . 56, 676
4:24 . . . . 369, 613, 621,
                622, 680
4:25 . . . . 678, 789
4:25–5:7 950
4:25–32 111
4:26–27 . . . . . . 727, 803
4:27 720
4:28 . . . . 397, 859

4:30 . . . . 218, 219, 353,
                357, 359, 377,
                392, 498, 564,
                683, 757
4:32 . . . . 396, 727, 792,
                835
5 . . . . 640, 641
5–6 393
5:1 667
5:2 . . . . 218, 397, 552,
                555, 781
5:3–7 394
5:5 . . . . 398, 785, 786
5:6 . . . . 454, 483, 661,
                664
5:8 . . . . 614, 664, 785
5:8–9 394
5:9 . . . . 394, 396, 790
5:11 . . . . 394, 838
5:12 566
5:15 393
5:15–6:9 . . . . . . 392, 393
5:15–21 66
5:17 392
5:18 . . . . 358, 371, 391,
                392, 394, 803,
                813, 823
5:18–6:9 823
5:18–19 269
5:18–20 . . . . . . 272, 365, 411,
                787
5:18–21 390–392
5:19 . . . . 272, 393, 792,
                835
5:19–6:9 393
5:20 . . . . 272, 393
5:21 . . . . 272, 393
5:22–24 393
5:22–25 726
5:22–33 . . . . . . 450, 640
5:23 . . . . 274, 343, 638,
                641, 643, 783,
                789, 794
5:23–24 544
5:23–32 789
5:25 . . . . 395, 552, 577,
                638, 779, 781
5:25–27 . . . . . . 74, 205, 544, 577
5:25–33 393
5:26 . . . . 75, 368, 381, 383,
                617, 823

5:26–27 783
5:27 . . . . 201, 244, 692
5:28 437
5:28–30 641
5:30 789
5:31 640
5:31–32 . . . . . . 450, 452
5:32 . . . . 640, 788
6:1–2 923
6:1–3 393
6:2–3 319
6:4 393
6:5–8 393
6:6 439
6:9 . . . . 393, 789
6:10 741
6:10–17 978
6:10–18 838
6:10–20 . . . . . . 738, 769
6:11 . . . . 56, 59, 715,
                722–724, 740,
                741
6:11–17 720
6:12 . . . . 564, 711, 718,
                722, 742, 753,
                769, 843
6:13 740
6:13–14 741
6:14 739
6:15 740
6:16 . . . . 59, 718, 724, 740
6:17 . . . . 56, 59, 74, 411,
                739–741, 819,
                823
6:18 . . . . 358, 361, 670,
                741, 742, 820,
                832
6:18–19 832

Филиппийцам
книга 45, 268, 704, 714,
                970
1:1 . . . . 110, 670, 798,
                808
1:2 . . . . 170, 194
1:3–5 832
1:6 . . . . 180, 356, 371,
                378, 379, 498,
                594, 636, 682
1:9 672
1:9–11 242
1:11 . . . . 392, 394, 659

1:19.........354, 385
1:20.........437
1:22–24.....461, 884, 885
1:23.........444, 673, 691, 885
1:27.........439, 680, 808, 863, 975
1:27–28.....67
1:28.........635
1:29.........635, 682, 690
2...........276
2:1..........359
2:1–4.......834, 837
2:2..........174, 808
2:2–4.......844
2:3..........792, 835
2:3–7.......817
2:5..........58, 837
2:5–7.......275
2:5–8.......254
2:5–11.....252
2:6..........174, 191, 271, 275, 277
2:6–7.......216, 252, 676
2:6–11.....272
2:7..........58, 275–277, 734, 981
2:7–8.......542
2:8..........58, 281, 548, 549, 575, 652
2:8–9.......338
2:9..........543, 792
2:9–11.....243, 264, 274, 794, 863
2:10.........106
2:10–11.....271, 543
2:11.........216
2:12.........380, 609, 680
2:12–13.....66, 634, 675, 677, 684
2:13.........198, 235, 236, 516, 609, 613, 676, 677
2:15.........355, 667, 789
2:25.........796, 850
2:25–30.....859
2:27.........195, 404, 853
3...........632
3:1..........397
3:2..........838
3:3..........359, 365, 632,

789, 834
3:4–6.......632
3:4–9.......605
3:7..........632
3:8..........623, 633
3:8–9.......633
3:9..........265, 549, 600, 638, 642, 645, 647, 653, 656, 827
3:10.........884
3:10–11.....678, 692
3:12–14.....672, 675
3:15.........675
3:19.........61
3:20.........598, 688, 780, 789, 896
3:20–21.....340, 438, 446, 599, 667, 673, 785, 863
3:21.........437, 438, 462, 598, 674, 688, 691, 694, 696, 889
4:1..........666
4:4..........395, 397
4:6..........832
4:6–7.......395, 678, 832
4:7..........395
4:7–8.......397
4:8..........61, 724
4:9..........395
4:13.........726
4:17.........394
4:18.........833
4:19.........201, 233, 518, 687
4:20.........170, 244

Колоссянам
книга.......714, 970
1:2..........170, 194, 670
1:3..........170
1:3–8.......215
1:5..........113
1:5–6.......394
1:8..........395
1:9..........388, 832
1:9–10.....57, 392
1:9–12.....833
1:10.........63, 394, 680, 863
1:12–13.....791

1:13.........357, 722, 744, 757, 780, 784, 901, 925
1:13–14.....514, 785, 789
1:14.........318, 562, 563, 595, 638
1:15.........78, 271, 273, 280, 435, 762
1:15–16.....191
1:15–17.....228
1:15–19.....338
1:16.........184, 219, 228–230, 258, 274, 424, 427, 705, 708, 711, 715, 717, 720, 746, 753, 767, 768, 875, 876
1:16–17.....205, 253, 273, 794
1:17.........219, 234, 258, 273
1:18.........343, 786, 790, 794
1:19.........762
1:19–22.....560
1:20.........472, 474, 501, 548, 560, 587, 874, 962
1:21.........767
1:22.........548, 579
1:22–23.....636, 685
1:24.........239, 790
1:25.........74, 140
1:26.........856
1:26–27.....788
1:27.........180, 637, 783, 790
1:28.........64, 400, 674, 784, 798
1:29.........634
2:2..........856
2:3..........63
2:4..........767
2:8..........767
2:9..........154, 185, 216, 762
2:9–10.....174
2:10.........174, 273, 674
2:12.........375, 638, 826
2:13.........369, 610, 614,

828
2:13–14 564
2:14–15 915
2:15 . . . . 564, 565, 711,
       744, 753
2:18 . . . . 763, 767, 833
2:19 . . . . 66, 790, 794
2:20 . . . . 586, 637, 638,
       641
2:22 . . . . 43, 138
3:1 . . . . 637, 638, 641
3:1–4 . . . . 338, 780
3:2 . . . . 56, 58, 724, 767
3:3 . . . . 586, 637, 638
3:3–4 . . . . 284, 642
3:4 . . . . 333, 637
3:5–6 483
3:9 . . . . 792, 835
3:9–10 . . . . . . 491, 492, 672,
       976, 983, 989
3:9–11 465
3:10 . . . . 56, 369, 425
3:11 789
3:12 . . . . 396, 397, 521,
       671
3:12–4:6 . . . . . 392, 393
3:12–14 355
3:12–17 394
3:13 . . . . 792, 835
3:14 . . . . 397, 837
3:15 397
3:16 . . . . 56, 63, 269, 393,
       725, 786, 792,
       795, 819, 823,
       835
3:16–4:1 823
3:16–17 411
3:22–24 . . . . . . 272, 859
4:1 789
4:2 . . . . 820, 832
4:10 840
4:11 786
4:12 . . . . 64, 798
4:14 90
4:16 128
4:17 29
4:18 83

1 Фессалоникийцам
книга 704, 970
1:1 . . . . 643, 787
1:2–10 818

1:3 170
1:3–5 365
1:4 521
1:5 . . . . 370, 411, 781,
       823
1:6 . . . . 353, 395
1:9 . . . . 600, 605, 624,
       625, 784
1:9–10 948
1:10 . . . . 340, 909, 949
2:4 186
2:9 808
2:12 . . . . 609, 780, 785,
       901
2:13 . . . . 43, 63, 74, 75, 86,
       103, 104, 111,
       131, 140, 143,
       370, 796, 846
2:13–14 950
2:14 780
2:16 454
2:17–3:2 726
2:18 . . . . 720, 721
2:19 341
3:2 . . . . 742, 975
3:5 . . . . 718, 742
3:11 170
3:12 . . . . 672, 792, 835,
       837
3:13 . . . . 170, 341, 381,
       384, 707
4 950
4:3 . . . . 382, 383
4:3–4 380
4:3–7 65
4:3–8 . . . . 199, 950
4:4 . . . . 381, 383
4:7 . . . . 380, 381
4:7–8 . . . . 65, 379, 383
4:8 . . . . 352, 399, 406
4:9 . . . . 690, 792, 835,
       837
4:13–18 . . . . . . 340, 342, 411,
       438, 485, 781,
       882, 889, 910,
       911, 950, 951
4:14 . . . . 333, 340, 630,
       639, 889
4:14–17 . . . . . . 693, 909, 910
4:15 341
4:15–16 951

4:15–17 952
4:16 . . . . 340, 639, 706,
       713, 889, 974
4:16–17 . . . . . . 424, 691, 781,
       929, 947, 951
4:17 . . . . 340, 872, 947,
       951
4:17–18 344
4:18 . . . . 792, 835, 951
5:1–2 340
5:2 . . . . 879, 956
5:2–3 872
5:8 739
5:8–9 741
5:9 522
5:10 552
5:11 . . . . 792, 835
5:12 . . . . 800, 810, 841
5:12–13 . . . . . . 795, 811
5:13 . . . . 792, 835
5:14 . . . . 396, 397, 858
5:15 . . . . 792, 835
5:17 . . . . 820, 832
5:18 . . . . 199, 393
5:19 . . . . 219, 356, 359,
       392
5:20–22 . . . . . . 797, 855, 857
5:21 688
5:23 . . . . 66, 205, 341, 380,
       382, 384, 443,
       445, 674, 677
5:24 192
5:27 128

2 Фессалоникийцам
книга 970
1:1–2 170
1:3 . . . . 792, 835, 837
1:4 . . . . 780, 950
1:7 . . . . 341, 709, 712,
       713
1:8 . . . . 196, 454
1:9 . . . . 237, 540, 592,
       604, 767, 872,
       881, 891
1:12 791
2 . . . . 258, 499, 738,
       928, 931, 941,
       946
2:1–2 955
2:1–12 504
2:2 . . . . 956, 957

2:3 . . . . .499, 719, 944,
955, 989
2:3–4 . . . . . . .480, 499, 879,
907, 931, 946,
953
2:3–12 469
2:4 . . . . .499, 955
2:6 . . . . .499, 753
2:6–7 . . . . . . .358, 412, 738
2:7 . . . . .499, 501, 722,
738
2:8 . . . . .341, 499, 931,
944, 946, 956
2:8–10 499
2:9 . . . . .412, 722, 753
2:9–10 . . . . . .723, 768
2:9–12 738
2:10 594
2:11 . . . . .199, 717, 738
2:11–12 . . . . .43, 536, 631
2:12 477
2:13 . . . . .204, 225, 359,
361, 379, 381,
383, 520, 522
2:13–14 365
2:14 615
2:15 126
2:16 . . . . .170, 194
3:1 . . . . .243, 832
3:3 . . . . .192, 718
3:6 . . . . .836, 838, 839
3:6–15 835
3:10 726
3:11–15 836
3:14 . . . . .737, 836, 838,
839
3:16 590
3:17 83

1 Тимофею
книга 87, 588, 840, 971
1:2 . . . . .195, 273
1:3 . . . . .43, 44, 588
1:4 588
1:6 588
1:7 588
1:8–11 43
1:9–10 453
1:10 . . . . .43, 44, 138
1:11 200
1:13 195
1:16 . . . . .195, 397

1:17 . . . . .46, 108, 180, 182,
191, 236, 722
1:19 622
1:19–20 835
1:20 737
2 805
2:1 588
2:1–4 832
2:2 588
2:3–6 588
2:4 . . . . .63, 588
2:5 . . . . .185, 204, 214,
268, 282, 343
2:5–6 . . . . . . .269, 280
2:6 . . . . .562, 585, 588
2:7 . . . . .140, 588
2:8 832
2:8–15 422
2:11–12 804
2:12–14 230
2:13 . . . . .425, 427, 448
2:13–14 805
2:14 . . . . .481, 718–720
2:15 267
3 . . . . .803, 816
3:1 . . . . .806, 813
3:1–2 810
3:1–7 . . . . . . .394, 407, 799,
802, 985
3:2 . . . . .410, 764, 798,
801–804, 815,
816, 857
3:2–7 . . . . . . .804, 814
3:3 . . . . .803, 804, 816
3:4 . . . . .803, 804, 816
3:4–5 . . . . . . .800, 859
3:5 . . . . .800, 803, 813
3:6 . . . . .715, 725, 727,
803, 804, 816
3:6–7 743
3:7 . . . . .715, 722, 723,
725, 726, 803,
804, 816
3:8 . . . . .813, 816
3:8–13 . . . . . .812, 813, 815
3:9 . . . . .139, 813, 816,
855
3:10 . . . . .813, 816
3:11 . . . . .814, 816
3:12 . . . . .800, 813, 816,
859

3:13 . . . . .814, 817
3:15 . . . . .789, 838
3:16 . . . . .272, 279, 339,
657, 683, 712
4:1 . . . . .43, 44, 138, 406,
409, 718, 722,
746, 749, 753,
769, 855, 861
4:1–3 588
4:1–6 43
4:2 442
4:3 631
4:4 514
4:6 . . . . .43, 44, 138, 798,
819, 855
4:8 438
4:10 . . . . .515, 588, 589
4:13 . . . . .43, 128, 129, 140,
787, 801, 819,
823, 840
4:13–14 851
4:14 . . . . .801, 805, 806,
856
4:16 . . . . .43, 44, 137, 818,
838, 857
5:1–2 666
5:2 799
5:9 840
5:14–15 726
5:17 . . . . .44, 798, 800, 801,
807, 841, 859
5:17–18 807
5:18 . . . . .85, 104, 128, 807
5:19 . . . . .808, 836
5:19–21 812
5:20 . . . . .836, 841
5:21 . . . . .705, 710, 713,
764
5:22 805
5:23 . . . . .404, 853
6:1 . . . . .44, 726
6:3 . . . . .43, 44, 138
6:3–4 839
6:3–5 688
6:5 767
6:9–10 . . . . . .803, 813
6:11 . . . . .397, 648
6:14 340
6:15 . . . . .46, 189, 200, 236,
263, 274
6:15–16 180

6:16.........154, 182, 191
6:17–18......792
6:20.........838

2 Тимофею
книга.......87, 704, 840, 971
1:1..........333
1:2..........195
1:5..........805
1:7..........58
1:9..........182, 183, 187,
             225, 515, 516,
             528, 542, 599,
             609, 638, 681,
             780
1:10.........332
1:11.........857
1:12.........631
1:13.........138
1:14.........219, 358, 360,
             386, 643, 838
1:16.........195
1:18.........195
2:2..........45, 139, 145, 805,
             835, 850, 857
2:8..........263, 264
2:9..........723
2:9–10......521
2:10.........535
2:11.........638
2:11–13......791
2:12.........901, 908
2:13.........140, 189, 192
2:13–14......688
2:15.........29, 57, 81, 110,
             113, 410, 791,
             798, 801, 823,
             857
2:17–18......737
2:19.........527
2:21.........65, 383, 680, 789
2:22.........397, 441, 677
2:24.........397
2:25.........63, 635, 660
2:26.........715, 720, 722,
             723
3:1..........935
3:1–9.......838
3:8..........767
3:10.........43, 44
3:12.........690
3:12–13......935

3:13.........477
3:14–15......110, 805
3:14–17......111, 746
3:15.........74, 110
3:15–17......792
3:16.........41, 43, 75, 79, 81,
             82, 84, 86, 109,
             114, 138, 139,
             152, 259, 858,
             923
3:16–4:2......856
3:16–17......44, 58, 64, 74,
             110, 112, 140,
             304, 398, 409,
             678, 725, 791,
             796, 798, 801,
             823, 824, 858
3:17.........41, 674
4:1..........218, 219, 785
4:1–2.......819, 824
4:1–5.......795
4:1–8.......45
4:2..........44, 57, 111, 138,
             140, 144, 397,
             410, 798, 801,
             840, 858
4:2–3.......42
4:2–4.......44
4:3..........44, 45
4:3–4.......137, 839, 855
4:5..........793, 797, 861
4:8..........196, 261
4:11.........105
4:14.........737
4:18.........901
4:20.........404, 853

Титу
книга.......45, 87, 704, 714,
             840, 861, 971
1............816
1:1..........63, 521
1:2..........115, 140, 182,
             183, 192, 793
1:5..........652, 806, 808,
             810, 850
1:5–7.......799
1:5–9.......407, 985
1:6..........803, 804, 816
1:6–9.......394, 799,
             802–804

1:7..........798, 804, 810,
             816
1:8..........397, 764, 804,
             816
1:9..........42, 44, 45, 138,
             139, 801, 804,
             816, 838, 857
1:10–16......835
1:12.........163
1:15.........442, 493, 626,
             767
1:16.........44, 786
2:1..........43, 138
2:1–4.......44
2:2–6.......588
2:3–4.......805
2:5..........726
2:7–10......44
2:9–10......588
2:10.........44, 45, 74, 138
2:11.........399, 588
2:13.........217, 274, 332,
             340, 341
2:13–14......863
2:14.........544, 552, 563,
             577, 589, 627,
             658, 781, 785,
             795
2:15.........112
3:3..........514, 767
3:3–5.......579
3:4..........396, 397
3:4–6.......365
3:4–7.......259, 827
3:5..........219, 353, 358,
             361, 368–370,
             379, 380, 446,
             514, 549, 611,
             612, 617, 620,
             621, 627, 669,
             670, 823
3:5–6.......357
3:6..........276
3:7..........194, 650, 653
3:8..........394, 627
3:10.........838
3:10–11......837, 841
3:14.........394

Филимону
книга.......45, 352, 704, 714,
             840, 970

2 378
3 170
10 62
19 83

Евреям
книга 105, 125, 129,
          268, 327, 330,
          402, 704, 705,
          971
1 254
1–2 712
1–8 264
1:1 . . . . 75, 78, 140
1:1–2 219
1:1–3 . . . . 75, 208, 294, 340
1:2 . . . . 219, 230, 253,
          258, 274, 768
1:2–3 . . . . 205, 273
1:3 . . . . 78, 184, 189, 218,
          219, 228, 234,
          258, 266, 271,
          273, 435, 571,
          580, 762, 794
1:3–9 339
1:5 . . . . 220, 253, 262,
          263
1:6 . . . . 218, 271, 280,
          705, 711, 763,
          765
1:7 712
1:8 . . . . 217, 252, 263
1:8–9 . . . . 207, 262, 263
1:10 . . . . 205, 227, 228,
          258, 423
1:10–12 . . . . . . 217, 218, 253,
          262, 264, 273
1:11–12 180
1:13 . . . . 262, 264
1:14 . . . . 479, 705, 707,
          713, 715,
          763–765
2:1–3 371
2:1–4 . . . . 401, 405
2:2 712
2:3–4 . . . . 402, 496, 795,
          796, 845, 846,
          850, 852
2:4 . . . . 231, 353, 399,
          400, 404
2:5–8 . . . . 473, 484, 908
2:5–9 . . . . 433, 474

2:5–10 262
2:5–14 . . . . . . 343, 898
2:7 708
2:8 . . . . 264, 343, 484
2:9 . . . . 252, 553, 586,
          587
2:10 . . . . 274, 547
2:11 789
2:11–12 . . . . . . 280, 587, 663
2:12 262
2:13 587
2:14 . . . . 263, 267, 279,
          565, 723, 741,
          745, 781, 784
2:14–15 . . . . . . 548, 562, 564,
          694, 884
2:14–16 705
2:14–18 605
2:15 457
2:16 . . . . 546, 587
2:17 . . . . 195, 273, 277,
          545, 547, 557,
          559, 561, 567,
          568, 582, 662,
          683
2:17–18 . . . . . . 282, 579
2:18 . . . . 281, 549
3:1 . . . . 280, 555, 582
3:3 298
3:3–6 791
3:7 353
3:7–11 . . . . . . 218, 360, 409
3:7–13 371
3:8–9 359
3:10 359
3:12–4:7 594
3:12–13 678
3:13 . . . . 792, 835
3:14 . . . . 636, 685
4:12 . . . . 74, 75, 110, 131,
          444, 445, 678,
          741, 823, 848
4:13 . . . . 186, 187, 911
4:14 . . . . 266, 282, 711
4:14–15 . . . . . . 582, 583
4:14–16 790
4:15 . . . . 281, 290, 291,
          549, 555, 734
4:16 . . . . 195, 596, 678,
          687, 832
5–10 325

5:1 . . . . 561, 582, 652
5:3 330
5:5 . . . . 220, 262, 263,
          582
5:5–6 270
5:6 . . . . 264, 761
5:6–10 262
5:7 . . . . 281, 322
5:8 549
5:9 . . . . 274, 549
5:10 . . . . 582, 761
5:11–13 42
5:11–14 66
5:12–13 . . . . . . 63, 801
5:12–14 74
5:14 674
6:1 . . . . 63, 605, 624, 628
6:4 . . . . 399, 410
6:4–6 . . . . 371, 496, 686
6:4–10 686
6:6 496
6:7 686
6:8 686
6:9 686
6:13 131
6:14 263
6:17 516
6:17–18 192
6:18 . . . . 140, 189, 192,
          547
6:19 439
6:19–7:25 327
6:19–20 582
6:20 . . . . 262, 264, 761
7:9–10 488
7:14 . . . . 270, 323
7:16–17 327
7:17 761
7:21 264
7:22 327
7:23–24 327
7:24 262
7:25 . . . . 327, 339, 583,
          596, 683, 723,
          988
7:26 . . . . 273, 549, 555,
          570, 792
7:26–27 . . . . . . 218, 327
7:26–28 570
7:27 . . . . 327, 555, 582,
          597, 651

7:28 . . . . 570, 652
8 388
8–10 330
8:1 . . . . 263, 264, 330,
          555, 896
8:1–2 . . . . 266, 340
8:1–6 582
8:2 570
8:3 652
8:5 327
8:6 . . . . 327, 571
8:6–7 372
8:6–13 327
8:7–13 789
8:8–12 . . . . . . 265, 927
8:8–13 907
8:13 . . . . 327, 372, 922,
          927
9–10 544
9:1–8 409
9:5 708
9:7 327
9:8 . . . . 330, 353
9:8–10 325
9:9 555
9:11 570
9:11–10:18 572
9:11–12 . . . . . 555, 570, 582
9:11–15 . . . . . 327, 559
9:12 . . . . 269, 327, 571
9:13–14 365
9:14 . . . . 205, 218, 292,
          354, 358, 361,
          555, 824
9:15 . . . . 327, 372, 563,
          789, 927
9:16–18 541
9:21–22 555
9:22 . . . . 318, 324
9:23 . . . . 547, 549, 553,
          555, 571
9:23–24 . . . . . 327, 559
9:24 . . . . 269, 339, 583,
          896
9:25 . . . . 570, 582
9:25–26 . . . . . 327, 828
9:25–28 570
9:26 . . . . 327, 329, 553,
          555, 820
9:26–28 830
9:27 . . . . 485, 591, 695,

793, 882, 883
9:28 . . . . 321, 331, 552,
          555, 651, 820,
          830, 957
10 253
10:1 . . . . 327, 372, 555
10:1–4 327
10:1–18 324
10:4 . . . . 318, 547, 555,
          571
10:4–10 327
10:5–7 . . . . . . 252, 281
10:5–9 . . . . . . 262, 263
10:7 . . . . 542, 548, 575
10:8 330
10:9 548
10:9–10 327
10:10 . . . . 381, 383, 555,
          597, 830
10:10–14 570
10:10–18 498
10:11–13 264
10:11–14 327
10:12 . . . . 327, 555, 570
10:12–13 . . . . 339, 901
10:14 . . . . 380, 382, 555,
          571, 669
10:15 . . . . 353, 410
10:15–17 . . . . 218, 265, 360,
          409
10:18 . . . . 327, 330, 571
10:19 327
10:19–23 790
10:20 . . . . 327, 555
10:22 . . . . 441, 824
10:23 192
10:24 . . . . 792, 835
10:24–25 . . . . 67, 678, 787, 820,
          835, 842, 858
10:25 . . . . 792, 835, 841
10:26 330
10:26–27 454
10:26–31 . . . . 496, 686
10:27 661
10:28 836
10:29 . . . . 218, 219, 353,
          354, 359
10:29–31 365
10:31 736
10:38 636
10:39 636

11 . . . . 64, 633, 634, 860
11:1 . . . . 160, 601, 618,
          619, 631, 679
11:3 . . . . 228, 230, 258,
          423
11:4 . . . . 324, 633
11:5 633
11:6 . . . . 140, 152, 160,
          618, 630, 671
11:7 . . . . 92, 634
11:8 634
11:9 634
11:10 693
11:11 192
11:12 710
11:16 . . . . 693, 789
11:17–19 634
11:18 263
11:20–21 634
11:22 634
11:23 634
11:24–26 631
11:24–27 634
11:26 . . . . 196, 679
11:27 . . . . 191, 614, 619,
          631, 679
11:28 . . . . 634, 760
11:29 634
11:30 634
11:31 464
12:1 . . . . 680, 950
12:1–2 . . . . . . 679, 860
12:1–3 64
12:2 . . . . 263, 264, 274,
          313, 339, 397
12:3–11 812
12:3–17 239
12:4–11 64
12:5–6 665
12:6 498
12:7 789
12:7–8 666
12:9 . . . . 446, 663
12:10 . . . . 65, 379, 666, 678
12:11 666
12:14 . . . . 65, 648, 666, 672,
          677
12:22 . . . . 710, 711
12:22–23 380
12:23 . . . . 440, 445, 673,
          787, 863, 896

12:24 . . . . .265, 332, 555, 927
12:26–27 961
12:28 792
13:2 . . . . .706, 764
13:4 . . . . .453, 455
13:5 . . . . .371, 831
13:7 . . . . .787, 795, 801, 811
13:8 . . . . .218, 291
13:9 . . . . .43, 137
13:11 . . . . .330, 556
13:12 . . . . .314, 329, 331, 332, 556
13:13 313
13:15 . . . . .394, 787, 833, 862
13:15–16 791
13:16 833
13:17 . . . . .765, 787, 795, 800, 810, 811, 841
13:20 . . . . .265, 789
13:20–21 . . . . .271, 333, 677, 786, 798
13:21 199

Откровение
книга 36, 38, 49, 87, 102, 128, 130, 132, 135, 268, 295, 342, 351, 366, 378, 388, 404, 405, 704, 705, 708, 746, 747, 783, 848, 929–932, 936, 946, 971, 983, 985
1 87
1–3 . . . . .93, 808, 949
1–22 709
1:1 . . . . .706, 928
1:1–22:16 712
1:3 . . . . .44, 58, 128, 139, 143, 848, 928
1:4 . . . . .182, 354, 409
1:4–5 . . . . . . .184, 362
1:5 . . . . .265, 269, 280, 397, 787, 902
1:6 . . . . .236, 791
1:7 . . . . .266, 341

1:8 . . . . .168, 180, 182, 189, 218, 273–275
1:9–11 83
1:10 409
1:10–16 78
1:10–18 102
1:11 128
1:12–13 783
1:13 280
1:14–16 294
1:16 . . . . .741, 765
1:17 275
1:17–18 . . . . . .273, 283, 564, 694
1:18 . . . . .273, 884
1:19 . . . . .128, 931
1:20 . . . . .704, 765, 783, 808
2–3 . . . . .87, 102, 404, 801, 902, 934, 938
2:1 . . . . .79, 704, 765
2:2 . . . . .45, 139, 722
2:5 625
2:6 . . . . .45, 139
2:7 409
2:7–3:22 353
2:8 . . . . .79, 275, 704, 765
2:9 . . . . .716, 722, 726
2:10 . . . . .397, 723
2:11 . . . . .409, 977, 986
2:12 . . . . .79, 704, 741, 765
2:13 . . . . .722, 723
2:14 43
2:14–15 45
2:14–16 818
2:16 . . . . .741, 928
2:17 . . . . .265, 409
2:18 . . . . .79, 274, 704, 765
2:19 812
2:20 45
2:20–23 812
2:20–24 786
2:23 218
2:24 . . . . .43, 139, 722
2:24–25 44
2:26 902
2:26–27 . . . . . .263, 469, 474, 908, 909, 913, 934, 938, 939, 959

2:27 170
2:28 266
2:29 409
3:1 . . . . .79, 354, 704, 765
3:1–3 818
3:1–4 786
3:5 . . . . .170, 704
3:6 409
3:7 . . . . .79, 264, 274, 275, 704, 765, 925
3:8 111
3:9 . . . . .716, 722, 726
3:10 . . . . .948, 949, 954
3:12 . . . . .265, 896, 979
3:13 409
3:14 . . . . .79, 280, 704, 765
3:19 . . . . .498, 635, 812
3:21 . . . . .170, 270, 339, 474, 766, 902, 908, 913, 934, 959
3:22 409
4 896
4–18 102
4:1 . . . . .128, 339
4:2 896
4:2–11 916
4:4 799
4:5 . . . . .354, 409
4:6 707
4:6–11 . . . . . . .707, 711, 712
4:8 . . . . .64, 168, 174, 189, 196, 707, 896
4:8–11 863
4:10 . . . . .792, 799
4:11 . . . . .179, 180, 189, 198, 199, 225, 228, 230, 272, 423
5:5 . . . . .263, 280
5:5–6 799
5:6 . . . . .280, 339, 354, 409
5:6–14 707
5:8 . . . . .280, 711, 799
5:8–13 712
5:8–14 763
5:9 . . . . .464, 544, 562, 571, 579, 593, 595, 683
5:9–10 . . . . . . .272, 465, 472,

474, 501, 791,
902
5:9–13 596
5:10 . . . . 433, 439, 469,
484, 791, 886,
933, 934, 938,
939, 959
5:11 . . . . 705, 707, 710,
711, 765, 799
5:11–12 765
5:11–14 . . . . . . 764, 863
5:12 . . . . 189, 192, 280,
549, 568
5:12–13 792
5:13 . . . . 266, 280
5:14 799
6–16 904
6–18 . . . . 903, 904, 930,
935, 940, 949,
950
6–19 . . . . 709, 904, 931,
952, 953
6–20 . . . . 928, 931
6:1 953
6:1–7 707
6:2–12 953
6:9 . . . . 439, 445, 886
6:9–11 . . . . 195, 411, 439,
443, 444, 883,
886, 887, 910,
934, 938, 960
6:10 . . . . 196, 886
6:10–11 886
6:11 886
6:12 266
6:12–17 895
6:13 765
6:16–17 953
6:17 454
7:1–3 . . . . 712, 713
7:1–12 711
7:4–8 877
7:4–9 . . . . 465, 953
7:9 696
7:9–17 411
7:10 696
7:11 . . . . 707, 799
7:11–12 . . . . . . 712, 765
7:12 . . . . 189, 792
7:17 344
8:2 712

8:6 712
8:6–11:19 . . . . . 712, 713
8:7 953
8:8–9 953
8:10–11 953
8:12 953
9 892
9:1 . . . . 717, 765
9:1–2 . . . . 716, 892
9:1–3 752
9:1–11 . . . . 480, 758, 953
9:3 749
9:11 . . . . 715–717, 719,
747, 752
9:13–15 . . . . . . 752, 758
9:13–19 953
9:20 752
10:4 155
10:6 . . . . 182, 184, 228
11–13 941
11:2 946
11:3 . . . . 295, 797
11:3–4 . . . . 294, 412
11:3–11 847
11:5–6 294
11:11 440
11:15 . . . . 46, 258, 266
11:15–18 953
11:17 . . . . 168, 189
12 . . . . 717, 749, 934
12–13 908
12:1 765
12:1–4 915
12:3 717
12:3–4 743
12:4 . . . . 707–709, 717,
720, 721, 746,
749, 758
12:5 947
12:5–10 264
12:6 946
12:7 . . . . 707, 716, 717,
722, 732, 748
12:7–9 . . . . 712, 758
12:7–13 . . . . . . 721, 745, 752,
915
12:8–9 745
12:9 . . . . 267, 714, 715,
717, 718, 720,
722, 723, 738,
743, 746, 748,

768, 937
12:9–10 723
12:10 . . . . 715, 718, 722,
723
12:10–11 . . . . . 733, 915
12:11 741
12:12 . . . . 715, 745
12:14 915
12:17 715
13 . . . . 469, 717, 738,
934, 955
13:1 955
13:1–2 955
13:1–10 . . . . . . 480, 738
13:2 . . . . 412, 721, 722,
738
13:2–4 738
13:3 . . . . 267, 722, 768,
955
13:3–4 722
13:4 . . . . 412, 721, 722,
738
13:4–5 722
13:5 . . . . 738, 946
13:5–6 955
13:7 722
13:7–8 955
13:8 . . . . 186, 329, 524,
535
13:10 396
13:11 722
13:11–17 738
13:12 768
13:13–14 . . . . . 723, 768
13:14 768
13:15 357
14:3 . . . . 595, 707, 711
14:3–4 562
14:4 595
14:6 411
14:6–7 713
14:7 . . . . 792, 833
14:9–10 185
14:9–11 891
14:10–11 890
14:11 . . . . 462, 604, 893
14:12 396
14:13 . . . . 409, 886
15:3 . . . . 46, 168, 196, 272
15:4 . . . . 196, 273, 792
15:7 . . . . 182, 707

15:8..........201
16...........717
16–18........957
16:1–21......712, 713
16:2..........954
16:3..........954
16:4–7.......954
16:5..........196
16:7..........168, 196
16:8–9.......954
16:9..........242
16:10–11.....954
16:12–16.....954
16:13........722, 749
16:13–14.....721–723, 748,
              752, 753, 768
16:14........168, 748, 769
              956
16:17–21.....954
17–18........469, 472
17:1–5.......747
17:8..........186, 524, 535
17:14........46, 263, 274
18:2..........748, 749, 752
18:17........859
18:20........140
19...........102, 932, 934
              936, 952
19–20........904
19:1..........189
19:1–6.......833
19:2..........196
19:4..........707
19:6..........168, 236
19:6–10......950
19:7..........544, 577, 640
19:7–8.......789
19:7–10......691
19:8..........652, 670
19:9..........831
19:9–10......764
19:10........251, 833
19:11........196, 275, 937
19:11–15.....218, 902
19:11–16.....294, 874
19:11–20:3...738
19:11–20:6...902
19:11–21.....504, 745, 886,
              915, 936
19:11–21:8...937
19:13........74, 265

19:14........913
19:15........168, 469, 741
19:15–16.....263
19:16........46, 189, 263, 274
19:17........937
19:17–20:6...902
19:19........937
19:19–21.....480
19:20........745, 768, 794,
              956, 983
19:20–20:3...933
19:20–21.....959
19:21........741
20...........46, 102, 342, 709,
              717, 718, 731,
              887, 903,
              932–934, 936,
              938–940
20–21........474
20–22........132, 884
20:1..........711, 770, 937
20:1–3.......472, 709, 712,
              713, 721, 723,
              745, 770, 892,
              902, 915, 932,
              934, 937, 939,
              959
20:1–6.......271, 342, 343,
              452, 480, 484,
              716, 785, 935
20:1–7.......932, 936, 973
20:1–22:21...711
20:2..........714, 717, 720,
              738, 743, 979
20:3..........469, 718, 723,
              768, 892
20:4..........438, 439, 691,
              766, 874, 887,
              902, 910, 911,
              916, 932–934,
              936–938, 959,
              960
20:4–5.......909, 917, 934
20:4–6.......693, 738, 791,
              887
20:4–7.......709, 916, 917
20:5..........910, 911, 934,
              937
20:5–6.......411
20:6..........214, 485, 486,
              910, 916, 977,

              986
20:7..........719, 917, 939
20:7–8.......469
20:7–9.......721, 752
20:7–10......504, 709, 719,
              723, 892, 902,
              916, 932, 950,
              960
20:7–21:1...957
20:8..........718, 722, 723,
              768
20:9–10......469, 768
20:10........480, 706, 713,
              715, 717, 718,
              721, 742, 745,
              747, 752, 753,
              758, 766, 768,
              794, 916, 983
20:11........937
20:11–15.....343, 398, 438,
              483, 485, 709,
              713, 874, 893,
              910, 912, 916,
              917, 960
20:12........937
20:13........885, 916, 917
20:14........458, 882, 910,
              977, 983, 986
20:14–15.....372, 745, 752
20:15........476, 535,
              889–891, 916,
              917, 983
21...........876
21–22........46, 47, 102, 124,
              476, 709, 882,
              902, 904, 929
21:1..........265, 430, 691,
              713, 887, 937,
              961, 962, 979,
              982
21:1–2.......896
21:1–5.......343
21:1–7.......893
21:1–22:5...234, 874, 889,
              902, 936, 937,
              960–962
21:2..........544, 713, 962,
              963, 979
21:3..........465, 896, 962,
              963
21:3–4.......344, 504

21:3–7 896
21:4 . . . . .458, 480, 501,
         882, 962
21:5 876
21:5–8 962
21:6 . . . . .74, 180, 183, 218,
         275
21:7 667
21:8 . . . . .575, 592, 863,
         872, 881, 893,
         910, 977, 983,
         986
21:9 . . . . .544, 640, 789
21:9–21 . . . . . .472, 962
21:10 . . . . .352, 386, 440,
         896
21:12 . . . . .708, 709,
         711–713, 963
21:16 963
21:17 963
21:18 963
21:19 963
21:22 . . . . .168, 963

21:22–23 344
21:23 963
21:23–26 266
21:24 . . . . .266, 465, 469,
         876, 963
21:24–27 963
21:25 963
21:26 . . . . .465, 469, 876,
         963
21:27 . . . . .524, 535, 964
22 . . . . 46, 391
22:1 . . . . .263, 963
22:1–2 963
22:1–5 . . . . 266, 469, 902
22:2 . . . . .465, 469, 963
22:3 . . . . .429, 716, 963,
         964
22:3–4 . . . . 833, 872, 963
22:3–5 . . . . 504, 781, 862,
         963
22:4 191
22:5 . . . . .45, 46, 430, 474,
         874, 963

22:6 140
22:7 44
22:8–9 764
22:8–13 128
22:9 833
22:10 928
22:11 . . . . .65, 379, 381
22:12 835
22:12–13 218
22:13 . . . . .180, 183, 218,
         220
22:14–15 . . . . . 863, 891
22:16 . . . . .263, 266, 280,
         323, 704, 705,
         765, 925, 949
22:17 . . . . .74, 366, 544
22:18–19 . . . . . 81, 108, 113, 122,
         131, 132, 366,
         797, 848, 856
22:20 . . . . .272, 343, 928,
         964
22:20–21 366

Библейское учение

Систематическое изложение библейской истины

Под ред. Джона Мак-Артура и Ричарда Мейхью

Религиозное издание

The Master's Academy International
www.tmai.org
publishing@tmai.org